गुजरात के एक साधारण गांव दुधाला के एक किसान परिवार में सन् 1949 में जन्मे गोविंद धोलकिया भारत के हीरा उद्योग में कामयाबी के एक नायाब उदाहरण हैं। 1964 में उन्होंने सूरत की एक डायमंड कंपनी में प्रशिक्षु के तौर पर नौकरी की शुरुआत की। अथक संघर्ष, तीक्ष्ण बुद्धि और अटूट निष्ठा के बल पर उन्होंने 1970 में श्री रामकृष्ण एक्सपोर्ट्स की नींव रखी, जो बाद में दुनिया की एक प्रमुख हीरा निर्माण की कंपनी बन गई। आज SRK अपने उच्च मूल्यनिष्ठ सिद्धांतों, अत्याधुनिक तकनीक और 7000 से अधिक कुशल कर्मचारियों की वजह से दुनिया भर में प्रसिद्ध है।

धोलकिया परोपकारी कृत्यों और मानवीय मूल्यों को बढ़ावा देने के लिए भी विख्यात हैं। शिक्षा, स्वास्थ्य और सामुदायिक विकास के लिए किए गए उनके कार्यों से हजारों लोगों के जीवन में आमूल-चूल परिवर्तन आया है। उनके द्वारा स्थापित SRK नॉलेज फाउंडेशन कौशल और चरित्र निर्माण के क्षेत्र में सतत् कार्य कर रहा है।

अप्रैल, 2024 में गोविंद धोलकिया को राज्यसभा के लिए चुना गया। वे सूरत डायमंड बुर्स के अध्यक्ष भी हैं। वे कई शैक्षणिक, चिकित्साय और सामाजिक संस्थाओं से अलग-अलग रूपों में जुड़े हुए हैं।

अरुण तिवारी डॉ. ए.पी.जे. अब्दुल कलाम के प्रसिद्ध शिष्य हैं और उनकी आत्मकथा 'विंग्स ऑफ फायर' के सह-लेखक हैं।

कमलेश याज्ञिक गोविंद धोलकिया के लंबे समय से सहयोगी हैं और सार्वजनिक विश्वविद्यालय के पूर्व अध्यक्ष हैं।

डायमंड्स

आर फोरएवर, सो आर मोरल्स

गोविंद धोलकिया

की आत्मकथा

जैसी अरुण तिवारी और कमलेश याज्ञिक को बताई गई

MANJUL

मंजुल पब्लिशिंग हाउस

MANJUL

मंजुल पब्लिशिंग हाउस

कॉरपोरेट एवं संपादकीय कार्यालय

• द्वितीय तल, उषा प्रीत कॉम्प्लेक्स, 42 मालवीय नगर, भोपाल-462 003

विक्रय एवं विपणन कार्यालय

• सी-16, सेक्टर 3, नोएडा, उत्तर प्रदेश, 201301

वेबसाइट : www.manjulindia.com

वितरण केन्द्र

अहमदाबाद, बेंगलुरू, कोच्चि, कोलकाता, चेन्नई,
हैदराबाद, मुम्बई, नई दिल्ली, पुणे

Diamonds Are Forever So Are Morals: An Autobiography Of Govind Dholakia
As told to Arun Tiwari and Kamlesh Yagnik – Hindi Edition

डायमंड्स आर फोरएवर, सो आर मोरल्स

यह हिन्दी संस्करण 2025 में पहली बार प्रकाशित
द्वितीय आवृत्ति 2026

ISBN 978-93-5543-849-2

मुद्रण व जिल्दसाज़ी : न्यूटेक प्रिंट सर्विसेज प्रा. लि.

समर्पित

पूज्य माता-पिता को

आमुख

आत्मकथा यानि अपने जीवन और उसके संदर्भ में प्राप्त खट्टे-मीठे अनुभवों के संस्मरण की कथा। उसमें जीवन के प्रसंग तथा संघर्षों का वर्णन दिखाई देता है। सत्यनिष्ठा आत्मकथा का प्राण है, जिससे मैंने जुड़े रहने की कोशिश की है। किसी परोक्ष सबूत या स्मृति मात्र पर आधारित न होकर, इसे मैंने अपनी चालीस सालों से लिखी जा रही डायरी को संदर्भ बनाकर प्रस्तुत किया है। मेरे पूर्वाग्रह इसमें रुकावट न बनें, इसकी सावधानी बरतने की हर संभव कोशिश की है।

मैंने अपने संग्रहालय में संभालकर रखी डायरी, हजारों पत्रों, तस्वीरों और ऑडियो-वीडियो टेप्स को इस कथा में संकलित किया है। गुजराती भाषा की प्रसिद्ध, गांधीजी की आत्मकथा 'सत्य के प्रयोग' मुझे अक्षरशः याद है और मेरे लिए प्रकाशस्तंभ के समान है। आत्मकथा कुछ खास लोग ही लिख सकते हैं, ऐसी कोई सीमा तय नहीं है। गांव के गोविंद ने तो अपने जीवन में जो देखा-समझा, उसको वैसे ही यहां लिख दिया है।

अनुभव का तरकश और लिखने का शौक, इन दोनों का संयोग हो तो आत्मकथा में सोने में सुगंध का काम करता है। अंग्रेजी भाषा के साथ मेरा दूर-दूर तक कोई नाता नहीं, इसके बावजूद 'डायमंड्स आर फोरएवर, सो आर मोरल्स' - अंग्रेजी में मेरी आत्मकथा श्री अरुण तिवारी और श्री कमलेश याज्ञिक के सहयोग से 2021 में प्रकाशित हुई। सामान्यतया सबको आश्चर्य होता है कि यह गुजराती से पहले अंग्रेजी में क्यों आई? यहां कारण डॉ. ए.पी.जे अब्दुल कलाम के शागिर्द और उनके आदर्श पर चलने वाले श्री अरुण तिवारी हैं। 'विंग्स ऑफ फायर' के सहलेखक तिवारी जी का मुझ पर अनन्य प्रेमभाव है। उनका स्वास्थ्य नाजुक रहता है, अत: उन्होंने मुझसे कहा कि 'इस पृथ्वी से मेरी विदाई हो, उससे पहले मुझे आपके लिए कुछ लिखकर जाना है।' उन्होंने मुझे समझाया, 'गुजरात में तो आपको सब जानते हैं। परंतु मुझे तो गुजरात की सीमा से बाहर के लोगों तक आपके विचारों, अनुभवों तथा कार्यशैली को पहुंचाना है, उसके लिए आपके जीवन को अंग्रेजी में लिखना है।' इस आग्रह के चलते मैंने अपना गुजराती में संग्रहित समग्र

'साहित्य' तिवारी जी को सौंप दिया और इसलिए गोविंद की आत्मकथा अंग्रेजी में पहले आई। मेरे बचपन और किशोरावस्था के कुछ संस्मरण जस के तस हैं, जिनसे मुझे अपना पोषण मिला है। यह आत्मकथा जीवन के अनेक रंग दिखाती है। यहां मैंने अपने जीवन के बारे में खुलेपन से बात की है। यहां आत्मगौरव तथा कीर्ति को एक तरफ रखकर सत्यनिष्ठा और ईमानदारी से जितना कर सकता था, उतना लिखा है। अंग्रेजी आत्मकथा का केवल सीधा अनुवाद न करके मैंने 'मेरे गांव दुधाला की बोली' जोड़कर 2023 में अपनी गुजराती आत्मकथा प्रकाशित की।

हिंदी में अपनी आत्मकथा प्रकाशित करना महत्त्वपूर्ण है क्योंकि इससे व्यापक स्तर पर पाठकों से जुड़ने की सम्भावना मिलती है, विशेष रूप से उन लोगों से जो हिंदी में पढ़ना पसंद करते हैं। यह हिंदी की समृद्ध सांस्कृतिक और भाषाई विरासत को संरक्षित और बढ़ावा देने में भी मदद करता है, साथ ही इसकी निरंतर प्रासंगिकता, जीवन शक्ति में योगदान प्रदान करती है। हिंदी भाषी पाठकों से गहरे स्तर पर जुड़ने का और हिंदी भाषा, संस्कृति के संरक्षण तथा प्रचार में योगदान देने का यह मेरा विनम्र प्रयास है।

मैंने डायमंड को भगवान माना है और निरंतर उसकी साधना की है। मैं ईश्वरीय शक्ति के चमत्कार, ईमानदारी और वृहद् पारिवारिक भावना की त्रिवेणी पर खड़ा हूं। आज 'डायमंड्स आर फोरएवर, सो आर मोरल्स' – मेरी जीवनयात्रा के रूप में मैं अपने व्यक्तित्व को आपके सामने रख रहा हूं।

–गोविंद धोलकिया
मई, 2024

प्रस्तावना

आत्मकथा लेखन की एक रसीली और मनमोहक विधा है। एक स्तर पर तो ऐसा लगता है कि यह लिखना बहुत आसान है और कोई भी उसे लिख सकता है क्योंकि खुद को खुद से बेहतर और कौन जान सकता है? आपको अपने जीवन के बारे में, उसमें विरोधाभास के डर के बिना बात करने का फायदा मिलता है। दूसरे स्तर पर देखें तो आत्मकथा लेखन अत्यंत चुनौतीपूर्ण प्रयास है क्योंकि उसके लिए एक प्रकार की नैतिक ईमानदारी आवश्यक है, जो बहुत कम लोगों में होती है। अपने जीवन के विषय में लिखने में स्व-कीर्ति, आत्म प्रशंसा और आत्मरति का खतरा भी रहता है। साथ ही, आप जब अपने जीवन के बारे में लिख रहे हों तब, आपके संपर्क में आए हुए लोगों का उल्लेख भी उसमें अनिवार्य रूप से आता ही है। उस स्थिति में उनके निजी जीवन का उल्लेख हो जाने का डर रहता है और ऐसी बातें भी आने का डर रहता है, जो वे सार्वजनिक करना नहीं चाहते हों या फिर जिनसे उनके मन को ठेस पहुँचे। सामान्य तौर पर तो किसी के जीवन के विषय में जानने में किसी को अधिक रूचि होने का कोई कारण नहीं होता है।

लेखक जब आत्मकथन करने बैठता है तब उसे यह बताने की कोशिश करनी होती है कि उसका जीवन क्यों महत्त्वपूर्ण और अद्वितीय है। उसमें कहीं-कहीं अतिशयोक्ति का सहारा भी लिया जा सकता है। इंसान के जीवन में चंचलता और गंभीरता दोनों होती हैं। आत्मकथाकार को अपनी बदलती तथा निरंतर नवीन होती पहचान के साथ अपने अनुभवों को जोड़ते जाना पड़ता है।

अत: आत्मकथा केवल घटनाओं और अनुभवों का वर्णन ही नहीं बल्कि यह अपने चिंतन को जोड़कर उसको सुसंबद्ध, संवादित बनी जीवनकथा का आंतरिक हिस्सा भी है। इस दृष्टि से 'जीवनी' 'जीवनकथा' से बिलकुल भिन्न है।

ऐसे लक्षण रखने वाली आत्मकथा में आत्म-प्रशंसा, आत्मरति, अपने परिवार और दोस्तों के प्रति नैतिक असंवेदनशीलता जैसी भूलों का डर होता है। इससे बचकर चलने में कदापि ही कोई आत्मकथा सफल रह पाती है। भारत के प्रारंभिक आत्मकथाकारों में से एक महात्मा गांधीजी ने इस मामले में बहुत सावधान तथा सजग होकर इसकी दुविधा उसकी प्रस्तावना में व्यक्त की है। उन्होंने लिखा

है कि वे अपनी आत्मकथा तो नहीं लिख सकते लेकिन अपने सत्यमय जीवन के प्रयोगों के बारे में लिखेंगे। उसके अनुसार योग्य तरीके से उसका शीर्षक उन्होंने 'मेरे सत्य के प्रयोग अथवा आत्मकथा' रखा। 'आत्मकथा' शब्द को शीर्षक के मध्य में न रखकर अंत में रखा है।

इन संदर्भों में 'गोविंद धोलकिया की आत्मकथा' बहुत अच्छी बनी है। सुप्रसिद्ध संत-कथाकार पू. डोंगरेजी महाराज और पू. मोरारिबापू से अपनाई गई कहानी-कथन शैली में यह लिखी गई है। यह अधिकतर आत्मकथाओं के लाक्षणिक दोषों से मुक्त है। गोविंदभाई को स्वत: प्राप्त सिद्धियों के लिए आत्मगौरव हो - यह स्वाभाविक है परंतु उनमें मुझे आत्मस्तुति, शेखी या स्व-कीर्ति के जरा भी अंश दिखाई नहीं दिए हैं। वे अपने विशाल परिवार के सभी सदस्यों के बारे में ब्यौरेवार बात करते हैं लेकिन ऐसा करते हुए उनके निजी जीवन की बातों का उल्लेख नहीं करते या उनको जिन बातों से कुछ आपत्ति हो, नापसंद हों उन बातों का उल्लेख नहीं करते। अपने और अपने भाइयों के बच्चे अत्यधिक सुख-सुविधा और सुरक्षित वातावरण में पलकर बिगड़ न जाएं - इस बात को लेकर सतर्क होने के कारण उनको अपना रास्ता खुद चुनने के लिए, वे वास्तविक जीवन के अनुभव स्वयं प्राप्त करें - उन्हें अलग-अलग अज्ञात स्थानों पर भेजते हैं। उनके वापस आने पर उनके अनुभव गोविंदभाई पितृहृदय वात्सल्य भाव से सुनते हैं, जो बात उनकी बच्चों के प्रति निकटता को उजागर करती है। अपनी धर्मपत्नी चंपाबहन के बारे में वे बहुत स्नेह से बात करते हैं और उनके सूचन और सुधारयोग्य बातों का स्वागत करते हैं। कभी पतिपन दिखाए बिना, पति-पत्नी के बीच समानता, परस्पर मान सम्मान और सहधर्मी सौजन्य प्रकट करते हैं।

गोविंदभाई का जीवन मार्गदर्शक जीवनमूल्य त्रिवेणी से बना हुआ है। उनकी तीन मूलभूत मान्यताएं हैं - (1) इंसान की समस्त प्रवृत्तियों में ईमानदारी और नैतिकता होनी चाहिए। (2) किसी अदृश्य शक्ति या भगवान द्वारा समस्त जीवन का संचालन किया जाता और (3) जीवन के केन्द्र में अपना परिवार होना चाहिए।

गोविंदभाई कहते हैं, ''मैं अपनी सभी व्यापारिक प्रवृत्तियों के निष्पादन में प्रभु केंद्रित भक्ति को रखता हूं।'' कार्य भी भक्ति का ही एक प्रकार है। जनसेवा में ही प्रभु सेवा समाविष्ट है। इस तरह से भगवान और इंसान को देखने-परखने का दृष्टिकोण हमें वेदांतिक मानवतावाद ने सिखाया है। विवेकानंद, गांधीजी और अन्य महापुरूषों के समान यही बात गोविंदभाई के दृष्टिकोण और कार्यपद्धति को तथा जीवन-जगत के प्रति उनकी समझ की नींव सुदृढ़ बना देती है!

यह जीवनदर्शन व्यापक मानव अनुभवों पर निरन्तर विचार करते हुए प्राप्त होने वाले ज्ञान अथवा अंतदृष्टि पर आधारित है। वह व्यक्ति के अरमान-अपेक्षाओं को नियंत्रित करता है और जीवन के विविध हालात-परिस्थितियों में इंसान का

मार्गदर्शन करता है। गोविंदभाई मानते हैं कि अर्थोपार्जन के प्रयास और जीवन में पैसे का महत्त्व तो है ही, परंतु मानवीय संबंध उससे भी ज्यादा मूल्यवान हैं। इसलिए पैसा इस तरह कमाना चाहिए कि मानवीय संबंधों की गुणवत्ता बरकरार रहे। धन या संपत्ति के समान ही सत्ता प्राप्ति के प्रयत्न भी मूल्यवान माने जाते हैं परंतु उसके आते ही व्यक्ति में दूसरों को हीनभाव से देखने व खुद के अभिप्राय ही श्रेष्ठ-अटल होने का जो विचार विकसित होता है, उसको नियंत्रित तथा संयमित करना आवश्यक है। जीवन कभी भी सरल प्रवाह जैसा नहीं होता, उसमें आकस्मिक उतार-चढ़ाव आते हैं। उसमें अनिश्चितताएं, विसंगतियां, प्रश्न तथा चुनौतियां तो होंगी ही। उसके प्रति नाराजगी, क्रोध या विलाप पर ध्यान दिए बगैर उसे ऊंची उड़ान भरने के निमंत्रण एवं अपनी समस्याओं को प्रगति के मार्ग में बदल देने के तौर पर स्वीकार करने करने में ही समझदारी है। ऐसी अंतर्दृष्टि को पांच सूत्रों में समेटकर, गोविंदभाई ने अपनी लाक्षणिक विनम्रता 'नई पीढ़ी को अपनी आखिरी भेंट' के रूप में प्रस्तुत की है।

आत्मकथा उसके लेखक के अंतर्तम उर्जा, आत्म-अवधारणा को उजागर करने का माध्यम है। इस आत्मकथा में हमें एक अद्भुत इंसान आकार लेता हुआ दिखाई देता है, जिसका हृदय ऊष्मापूर्ण है, मन स्वतंत्र विचारशील और निर्णायक है, हृदय में कमजोर और जरूरतमंदों के प्रति संवेदना है, अपने कर्मचारीगण और व्यापारिक साथी-सहयोगियों के लिए गौरव है, जिनको वे अपना विस्तृत परिवार ही मानते हैं, जिसको संस्कृत भाषा और शास्त्र के प्रति प्रेम है - ऐसा एक व्यक्तिचित्र इस आत्मकथा से उजागर होता है। सामान्यतया हम ऐसा सोचते हैं कि एक बहुत सफल उद्योगपति शायद ही नीतिशुद्ध व्यक्तित्व हो सकता है लेकिन यह आत्मकथा इस मान्यता के विपरीत चित्र प्रस्तुत करती है और 'योग: कर्मसु कौशलम्' के अपने पुराने सूत्र को सच साबित करती है।

इंसान सर्वांग संपूर्ण नहीं होता है इसलिए कोई भी व्यक्ति किसी अन्य के लिए रोल मॉडल नहीं हो सकता। दूसरा, प्रत्येक व्यक्ति अपनी जीवनकथा का अनुपम, अद्वितीय लेखक होता है। एक आत्मकथा से हम ज्यादा से ज्यादा इतना सीख सकते हैं कि उस लेखक ने अपनी बातें किस तरह गूंथी हैं, उसमें कैसे-कैसे संसाधनों की सहायता ली गई है, मानव अस्तित्व के कैसे सामान्य पाठ उसने सीखे हैं और कैसे उसने दूसरों तक उसके मर्म भेजे हैं। ऐसे संबंधित परिमाण से तुलना करती गोविंदभाई धोलकिया की आत्मकथा एक पुरुषार्थी पुरुष की पावन प्रेरणापुस्तक है, जिसका हमेशा हार्दिक स्वागत ही होता है!

–प्रोफेसर लॉर्ड भीखु पारेख
हाउस ऑफ लॉर्ड्स,
लंदन

पुस्तक :
महानुभावों की दृष्टि में

आपकी आत्मकथा के प्रकाशन के विषय में जानकर प्रसन्नता हुई। यह प्रयास निश्चित तौर पर आने वाली पीढ़ी के लिए प्रेरणाश्रोत के रूप में कार्य करेगा। बचपन की स्मृतियां एवं घटनाएं, प्रारंभिक शिक्षा, व्यक्तिगत तथा व्यापारिक मोर्चे से जीवन कौशल्य को पसंद करने तक की प्रेरक जानकारी पुस्तक में संकलित की गई है। पुस्तक का शीर्षक ही नैतिकता और हीरे के बीच की उपमा का स्वर सुनिश्चित करता है। आधुनिक समय के लिए, विशेषकर हमारे युवाओं को नैतिकता पर बल देना चाहिए। आत्मकथा के विचारों के प्रवाह से पाठक प्रभावित हो जाता है। पुस्तक को पाठकों का प्रेम व स्नेह प्राप्त हो तथा उनको योगदान देने की प्रेरणा मिले। मैं पुस्तक की संपूर्ण सफलता की कामना करता हूं।

–नरेन्द्र मोदी
प्रधानमंत्री

***

आत्मकथा के माध्यम से, वैश्विक हीरा उद्योग के अग्रणी उद्योगपति गोविंदभाई अपनी विनम्रता और मूल्यों को संजोकर विश्वभर में अपनी अलग पहचान बनाने के लिए खड़े हुए हैं। आप मेरे जिले के निवासी हैं और आपने कड़ी मेहनत तथा लगन के साथ अपने व्यापार को जिस ऊंचाई तक पहुंचाया है, वह मैंने देखा है। कुशाग्र व्यापारिक सूझ के साथ, गोविंदभाई दया तथा उदारता के भी प्रतीक हैं और इन्होंने लोगों में परस्पर सम्मान की संस्कृति का संरक्षण किया है।

–डॉ. मनसुख मांडविया

भूतपूर्व केन्द्रीय स्वास्थ्य और परिवार कल्याण मंत्री, नई दिल्ली

***

गोविंदकाका के जीवन के विविध आयामों का निरूपण करती यह आत्मकथात्मक पुस्तक है। वे आज तक जिन सिद्धांतों एवं मूल्यों के साथ जिए हैं, उनका परिचय पुस्तक में पाठकों को होता है। सबसे योग्य और अनुकरणीय जीवन के सिद्धांत तथा नीतिशास्त्र को उन्होंने केन्द्र में रखा है और उनका मूल्यांकन हीरे के रूप में किया है।

–पुरुषोत्तम रुपाला

भूतपूर्व केन्द्रीय मत्स्योद्योग, पशुपालन और डेयरी मंत्री

***

यह भारतीय आजादी के समय के आसपास आंतरिक गुजरात में जन्म लेने वाले व्यक्ति की जीवनयात्रा है। इस पुस्तक में नैतिकता के आंतरिक मूल्य प्रणाली द्वारा आरम्भ कर एक महान विश्वविख्यात उद्यम के निर्माण की कहानी है। यहां पारिवारिक मूल्य, ईमानदारी और गरिमा के साथ व्यापार विकास और जीवन में कैसे प्रगति कर सकते हैं, उसका वर्णन है।

–ए.एस किरण कुमार

भूतपूर्व चेयरमैन, भारतीय अंतरिक्ष अनुसंधान संगठन (इसरो)

***

गोविंदकाका की जीवनयात्रा तैयार हुई है और कुछ समय में समाज के हाथ में भी पहुंचेगी, इस बात की प्रसन्नता है। काका की जीवनयात्रा मेरी दृष्टि में सेवा–स्मरण के पथ पर गतिशील रही। जब से मैं उनको जानता हूं, तब से कह सकता हूं कि यह एक निर्मल यात्रा रही। हमें विषयी भी नहीं बनना चाहिए और सिद्ध भी बनने

की जरूरत नहीं। केवल साधक बने रहें, यह अत्यंत जरूरी है। काका के जीवन में एक साधकपन देखा है। शून्य से पूर्ण तक पहुंचने के प्रयास की यह यात्रा सफल ही नहीं, सुफल दिखाई देती है। स्वयं की खोज, समाज की सेवा और परम भक्ति – ये तीन पड़ाव साधक की प्रस्थानत्रयी हैं। गोविंदकाका इसके त्रिपथगामी यात्री हैं, ऐसा मुझे एक साधु होने के नाते अनुभव होता है। काका सबको प्रेरणा और प्रकाश देने के लिए लंबा, निरामय आयुष्य प्राप्त करें, ऐसी प्रभु से प्रार्थना!

पुनः एक बार प्रसन्नता तथा राम स्मरण के साथ ...साधुवाद ...

–मोरारिबापू
तलगाजरडा

***

मैं पौधे पर खिले फूल की तरह 'जीवन' को घटना कहता हूं। कुछ बोलने के प्रयास करने की बजाय खिलना, यह न्यायी अनुभव है। कुदरत द्वारा बने हीरे और उसे काटने तथा पॉलिश करने के बाद आभूषण बनाने योग्य बने हीरे के बीच यही भेद है।

सत्संग और संतप्रेमी 'राजर्षि' गोविंदभाई धोलकिया ऐसे व्यक्ति हैं, जिन्होंने इस तरह अनेक लोगों के कल्याण के लिए कार्य किया है। उम्मीद है कि उनकी जीवनयात्रा और अनुभवों पर आधारित यह आत्मकथा पाठकों को उनके विकास एवं प्रेरणा की आंतरिक क्षमता दिखाएगी।

गोविंदभाई धोलकिया के लंबे आयुष्य के साथ स्वस्थ जीवन के लिए प्रार्थना एवं शुभकामनाएं।

–रमेश ओझा – भाईश्री
अध्यात्म और वेदांत फिलोसॉफी के उपदेशक, सांदीपनी

***

मेरी दृष्टि में पैसे कमाने वाले इंसान पांच प्रकार के होते हैं। उनमें से एक प्रकार 'पैसे बोने वाले का' है। पैसा खर्च करने की सही दिशा मिली हो तो उसे पैसा बोया हुआ कहा जाता है। गोविंदभाई धोलकिया की जीवनयात्रा इस प्रकार की है। उन्होंने शून्य से सर्जन किया है और पैसे को बोकर लाखों व्यक्तियों का उद्धार किया है। लोग उनको प्यार से 'गोविंदभगत' के नाम से भी पहचानते हैं। उनका संस्कारी परिवार में जन्म लेना गीता के सिद्धांतों के अनुसार पूर्व के पुण्य का फल माना जाता है।

गोविंदभाई गुजरात का बहुत बड़ा आभूषण कहे जाते हैं, तदुपरांत बिना बड़प्पन का भार उठाए सामान्य साथी के साथ खेलते-खाते, प्रसन्न रहते तथा रखते

हैं। ऐसा कहा जाता है कि संसार डूबने का स्थान है परंतु संसार उबरने का स्थान भी है, ऐसा प्रत्यक्ष उदाहरण गोविंदभाई की इस पुस्तक से मिल जाएगा। उन्होंने अपने विशाल परिवार को धार्मिकता और संस्कार में पूरित किया है। अत: उनका घर मंदिर बन गया है अथवा किसी ऋषि मुनि का आश्रम बन गया है, ऐसा कहा जा सकता है।

पिछले 20 वर्षों के परिचय में मुझे इतनी निर्मलता तथा स्थितप्रज्ञता वाला धनी व्यक्ति दिखाई नहीं दिया। मैं स्वयं उनसे अत्यधिक प्रभावित हुआ हूं। परमेश्वर उनको आरोग्य एवं दीर्घायु दे, यही प्रार्थना।

–स्वामी सच्चिदानंद, दंताली
समाजसुधारक, मानवतावादी और दार्शनिक

***

व्यापार में कर्मचारी आते हैं और जाते हैं लेकिन नैतिकता कायम रहनी चाहिए। श्री गोविंदभाई की आकर्षक आत्मकथा इस सत्य को संपूर्णता से उजागर करती है। यह बात आश्चर्यजनक इसलिए नहीं है कि वे जो कुछ भी करते हैं उसमें उनके नीतिगत मूल्य लगातार नजर आते हैं। हम व्यवसाय में लंबे समय से उनकी सफलता देख रहे हैं, उनकी सेवाभावना, उदारता, विचारशीलता और मानवतावादी कार्यों के मूल्य का अंदाजा नहीं लगाया जा सकता है। गोविंदभाई के अच्छे कर्म के विषय में ऐसा कहा जा सकता है कि जैसे हीरा सदैव रहता है, उसी तरह उनकी अमूल्य विरासत भी रहेगी।

–टॉम मोसेस
सीनियर वाइस–प्रेसिडेन्ट,
जेमोलॉजिकल इंस्टिट्यूट ऑफ अमेरिका (जी.आइ.ए)

***

यह पुस्तक अनन्य अंतर्दृष्टि और अमूल्य अनुभवों से भरी हुई है।

–एवजेनी अगुरीव
डिप्टी सी.ई.ओ, अलरोजा, रूस

***

भारतीय रत्न और हीरा, माणिक एवं मोती इत्यादि उद्योगों के प्रखर व्यक्तित्व श्री गोविंदभाई धोलकिया मेरे जैसे प्रथम पीढ़ी के हीरा व्यापारी के लिए हमेशा बड़े

प्रेरणाश्रोत रहे हैं। उनके व्यावसायिक नीतिशास्त्र का मुझ पर गहरा प्रभाव पड़ा है। गोविंदकाका की कहानी किसी परिकथा से कम नहीं – स्कूल छोड़ देने वाला एक सामान्य लड़का, आज 'बिजनस मैग्नेट' हैं। उन्होंने अपना जीवन विनम्रता, कड़ी मेहनत और 'नैतिकतापूर्ण कारोबारी प्रक्रियाओं' का सख्त पालन कर किंवदंती जैसा बनाया है।

मेरे कार्यकाल के दौरान जेम्स एंड ज्वेलरी एक्स्पोर्ट्स प्रमोशन काउन्सिल (जी.जे.ई.पी.सी) द्वारा उनको 'लाइफटाइम अचीवमेंट अवॉर्ड 2021' से नवाजा गया, इसलिए मैं अत्यंत प्रसन्न हूं। मुझे उम्मीद है कि उनके जीवन और समय को समर्पित यह पुस्तक भविष्य की पीढ़ी को प्रेरणा देगी।

–कॉलिन शाह

चेयरमैन (जी.जे.ई.पी.सी)

***

महाभारत के युद्ध में श्रीकृष्ण अर्जुन को प्रयासों और परिश्रम के फल के प्रति आसक्ति (लोभ, मोह, राग) के त्याग का उपदेश देते हैं। इस त्याग का प्रतिबिंब श्री गोविंद धोलकिया के जीवन में नजर आता है। वे दूसरे के भले के लिए पैसे कमाने के लिए प्रेरित हैं।

संपत्ति की क्षणभंगुरता तथा अस्थायित्व को पहचानकर परिवार, समाज और संस्थाओं के प्रति जिम्मेदारियों के महत्त्व को समझकर, दान प्राप्तकर्ताओं – चाहे जाने हों या अनजान, की गोविंदभाई ने सहायता की है।

उन्होंने इस आत्मकथा में कुटुंब और मित्रता के बंधन के कारण ही व्यापार में सफलता की बात की हैं। हीरों के व्यापार में नीति और वचनबद्धता महत्त्वपूर्ण होते हैं। सामान्यतया परिजन, दोस्त और पड़ोसी भागीदार बनते हैं एवं प्रतिकूल परिस्थिति में एक दूसरे को सहारा देते हैं।

लाओत्से ने कहा था, 'अत्यधिक संपत्ति अत्यधिक नुकसान भी कर सकती है।' जब संपत्ति मालिक की पहचान के साथ जुड़ी हो, तब बहुत कुछ खोने का जोखिम रहता है। इस जोखिम को तोड़ने और समाज में इस बात को समझाने के लिए गोविंदभाई दान करने में निरंतर कार्यरत हैं। यहां गांधीजी की ट्रस्टीशिप की भावना दिखाई देती है। उनकी इस पुस्तक में जीवन के तीन महत्त्वपूर्ण पहलुओं की कहानी है– परिवार, दोस्त और व्यापार। हम सबके लिए, विशेषकर 'फैमिली बिजनस' के प्रशिक्षुओं के लिए इस पुस्तक में कई रसप्रद सीख है।

–प्रो. एरल डिसूजा

डायरेक्टर, इन्डियन इंस्टिट्यूट ऑफ मैनेजमेंट, अहमदाबाद

"I am nothing, but I can do anything"

अनुक्रम

नष्टो मोहः स्मृतिर्लब्धा त्वत्प्रसादान्मयाच्युत।
स्थितोऽस्मि गतसन्देह करिष्ये वचनं तव।।

हे अच्युत! आपकी कृपा से मेरा मोह नष्ट हो गया और मैंने स्मृति प्राप्त कर ली है, अब मैं संशयरहित होकर स्थित हूं अतः आपकी आज्ञा का पालन करूंगा।

(श्रीमद् भगवद्गीता, अध्याय 18, श्लोक 73)

अध्याय-1

गोविंद की जीवन-यात्रा का आरंभ

आप्तोक्तिं खननं तथोपरिशिलाद्युत्कर्षणं स्वीकृतिं।
निक्षेपः समपेक्षते न हि बहिः शब्दैस्तु निर्गच्छति।।

जैसे पृथ्वी में गड़ा हुआ धन प्राप्त करना हो तो पहले किसी जानकार विश्वासु आदमी से जानकारी प्राप्त करनी पड़ती है और बाद में जमीन खोदकर, कंकड़-पत्थर हटाकर धन निकालना होता है। केवल सतह पर बैठकर बातें करने से धन बाहर नहीं आता; उसी तरह निर्मल आत्मत्व भी माया के कार्य से ढके होने से ब्रह्मज्ञानी गुरु के उपदेश से, उसके मनन से तथा निदिध्यासन आदि से इसे समझ सकते हैं, दुष्ट युक्तियों से नहीं।

(आदि शंकराचार्य, विवेक चूड़ामणि, श्लोक 67, भाग 1)

मैं पवित्र गंगा के तट पर खड़ा हूं। निर्मल और पारदर्शी जल मेरे सामने प्रवाहित हो रहा है। अनेक लोगों ने मेरे भीतर जो विचार बोए हैं, उन विचारों को शब्दों में आकार देना है या नहीं, उसी मनोमंथन के साथ मां गंगा के पास आया हूं।

एक आत्मकथा लिख दूं, ऐसी मेरी योग्यता नहीं हैं क्योंकि न तो मैं प्रसिद्ध हूं, न ही कोई सार्वजनिक हस्ती हूं और न ही मैंने कोई उल्लेखनीय कार्य किया है। मेरा जन्म गांव के एक किसान परिवार में हुआ था और हीरा उद्योग में कुछ नाम कमा सका हूं। जिस परिस्थिति में मेरा जन्म हुआ, वहां से बहुत लंबा सफर तय करके मैं अपने परिवार को वर्तमान स्थिति में ला सका हूं। स्कूल बीच में छोड़ने वाले विद्यार्थी को 'मानद डॉक्टरेट' कैसे मिला? एक प्रशिक्षु के रूप में पहले छह महीने तक किसी भी प्रकार का पारिश्रामिक लिए बिना काम करने वाले और फिर पहले महीने 103 रुपए कमाने वाला और आज 7,000 लोगों को रोजी-रोटी देने वाला इतना बड़ा साम्राज्य कैसे खड़ा कर सका?

लिखना शुरू करते ही मुझे सबसे पहले अपने पुरखों की याद आती है। लेकिन, आगे बढ़ने से पहले जरा अपने ही बारे में थोड़े विस्तार से बता दूं।

मेरा नाम गोविंद लालजीभाई धोलकिया है। हम मूलत: सौराष्ट्र के दुधाला गांव के वासी हैं। मैं किस्मत आजमाने के लिए सूरत आया और यहीं बस गया। सूरत ने मुझे अंजलि भर-भरकर कीर्ति दी। इस प्रतिष्ठा को देखकर परिजन और समाज के प्रख्यात लोग जब भी मिलते, मुझे राय देते, 'गोविंद काका आप आत्मकथा लिखिए।' लेकिन सच कहूं तो मेरी हिम्मत नहीं होती थी। आत्मकथा कहीं आत्मप्रशंसा तो नहीं लगेगी! पूज्य डोंगरेजी महाराज कहा करते थे, 'खुद की तारीफ मृत्यु के बराबर है।' इसे लिखते वक्त मैंने इस बात का बहुत खयाल रखा कि मैं आत्मकथा में खुद की बड़ाई न कर बैठूं। वैसे भी मैं डोंगरेजी महाराज के जीवन दर्शन में विश्वास रखता हूं। इसलिए इस पन्ने पर जो शब्द हैं, वे मेरे दिल से निकलने वाली आत्मा की आवाज हैं। हां, दिल से निकलने वाली भावना अगर किसी को स्पर्श कर जाती है तो मैं खुद को धन्य समझूंगा!

मेरा मानना है कि जिंदगी में कुछ गलत किए बिना भी धनी बना जा सकता है। मैंने ज़िंदगी की चुनौतियों को हमेशा सकारात्मक रूप में लिया है। मेरा जीवनमंत्र है, 'प्रॉब्लम इज प्रोग्रेस।' मैंने 'श्री रामकृष्ण एक्सपोर्ट्स प्राइवेट लिमिटेड कंपनी' के प्रवेश-द्वार पर भी यही वाक्य लिखवाया है, जिसके आधार में भगवान की अपार कृपा है।

अपने गांव में उड़ते हुए हवाई जहाज़ को अचरजभरी नज़र से देखने वाला किसान का लड़का, सौराष्ट्र और गुजरात के मुख्य शहरों के साथ जोड़ने वाली हवाई सेवा कैसे शुरू कर सकता है? क्या यह नियति थी? क्या यह कड़ी मेहनत थी? जोखिम उठाने की काबिलियत या फिर कोई अदृश्य शक्ति? जब मैं अपने जीवन के बारे में सोचता हूं तो इस संसार और रोज़मर्रा की ज़िंदगी को छूनेवाली तीन बातें सामने आते हैं : पहली, इस दुनिया में सफल होने के लिए ईमानदारी और नैतिकता बेहद आवश्यक है। दूसरी, ऐसी अटल श्रद्धा हो कि इस जगत में कोई अदृश्य शक्ति काम कर रही है। तीसरी, परिवार में सबको साथ में रखने और स्वीकार करने की भावना हो। मैंने तो सिर्फ इन तीनों बातों पर लिखे गए नाटक में भूमिका निभाई है। कठपुतली नचाने वाले सबसे श्रेष्ठ कारीगर की कुशल उंगलियों में खेलने वाली मेरे जैसी अनेक कठपुतलियों ने मात्र किरदार ही निभाए हैं। यह भी सच है कि मैं आज तक बुद्धि से ज्यादा हृदय से जिया हूं और जी रहा हूं।

हमारे पुरखे पंजाब-राजस्थान से निकलकर गुजरात के अडालज होते हुए धोलका में स्थायी रूप से बसे इसलिए हमारे कुटुंब का नाम धोलकिया पड़ा। उसके बाद क़रीबन 400 वर्ष पूर्व, 1650 में हमारे पुरखे धोलका से निकलकर खांभड़ा

गांव में आकर बस गए। चारण (परंपरागत रूप से वंशावलीविदों और पौराणिक कथाकारों के रूप में काम करने एवं राजा का यशोगान करने वाली एक जाति) की पुस्तक से मिली जानकारी के अनुसार वे खांभड़ा गांव से द्वारका की यात्रा करने गए थे। यात्रा से लौटने के बाद समाज का प्रीतिभोज रखा गया था। उस ज़माने में दो सौ लोगों को सुखडी (घी, गेहूं का आटा एवं गुड़ से बनी एक खाद्य वस्तु) खिलाना बहुत बड़ी बात मानी जाती थी। आज कई सदियों के बाद हमारी बसाई हुई एक छोटी-सी दुनिया में उनके उत्तराधिकारी प्रतिदिन दस हजार से अधिक लोगों को भोजन करवाते हैं। यह देखकर ऐसा प्रतीत होता है कि सामूहिक भोजन के आयोजन की प्रथा तीन सौ वर्ष पूर्व हमारे पुरखों ने ही प्रारम्भ की थी।

मेरे परदादा करमशी दादा खांभड़ा गांव से 1850 के आसपास लाठी रहने आए थे। मेरे दादाजी कांजीदादा 'आजानुबाहु' थे। खड़े रहने पर जिनके हाथ, घुटने को स्पर्श करते हैं, उन्हें 'आजानुबाहु' कहा जाता है। मेरे दादा सात्विक व बहुत सज्जन थे और भगवान श्रीराम के परम भक्त थे। वे लाठी के अन्नक्षेत्र में सेवा देते थे। सेवाभाव, दयालुता और धार्मिकवृत्ति उनके स्वभाव में थी।

मेरे कांजीदादा लाठी गांव के प्रमुख लोगों में थे। वे लाठी, प्रतापगढ़ और दुधाला - तीन गांवों की जमीन में खेती करते थे। राजशाही के समय में खेती से जुड़ें किसी भी फैसले में मेरे दादाजी का परामर्श बहुत महत्त्वपूर्ण माना जाता था। राजा की कचहरी में तो उनका अपना विशेष स्थान था।

1936 में मेरे माता-पिता का विवाह हुआ। यह मेरे पिता का दूसरा विवाह था। उस समय पिताजी की उम्र 25 और माताजी की उम्र 14 वर्ष थी। मेरी मां ने उन दिनों को याद करते हुए कहा था, 'मेरा नया-नया विवाह हुआ था, हम चार देवरानी-जेठानी लाठी में रहते थे। तब डांगरपाटी के खेत में मूंगफली से बैलगाड़ी भरनी होती थी। सुबह सवेरे ढाई बजे उठकर, तीन बजे बैलगाड़ी में बैठकर खेत में जाते। भूख लगने पर पिछली शाम की बनाई गई सूखी रोटी खानी पड़ती। उस समय गुड़ और अचार मेहमानों के लिए होते थे और वह तीज-त्योहारों पर ही हमें मिलते थे।'

बाद में, दादा की संपत्ति चार भाइयों में बांटी गई। मेरे पिताजी लालजीदादा के हिस्से में दुधाला की जमीन आई, जहां वे 1937 में रहने आए। मेरे पिता सिर्फ सात वर्ष के थे जब दादाजी का निधन हो गया।

मेरे दादा कांजीदादा, लाठी में अन्नक्षेत्र चलाने वाले खाखी बापू और आत्माराम बापू - ये तीनों बद्रीनाथ की यात्रा करने गए। उस समय हरिद्वार तक ट्रेन से और वहां से तीन सौ किलोमीटर दूर लगभग दस हजार फुट की ऊंचाई पर अलकनंदा नदी के किनारे स्थित बद्रीनाथ पैदल जाना पड़ता था। तब घोड़े-खच्चर तो मिलते थे लेकिन तीनों में से एक की भी हैसियत पैसा खर्च करने की नहीं थी।

यह त्रिमूर्ति नंगे पांव भगवान के दर्शन करने निकल पड़ी। उस समय मान्यता थी कि भगवान के दर्शन करने जाते समय जूते-चप्पल नहीं पहन सकते थे। शून्य से भी कम तापमान में अपने साथ लाए गरम कपड़े भी उन लोगों के कुछ खास काम के साबित नहीं हुए। छह महीने के बाद जब मेरे दादा घर वापस आए, तब उनका भव्य स्वागत किया गया। लेकिन कांजीदादा जैसे तंदरुस्त गए थे, वैसे वापस नहीं आए। गंभीर जुकाम के कारण उन्हें तपेदिक हो गया था। उस समय तपेदिक का उपचार संभव नहीं था। दादा बावन वर्ष की आयु में भगवान को प्यारे हो गए। उनके पुण्यकर्मों का ही प्रभाव है कि कांजीदादा के चार बेटों और दो बेटियों के छह परिवारों की आज छठी पीढ़ी सुखी जीवन जी रही है। आज हमारे धोलकिया परिवार में 1500 से भी अधिक सदस्य हैं। मैंने कांजीदादा को देखा तो नहीं है परन्तु उनकी जो बातें सुनी हैं, उनसे मुझे हमेशा ऐसा लगता है कि उनके कुछ अंश मुझमें होंगे। दादा अजातशत्रु थे, परोपकारी थे, उनका कभी भी किसी के साथ कोई विवाद नहीं हुआ था। यहां तक कि उनको भी भगवान श्रीराम प्रिय, मुझे भी भगवान श्रीराम उतने ही प्रिय।

हमारे गांव में रामजी मंदिर की सेवा करने वाले आत्मारामबापू 'बाबाजी' कांजीदादा के साथ यात्रा पर गए थे। मैंने आत्मारामबापू के दर्शन किए थे। वे वैसे ही थे, जैसा वेद-पुराणों में ऋषि-मुनियों का वर्णन होता है। हमारे परिवार और आत्मारामबापू के बीच अनोखा स्नेह-संबंध था। वे सुबह-दोपहर-शाम रामजी मंदिर की सेवा-पूजा करते। सिर्फ एक वक्त भोजन करते थे। उनके घर में कोई सामान नहीं था, न ही वे खाने की कोई सामग्री रखते थे। पूरे गांव में उनका बहुत सम्मान था। गांव के घरों से उन्हें जो भी भोजन मिलता, उसमें से स्वयं ग्रहण करने के बाद शेष भोजन वे बहुत प्यार से कुत्तों को खिला देते। वे हमेशा सबको 'सीताराम' कहकर बुलाते थे। उनके चेहरे पर ऐसी निर्मलता और शीतलता थी कि उनको देखते ही स्वतः सबके मुंह से 'सीताराम' निकल आता।

मेरा जन्म तब हुआ था, जब अंग्रेज संपूर्णतया देश छोड़कर चले गए थे तथा स्वतंत्रता और भारतीय गणतंत्र की रचना का संधिकाल था। स्कूल के दस्तावेज़ के अनुसार मेरी जन्म तिथि 7 नवम्बर, 1947 है परंतु वास्तव में मेरा जन्म 1 नवम्बर, 1949 (विक्रम संवत 2006, कार्तिक शुक्ल एकादशी) को हुआ था। उस समय गांवों में जन्म संबंधी लिखा-पढ़ी नहीं होती थी, इसलिए जन्म तिथि का ऐसा अंतर सामान्य था। गांवों में अस्पताल भी नहीं थे अत: मेरा और मेरे सभी भाई-बहनों का जन्म दाई के हाथों हुआ। उस जमाने में गांव की जो स्त्री घर पर प्रसूति कराती थी, उसे 'दाई' कहा जाता था। हमारे गांव में दर्जी परिवार की 'मणिमां' नामक महिला ने दाई के रूप में तीन सौ से अधिक प्रसूतियां करवाई होंगी। दुधाला गांव में मणिमां ने पचास-साठ वर्ष तक दाई के रूप में कार्य किया था।

मेरी माता संतोकबा की सात संतानें थीं। सबसे बड़े भाई भीमजीभाई, उनके बाद नागजीभाई, शांताबहन, परबतभाई, उनके बाद मैं, देवकुंवरबहन और अरजनभाई। गांव में सबकी तरह हम भी मणिमां को सम्मान की नज़र से देखते थे।

मेरा पालन-पोषण सात सौ की आबादी वाले दुधाला गांव में हुआ। मेरी मां संतोकबा मेरे जीवन का श्रोत थीं। आज भी जब मैं अपने बचपन को याद करता हूं तो रोमांचित हो जाता हूं। मेरी मां पाककला में कुशल थीं। घर में हम बहुत सारे बच्चे और काम करने वाली अकेली मां। उनका दिन तो सुबह साढ़े तीन बजे ही आरम्भ हो जाता था। चक्की पर अनाज पीसतीं, गाय-भैंस का दूध निकालने के बाद घर और आंगन की सफाई करतीं और पूरे परिवार के लिए रोटी बनातीं। गांव से कोई छाछ लेने आता तो मां छाछ तो उसे मुफ्त में देती, मगर दूध लेने आता तो नापकर बेचती। मां सुबह-सुबह हम भाई-बहनों का नाश्ता तैयार करतीं और सूर्योदय होते ही हम गाय-भैंसों को लेकर खेत चले जाते। उस समय तो घर घर लकड़ी के चूल्हे थे, चूल्हा जलाते ही पूरा घर और रसोईघर धुआं-धुआं...! बारिश के दिनों में लकड़ियां गीली होती थीं, इसलिए बार-बार फूंक मारनी पड़ती। केरोसिन (मिट्टी का तेल) तो कहीं मिलता ही नहीं था। उन दिनों गांव की अधिकतर महिलाओं की आंखें लाल और सूजी हुई रहती थीं।

हमारा घर बहुत छोटा था। रसोईघर तो इतना छोटा था कि वहां खड़े होना भी मुश्किल था। गांव में तो बच्चों को दातुन-कुल्ला करना होता ही नहीं; रात को खुले आकाश के नीचे तारे देखते-देखते सोना और सुबह गाय-भैंसों की रंभाने की आवाज़ के साथ उठना। सुबह उठते तो कभी मां गेहूं की रोटी में घी-मक्खन और साथ में शक्कर डालकर देती। उस रोटी को गोल लपेटकर खाने का जो आनंद आता, वह आज बत्तीस तरह के पकवान में भी नहीं आता। हां, घी-शक्कर वाली रोटी रोज़ खाने को नहीं मिलती थी। महीने-दो महीने में एक बार जब मिलती, तब दुनिया की सबसे भाग्यशाली संतान होने जैसा अनुभव होता था।

गाय और भैंस के घास-पानी का ध्यान रखना और उन्हें दुहने का काम मां खुद ही करतीं। मां सबकी बात बहुत शांति से सुनती थीं और उनके शब्द बहुत स्नेहभरे थे। मां मेरे लिए ईश्वर के समान थीं। मैं हमेशा उनके आस-पास ही खेलता और उनके साथ ही सोता। मैंने घर में चार महीने के छोटे भाई अरजन को लकड़ी के घोड़े पर सवारी कराई थी, वह दृश्य आज भी मेरी आंखों के सामने आ जाता है। मेरे माता-पिता स्वस्थ थे और ज्यादातर खेत में ही रहते। उनके पास 40 एकड़ जमीन थी लेकिन वह उपजाऊ नहीं थी। उसमें कपास, मूंगफली, बाजरा, ज्वार, गेहूं और गन्ने जैसी फसल होती थी। पिताजी निर्भयता का साकार रूप थे, बिना किसी आडंबर के वे सीधी और अचूक बातें करते थे।

अपने जीवन को देखने पर मुझे ऐसा लगता है कि मेरी शिक्षा की आधारशिला – करुणा और निर्भयता मुझे क्रमशः माता-पिता से विरासत में मिले हैं।

पचास के दशक में घरों में आज जैसी सुविधाओं की कल्पना भी नहीं की जा सकती थी। फ्रिज शब्द भी किसी ने नहीं सुना था, यहां तक कि अलमारी भी हमारे घर में नहीं थी लेकिन एक कोठार जरूर था। कोठार मिट्टी की बनी एक चौरस अलमारी जैसा बना होता है और गांव की बोली में उसे 'कोठार' कहा जाता है। इस कोठार में एक भी छिद्र नहीं रखना होता था। छिद्र करते ही जीव-जंतु उसके अंदर चले जाते हैं और उसमें रखी चीजें खराब हो जाती हैं। कोठार में लकड़ी का छोटा-सा दरवाजा होता था, जिसे दिन में एक बार ही खोला जाता। दूध-दही संभालने के लिए कोठार एक ही साधन था। बिल्ली, चूहा आदि से खाने को बचाने की यही व्यवस्था थी। लेकिन इन जीव-जंतुओं में कभी-कभी सांप भी होते! शायद ही कोई सप्ताह रहा हो जब हमारे छोटे-से मिट्टी-गारे से बने खपरैल घर में सांप न निकला हो। दीवार और खपरैल के बीच दो-चार इंच की जगह होती, यही जगह सांपों का ठिकाना बन जाती। घर में खेत से आए फसल-अनाज हों, कुछ खाने-पीने की चीजें हों, चूहे तो घर में चौबीसों घंटे दौड़ते ही रहते। सांप और बिल्ली दोनों की खुराक चूहा, अत: दोनों हमेशा हाजिर रहते! चूहों का उपद्रव तो इतना होता कि कभी-कभी लगता कि यह घर हमारा है या चूहों का? क्या इस स्थिति में कोठार में रखे दूध-दही या मक्खन सुरक्षित रह पाते थे? दिन में एक बार तो बिल्ली आकर हमारे मक्खन या दूध को जूठा कर ही जाती!

मजे की बात तो यह है कि उस जूठे खाने के बाद भी हम लोग किसी दिन बीमार हुए हों – हमें याद नहीं। वैसे भी उन दिनों बीमार होने पर अस्पताल जाना चाहिए, इस बात की समझ कम ही थी। यदि कोई बीमार होता भी तो वह देशी औषधियों से ठीक हो जाता या फिर उसकी मौत हो जाती। उस समय बाल मृत्युदर तीस प्रतिशत के आसपास रही होगी।

उन दिनों में मां छिद्र वाला पैसा देती, उसमें से कई बार बर्फ का गोला खाने को मिलता, उसका जो मजा आता – वह शब्दातीत है। तीन रंग की पिपरमिंट (खाने की एक मीठी गोली) मिलती, तो वह अमृत की तरह लगती। गांव में जब कोई छोटी हाथगाड़ी लेकर फल बेचने आता, तो हम सभी बच्चे उस हाथगाड़ी को घेरकर खड़े रहते। मां हमको आवाज देकर बुलाती और हाथ में एक सेई (अनाज का एक नाप, पायली) भरकर अनाज देती। उसके बदले में वह हाथगाड़ी वाला अमरूद देता। आप नहीं मानेंगे लेकिन केला जैसा कोई फल भी होता है, यह तो मैं आठ साल का हुआ तब जाकर पता चला!

मां स्वभाव से बहुत दयालु थीं। उनके इसी स्वभाव का लाभ मेरे साथ-साथ सभी भाई-बहन और रिश्तेदारों को भी मिलता था। हमारा घर गांव के अंतिम छोर पर था। वहां कभी-कभी फलवाला आता तो मां फल लेकर देती थीं। फल वाले से पहली बार मां ने केले लिए तो मुझे भी एक केला मिला। उस दिन तो मैं वह केला दो घंटे तक धीरे-धीरे खाता रहा! मां जब भी कुछ खाना देतीं, वह साक्षात 'मां अन्नपूर्णा' लगतीं। रेवड़ी-गोली खाने का जब मन होता तो मां की साड़ी का पल्लू पकड़कर ऐसी जिद करते कि आखिर में मां एक पैसा दे ही देती। तब चौंसठ पैसे का एक रुपया होता था। एक पैसे से हम तीन छोटे भाई-बहन बर्फ का गोला लेते। उस गोले को लंबे समय तक धीरे-धीरे चूसने में बहुत मजा आता था।

हम मां से एकाध बार रेवड़ी लेने की बहुत विनती करते। थोड़े प्रेम से मस्ती करते तो मां पिघल जाती। उस समय नकद से चीजें लेने का बहुत रिवाज़ नहीं था, इसलिए अनाज के बदले रेवड़ी खरीदी जाती।

मां के हाथ की सुखड़ी (घी और गुड़ में गेहूं का आटा सेंककर बनाया गया व्यंजन) तो लाजवाब बनती थी। उन दिनों मिठाई के नाम पर भी गुड़ के अलावा शायद ही कुछ मिलता। गुड़ भी छह महीने ही मिलता। मीठा खाने की तलब होती तो मैं मां को कहता, 'मां, सुखड़ी बना दीजिए ना।' और ज्यादातर जवाब मिलता - गुड़ नहीं है, घी नहीं है या आटा नहीं है। अंत में मैं कहता, 'मां घी नहीं है तो तेल में सुखड़ी बना दीजिए ना।' मेरी जिद के आगे मां झुक जातीं और तेल में सुखड़ी बना देतीं। उस सुखड़ी जैसा स्वाद आज की एक भी मिठाई में नहीं मिलता। वह स्वाद तो जीवनपर्यंत रहेगा क्योंकि वह अद्भुत प्रेम का स्वाद था। आज महंगी थाली खाते समय भी मां के हाथ की सुखड़ी जैसा आनंद नहीं आता है। मेरे घर में आज भी सुखड़ी का डिब्बा भरा हुआ ही रहता है, लेकिन मां के हाथ की बनी सुखड़ी जैसी मिठास कहां!

उन दिनों मेरे गांव में बिजली नहीं आई थी। बिजली आई 1978 में। गांव में हर घर में मिट्टी के तेल के दीये की ही रोशनी देखने को मिलती थी। मैं दस साल का हुआ तब तक हमारे घर में लालटेन भी नहीं आया था। हमारे घर में अधिकतर दीये ही रखे जाते थे। हमेशा एक दीया रसोईघर में और दूसरा बरामदे व घर के बीच में रहता। हवा से दीया बुझ जाता था, इसलिए दीये की बत्ती बड़ी रखनी पड़ती। दीये से धुंआ भी बहुत निकलता, घर में सब काला-काला हो जाता। मिट्टी की दीवारें और मिट्टी का ही फर्श। रंग तो था ही नहीं, दीवारें सफेद गिट्टी (खड़िया गिट्टी) से ही सफेद होतीं। यद्यपि दीये की कालिख से दीवारें अधिकतर काली ही दिखाई देतीं।

इस स्थिति में भी जिंदगी में किसी बात की कमी नहीं लगती थी। रात होते ही सबसे ज्यादा मजा हम भाई-बहनों को साथ में सोने का आता। हम दीये को जोर

से फूंक मारते और दीया बुझ जाता। मां तो दो उंगलियों की चुटकी से दीया बुझा देतीं और मैं अचरज से वह देखता रहता।

हमें लालटेन का सदैव कौतूहल रहता। हमारे गांव के चारों चौक में भी पंचायत की तरफ से लालटेन रखे जाते। आज हम उसे 'स्ट्रीट लाईट' के रूप में जानते हैं। इस लालटेन में दीये की कोठी होती थी। उस कोठी में सौ ग्राम जितना केरोसिन आता। उस कोठी से निकलने वाली बर्नर में सूत की बत्ती ऊपर तक खींची होती। उसके ऊपर कांच की चिमनी होती थी, जो ऊपर से खुली होती थी ताकि हवा मिलने के कारण दीया प्रज्ज्वलित रहे। इस प्रकार के दीये सार्वजनिक चौक में लगभग आठ फुट ऊपर रखे जाते। वैसे, दीये जलाने की जिम्मेदारी गांव के नाई की रहती। यह नाई पूरे गांव की चाकरी करता और इसके बदले उसे मेहनताने में फसल, दलहन, सब्जी आदि दी जाती।

एक दिन खेलते-खेलते मेरी नज़र उस लालटेन पर पड़ी। उसका कांच नीचे की तरफ झुका हुआ था। दिन में वह कांच आईने जैसा काम करता। उस कांच से पूरी गली में होने वाली चहल-पहल दिखाई देती। उसे देखकर मैं बहुत रोमांचित होकर सोचने लगा कि इस कांच की कैसी कारीगरी होगी? वैसे भी, इससे पहले कभी भी परछाई इस तरह ध्यान से देखी ही नहीं थी। मेरे घर तो कोई आईना था ही नहीं। उस समय मैं घंटों तक गली में खड़े रहकर उस सार्वजनिक लालटेन को कौतूहल से देखता रहता। मुझे ऐसा लगता जैसे वह कोई दूसरी ही दुनिया है। उस कांच में गली ढलुवां जमीन जैसी दिखाई देती और इंसान टेढ़े चलते हुए लगते। मैं कभी उस कांच की तरफ देखता तो कभी कांच से नजर हटाकर असली दृश्य देखता। यह खेल मैं अकेला घंटों तक खेलता रहता।

रात को जब हम सब सो जाते तब मां कालिख वाले हाथ से ही रात को हम सबको आगे-पीछे करती, यहां से वहां सुलाती, केरोसिन वाले हाथ या कालिख वाली उंगलियों से हमें स्पर्श करती। हमारे बदन पर मैल की पपड़ी जम जाती क्योंकि रोज तो स्नान करना होता ही नहीं था। हम सप्ताह में या पंद्रह दिन में एक बार स्नान करते थे। यद्यपि बाद में जैसे-जैसे सत्संग में जाने लगे वैसे-वैसे हमारी जीवनशैली में थोड़ा फर्क भी आने लगा।

हमारे घर में दो जोड़ी बैल तथा एक गाय और एक भैंस थे। इसके अलावा एक बिल्ली और तीन कुत्ते हमारे घर में पालतू की तरह रहते थे। सुबह खेत में जाती बैलगाड़ी के साथ कुत्ते उसको विदा करने जाते। खेत में पाथेय खाने (दोपहर का भोजन) की पशु-पक्षियों से रक्षा करते। शाम को वे बैलगाड़ी के साथ वापस आते। हमारी दी हुई रोटी खाकर स्वनियुक्त पहरेदार की तरह रात को मुहल्ले में ही सो जाते।

आसपास के सभी जानवरों के साथ व्यवहार, उनकी सरल आदतें और बरताव देखकर मुझे आश्चर्य होता। एक बच्चा होने के नाते मेरे मन में प्रश्न उठता, 'भैंस ज्यादा दूध देती है, फिर भी गाय को क्यों माता माना जाता है?' एक बार भीमजीभाई के नेतृत्व में हम सात भाई-बहनों में इस बात को लेकर चर्चा हुई थी। हमने लगभग तय कर ही लिया था कि भैंस को उसकी चमड़ी के रंग के कारण गाय से निम्न माना जाता है। परंतु मां ने ऐसा कहकर इस बात का खंडन कर दिया कि कुछ गायों का भी रंग काला होता है। उसके बाद हम सब गांव के मुख्य पुरोहित उमिया दादा के पास गए। उन्होंने समझाया कि भगवान श्रीकृष्ण के सानिध्य के कारण गाय को यह विशिष्ट दर्जा प्राप्त हुआ है।

उमियादादा मतलब हमारे गांव के 'सुदामा ब्राह्मण'। उनको जब भी थोड़ा दूध, दही या कुछ भी चाहिए होता, वे हमारे घर आते और मां उनके बिना कुछ कहे ही उनकी जरूरत की चीजें उन्हें दे देतीं। यह दृश्य मेरे लिए बचपन में मिलने वाला इन्सानियत का पाठ था कि किसी व्यक्ति के विचारों को भी पढ़ा जा सकता है। हमारे घर में आम साल में एक ही बार आता, वह भी भीम एकादशी के एक-दो दिन पहले। मेरी मां चूसने वाले आम की पंद्रह-बीस किलो की टोकरी ले आती। वह टोकरी आती तो मुंह में पानी आ जाता और लगता कि अब हमें आम का रस मिलेगा। तब आम का रस निकालने के लिए मिक्सर मशीन तो थी नहीं इसलिए आम को पिलपिलाकर उसका रस निकाला जाता। आम की गुठली और छिलके को दबाकर गूदा निकालकर उसको दूध में धोते। उन दिनों जिनके घर गाय-भैंस होती, वही आम की गुठली-छिलके को दूध से धोते। बाकी के लोग तो पानी से ही धोते। धोने के बाद जो कूंचा होता वह हमें चूसने को मिलता, उसमें भी मजा आता। उस समय देशी आम के इमली जैसे खट्टे रस में हम गुड़ डालते। तब शक्कर के उपयोग का चलन तो था ही नहीं। आम के रस में जो लोग दूध या गुड़ डालते थे, उनकी गिनती गांव के बड़े लोगों में होती थी। ऐसा रस भी हमें साल में एक बार ही खाने को मिलता।

मुझे आज भी याद है, एक दिन मैं बैलगाड़ी के साथ खेत जा रहा था तब मां ने मुझे एक आम उपहार में दिया था। उस दिन मुझे लगा कि मैं मां का 'सबसे लाड़ला' बेटा हूं। उस आम को मैंने पिलपिलाकर बैलगाड़ी में बैठकर खाया था। पहले तो धीरे-धीरे रस चूसा। बाद में गुठली का लज्जत से स्वाद लिया और आखिर में छिलका भी खा गया। आम खाने की स्मृति आज भी जब मानसपटल पर ताजा हो आती है, तब ऐसा लगता है कि रत्नागिरी हापुस, तलाला के केसर या कतारगाम के केसर आम में भी मां से मिले उस आम जैसी मिठास नहीं। बचपन में चूसने वाले आम का जो स्वाद जेहन में बैठ गया है, वह जिंदगीभर याद रह गया। अब ऐसा लगता है कि सुख सापेक्ष है जो समय और परिस्थिति के अनुरूप अपना स्वरूप बदलता रहता है।

दिवाली का त्योहार किस बच्चे को पसंद नहीं होता? दिवाली पर हमें छोटे पटाखे मिलते, उसको लविंगिया कहा जाता है और इन पटाखों को सात-आठ साल का बच्चा भी आसानी से फोड़ सकता है। उसका एक-एक झुमका यानि गुच्छा हमें मिलता। इस गुच्छे की डोर से एक-एक पटाखा अलग करके फिर फोड़ना होता है। यह झुमका तीन पैसे का और चांदलिया (एक प्रकार का पटाखा) की डब्बी भी तीन पैसे की मिलती। एक डब्बी में चालीस से पचास चांदलिया होते। ये चांदलिया पत्थर पर रखकर उस पर दूसरा पत्थर मारते हैं, तब फूटता है। वैसे भी चार-पांच बार मारते हैं तब एक चांदलिया मुश्किल से फूटता। लेकिन वह आनंद ही अनोखा था। पूरे गांव में आपको एक भी बच्चा ऐसा नहीं मिलता, जिसकी उंगली में गीली पट्टी न बंधी हो। चांदलिया फोड़ते समय हर एक की उंगली एक बार तो कुचल ही जाती। यदि उस पर भी दो-तीन फुलझड़ी मिल जाती, तब तो दिवाली संवर जाती।

बचपन की कई घटनाएं मन में घर कर जाती हैं। मेरे बचपन की कुछ स्मृतियां उदासियों से घिरी हुई हैं लेकिन हर उस वेदना के साथ मां की ममतामयी संभाल और देखभाल का अनुभव होता।

बिना गिरे-पड़े तो कौन-सा बच्चा बड़ा होता है! आज भी मेरे बाएं हाथ की पहली उंगली पर हाथ घुमाता हूं तब चिपटी हुई उंगली की एक घटना याद आ जाती है।

एक सुबह बैलगाड़ी में बैठकर घर से खलिहान जा रहा था। गाड़ी में सदैव एक बांस की टोकरी रहती। गाड़ी में बैठने पर कपड़े, विशेषकर चड्डी खराब न हो इसलिए बड़े भैया मुझे उस टोकरी पर बिठाते। गाड़ी में खाद भरी हुई होती थी। खाद का अर्थ है- गाय, भैंस और बैल का गोबर। उस दिन मैंने उलटे के बदले सीधी टोकरी रखी थी और इसकी वजह से संतुलन नहीं रहा। मैंने आगे की बजाय पीछे वजन दे दिया। टोकरी तो गिरी ही, टोकरी के साथ मैं भी गिरा!

उस समय बैलगाड़ी में 'टायर' नहीं लगाए जाते थे। काठ के पहिए के ऊपर तीन इंच का लोहे का पट्टा चढ़ाया जाता था। जैसे ही मैं टोकरी से नीचे गिरा कि मेरे बाएं हाथ की कनिष्ठा उंगली उस पहिए के नीचे आ गई और पूरी कुचल गई। असहनीय पीड़ा से मेरी आंखों से बड़े-बड़े आंसू गिरने लगे। ऐसे दर्द में मरीज को तुरंत अस्पताल ले जाना चाहिए, ऐसी समझ उन दिनों किसी में थी ही नहीं। खेत में ही पीपल और गोंद के पेड़ के बीच में रस्सी से एक खटिया बांधी और उस खटिया में मुझे सुला दिया गया। खेत से मूंग के पत्ते लाकर, उसको बारीक कूटकर कुचली हुई उंगली पर लगा दिया गया। ऊपर पट्टी बांध दी गई अत: खून निकलना बंद हो गया। दर्द की शिकायत की तो बड़े भैया ने कहा, "भगवान का नाम ले, भगवान तेरी सारी पीड़ा ले लेंगे।"

मुझे खाट पर सुलाकर भाई तो खेत में काम करने लगे, मैं अकेला पीड़ा झेल रहा था। बालमानस में मुझे श्रद्धा इतनी थी कि भगवान दर्द मिटा देंगे अत: मैंने भगवान के नाम का रटन जारी रखा। आज भी मेरी श्रद्धा ज्यों की त्यों है।

शाम को खलिहान से वापस आते समय गाय-भैंसों के लिए गाड़ी में गाजर, भाजी और घास डाली और उनके साथ मुझे भी गाड़ी में सुला दिया गया। घर पहुंचे तब भाइयों ने मां को कहा कि गोंविदा को चोट लगी है। मां ने तो घबराहट के मारे मुझे गोद में उठा लिया और मेरी उंगली को देखकर मां रो पड़ी, तब न जाने क्यों मुझे ममता भरा स्नेह बहुत अच्छा लगा था।

उसके बाद तो मेरे बड़े काका के बेटे वेलजीभाई और डायाभाई मिलने आए। उन्होंने मेरे दोनों भाइयों को मीठा उलाहना देते हुए कहा, 'इतनी ज्यादा चोट लगी है कि गोविंदा को अस्पताल ले जाना पड़ेगा।' पिताजी कहीं बाहर गए थे और रात को नौ बजे लौटे तो मेरी उंगली की स्थिति देखकर बहुत चिंतित हो गए। उन्होंने कहा, 'मैं गोविंदा को कल सुबह लाठी अस्पताल ले जाऊंगा।' अगली सुबह मैं जिंदगी में पहली बार बस में बैठा और पहली बार मैंने लाठी शहर देखा।

मुझे डॉक्टर के पास तो ले गए थे पर डॉक्टर भी क्या कर सकते थे? उस समय एक्स-रे की सुविधा लाठी तो क्या अमरेली में भी नहीं थी, एक्स-रे के लिए अहमदाबाद जाना पड़ता इसलिए उस डॉक्टर ने लाल दवा के साथ पट्टी बांध दी। मैं असहनीय पीड़ा में जोर-जोर से रोने लगा। पिताजी ने मुझे शांत करने के लिए चार पेड़े लेकर दिए। पेड़ा खाने और लाठी शहर देखने के बाद तो मैं दर्द बिलकुल ही भूल गया। बाद में मन में हुआ, 'अच्छा हुआ मेरी उंगली कुचल गई, मुझे बस में बैठने को मिला, शहर देखने को मिला, ऊपर से अकेले को चार पेड़े खाने को मिले।'

एक बार मुझे बहुत बुखार आया, बुखार में मैं बड़बड़ाने लगा। मुझे बड़बड़ करते हुए देखकर मां तो मेरे बिस्तर के पास बैठकर बहुत रो रही थी। वह गांव से कभी मणिमां को बुलाती तो कभी दूधीमां को और कभी साकरकाकी जैसी अपनी सहेलियों को और उनसे विनती करती कि मेरे गोविंदा का बुखार उतर जाए, उसके लिए कुछ कीजिए...!

हमारे घर में कोई भी पशु या इंसान बीमार होता तो मां हनुमानदादा को दो दीये की मन्नत रखकर भगवान को काम पर लगा देती। यदि बड़ी बीमारी होती तो श्रीफल की मन्नत रखती। कभी-कभार तो एक ही दिन में चार-पांच मन्नतें रख लेतीं। पर हनुमानदादा उनके इष्टदेव थे इसलिए मां की उन पर अटूट श्रद्धा थी। यदि बेहद बड़ा दुख होता तो लड्डू की मन्नत रखती। उनकी इस श्रद्धा से हमको नारियल और घी से बने लड्डू खाने को मिलते। काफी दिनों बाद मुझे पता चला कि मेरे ठीक

होने के लिए मां ने अपनी पसंद के व्यंजन नहीं खाने की मन्नत रखी थी। कुछ दिन बाद मैं ठीक हो गया परंतु जिस तरह मां ने निरंतर तीन दिन तक मेरा ध्यान रखा, वह मेरी स्मृति में चिरकाल के लिए अंकित हो गया है।

आज रुई के नरम-नरम गद्दे पर यह समस्त स्मृतियां एकत्र कर रहा हूं तब मुझे स्मरण आ रहा है, पयाल अर्थात् पुआल का बिस्तर। मुझे एक बार पयाल के बिस्तर में सोने के मोह में डांट भी पड़ी थी। घर में हम सब भाई-बहन नीचे गद्दे बिछाते और ओढ़ने के लिए कपड़ा रखते। खलिहान में पयाल का बिस्तर होता। उसमें जरा भी ठंड नहीं लगती। ठंड के मौसम में तो हम खलिहान में पयाल के बिस्तर पर ही सोते। इस बिस्तर में हम भी होते और पास में बैल भी बंधे होते थे। बैल और हम एक ही बिस्तर पर सोते रहते। रात को पयाल के नीचे जीव-जंतु भी होते थे, कभी-कभी इस पयाल के बिस्तर में सांप भी गरमाहट लेने आ जाते। एक सुबह इस पयाल के बिस्तर से सोकर खड़ा हुआ तब मेरी नजर सामने ही पयाल में छिपे हुए सांप पर पड़ी जो वहां से जा रहा था।

रात को जब बड़े भैया बैल को घास खिलाने के लिए जागते और हाथबत्ती करते तब सामने की दीवार पर पांच-सात बिच्छू तो दौड़ते हुए नजर पड़ते ही थे। यह किसान के जीवन की वास्तविकता है। एक दिन मैं घर में किसी को भी बिना बताए खलिहान में पयाल पर सोने के लिए पहुंच गया। वहां परबतभाई और नागजीभाई भी थे। दोनों को लगा कि मैं घर में मां को बोलकर ही आया होऊंगा! लेकिन मैंने इस बारे में किसी को कुछ बताया ही नहीं था। घर पर सब मुझे ढूंढ़ने लगे। मेरे पिताजी खलिहान पर आए और मुझे डांटने लगे, तब मुझे मेरी गलती की गंभीरता का एहसास हुआ।

1957 में बारिश के मौसम में मेरे दोस्तों के साथ घर के आंगन में गिल्ली डंडा खेलते समय अचानक ही मां की आंखों में गिल्ली लग गई। उनकी दर्द भरी चीख सुनकर मेरे सभी दोस्त डर कर भाग गए लेकिन मैं अपराधबोध से स्तब्ध हो गया। मैं कैसे अपनी वात्सल्यमयी मां को चोट पहुंचा सकता हूं? पड़ोस की सभी औरतें मुझे डांटने लगीं। उस दिन मुझे बहुत मानसिक चोट पहुंची थी। दुनिया में सर्वाधिक प्रिय व्यक्ति मेरी मां को मैं कैसे दुख पहुंचा सकता हूं! जख्म से खून बहता देख मैंने सहज ही एक महीना मक्खन न खाने की मन्नत रखी कि 'मेरी माँ जल्दी से ठीक हो जाए।' दूसरे दिन जब मैंने खाने में मक्खन नहीं लिया तो मां को मेरी मन्नत के बारे में पता चला। मेरे अपराधबोध को दूर करने के लिए उन्होंने कहा, 'अनजाने में की गई गलती से पाप नहीं लगता इसलिए तुझे किसी भी प्रकार की कोई मन्नत रखने की जरूरत नहीं।' उन्होंने मुझे दोगुना मक्खन दिया और मैं प्रसन्न हो गया। उस दिन के बाद से जब भी मां के चेहरे पर वह दाग देखता हूं तो मुझे उस घटना का स्मरण हो आता है।

हमारे घर के मुख्य दरवाजे के सामने ही खुला प्लॉट था। उसमें हम सब बच्चे खेलते। एक दिन खेलते-खेलते मैं घर की तरफ दौड़ा और उधर से केराला गांव के ही एक सिपाही का लड़का फुलस्पीड में साइकिल चलाकर जा रहा था। मैं उसकी चपेट में आ गया और मेरे बाएं कान पर चोट लगी। खून निकल रहा था इसलिए मुझे घर लाए। मेरे माता-पिता तो खलिहान गए थे। मेरे बड़े पापा नारणदादा और अमृतमां ने मेरी देखभाल की। मेरी चोट पर चाय की बुरकी (चूर्ण) लगाकर पट्टी बांध दी। बस, मेरा कटा हुआ कान जुड़ गया, 'ऑपरेशन' हो गया और दवा भी हो गई! मेरे कान की मोटी गांठ देखकर विचार आता है कि आज भी मेरे जैसे कितने ही बच्चे बिना इलाज के दर्द से तड़पते होंगे।

मुझे आश्चर्य इस बात का हुआ कि बुजुर्ग लोग सामान्य लगने वाली तरकीबों से कैसे इतना असरकारक इलाज करते थे!

गांव में शायद ही कोई ऐसा व्यक्ति होगा, जिसे बिच्छू का डंक न लगा हो। मुझे भी दो बार बिच्छू ने काटा था। एक बार जब मैं खेत में पानी डाल रहा था तब मुझे बिच्छू ने काट लिया था। भीमजीभाई मुझे गोद में उठाकर गांव में एक 'ऊंटवैद्य' के पास ले आए। अपने हाथ की उंगलियों को इधर-उधर इकट्ठी करते और बाद में उसके ऊपर वैद्यराज अनाज के दाने रखते, फिर कुछ मंत्र बोलते हों ऐसा लगता। उसके बाद कहते, पैर को तीन बार पटको। लगातार पूछते रहते कि बिच्छू कहां तक उतरा?

बिच्छू काटने पर पूरे बदन में तेज़ जलन होती और ऐसा लगता कि अभी कुछ हो जाएगा। शरीर के रोम-रोम में होने वाली यह जलन कुछ भी करने से शांत नहीं होती। चार-छह घंटे यह दर्द सहन करना पड़ता।

दूसरी बार मुझे दिवाली के दिनों में बिच्छू ने काटा था। वास्तव में अपने हिस्से में आए पटाखे मैंने एक मिट्टी की कुल्हिया में इकठ्ठे कर रखे थे। पटाखे निकालने के लिए जैसे ही कुल्हिया में हाथ डाला कि बिजली के करंट की तरह डंक लगा। तुरंत ही पता चल गया कि बिच्छू ने डंक मारा है। पहली बार जैसी पीड़ा दूसरी बार नहीं हुई। फिर से वापस वही बिच्छू का जहर उतारने वाला आया और विधि पूरी हुई परंतु सच कहूं तो बिच्छू की पीड़ा के निवारण के लिए 'श्रेष्ठ' दवा तो मेरी मां ही थी। रात होते ही वे मुझे गोद में लेती, मेरे सर पर हाथ घुमाती और गहरी नींद में मेरा सारा दुख गायब हो जाता।

मेरी मां को हमेशा मेरे पिताजी तथा अन्य खेत मजदूर के लिए दोपहर का खाना लेकर गाय-भैंस के साथ खेत जाना होता था।

उस समय वे हमारे लिए रोटी बनाकर पड़ोस की जमना मोसी के घर रखकर जाती। इस जमना मौसी का मां को बहुत सहारा था। जब भी भूख लगती तब जमना

मौसी के घर कपड़े में लिपटी हुई रूखी-सुखी रोटी लेकर हम खा जाते। तब रोटी के साथ कुछ कमी है, ऐसा कभी लगा नहीं। रोटी खाकर कहीं भी और कैसा भी पानी पी लेते तो भी संतोष की ऐसी डकार आती जैसे पेट भर गया हो।

मां के खेत से आने का दृश्य आज भी मेरी आंखों में अंकित है। तब मैं सात साल का रहा होऊंगा, मेरे बड़े भाई-बहन मां के साथ खेत जाते। मेरी छोटी बहन देवकुंवर और सबसे छोटा भाई अरजन जो लगभग दो वर्ष का था, घर पर साथ रहते और हम तीनों पूरे दिन आंगन और गली में मिट्टी में खेलते। मैं कई बार अरजनभाई को गोद में उठाकर, देवकुंवरबहन की उंगली पकड़कर गांव के बाहर नीम के पेड़ के पास जाता। उन दोनों को नीम के पेड़ के नीचे बैठाकर नीम पर चढ़कर निंबोलियां नीचे गिराता। वे कच्ची और कड़वी निंबोली हम मजे से खाते। यह निंबोली पककर जब पीले रंग की होती, तब तो उसकी मिठास... आहाहाहा...! लगता था जैसे केसर आम की मिठास उस निंबोली में आ गई हो। कुदरत की रचना ही ऐसी है कि नीम की कड़वी निंबोलियां खाने से कई बीमारियों से बचा जा सकता है।

पूरा दिन भाई-बहन की देखभाल में गुजर जाता और जैसे ही सूरज ढलने लगता, मेरी नजर बार-बार उस कच्चे रास्ते पर जाकर रुक जाती। मेरी मां आ रही है कि नहीं सो देखता रहता। ढलती शाम को कभी-कभार हम खलिहान के रास्ते में मां को सामने से लेने जाते। दूर से मां को आते देखता तब लगता जैसे मुझे मेरी दुनिया दिख गई हो। उन दिनों में तो मां ही मेरे प्राण और मेरा जीवन थी।

हमें सामने से आता देखते ही मां की चाल दोगुनी हो जाती। आगे-आगे गाय-भैंस चलते, गाय-भैंस के पैर से उड़ने वाली धूल का एक आवरण ऊपर वातावरण में चढ़ जाता। उसके बाद मां को हम देख सकते, सर पर घास का गट्ठर रखा होता। पास आकर सबसे पहले तो मां अरजनभाई को मेरे हाथ से लेकर गले से लगा लेती। हमें बहुत ही प्यार करने वाली मां पैदल चलते-चलते गन्ने के छिलके निकालकर साफ किए हुए टुकड़े साड़ी के कमरबंद में हमारे लिए इकठ्ठी करती। उन टुकड़ों को चूसते समय उसका स्वाद हमें अमृत से भी मीठा लगता था। आज दुनिया की महंगी से महंगी मिठाई में भी उस मिठास का अनुभव नहीं होता क्योंकि मां के द्वारा छिलके निकालकर साफ किए हुए गन्ने के टुकड़ों के साथ मां का अधरामृत भी मिला हुआ होता था।

मेरे बचपन की अनेक स्मृतियों में से एक स्मृति ऐसी है जो अन्य सभी स्मृतियों को ढंक देती है। वह स्मृति है- एक अंधी दादी और मां के स्नेह संबंध की।

राजुमां एक विधवा थीं जिनके जवान बेटे की अकाल मृत्यु हो गई थी। वे अपनी छोटी बेटी के साथ हमारे घर के मुख्य दरवाजे के आगे की गली में रहती थीं। निपट गरीबी में जीवन कटता था उनका। उनकी झोंपड़ी में मिट्टी तक का भी

बर्तन नहीं था। सोने के लिए गद्दा नहीं, ओढ़ने के लिए चादर नहीं, चूल्हा तो था पर जलाने के लिए ईंधन नहीं।

राजुमां की बेटी का नाम जड़ी था। मैंने जड़ी के अलावा उनका अन्य कोई परिजन नहीं देखा था। मैं सयाना हुआ तब से मैंने रोज राजुमां को अपने घर आते देखा। जड़ी रोज उनको लेकर हमारे घर आती। मैंने जड़ी के बदन पर घाघरा और चोली ही देखी है। उसके पास दुपट्टा लेने के पैसे भी कहां थे? वह अपने हाथ में लाठी पकड़कर राजुमां को लेकर आती, हमारे घर के बरामदे में उन्हें बैठा देती। हमारे घर में कभी मां होती तो कभी शांता बहन होती। यदि घर में कोई नहीं होता तो भी राजुमां बरामदे में अकेली बैठी रहतीं।

मां घर में होती तो राजुमां की जैसे लॉटरी लग जाती। मां मौसम के अनुसार उनको खाना देती थी, छाछ देती तो भी राजुमां प्रेम से पी लेती। शकरकंद और छाछ देती तो वे उसे पकवान वाली लज्जत से खाती जाती और मां को आशीर्वाद देती जाती।

जब राजुमां को खाना देते तब विशेष ध्यान रखना पड़ता कि खाने में मक्खी न गिर जाए। यदि बेचारी के पेट में मक्खी चली जाए तो मक्खी या खाना - दोनों में से एक भी पेट में नहीं टिकता। गांव में किसी ने जहर पी लिया हो तो उसको एक-दो मक्खी खिला देते ताकि जहर और मक्खी दोनों पेट से बाहर निकल जाए।

मेरी मां ने राजुमां को वर्षों तक दूधपाक, सुखड़ी, लापसी, शकरकंद, पकौड़े, चूरमा, दाल-चावल, गन्ना, ज्वार, बाजरे या गेहूं की रोटी, कढ़ी, खिचड़ी आदि खिलाया। हमारे घर में जो बनता, वह राजुमां को जरूर खिलाया जाता।

लेकिन एक बार ऐसी घटना हुई जो मुझे आज भी याद है। एक बार मां ने उबले हुए शकरकंद और दूध राजुमां को दिया था। मां वापस रसोईघर गई और हाथ में शक्कर लेकर आई। राजुमां के छोटे से तसले में उन्होंने शक्कर डाल दी। उन दिनों में शक्कर हर किसी के घर में नहीं होती थी। बिना सरकार की अनुमति के कोई शक्कर खरीद नहीं सकता था या घर में रख भी नहीं सकता था। शक्कर का स्वाद आया कि राजुमां गद्गद् हो गई। उन्होंने मेरी मां से कहा, 'हे हंतोक, तूने मुझे शक्कर खिलाई!' उसके बाद तो उनके मुंह से जो आशीर्वाद निकले, 'हंतोक, तु समृद्ध होगी... तूने तो मेरा पेट तृप्त किया है। भगवान तेरा पेट तृप्त करेगा। ओ मां... मैं कौन-से जनम में तेरा यह ऋण चुकाउंगी...?'

उनकी बातों को याद करके लगता है कि वह आशीर्वाद किसी व्यक्ति के नहीं थे, वे एक तृप्त जीव के मुंह से निकले हृदय के आशीर्वाद थे। कभी-कभी तो मुझे ऐसा लगता है कि राजुमां के आशीर्वाद के कारण ही आज हमारा घर हरा-भरा है।

बाद में राजुमां की बेटी जड़ी बड़ी हो गई, इसलिए ढसा गांव से उसकी बुआ का बेटा आकर उसे ले गया। अब राजुमां का क्या करें? गांव वालों ने फैसला लिया कि राजुमां को सताधार वृद्धाश्रम में भेज दिया जाए।

वह दिन आ गया। आज राजुमां को लेकर आने वाली उनकी बेटी नहीं थी, फिर भी राजुमां को हमारा घर मिल गया। दूर से ही आवाज लगाई, 'हंतोक, ऐ हंतोक...', उनकी आवाज में गजब का दर्द था। वह आवाज आज भी मुझे ज्यों की त्यों याद है। राजुमां हमारे घर आई और उन्होंने मेरी मां को कहा, 'हंतोक... पता नहीं अब हम कब मिलेंगे? तूने मुझे बहुत खिलाया है, मेरा पेट तृप्त किया है, भगवान तेरा पेट तृप्त करेगा...', इतना कहते-कहते राजुमां का गला भर आया और वह गिर पड़ी। मेरी मां ने तुरंत ही दौड़कर उनको उठाया और दोनो एक-दूसरे के गले लग गई और सिसक-सिसककर रो पड़ीं।

उस दिन मेरी मां ने राजुमां को जी भरकर खिलाया। राजुमां को टिफिन में सुखड़ी बनाकर दी। हाथ में दस रुपए दिए। राजुमां सताधार जाने के समय तक हमारे घर पर ही बैठी रहीं। क्या पता वह अंधी आंखों से क्या सोच रही होंगी! गांव के बुजुर्गों द्वारा निश्चित किए अनुसार हमारे गांव के भीखाभाई मिस्त्री उनको सताधार छोड़ने जाने वाले थे। राजुमां घर से बाहर निकली तो मेरी मां घर जाकर ऐसे रोई मानो उन्होंने राजुमां से हमेशा के लिए विदाई ले ली हो। मां पूरे दिन बहुत ही उदास रही। पूरे गांव में राजुमां के पीछे रोने वाला मेरी मां के अतिरिक्त कोई और नहीं था। दूसरे दिन भीखाभाई उनको सताधार छोड़कर गांव आ गए। मेरी मां ने भीखाभाई को घर बुलाकर राजुमां के समाचार पूछे। भीखाभाई ने जो कहा, वह दिल दहला देने वाला था। सताधार गांव के महंत ने राजुमां को देखकर भीखाभाई को कहा था कि 'पूरे गांव से एक कबूतर तक संभाला नहीं गया?'

इस समय बचपन में कुएं में कूदने और शिद्दत से तैरने की स्मृति हो आती है ।

तब मैं लगभग दस साल का था। बारिश के मौसम में हमारा कुआं पानी से लबालब भरा हुआ था। उन दिनों बड़े भैया मेरी कमर में रस्सी बांधकर मुझे कुएं में उतार देते। जैसे ही मैं डूबने लगता, रस्सी को खींचकर सतह पर ले आते। ऐसे धीरे-धीरे मैंने तैरना सीखा लेकिन उसके बाद तो मैंने ऐसी कुशलता प्राप्त कर ली कि हम सभी भाई कुएं में पैंतीस-चालीस फुट गहरे पानी होने पर भी ऊपर से कूदते और कुएं में नहाने का आनंद लेते। आज भी मैं हमारे धोलकिया फार्म में रोज तैराकी करता हूं। साल में एक-दो बार तापी नदी में तैरने जाता हूं, तब वह दुधाला का कुआं और दुधाला की नदी की याद आ जाती है।

अब तो 'खलावाड़' का अस्तित्व ही खत्म होता जा रहा है। उन दिनों गांव में मैदान में 'खलावाड़' खड़ा किया जाता था। खलावाड़ यानी फसल से दाने अलग

करने का स्थान। फसल को मसलकर हवा में अनाज की ओसौनी करते हैं, उसे 'वावलवु' कहा जाता जिससे अनाज से कचरा अलग हो जाता है। जब रजवाड़े हुआ करते थे, तब पके हुए अनाज का पचास प्रतिशत राजभंडार में देना पड़ता था। खलावाड़ में पच्चीस-तीस 'खला' चलते। लोगों का बड़ा मेला लगता था। जहां देखो वहां बैलगाड़ियां ही दिखाई देतीं। बड़ा रमणीय दृश्य होता। इस खलावाड़ में फसल का बारीक भूसा बहुत उड़ता और बदन पर चिपक जाता। यह भूसा बहुत चुभता, फिर भी खलावाड़ में काम करने में मजा बहुत आता था। रात को खला में अनाज का ध्यान रखने के लिए वहां सोना पड़ता था। यदि रात को तेज हवा चलती तो ओसौनी आरंभ कर देनी पड़ती। कब सोना और कब उठना यह निश्चित नहीं था। उन दिनों में गांव में छूटक में काम करने वाले गरीब मजदूर और सेवा देने वाले जैसे कि ब्राह्मण, लोहार, बढ़ई, पुजारी, नाई आदि लोगों को किसान पांच-सात मन (मन यानी चालीस सेर का वजन) अनाज तो ऐसे ही खुशी में दे देते। 'हम अकेले अन्न नहीं खा सकते', यह समझ तब से मेरे मन में बैठ गई थी। आज भी जब मैं, SRK फैमिली यानी हमारे यहां काम करने वाले कर्मचारियों को एक साथ खाना खाते हुए देखता हूं तो अत्यंत प्रसन्नता होती है। मुझे बुजुर्गों की कहावत याद आती है, 'जिनके अन्न एक, उनके मन एक।'

उन दिनों में हफ्ते-पंद्रह दिन में या महीने में एक बार कपड़े बदलने तथा धोने की प्रथा थी। कपड़े साबुन से नहीं, अपितु खरा से मतलब खारी मिट्टी से धोए जाते। नदी के पास जो क्षार वाली मिट्टी होती है, उसे खारो कहा जाता है। कुछेक औरतें एक दिन पहले गरम पानी में कपड़े भिगोकर रख देतीं, जिससे दूसरे दिन ज्यादा मेहनत न करनी पड़े। नदी के किनारे हम सब बच्चे खारी मिट्टी एकत्र करते, यह काम बड़ी कुशलता का था। उस समय 'पाणकोरुं' नाम का मोटा कपड़ा आता था। उसके एक टुकड़े में मिट्टी भरकर उसका साबुन के रूप में उपयोग किया जाता। बस उस मिट्टी से कपड़े धुले हैं तो साफ हो गए ऐसा समझ लेना पड़ता था।

अरे, कपड़े ही क्यों, हम तो बाल भी उसी मिट्टी से धोते थे। सफाई के अभाव में तकरीबन हर बच्चे के बालों में जुएं हो जातीं। पूरे दिन सबके हाथ सर खुजाने के काम में ही लगे रहते। साबुन या शैम्पू तो देखा ही नहीं था! जुएं ज्यादा हो जातीं तो बच्चों को गंजा बना दिया जाता। कोई बड़ा लड़का यदि शौक के लिए लंबे बाल रखता तो गांव के बुजुर्ग ऐसा समझते कि यह लड़का बिगड़ गया है। मेरी मां या बहन बालों में हो रही जुएं चुन-चुन कर साफ कर देतीं।

गांव की जिंदगी का चक्र भी कुछ अलग तरीके से ही चलता है। दर्जी नाप लिए बिना ही छोटे बच्चों को दूर से देखकर ही कपड़े सिल देता। बाद में लंबा-छोटा जैसा भी हो, पहन लेना पड़ता था। गांव का हर व्यक्ति अपनी कुशलता और समझदारी के अनुसार एक-दूसरे की सहायता करता था।

गांव में धूल-मिट्टी के चक्के और खेत के बीच ही हमारा जीवन था। भैंस-गाय और बैल के साथ एक ही स्थान पर जीने में हमें कोई एतराज नहीं था। सफाई रखने या प्रतिदिन स्नान करना चाहिए, इस बात की समझ तो थी ही कहां! उन दिनों गांव के बहुत से लोग खाज और खुजली से ग्रस्त होते थे। चमड़ी की बीमारी लगभग हर घर में थी। वैसे भी खाज जैसा संक्रामक रोग जल्दी से मिटता भी नहीं। हम स्कूल जाते हुए एक-दूसरे को स्पर्श करते, साथ में खेलते तो खाज का रोग जल्द ही फैल जाता था।

1962 में मेरी शांताबहन जब ससुराल से आई तो उन्होंने साबुन मंगवाया था, बस, हमारे घर में साबुन की यह पहली एंट्री थी। हमारे घर में समयानुसार सबको खाज हो चुका था। मुझे, नागजीभाई और परबतभाई को एक साथ हुआ था। गांव में सभी लोग खाज के इलाज के लिए दवाखाना जाने की अपेक्षा नदी पर जाना अधिक पसंद करते थे। नदी पर जाकर मछलियों को खाज खिला दो। हमने भी यही किया था। हमारे गांव की पूर्व दिशा में लगभग दो किलोमीटर की दूरी पर गागड़िया नाम की नदी पर हम तीनों भाई गए। खाज ठहरा मछलियों का मनपसंद भोजन। जैसे ही हम पानी में बैठते कि मछलियां आकर हमारे शरीर से सारा खाज खा जातीं। जब मछलियों का झुंड खाज खाता तो ऐसी गुदगुदी होती कि मत पूछिए; किन्तु हिलना नहीं होता है। यदि थोड़े से भी हिले तो मछलियां भाग जातीं। खुजली पैदा करने वाले शरीर के सूक्ष्म कीटाणुओं को मछलियां खा जातीं और हमारी खाज हमेशा के लिए गायब हो जाती। नदी से लौटते हुए भी उन मछलियों द्वारा दांतों से काटी गई जगह पर गुदगुदी का अनुभव होता था। इस बात का विश्वास करना आज के मेडिकल युग के इंसान को असंभव लगे लेकिन मेरे जैसे बहुत से ग्रामीणों को इसका व्यावहारिक अनुभव है।

स्कूल का पहला दिन मुझे याद है। मैं घर में खेल रहा था कि पिताजी घर आए और बोले, 'ऐ गोविंदा चल, तेरा नाम स्कूल में लिखवाना है, मैं तुझे स्कूल छोड़ आता हूं।' यह सुनकर मैंने तो जोर से चिल्लाकर रोना शुरू कर दिया। मेरी मां हमेशा से ही मेरी तारणहार रही, मैं तो जोर से रोते-रोते मां की शरण में चला गया, वहां से भागकर दरवाजे के पीछे छिप गया। पिताजी को मेरे पैर दिख गए। वे प्रेम से बोले कि 'ये किसके पैर दिखाई दे रहे हैं।' ऐसा कहते हुए पिताजी ने मुझे पकड़ लिया तो मैं पैर पटकने लगा। मुझे रोता देख मां ने तुरंत पिताजी से कहा, 'आपको क्या इससे नौकरी करवानी है। क्यों रुला रहे हैं?' लेकिन पिताजी अटल रहे और मुझे उठाकर स्कूल ले गए। मैंने रोते-रोते ही स्कूल में प्रवेश किया। शिक्षक का नाम कृपाशंकर दवे था। पूरा गांव उनको कृपाशंकर मास्टर के नाम से ही जानता। मैंने शर्ट की बांह से गाल पर रुके आंसू साफ किए और स्लेट लेकर पढ़ने बैठ गया।

स्कूल का पहला दिन था इसलिए पिताजी ने मिसरी और श्रीफल फोड़कर उसका प्रसाद बच्चों में बांट दिया।

उस समय बच्चों को स्कूल में सात वर्ष की आयु का होने पर ही बैठाया जाता था। आज मुझे तब की यह व्यवस्था योग्य लगती है। अभी तो बच्चा दो-तीन साल का होता नहीं कि उसे बालमंदिर-नर्सरी में बैठा दिया जाता है। मेरी दृष्टि में ऐसा करके हम बच्चे का बचपन और उसकी स्वाभाविक शिक्षा-दीक्षा छीन लेते हैं। हकीकत में ऐसा लगता है कि आज हम बच्चे पर अत्याचार कर रहे हैं। अब तो ऐसी प्रतियोगिता है कि उसमें से बच्चे को तो कोई विरल इंसान ही बचा सकता है। उन दिनों असल जन्म तिथि का कोई विशेष महत्त्व नहीं था। स्कूल में दाखिला करवाते समय माता-पिता दिवाली-होली या दूसरे किसी त्योहार का दिन याद रखकर स्कूल में जन्म तिथि लिखवा देते थे। देखिए न, परबतभाई मुझसे चार साल बड़े हैं लेकिन हमारे दोनों की जन्म तिथि में एक साल का ही अन्तर है!

गांव के चौक में कच्चे भवन वाला स्कूल था। उसमें पत्थर की छत वाला एक ही कमरा था। मैं इस स्कूल में चार महीने बालमंदिर में रहा और उसके बाद पहली कक्षा में आया। पहली से चौथी कक्षा तक सभी विद्यार्थियों को एक ही कमरे में एक साथ बैठना पड़ता था। एक ही शिक्षक पूरा स्कूल चलाते। हमारे समय में शिक्षक जैसा शब्द नहीं था, शिक्षक मास्टर कहे जाते थे। हमें ऐसा समझाया जाता, 'मां के स्तर तक जाकर जो पढ़ाए अर्थात् मास्टर।' हमारे बालमानस में भी मास्टर का बहुत बड़ा प्रभाव और डर रहता था।

धीरे-धीरे स्कूल के वातावरण की आदत हो गई। मेरे एक काका का लड़का ठाकरशीभाई भी मेरे साथ ही स्कूल में थे। उनका साथ मिल गया। मैंने स्कूल को स्वीकार कर लिया, चुपचाप एक का अंक घोटने लगा। चार महीनों में तो मुझे एक से लेकर सौ अंक, वर्णमाला, बारहखड़ी और कुछ पहाड़े भी आ गए थे।

सभी माता-पिता अपने बच्चों को स्कूल भेजते थे, वैसे ही मैं भी स्कूल जाता। मुझे पढ़ना बहुत अच्छा लगता था, गणित बहुत पसंद था। कक्षा में गणित में जो पढ़ना होता था, वह मैं पहले से ही पढ़ लेता था अतः सबकी मार मुझे ही पड़ी। बचपन से ही मेरा मन भजन-कीर्तन की तरफ ज्यादा लगता था। हम मूलतः स्वामिनारायण संप्रदाय के अनुयायी हैं। हमारे परिवार में स्वामिनारायण संप्रदाय को मानने की शुरुआत करने के लिए मैं अपनी 'दादीमां मोतीमां' को प्रणाम करता हूं। कांजीदादा भगवान श्रीराम के भक्त थे लेकिन दादीमां के कारण पूरा परिवार स्वामिनारायण संप्रदाय को मानने लगा जिसके कारण हमारा संपूर्ण परिवार आज तक व्यसनमुक्त रह सका है। दुधाला गांव में एक स्वामिनारायण भगवान का मंदिर है। हमारे घर में मां और पिताजी सभी बच्चों को रोज शाम को पूछते, 'मंदिर दर्शन

करके आए?' हमारा जवाब यदि 'ना' में होता तो तुरंत ही दोनों में से एक कहते, 'मुट्ठी भर अनाज लेकर, दौड़कर दर्शन करके आ। बाद में रोटी मिलेगी।'

भगवान के सानिध्य में दिमाग शांत रहता है। प्रत्येक व्यक्ति को मंदिर तो जाना ही चाहिए। मंदिर जाने वाला व्यक्ति सात्विक बना रहता है। मैं जब छोटा था तब दुधाला में प्रतिदिन मंदिर जाता था। आज भी घर में भगवान के दर्शन करके ही खाना खाने का नियम अचूक निभाता हूं। सूरत में जब रामपरा विस्तार में रहता था, तब दो वक्त मंदिर जाता। चालीस-पचास वर्षों के तादात्म्य के बाद इतना समझ में आ गया है कि अधिकतर सात्विक लोग मंदिर में मिलते हैं। मंदिर का माहौल ही अलग होता है। मंदिर का वातावरण अच्छा होने से किसी को कुछ देने की भावना तीव्र हो जाती है और उदारता के गुण भी विकसित होते हैं।

कृपाशंकर साहब का तबादला होने के बाद कनुभाई आए। मैं तीसरी कक्षा में था तब कनुभाई मास्टर ने मुझे हिन्दी सीखने के लिए प्रोत्साहित किया था। उनके प्रयासों से मैंने राष्ट्रभाषा प्रचार समिति, वर्धा द्वारा ली जाने वाली प्रथम हिन्दी की परीक्षा पास की थी।

मैं प्रतिदिन सुबह कनुभाई मास्टर के घर लोटा भरकर दूध देने जाता। उस समय गांव में मास्टर को सर्वाधिक मान मिलता था। एकदम साफ और स्वच्छ कपड़े पहने होते। मैं स्कूल में दोपहर की छुट्टी में खेत में खाना देने जाता। आते-जाते रास्ते में नदी आती किन्तु हमें उसमें नहाने के लिए घर से साफ मना किया गया था। मुझे इस बात की हैरत थी कि नदी में स्नान क्यों नहीं करना है, इसका कारण किसी ने नहीं बताया। इसके बावजूद हम सभी बच्चे नदी में स्नान करते। उस समय मास्टर साहब ही पूरे गांव के बच्चों का ध्यान रखते थे। कनुभाई मास्टर साहब नदी पर देखने आते, उनको आता देख हम 'बर्थ डे सूट' में ही कपड़े लेकर भाग जाते! मास्टर साहब स्कूल में पूछते कि कौन-कौन नदी में नहाने गया था। हम खड़े हो जाते तो कभी समझाते और कभी कुछ सजा भी दे देते।

आजादी के बाद भारत में राष्ट्रभाषा 'हिन्दी' का विस्तार हो, इसके लिए भारत सरकार ने वर्धा में 'राष्ट्रभाषा प्रचार समिति' संस्था की स्थापना की जो हिन्दी परीक्षा का आयोजन करके प्रमाण-पत्र देती है। 2008 में नागालैंड 'विद्याभारती' स्कूल के उद्घाटन के लिए गया तो वहां जानकारी मिली कि उसी साल से नागालैंड सरकार ने स्कूल में हिन्दी विषय को अनिवार्य किया है। यह जानकर प्रसन्नता हुई थी कि इसके मूल में भी राष्ट्रभाषा प्रचार समिति वर्धा ही कार्यरत थी।

उस समय गांव में शिक्षकों का बहुत सम्मान किया जाता था। लोग उनके हर काम के लिए हमेशा तैयार रहते थे। ऐसे सम्मानित शिक्षक हमें गुजराती, गणित, विज्ञान, भूगोल और इतिहास पढ़ाते थे।

गणित और इतिहास मेरे अत्यंत प्रिय विषय थे। गांव में हम अपने से एक कक्षा आगे के बच्चों से आधी कीमत में किताबें खरीदते। गणित की किताब मेरे हाथ में आते ही मैं दो दिनों में पूरी किताब का अभ्यास कर लेता था जिससे मुझे स्कूल में जो पढ़ाने वाले होते थे, वह पहले से ही पता होता। गणित की परीक्षा में मुझे 99-100 अंक मिलते। मैं ऐसा मानता हूं कि व्यापार में मिली सफलता के पीछे मेरा गणित के प्रति गहरा लगाव ही है। इतिहास के प्रति प्रेम के परिणामस्वरूप मुझे रामायण, महाभारत और अन्य धार्मिक ग्रंथों ने आकर्षित किया है। मैं दूसरे बच्चों की तुलना में कम शरारती था, मार भी कम पड़ती अतः मैं शिक्षकों का लाडला भी था।

एक बार बारिश के मौसम में हमारी स्कूल की दीवार गिर गई तो हमारी कक्षाएं गांव के राम मंदिर के बरामदे में लगने लगी थीं। यहां कई बार बकरी और कुत्ते भी आकर शांति से हमारे साथ बैठते।

हमारे स्कूल में कनुभाई मास्टर के साथ दूसरे भानुभाई मास्टर जुड़े। ऐसा लगता था कि वे बहुत सुखी और धनी परिवार की संतान हों। गांव के लोगों की तुलना में उनका सामान्य ज्ञान गजब का था। भानुभाई के आने के बाद ही स्कूल में 15 अगस्त और 26 जनवरी जैसे महत्त्वपूर्ण दिनों को मनाना आरंभ हुआ। नाटक, प्रभातफेरी और प्रवास का आयोजन भी होने लगा। मैंने एक नाटक में 'शंभु पटेल' की भूमिका निभाई थी। उन दिनों वह दुधाला गांव का ऐतिहासिक नाटक बन गया था।

नियमितता और अनुशासन के पाठ हमने भानुभाई साहब से सीखे। कनुभाई और भानुभाई मास्टर की जोड़ी बन गई थी। भानुभाई एक साल रहे फिर उनका तबादला हो गया तो उनके विदाई समारोह का आयोजन किया गया। उस दिन पूरा गांव स्कूल में एकत्र हुआ था। विद्यार्थियों ने विदाई का एक नाटक भी खेला था। पूरा गांव अपने प्रिय मास्टर की विदाई से दुखी था। कई विद्यार्थी तो उनकी विदाई के समय बहुत रोए थे, उनमें से एक मैं भी था।

एक बार गांव में प्रभातफेरी का आयोजन किया गया। पहली पंक्ति में चलने वाले विद्यार्थी गाना गाते और पीछे वाले विद्यार्थी उस गाने को दोहराते। दो तीन विद्यार्थियों का काम गीत गाने का था। 'मेरी शाला में आम और पीपल...', जबकि मैं मेरे दोस्तों के साथ दोहराता, 'मां की साड़ी में आम और पीपल...' एक दिन शिक्षक कनुभाई के मार्गदर्शन में हम तीन किलोमीटर दूर टोडा गांव में प्रवास पर गए थे। रास्ते में गांव की सीमा पर सदियों पूर्व स्थानीय राजा द्वारा प्रजा की सलामती और सुरक्षा के लिए बनाए गए 'बीडिया हनुमानजी' मंदिर के दर्शन भी किए थे। यह मंदिर दक्षिणाभिमुख है। मंदिर के पुजारी कालिदासबापू के मुताबिक, 'हनुमानदादा की यह मूर्ति चलते हुए बताई गई है, इसलिए पूर्वाभिमुख दिखाई देती है। इस प्रकार

हनुमानदादा की यह मूर्ति विशेष है। यहां जो संकल्प करोगे वह सिद्ध होगा।' उस दिन से मेरे बालमानस में इस बात का पूर्ण विश्वास बैठ गया जो आज तक ज्यों का त्यों है।

इस मंदिर के निकट ही एक कुआं था। यह कुआं किसी राजा-महाराजा ने बनवाया होगा। यहां से गुजरने वाले प्यासे लोगों को पानी मिले और आसपास के खेतों में काम करने वाले मजदूरों को भी पानी मिले, इस उद्देश्य से ऐसे कुएं बनाए जाते थे।

हनुमानदादा के दर्शन करके हम सब टोडा गांव गए। हमारे इलाके में सर्वप्रथम टोडा ग्राम पंचायत में रेडियो आया था। हम सब तो कौतूहल से ग्रामपंचायत के ऑफिस में बैठे। छोटे टेलिविजन के साइज का रेडियो था। हमारे लिए रेडियो चालू किया गया। चालू होते ही उसमें से अहमदाबाद और बड़ौदा स्टेशन के कार्यक्रम का प्रसारण सुनाई देने लगा। इसमें से आवाज कैसे आती होगी? इतनी दूर से बोला गया हम कैसे सुन सकते हैं? ऐसे कौतूहल से भरे प्रश्न मेरे मन में लगातार उठने लगे। बालसुलभ मन तो ऐसा सोच रहा था कि टोडा गांव से अहमदाबाद तक पाइपलाइन डाली होगी और उस पाइपलाइन से आवाज आती होगी। ऐसा सोचने का एक कारण भी था, हमारे खलिहान में एक नया-नया ऑयल इंजन आया था। उसके साथ पानी निकालने की पाइपलाइन जोड़नी थी। पाइप के एक छोर से हम भाई-बहन जैसा बोलते, वैसा दूसरे छोर पर सुनाई देता। मन में एक बात ऐसी बैठ गई थी कि आवाज एक छोर से दूसरे छोर तक पहुंचाने के लिए तो पाइप की ही आवश्यकता पड़ती है। ऐसे किसी 'पाइप' द्वारा रेडियो में यह आवाज आती होगी!

हमारे गांव में रेडियो नहीं था। मेरे मन में यह प्रश्न तो ज्यों का त्यों ही था। लगभग एक साल के बाद हमारे गांव में विनुभाई मास्टर रेडियो लाए थे। रोज शाम को पूरा गांव उनके घर रेडियो सुनने के लिए एकत्र होता था। रेडियो में एक कार्यक्रम आता – 'शाणाभाई-शकराभाई।' मुझे वह सुनने में बहुत मजा आता था। कुछ समय में ही पता चल गया कि रेडियो में आने वाली आवाज के लिए 'पाइपलाइन' नहीं डाली जाती लेकिन इसके पीछे का कारण तो ध्वनि तरंगें हैं। उस समय हमें तरंगों की समझ नहीं थी, इसलिए कौतूहल हुआ करता था।

गांव के कुछ बुजुर्गों को देखकर हमने भी बीड़ी के टोटे बीनकर पीना शुरू कर दिया। एक बार तो मेरे भतीजे गोपालभाई के साथ, बाजरे की सूखी डंठल लेकर उसे बीड़ी की तरह पीने का प्रयोग भी किया। डंठल के खोखलेपन में रहा बारीक पाउडर श्वासनली में चला गया और खांसी चालू हो गई। उस समय बड़े भैया भीमजीभाई ने गांव में किराने की दुकान शुरू की थी। मैं वहां मदद करने जाता और बीड़ी-सिगरेट की चोरी कर लेता। यद्यपि इस तरह पांच-सात बार ही बीड़ी-सिगरेट पी होगी।

कनुभाई मास्टर साहब के साथ तो पूरे गांव का दिल का रिश्ता था परंतु उनका तबादला आसोदर हो जाने के बाद भी उनकी याद बहुत सताती। एक महीने के बाद हम पंद्रह-बीस लड़के कुरजीभाई मालविया की अगुआई में दस किलोमीटर दूर आसोदर जाने के लिए पैदल निकले। दुधाला से चले और अभी नदी पार ही की थी कि रास्ते में ही हमारे गांव का एक लड़का मिला। उसने हमें रोका, गालियां दीं और कुरजीभाई की लाठी पकड़ ली। बोला, 'ला, जितने भी पैसे हों, सब दे दे।' उसके पॉकेट में दस आने थे, जो उस लड़के ने छीन लिए। हम बहुत डर गए। जिंदगी में पहली बार ऐसी गुंडागिरी का अनुभव हुआ। हमारे बालमानस पर उसका बहुत गहरा प्रभाव पड़ा। आसोदर जाकर हम सबने कनुभाई साहब के पैर छुए। हमारा निःस्वार्थ भाव देखकर वे भाव-विभोर हो गए। उन्होंने हम सबको पंक्ति में बैठाकर प्रेम से खिलाया। वहां से तीन बजे निकलकर हनुमानदादा का नाम लेते-लेते सब सलामत घर पहुंच गए।

उस जमाने में गांव में जीवनोपयोगी वस्तुएं कम ही मिलती थीं। बचपन से ही प्रत्येक व्यक्ति को अपनी मेहनत का योगदान देना होता। मैं भी बच्चे के रूप में परिश्रम कर रहा था। मैं गन्ने के खेत में चारा काटने में, गुड़ बनाने में, कुएं से पानी निकालने के साथ-साथ गाय, भैंस, घोड़ी और बैलों की देखभाल करने में सदैव सहायता करता। कभी-कभी रात को हम सब मिलकर भजन गाते। कई बार मैं पिताजी और भाइयों के साथ चारा तथा गुड़ बेचने बैलगाड़ी में गांव-गांव जाता। उस समय एक रुपए में चारे की आठ पूली बेचते। गांव में गुड़ सत्रह पैसे किलो बिकता। इस तरह मुझे कड़े परिश्रम, व्यापार और वाणिज्य का व्यावहारिक ज्ञान बचपन में ही मिल गया था।

एक बार बात-बात में पिताजी ने कहा, 'खाद बहुत महंगा है। अपने गांव का गौधन सरकारी जमीन पर चरने जाता है। उसके पीछे गांव के कई लोग गोबर व गोबर की लोद बीनने जाते हैं। गोबर की खाद के अधिक रुपए मिलते हैं।' मैंने पिताजी से पूछा, 'मैं गोबर व गोबर की लोद बीनने जाऊं?' पिताजी ने हां कहा तो मैंने तुरंत पूछा, 'तो मुझे पैसे दोगे?' उन्होंने कहा, 'हां, एक टोकरी के छह पैसे दूंगा।'

शाम को पैसे कमाने जाना है, ऐसा सोचकर मैं लाठी स्कूल से सपना देखते हुए घर आया। घर से खाना खाकर टोकरी और बोड़ा लेकर गांव की पूर्व दिशा की तरफ लगभग तीन किलोमीटर पैदल चलकर गोचर की जमीन के पास पहुंच गया। वहां तो जगह-जगह पर गोबर के लोद पड़े हुए थे, वह बीन-बीनकर पूरी टोकरी भर दी। उसको भरने के लिए बार-बार टोकरी सर से नीचे उतारनी पड़ती। झुककर उसको भरना पड़ता। धीरे-धीरे टोकरी का वजन बढ़ता गया। समस्या यह हुई कि वजनदार टोकरी उठाऊं कैसे? आखिरकार, टोकरी का वजन थोड़ा कम किया।

आधी-पौनी टोकरी लेकर घर आते समय मन में सवाल था कि पिताजी पूरे छह पैसे देंगे या आधे? उन्होंने टोकरी देखी और खुश होकर प्रेम से पूरे छह पैसे दिए। बचपन में इतनी तो समझ आ गई कि जो मेहनत करता है, उसे पैसे मिलते ही हैं।

हम सभी बच्चे व मां-पिताजी तथा तेईस पशुधन सभी एक छोटे-से आंगन वाले घर में रहते थे। लेकिन किसी दिन ऐसा नहीं हुआ कि यहां जगह की दिक्कत महसूस हुई हो। मेरे हिस्से में प्राय: पशु चराने का काम ही आता, यद्यपि मुझे खेत के काम से अधिक पशुओं को चराने जाना अधिक पसंद था।

गन्ने की पेराइ परिवार के लिए बड़ा उत्सव माना जाता। उन दिनों लगभग सभी किसान गन्ने की खेती करते। गन्ने को बहुत पानी चाहिए और गन्ने की बुआई करने के बाद उसकी फसल सालभर बाद आती। गन्ने को काटकर किराए पर लाए गए ईख के कोल्हू पर पेरना पड़ता। उसमें से जो रस निकलता, उसे भट्ठी पर बड़े तवे में उबालने पर गुड़ तैयार होता। गन्ने की बुआई से लेकर गुड़ बनाने तक की प्रक्रिया में अत्यधिक श्रमबल की जरूरत होती थी।

जब कोल्हू आरंभ होता तब शाम के समय परिवार की और गांव की औरतें गीत गाती हुईं खेत में कोल्हू के पास रात का खाना लेकर आतीं। आने वाली सभी औरतों को गन्ने का रस और उबलते गुड़ की तरी दी जाती।

गुड़ तैयार हो जाने पर हम बैलगाड़ी में गुड़ भरकर अकाला, आसोदर और निकटवर्ती गांवों में बेचने जाते। उस समय एक किलो गुड़ की कीमत सत्रह पैसे थी, फिर भी बेचने में कठिनाई होती थी। पूरे साल गन्ने की बुआई में मेहनत की हो, कुएं से बैल की सहायता से पानी निकाल गन्ने के खेतों में डाल फसल की सिंचाई और देख-भाल की हो, महीनों तक चौबीसों घंटे कोल्हू चलाकर, प्रत्येक व्यक्ति ने अठारह घंटे सख्त काम करके गुड़ बनाया हो, उसी गुड़ को बेचने में भी कड़ी मेहनत करनी पड़ती। मेरा अपना अनुभव है कि किसानों की दशा सदैव प्रतिकूल ही होती है। अत: मैंने अपना सूत्र बनाया है कि 'खेती में पूरा परिवार काम करे, उपभोग कोई नहीं करे; व्यापार-नौकरी में एक व्यक्ति काम करे, उपभोग पूरा परिवार करे।'

हमारे गांव में स्वामिनारायण भगवान का मंदिर था। मेरी उम्र लगभग दस-ग्यारह वर्ष की होगी, उस समय स्वामिनारायण पंथ के संत पुराणीश्री कृष्णसेवादास जी और स्वामीश्री हरिप्रियदासजी पधारे थे। वे लोग अपने साथ धार्मिक पुस्तकें लाए थे। उस समय दुधाला गांव में कहीं भी पुस्तक तो थी ही नहीं तो अखबार कहां से होता! मंदिर की अलमारी से मेरे हाथ में श्रीमद् भगवद्गीता की पुस्तक आई। जब मैंने पहली बार गीताजी को स्पर्श किया तब मुझे अलग ही अनुभव हुआ। यद्यपि उस समय मुझे इस अनुभव के बारे में कुछ समझ नहीं आया था किन्तु अब समझ में आ रहा है कि वह एक 'समाधि अवस्था' थी।

गीताजी में प्रत्येक श्लोक गुजराती अर्थ के साथ लिखा था। मैंने मंदिर में एक ही बैठक में चार घंटे में गीताजी पढ़ ली थी। दूसरे दिन गीताजी पुनः पढ़ी, तब 'समाधि' का पुनरावर्तन हुआ। उस समय मुझे ऐसा लगा कि मेरा कुछ खोया हुआ मिल गया हो। मुझे भरोसा हो गया कि गीताजी के साथ मेरा गहरा रिश्ता है। मुझे ऐसा लगता है कि मेरी जिंदगी का परिवर्तन तथा गोविंदा से गोविंद भगत की यात्रा इस क्षण से ही आरंभ हो गई है। देखिए न, संयोग ही ऐसे बने कि स्वामीजी भगवद्‌गीता लाए और अबोध उम्र में भगवद्‌गीता की ओर आकर्षण हुआ। बचपन में भगवद्‌गीता कंठस्थ भी हो गई। मेरे जीवन की इस अज्ञान अवस्था में भगवद्‌गीता ने प्रवेश किया। उसे मैं ईश्वर की योजना और पूर्वजन्म का पुण्य मानता हूं। भगवद्‌गीता आज भी मेरे जीवन की जड़ी-बूटी हैं।

20 जनवरी, 2014 के दिन मैं IIM-A में पहला लेक्चर देने गया था तब मैंने एक विद्यार्थी के प्रश्न के उत्तर में कहा था कि अपने व्यावहारिक अनुभव से मेरा विश्वास पूर्वजन्म में है। तब मैंने यह बात समझाई थी कि मेरे छोटे-से धूल भरे गांव में बिना किसी गुरु के स्वयं भगवद्‌गीता के प्रति प्रेम किसने जगाया? उसको मैं पूर्वजन्म का फल मानता हूं। उस समय चमत्कार स्वरूप बिना किसी प्रकार के प्रयास से गीताजी के सात सौ श्लोक मेरे अंतर में उतर गए, कंठस्थ हो गए। अलबत्ता, यह सब अचानक नहीं हुआ। उस समय क्या कहा जा रहा था, उसका अर्थ मैं नहीं समझ पाया परंतु मैं भगवद्‌गीता के साथ संवाद साध सका। अंत में एक श्लोक में भगवान श्रीकृष्ण कहते हैं, 'सब कुछ त्यागकर, निर्भय हो, मेरे शरण में आजा, मैं सब कुछ संभाल लूंगा।'

सर्वधर्मान्परित्यज्य मामेकं शरणं व्रज।
अहं त्वां सर्वपापेभ्यो मोक्षयिष्यामि मा शुचः।।

(सम्पूर्ण धर्मों को अर्थात् सम्पूर्ण कर्तव्य-कर्मों को मुझमें त्यागकर तू केवल एक मुझ सर्वशक्तिमान्, सर्वाधार परमेश्वर की ही शरण में आ जा। मैं तुझे सम्पूर्ण पापों से मुक्त कर दूंगा, तू शोक मत कर।)

(श्रीमद् भगवद्‌गीता, अध्याय 18, श्लोक 66)

इस तरह इस एक श्लोक ने मेरी कल्पना को जकड़ लिया। यदि मैं ईश्वर का कर्म करता हूं तो ईश्वर मुझे संभाल लेंगे। ईश्वर का कार्य क्या है, इस प्रश्न ने मुझे कभी विचलित नहीं किया। मेरे समग्र कार्यों की जिम्मेदारी ईश्वर लेते हैं, मेरे न्यायी या अन्यायी समग्र कर्म ईश्वर को समर्पित हैं।

मैंने 1961 में लाठी के तहसील स्कूल में प्रवेश लिया। नंगे पैर छह किलोमीटर पैदल चलकर स्कूल जाने में एक घंटे का समय लगता। हमारे शिक्षक प्राणलाल रामशंकर दवे थे। उनका मुझ पर विशेष स्नेह था। कभी-कभी स्कूल जाने में देर हो जाती तो डांटते भी नहीं। बारिश के दिनों में रास्ते के नदी-नालों में उफान आ जाता तो वे हम विद्यार्थियों को जल्दी छुट्टी दे देते।

लाठी पढ़ने जाते तब सुबह साढ़े पांच बजे उठ जाते, हैंडपंप के नीचे ठंडे पानी से स्नान करते। हालांकि गांव में रोज स्नान करने का रिवाज नहीं था लेकिन हम स्वामिनारायण संप्रदाय के अनुयायी थे, इसलिए नित्य मंदिर जाते और इस प्रकार हमारे घर में रोज सुबह स्नान करने की प्रथा शुरू हुई। सुबह छह बजे हम नंगे पैर पैदल चलते, लाठी स्कूल में सात बजे पहुंच जाते थे।

गरमी के दिनों में साढ़े 12 बजे स्कूल की छुट्टी के समय चालीस-बयालीस डिग्री की कड़ी धूप होती थी, नंगे पैर चलते वक्त कभी-कभार पैर जल जाते। हम आवल (एक वनस्पति) पौधे के पत्ते तोड़कर उसे पैरों में बांधते फिर दौड़कर जहां छाया होती वहां पहुंच जाते। हमें उससे थोड़ी राहत मिलती। उन दिनों में तो हमें जूते-चप्पलों के सपने भी नहीं आते थे।

बचपन में कभी-कभार कोई हमारे साथ शरारत भी कर देता। एक बार मैं स्कूल में खाने के लिए गन्ने के चार-पांच टुकड़े ले गया था जिसे स्कूल तो नहीं ले जा सकते, इसलिए मैंने गागड़िया नदी के किनारे गड्ढा खोदकर उन्हें छिपा दिया। वापसी में देखा तो उस जगह पर खाए हुए गन्ने के टुकड़े मिले। कुछ देर के लिए तो मन में दुख हुआ, फिर समझ में आया कि यहां मुझे गन्ने छुपाते हुए किसी ने देख लिया होगा। 'जिसके भाग्य में होंगे उसको मिल गए, चलिए जाने दीजिए...।' मैंने एक बार खेत में गन्ने की सिंचाई करते हुए एक ही दिन में ग्यारह गन्ने खा लिए थे। उसके अतिरिक्त भोजन करना तो बाकी था! उन दिनों में पाचन शक्ति भी अद्भुत थी।

उस समय हमारे घर में भोजन में बाजरे या ज्वार की रोटी ही होती। जिस दिन गेहूं की रोटी बनती, त्योहार जैसी प्रसन्नता होती थी। ऐसा लगता कि यह गेहूं की नहीं, 'सुख की रोटी' है।

लाठी में रतिभाई अपने ही घर में किराने की दुकान चलाते। रतिभाई बहुत अच्छे इंसान थे। स्कूल में जब बड़ी रीसेस होती, तब हम सब दोस्त नाश्ते का डिब्बा लेकर रतिभाई के घर खाने जाते। रतिभाई के घर के सभी लोग हमारा प्रेम से स्वागत करते थे। कभी-कभार रतिभाई के घर से हमको छाछ भी मिलती तो वह हमें अमृत जैसी लगती।

लाठी नगरी की तुलना में तो हम ग्रामीण माने जाते थे इसलिए हमको कई बार वहां के लड़के परेशान करते। एक दिन मैं लाठी में चावंड के प्रवेशद्वार के पास

खड़ा था, तब चौदह वर्ष का एक लड़का मेरे पास आया और धमकाकर बोला, 'तेरे पास जितने पैसे हैं, वह दे दे। नहीं देगा तो मैं तुझे मारूंगा। देख सामने से मेरे दोस्त आ रहे हैं। हम सब मिलकर तुझे मारेंगे।' मैं बहुत डर गया था। इधर-उधर नजर की तो दूर एक पुलिसदादा खड़े थे। मैंने उनके पास जाकर कहा, 'साहब, वह लड़का मुझे मार रहा है, पैसे मांग रहा है।' उस पुलिसदादा ने तो मेरी तरफ देखा भी नहीं। वे तो खाकी वर्दी में थे, मेरी सहायता करना उनका फर्ज था। उन्होंने उस लड़के के सामने एक नजर भी की होती, तो मुझे बहुत हिम्मत मिली होती। फिर भी मां के दिए हुए पांच पैसे तो मैंने बचा लिए। उस दिन मैं इतना सीख गया कि किसी को भी मन, वचन, कर्म से निर्भयता दी जाती है तो वह जीवन की सच्ची सार्थकता बन जाती है।

प्राणलाल साहब को जब पता चला कि मैंने वर्धा की हिन्दी की प्रथम कक्षा की परीक्षा पास की है तो उन्होंने मुझे द्वितीय कक्षा की परीक्षा के लिए प्रोत्साहित किया। इस परीक्षा का पाठ्यक्रम मेरे लिए कठिन होने के कारण मैंने उनको निजी तौर पर पढ़ाने की विनती की। वे अन्य विद्यार्थियों से इस सेवा के बदले में पांच रुपए मासिक शुल्क लेते थे। लेकिन मेरी हालत देखकर वे मुझे निशुल्क पढ़ाने के लिए तैयार हो गए। यद्यपि कभी-कभी मेरे पिताजी उनके लिए ताजी सब्जियां भेजते थे। मैंने मेहनत भी की थी परन्तु मेरी लिखावट अच्छी नहीं थी और मैं परीक्षा में पास नहीं हो सका। लेकिन मां से झूठ बोल दिया कि मैं पास हो गया हूं। लाठी स्कूल में दूसरी हिन्दी की परीक्षा दी थी, उसका आज परिणाम आना था। उस दिन मैंने मां से छाती ठोककर कहा था, 'आज मुझे एक रुपया खर्च करने के लिए दीजिए। यदि पास हुआ तो ही खर्च करूंगा, नहीं तो वापस दे दूंगा।' उस समय रुपया खर्च करना बहुत बड़ा काम माना जाता। मां ने मोतीमां को याद करके कहा था, 'हाथ टूट जाए तो पुनः जुड़ जाए, रुपया टूट जाए तो वह फिर नही जुड़ता।' यानी रुपया ज्यों का त्यों रहना चाहिए। मां ने मुझ पर विश्वास करके मुझे एक रुपया रोकड़ा दिया। यद्यपि मुझे पूरा भरोसा था कि मेरे 60-70 अंक तो आएंगे ही, अतः मैंने रुपया खर्च कर दिया। परंतु परिणाम देखा तो मुझे केवल सत्रह अंक ही मिले थे, मैं चौंक गया। अब क्या करूं? रुपया तो खर्च हो गया था। इसलिए मां से झूठ बोलना पडा। तीन दिन के बाद हिम्मत करके मैंने दवे साहब से पूछा, 'मैंने तो सब सही ही लिखा था तो भी मैं क्यों फेल हुआ?' साहब ने कहा, 'तेरी लिखावट अच्छी नहीं होने के कारण या फिर व्याकरण में गलती हो गई होगी इसलिए सही लिखने के बावजूद तू फेल हुआ।' लेकिन मैंने मां से झूठ बोला, जिससे मुझे बहुत दुख हुआ था। मन में कई बार हुआ कि मां को सब सच बता दूं। छह महीने के बाद हिम्मत करके मां को सच बता दिया, ऐसा कहिए कि मां के समक्ष आत्मसमर्पण कर दिया। मेरी आंखों से झलक रहे पश्चाताप को मां ने पढ़ लिया था।

लाठी में एक रात रूड़ादादा के घर रुकना पड़ा था। लाठी में रात रुकने का यह मेरा पहला अनुभव था। शाम को खाना खाकर करशनभाई और शंभुभाई के साथ पान खाने गया। पान की दुकान के पास सफेद दूध जैसा प्रकाश देने वाली तीन फुट लंबी ट्यूब थी, जिसका प्रकाश दो सौ-तीन सौ फुट तक उजाला फैला रहा था। इससे पहले मैंने बल्ब देखा था परंतु 'सफेद उजाला' उस दिन जिंदगी में पहली बार देखा।

एक बार लाठी पढ़ने जा रहा था, ठीक उसी समय घेलाभाई राजपूत सब्जी की गठड़ी लेकर बाजार जा रहे थे। वह गठड़ी रणछोड़भाई कोली ने उठा रखी थी। उनके साथ बात करते-करते पता चला कि उनको गठड़ी लाठी मार्केट पहुंचाने के छह आने मिलते हैं। मेरे भीतर का 'बाल व्यापारी' जाग उठा। मैंने घेलाभाई को ऑफर दिया, 'मुझे रोज लाठी जाना होता है। आप मुझे छह आने देते हो तो मैं रोज आपकी गठड़ी उठाकर बाजार पहुंचा दूंगा।' घेलाभाई ने कहा, 'ठीक है, कल तू उठा लेना।' दूसरे दिन सुबह छह बजे उठकर तैयार हो गया। मां ने कहा, 'गोविंदा सो जा। आज स्कूल में खीहर (खीहर अर्थात मकरसंक्रांति) की छुट्टी है।' छुट्टी होने के बावजूद छह आने कमाने की लालसा में मैंने मां से झूठ बोल दिया, 'आज मेरा ट्यूशन है, इसलिए लाठी जाना है।' थैला लेकर घेलाभाई की खलिहान पर गया। मुझे लगा घेलाभाई अभी आएंगे, किन्तु कोई नहीं आया। छह आने कमाने की धुन में बहुत चक्कर लगाए लेकिन घेलाभाई नहीं आए। थक-हारकर घर लौट आया। यह चिंता भी थी कि मां पूछेगी तो क्या जवाब दूंगा और मां से झूठ बोलकर आया था, उसकी पीड़ा भी थी। इसे कहते हैं, 'न मारा वन में मृग, न रखी सुकुल की नार...'

तब मैं शायद पांचवीं कक्षा में पढ़ता था। मुझे जन्माष्टमी के त्योहार पर खर्च के लिए घर से चार आने मिले। गांव की प्रथा के अनुसार कई लोग उस दिन जुआ खेलते हैं, बस मैं भी वहां देखने पहुंच गया। मैं भी जुआ खेलने लगा और एक घंटे में तीन रुपए जीत गया। मैं वह पैसा हाथ में लेकर खुश होता हुआ घर पहुंचा और नागजीभाई को बताया। वे क्रोधित हो गए और उनकी आंखें लाल हो गई। उन्होंने मुझे इतनी जोर से थप्पड़ मारा कि मेरे सारे पैसे गिर गए। 'तुझे जुआ खेलते शर्म नहीं आई? हम स्वामिनारायण संप्रदाय के हैं। हम जुआ नहीं खेल सकते। पाटीदार का बेटा तो खेत में परिश्रम करता है और पसीना बहाकर पैसा कमाता है। अब ये सभी पैसे इकठ्ठे कर और मंदिर में जाकर रखकर आ। ईश्वर को कहना कि मैंने पाप किया है, अब फिर से मैं जुआ नहीं खेलूंगा!' आंख से टपकते आंसुओं के साथ मैंने अपने बड़े भाई के आदेश का पालन किया। मैं खुद के चार आने सहित सारे पैसे दानपेटी में डालकर आ गया। उसके बाद मैंने कभी भी जुआ नहीं खेला।

पूज्य डोंगरेजी महाराज कथा में समझाते कि हम जुआ नहीं खेल सकते क्योंकि बिना परिश्रम से कमाए पैसे अनीति माने जाते हैं। जुआ का खेल इतना

खराब है कि 'हारा हुआ जुआरी दोगुना खेलता है।' जुआ खेलने से हमारे जीवन में भी महाभारत जैसे युद्ध होते हैं। वे आगे कहते कि शर्त भी एक प्रकार का जुआ ही है। शर्त अभिमानी ही लगाते हैं, अतः शर्त भी नहीं लगानी चाहिए।

नागजीभाई ने जुआ नहीं खेलने के विचार की बुआई की और पूज्य डोंगरेजी महाराज ने उस विचार को खाद और पानी दिया। इसलिए गलत तरीके से रुपया नहीं कमाने की मेरी मान्यता तथा विश्वास और ज्यादा दृढ़ हो गए। 'दुनिया का सबसे बड़ा जुआधाम मतलब लास वेगास।' मेरा कोई बीस बार वहां के ज्वेलरी शो में जाना हुआ होगा, परंतु कभी भी एक भी डॉलर का जुआ नहीं खेला। मेरे बेटे श्रेयांस सहित हमारे परिवार के किसी भी सदस्य ने कभी भी जुआ नहीं खेला है।

एक बार मैं शाम का खाना लेकर खेत जा रहा था। नदी में जरा भी पानी नहीं था। तभी दूर से पानी की जोरदार आवाज आने लगी। थोड़ी देर में तो पांच-छह फुट पानी का प्रवाह वेग से आया और खाली नदी पानी से पूरी तरह भर गई। मैं तो नदी के किनारे पर ही था। पानी के प्रवाह को इतने वेग से नदी में कुछ ही मिनटों में भरते हुए देखकर मैं तो बहुत डर गया था। यदि पानी की आवाज का ध्यान नहीं रखा होता तो मैं प्रवाह में बह गया होता! मैं बच गया, इस घटना को कोई अदृश्य शक्ति की ही योजना समझता हूं।

एक बार गर्मी की दोपहर में हम खलिहान में सो रहे थे। उस समय दो भाई आए और उन्होंने हमसे नींबू मांगे। बड़े भाई ने कहा ले लीजिए लेकिन उन भाइयों ने कहा, हमें तो खरीदना है। हमें उस दिन पहली बार पता चला कि नींबू से भी पैसे आ सकते हैं! उन्होंने एक रुपए के 64 नींबू गिनकर लिए। हम सब तो इससे काफी खुश हो गए कि बैठे-बैठे एक रुपया मिला। घर जाकर मां-पिताजी को बात बताई तो वे भी बहुत खुश हुए। उस समय तो हमारे लिए एक रुपया बहुत बड़ा होता था।

अगस्त, 1961 में पूरा परिवार खेत में काम कर रहा था। मेरे पिताजी खेत जोत रहे थे, मेरी मां गायों की देखभाल कर रही थी। हम भाई अलग-अलग काम कर रहे थे कि अचानक हमने एक सांप देखा। वह गायों की तरफ सरकता जा रहा था। शायद गाय या बछड़े को काट ले, इस अंदेशे के साथ नागजीभाई ने एक फावड़े से उस पर प्रहार किया लेकिन ऐसा करते हुए फावड़े की धार से सांप के दो टुकड़े हो गए, सांप क्षण भर में ही मर गया। हमारे यहां सांप का निकलना सामान्य घटना थी। हमें उससे डरने की आदत नहीं थी। कुछ दिन पहले ही सावन के महीने में हमने नागपंचमी मनाई थी। हमें बहुत पछतावा हुआ। मृत सांप का हमने गाय के सूखे गोबर से अंतिम संस्कार किया। हमारा पूरा परिवार दुखी था, मेरे युवा मानस पर इसका गहरा प्रभाव हुआ। तब से आज तक मैंने किसी भी प्रकार की हिंसा न हो, इस बात का निरंतर ध्यान रखा है।

उस समय गांव में 'मारे उसकी तलवार' और 'बलि के दो भाग' जैसी स्थिति थी। गांव के पशुपालक गाय, भेड़-बकरे रखते, परंतु उनके पास जमीन नहीं होती थी, सो किसान से चारा मांगते। एक दिन हमारे गांव के एक सरफिरे पशुपालक ने पिताजी से चारा मांगा था। वैसे भी ऐसा बार-बार हुआ था, इसलिए पिताजी ने हिम्मत करके मना कर दिया। उस पशुपालक ने ईर्ष्यावश हमारे खलिहान की सूखी घास की ढेर का बहुत बड़ा हिस्सा जला दिया। मैं उस समय लगभग छह वर्ष का था। गांव में ढोल पीटकर हमारे खलिहान में आग लगने की जानकारी दी गई। उन दिनों आग बुझाने के लिए फायर ब्रिगेड या दूसरी कोई सरकारी व्यवस्था तो थी नहीं। ढोल की आवाज सुनकर गांव के लोग अपने-अपने तरीके से पानी लेकर आग बुझाने आ गए। इस तरह पूरा गांव हमारे खलिहान में पहुंच गया। उस समय गांव में किसी पर भी संकट आने पर सब इकट्ठे होकर, स्वयं का ही दुख समझकर एक-दूसरे की सहायता करते थे। यद्यपि आग बुझाने की उचित व्यवस्था न होने के कारण घास का पूरा ढेर जलकर राख हो गया।

अमेरिका के डिजनीलैंड या हांगकांग के ओशन पार्क में जो प्रसन्नता मिलती है, उससे ज्यादा प्रसन्नता हमें जन्माष्टमी के मेले में और बरगद की बरोहियों को पकड़कर झूलने में होती। अरे! थाईलैंड के स्केरी हाउस में टिकट के रुपए खर्च करके हमें कृत्रिम डर का अनुभव कराया जाता है, उसकी तुलना हमारे गांव के बांध पर होने वाली 'मणिभूत' की बात से नहीं हो सकती!

अष्टमी की छुट्टी में मैं और परबतभाई मां की दी हुई चवन्नी लेकर लाठी भीड़भंजन महादेव के मंदिर जन्माष्टमी के मेले में जाते थे। भिन्न-भिन्न प्रकार की लकड़ी और लाख के खिलौने, गुब्बारे तथा सीटी देखते तो ऐसा लगता कि यह मेला तो आश्चर्य से भरा हुआ और अद्भुत है। मेले में कुछेक घंटे गुजारने से पूरे साल की बैटरी चार्ज हो जाती थी।

लाठी में 'करीम गांगजी' की एक दुकान थी। उस समय बड़े भाई भीमजीभाई ने दुधाला में किराने की दुकान की थी, वे हफ्ते में एक बार बैलगाड़ी लेकर लाठी से 'करीम गांगजी' की दुकान से माल ले आते। यदि थोड़े-बहुत माल की जरूरत होती, तो मैं जब लाठी स्कूल जाता तो मुझसे मंगवा लेते। 'करीम गांगजी' की दुकान तीन खोजा भाई चलाते थे। वे ईमानदार और विश्वसनीय थे और उनकी दुकान पर किसी को भी ठगे जाने का डर नहीं था।

एक बार मेरी शांताबहन ने मुझसे कुछ वस्तु मंगवाई लेकिन पैसा देना भूल गई। अब क्या करूं? करीम गांगजी की दुकान जाकर मैंने कहा, 'मुझे चार आने चाहिए।' चार आना यानी पच्चीस पैसे। उन्होंने कहा, 'चार आने का हिसाब बही-खाते में कैसे लिखें?' ले आठ आना ले जा।' मेरी जिंदगी का यह पहला 'रोकड़

क्रेडिट' था। पहली बार मुझे मेरी प्रतिष्ठा पर आठ आना मिले थे जो मेरे लिए आज के करोड़ों रुपए की क्रेडिट की तुलना में भी अधिक थे। वर्षों बाद मैं लाठी में करीम गांगजी की दुकान के पास से गुजर रहा था, तब वहां खड़े रहकर उनको प्रणाम किया था। उन्होंने मुझे 'ईमानदारी व विश्वास' का पहला सबक सिखाया था। व्यापारी को ईमानदार ही होना चाहिए, इस बात का प्रथम अनुभव शायद यहीं हुआ था।

बचपन से ही मुझे व्यापार करने के विचार बार-बार आते थे। लाठी से कुल्फी लेकर दुधाला बेचूं तो? किन्तु वह संभव नहीं हो सका। जन्माष्टमी में हमारा छोटा-सा गांव मेले में परिवर्तित हो जाता। अतः मुझे एक विचार आया कि जन्माष्टमी में गुब्बारे, ककड़ी गुब्बारे एवं सीटी लाकर बेचूं तो? विचार को अमल में कैसे लाया जाए? व्यापार के लिए धन तो चाहिए ही, कौन देगा? मैं जब लाठी पढ़ने जाता तो घर के लिए कटलरी की कोई वस्तु लानी होती तो बटुकभाई कटलरी वाले के पास से लेता। बच्चा होने के बावजूद वे मेरे साथ प्रेम से बातें करते। मैंने बटुकभाई को गुब्बारे, ककड़ी गुब्बारा और सीटी उधार देने की विनती की। उन्होंने मुझ पर विश्वास करके तीन रुपए के ककड़ी गुब्बारे, गुब्बारे व सीटी दे दिए। मैंने मेले से पहले की रात तब तक गुब्बारे फुलाए, जब तक गला दर्द नहीं होने लगा। ककड़ी गुब्बारे में साइकिल के पम्प से हवा भरी, सभी सामान तैयार करके ही मैं सोया।

जन्माष्टमी के दिन सुबह ही दुधाला के चौक में रामजी मंदिर के पास गोविंदा व्यापार करने बैठा! 'गुब्बारे ले लो... ककड़ी गुब्बारे ले लो... सीटी ले लो...', मैं सुंदर आवाज में ग्राहकों को बुलाता था। पहले ग्राहक ने आकर गुब्बारा खरीदा। उसने मेरे हाथ में पांच पैसे रखे; यह थी, जिंदगी की मेरी 'पहली कमाई!' मेरे पूरे बदन में उत्साह की लहर दौड़ गई।

एक के बाद एक लड़के ग्राहक बनकर आते गए। मेरा तीन रुपए का माल कुछ ही घंटों में बिक गया। इनमें से कई बच्चे ऐसे भी आए जो घंटों वहीं खड़े इस गुब्बारे, सीटी वगैरह को देख रहे थे परंतु उनके पास खरीदने की शक्ति नहीं थी। वे हमारे ही गांव के थे, इसलिए मैं उनको पहचानता और समझता था। मैंने आखिर में अपने पास शेष बचे टूटे-फूटे गुब्बारे-सीटी उनमें बांट दिए थे। आज भी मैं उन बच्चों की प्रसन्नता को शब्दों में बयान नहीं कर सकता।

तीन रुपए के माल पर साढ़े तीन रुपए का शुद्ध मुनाफा था। देखा ना...! दूसरे दिन गोविंदा दुधाला से लाठी साइकिल पर नहीं, मानो विमान में जा रहा था। बटुकभाई का आभार व्यक्त करके उधारी के तीन रुपए दे आया। वास्तव में तो मेरे लिए वे भगवान थे जिन्होंने मेरे प्रथम व्यवसाय के लिए मेरी सहायता की। उन्होंने कहा, 'ये पैसे निश्चित तौर पर तेरे हैं लेकिन मैं एक मुफ्त की सलाह देता हूं कि अपनी कमाई को ईश्वर का उपहार मानना। यदि तू पैसे बचाएगा और उसका इस्तेमाल उचित तरीके से करेगा तो ईश्वर नित्य उसको दोगुना करते रहेंगे।'

आज हमारी कंपनी अरबों रुपए का अंतरराष्ट्रीय व्यापार करती है। हमारी कंपनी की प्रतिष्ठा भी अच्छी है। हजारों लोगों ने हम पर भरोसा किया है। इस भरोसे की नींव बचपन में ही रखी गई थी। आज भी कोई युवा मेरे पास व्यापार आरंभ करने की इच्छा से आता है तो मेरे भीतर का गोविंदा मन ही मन मुस्कराने लगता है और मुझे सामने वाले व्यक्ति पर भरोसा करने का मन हो जाता है। बटुकभाई ने तिरस्कार किया होता या भरोसा नहीं किया होता तो बाल गोविंदा को निश्चित ही ठोकर लगी होती लेकिन मैंने यहीं से 'कर भला तो हो भला' का सूत्र सीखा था।

मेरे बड़े भाई भीमजीभाई ने अठाईस रुपए में राजकोट से एक नई साइकिल खरीदी, उस समय वे दुधाला में किराने की एक दुकान चलाते थे। जीवन में प्रथम बार साइकिल पर सवारी करने का अनुभव मेरे जीवन के सर्वाधिक स्मरणीय क्षणों में से एक था। भीमजीभाई ने शर्त रखी थी कि खेत में इतनी मिट्टी डाल दो तो साइकिल सीखने दूंगा। मैं और परबतभाई सुबह छह बजे खेत में गए। दोपहर एक बजे तक हमने मिट्टी का काम पूरा कर दिया तो साइकिल सीखने के लिए मिली। साइकिल को मैं स्कूल की सीढ़ियों के पास ले गया। साइकिल के डंडे पर बैठा और बाएं पैर का पैडल दबाया। जिंदगी में पहली बार पहिए पर गति की! यद्यपि साइकिल लगभग 50-60 फुट चलकर गिर गई किन्तु मैं बहुत प्रसन्न था। 2003 में हमें 'De Beers' की सदस्यता मिली, तब अंतरराष्ट्रीय पत्रकारों ने प्रश्न किया कि 'आपकी जिंदगी की सर्वाधिक प्रसन्नता का क्षण कौन-सा है?' तब मैंने उत्तर दिया था, 'जिस क्षण मैंने पहली बार साइकिल चलाने का अनुभव लिया था।' वह प्रसन्नता विमान में उड़ने या रोल्स रॉयस कार की सवारी से भी अधिक थी! पूज्य डोंगरेजी महाराज कहते हैं कि 'सुख और दुख तो मन के खेल हैं।'

तब तो साइकिल ही मेरा मुख्य जीवन बन गया। मैं सातवीं कक्षा में लाठी पढ़ने जाता था, तब मुझे साइकिल ले जाने की अनुमति मिली थी। दुधाला से लाठी जाने के दो कच्चे मार्ग ही थे। मेरे साथ पढ़ने वाले दोस्तों में देवचंदभाई जोधाणी, परषोत्तमभाई मालविया, मनुभाई रादडिया, अरजनभाई कानाणी, लालजीभाई कानाणी आदि थे। उनमें से देवचंदभाई करीब के दोस्त थे। मैं उसे अपनी साइकिल के कैरियर पर बैठाता। उसमें शर्त ऐसी रहती कि उसे पीछे बैठे-बैठे पैडल मारने होंगे। मुझे सिर्फ सीट पर बैठकर हैंडल पकड़कर रखना और मोटर-साइकिल जैसा अनुभव करना होता।

एक बार मैं और छोटा भाई अरजन - दोनों साइकिल पर बैठकर लाठी से दुधाला आ रहे थे। मैं भिन्न-भिन्न प्रकार के खेल कर रहा था, गड्ढों के ऊपर से साइकिल कुदाता और आगे का व्हील ऊपर करता, कभी एक ही हाथ से साइकिल चलाता। फिर मैंने साइकिल रोककर स्टैण्ड पर चढ़ा दी। फिर पैडल मारकर व्हील एकदम स्पीड में घुमाया और ब्रेक कैसे काम करता है, वह अरजनभाई को दिखाया।

अरजनभाई हाथ से ब्रेक मारने गए। मैंने खेल-खेल में उसके हाथ को अचानक धक्का मारा। उसकी उंगली आरा में आ गई। उसकी ऊंगली का अगला हिस्सा टूट गया और खून की धारा बहने लगी। अब क्या करें? हमारे पास कपड़ा या रूमाल भी नहीं था, मैं घबरा गया। मैंने अरजनभाई को धमकी दी कि खबरदार जो किसी को कहा तो दोबारा साइकिल पर नहीं बैठाऊंगा। मां पूछे तो कहना कि साइकिल से गिर गया। हम घर पहुंचे तब मां ने अरजनभाई को संभाल लिया।

मुझ से छोटे अरजनभाई के जन्म के समय पिताजी दो बछड़े लेकर आए थे जिनके नाम लेरिया और जेरिया रखे गए। इन बछड़ों को हम सब बहुत प्रेम करते थे। उनको खेत में कहीं भी जाने की इजाजत थी। वे धीरे-धीरे बड़े हुए और खेत के काम में लग गए, तब से हमारे परिवार में सुख, शांति, समृद्धि के साथ यश, लक्ष्मी और कीर्ति की प्राप्ति हुई है। मानो पूर्वजन्म का हमारा कोई ऋणानुबंध हो, वैसे वे दोनों पंद्रह वर्ष से अधिक हमारे साथ खेत में काम करते रहे। हम पढ़ते थे तब दोहा आता था, 'दी वाले कां दिकरा, कां धोरी, कां धरा', अर्थात् हमें सहारा मिलता है हमारे बच्चों से, ईश्वर के आशीर्वाद से या धरती से। उनकी समझ इंसानों जैसी ही थी। उस समय ट्रैक्टर नहीं थे और किसान बैलों के भरोसे थे। लेरिया और जेरिया की उम्र जब लगभग बीस साल की हुई तब एक दिन लेरिया गंभीर रोगग्रस्त हो गया। विषाद का एक आवरण मात्र मेरे परिवार में ही नहीं, अपितु पूरे गांव पर फैल गया। लेरिया की वेदना हम में से कोई नहीं देख सकता था। मैंने परबतभाई को लेरिया के कान में कुछ फुसफुसाते हुए देखा। मैंने पूछा, 'आप क्या कह रहे हैं?' परबतभाई ने कहा था, 'हमारा लेन-देन यहीं पर पूर्ण हुआ, अब तू मुक्त है।' दूसरे दिन लेरिया की मृत्यु हो गई। उसकी आत्मा अनंत में विलीन हो गई। लेरिया की मृत्यु के बाद जेरिया अकेला पड़ गया। वह एक साल तक जिया। जब जेरिया का अंतकाल नजदीक आया, तब हम सब खलिहान में थे। वह कराह रहा था। आखिर में परबतभाई उसके निकट गए और कहा, 'जेरिया बेटा, तेरे जीवन की मुक्ति के लिए मैं तीन एकादशी का उपवास करूंगा।' अभी इतनी बात पूरी हुई कि उसने विदाई ले ली। जिस दिन उसकी मृत्यु हुई, पूरा परिवार बहुत रोया था। सब उदास हो गए थे। हमारे घर का माहौल ऐसा था, जैसे घर के किसी सदस्य ने विदाई ली हो। आज भी कई बार लेरिया-जेरिया की विदाई की बात याद आ जाती है तो मेरी आंखें भर आती हैं।

गुजरात में कथा करने और सुनने की एक जीवंत परंपरा रही है। कथाकार के रूप में पहचाने जाने वाले किसी संत के मुख से रामायण या श्रीमद् भागवत सुनने का एक सामूहिक आयोजन होता। यह परंपरा दो महत्त्वपूर्ण पहलुओं को लेकर आगे बढ़ी है, 'भजन और भोजन।' उमियादादा के पुत्र दयाशंकर भाई राजकोट में लोकसेवा आयोग में काम करते थे। एक बार वे राजकोट से एक कथाकार को

भागवत कथा के लिए लाए। इसके साथ ही लाउडस्पीकर और माइक्रोफोन भी गांव में लाए गए। इस भव्य कथा को सुनने के लिए उनके रिश्तेदार भी आए थे जिनमें से पांच मेहमान हमारे घर रुके थे। एक दिन मैं खेत में बोने के लिए मूंगफली के बीज निकाल रहा था तब मुझे जहां कथा चल रही थी, वहां से एक मेहमान को बुलाने के लिए भेजा गया। मैंने वहां आते-जाते गजेन्द्रमोक्ष की कथा सुनी...

'गजेन्द्र नामक हाथी त्रिकूट पर्वत पर एक बाग में रहता था। वह भगवान विष्णु का भक्त था। एक दिन गजेन्द्र अपने परिवार के साथ पास के तालाब में पानी पीने गया। अचानक तालाब में रहने वाले मगरमच्छ ने उसका पैर पकड़ लिया। मगरमच्छ की पकड़ से मुक्त होने के लिए गजेन्द्र बहुत छटपटाया किन्तु उसकी वह छटपटाहट व्यर्थ रही। वह दर्द से कराह उठा। अपनी समस्त शक्तियां आजमा लेने के बाद उसने मगरमच्छ की पकड़ से मुक्त होने के लिए भगवान विष्णु से प्रार्थना की, तब अपने भक्त की प्रार्थना सुनकर भगवान विष्णु गरुड़ पर सवार होकर सुदर्शन चक्र के साथ उपस्थित हुए। मगरमच्छ का वध करके भगवान ने गजेन्द्र की रक्षा की तथा उसको मोक्ष दिया।' तब मैं मोक्ष का अर्थ नहीं समझ सका था परंतु मुझे निश्चित रूप से एक हल्केपन की अनुभूति हुई थी।

मैंने मेहमान रविभाई को ढूंढ़ लिया और उनके साथ घर आया। मेरे मन में ऐसे विचार आते थे कि यदि मेरे भैया हमारे घर एक स्पीकर रख दें तो यह कथा सुनने में बहुत आनंद आएगा। तब भी मेरे मन में विचार आया कि इतनी सारी 'पाइपलाइन' कहां से लाइ जाएगी क्योंकि तब मुझे ऐसा लगता कि आवाज 'पाइपलाइन' से ही आती है।

मैं सातवीं कक्षा में पढ़ता था। एकाध वर्ष पूर्व मेरे बड़े भाई भीमजीभाई डायमंड कटिंग का काम करने सूरत गए थे। उनकी पत्नी मायके में ही थी तो वे उन्हें साथ ले जाने के लिए आए थे। उन्होंने मुझसे पूछा, 'तुझे मेरे साथ सूरत आना है?' वह 1964 के मार्च महीने का आखिरी दिन था। मैंने कहा, 'एक हफ्ते बाद मेरी परीक्षा आरंभ हो रही है। परीक्षा देकर मैं आपके साथ जुड़ सकता हूं?' मेरे भाई ने कहा, 'गोविंदा, यदि तुझे सूरत आकर काम ही करना है तो फिर तू पढ़ना क्यों चाहता है?' मैंने मन में फैसला ले लिया। सौजन्य के लिए और विशेषत: कृतज्ञता व्यक्त करने के लिए मैं उस शाम लाठी गया। प्राणलाल दवे साहब को मैंने सब कुछ बताया। मैंने तो डांट की अपेक्षा रखी थी परंतु वे कुछ भी नहीं बोले। वे अपने घर के भीतर गए और झवेरचंद मेघाणी लिखित 'सौराष्ट्र की रसधारा' पुस्तक ले आए। मुझे पुस्तक देते हुए उन्होंने कहा, 'सूरत में जब भी तुझे फुरसत के क्षण मिले, तब इसे पढ़ना।'

1 अप्रैल, 1964 के दिन हम दुधाला से बैलगाड़ी में बैठकर लाठी रेलवे स्टेशन आए। सूरत जाना उस समय सरल बात नहीं थी। तब धोला और विरमगाम

रेलवे स्टेशन से गाड़ी बदलनी पड़ती थी। हमारे साथ बहुत सामान था। रसोई के बर्तन और कुछ महीनों तक का राशन भी हमारे पास था। हम प्रात: तीन बजे विरमगाम पहुंचे, ट्रेन के भीतर बैठे अहमदाबाद जाने वाले मुसाफिरों ने डिब्बे के दरवाजे अंदर से बंद कर दिए थे। हम भीतर जा सकें, ऐसा कोई मार्ग ही नहीं था। दरवाजा खटखटाने के निष्फल प्रयासों के बाद हमने डिब्बे की खिड़की से भीतर जाने का फैसला किया। उस जमाने में ट्रेन की खिड़कियों में सलाखें नहीं होती थीं, अंतत: भाई ने मेरे और भाभी के लिए भीतर से दरवाजा खोला।

2 अप्रैल, 1964 के दिन ट्रेन सूरत पहुंची। स्टेशन के बाहर घोड़े गाड़ियों की कतार थी जो मैं पहली बार देख रहा था। हमने एक घोड़ा गाड़ी में सामान रखा और उसमें बैठ गए। मेरे भाई ने महिधरपुरा विस्तार में स्थित भोजाभाई की गली में एक मकान किराए पर ले रखा था। इससे पूर्व वह घोड़े का तबेला था। स्नान आदि के बाद मुझे तो जल्दी से शहर देखना था। छह महीने पूर्व ही सूरत आए हमारे गांव के रवजीभाई रादडिया मेरे रक्षक और गाइड बने। सूरत बहुत बड़ा शहर था - भव्य और मेरी कल्पना से परे! मैंने सूरत के किले जितनी ऊंची कोई इमारत कभी नहीं देखी थी। तापी नदी में पड़ने वाली उसकी परछाईं पर मैं मोहित हो गया। इस ऐतिहासिक किले की योजना और निर्माण 1540 में अहमदाबाद के बादशाह सुल्तान महमूद के लश्करी मुख्य अधिकारी खुदावंत ने किया था। यह किला सूरत के प्राचीन स्मारकों में मुख्य है। भारत को सोने की चिड़िया समझकर और किवदंतियों से आकर्षित होकर समुद्र मार्ग से आने वाले समुद्री डकैतों और विदेशी हमलावरों से यह किला सूरत की रक्षा करता। तब सूरत का केन्द्र माने जाने वाले चौक बाजार से रवजीभाई चने के आटे और दही से खमीर किया हुआ खमण 10 पैसे में ले आए। हमने वहां गांधी बाग में बैठकर खमण खाए। हम भागल चार रास्ता पहुंचे, वहां तो तीन पहिए वाले बहुत से रिक्शे घूम रहे थे। मुझे कौतूहल हुआ कि यह तीन पहिए वाला मेंढ़क जैसा दिखाई देने वाला वाहन इतना तेज कैसे चल सकता है? वह कहीं भी गिर जाएगा। हम एक घंटे से अधिक समय तक यही देखने के लिए वहां खड़े रहे कि इसमें से कोई रिक्शा गिरता है या नहीं?

मैंने जब दुधाला छोड़ा तो पिताजी मेरे लिए लाठी की एक दुकान से शर्ट के लिए सफेद और पायजामे के लिए काला कपड़ा लाए थे। मैं, भीमजीभाई के साथ सूरत की पिपला गली में स्थित दर्जी की एक छोटी-सी दुकान पर गया। शर्ट की सिलाई दो रुपए और पायजामा की पांच रुपए थी। भीमजीभाई ने बताया कि अभी डेढ़ महीने पहले ही उन्होंने पायजमा सिलवाया था। तब दर्जी ने पायजामा और पतलून के बीच का अन्तर समझाया। भीमजीभाई ने काले कपड़े का पायजामा सिलने को कहा। दर्जी भी बेचारा उलझन में पड़ गया होगा! मैंने एकाध साल तक वही पायजामा पहना। काफी समय के बाद सुंदर तरीके से सिली पतलून

पहनने का अवसर मिला, तब जाकर पतलून और पायजामे का भेद समझ में आया।

सौराष्ट्र के सूखे और गरीब प्रदेश से जरदोजी के कारखाने में काम करने के लिए स्थानान्तरण करने वालों को सूरत आकर्षित करता रहा है। जरी, सोने और चांदी से बनने वाला एक उत्तम धागा है जिसका उपयोग बूटी और साड़ी बनाने में होता है। धातु का तार कपड़े के साथ बुना जाता है, जरी का काम बहुत मेहनत मांगता है। 1960 के दशक के प्रारंभिक वर्षों में हीरा पॉलिश करने का काम मुंबई और रंगून से होता था। बाद में उत्पादन खर्च घटाने के लिए सूरत और नवसारी में आरंभ हुआ। तब से सौराष्ट्र के युवाओं ने किस्मत आजमाने के लिए सूरत आना शुरू कर दिया। यह नया खोजा गया अवसर जरदोजी की तुलना में अच्छा साबित हुआ।

मैं जब 1964 में सूरत आया, तब शहर में हीरा काटने और पॉलिश करने के कारखाने में लगभग 300 लोग काम करते थे। तब सूरत शहर की आबादी तीन लाख थी। हीरा पृथ्वी का शुद्धतम पदार्थ है। प्रचंड गरमी और लाखों वर्ष के प्रचंड दबाव से पृथ्वी के अत्यधिक भीतरी भाग में इसकी रचना होती है और ज्वालामुखी के द्वारा बाहर आता है। यह बहुत दुर्लभ घटना होती है, इसलिए हीरा बेशकीमती होता है। एक बार हीरे को अच्छे आकार में काट लिया जाता है और फिर उसे पॉलिश किया जाता है जिससे वह चमकने लगता है। श्रीमंत और समृद्ध लोग उसे खरीदते हैं। बेल्जियम में स्थित एंटवर्प दुनिया में हीरा उद्योग का केंद्र है।

भारत के स्वतंत्र होने के बाद जब उद्योग-धंधे में समृद्धि आनी आरंभ हुई तब मुंबई में हीरा व्यापर का एक बाजार खड़ा हुआ। लोग भारत के अन्य स्थानों पर भी हीरा बेचने लगे और उसका निर्यात भी आरंभ हुआ। कई व्यापारियों ने एंटवर्प से कच्चा हीरा खरीदना आरंभ किया और उसे मुंबई, सूरत और नवसारी में पॉलिश करके ऊंची कीमत में निर्यात करने लगे। भारत में हीरा व्यवसाय प्रारंभ करने का श्रेय एच.एच झवेरी, एच.बी शाह तथा मोहनदास रायचंद को जाता है।

सूरत तापी नदी के किनारे बसा हुआ है। इस नदी को हिन्दी में 'ताप्ती' के नाम से जाना जाता है। तापी नदी सूर्य की पुत्री मानी जाती है। सूरत को एक समय में सूर्यनगरी के नाम से भी जाना जाता था। मैं नदी के किनारे पैदल चलता, बैठता और पानी में परावर्तित होने वाले प्रकाश की संरचना देखता रहता। तापी नदी अरावली पर्वतमाला में मध्य प्रदेश के बैतूल जिले से निकलती है। सतपुड़ा की पहाड़ियों से गुजरकर खानदेश की उच्च्च भूमि से बहती है। बाद में सूरत से गुजरते हुए अरब सागर में जा मिलती है, इसकी कुल लंबाई 724 किमी है। तापी नदी उत्तर की नर्मदा नदी के लगभग समानांतर बहती है, वह सतपुड़ा की पर्वतमाला की श्रृंखलाओं से थोड़ी

अलग होती है। दोनों नदियों की खाई और बीच में आती पर्वतमाला उत्तर भारत और दक्षिणी प्रायद्वीप के प्राकृतिक विभाजन का सृजन करती है।

मैं सूरत डालिया गली में गोरधनभाई खडसलिया के हीरा के कारखाने में 20 अप्रैल, 1964 के दिन प्रशिक्षु के रूप में जुड़ा। अरविंदभाई डभोई वाला ने मुझे टूटे हुए चीनी मिट्टी के टुकड़े दिए तथा उनमें से आकार गढ़ना सिखाया। मैंने दो सप्ताह में आवश्यक निपुणता प्राप्त कर ली। तत्पश्चात अरविंदभाई ने रफ हीरे पर ट्रेनिंग शुरू करवाई। रफ हीरे को डंडे की एक छोर के साथ जोड़कर, उस डंडे को मजबूती से पकड़कर उसे अन्य हीरे के साथ घिसा जाता है। अरविंद भाई के बताए अनुसार मैंने हीरे की ब्रूटिंग की। आभूषण के लिए इस्तेमाल किए जाने वाले हीरे को एक के बाद एक ब्रूटिंग और पॉलिशिंग होते हुए देखना रोमांचकारी था। एक तालिमार्थी के रूप में अरविंद भाई के साथ मेरा रिश्ता दो महीने ही चला। उसके बाद चार महीने मैंने ईश्वरभाई धोलकिया के साथ गुजारे। उस समय प्रशिक्षु को कोई वेतन नहीं मिलता था। मेरी पहली नौकरी हीराभाई वाड़ीवाला के कारखाने में थी। मैंने हीरे की ब्रूटिंग करने के बदले में पहले महीने में 103 रुपए कमाए।

जिज्ञासा मेरे जीवन का चालक बल रही है। मैं एक दिन कतारगाम दरवाजे के पास गुलाम मुहल्ला में स्थित डच-आर्मेनियन कब्रिस्तान में घूमने निकला। बेरन एड्रिसन के भव्य स्मारक ने मुझे चकित कर दिया। मैं कल्पना कर रहा था कि कब्र के लेख पर क्या लिखा होगा? पता चला कि मेरिनास नामक सन्नारी की मृत्यु आर्मेनियन युग में 1028 में हुई थी। आर्मेनिया कहां स्थित है? अपने जन्मस्थल से हजारों मील दूर वे यहां किस लिए आए? क्या वे जानते थे कि वे कभी वापस जा भी सकेंगे? मेरे मन में यह सारे सवाल घूमते रहे।

गोरी चमड़ी, सफेद दाढ़ी और बिखरे बाल वाले एक बुजुर्ग विचारमग्न अवस्था में कब्रिस्तान में भटक रहे थे। मैंने उनको नमस्कार किया तो उन्होंने मुझे बैठने के लिए कहा। एक कब्र की तरफ उंगली दिखाते हुए उस आदमी ने कहा, 'मेरी परदादी को यहां दफनाया गया था।' मैंने पूछा, 'और आपके परदादा?' 'वे आर्मेनिया चले गए और तब से हम यहां विस्थापित हैं', उन्होंने प्रत्युत्तर दिया। इतिहास का सामना करने का यह मेरा प्रथम अनुभव था। कुछ भी शाश्वत नहीं रहता। उन दिनों में आर्मेनियन लोग एक योद्धा के रूप में सूरत आए थे। वे वापस चले गए लेकिन उनमें से कुछ इस वीरान कब्रिस्तान में अवशेषों के रूप में जीवित रहे।

मेरे शिक्षक प्राणलाल दवेसाहब ने कन्हैयालाल मुंशी लिखित उपन्यास 'पाटण की प्रभुता' की एक पुरानी प्रति भी मुझे दी थी। पाटण की जैन महिला पात्र मीनलदेवी ने मुझे अत्यंत प्रभावित किया। राजपूत राजा से विवाहित मीनलदेवी पाटण की राजनीति की केंद्र थी। रानी मीनलदेवी के धर्म विषयक मेरी जिज्ञासा मुझे

बचपन से सता रही थी जो मुझे शाहपोर विस्तार के चिंतामणी जैन मंदिर तक ले गई। उसकी चुनाई का काम अठारहवीं सदी में एक सोलंकी राजा द्वारा करवाया गया था। बाहर से तो मंदिर सामान्य ही लगता था, परंतु भीतर से काष्ठ पर की गई जटिल और सुंदर नक्काशी को देखकर मैं आश्चर्यचकित रह गया। छत पर आचार्य हेमचंद्राचार्य जी, राजा कुमारपाल और अन्य सोलंकी राजाओं के सुंदर चित्र थे। इस शांत मंदिर में मुझसे प्रश्न पूछने वाला कोई नहीं था परंतु मैं वहां से परम आंतरिक शांति लेकर वापस लौटा।

मशीन पर कैसे काम किया जाता है, यह मैं जल्दी सीख गया। मैं गलेमंडी कुंभार गली में लालजीभाई खेनी के कारखाने में 1967 में जुड़ा। अलबत्ता, भीमजीभाई और भाभी ने मुझे अच्छा सहारा दिया था। फिर भी मैंने कारीगर दोस्तों के साथ साझेदारी के घर में छोटी-सी जगह में रहना पसंद किया। मेरी सरल आदत और धार्मिक स्वभाव के कारण मेरे दोस्त तथा बुजुर्ग भी मुझे 'गोविंदभगत' कहकर बुलाते। मुझे इस बात से कोई एतराज नहीं था क्योंकि मैं भीतर से खुश था। लालजीभाई के कारखाने में मुझे भगवानभाई पटेल और मुझसे दस वर्ष बड़े विरजीभाई गोधाणी जैसे दोस्त मिले। हमारे बीच पारस्परिक सम्मानभाव और प्रेमभाव धीरे-धीरे बढ़ता जा रहा था।

सब कुछ अच्छा चल रहा था, फिर भी मेरा दिल भीतर ही भीतर अपना व्यापार शुरू करने के लिए बेचैन हो रहा था। मैं कारखाने का मालिक बनना चाहता था। अधीरता से भरे मेरे युवामानस में विराट कार्यों को करने के स्वप्न चल रहे थे। कुछ विशिष्ट कर दिखाने का मेरा इरादा था। लालजीभाई खेनी ने मेरी महत्वाकांक्षा की सराहना की। लेकिन व्यापार करने से पूर्व उसकी बारीक से बारीक चीजों की समझ प्राप्त करने की सलाह भी दी। उन्होंने कहा, 'व्यवसाय एकतरफा मार्ग के समान है। एक बार आरंभ करने के बाद आप वापस नहीं लौट सकते।' लालजीभाई की इस सलाह का मैंने निष्ठापूर्वक अनुसरण करने का निश्चय किया।

मैं अक्तूबर, 1968 में दिवाली की छुट्टियों में अपने दोस्त करमशीभाई मालविया, मोहनभाई काकडिया और भूराभाई बलर के साथ मुंबई जाने वाली ट्रेन में बैठा। जीवन में कुछ महान कार्य करने के सपने मेरे भीतर प्रज्ज्वलित हो रहे थे। हमारा सपना था कि हमें शहर में ही रहना है और कड़ा परिश्रम करके दौलतमंद बनना है। हम जानते थे कि कठोर परिश्रम ही सफलता का एक मात्र मार्ग है। ट्रेन की टिकट ढाई रुपए की थी जो हमारे आधे दिन की मजदूरी जितनी थी। ट्रेन की खिड़की के पास की सीट पर बैठकर मैंने हरियाली से ढ़की पहाड़ियों को गुजरते देखा। हम एक अलग ही स्थान पर जा रहे थे।

मुंबई सेंट्रल रेलवे स्टेशन पर कदम रखते ही हम स्तब्ध हो गए। दक्षिण किनारे पर अनेक रेल मार्ग फैले थे, चारों ओर लोग अपने कामकाज के लिए अनुशासित

ढंग से चल रहे थे, सबके पैरों में चप्पलें थीं। स्टेशन की मुख्य इमारत के बाहर ही एक विशाल बाग था। स्टेशन की इमारत से बाहर आने की हिम्मत करने से पहले हम कुछ समय बाग में बैठे। 'लिटल रेड हॉर्स' नाम का पुराना इंजन बाग में रखा गया था।

सी.पी टैंक स्थित होटल 'ठाकर निवास' जाने के लिए हम टैक्सी में बैठे। टैक्सी ड्राइवर समझ गया कि हम शहर में नए-नए हैं, इसलिए अधिक किराया वसूलने के लालच में वह हमें लंबे रास्ते से ले गया। हम जानते थे कि हम मूर्ख बन रहे हैं लेकिन हम उस सवारी का आनंद उठा रहे थे। कितना विशाल शहर! ऊंची इमारतें, रास्तों पर दौड़ती ट्राम तथा सुंदर - स्वच्छ वस्त्र पहने लोग! हम अपलक शहर देखने में मग्न थे। टैक्सी ड्राइवर हमें सी.पी टैंक के 'ठाकर निवास' के स्थान पर कालबा देवी के 'ठाकर क्लब' में ले गया। उस समय हमें इस बात की जानकारी ही नहीं थी कि वहां एक नहीं अपितु बहुत सारे होटल हैं परंतु हमने जो निश्चित किया था, उसी स्थल पर रहना पसंद किया। हम ठाकर क्लब से ठाकर निवास पैदल जाने के लिए निकल पड़े। जब हमें किसी आनंद की अनुभूति होती है तो हमें कुछ भी मुश्किल नहीं लगता है। जब उत्तेजना और उत्साह से मन भरा हो तो सब कुछ सरल तथा सहज लगता है।

सोडे की बोतल की तरह उत्तेजना से भरे हुए हम तुरंत ही तैयार होकर होटल के बाहर आ गए। आसपास कई कारें तैयार थी, अधिकतर फिएट। लगभग दो किलोमीटर दूर स्थित झवेरी बाजार का बोर्ड पढ़कर हमने फुटपाथ पर चलना आरंभ किया। झवेरी बाजार में प्रवेश करने से पूर्व हमने मुम्बादेवी के मंदिर जाने का विचार किया। मछुआरे की कुलदेवी के स्वरूप में मुम्बादेवी का यह प्राचीन मंदिर है। मराठी में 'आई' का अर्थ 'माता' होता है। बाद में 1995 में 'मुम्बा आई' के सम्मान में 'बॉम्बे' का नया नाम 'मुम्बा आई' (मुंबई) हुआ। जर-जवाहरात बेचने वाली सैकड़ों दुकानों से छलकता झवेरी बाजार संकीर्ण गलियों से गुंथा हुआ है। कहा जाता है कि भारत में होने वाले सोने के कारोबार का दो तिहाई यहीं से होता था। 19वीं शताब्दी के प्रारंभ में अंबालाल झवेरी अपने सोने की गुणवत्ता के लिए प्रसिद्ध थे। हमने 'बी. भगत ताराचद' रेस्टोरन्ट में दोपहर का भोजन किया तो कैश काउन्टर के पीछे रखे सेठ ताराचंद चावला के विशाल चित्र ने मेरा ध्यानाकर्षित किया। ताराचद 1895 में कराची से मुंबई आए थे। वे इतने उदार थे कि जिनके पास पैसे नहीं होते थे, उन्हें वे मुफ्त में खिलाते थे। उनको 'भगत' की उपाधि अपने इस उत्तम कार्य के कारण उचित ही मिली थी। यह सुनकर मेरे रोंगटे खड़े हो गए।

मुंबई में हम झवेरी बाजार में कई लोगों से मिले, अधिकतर व्यापारी दूसरे विश्वयुद्ध के दौरान पालनपुर से आए थे। वे 'पालनपुरी जैन' के तौर पर जाने जाते

थे। उन्होंने अपना ऑफिस तथा छोटे उत्पादन यूनिट आरंभ किए थे जहां अल्प संख्या में आयात किए गए रफ हीरे की कटिंग और पॉलिशिंग की जाती थी। उसके बाद वे हीरे अंतरराष्ट्रीय बाजार में बेचे जाते। उनमें से अधिकतर लोग व्यापारी थे और इसलिए कोई भी काम स्वयं न करके अन्य निष्णात लोगों से करवाते थे।

बाजार में घूमने वालों में बंगालियों की संख्या बहुत अधिक थी लेकिन वे प्राय: सोने के गहने बनाते। हीरे की कटिंग और पॉलिशिंग में गुजरातियों का वर्चस्व था। रफ एवं पॉलिश्ड हीरे लाने-ले जाने का काम करने के लिए 'हरकारा' होता था। 'हरकारा-व्यवस्था' आपसी भरोसे पर टिकी है और वह गैर-अधिकृत बैंकिंग सेवा दे रही है। शाम को हम आजाद मैदान के पास के रास्ते पर घूमने निकले। मेरी बाईं तरफ चरणजीत राय रोड पर 'फोर्ब्स बिल्डिंग' थी जिसमें नीदरलैंड के कॉन्स्युलेट जनरल का दफ्तर था। मैं उस इमारत तक चल कर गया और प्रभावित हुआ। इमारत पर बड़े अक्षरों में अंग्रेजी में कुछ लिखा था। मैंने वहां से गुजरने वाले एक व्यक्ति से हिम्मत करके उसका अर्थ पूछा। मुझे आश्चर्यचकित करते हुए उन्होंने मुझे कहा कि ये शब्द अंग्रेजी के नहीं अपितु डच भाषा के हैं। मेरे मन में ये बात घर कर गई थी कि सभी गोरे लोग इंग्लैंड के हैं तथा अंग्रेजी बोलते हैं। मेरे लिए यह एक विशेष जानकारी थी कि दूसरे ऐसे राष्ट्र भी हैं जहां के लोग गोरे होते हैं और अंग्रेजी के अलावा अन्य भाषा बोलते हैं। मैं एक पुतले की तरह देर तक स्थिर खड़ा रहा। मैंने संकल्प लिया कि एक दिन मुझे इस इमारत में प्रवेश करके नीदरलैंड जाना है।

फ्लोरा फाउन्टेन के सामने खड़ा मैं जैसे स्तब्ध रह गया। बाद में मैंने एक मुसाफिर से पूछा कि फव्वारे की चोटी में सुशोभित पुतला किस देवी का है? उन्होंने कहा कि ये बसंतऋतु की 'रोमनदेवी फ्लोरा' है। फव्वारे के चारों कोने पौराणिक आकारों से सुशोभित थे। लेकिन स्थानीय लोग भी इसके बारे में नहीं जानते थे। फ्लोरा फाउन्टेन के पास पांच रास्ते मिलते हैं। वहां आसपास गाड़ियों की आवा-जाही की परवाह किए बिना अनगिनत पक्षी उड़ते थे। उनमें से ज्यादातर कबूतर थे। कई कबूतर पुतले के सर पर बैठे थे। ईमानदारी से कहूं तो गति तथा स्थिरता के इस मिश्रण ने मुझमें अपार ऊर्जा भर दी। वहां एक घंटा गुजारने के बाद हम 'गेटवे ऑफ इंडिया' की ओर चलने लगे, वहां अरब सागर ने हमारा स्वागत किया। भव्य कमान और 'गेटवे ऑफ इंडिया' के आसपास की चहल-पहल अलौकिक थी। समुद्र में जहाज सरक रहे थे। यहां हमें ऐसी अनुभूति हुई कि हम किसी अनोखी दुनिया में पहुंच गए हैं। हमें तो मुंबई ने ऐसा मोह लिया था कि हम भूल गए कि हम भूखे हैं। भारत आने वाले ब्रिटेन के पहले राजा 'जॉर्ज पंचम' और रानी 'मेरी' के स्वागत के लिए दिसम्बर, 1911 में 'गेटवे ऑफ इंडिया' बनाया गया था। तदुपरांत तो वह ब्रिटिश ताज का 'रत्न' और ब्रिटिश साम्राज्य के विजय का प्रतीक बन गया।

आगे जाकर हमारी नजर एक गुंबद वाली इमारत पर पड़ी। हम अनुमान लगाने लगे कि यह क्या होगा? हमारी बात सुनकर एक स्थानीय व्यक्ति ने बताया कि यह 'ताजमहल होटल' है। 'यह एक अति विशाल और भव्य होटल है। देश-विदेश के महानुभाव इस होटल में आते हैं। एक सुंदर रेस्टोरेन्ट, एक विशाल खंड तथा अन्य बहुत सारी सुविधाएं इस होटल में हैं।' मैंने उनको पूछा, 'क्या हम वहां जाकर देख सकते हैं?' 'आप लोग वहां नहीं जा सकते हो, आपके कपड़े देखकर चौकीदार आपको होटल में प्रवेश करने नहीं देगा', उसने हमारे पहनावे को देखकर क्षुब्ध होकर कहा और चला गया।

होटल देखने की जिज्ञासा तथा निश्चय के साथ हमने टैक्सी बुलाई। हमने उसको ताज होटल ले जाने के लिए कहा। हम जहां खड़े थे, उसके सामने होटल होने के कारण ड्राइवर हमारी अज्ञानता पर हंसने लगा लेकिन उसने पैसा कमाने के लिए हमें टैक्सी में बैठा लिया। होटल के चारों ओर चक्कर लगाकर हमें होटल के अहाते में उतार दिया। वहां के चौकीदार ने टैक्सी का दरवाज़ा खोलकर हमें सलाम किया। हमने सोचा कि अब कहां जाएं?' भीतर प्रवेश करके चलते हुए हम सामने के दरवाजे के पास पहुंच गए, एक अन्य चौकीदार की नज़र हम पर पड़ी। वह धमकी भरी आवाज में बोला, 'चलो-चलो बहुत हो गया।' उसने हमें होटल से बाहर निकाल दिया। चौकीदार के इस व्यवहार से अपमानित और थोड़ा गुस्सा होकर हम कुछ समय तक कुछ नहीं बोले। बाद में हमारी बोली सुनकर होटल की बिल्डिंग की मरम्मत करने वाला एक गुजराती कॉन्ट्रैक्टर हमारे पास आया और उसने हमें पहचान लिया कि ये लड़के तो 'अपने वाले' हैं। उन्होंने हमें पीछे की तरफ से माल-सामान लाने के दरवाजे से होटल के भीतर प्रवेश करवाया। हमें रेस्टोरेन्ट की ओर का रास्ता दिखाया। हमने उस तरफ चलना शुरू किया। सफेद वर्दी में सजा एक वेटर विनम्रता से हमारे पास आया और हमें बैठने के लिए कहा। कुछ अंग्रेजी में बोलकर उसने मेन्यू कार्ड हमारे सामने रख दिया। हम में से कोई अंग्रेजी जानता नहीं था परंतु अपनी अज्ञानता को छिपाने के लिए हमने उसको 'टू टी' कहा। वहां बैठकर हमें ऐसा लगा जैसे हम राजकुमार हों। वहां का सब कुछ वस्तुएं, टेबलक्लॉथ, पर्दे, लाईट किसी महल जैसे थे, जिनको हमने कभी कल्पना भी नहीं की थी या कभी देखा भी नहीं था।

काफी देर के बाद वेटर वापस आया और दूध-शक्कर की कटोरी तथा गरम पानी की एक केतली रखकर चला गया। हमने कप में दूध डाला, बाद में शक्कर डाली किन्तु चाय कहां थी? हमने कल्पना की कि वहां कटोरी में रखे हुए टी-बैग का उपयोग करना होता होगा। अत: हमने टी-बैग खोला और उसमें पानी मिलाया। कप में दूध मिलाया लेकिन अब उसको छाने कैसे? यहां छानने का रिवाज नहीं होगा, ऐसा समझकर हमने चाय पीना शुरू किया। हमें चाय बहुत ही बेस्वाद लगी।

हम जानते थे कि कुछ तो गलती हुई है। वह वेटर आया और हमें बीस रुपए का बिल देकर गया। कप की हालत देखकर उसे हमारी दुर्दशा का अंदाजा हो गया होगा लेकिन उसने हमसे कुछ भी नहीं कहा। उसने पैसे लिए, हमारा आभार प्रकट किया और विनम्रता से चला गया।

हिचकिचाहट से हम होटल के अहाते के बगल से गुजर कर, जहां से अंदर आए थे, उसी मार्ग से चुपचाप बाहर निकल गए। रीगल सिनेमा पहुंचे तो भूराभाई ने टिशू पेपर जेब से निकाला जो उन्होंने होटल से ले लिया था। 'ओहो, आप इसे ले आए?', मैंने पूछा। 'हां, ले ही लेना था न! यदि हमने सूरत जाकर किसी से कहा कि हम ताजमहल होटल में गए थे तो हमारी बात कोई नहीं मानेगा। यह टिशू पेपर उसका प्रमाण है। हम बता सकते हैं कि वास्तव में हम वहां गए थे।' उन्होंने टिशू पेपर पर छपे 'होटल ताज' की ओर उंगली से संकेत करते हुए कहा।

मैं 1968 में अठारह वर्ष का हो गया था। उसी दौरान की एक दिन की बात है रविवार का दिन था, इसलिए कारखाने में दोपहर के बाद छुट्टी होती थी। हम सभी दोस्त छुट्टी का मजा लेने के लिए शहर में घूमने निकले। सूरत के भागल विस्तार में रुवाला के टीले के विस्तार में श्रीमद्‌भागवत के सुप्रसिद्ध कथाकार संतश्री रामचंद्र डोंगरेजी महाराज भागवतकथा सुना रहे थे। उनकी आवाज़ मेरे कानों में पड़ी, मुझे लगा कि मेरा कुछ खोया हुआ मुझे वापस मिल गया हो। मेरे पूरे बदन में झनझनाहट होने लगी। मैं कथा सुनने बैठ गया, क्यों बैठा? किसने कहा? कुछ भी पता नहीं था। हां, इतनी ही खबर थी कि उनकी आवाज का मुझ पर जादू छा गया था। अभी स्मरण हो रहा है कि वह समाधि अवस्था होगी।

उस दिन कथा शाम को छह बजे पूर्ण हुई। उनकी वाणी से मैं इतना ज्यादा मोहित हो गया कि मैंने शेष सात दिन भी कथा सुनने का निर्णय ले लिया। कथा से आकर सीधा ही सेठ लालजीभाई खेनी के पास पहुंच गया। उनसे एक सप्ताह की छुट्टी मांगी और वजह बताई। लालजीभाई को यह विचार पसंद नहीं आया। उन्होंने मुझे कहा कि मैं तुझे छुट्टी नहीं दे सकता क्योंकि अपनी फैक्ट्री में एक व्यक्ति को सौंपा गया काम पूरा होता है तो ही दूसरा कारीगर आगे का काम कर सकते हैं। 'तेरे हिस्से में आए बीस हीरे तो तुझे कैसे भी ब्रूटिंग करने ही पड़ेंगे गोविंद...', लालजीभाई ने निर्णयात्मक स्वर में कहा। मैं किसी भी तरह के तर्क करने की स्थिति में नहीं था। थोड़ी देर के बाद मैंने लालजीभाई से पूछा, 'मैं शाम को साढ़े छह बजे काम शुरू करके रात को पूरा करूं तो...?' वे सहमत हो गए, उन्होंने मुझे मेरी उम्र के अनुसार पागल मान लिया था। मैंने पूरे सप्ताह दिन में कथा सुनी और देर रात तक कारखाने में काम किया। मुझे किसी प्रकार की थकावट या ऊब महसूस नहीं हुई अपितु शरीर में एक नई चेतना का संचार हुआ। मुझे लगा मानो किसी अज्ञात शक्ति ने मेरे भीतर प्रवेश कर मेरा जोश और उत्साह बढ़ा दिया हो। मैंने अनुभव

किया कि कथा में जाने के बाद मेरे अंदर जबरदस्त परिवर्तन आया। सबसे पहले तो मेरा अंहकार निकल गया।

कथा में डोंगरेजी महाराज ने सबको सम्मान देने की बात की। उन्होंने कहा था, 'इस सृष्टि का नियम है कि आप जो कुछ भी देते हो, वह आपको कई गुना वापस मिलता है। यदि आप सम्मान पाना चाहते हो तो सर्वप्रथम आपको दूसरों को सम्मान देना चाहिए।' बाद में उन्होंने हिमालय में गूंजती पर्वतमाला का उदाहरण दिया। उन्होंने कहा, 'हिमालय में लाखों पहाड़ियां हैं। यदि आप वहां जाकर जोर से बोलेंगे, 'भगवान तेरा भला करेंगे।' तो आपकी आवाज की गूंज उन्ही शब्दों में आप तक दस-बीस बार वापस लौट आएगी। यदि आप बोलेंगे, 'आप दुष्ट हो' तो अनेक बार सुनने को मिलेगा कि 'आप दुष्ट हो।' ऐसे ही इस जगत में आप जो कुछ भी दूसरों को देते है, वह आपकी ओर लौटता ही है।'

मैंने मन में सोचा कि मुझे सम्मान पसंद है अतः दूसरे दिन से ही मैंने फैक्ट्री में सबको सम्मान से बुलाना आरंभ कर दिया। शुरुआत में दोस्त मेरा मजाक उड़ाते, 'गोविंद का दिमाग ठिकाने पर नहीं है।' उत्तर में मैं सिर्फ मुस्करा देता। सहनशक्ति महान शक्ति है। किसी चमत्कार की तरह मेरे सम्मान देने का प्रभाव ऐसा पड़ा कि एकाध महीने में मेरा सम्मान भी बहुत ही बढ़ गया। यदि कोई मेरा मजाक उड़ाता तो मेरे दोस्त मेरा समर्थन करते और कहते, 'गोविंदभाई का कोई नाम नहीं लेगा...', मैं तो मुफ्त में ही गोविंद से गोविंदभाई बन गया। सेठश्री लालजीभाई के नजदीक ही ही मेरा स्थान हो गया था। यह क्षण मेरे जीवन की उन्नति का था। इस सृष्टि में हम जैसा बोते हैं, वैसा ही पाते हैं – इस बात में मेरी श्रद्धा बढ़ गई थी।

इस भागवत कथा का आयोजन श्री मोरारभाई कालीदास के प्रमुख स्थान से श्री कन्हैयालाल मोदी एवं अन्य लोगों ने संयुक्त रूप से किया था। श्री मोरारभाई सूरत के जरी उद्योग के एक चमकते सितारे थे। श्री कन्हैयालाल मोदी प्रसिद्ध शेयर दलाल और दक्षिण गुजरात के सामाजिक कार्यकर्ता थे। उन्होंने 1960-70 के दशक में 'सूरत जनरल अस्पताल' में गरीब और जरूरतमंदों की इलाज से संबंधित सहायता करने की शुरुआत की थी। उनका अस्पताल के विकास में उल्लेखनीय योगदान था। आज उनके सुपुत्र श्री सुनीलभाई मोदी इस अस्पताल की व्यवस्था संभालते हैं।

वीरजीभाई के छोटे भाई हीरालाल को हृदय के वाल्व की तकलीफ थी। उनको ऑपरेशन की जरूरत थी जो सिर्फ मुंबई में ही संभव था। उन दोनों भाइयों के साथ मैं भी मुंबई गया और हम गुलुंड स्थित मोहनभाई के घर रुके जो वीरजीभाई के मामा ससुर थे, अतः सभी उनको 'मोहनमामा' से संबोधित करते थे। उनके पास टैक्सियों का काफिला था। ओपेरा हाउस विस्तार में फ्रेंच ब्रिज के पास [illegible] में उनका गैराज था, वहां वे टैक्सियों की मरम्मत करते थे। मोहनमामा ने हमें ड्राइवर

के साथ टैक्सी गाड़ी देकर कहा, 'जब तक आप मुंबई में रहेंगे, ये टैक्सी आपके साथ ही रहेगी।'

हम हीरालाल को लेकर चर्चगेट स्टेशन के पास बॉम्बे अस्पताल में डॉ. निमेश शाह से मिलने गए। उन्होंने दो दिन बाद ऑपरेशन किया। इस बॉम्बे अस्पताल की स्थापना प्रसिद्ध उद्योगपति रामेश्वरदास बिरला ने सार्वजनिक सेवा के लिए की थी। उस समय वह अस्पताल देश भर में श्रेष्ठ माना जाता था। हीरालाल ठीक हो गए, मोहनमामा का असीम प्रेम और निस्वार्थ सेवा देखकर मैं दंग रह गया। व्यक्ति कैसे अपना समय, भोजन तथा पैसा तक दूसरों को स्वेच्छा से दे सकता है, वह मैंने उनसे जाना। मैं उनसे पहली बार ही मिला था लेकिन उन्होंने मुझे जरा भी महसूस नहीं होने दिया कि मैं विरजीभाई से अलग हूं। मैंने मोहनमामा से सीखा कि करुणा का अर्थ सिर्फ लोगों की समस्याओं का समाधान ढूंढ़ना ही नहीं परंतु अपनी पूरी मदद के साथ प्रेम देना भी होता है। हम सूरत वापस आने वाले थे, उससे एक दिन पहले मोहनमामा हमें चौपाटी के पास एक छोटी-सी पहाड़ी पर स्थित प्राचीन शिवमंदिर 'बाबुलनाथ' ले गए। मोहनमामा ने हमसे कहा कि व्यापार के लिए मुंबई आने वाली गुजराती प्रजा इस मंदिर को पूजनीय मानती है। वर्तमान मंदिर 1890 में महाराजा सयाजीराव गायकवाड़ तथा मुंबई में आकर सफलता और समृद्धि प्राप्त करने वाले गुजराती व्यापारियों ने बनवाया था। वह समुद्र की सतह से लगभग 500 फुट ऊंचा और अरब सागर के ठीक सामने है।

मुंबई में दस दिन से भी ज्यादा समय बिताने के बाद हम सूरत लौट आए। मुझे मन ही मन ऐसा विश्वास हो चला था कि मैं भी भविष्य में इस मुंबई शहर में काम करुंगा।

मैंने 1969 में व्यापार के रूप में हीरा पॉलिशिंग की एक छोटी सी यूनिट आरंभ की। मैंने तकरीबन चार महीने तक संघर्ष किया लेकिन जैसा चाहिए था, वैसा काम नहीं हुआ। उस समय मेरे बहनोई व दोस्त वी.बी नारोला मेरी मुश्किलों के साक्षी थे। उस समय कारीगरों को वेतन देने के लिए 300 रुपए भी मेरे पास नहीं थे, इसलिए मैं अपने सोने की चेन राजमार्ग पर स्थित नानालाल ज्वेलर्स की दुकान में बेचना चाहता था और इसके लिए मैंने अपने दोस्त भगवानभाई को साथ आने को कहा। लेकिन भगवानभाई ने मुझे चेन बेचने से मना कर दिया, उन्होंने मुझे अपनी बचत के 300 रुपए दे दिए।

मैं अब तक पूज्य डोंगरेजी महाराज का पक्का अनुयायी बन चुका था। इतने वर्षों में पूज्य डोंगरेजी महाराज के सान्निध्य में इतना सीख चुका था कि जो इंसान स्वयं का भला नहीं कर सकता वह पूरी दुनिया में कभी भी किसी का भी भला नहीं कर सकता। नियति ने जो तय किया होगा वही होना है। जो है, उसको स्वीकार ही

करना है, चाहे वह अच्छा हो या बुरा? मेरा मन और दिमाग इसलिए शांत रहते हैं, क्योंकि मैंने निरंतर भगवान के सान्निध्य का अनुभव किया है। पूज्य डोंगरेजी महाराज कहते थे कि ईश्वर की कृपा अपार है, ईश्वर की कृपा तो हम सब पर लगातार बरसती ही रहती है, मुझे भगवान में पूर्ण श्रद्धा है। मेरा दिमाग भले ही सारे आयोजन करता है लेकिन बाद में मैं सब कुछ ईश्वर को सौंप देने में विश्वास रखता हूं और ऐसा ही करता हूं। एक दिन महाराज ने जो कहा था वह मुझे याद आया, 'भूतकाल को भूल जाओ, वह गुजर चुका है, आप जो कुछ कर सकते थे, वह आपने किया। रोने से परिस्थिति में बदलाव नहीं आने वाला। भविष्य की चिंता मत कीजिए – जो होना है, वह होकर ही रहेगा। वर्तमान में जियो, जिसका वर्तमान अच्छा, उसका भविष्य भी अच्छा ही होता है। वास्तव में हमारा भविष्य हमारे वर्तमान में छुपा हुआ होता है।'

मन्मना भव मद्भक्तो मद्याजी मां नमस्कुरु।
मामेवैष्यसि युक्त्वैवमात्मानं मत्परायण:।।

तेरा मन मेरे में स्थिर कर (श्रीकृष्ण अर्जुन को कहते हैं)। मेरा भक्त बन, मेरा उपासक बन, मेरे समक्ष नतमस्तक हो। इस प्रकार अपने मन को मुझ में केन्द्रित कर तथा मुझे सर्वोच्च लक्ष्य मानकर तू मुझ तक पहुंच सकेगा।

(श्रीमद् भगवद्गीता, अध्याय 9, श्लोक 34)

इस सरल उपदेश से मैं आश्चर्यचकित हो गया। रात को मैंने एक स्पष्ट व बड़ी आवाज सुनी, 'तू कुछ भी कर सकता है, अपने समस्त प्रयास मुझे समर्पित कर दे, प्रत्येक व्यक्ति में तू मेरे दर्शन कर और बाकी सब कुछ मुझ पर छोड़ दे।' यह एक सपना नहीं था, यह कोई भ्रान्ति नहीं थी। दूसरे दिन स्नान करने से पहले, मैंने एक कागज पर लिखा, 'मैं कुछ भी नहीं हूं, इसके बावजूद भी मैं कुछ भी कर सकता हूं।' मुझे एक परम आंतरिक शांति की अनुभूति हुई। मैंने ईश्वर के स्मरण के साथ काम आरंभ किया और उसके महान परिणामों को देख मैं आश्चर्यचकित रह गया।

अध्याय-2

व्यापारिक और पारिवारिक जीवन की नींव

सर्वं परवशं दुःखं सर्वमात्मवशं सुखम्।
एतद् विद्यात् समासेन लक्षणं सुखदुःखयोः।।

परतंत्रता में दुःख व स्वावलंबन में सुख समाया हुआ है। जो अपने काम के लिए दूसरों पर ही आधारित रहता है, उसे दुःखी होना पड़ता है परंतु जो आत्मनिर्भर तथा स्वावलंबी है, वह प्रसन्न रहता है। बस, सुख और दुःख के छोटे और साधारण लक्षण इन्हें ही मानना चाहिए।

(मनुस्मृति, अध्याय 4, श्लोक 160)

मेरी तरुणावस्था में मुझे यह जरा भी अहसास नहीं था कि व्यापक जनकल्याण को समर्पित ऐसा साधारण जीवन मेरे भाग्य में लिखा होगा। परंतु ऐसे लक्षण मेरे अंदर बचपन से ही थे, पहनावे और मौज-शौक में मुझे जरा भी रुचि नहीं थी। भोजन भी मेरा सादा और सरल तथा स्वभाव मितभाषी, अंर्तमुखी और सत्संग-प्रेमी। भागवत कथाकार पूज्य डोंगरेजी महाराज ही मेरे आदर्श थे। 8×8 फुट के अपने कमरे में मैं उनकी तस्वीर भी रखता था। डोंगरेजी महाराज मेरे रोल मॉडल बन गए थे।

मैं श्रीमद् भगवद्गीता और श्री रामचरितमानस की प्रति हमेशा साथ रखता और जब भी समय मिलता, तब ऊंची आवाज़ में उसका वाचन करता था। एक दिन मैंने अपने काल्पनिक श्रोताओं से पूछा, ''समाज में साधु की क्या भूमिका हो सकती है?'' उसके बाद रामचरितमानस की इन पंक्तियों को जोर से पढ़ा...

साधु चरित सुभ चरित कपासू। निरस बिसद गुनमय फल जासू।।
जो सहि दुःख परछिद्र दुरावा। बंदनीय जेहिं जग जस पावा।।

> 'साधुचरित मनुष्य निर्मल, अस्वाद वृत्तिवाला, उदासीन होता है, फिर भी सद्गुणी होने के कारण समाज के लिए उपयोगी होता है। पौधे पर कपास खिलती है, उससे सूत बनता है, सूखता है, बुनाई होती है और आखिर में कपड़ा तैयार होता है। इस यातना भरी प्रक्रिया से गुजरने के बाद ही वह दूसरों की लाज को ढकने के योग्य बनता है, तब ही उसकी कीमत होती है और वह शृंगार बनता है।'
>
> (श्रीरामचरितमानस, बालकाण्ड, दोहा 1, चौपाई 5-6)

मैंने इसका यही निष्कर्ष निकाला कि भगवान सर्वज्ञ तथा सर्वशक्तिमान हैं। उन्होंने समग्र जगत के साथ मनुष्य का सर्जन किया हैं परंतु उसके साथ माया की रचना भी की है, इसलिए मनुष्य मेरा परिवार, मेरी जायदाद, मेरी संपत्ति जैसे भ्रमों में फंसा रहता है। मनुष्य अच्छे-बुरे फैसले लेने के लिए स्वतंत्र है। पर वह इस मायावी दुनिया का व्यर्थ भार उठाकर जी रहा है। इसलिए अज्ञानता दूर कर वास्तविक मुक्ति के लिए हमें संतों की आवश्यकता है।

तब से यह मेरा जीवन-मंत्र बन गया है। जगत निरंतर परिवर्तनशील है, यह अच्छे-बुरे दोनों तत्त्वों का बना है। शुभ-अशुभ, सुख-दुःख, चढ़ती-उतरती इत्यादि प्रत्यक्ष रूप से परस्पर विरुद्ध दिखाई देने वाले विषय वास्तव में एक दूसरे के पूरक हैं और उनके बीच सदैव एक संतुलन रहता है। इस कलियुग में, भले ही अशुभ या दुष्ट तत्त्व अधिक देखने को मिलते हैं, इसके बावजूद शुभ तथा अच्छे तत्त्व मौजूद हैं।

दुनिया के सामान्य चलन से इतर मैंने पहले ही तय कर लिया था कि विद्वेषी, दुष्ट और बेकार लगने वाले लोगों को भी सम्मान देना है क्योंकि उनको भी मैंने इस जगत के अविभाज्य अंग के रूप में देखने की आदत डाल ली थी। समाज में अशुभ या अनिष्ट की उपस्थिति एक यथार्थ है। इस दुनिया में ऐसे लोगों की कमी नहीं जो सज्जनों के साथ अकारण दुष्टतापूर्ण व्यवहार करते हैं। दूसरों की सफलता, प्रगति और समृद्धि उन्हें नहीं भाती। पर शुभ-अशुभ के बीच नीर-क्षीर विवेक दिखाना भले ही चुनौतीपूर्ण हो, फिर भी मैं अपना संतुलन क्यों गंवा दूं?

जनवरी, 1970 का अंतिम रविवार था। भगवानभाई और मैं 'कांच के गोले' में भविष्य बताने वाले के यहां गए। दस रुपए देकर तीन प्रश्न पूछे जा सकते थे। मेरा एकमात्र प्रश्न था कि मुझे अपना व्यापार कैसे आरंभ करना चाहिए? मैं कांच के गोले के सामने बैठा और अपना हाथ कांच के गोले पर रख दिया। बाद में मैंने गोले से हाथ हटाकर उसका बारीकी से निरीक्षण किया। मैंने कांच के गोले के अंदर कोहरा जैसा बनते देखा जिसमें एक टेबल पर बैठकर एक दूसरे से बात करते हुए तीन व्यक्ति दिख रहे थे।

वे तीन व्यक्ति कौन थे, इसे लेकर मेरे मन में कोई शंका नहीं थी। वीरजीभाई, भगवानभाई और खुद को मैं अपने ऑफिस में काम करते देख रहा था। 45 रुपए के किराए पर हमने नागोरीवाड़ में 10×15 फुट का एक छोटा-सा कमरा लिया जो उस वक्त हमारी महत्वाकांक्षा के लिहाज से पर्याप्त था। 12 मार्च, 1970 गुरुवार के दिन, दोपहर 1 बजकर 15 मिनट पर शुभ मुहूर्त में हमने श्रीफल फोड़ा। थोड़ा शक्कर खाकर मुंह मीठा करके हमने कारखाने की शुरुआत की। वीरजीभाई के भाई हीरालाल और साले देवशीभाई भी कारखाने से जुड़े। रमेशभाई पच्चीगर हमारे आयकर सलाहकार थे। प्रभाकर भाई त्रिवेदी हमारे पहले अकाउंटेंट थे। रमेशभाई के बेटे रूपीनभाई और जनकभाई पिता की विरासत को आगे बढ़ाते हुए आज भी हमारे साथ जुड़े हैं।

हमें अपनी कंपनी के लिए एक अच्छा नाम चाहिए था। डोंगरेजी महाराज ने हमारी सहायता की। ईश्वर की कृपा ही हमें किसी भी प्रकार की सिद्धि की ओर ले जाती है, इसलिए सभी कामों का प्रारंभ ईश्वर के नाम से ही होना चाहिए। उनके इस उपदेश का अनुसरण करते हुए हमने अपनी कंपनी का नाम भगवान के नाम से ही रखने का निश्चय किया। हम भगवान विष्णु के मानस्वरूप 'श्रीराम' और 'श्रीकृष्ण' दोनों की समान भाव से पूजा करते हैं और 'श्री' का अर्थ होता है - देवी लक्ष्मी अर्थात् संपत्ति की देवी। अंततः हमने 'श्री रामकृष्ण एक्सपोर्ट्स' कंपनी का रजिस्ट्रेशन कराया जिसमें हम तीनों एक समान हिस्सेदार थे। मुंबई में ऑफिस की जगह नहीं थी तो ऑफिस का पता कहां का देना है? अब मोहनमामा हमारी सहायता करने आए। उन्होंने मुंबई में ऑपेराहाउस फ्रेंच ब्रिज स्थित अपने गैराज को हमारे ऑफिस के पते के रूप में मंजूरी दी।

कारखाने के मुहूर्त में पी.डी कोठारी नाम की पीढ़ी से जॉब वर्क करने के लिए हमने हीराभाई वाडीलाल की मध्यस्थता में कच्चे हीरे लिए। उस समय के कारोबारी कायदे के अनुसार पॉलिश करने के बाद हीरे का वजन रफ हीरे के वजन का कम से कम 28 प्रतिशत होना चाहिए। हमने कुशलतापूर्वक और संभालकर हीरे को तराश कर 34 प्रतिशत तैयार वजन प्राप्त करके एक असाधारण सिद्धि प्राप्त की लेकिन हीराभाई को इससे संतोष नहीं हुआ। वास्तव में, उस समय किसी का भी 28 प्रतिशत से अधिक वजन नहीं आता था। इसलिए उन्होंने हमसे कहा, 'ऐसा करने से तो दूसरे डायमंड कटर्स और पॉलिशर्स को प्रॉब्लम होगी।' उन्होंने सलाह दी 'इसका वजन 6 प्रतिशत अधिक है, इसलिए अधिक वजन वाले हीरे ले लो, कम वजन वाले रख दो जिससे 28 प्रतिशत नॉर्मल वजन के बराबर हो जाएगा। ऐसा करोगे तो आपको पैसे भी अधिक मिलेंगे।' मैंने कहा, 'हीराभाई, कुछ भी हो जाए, मैं ऐसा अनैतिक काम नहीं करूंगा। मैं कभी सच्चाई तथा ईमानदारी के मार्ग से नहीं हटूंगा।' मैंने उनकी बात नहीं मानी और उनसे कहा, 'यदि आपका कुछ

नुकसान हो रहा हो तो आप अपने तरीके से वजन प्राप्त कर लीजिए।' मैंने अब यह बात उन पर छोड़ दी।

बाद में मैं सोचने लगा कि यदि मैं 6 प्रतिशत अधिक वजन प्राप्त कर सकता हूं तो अपने खुद के कारोबार में तो मुझे ज्यादा फायदा होगा। मुझे अपने कौशल का लाभ उठाना चाहिए। लेकिन सवाल था कि खुद काम करने के लिए रफ हीरे कहां से मिलेंगे?

अप्रैल, 1970 में एक दिन मानो किसी अदृश्य शक्ति की प्रेरणा से जेब में पांच सौ रुपए के साथ मैं साइकल लेकर रमेशभाई शाह के ऑफिस पहुंच गया। खुशमिजाज स्वभाव, उत्तम व्यवहार और आकर्षक व्यक्तित्व के कारण लोग रमेशभाई को 'राज कपूर' कहते थे। अंदर रमेशभाई नहीं थे और उनके भाई वसंतभाई बैठे थे। वह मेरे हम उम्र थे। मैंने सीधा कहा, 'मुझे रफ हीरे खरीदने हैं।' वसंतभाई कुछ देर मुझे देखते रहे। शायद मेरा निरीक्षण कर रहे हों कि इसके पास हीरा खरीदने लायक पैसे होंगे भी या नहीं? उन्होंने नम्रता से पूछा, 'रोकड़े से या उधारी में?' मैंने कहा, 'रोकड़े से।' वे बोले, 'देखिए, अभी तो मेरे पास रफ हीरे नहीं है लेकिन यदि आपको रोकड़े से लेने हैं तो मैं आपको दूसरी जगह से दिलवा सकता हूं। आपको मुझे 1 परसेंट ब्रोकरेज देना पड़ेगा।' मैंने तुरंत हां कर दी।

वसंतभाई मुझे कीमत में मोल-भाव करने वाली कुछ दुकानों में ले गए। हीरे पर डिस्काउंट अच्छा था, इसका मुझे आश्चर्य हुआ। एकाध घंटे भटकने के बाद हम बाबूभाई ऋषभचंद दोशी और भानुभाई चंदूभाई शाह के दफ्तर पहुंचे। उन्होंने 91 रुपए प्रति कैरेट की कीमत कही। उन्होंने कीमत में कोई मोल-भाव नहीं किया, इसलिए मैंने उनके यहां से रफ लेने का निश्चय किया। 10 कैरेट रफ लेने के लिए मेरे पास 910 रुपए होने चाहिए थे, इसके अतिरिक्त 10 रुपए ब्रोकरेज के देने थे, सो अलग। मैंने नम्रता से कहा, 'अभी मेरे पास सिर्फ 500 रुपए हैं।' उन्होंने कहा, 'कोई एतराज नहीं, अभी 500 रुपए दे दीजिए, शेष 410 रुपए घर जाकर दे दीजिएगा। वसंतभाई आपके साथ जाएंगे।' लेकिन मेरे पास रुपए घर में भी कहां थे! अपनी सारी बचत जेब में लेकर आया था किन्तु मैं यह मौका गंवाना नहीं चाहता था। मैंने तुरंत 500 रुपए तो दे दिए, शेष 410 रुपए के लिए मैं वसंतभाई को अपने साझीदार वीरजीभाई के घर ले गया। वीरजीभाई को मैंने कहा, 'देखिए भैया, हम अब अपना व्यापार आरंभ कर रहे हैं। इसलिए हमें रफ हीरे खरीदने की हिम्मत तो करनी ही पड़ेगी।' फिर मैंने पूरा वाकया कह सुनाया कि रफ हीरे की कीमत में 410 रुपए कम पड़ रहे हैं और 10 रुपए ब्रोकरेज के भी बाहर खड़े वसंतभाई को देने हैं। वह बोले, 'ओ भगत! इसमें चिंता किस बात की है?' उन्होंने रसोईघर में व्यस्त अपनी पत्नी शारदाबहन से कहा, 'तेरे पास घर खर्च के जो 200 रुपए हैं, वह मुझे दे दो।'

इसके बाद वह अपने पड़ोसी नरसिंहभाई खालपरवाला के पास जाकर 200 रुपए उधार मांग लाए। बाकी के बीस रुपए उनकी जेब में पड़े थे, इस प्रकार कुल 420 रुपए की रकम इकट्ठी करके उन्होंने मेरे हाथ में रख दी। मैंने वसंतभाई को घर में बुलाकर बाकी के पैसे चुका दिए, तो ऐसे हमारा खुद का कारोबार शुरू हुआ। हमने एकाध हफ्ते में उन रफ हीरों को पॉलिश कर दिया और वह माल बाबूभाई को ही 10 फीसद मुनाफे पर बेच दिए। वे हमारे काम की तेज गति, गुणवत्ता, मेहनत तथा उमंग देखकर खुश हो गए। उसके बाद तो हमको जब भी रफ हीरे चाहिए होते, वे दे देते।

भगवान की योजना हमारे भले के लिए ही होती है परंतु इंसान को वह समझ नहीं आती। बाबूभाई दोशी के एक रिश्तेदार चीनुभाई चमनलाल शाह, हीरा बाजार मुंबई में काम करते थे। अगस्त, 1970 में उनको व्यापार में कुछ मुश्किल आ गई तो वह थोड़े समय के लिए सूरत आकर रहे। मैं उनको बाबूभाई के ऑफिस में मिला। एक दिन चीनुभाई ने मुझे कहा, 'आपका कटिंग कौशल काफी अच्छा है, आपको तो मुंबई जाना चाहिए। वहां आपके कौशल की कदर अधिक होगी और आपको पैसे भी अधिक मिलेंगे।' मेरे व्यापार में प्रगति करने के लिए भगवान ने चीनुभाई को निमित्त बनाया।

सितम्बर, 1970 में योगीजी महाराज और बी.ए.पी.एस संस्था के स्वामिनारायणी संत सूरत आए। सैकड़ों भक्त उनको देखने-सुनने के लिए एकत्र हुए थे। मैं भी उनमें से एक था। बचपन से ही स्वामिनारायणी संत सदैव मुझे अपने लगते। उनका व्यवहार, उनका प्रभाव तथा उनके तन-मन-आत्मा की शुद्धि मुझे आकर्षित करती। बंधन से मुक्ति दिलाने के लिए कोई तो मुक्तिदाता होना चाहिए न! योगीजी महाराज ने मुझे पीठ ठोककर आशीर्वाद दिया। उन्होंने जैसे मेरा मन पढ़ लिया हो और मुझे उलझन से बाहर लाने के प्रयास किए। मैंने कहा, 'महाराज, मुझे साधु होना है।' वे बोले, 'तू तो पहले से ही साधु है।' मैंने कहा, 'नही, मैं तो हीरे के व्यापार का कारीगर हूं।'

वे बोले, 'भाई, भगवान के मानवदेह रूपी सृजित हीरे को पॉलिश करने का काम कीजिए। वही आपका जीवनकार्य है। इसके लिए आपको अपने परिवार, पत्नी, बच्चे और अन्य रिश्तेदारों के सहयोग की आवश्कता होगी, इसलिए आदर्श गृहस्थ बनो।' उन्होंने मेरी पीठ थपथापाते हुए आशीर्वाद दिया, उनकी स्पष्ट वाणी में कोई उलझन नहीं थी। उन्होंने मेरी आंखों में आंखें डालकर कहा था जो मेरे हृदय के आरपार पहुंच गया। मैंने उनके चरणों में सर रख दिया तो उन्होंने मुझे धीरे से उठाया और अपने विशिष्ट हास्य के साथ मुझे विदाई दी।

मेरी शांताबहन का विवाह वी.बी के नाम से मशहूर वशरामभाई नारोला के साथ 8 फरवरी, 1958 के दिन हुआ था। मेरे विवाह में वी.बी ने महत्त्वपूर्ण भूमिका

निभाई थी। वे मेरे बहनोई तो हैं ही, उनके साथ मेरी आज तक गहरी दोस्ती भी है। शांताबहन की ससुराल नानीवावड़ी गांव में है। वहां उनके पड़ोस के पटेल परिवार के नारणभाई अहमदाबाद मिल में काम करते थे। उनकी बड़ी बेटी चंपा, कभी-कभार उनके घर आती और उनसे घुल-मिलकर रहती। वह शांताबहन को पसंद थी, इसलिए बहन ने चंपा का हाथ मेरे लिए मांग लिया। चंपा के परिवार ने पूछा, 'आपके परिवार की संपत्ति कितनी है?' शांताबहन ने गर्व से जवाब दिया, 'पांच भाइयों के बीच 40 एकड़ जमीन है, इतनी पर्याप्त है न?' यद्यपि उस समय तो यह अत्यधिक ही मानी जाती थी।

1964 के अगस्त में नानीवावड़ी गांव में चंपा के साथ मेरी मंगनी हुई। उस समय तो बुजुर्ग रुपया-श्रीफल का लेन-देन करके मंगनी कर देते थे। परंपरानुसार, विवाह से पूर्व हमने एक-दूसरे से मिलना तो दूर, देखा भी नहीं था। परंतु चंपा को देखने के लिए मैंने नाना प्रकार की कोशिशें की थीं। पहली कोशिश में मैं अपने दोस्त भूपतभाई वावडिया के साथ साइकिल से नानीवावड़ी गया। अभी नानीवावड़ी पहुंचे ही थे कि शांताबहन के ससुर ने हमें पकड़ लिया। उन्होंने मुझसे आने का कारण पूछा, तो मेरे पास कोई उत्तर ही नहीं था। चोरी-छुपे चंपा के दर्शन करने थे, अब जवाब क्या दें? मैंने बहाना बनाया कि मैं तो शांताबहन को साथ ले जाने आया हूं। अब शांताबहन को साथ ले जाने के अलावा हमारे पास और कोई दूसरा विकल्प नहीं था। उनको साइकिल पर लेकर तो जा नहीं सकते, बस में जाना पड़ेगा, बस के किराए के पैसे तो मेरे पास थे नहीं। इसलिए अपने बहनोई से पैसे मांगकर उनके पास ही साइकिल रखकर शांताबहन को लेकर दुधाला आ गए। प्रियतमा की झलक देखे बिना ही वापस आना पड़ा।

दूसरे प्रयास में मैं और मेरे मित्र वल्लभभाई नारोला खेत मजदूर का वेश बनाकर चंपा के गांव गए। घंटे भर फील्डिंग करने के बाद चंपा अपनी बहन के साथ घर से बाहर चबूतरे पर खेलती हुई दिखी। पहली बार चंपा के सुंदर दर्शन हुए! सामाजिक बंधन को तोड़, पहचान बदलकर, प्रिय पात्र को पहली बार उसके घर देखने के रोमांच से आज भी मेरे हृदय में मीठी लहर उठने लगती है।

इस सफल प्रयत्न के बाद मैंने कुछ अलग किया। मेरी भाभी अमृतबहन के नाम से एक पत्र चंपा की फोटोग्राफ भेजने के लिए उसके माता-पिता को लिखा। 'ऐसा कहीं होता है? कोई अविवाहित लड़का मंगेतर की फोटो मंगवाए, ऐसा कभी सुना नहीं है।' ससुराल वाले क्षुब्ध होकर मंगनी तोड़ने के लिए तैयार थे। परंतु अच्छा हुआ कि चंपा की बड़ी मां, हरिमां के बीच-बचाव से पूरा मामला सुलझ गया।

हमारा विवाह विक्रम संवत, 2027 को वसंत पंचमी के दिन, 31 जनवरी, 1971 के रविवार को नानीवावड़ी गांव में 'घूंघटभेर' (घूंघट में बंद) संपन्न हुआ। विवाह के समय मैं दुधाला गांव में समारोह के लिए, 'तावडी बाजा' (ग्रामोफोन,

एक प्रकार का संगीत वाद्ययंत्र) ले आया था। गांव में पहली बार लोगों ने 'तावडी बाजा' देखा था। 32 रुपए के किराए पर तावडी बाजे के साथ तीन प्लेट भी लाया था। जिसमें 'खम्मा मारा नन्दजीना लाल' और 'अमे मैयारा रे गोकुल गामना' – ये गाने पूरे दिन बजते ही रहते और पूरा गांव यही सुनता रहता। वैसे, बाजे की सुई खराब होने पर गाना तो बजता रहता लेकिन उसके भोंपु से मोटी बेसुरी आवाज निकलती। उस जमाने में तावडी बाजा बजाना भी बहुत बड़ी बात थी। आज वह मोटी भद्दी आवाज याद आती है तो अकेले में भी हंस पड़ता हूं।

वैसे तो विवाह से पूर्व मैंने एक कैमरा भी खरीदा था। सूरत के वी.एन मेहता स्टूडियो से 48 रुपए में कैमरा और दो रील खरीदे और अपने वाघजीभाई लिंबासीया को फोटो खींचने की जिम्मेदारी सौंप दी। फोटो तो कई खींचे गए लेकिन आए मात्र छह। रील डालने में या निकालने में कोई गलती हो गई जिससे फोटो खींचे तो गए लेकिन आए नहीं। तब चंपा 16 वर्ष की थी और मैं 21 वर्ष का, इसलिए हम विवाहयोग्य माने गए। चंपा मुझसे ज्यादा व्यावहारिक थी। उसने सहजता से हमारे घर में सभी का दिल जीत लिया। वह हमारे घर के बुजुर्गों की उपस्थिति में घूंघट में रहती। विवाह के दस वर्ष बाद हमारे परिवार के बुजुर्गों की सूरत स्थित कोसमाड़ा में हुई बैठक में ऐसे रिवाजों को खत्म करने की पहल हमने की थी। तब तक चंपा घूंघट रखती थी। हमने सूरत में किराए के घर में रहना शुरू किया। मैंने रॉयल एनफील्ड की बुलेट मोटरसाइकिल खरीद ली थी और उसी पर चंपा को सूरत घुमाता था। चंपा पहली बार बड़े शहर में आई थी, उसको सूरत दर्शन कराने में मुझे बहुत प्रसन्नता होती। मैं चंपा को सब जगह घुमाता था। चंपा को मोटरसाइकिल पर बैठने की आदत नहीं थी, इसलिए एक दिन उसकी साड़ी पहिए में फंस गई और चंपा गिर गई। मुझे बहुत बुरा लगा कि मेरी लापरवाही की वजह से ऐसा हुआ। मुझे अपनी दादी मोतीमां के शब्द याद आए जो उन्होंने मेरे माता-पिता को कहे थे, 'लक्ष्मी और गृहलक्ष्मी दोनों का कभी दिखावा नहीं होना चाहिए।'

हीरे के मेरे कारोबार का विस्तार हो रहा था, इसलिए हमने सूरत स्थित कड़िया गली में किराए पर बड़ी जगह ली। थोड़े समय में वहां 100 कारीगर काम करने लगे। हमारी सफलता से हमारा आत्मविश्वास बढ़ा। हीरे के व्यापार में किसी को काम की कोई कमी नहीं थी, व्यक्ति अपनी क्षमतानुसार कमा सकता था। आखिर में, हमने हरीपुरा हाट मुहल्ले में हमारी खुद की जगह खरीद ली। हमारा व्यापार हमारे स्वामित्व वाले मकान में चलने लगा था, ऐसे में हमें लगा कि हम आकाश में उड़ने लगे हैं। मैंने गांव में कक्षा पांच में पढ़ने वाले छोटे भाई अरजन को सूरत बुला लिया। उसका हरीपुरा के वी.टी चोकसी स्कूल में नामांकन करवा दिया।

28 नवम्बर, 1970 को मेरे चचेरे भाई वालजीभाई रवजीभाई धोलकिया की मृत्यु का समाचार मिला तो मैं मुंबई से भावनगर हवाई जहाज में गया और वहां

से प्रतापगढ़ पहुंचा। वे मुझसे एक साल ही बड़े थे। बाईस साल की युवावस्था में अपने पीछे तीन महीने की गर्भवती बीस साल की पत्नी समजूबहन और डेढ़ साल के पुत्र परेश को छोड़कर वे स्वर्ग सिधार गए। एक दोपहर को खेत में काम करते समय उनको जहरीले सांप ने काट लिया और बैलगाड़ी से लाठी सिविल अस्पताल जाते समय रास्ते में ही उनकी मृत्यु हो गई। उस समय गांव में बैलगाड़ी के अतिरिक्त कोई अन्य सुविधा नहीं थी। उनके देहांत के बाद उनकी पत्नी ने पुत्री को जन्म दिया। उस कुलीन नारी ने अपने दोनों बच्चों का लालन-पालन किया और अपने ससुरालवालों की पूरी देखभाल की।

श्रीमती इंदिरा गांधी के शासन का वह स्वर्णकाल था। 1967 से 1971 की अवधि में इंदिराजी ने सरकार पर लगभग पूरा नियंत्रण स्थापित कर लिया था। उनके नेतृत्व में संसद में कांग्रेस ने बहुमत हासिल किया। इंदिराजी के भाग्योदय में उनकी प्रतिभा, जनमानस में उनकी लोकप्रियता और जनकल्याण से जुड़े कामों का ही योगदान था। उन्होंने 14 बैंकों का राष्ट्रीयकरण किया था। निजी तौर पर मुझे बैंकों का राष्ट्रीयकरण पसंद आया परंतु उनका दूसरा फैसला मुझे पसंद नहीं आया। वह था – देशी रजवाड़ों के प्रिवी पर्स को खत्म करना। 1947 में भारत सरकार ने राजाओं को जो वचन दिया था, उसको तोड़ा जा रहा था। उनके फैसले को गरीबों के पक्ष में उठाया गया कदम माना गया। उन्होंने 'गरीबी हटाओ' जैसा लोकप्रिय नारा भी दिया। गरीबों, दलितों, महिलाओं तथा अल्पसंख्यकों ने तो उनकी एक प्रकार से पूजा की। 1971 के आम चुनाव में लोगों ने लोकसभा की 518 में से 352 सीटें कांग्रेस को दी थी। मैं तो गरीबी से गुजरकर आया था, इसलिए गरीबी क्या चीज है – उसकी मुझे सही मायने में समझ थी, इसलिए 'गरीबी हटाओ' में मुझे कभी भरोसा नहीं हुआ था।

1971 के दिसम्बर में भारत-पाकिस्तान युद्ध हुआ जिसमें भारत की जीत हुई। हमारे फील्ड मार्शल सैम मानेकशॉ ने पाकिस्तान के जनरल नियाजी के घुटने टिकवा दिए और बांग्लादेश को पाकिस्तान के अनधिकृत कब्जे से मुक्त कराया। शेख मुजीबुर रहमान का 'आमार सोनार बांग्ला' स्वप्न साकार हुआ। ये सभी बड़ी कामयाबियां इंदिराजी के बलबूते मिली थीं जिससे उनके कट्टर राजनैतिक प्रतिस्पर्धी वाजपेयी जी भी इंदिराजी को 'दुर्गा' कहने लगे थे।

1972 के मई माह में मेरे भाई नागजीभाई और परबतभाई ने दुधाला गांव में भागवत कथा का आयोजन किया था। मैं सूरत से दुधाला जाने के लिए अपनी बुलेट पर निकला। 12 घंटे की 500 किलोमीटर की ड्राइव वाकई जोखिम भरी थी। उस समय वन-वे सड़कों पर सामने से आ रहा ट्राफिक तो था ही, सड़क पर बड़े बड़े गड्ढे भी अच्छे-खासे थे। मैं तो 'हीरो' की तरह गांव में पहुंचा और आसपास के गांवों में कथा का निमंत्रण देने निकला। नानीवावड़ी गांव में मेरे ससुराल

और शांताबहन के यहां भी गया। वावड़ी से बुलेट पर मेरे साले प्रेमजीभाई और शांताबहन के 7 वर्षीय पुत्र दिनेश के साथ लाडूबुआ के घर राभड़ा गांव जाकर हमने काठियावाड़ी खाना खाया।

हम तीनों बुलेट पर दामनगर से ढसा जा रहे थे। रास्ते में दहींथरा गांव के पास पुल पर एक खतरनाक मोड़ था जहां बुलेट पर मेरा नियंत्रण खो गया और हम सूखी नदी में जा गिरे। भांजे दिनेश को तो ज्यादा चोट नहीं आई थी लेकिन मुझे और प्रेमजीभाई को ज्यादा जख्म आए थे। मैं तो बेहोश हो गया था। नसीब अच्छे थे कि उसी समय दामनगर जाने वाली सरकारी बस में अमरशीभाई नारोला सफर कर रहे थे, उन्होंने हमें पहचान लिया और उसी बस से सरकारी अस्पताल, दामनगर ले गए। लेकिन उस अस्पताल में एक्स-रे या प्लास्टर की सुविधा नहीं थी, इसलिए आधी रात को मुझे और प्रेमजीभाई को लेकर मेघजीभाई मेरुलिया और रामजीभाई नारोला, किराए की टैक्सी करके भावनगर ले गए। जब हम डॉ. रमेश पटेल के निजी अस्पताल पहुंचे, रात के तीन बज चुके थे। मेरा हाथ टूट गया था और डॉक्टर ने उस पर प्लास्टर कर दिया। बाद में आराम करके हम दुधाला गांव वापस आए।

उन दिनों मोबाइल नहीं थे लेकिन खबरें कानोंकान फैल जातीं। तब कोई उसकी उपेक्षा नहीं करता था। हालांकि इसमें एक बात का भय होता था कि कई लोगों के मुंह और कान से गुजरते हुए बात कभी-कभी अफवाह में परिवर्तित हो जाती। कहने वाला कहता कुछ और, सुनने वाला सुनता कुछ और। दुधाला में तो खबर पहुंची कि गोविंदभाई की सड़क दुर्घटना में मृत्यु हो गई है और इसलिए जब मैं प्लास्टर वाला हाथ लेकर सही-सलामत घर पहुंचा तो सर्वत्र खुशी का माहौल छा गया।

चंपा यद्यपि मुझे तुरंत नहीं मिल सकी, उसकी बारी रात को 9 बजे आई। उसने मेरे बुरी तरह से सूजे चेहरे को अपने पल्लू से स्नेहपूर्वक साफ किया, दर्द और थकावट के कारण मैं उसकी गोद में ही सो गया। मेरे रिश्तेदार मेघजीभाई ने दुर्घटनास्थल से बुलेट उठाई और पुलिस की औपचारिकताएं पूरी करके गाड़ी को दुधाला ले आए। मुझे पूरी तरह ठीक होने में कई हफ्ते लगे। इस दौरान चंपा ने बहुत प्रेमपूर्वक मेरी देखभाल की। इसके साथ ही उसने इस दुर्घटना से उत्पन्न मेरे मन की चिंता को दूर करने का प्रयास किया। बिस्तर में पड़े-पड़े मैं सोचता रहता कि हमारे देश की औरतें सामाजिक बंधनों के कारण अपनी भावनाएं कैसे व्यक्त करती होंगी!

मैंने जब चंपा से अपने प्रेम की बात की तब वह शरमा गई थी। वह एक स्नेही पत्नी है और मेरे प्रति पूर्णत: समर्पणभाव रखती हैं। चंपा ने अपने सरल शब्दों में कहा, 'सामाजिक परंपराओं के कारण भावनाओं के प्रतिभाव अलग होते हैं। इतना ही है, बाकी तो हमको भी प्रेम की अभिव्यक्ति पसंद है और आती भी है।' स्त्री

सामाजिक बंधनों में बंधी होती है फिर भी दुनिया की कोई ताकत उसके प्रेम को दबाने में सफल नहीं हुई है। भारत जैसे देश में राधा और मीराबाई को सदैव आदर और भक्तिभाव से देखा जाता है।

दिसम्बर, 1973 में गुजरात में विद्यार्थियों और मध्यवर्गीय लोगों द्वारा भ्रष्टाचार तथा आर्थिक आपातकाल के विरुद्ध 'नवनिर्माण आंदोलन' चलाया गया। तब चिमनभाई पटेल गुजरात के मुख्यमंत्री थे। उनके विरुद्ध भ्रष्टाचार के आरोप थे। लोगों में ऐसी स्वयंभू सामूहिक चेतना का जोश देखकर मुझे अचरज हुआ परंतु वह बहुत बड़ी शक्ति थी। मेरे घर के आसपास का रामपुरा रोड का इलाका सूरत में नवनिर्माण का केन्द्र था। इस आंदोलन में हजारों घायल हुए और दस हजार से अधिक लोग गिरफ्तार किए गए और यह लड़ाई मुख्यमंत्री के इस्तीफा देने तक पहुंच गई।

गुजरात में पहली बार बाबूभाई जशभाई पटेल के नेतृत्व में गैर-कांग्रेसी सरकार का गठन हुआ। यद्यपि चुनाव के बाद अपनी सरकार बचाने के लिए इंदिराजी ने पूरे देश में 'आपातकाल' घोषित कर दिया परंतु इलाहाबाद हाईकोर्ट ने उसको गलत बताया। बाबूभाई की सरकार कुछ महीने ही चली। इंदिराजी और उनके आपातकाल का विरोध करते हुए कई सक्रिय कार्यकर्ता गुजरात में आकर रहे थे जिससे गुजरात 'लोकतंत्र बचाओ' आन्दोलन के समर्थकों का आश्रयस्थल बन गया। कुछ ही समय में बाबूभाई की सरकार भी गिर गई।

इधर, हमारे व्यापार ने अच्छी गति पकड़ी और हम कुछ संपत्ति संचय कर सके। मेरे पिताजी की भावना को ध्यान में रखते हुए 1975 में, 51,000 रुपए का दान हमने 'लालजीभाई कांजीभाई धोलकिया पटेलवाड़ी' दामनगर को किया। उस समय सौराष्ट्र के पाटीदारों में यह सबसे बड़ा दान था। इस सेवाकार्य से हमें भावी सेवाकार्य का मार्ग मिला। हमें छोटी-छोटी बातों में आसपास के लोगों का अच्छा समर्थन मिलता है। बच्चों की परवरिश और उनकी शिक्षा-आरोग्य में इंसान अकेले कुछ नहीं कर सकता। इसलिए मैं मानता हूं कि प्रत्येक संपन्न व्यक्ति को अपनी संपत्ति या कमाई से कुछ हिस्सा समाज को वापस देना चाहिए। यह हिस्सा दया-दान या उदारता नहीं, बल्कि उनका फर्ज है।

व्यापार के विस्तार के साथ मुंबई मेरा दूसरा घर बन गया। मुझे सप्ताह में तीन दिन मुंबई रहना पड़ता। मैं 'फ्लाइंग रानी' ट्रेन से मुंबई जाता और कालबादेवी में 'आदर्श होटल' में रुकता। मुंबई में रहना एक अलग ही अनुभव था। मुंबई मराठियों, उत्तर तथा दक्षिण भारतीयों से भरा पड़ा महानगर है। मुझे वे सब बहुत ही अलग लगे। मात्र देखने, पहनावे और शारीरिक दृष्टि से ही नहीं, बल्कि उनके स्वभाव, व्यवहार, खुराक, रहन-सहन सब कुछ हमसे अलग लगता। इन सबको एकसूत्र में

बांधकर रखने वाला तत्त्व कौन-सा होगा? मुझे लगा कि यह जानना और समझना चाहिए और इसके लिए मुझे विभिन्न राज्यों में घूमना चाहिए। गांधीजी जब दक्षिण अफ्रीका से 1915 में भारत आए और उन्होंने भारत की आजादी के लिए कुछ करने की तमन्ना दर्शायी थी, तब उनको गोपालकृष्ण गोखले ने भारत-भ्रमण करके जनदर्शन और जनमानस को पहचानने की सलाह दी थी। यह बात हर बार मुझे याद आती थी।

1976 में नवंबर-दिसंबर माह के दौरान दिवाली की छुट्टियों में हमने एक महीने के लिए उत्तर भारत की यात्रा पर जाने की योजना बनाई। मेरे मित्र - करशनभाई पालडिया, रवजीभाई रादडिया, पोपटभाई काकडिया, शिवालाल शिंगाला और परिवार के चार छोटे बच्चे भी हमारे साथ जुड़े, हमने एक मेटाडोर वैन किराए पर ली। उस समय मेटाडोर का किराया एक रुपया प्रति किलोमीटर था।

हमारा देश इतना विशाल और वैविध्यपूर्ण है कि उसको देखने के लिए एक साल भी कम है। हम गुजराती, उत्तर से आरंभ करके दक्षिण की तरफ देश दर्शन करते हैं। विंध्याचल से उत्तर के राज्यों को उत्तर भारत कहा जाता है। गुजरात और महाराष्ट्र वैसे तो एक ही प्रांत से विभाजित राज्य हैं परंतु प्रजा, संस्कृति, रीति-रिवाज की दृष्टि से उत्तर भारतीय राज्यों से कुछ समानता रखते हैं। तमिलनाडु, आंध्र प्रदेश, कर्नाटक और केरल दक्षिण भारतीय राज्य हैं। हमने इस बार उत्तर भारत जाने का सोचा और अगले साल दक्षिण भारत देखने का निश्चय किया। मैंने स्थानों का चयन महापुरुषों, वीर नायकों और भक्तों के आधार पर किया। मसलन, राजस्थान- महाराणा प्रताप, महाराष्ट्र- शिवाजी महाराज, पंजाब- गुरु गोविंद सिंह जी, दिल्ली- रायपिथौरा पृथ्वीराज चौहान, उत्तर प्रदेश- रानी लक्ष्मीबाई, मध्य प्रदेश- रानी अहल्याबाई, बिहार- सम्राट अशोक और चन्द्रगुप्त मौर्य इत्यादि।

अहमदाबाद से होकर हम पहले अंबाजी गए। यह स्थान गुजरात-राजस्थान सीमा के पास अरावली पर्वतमाला से घिरा हुआ है। यह पर्वतमाला उत्तर-पूर्वी दिशा में लगभग 500 किलोमीटर दूर दिल्ली तक फैली है। आरासुरी अंबाजी मंदिर में किसी देवीमाता की मूर्ति या तस्वीर नहीं है। यहां पवित्र श्री वीसा यंत्र की पूजा मुख्य देवी के रूप में की जाती है। साधारणतया कोई इस यंत्र को नहीं देख सकता है। यह शक्तिपीठ, हिन्दू परंपरा अनुसार शक्ति संप्रदाय का तीर्थस्थान है। माताजी के 51 शक्तिपीठ तो भारत में ही हैं जिनमें से चार महाशक्तिपीठ के नाम से जाने जाते हैं। परंतु सात शक्तिपीठ बांग्लादेश में, तीन पाकिस्तान में, तीन नेपाल में, एक चीन में और एक श्रीलंका में स्थित है।

शक्तिपीठों की स्थापना सतीमाता की किंवदंती पर आधारित है। माता सती की मृत्यु के शोक और दु:ख से त्रस्त भगवान शिव, सती का मृत शरीर लेकर ब्रह्मांड में घूमने लगे थे। इस शोक और दु:ख को समाप्त करने के लिए भगवान विष्णु ने

सुदर्शन चक्र से सती के शरीर के 51 टुकड़े कर दिए। ये टुकड़े धरती पर जहां-जहां गिरे, वहां-वहां पवित्र शक्तिपीठ बन गए। उस समय शिव भगवान ने भैरव का रूप धारण कर लिया था। सतीमाता के शरीर के 51 टुकड़ों में से हृदय का अंग यहां अंबाजी में गिरा था, इसलिए इस धर्मस्थान का महात्म्य अधिक है।

लगभग चार घंटे की ड्राइव के बाद हमारा दूसरा पड़ाव राजस्थान की अरावली पर्वतमाला में बनास नदी के किनारे स्थित नाथद्वारा था। श्रीकृष्ण भगवान के मंदिर में श्रीनाथ जी भगवान का सात वर्ष की उम्र का बालस्वरूप है। भगवान ने बाएं हाथ से गोवर्धन पर्वत उठाया है और दाहिने हाथ को मुट्ठी बांध करके कमर पर टिकाया हुआ है। यह मूर्ति काले संगमरमर से बनी है और मूर्ति के होंठ के नीचे बड़ा-सा हीरा जड़ा है। विट्ठलनाथजी (1516-1588), जो गुसांईजी के रूप में जाने जाते थे, वल्लभाचार्य (1479-1531) के छोटे बेटे थे। यहां उन्होंने श्रीनाथजी की पूजा प्रारंभ की थी। यह मंदिर श्रीनाथजी की हवेली के रूप में जाना जाता है। इसे 17वीं सदी में मेवाड़ के महाराजा राजसिंह के शासन और संरक्षण में बनाया गया था। हवेली से 3 किलोमीटर दूर श्रीनाथजी गोशाला है, उसमें 1000 से अधिक गायों की सुंदर तरीके से देखभाल की जा रही है।

नाथद्वारा से 350 किलोमीटर की आठ घंटे की सड़क यात्रा करके हम जयपुर पहुंचे। जयपुर शहर आधुनिक भारत के प्रारंभ में बने सुनियोजित शहरों में से एक है। इसका निर्माण वास्तुशास्त्र तथा शिल्पशास्त्रों के सिद्धांतों के अनुसार किया गया है। शहर के पूर्व, पश्चिम और उत्तर दिशा में तीन दरवाज़े हैं। पूर्वी द्वार 'सूरजपाल', पश्चिमी द्वार 'चांदपाल' और उत्तरीय द्वार 'अजमेरपाल' हैं। हमारी बहनों को हवामहल में बहुत आनंद आया। राजकुल की महिलाएं इसका उपयोग चेम्बर्स के रूप में करती थीं। हमने सिटी पैलेस संकुल में स्थित श्री गोविंददेव जी मंदिर में पूजा की। एक छोटी-सी पहाड़ी पर स्थित श्री मोतीडूंगरी गणेश मंदिर में भी पूजा की। आमेर के किले के मुख्य प्रवेशद्वार तक जाने के लिए हमने चढ़ाई के लिए हाथी की रोमांचक सवारी की।

जयपुर से हम कुरुक्षेत्र गए। यह स्थान 'धर्मक्षेत्र' और 'श्रीमद्भगवद्गीता की भूमि' के रूप में जाना जाता है। पुराणों के अनुसार कुरुक्षेत्र का प्रदेश कौरवों और पांडवों के पूर्वज 'कुरु' के नाम से जाना जाता है। हम यहां से चंडीगढ़ गए। आजाद भारत का यह सुनियोजित शहर है जिसका डिजाइन फ्रांसीसी वास्तुकार ला कार्बूजिए ने तैयार किया था। वह पंजाब और हरियाणा दोनों राज्यों की राजधानी है। वहां से हमारा प्रवास अमृतसर पहुंचा। यहां का अत्यंत प्रसिद्ध 'स्वर्णमंदिर' श्री हरमंदिर साहिब तख्त वास्तव में भव्य धर्मस्थान है। वह सरोवर के बीच में बना है और इसे 1577 में सिखों के चौथे गुरु रामदासजी ने बनवाया था। पाचवे गुरु अर्जुनदेव जी महाराज ने 1604 में आदिग्रंथ का उपहार दिया था। सिख साम्राज्य की स्थापना के

बाद महाराजा रणजीत सिंह ने 1809 में संगमरमर और तांबे का प्रयोग करके इसको पुनः बनवाया था। 1830 में इसके गर्भगृह को सोने की परत लगवा कर इसको 'स्वर्णमंदिर' बनाया गया।

हमने इस मंदिर के भव्य संकुल में काफी समय बिताया। यहां 'अकाल तख्त' सिख धर्म सत्ता का प्रमुख केन्द्र स्थल है और यहां एक बड़ी घड़ी और संग्रहालय भी है। स्वर्ण मंदिर की 'लंगर' की व्यवस्था देखकर हम बहुत प्रभावित हुए। वहां पूजादर्शन के लिए देश-विदेश से प्रतिदिन एक लाख से भी अधिक लोग आते हैं। उनको निशुल्क शुद्ध शाकाहारी भोजन कराने की यह अद्भुत व्यवस्था है। इस रसोईघर में प्रत्येक व्यक्ति स्वयंसेवक है। यहां अत्यंत धनी और प्रतिष्ठित सिखों द्वारा भक्तों को खाना परोसते और बर्तन साफ करते हुए देखकर हम अभिभूत हो गए।

लंगर से बाहर आकर मंदिर के संगरमरमर के बने विशाल परिसर में थोड़ी देर आराम किया, स्वर्णमंदिर का भव्य प्रतिबिंब सरोवर की शुद्ध जलराशि में दिखाई दे रहा था। हम सफेद दाढ़ी वाले एक सरदार जी के साथ बातें करने लगे। हमारे यह बताने पर कि हम गुजरात से आए हैं और श्रीनाथजी मंदिर भी देखकर आए हैं तो उन्होंने पंजाबी में भजन गाया :

एक क्रिसनं सरब देवा देव देवा त आतमा।।
आतमा बासुदेवस्यी जे को जानै भेउ।।
नानकु ता का दासु है सोई निरंजन देउ।।

भगवान श्रीकृष्ण सभी देवों के देव हैं। व्यक्तिगत जीवात्मा में उनकी ही दिव्यता समाई हुई है, जो मनुष्य सर्वव्यापी, सर्वशक्तिमान प्रभु का रहस्य समझ गया, गुरू नानकदेवजी उसका दास-सेवक बनना पसंद करते हैं।

(गुरु ग्रंथसाहिब, मेहला 2)

मंदिर संकुल के पास ही 'जालियांवाला बाग' स्मारक है। वहां हम पैदल पहुंचे। 13 अप्रैल, 1919 के दिन, इस स्थान पर बैशाखी उत्सव के लिए हजारों भारतीय एकत्र हुए थे। छह से सात एकड़ की 200×200 गज की खुली जगह थी। अमृतसर में ब्रिटिश आर्मी चीफ जनरल डायर ने यहां एकत्र भीड़ पर अपनी सैन्य टुकड़ी को गोली चलाने का आदेश दिया। अचानक इस तरह गोलियां बरसने से भीड़ में भगदड़ और अफरातफरी मच गई। लोग बचने के लिए इधर-उधर भागने लगे। इस हत्याकांड में करीबन 1650 राउंड गोलियां चलीं। उसमें 379 निर्दोष, नि:शस्त्र भारतीय मौत के घाट उतार दिए गए। यहां पर हमारी आजादी की वेदिका में बलि चढ़े हमारे ही प्यारे देशवासियों की याद में स्मारक बनाया गया है। इसकी दीवारों पर

पड़े गोलियों के निशान और खून के दाग बताते हैं कि एक गुलाम देश ने अमानुषी ब्रिटिशराज में कैसी यातनाएं सही हैं! मुझे लगा कि यह जगह प्रत्येक भारतीय को देखनी चाहिए। हमने आजादी की कैसी कीमत चुकाई थी, उसका जीवंत प्रमाण है – जलियांवाला बाग!

उसके बाद हम जम्मू-कश्मीर के कटरा में स्थित माता वैष्णोदेवी मंदिर की ओर आगे बढ़े। सर्दी के मौसम की ठंड के वे दिन और जम्मू-कश्मीर का प्रदेश! 5,200 फुट की ऊंचाई पर स्थित तीन पर्वतों की चोटि की गोद में स्थित इस पावन तीर्थस्थान तक पहुंचने के लिए 12 किलोमीटर की पैदल चढ़ाई चढ़नी पड़ती थी। वैष्णोदेवी में वाहन नीचे रखकर देवी मां का नाम लेकर यात्रा शुरू करनी होती है। स्त्रियों और बच्चों के लिए हमने खच्चर-घोड़ा किराए पर लिया। हम पुरुष पैदल चले। हजारों श्रद्धालु भक्तिभाव भरे हृदय से चल रहे थे। सभी 'चलो बुलावा आया है, माता ने बुलाया है, प्रेम से बोलो जय माताजी, जय माताजी...' गाते जाते, सामने मिलने वाले को 'जय माताजी' कहते जाते... यह एक अद्भुत दृश्य था! उनके चेहरे और पहनावे से लगता था कि वे भारत के विविध हिस्सों से आए होंगे। कहीं-कहीं विदेशी गोरे लोग भी नजर आ जाते। माता के मंदिर तक पहुंचने में हमे चार घंटे लगे लेकिन रास्ते में चलते हुए हमने माता वैष्णोदेवी के विविध नाम कंठस्थ कर लिए। पहाड़ों में बसने वाली इसलिए 'पहाड़ावाली'; सर्वत्र प्रकाश फैलाने वाली इसलिए 'ज्योतावाली', सिंह पर सवारी करने वाली इसलिए 'शेरावाली', लंबे बाल वाली इसलिए 'लाटावाली', हमेशा दया की देवी इसलिए 'मेहरावाली' – ऐसे विविध नामों के गीत वातावरण में गूंज रहे थे।

हम मंदिर पहुंचे। गुफा के भीतर देखा तो वहां हमारी अपेक्षा अनुसार माताजी की मूर्ति नहीं थी परंतु छोटे आकार की तीन पत्थर स्वरूप मूर्तियां थी। इन तीनों प्राकृतिक तौर पर बने स्वरूपों को 'पिंडी' कहा जाता है। ये तीन शक्तिमान देवियों -महासरस्वती, महालक्ष्मी और महाकाली के प्रतिनिधिस्वरूप 'वैष्णोदेवी' के रूप से पहचाने जाते हैं। एक श्रद्धालु ने हमारे बिना पूछे ही हमें यहां का महात्म्य समझाया; 'त्रेतायुग में दानवों के अत्याचार और संहारी शासन से धरती पर पाप का बोझ बढ़ गया था। इसलिए तीन शाश्वत देवियों ने अपनी दैवीशक्ति संयोजित करके धरती पर व्याप्त भय को दूर किया।'

उस समय तक कश्मीर को आतंकवाद ने स्पर्श नहीं किया था। चारों ओर खुशहाली थी। सुरक्षा की भी कोई चिंता नहीं थी। कश्मीर के वातावरण के विषय में तो कहना ही क्या, वास्तव में यहां स्वर्ग की अनुभूति हुए बिना नहीं रहती!

सबसे बड़ा सवाल था कि 'रुकना कहां?' श्रीनगर पहुंचने के साथ ही यह प्रश्न हल हो गया। मेटाडोर रुकते ही पांच युवा दौड़कर आए। 'होटल चाहिए,

साहब?, वे हमें एक होटल में ले गये। वैसे तो वह होटल धर्मशाला से उन्नीस ही था। कड़कती ठंड में गर्म पानी की बाल्टी भी बाहर भरने जाना पड़ता था। इतने रुपए में तो शिकारा में रहने को मिल जाता हर पर्यटन स्थल पर ठगों की एक फौज होती ही है, बाहर से आनेवाले लोगों को किस तरह शीशे में उतारा जाता है, यह इन लोगों को अच्छी तरह आता है।

कड़ाके की ठंड के कारण डीजल की टंकी भी जम गई थी। टंकी को गरम करने के लिए अलाव जलाना पड़ा था, उसके बावजूद मेटाडोर स्टार्ट ही नहीं हो रही थी! हम कश्मीर में जितने दिन रुके, उतने दिन रोज मेटाडोर को धक्का मारकर स्टार्ट करना पड़ता। कश्मीर में बहुत ही आनंद आया, डल झील का नजारा तो अद्भुत था। पहलगाम और गुलमर्ग में बर्फ में बहुत मजे किए। गुलमर्ग में तो हमने पहली बार बर्फ में पैर रखा था और सभी रोमांचित हो गए थे। हम पूरे दिन उस बर्फ में खेले थे। वहां के लोग एक कुल्हड़ जिसे वे कांगड़ी कहते है, में जलते कोयले रखकर उसे गले में लटकाकर रखते थे। उन्होंने इसे जिस तरह अपने दैनिक जीवन में अपनाया था, वह काबिलेतारीफ था। गरमी प्राप्त करने का यह तरीका हममें से किसी ने भी पहले कभी नहीं देखा था। कश्मीर में उस समय कुछ लोग तो इतने गरीब थे कि उनके पास पर्याप्त मात्रा में गरम कपड़े खरीदने की भी व्यवस्था नहीं थी। उन लोगों के लिए तो गले में लटकने वाली यह कांगड़ी अथवा सिगड़ी आशीर्वादस्वरूप थी। कश्मीर में प्रकृति ने अपना सौंदर्य बिखेरने में कोई कमी नहीं छोड़ी है। जहां भी नजर दौड़ाओ, वहां सुंदरता के ही दर्शन होते!

हिमालय के मनमोहक दृश्यों, बर्फीले पर्वत शिखरों, विविध वनस्पति-फूलों, नदी-झरनों के सौंदर्य का आनंद लेते हुए हम हिमाचल प्रदेश से गुजरे। इस राज्य का नाम 'हिमाचल', पार्वती देवी के पिता के नाम से पड़ा है। यहां देवी के विविध स्वरूपों के मंदिर का होना स्वाभाविक है- नैना देवी, ज्वाला जी, चिंतपूर्णी आदि। प्रत्येक मंदिर का अनोखा वातावरण भक्तों के हृदय को भिन्न तरीके से स्पर्श करता है। मुझे आज भी अच्छे से याद है कि धौलागिरी पर्वतमाला में कसौली के पास, चकमोह गांव में गुफा में स्थित एक प्राचीन मंदिर देखा था। यह गुफा मंदिर अनन्य शिवभक्त बाबा बालकनाथ का निवास स्थान है। भक्त, यात्री रविवार को उनके नाम का उपवास रखते हैं। हमें कहा गया कि जिस दंपति को बच्चे नहीं होते हैं, वे बाबा बालकनाथ की पूजा-अर्चना कर मनौती रखते हैं तो उसको संतान प्राप्ति होती है। यद्यपि महिला यात्री मंदिर में प्रवेश नहीं कर सकतीं, उनको बाहर से ही पूजन-अर्चन करना पड़ता है। मैंने और चंपा ने बाहर खड़े रहकर ही आशीर्वाद मांगा। हमें गुड़ और गेहूं से बनी रोटी रूपी मिठाई प्रसाद में दी गई थी।

कांगड़ा जिले में स्थित भगवान शिव के बैजनाथ मंदिर में भी हम गए। यहां शिव की पूजा वैद्यनाथ आरोग्य देव के रूप में की जाती है। शिमला के

पास 8,000 फुट ऊंचे पर्वत की चोटी पर स्थित जाखू हनुमान मंदिर, शिवालिक पर्वतमाला में स्थित है, उसके सुरम्य नजारे का हमने जी भरकर आनंद लिया। किंवदंती है कि लंका में मूर्च्छित हुए लक्ष्मण जी के लिए हिमालय में संजीवनी बूटी खोजने आए हनुमानजी ने इसी पर्वत की चोटी पर उतरकर विश्राम किया था।

इसके अतिरिक्त, हमने बद्रीनाथ धाम जाने के मार्ग में देहरादून, मसूरी और हरिद्वार में निवास किया। जब मैंने गंगामैया के दर्शन किए तो दुधाला की जरखड़ी नदी याद आ गई। मुझे गंगा के बेहद ठंडे पानी में तैरने का विचार आया। सर्दी के मौसम में अंग जमाने वाले ठंडे पानी में स्नान करने को लेकर सबने तो कुछ-न-कुछ बहाने बनाए परंतु मैं तो घुटने तक पानी में गया और स्नान किया। अचानक पानी के जोरदार प्रवाह से मेरे पैर के नीचे की रेत खिसक गई और मैंने संतुलन खो दिया। मैं लगभग डूब ही गया था और किनारे खड़ी चंपा और मित्र सहायता के लिए चिल्लाने के अलावा कर भी क्या सकते थे! अचानक जैसे चमत्कार हुआ। एक आदमी मेरे पास आया, मेरा हाथ पकड़कर मुझे पानी के प्रवाह से सुरक्षित बाहर निकाल लिया। ऐसा लगा जैसे भगवान ने आकर मुझे बचा लिया। मैं तो स्तब्ध रह गया था। सबने मन ही मन भगवान का आभार व्यक्त किया। वहां से हमने हर-की-पौड़ी में गंगामैया की आरती की। चंडीदेवी तथा मनसादेवी मंदिरों में पूजा की और बाद में बद्रीनाथ जाने वाले रास्ते में ऋषिकेश रुके जहां लक्ष्मण झूला और स्वर्गाश्रम के दर्शन किए। यहां गंगामैया के शांत स्वरूप के दर्शन होते हैं। वहां से स्टेट ट्रांसपोर्ट की बस में बद्रीनारायण जाना पड़ता है, हम सुबह 6 बजे बस में बैठे। हमने ऐसे भयानक रास्ते कभी नहीं देखे थे, इसलिए बहुत घबराहट हो रही थी। उन दिनों बद्रीनाथ का मार्ग कच्चा और संकरा था। रास्ते के एकतरफ पहाड़ और दूसरी तरफ गहरी खाई – यह देखकर तो होश उड़ ही जाते थे! तेरह घंटे का सफर करके शाम को जोशीमठ पहुंचे। रात को वहां बस अड्डे पर ही रुके। वहां से सुबह सात बजे निकलकर दस बजे बद्रीनाथ पहुंचे, वहां कोहरा, ठंड और बर्फबारी अलग ही देखने को मिली।

मैं बद्रीनाथ के दर्शन करके मंदिर में काफी देर तक बैठा। भगवान विष्णु, बद्री (माता लक्ष्मीजी) के पति कहे जाते हैं। यहां शालिग्राम पत्थर की स्वयंभू मूर्ति हैं। मंदिर के गर्भगृह में उद्धव जी, नारायण, नर, कुबेर, गरुड़, नारद इत्यादि सभी देव पूर्वाभिमुख विराजमान हैं।

बद्रीनाथ के दर्शन करके हम धर्मशाला में रुके। दूसरे दिन सुबह उसी बस में पंद्रह घंटे का सफर करके हरिद्वार आए। हरिद्वार से दिल्ली आए। दिल्ली यानी देहली-उंबरो (दिल्ली दहलीज), उत्तर के धर्मस्थानों वाले पवित्र प्रदेश में जाने की दहलीज यानी दिल्ली!

दिल्ली हमारी राजधानी, इतिहास, राजनीति, सत्ता, शासन, शासकों का साक्षी रहने वाला महानगर! हमने संसद भवन, राष्ट्रपति भवन, कर्तव्यपथ तथा इंडिया गेट देखे। भारत की जनता और संस्कृति पर बाहर से आने वाले आक्रमणकारी शासकों की सत्ता के यहां दर्शन होते हैं। दिल्ली में हम गुजरात भवन में रुके थे। वहां पता चला कि प्रधानमंत्री इंदिरा गांधी से आपको मिलना हो तो मिल सकते हैं, इसलिए हम सब प्रधानमंत्री निवास गए। वहां हम सबको अंदर ले जाकर गार्डन में बैठाया गया और अंदर हम जैसे दसेक समूह मौजूद थे। एकाध घंटे के बाद इंदिराजी आईं। ग्रुप फोटो के बाद उन्होंने कहा, 'आप लोग गुजरात से आए हैं?', यह सुनकर हम सब खुश हो गए।

दिल्ली से आगरा जाने से पहले हम वृंदावन और मथुरा गए। वृंदावन का श्री बांकेबिहारी मंदिर भव्य है। यहां भगवान श्रीकृष्ण तीन अंगों से टेढ़े खड़े हैं। उस सुहानी मूर्ति को देखकर मैं तो उनके प्रति आकर्षण अनुभव करने लगा। हमने गीता मंदिर अर्थात् बिरला मंदिर भी देखा। वह वृंदावन–मथुरा रोड पर मथुरा की सीमा पर है। इसके मुख्य देवता लक्ष्मीनारायण हैं। गीता मंदिर जुगलकिशोर बिरला ने अपने माता–पिता की स्मृति में बनवाया था। वहां लाल पत्थर का बना गीतास्तंभ अद्भुत है क्योंकि उस पर पूरी भगवद्गीता उत्कीर्ण की गई है। उस पर उत्कीर्ण किए गए श्लोक शब्दशः सुस्पष्ट पढ़े जा सकते हैं। हमने कृष्ण का जन्मस्थल केशवदेव मंदिर भी देखा। ऐसी पवित्र भूमि पर हमने पूजा–अर्चना की।

1670 में, औरंगजेब ने इस केशवदेव मंदिर को मथुरा पर किए गए आक्रमण के दौरान तोड़ दिया था और उस पर शाही ईदगाह बनाई थी। 1804 में मथुरा ब्रिटिश शासन के तहत आ गया तो ईस्ट इंडिया कंपनी ने इस जमीन की नीलामी कर दी जिसे राजा पटनीमल ने खरीद लिया। 1935 में राजा पटनीमल के वारिस कृष्णदास के पक्ष में इलाहाबाद उच्च न्यायालय ने फैसला दिया। 1944 में महामना पंडित मदनमोहन मालवीया ने उद्योगपति जुगलकिशोर बिरला की आर्थिक सहायता से 13,000 रुपए में यह जमीन कृष्णदास से खरीदी। 1946 में मालवीय जी की मृत्यु के बाद, जुगलकिशोर बिरला ने 'श्रीकृष्ण जन्मभूमि न्यास' बनाया। बाद में उसे 'श्रीकृष्ण जन्मभूमि सेवा संस्थान' के नाम से रजिस्टर कराया गया और जमीन प्राप्त की गई। बाद में दानवीर उद्योगपति जयदयाल दालमिया के साथ मिलकर जुगलकिशोर जी ने नए मंदिर निर्माण कार्य के चक्र गतिमान किए। मुझे वैसे भी भगवान श्रीकृष्ण के प्रति एक गहरा लगाव रहा है, इसलिए मैं यहां वापस आऊंगा, ऐसी अभिलाषा के साथ हम मथुरा से विदा हुए।

ताजमहल देखने के लिए हम खुशी–खुशी आगरा पहुंचे। यमुना के किनारे ताजमहल देखकर वहां से हम श्री रामलला जन्मभूमि अयोध्या की तरफ आगे बढ़े। सरयू नदी में सबने स्नान किया और फिर श्री रामलला की पूजा–अर्चना की।

अयोध्या से हमारी यात्रा प्रयागराज की ओर की थी और वहां हमने गंगा-यमुना-सरस्वती के त्रिवेणी संगम में पवित्र डुबकियां लगाईं।

प्रयागराज से हमारा अगला पड़ाव प्राचीन विद्याधाम वाराणसी था। वाराणसी जैसी पवित्र भूमि दूसरी कोई नहीं है। वाराणसी में हमें 'सूरत का भोजन और काशी का मरण' कहावत याद आ गई। 'काशीए जईने करवत मेलाव्या, पुत्र-पत्नी बेउ ताणे... रामबाण वाग्या होय ते जाणे...' धनाभगत के भजन की यह पंक्ति काशी में हुई मृत्यु को मोक्ष का द्वार मानती है। यहां वरयात्रा और स्वर्गयात्रा दोनों में समान भीड़ देखने को मिलती है। यहां नदी पर 88 घाट बने हैं जो भारत के कुछ मुख्य रजवाड़ों के नाम पर बने हैं मसलन मराठा, सिंधिया, होलकर, भोंसले, पेशवा आदि। यहां का विश्वप्रसिद्ध काशी विश्वनाथ मंदिर पहले गलियों की भूलभुलैया के बीच स्थित था। मुझे लगा कि इसे ऐसी संकीर्ण जगह पर क्यों बनाया होगा, दूसरी अच्छी विशाल जगह नहीं मिली होगी! परंतु बाद में मुझे पता चला कि प्राचीन मंदिरों को आक्रमणकारियों के हमले से बचाने के लिए ही ऐसी संकीर्ण जगह में यह मंदिर बनाया गया होगा। वर्तमान काशी विश्वनाथ मंदिर 18वीं शताब्दी में सन् 1780 में इंदौर की रानी अहल्याबाई द्वारा बनाया गया था। 1839 में उसके दो गुंबदों पर महाराजा रणजीत सिंह के द्वारा दिए गए एक टन सोने की परत चढ़ाई गई। तीसरा गुंबद अभी खुला है लेकिन हाल ही में वर्तमान सरकार के द्वारा यहां भव्य एवं दिव्य काशी विश्वनाथ परिसर का निर्माण करवाया गया है।

इस पवित्र ज्योतिर्लिंग की एक साधारण झलक भी आत्मशुद्धि की अनुभूति करवाती है और जीवन को ज्ञान तथा भक्ति के मार्ग पर रख देती है। भारत के आध्यात्मिक इतिहास में विश्वेश्वर ज्योतिर्लिंग का विशिष्ट एवं अद्वितीय महत्त्व रहा है। मान्यता है कि भारत के विविध भागों में स्थित अन्य ज्योतिर्लिंगों के दर्शन से जो धर्मलाभ मिलता है, वह मात्र काशी विश्वनाथ मंदिर के ज्योतिर्लिंग से मिल सकता है। इससे पहले मैं सौराष्ट्र के वेरावल प्रभासपाटण के पास स्थित सोमनाथ ज्योतिर्लिंग और द्वारका के नागेश्वर गांव में स्थित ज्योतिर्लिंग के दर्शन कर चुका था। इस तरह मैंने दो ज्योतिर्लिंग दर्शन के पुण्य की गठरी बांध ली थी। अब हमारी वापसी यात्रा के मार्ग में हमने फतेहपुर, झांसी, कोटा और बांसवाड़ा होकर गुजरात में प्रवेश किया। अंत में गराडु, गोधरा, वडोदरा होकर 'धरती का छोड़ ऐसा घर' सूरत आ पहुंचे।

मैं हीरे के व्यापार में काम करते-करते, हीरे के अंदर मौजूद ऊर्जा से प्रकाशित होता रहा हूं। कुछ नया-नया सीखता रहा हूं। हीरा उद्योग के जानकारों से मुझे ज्ञान मिलता रहा है कि हीरा धरती के ऊपरी स्तर से 200 से 500 किलोमीटर की अतल गहराई में रफ स्वरूप में बनता है। वैज्ञानिक कहते हैं कि वायुमंडलीय दाब की तुलना में 50,000 गुना अधिक दाब, 1000 डिग्री सेल्सियस से अधिक

तापमान पर, कार्बन के परमाणु एक दूसरे के पास आकर क्रिस्टल की रचना करते हैं। धरती से जब उबलता हुआ लावा बाहर निकलता है तो उसके द्वारा संरचित 'पाइप' से होकर वे क्रिस्टल, कच्चे हीरे के स्वरूप में धरती की सतह पर आ जाते हैं। कभी-कभार हीरा धरती की सतह पर चट्टानों में दबा रहता है। अधिकतर लावा उस नलिका में चट्टान के रूप में जम जाता है और वहां हीरे की खदान बनती है। ऐसे ही भू-गर्भ से हीरा वहन करके लाने वाली 'नलिकाएं' पहली बार दक्षिण अफ्रीका के किम्बर्ली टाउन में मिली थीं। तदुपरांत ऐसी सभी पाइप 'किम्बरलाइट्स' के नाम से जानी जाती हैं। ऐसी दो सौ नलिकाओं में से बमुश्किल एकाध में ही उच्च गुणवत्तापूर्ण हीरा हाथ लगता है। इसलिए हीरे की खदान खोदना और मूल्यवान हीरा प्राप्त करना अत्यधिक खर्चीला तथा भाग्य पर आधारित मेहनत का काम कहा जाता है। इतने परिश्रम और खर्च के बाद प्राप्त कच्चे हीरे को बहुत ही कुशलता से घाट और पॉलिश करना पड़ता है, उसके बाद वह गहने में शोभा देने वाले महंगे रत्न के रूप में पहचान बना पाता है।

मैंने हीरा उद्योग में दिहाड़ी कारीगर के तौर पर हीरा घिसने का काम शुरू किया था, उन प्रारंभिक दिनों से हीरे को मैं 'दिव्यस्वरूप', 'भगवान स्वरूप' मानता हूं क्योंकि धरती के अतिउष्ण गर्भ में प्रकृति के ही तत्त्व व नैसर्गिक प्रक्रिया से हीरा बनता है। यह सर्जनहार की करामात ही तो है न! हीरे की आंतरिक क्षमता को बदलकर उसका हीरक स्वरूप बाहर लाना केवल कला ही नहीं बल्कि बहुत सावधानीपूर्वक की गई वैज्ञानिक प्रक्रिया भी है। इसके लिए हीरे को घिसने वाला और पॉलिश करने वाला बहुत ही कुशल तथा वर्षों से प्रशिक्षित कारीगर होना चाहिए परंतु ज्यादातर कारीगर इस वैज्ञानिक कौशल से अनजान होते हैं। जब मैं एंटवर्प-बेल्जियम गया तब यह विज्ञान मुझे बारीकी से जानने-समझने को मिला। एंटवर्प हीरे के व्यापार का वैश्विक केन्द्र है। यहां हीरे को घिसने का काम 16वीं सदी में आरंभ हुआ था। स्पेन तथा पुर्तगाल से निकाले गए यहूदी बेल्जियम में आकर बस गए। वे अपने साथ इस हीरे के व्यापार का ज्ञान और कला लेकर आए। 1968 में उन सपनों को साकार करने का समय आ गया था जो मैंने मुंबई के फोर्ब्स बिल्डिंग के सामने खड़े होकर देखे थे।

हीरे का व्यवसाय एक-दूसरे के रेफरेंस एवं पहचान से चलता है। मुझे कोई बड़ी पहचान लेकर एंटवर्प जाना था। मैंने मेरे रफ के सप्लायर रमेशभाई 'राजकपूर' से बात की। उन्होंने तुरंत ही मेरी बात स्वीकार कर ली कि हम एंटवर्प चलते हैं। वहां उनके संपर्क तो हैं लेकिन उनकी शर्त भावी व्यापार पर 3 फीसदी कमीशन की थी। मुझे कोई आपत्ति नहीं थी। बाद में मार्गदर्शन के लिए मैंने डी. नवीनचंद्र एन्ड कंपनी के पार्टनर श्री शांतिभाई और श्री नवीनभाई मेहता से चर्चा की। आज की तारीख में भी इन दोनों बुजुर्गों को हम 'गॉडफादर' मानते हैं। उन्होंने एंटवर्प में व्यापार आरंभ

करने के मेरे विचार का स्वागत किया। इतना ही नहीं, आवश्यकतानुसार उसमें 50 प्रतिशत की साझेदारी का प्रस्ताव भी रखा। शुरुआत में मुझे जरा हिचकिचाहट हुई कि 50 प्रतिशत की साझेदारी के बाद तो आगे चलकर हम तीन साझेदारों में बंट जाएंगे। उन्होंने कहा, 'हम यह एक ट्रिप पार्टनरशिप से शुरू करते हैं। यदि अनुकूल लगेगा तो आगे के ट्रिप में भी पार्टनरशिप रखेंगे।' यह बात हमें जंच गई। नवीनभाई के छोटे भाई दिलीपभाई के साथ मैं एंटवर्प पहुंच गया।

हमें मुंबई छोड़ने के लिए सूरत से एक स्पेशल बस और ट्रेन में करीब सौ लोग आए थे। मोहनमामा ने सबकी व्यवस्था संभाली थी। 16 जनवरी, 1977 की सुबह मैं और दिलीपभाई बेल्जियम की नेशनल एयरलाइन्स 'सबीना' की फ्लाइट में मुंबई से ब्रसेल्स पहुंचे। हम बेल्जियम में 22 दिन रहे ऐसा कोई इरादा नहीं था और सोचा भी नहीं था। अपने अमरेली जिले से एंटवर्प जाने वाला शायद मैं प्रथम व्यक्ति था।

हमारे लिए टाइम डिफरेंस का अनुभव काफी रोमांचक रहा। हमने आठ घंटे की फ्लाइट का सफर किया, जब ब्रसेल्स उतरे तो सुबह के छह ही बजे थे। मैंने दिलीपभाई से कहा, 'हमारे जीवन के कई घंटे हमें बोनस में मिले हैं।' वे बोले, 'गोविंदभाई, मौज कीजिए, ये घंटे एक्स्ट्रा मिले हैं तो आनंद लीजिए। हम विपरीत दिशा में वापसी की यात्रा करेंगे तो यह घंटे कम हो जाएंगे। हवाई यात्रा लंबी हो तो समय की कमी-बेशी होती है। हमें हमारी घड़ी को एडजस्ट कर लेना पड़ता है।'

एयरपोर्ट के मुख्य दरवाजे तक पहुंचने के लिए काफी पैदल चलना था। मैंने ऐसा व्यस्त एयरपोर्ट कभी नहीं देखा था। हर पांच मिनट में एक विमान उतरता था या उड़ान भरता था। एयरपोर्ट से बाहर निकलते ही एक अत्यधिक ठंडी लहर मेरे बदन से गुजर गई। यहां तो कितनी ठंड है, तापमान महज 3 डिग्री सेल्सियस था! अचानक बारिश शुरू हो गई, इसलिए वातावरण अधिक ठंडा हो गया। वहां से एंटवर्प जाने के लिए 45 किलोमीटर का फासला था और इसके लिए हमने टैक्सी की। मेरा मन तो सूरत पहुंच गया। अपने यहां ऐसा वातावरण देखने को नहीं मिलता है। ब्रसेल्स मेट्रोपॉलिटन शहर है पर आबादी मात्र 20 लाख! फिर भी इतना विशाल और व्यस्त एयरपोर्ट! जबकि इतनी आबादी होने के बावजूद सूरत अभी तक हवाई रूट पर आया नहीं था। मुझे मन में बहुत ही क्षोभ हुआ था।

एंटवर्प भी सूरत की तरह नदी के किनारे का शहर है। अपनी तापी नदी जैसे अरब सागर में मिलती है, वैसे एंटवर्प की Scheldt नदी उत्तरी सागर में मिलती है। वहां का हीरा कारोबार का इलाका स्थानीय भाषा में Diamantkwartier के नाम से जाना जाता है, हम वहीं रुके थे। यह इलाका एक वर्ग मील जितना है जिसमें 1500 कंपनियां अपने छोटे-बड़े दफ्तरों के जरिए सालाना पचीस अरब डॉलर का व्यापार करती हैं। इस विस्तार के आसपास ही 5,000 व्यापारी, ब्रोकर्स और डायमंड कटर्स

रहते हैं। मेरे मन में सवाल आया कि यह स्थल विश्व के हीरा उद्योग का केन्द्र कैसे बना? राजेशभाई मेहता यहीं पर अपनी सुपर जेम्स कंपनी चलाते हैं। उनके घर हम डिनर के लिए गए तो वहीं मुझे अपने प्रश्न का उत्तर मिला।

इसमें दो राय नहीं है कि एंटवर्प विश्व के हीरा उद्योग की राजधानी है। पहले एंटवर्प पश्चिमी यूरोप का बहुत ही महत्त्वपूर्ण आर्थिक और व्यापारिक केंद्र था। 14वीं शताब्दी के प्रारंभ से यहां व्यापार की सुविधाएं थीं। उस समय एंटवर्प में हीरा, सोना–चांदी, ताबां जैसी मूल्यवान धातुओं का दुनिया का प्रथम स्टॉक एक्सचेंज विकसित हुआ था। उसी समय बेल्जियम के लुडविग वेन बर्के ने ऑलिव ऑयल तथा डायमंड पाउडर के मिश्रण से स्केफ नामक पॉलिशिंग व्हील की खोज की। उसकी खोज से हीरा घिसने की प्रक्रिया में जैसे क्रांति आ गई। पहली बार ऐसा हुआ कि हीरे के समग्र पहलुओं को व्यवस्थित रूप से काटना और पॉलिश करना संभव हुआ और अभूतपूर्व प्रकाश परावर्तन संभव हुआ। इस स्केफ की खोज से यूरोप के भद्रवर्ग से हीरे के ज्यादा से ज्यादा ऑर्डर मिलने लगे। इस एंटवर्प ने हीरे के कई रत्न कलाकारों को आकर्षित किया। 1871 में दक्षिण अफ्रीका के किम्बर्ली में हीरे की खोज से हीरे के खदानों की संख्या में वृद्धि हुई और एंटवर्प 'डायमंड केपिटल ऑफ द वर्ल्ड' के रूप में स्थापित हुआ।

14वीं और 15वीं सदी में हिन्दुस्तानी खदानों से हीरा निकालकर उन कच्चे हीरों को पहले बेल्जियम के ब्रूश (Bruges) शहर होकर एंटवर्प भेजा जाता। वहां उन पर कटिंग और पॉलिशिंग की जाती और उनका ज्वेलरी में इस्तेमाल किया जाता जिसे यूरोप के समृद्ध और श्रीमंत पहनते।

एंटवर्प के डायमंटकार्टिए (Diamantkwartier) में कई भारतीय कार्यरत हैं। वे यहां अच्छे भविष्य की खोज में आए थे। वे निम्न गुणवत्ता वाले रफ हीरों को कटिंग और पॉलिशिंग के लिए भारत में अपने परिजनों को भेजते क्योंकि एंटवर्प की तुलना में भारत में श्रम लागत कम थी। यद्यपि वर्तमान में तो अधिकतर गुणवत्तापूर्ण हीरे भारत में ही बन रहे हैं।

सस्ती मजदूरी, बड़े परिवार, परिश्रमी स्वभाव जैसे लक्षणों से भारतीयों ने एंटवर्प के हीरा उद्योग में प्रतिष्ठा अर्जित की है। रफ हीरे के काम में एक नया अवसर था और मुझे इस सुदूर की धरती पर व्यापार के लिए काफी संभावनाएं दिख रही थीं।

सुपर जेम्स वाले राजेशभाई के यहां नवविवाहित सतीशभाई कस्टमर डेवलपमेंट का काम संभालते थे। सतीशभाई और स्मिताबहन झवेरी एंटवर्प में मेरे मेजबान थे। मैंने उनके घर कई सप्ताहांत बिताए हैं। उनके साथ हम एंटवर्प शहर में और उसके आसपास के कई दर्शनीय स्थल घूमे। हमारे व्यापार के विकास में सतीशभाई का अच्छा योगदान है। दु:खद यह रहा कि सतीशभाई की कैंसर से कम उम्र में ही

1990 में मृत्यु हो गई। उनकी मृत्यु से मुझे बहुत आघात पहुंचा। उन दिवगंत की प्रार्थना के लिए मैं एंटवर्प गया था। वहां अंत्येष्टि में विशेष औपचारिक सूट पहनना होता है जिसे पहनने का मेरा प्रथम अनुभव था।

एक शनिवार-रविवार मैं एंटवर्प से लंदन गया। भारत अभी तक ब्रिटिश राष्ट्रमंडल का सदस्य था, इसलिए यू.के. में प्रवेश करने के लिए 'वीजा ऑन अराइवल' मिलता था। पासपोर्ट में मेरे नाम में 'पटेल' लिखा था जो सभी पाटीदारों का वंशीय सरनेम है इसलिए इमिग्रेशन ऑफिसर ने मुझे वीजा देने में थोड़ा समय लिया। बाद में मैंने अपना सरनेम 'पटेल' से 'धोलकिया' कर लिया। लंदन मुझे परिचित लगा। वह मुंबई जैसा था, यह जानकर मुझे ताज्जुब हुआ कि लंदन का अधिकतर व्यवसाय आर्थिक तथा वित्त संबंधी था। लंदन के पब्लिक स्क्वॉयर पर मैं थोड़ी देर बैठा। यह विस्तार लगभग एक वर्ग मील जितना था। 'जिसका सूर्य कभी अस्त नहीं होता और जिनकी सीमा कभी भी निश्चित नहीं हो सकी'- ऐसे ब्रिटिश साम्राज्य की महासत्ता का संचालन यहीं से होता था। हम 'टावर ऑफ लंदन' में कोहिनूर हीरा देखने गए। हैरो एंड ब्रेंट (Harrow & Brent) नाम के नॉर्थ-वेस्टर्न टाउन भी देखे, वहां भारतीयों की काफी आबादी है।

ऐसे सपने मुझे बार-बार आते हैं जिसमें मैं पहाड़ से नीचे आने वाली नदी के किनारे मंदिर के पास छिछले पानी में नाव चला रहा हूं। उस नाव की पेंदी सपाट है। पानी की गहराई चार-पांच इंच ही है। हर सपने के बाद मेरा प्रश्न यही होता कि इतनी कम गहराई में नाव कैसे चल सकती है? वर्षों बाद हम नेपाल घूमने गए। नेपाल में ऐसी सपाट पेंदी वाली तैरती हुई नाव में चार आदमी बैठे हुए देखे। मैंने अपना सपना साकार होते हुए देखा।

एंटवर्प से भारत वापस आने के ठीक एक दिन पूर्व की रात मुझे सपना आया। लक्ष्मीदेवी मेरी तरफ देखकर मुस्करा रही थीं। मैं अवाक् रह गया, बाद में वह बोलीं, 'मेरा नाम लक्ष्मी है। जिसके जीवन में कोई लक्ष्य होता है, उनका मैं स्नेहपूर्वक ध्यान रखती हूं। इसलिए यदि तुझे मेरा आशीर्वाद चाहिए तो मुझे अपना लक्ष्य बता।' मेरी आंखों में आंसू छलक आए। मैंने कहा, 'हे माताजी, मैं तो मेरा लक्ष्य जाने बिना ही सब जगह दौड़ रहा हूं। मैं तो पढ़ा-लिखा भी नहीं हूं और बुद्धिमान भी नहीं हूं।' माताजी बोलीं, 'कोई बात नहीं। तू ईमानदार, पारदर्शी और शुद्ध हृदय का है, इतना ही काफी है। मैं शिक्षित और बौद्धिकों की ही पक्षकार हूं - ऐसा नहीं है।' लक्ष्मीमाता ने आगे कहा, 'मेरे आठ स्वरूप हैं- आदिलक्ष्मी, धान्यलक्ष्मी, विद्यालक्ष्मी, धनलक्ष्मी, संतानलक्ष्मी, गजलक्ष्मी, धैर्यलक्ष्मी और विजयलक्ष्मी। मैं तुझसे प्रसन्न हूं और मैं सदैव तेरे साथ ही रहूंगी'- इतना कहकर लक्ष्मीमाता अंतर्धान हो गईं। मैं बिस्तर पर पड़ा हुआ अवाक् रह गया। अभी तक मैं यह नहीं समझ पाया कि मां लक्ष्मी का यह सपना मुझे एंटवर्प में ही क्यों आया? भारत में

क्यों नहीं? यद्यपि यह सपना मेरे जीवन में साकार हुआ है और मुझे उसकी अनुभूति आज तक रही है। दूसरे दिन मैंने भारत की फ्लाइट पकड़ी तब मैं कुछ अलग ही, बदला हुआ व्यक्ति था।

एंटवर्प के पहले दौरे से हम छब्बीस लाख रुपए के रफ हीरे खरीदकर लाए थे। उसमें से हमको नौ लाख रुपए का फायदा हुआ, जिसमें से साढ़े चार लाख रुपए हमें मिले और साढ़े चार लाख रुपए डी. नवीनचंद्र एन्ड कंपनी को मिले थे। हमने 1970 में अपना व्यापार आरंभ किया था, तब से हमें पांच लाख रुपए का फायदा मिला था। एक ही बार में इस अचानक और दोगुने फायदे से हम रोमांचित हो गए। उसके बाद कुछ महीने में एंटवर्प की दूसरी ट्रिप में हम उनतालीस लाख रुपए के हीरे खरीद लाए। एक के बाद एक ट्रिप होती रहीं, हम लाभ प्राप्त करते गए और समृद्ध होते गए।

श्रीमद् भगवद्गीता में भगवान श्रीकृष्ण ने कहा है कि उन्होंने आठ प्रकार की प्रकृति की रचना की हैं, उसमें हम सब जी रहे हैं।

भूमिरापोऽनलो वायुः खं मनो बुद्धिरेव च।
अहंकार इतीयं मे भिन्ना प्रकृतिरष्टधा।।

पृथ्वी, जल, अग्नि, वायु और आकाश, मन, बुद्धि तथा अहंकार यह आठ स्वरूपों में मेरी प्रकृति बंटी हुई है।

(श्रीमद् भगवद्गीता, अध्याय 7, श्लोक 4)

यहां मैं अपनी युवावस्था के तीन दोस्तों का उल्लेख करना चाहूंगा। वे मेरे जीवन भर के 'मित्र' हैं। सूरत आने के बाद मैं, करशनभाई पालडिया और वल्लभभाई धोलकिया अच्छे मित्र बने रहे। जब मैंने श्री रामकृष्ण एक्सपोर्ट्स आरंभ किया, उसी समय में इन दोनों ने साझीदरी में 'कृष्ण एक्सपोर्ट' की स्थापना की थी। तीसरे मित्र थे श्री मनजीभाई खाखरिया। उन्होंने मुझसे छह महीने पहले अपनी कंपनी की स्थापना की थी। परंतु बाद में अपने दो बेटों के साथ अमेरिका के डलास शहर में मॉटेल चलाने के लिए गए। उनका तीसरा बेटा यहां अपने पिता का व्यापार संभालता है, इसलिए मनजीभाई हर वर्ष सूरत आते-जाते रहते हैं।

हीरे का व्यापार केवल साख और विश्वास पर चलता है। इस व्यवसाय के लिए संगठित सामाजिक और पारिवारिक ढांचा अधिक अनुकूल होता है। एंटवर्प और इजराइल के रूढ़िवादी यहूदी ऐसे ही सामाजिक ढांचे के तहत हीरे के व्यवसाय से जुड़े हुए थे, इसलिए परस्पर विश्वास का वातावरण बना रहता था। कोई छल,

प्रपंच, ठगी करता तो उसकी खुद की प्रतिष्ठा और व्यवसाय दोनों ही नष्ट हो जाते थे। गुजराती व्यापारी लोग भी इसी तरह व्यापार करते हैं। गुजरातियों का मजबूत पारिवारिक नेटवर्क सामाजिक संगठन और सहायता दोनों को पूर्ण करता है।

पालनपुर के जैनों ने जब एंटवर्प के हीरा उद्योग में प्रवेश किया तो व्यवसाय की तीव्र स्पर्धा में गुजरातियों को अपनी सूझबूझ और कठिन परिश्रम से एंटवर्प में स्वावलंबी होने में सहायता मिली। मेरे तीनों दोस्त श्री मोहनभाई धामेलिया, श्री नानुभाई सुराणी और श्री अरविंदभाई मावाणी रफ ट्रेंडिंग में अच्छा भविष्य देखकर एंटवर्प में ही रहने लगे।

हमारे व्यावसायिक विकास से चंपा स्वाभाविक ही प्रसन्न थी, सिवाय इसके कि उसे एक संतान की चाहत थी। 1977 की दिवाली की नवम्बर-दिसम्बर में छुट्टियों के दौरान हमने दक्षिण भारत की यात्रा की योजना बनाई। हमारे साथ करशनभाई पालडिया, रवजीभाई रादडिया, देवचंदभाई जोधाणी तथा शिवालाल शिंगाला अपने-अपने परिवार के साथ जुड़े। पिछले साल की तरह ही हमने मेटाडोर किराए पर ली, इस बार उसका किराया 1.25 रुपए प्रति किलोमीटर था।

दक्षिण भारत विषयक मेरी जानकारी में पुराणकथाओं का महत्त्वपूर्ण योगदान था। तिरुपति और त्रिवेन्द्रम भगवान विष्णु के स्थान, रामेश्वरम् भगवान शिव, मदुरै देवी मीनाक्षी आदि के विषय में थोड़ी जानकारी थी। दक्षिण के अन्य देवी-देवताओं की मेरी उतनी जानकारी नहीं। कार्तिकेय सुब्रमण्यम के नाम से जाने जाते हैं, ऐसे छोटे-बड़े सीमित ज्ञान के साथ हमने दक्षिण भारत की यात्रा करनी शुरू की।

सूरत से हम 235 किमी दूर सापुतारा होकर नासिक पहुंचे। गोदावरी नदी के उद्गम स्थल और त्र्यंबकेश्वर ज्योतिर्लिंग के दर्शन किए। 19वीं सदी के संत श्री साईंबाबा के धाम शिरडी गए। हमारा आगे का पड़ाव स्थल संत श्री ज्ञानेश्वर का जन्मस्थान अपेगांव रहा। वहां से सह्याद्री पर्वतमाला के घाटप्रदेश स्थित ज्योतिर्लिंग भीमाशंकर मंदिर और भीमा नदी का उद्गमस्थान देखा। यह नदी दक्षिण-पूर्व में बहकर कर्नाटक के रायचूर में कृष्णा नदी से मिलती है।

निजामों की राजधानी हैदराबाद को सरसरी तौर पर देखा। मुझे कुतुबशाही वंश की राजधानी और किले वाले शहर गोलकुंडा देखने में रुचि थी। कोलार की हीरे की खदान पर उनका नियंत्रण था जो वास्तव में तो कृष्णा नदी के दक्षिण किनारे स्थित ग्रेवल मिट्टी के गड्ढे ही थे। 19वीं सदी तक यह खदान सक्रिय रही। 2013 में यह इलाका पुलीचिंथला सिंचाई योजना में जाने वाला था और उसके ऊपर 50 फुट पानी स्टोर होने वाला था।

तिरुपति मंदिर वास्तव में भव्य है। यह मंदिर तिरूमला पर्वतमाला से घिरा हुआ है और भगवान वेंकटेश्वर को समर्पित है। वेंकटेश्वर भगवान विष्णु के ही स्वरूप हैं। वे यहां कलियुग से त्रस्त मानवजाति को बचाने के लिए प्रकट हुए थे। मंदिर का स्थापत्य तीसरी सदी में बना हुआ, बिलकुल अलग ही प्रकार का है, इसे देखकर आपको अनुभव होगा कि आप वास्तव में दक्षिण भारत में हैं। यहां से हम चेन्नई गए। वह पूरे दक्षिण भारत का सांस्कृतिक, आर्थिक और शैक्षणिक दृष्टि से विशाल केंद्र है।

पश्चिम में मुंबई और पूर्व में कोलकत्ता के समान दक्षिणी तट के प्रमुख पत्तन के रूप में चेन्नई का बहुत महत्त्व है। 6 किलोमीटर लंबा उसका मरीना बीच अद्भुत है। बीच के संपूर्ण पट्टे पर विविध तरह की मूर्तियां एवं स्मारक हैं। मुझे विशेषकर 'मजदूरों के विजय' की मूर्ति पसंद आई। उसमें चार मजदूर एक ही चट्टान को खिसकाने का प्रयत्न कर रहे हैं। यह श्रमिक वर्ग की कड़ी मेहनत का प्रतीक है। 'दांडीमार्च' साइट पर रखी गई महात्मा गांधी जी की प्रतिमा देखकर मुझे बहुत प्रसन्नता हुई।

मायलापोर में स्थित भगवान शिव को समर्पित ऐसा कपालिश्वर मंदिर और ट्रिप्लिकेन का भगवान विष्णु का पार्थसारथी मंदिर हमें बहुत पसंद आया। पार्थसारथी मंदिर में तो कृष्ण के पांच स्वरूपों नरसिंह, राम, गजेन्द्र वरदराज, रंगनाथ और कृष्ण की मूर्तियां थीं। गजेन्द्र मोक्ष की कहानी तो मैंने बचपन में सुनी थी। उसका रूपक अब समझ में आया कि गजेन्द्र अर्थात् हाथी रूपी इंसान, मगरमच्छ अर्थात् पाप और कीचड़ वाला सरोवर अर्थात् संसार। भौतिक जगत की इच्छाएं, अज्ञान और पाप इस दुनिया में कर्म की अनंत शृंखला का सृजन करती हैं।

इस घटना का वर्णन करने वाली गजेन्द्र की प्रार्थना भगवान विष्णु की प्रशंसा का श्लोक बन गया है।

शुक्लाम्बरधरं देवं शशिवर्णं चतुर्भुजम्।
प्रसन्नवदनं ध्यायेत् सर्वविघ्नोपशान्तये ।।

> जिनके चार हाथ हैं और जिनका उज्ज्वल चंद्रवर्ण है, सर्वव्यापी भगवान विष्णु ने श्वेत वस्त्र धारण किए हैं। ऐसे करुणामयी और कृपावान परमेश्वर मेरे सर्व विघ्नों को दूरकर मुझे शांति प्रदान कीजिए।
>
> (स्तोत्र रत्नावली, मंगलम् 1, श्लोक 5)

चेन्नई से हम तिरुचिरापल्ली गए जहां श्रीरंगम मंदिर में भगवान विष्णु की लेटी हुई मुद्रा में प्रतिमा है। यह दुनिया के प्रमुख मंदिरो में से एक है। उसकी एक ओर कावेरी

तथा दूसरी ओर उसकी शाखा कोल्लीडम नदी बहती है और यह दृश्य नयनाभिराम है। श्री रामानुजाचार्य ने इस मंदिर को अपना साधुनिवास बनाया था। यहां रहकर उन्होंने 'ब्रह्मसूत्र' के ऊपर प्रसिद्ध भाष्य लिखा था। यहां आचार्य रामानुजाचार्य का शरीर बिना किसी रसायन के संभालकर रखा गया है। उस पर चंदन और केसर का लेप लगाकर आज भी दर्शन के लिए खुला रखा गया है।

हम यहां से 160 किलोमीटर दूर दक्षिण में मदुरै पहुंचे। प्रतिष्ठित श्री मीनाक्षी सुन्देरेश्वर मंदिर वैगाई नदी के दक्षिण तट पर स्थित है। श्री मीनाक्षी देवी के दो अलग देवालय इस मंदिर में हैं, वे दोनों पूर्वाभिमुख हैं। मीनाक्षी यानी मछली जैसी सुंदर आंखों वाली माता पार्वती देवी का स्वरूप हैं। इसके साथ ही श्री सुन्देरेश्वर भगवान शिव के स्वरूप हैं और इस मंदिर में लक्ष्मीदेवी, बांसुरीवादक श्रीकृष्ण, ब्रह्मा, देवी रुक्मिणी, देवी सरस्वती और दूसरे वैदिक और पौराणिक देवरूप स्थापित हैं।

हमने यहां दो घंटे से भी ज्यादा का समय बिताया। इस मंदिर की बनावट सप्रमाणता के सिद्धांत और प्रतीकों के भौमितिक संयोजन के आधार पर हुई है। हमने पुराण की कुछ कहानियां भी इन देवी-देवताओं के विषय में सुनी। यहां का मुख्य उत्सव मीनाक्षी और शिवजी के विवाह-प्रसंग का है। विष्णु मीनाक्षी के भाई माने जाते हैं, वे विवाह में मीनाक्षी का हाथ शिवजी को देते हैं। इस मंदिर के भीतर गलियारों में हाथी भी घूमते दिखाई देते हैं।

मंदिर के बहुत बड़े संकुल में घूमकर थके-हारे हमने कुछ देर बैठकर आरती का इंतजार किया। वहां मैंने देखा कि चंपा जरा ध्यानावस्था में दिखाई दी, उसकी बंद आंखों से आंसू बह रहे थे। मुझे चिंता हुई लेकिन मैंने व्यवधान नहीं पहुंचाया। उसका चेहरा चमक रहा था, कुछ समय के बाद उसके आंसू रुके, स्वयं हंसकर उसने आंखें खोलीं। उसने मुझे इशारा करके कुछ न बोलने के लिए कहा। आरती का समय होने पर हम सब खड़े हुए और आरती में गए। ऐसी आरती मैंने कभी नहीं देखी थी। पुरुष और स्त्रियों की अलग कतार थी। आरती पूरी होने के बाद एक तमिल वृद्ध औरत ने चंपा के सर पर हाथ रखकर मंत्रोच्चार किया : 'मीनाक्षीं प्रणतोस्मि संतमहं कारुण्यवारान्निधिम्-करुणा की देवी मीनाक्षी तेरे पास आएंगी।' हमारा विवाह हुए सात वर्ष हो गए थे, संतान नहीं थी। हमें मांगे बिना जैसे देवी का आशीर्वाद मिल गया! इससे अधिक हमें और क्या चाहिए था!

हम वहां से 160 किलोमीटर पूर्व में आगे बढ़े और मंडपम पहुंचे। वहां रामेश्वरम टापू को जोड़ने वाला एक पुल है। यह पुल पहले विश्वयुद्ध के दौरान सैन्य जरूरतों के लिए ब्रिटिशों ने बनाया था। पंबन समुद्र पार करने के लिए हम ट्रेन में बैठे। यह भारत का प्रथम समुद्र सेतु है, उसके बाद वर्ष 2010 में मुंबई में

'बांद्रा-वर्ली सी लिंक' बना। उस समय तक यह पंबन समुद्र सेतु भारत का सबसे लंबा समुद्र सेतु था। अब तो वहां रेलवे पुल के समानांतर सड़क पुल भी बना है। यहां का भव्य शिवमंदिर, श्री रामनाथ स्वामी मंदिर के रूप में जाना जाता है। भगवान राम ने, रावण के साथ युद्ध करने के लिए लंका जाने से पहले, इस रामेश्वरम की स्थापना करके शिव पूजा की थी।

हमने रामेश्वरम से कन्याकुमारी का 325 किलोमीटर की दूरी लगभग सागर तट के समानांतर ही सड़क मार्ग से तय की। भारत की यह भूमि कन्याकुमारी के नाम से जानी जाती है। जहां तीन सागरों अरब सागर, बंगाल की खाड़ी और हिन्द महासागर का मिलन होता है। ब्रिटिशों ने दक्षिण अफ्रीका के एटलान्टिक के किनारे स्थित रॉकी हेडलैंड को जिस तरह 'केप ऑफ गुड होप' नाम दिया है, वैसे भारत के इस दक्षिणी छोर को 'केप कोमोरिन' नाम दे दिया। ऐसा कहा जाता है कि समुद्र में कुछ दूरी पर एक चट्टान पर स्वामी विवेकानंद को ध्यानावस्था में ज्ञानप्राप्ति हुई थी। उस 'विवेकानंद रॉक' पर सुंदर मंदिर बनाया गया है। हम उस मंदिर को देखने गए। उसका निर्माण लोगों द्वारा एक-एक रुपए जमा कर के किया गया है।

हमारी वापसी यात्रा में हमने भगवान अनंत का शहर तिरुवनंतपुरम देखा। भगवान विष्णु को पद्मनाभ स्वामी भी कहा जाता है, उनकी नाभि से कमल खिला है। वे आदि शेषनाग की अनंत शैय्या पर शाश्वत यौगिक शयनमुद्रा में विराजमान हैं। कहा जाता है कि भगवान परशुराम ने द्वापर युग में इस प्रतिमा की प्राण-प्रतिष्ठा की थी। इस मंदिर के खजाने के आभूषणों और हीरे-जवाहरात का मूल्य बीस अरब डॉलर से अधिक होने का अनुमान है।

वापस आते समय हम कोचीन से गुजरे। अपने सूरत की तरह कोचीन या कोच्चि 14वीं शताब्दी से मसाले के व्यापार का मुख्य केन्द्र भारत के दक्षिण-पश्चिम किनारे में स्थित है। आगे बढ़ने पर हमने पुराने मैसूर राज्य की राजधानी मैसूर शहर देखा जिस पर छह सदियों तक वडियार वंश का शासन था। गोवा-पोर्टुगीज संस्थान, उसकी रात की पार्टियां - संगीत जलसे और मनमोहक समुद्री तट के लिए प्रसिद्ध, कृष्णा नदी का उद्गम स्थल महाबलेश्वर और अंत में मुंबई का प्रवास पूर्ण करके हम सूरत आ गए।

मैंने प्रवास से वापस आने के बाद चंपा के स्वभाव में परिवर्तन देखा। वह हमेशा भगवान से डरने वाली महिला थी। अब वह भगवान के साथ जुड़कर जीने वाली, समर्पण भक्तिभाव वाली स्त्री बन रही थी। उसने मुझे कहा कि अब बहुत जल्दी ही वह मां बनेगी, हमारे यहां बेटी का जन्म होगा। मैंने बिना किसी तर्क के उसे शुद्ध भक्ति से देखा कि भगवान कभी हमारा हाथ नहीं छोड़ता, हमारा त्याग नहीं करता। हमारे भीतर से आशा-आस्था खोने नहीं देता। हम आशा और आस्थापूर्ण

प्रार्थना कब करते हैं, उसकी प्रतिक्षा भगवान करते हैं। चैत्र नवरात्रि के दौरान हम चंपा के रूटीन चेकअप के लिए डॉ. निकुंजलता तिजोरीवाला के पास गए। उन्होंने प्रेग्नन्सी टेस्ट करवाया और हमारे जीवन में, परिवार में खुशी लाने वाली संतान के आगमन का समाचार मिला।

28 अक्टूबर, 1978 के दिन हमारी पहली पुत्री का जन्म हुआ। वह कौन थी, किसका अवतार थी, किसके आशीर्वाद से आई थी – इस बात पर हमें किंचित भी संदेह नहीं था। मदुरै के मीनाक्षी मंदिर की तमिल वृद्ध महिला ने चंपा के सर पर हाथ रखकर यह भेंट दी थी, इसलिए हम उसका नाम 'मीनाक्षी' के अलावा और क्या रखते! हमारी गोद में 'मीनाक्षी' देवी का नाजुक-सुंदर स्वरूप खेलने लगा।

16 जनवरी, 1978 को सरकार ने उच्च मूल्य के प्रचलित नोट 1000, 5000, 10,000 रुपए की करेंसी का चलन बंद करने की घोषणा की। आवश्यक लेन-देन के लिए सभी बैंक और सरकारी ट्रेजरी बंद रखी। मुंबई क्राफर्ड मार्केट, झवेरी बाजार जैसे स्थान पर लोग 1000 रुपए की नोट अब 200 रुपए में बेच रहे थे। व्यापारियों के पास तो ऊंचे मूल्य के कई नोट होते हैं लेकिन वे आयकर विभाग के प्रश्नों के डर से उसको बैंकों में जमा करवाना नहीं चाहते थे।

मेरे पास ऐसे 20 नोट थे। दूसरे कई लोगों की तरह मैंने भी अपने पास के नोट सूरत में 1866 में स्थापित शेठ पी.टी सूरत जनरल अस्पताल और नए बन रहे 'महावीर अस्पताल' की दानपेटी में डाल दिए। बाद में पता चला कि वे सब नोट तो रद्दी कागज के टुकड़े ही हो गए। इस नोटबंदी से सोना-चांदी और कमोडिटी मार्केट की कीमत बहुत नीची हो गई थी। इस बंद हुए 1000 रुपए के नोट को वाजपेयी जी की सरकार नवंबर, 2000 में गांधीजी की फोटो के साथ चलन में लेकर आई।

हमारे एंटवर्प बिजनस की साझीदार 'डी. नवीनचंद्र एन्ड कंपनी' थी और वह बहुत अच्छी विकसित हुई। अब हमने हीरा उद्योग में अच्छा स्थान बना लिया था, काम और दाम अच्छे मिल रहे थे।

एक दिन मुझे डोंगरेजी महाराज के शब्द याद आए, 'जिसको भाई में भगवान नहीं दिखाई देता, वह देश सेवा या देश सेवा नहीं कर सकता है।' अचानक मेरे मन में बिजली-सी चमक कौंध आई। हम पांच भाई हैं, सबसे बड़े भीमजीभाई जो मुझे अपने साथ सूरत लाए थे। दूसरे और तीसरे नंबर के भाई – नागजीभाई और परबतभाई, गांव दुधाला में खेती करते थे।

मुझे खयाल आया कि क्यों न मैं अपने भाइयों को भी व्यापार के लिए सूरत बुला लूं? उचित समय पर मैं दुधाला गया और इस बारे में चर्चा की, 'आप दोनों भाई मेरे साथ सूरत आकर रहिए।' भाइयों ने कहा, 'यहां हमें कोई समस्या नहीं है, फिर क्यों हम सूरत आएं? यहां हमारी अच्छी प्रतिष्ठा है तो सूरत आकर हम पराश्रित

होकर क्यों रहें? वहां हमें कौन पहचानता है? यहां एक आवाज करते हैं तो पूरा गांव एकत्र हो जाता है। गांव में एकमात्र हमारे पास ही मोटरसाइकिल है। किसी को कोई इमरजेंसी हो तो हमारे पास आता है। किसी को 200-500 रुपए की आवश्यकता हो तो बिना झिझक हमारा दरवाजा खटखटाता है, हम तो जैसे गांव का सहारा हैं। क्या सूरत में हमें ऐसा स्थान-सम्मान मिलने वाला है? यदि सूरत आते हैं तो तेरे साथ रहेंगे और तेरे पास पैसे के लिए हाथ फैलाना?' बस, जिसका मुझे डर था वही मुद्दा आगे आया कि वे मेरे उपर आश्रित रहकर जीना नहीं चाहते थे। वे स्वाभिमानी और आत्मनिर्भर थे और ऐसे ही रहना पसंद करते थे।

मुझे पता था कि गांव में उनका एक दबदबा था। खेती से उनका पर्याप्त गुजारा चल जाता था। वे संतुष्ट, स्वाभिमानी, स्वायत्त जीवन जी रहे थे। फिर भी मैंने अपनी बात विस्तार से समझाई, 'देखिए मेरे भाई, आपकी सभी बातें सही हैं परंतु आपका मुझसे पैसे मांगने का सवाल ही नहीं आता। हम ऐसी व्यवस्था करेंगे कि आपको मांगने की जरूरत ही नहीं पड़ेगी। आपको हर महीने एक निश्चित राशि मिल जाए, ऐसी व्यवस्था भी तो की जा सकती है। आप मेरी बात पर विचार कीजिए।' आखिरी बार कहकर देखा, 'अभी नहीं कहेंगे तो कोई एतराज नहीं है, बाद में सोचकर फैसला लीजिएगा। लेकिन मैंने आपसे जो कहा है, वह मेरी अंत:करण से विनती है।'

उसके बाद मैं जब-जब भाइयों को मिलता, तब मैं हमेशा उनसे सूरत आने के बारे में पूछता। हर बार उनका जवाब न में ही मिलता। बाद में मेरी सच्चाई से उनको अहसास हुआ कि भाई गोविंद हमको सिर्फ कहने के लिए नहीं कह रहा है, बल्कि हृदय की गहराई, भावना और पारदर्शी ईमानदारी से कहता है। वे समझ गए कि उनका भाई उनको सुख-सुविधा में रखना चाहता है, इसलिए बार-बार सूरत आने का आग्रह कर रहा है। भाइयों को इस प्रकार समझाते-समझाते तीन साल गुजर गए थे।

अब प्रश्न यह था कि वे सूरत आकर सुख-सुविधा में तो रहेंगे, लेकिन करेंगे क्या? उनको क्या काम दे सकते हैं? मैंने नागजीभाई को रियल स्टेट बिजनस में और परबतभाई को डायमंड ट्रेंडिंग में लगाया। धीरे-धीरे दोनों भाई अच्छा कमाने लगे। अब उनको मेरी कंपनी से पैसे लेने की आवश्यकता नहीं रही।

पांच भाई साथ होने से मेरे मन में पारिवारिक संरक्षण, एकता और कुशल-क्षेम की भावना दृढ़ हुई। साथ में रहने से एक-दूसरे की सहायता और नैतिक आधार मिलता रहा। मुझे किराए के घर में रहने में भी संतोष था। मुझे मनोरंजन का अथवा अन्य कोई शौक नहीं था। हमारा बिजनस बढ़ता जा रहा था, मुझे अब दूसरा बड़ा ध्येय चाहिए था। किसी विशेष मार्गदर्शन, किसी दिशा-निर्देश या नए आयाम की खोज थी।

अध्याय-3

शिक्षा और तालीम

मनो हि द्विविधं प्रोक्तं शुद्धं चाशुद्धमेव च।
अशुद्धं कामसंकल्पं शुद्धं कामविवर्जितम्।।

मन के दो प्रकार कहे गए हैं, शुद्ध मन और अशुद्ध मन। जिसमें इच्छाओं, कामनाओं के संकल्प उत्पन्न होते हैं, वह अशुद्ध मन है और जिसमें इन समस्त इच्छाओं का सर्वथा अभाव हो गया है, वही शुद्ध मन है।।

(ब्रह्मबिंदूपनिषद, श्लोक 1)

सूरत बहुत प्राचीन व्यापारिक शहर रहा है और इसलिए समृद्धि यहां पहले से थी। तापी नदी के दक्षिण किनारे पर यह एक किले के साथ बसा था। पुराने सूरत शहर के चारों ओर दीवार थी और लोगों की प्रवृत्तियां, व्यापार-बाजार-निवास सब दीवारों के भीतर बसे शहर में होता। बाहर से आने वाले लोग अमूमन कारोबार के लिए आते, कुछ समय रुकते और वापस चले जाते। इस तरह पुर्तगाली, मुगल, मराठा आदि आए, सूरत पर चढ़ाई भी की और उस पर जीत भी हासिल की, बाद में पराजित भी हुए। परंतु अपने पीछे अच्छी-बुरी, उपयोगी-अनुपयोगी कुछ न कुछ निशानियां भी छोड़ते गए। आगे मैंने गुलाम मुहल्ले में स्थित डच-आर्मेनियन कब्रिस्तान का उल्लेख किया है। मुगलों के समय में सूरत हज यात्रियों के हज जाने का बंदरगाह था। प्रत्येक वर्ष हजारों हज यात्री मुगल सराय (मुगली सरा) में एकत्र होते और सऊदी अरब के जहाज का इंतजार करते।

सूरत में तुर्क, आर्मेनियाई, अंग्रेज, पुर्तगाली, डच जैसे विदेशी लोग आए। अपने वैभव के दिनों में उन्होंने अपनी रुचियों और शैलियों के अनुसार भवन भी बनवाए। हमारे स्थानीय व्यापारी भी उसमें अपवाद नहीं थे। उन सभी ने आनंद-प्रमोद व सुख-वैभव का आनंद लिया होगा परंतु अपने व्यापार की अनुकूलता के

लिए जिन्होंने अपना पसीना बहाया - ऐसे मजदूर, कारीगर तो बांस-मिट्टी के झोंपड़े में और गंदे, टेढ़े-मेढ़े संकीर्ण मुहल्लों में जीवन बसर कर रहे थे। बिना चेहरे वाले इस गुमनाम मजदूर-कारीगर वर्ग ने ही सूरत के तत्कालीन उद्योग, कला, जरी, सिल्क, सूती कपड़ा, ब्रोकेड्स, सोने-चांदी की कीमती कलाकृतियों, लकड़ी-मिट्टी-धातु की वस्तुओं, महलों आदि को बनाकर खड़ा किया था। छोटे गृह उद्योग उनकी उन छोटी झोंपड़ियों में पनपे जहां न हवा होती थी, न प्रकाश। ऐसी बस्तियों की उन अंधेरी झोंपड़ियों में सुलगते श्रम और कौशल के दीपक ने सूरत में वैभव का तेज फैलाया था।

सूरत में सदैव सत्ता और संपत्ति, मेहनत और संघर्ष, समझ और सूझ स्वत: आकर्षित होकर खींचते चले आए हैं। यह शहर किसी कीमती धातु की गलन भट्ठी जैसा बनता गया जिसमें विविध प्रकार के लोग, उनकी संस्कृति, कला-कौशल, शैली और मूल्य आते गए और पिघलकर मिलते चले गए। इससे इस शहर को एक अलग ही मिजाज, स्वभाव, पहचान एवं वेग से खिंचाव मिलता गया। यही 'सूरत सोने की मूरत' बनने की प्रक्रिया थी।

इसी अवधि में काठियावाड़ से आने वालों में एक मैं भी था। गरीबी की गरबी खेलकर, सूरत के विकास के चक्र का एक हिस्सा बनने जा रहा गुमनाम ग्रामीण गोविंद! उस समय की सूरत की तीन लाख की आबादी मात्र कोट इलाके में ही रहती थी। डायमंड कटिंग और पॉलिशिंग के केवल दो सौ ही वर्कर थे। मेन रोड और बड़े मोहल्ले म्युनिसिपैलिटी के बल्ब से रोशन रहते। गिनती की मोटरगाड़ी, घोड़ागाड़ी, कुछ रिक्शे, गिनती के स्कूटर और अधिकतर तो साइकिल ही इस शहर की समृद्धि थे। हीरे की मशीन (घंटी) पर बैठकर उसकी कटिंग-पॉलिशिंग में सफलता का स्नातक होकर, धीरे-धीरे ग्राहकों के निरंतर सहयोग से एक छोटी फैक्ट्री का मालिक अथवा कहिए कि हीरे के व्यापार का परा-स्नातक बना।

1964 में गांव में प्राथमिक शिक्षा अधूरी छोड़कर सफलता की खोज में सूरत की शरण में आने वाले एक लड़के ने अब दूसरों को रोजगार देना आरंभ कर दिया था। मेरे कारीगरों के घरों में चूल्हे जलते रहे और मेरे मन में सदा ज्यादा-से-ज्यादा विकास करने की जोत सुलगती रही। मैंने जितना हासिल किया था, वह मुझे काफी नहीं लगता था। मुझे निरंतर ऐसा लगता रहता कि मुझमें कुछ कमी है, मुझसे कुछ छूट रहा है, मेरे मन में खालीपन था। कुछ अनसुलझी उलझन, अव्यक्त चाहत और अनकही वेदना जैसे सात्त्विक तरीके से मेरे दिल को बेचैन करती रहती थी। ऐसा बोझिल मन और हृदय लेकर मैं पैदल घूमने निकल पड़ता। भीतर की चाहत मुझे घूमने के लिए प्रेरित करती। पुरानी हवेलियां, मंदिर, चर्च, पवित्र स्थल, बाजार, घर सब रास्ते में आते और मेरे पैर कुछ अज्ञात की पहचान की ओर आगे बढ़ते जाते। मन में विचार-मंथन निरंतर चलता रहता।

मेरे पिता लालजीदादा, गुजरात के अमरेली जिले के दूधाला गाँव में किसान थे। वहाँ उन्होंने अपने जीवन का ज्यादातर समय खेतों में बिताया

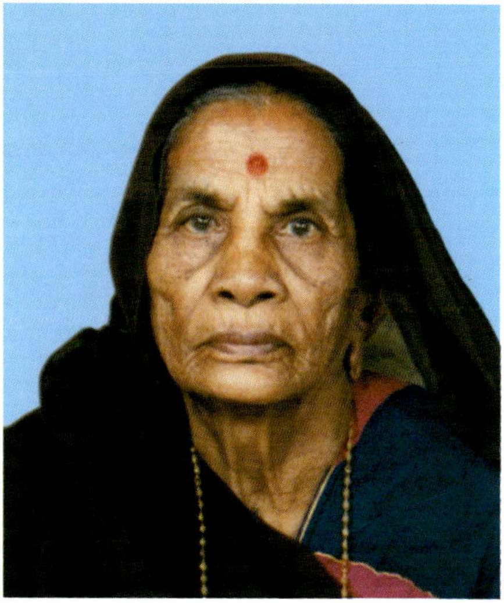

मेरी माँ संतोकबा अत्यंत संवेदनशील महिला थीं। उन्होंने सात बच्चों को पाल पोसकर बड़ा किया, मेरे पिता की अनुगामिनी रहीं, हमारे मवेशियों की देखभाल की और ज़रूरतमंद लोगों की बढ़-चढ़कर मदद की

'परिवार' इंसानों को दिया गया ईश्वर का सर्वश्रेष्ठ उपहार है। 1995 की इस तसवीर में हमारे तीनों बच्चे - मेरी बेटियाँ मीनाक्षी व श्वेता और बेटा श्रेयांस साथ दिख रहे हैं

हमारी पहली परिवार बैठक कोसमाडा में मार्च 1982 में माता-पिता की उपस्थिति में हुई, जिसमें 'घूंघट प्रथा' जैसे सामाजिक रिवाज़ को तिलांजलि दी गई। आज तक हर महीने हम एक पारिवारिक बैठक आयोजित करते हैं

15 जनवरी 2005 को मेरी बेटी श्वेता के विवाह के अवसर पर श्री लालजीदादा के विशाल परिवार का यह चित्र है

16 जनवरी 1977 को एंटवर्प की मेरी पहली यात्रा के समय संतोकबा, परबतभाई, भीमजीभाई और लालजीदादा मुंबई एयरपोर्ट पर मुझे विदाई देने के लिए आए थे

अपनी माँ की कोख से जन्म लेने और चम्पा से शादी करने में -
मैं अपने आपको सर्वाधिक भाग्यशाली मानता हूँ।

'बुलेट' मोटरसाइकिल मेरी युवावस्था का एक अनोखा हिस्सा था।।
पुरानी यादों को ताज़ा करती है यह तस्वीर

परिवार व्यवस्था आगामी पीढ़ी को मार्गदर्शन देने के लिए और पिछली पीढ़ी को सहारा देने के लिए है। 2020 में अपने बेटे श्रेयांस और पौत्र ईश और आन के साथ

भारत के राष्ट्रपति श्री रामनाथ कोविन्दजी 29 मई 2018 को राजकीय शिष्टाचार तोड़कर 'संतोकबा मानवरत्न पुरस्कार' देने के लिए सूरत आए थे

'ग्रांड धोलकिया फेमिली: छह परिवार, छह पीढ़ियाँ'। इसमें आज 1500 से अधिक सदस्य हैं। हम सब हर वर्ष नवरात्रि में मिलते हैं। यह छवि 13 अक्टूबर 2019 की है, जिसमें 1,269 सदस्य उपस्थित थे

प्रधानमंत्री श्री नरेन्द्रभाई मोदी के अधिकृत निवासस्थान पर मेरे परिवार को 29 सितंबर 2018 को आमंत्रित किया गया

गुजरात के मुख्यमंत्री श्री नरेन्द्रभाई मोदी 29 नवंबर 2009
को बेटे श्रेयांस की शादी में उपस्थिति रहे। इस तस्वीर में हम सभी पारंपरिक वस्त्र पहने हुए हैं

मेरे शुरुआत के पार्टनर्स वीरजीभाई और भगवानभाई मेरे अविभाज्य अंग है। हमने एक साथ सफल 'ट्रिनिटी' बनाई। यह तस्वीर 1971 में दीवाली के दिन स्टूडियो में क्लिक की गई थी

1977 में मेरी प्रथम विदेश यात्रा दौरान मैं दिलीपभाई मेहता के साथ एंटवर्प गया था। यह चित्र दिलीपभाई, शांतिभाई, श्रेणिकभाई और नवीनभाई के साथ बंबई एयरपोर्ट पर लिया गया था

मैं उत्तराधिकार की योजना बना चुका हूँ। यहाँ फोटो में अरजनभाई, दिनेशभाई, जयंतीभाई और राहुलभाई है जो 1995 में SRK में पार्टनर्स बने। श्रेयांस, अक्षय, नीरव और अर्पित तीसरी पीढ़ी का नेतृत्व कर रहे हैं

मेरे दो 'गॉडफादर': शांतिभाई और नवीनभाई। यह 16 अप्रैल 1997 की तस्वीर 'श्री रामकृष्ण कॉम्प्लेक्स' के उद्घाटन अवसर पर ली गई थी

हमने दिसंबर 2014 में 'वेंचुरा एयरकनेक्ट विमान सेवा' शुरू करके सूरत को विभिन्न शहरों के साथ जोड़ा। सूरत एयरपोर्ट पर इस तस्वीर में मैं सवजीभाई धोलकिया, लालजीभाई पटेल, गुजरात के विमान मंत्री सौरभभाई पटेल और लवजीभाई 'बादशाह' के साथ

1 जनवरी 2015 के दिन एंटवर्प के हीरा उद्योग के प्रणेता महेंद्रभाई परिख और भारतीय दवा उद्योग के अग्रणी ज़ायडस के पंकजभाई पटेल के साथ

आशितभाई मेहता के साथ जो प्यार से 'मुन्नाभाई' कहलाते है। उन्होंने हमें 1997 में बड़े हीरे पॉलिश करने के लिए प्रोत्साहित किया

9 मार्च 2022 के दिन महिंद्रा समूह के चेयरमैन और पद्मभूषण श्री आनंद महिंद्रा के साथ राहुलभाई, श्रेयांस और अर्पित की एक अनौपचारिक भेंट

4 मई 2018 को भारतीय उद्योगजगत के भीष्मपितामह श्रीमान रतन टाटा दोपहर के भोजन पर सूरत मेरे घर पधारे

19 नवंबर 2019 को बेंगलुरु में भारतीय आई.टी उद्योग के 'किंग' श्री अजीम प्रेमजी के साथ श्रेयांस, राहुलभाई और वी.बी नारोला की शुभेच्छा मुलाकात

2 मई 2019 को पॉल राउली के नेतृत्व में 'डी बियर्स' के प्रतिनिधि मंडल ने सूरत में SRK एम्पायर की यात्रा की। इस फोटो में SRK की पहली, दूसरी और तीसरी पीढ़ी उपस्थित हैं

19 अगस्त 2014 को बोत्सवाना में दुनिया की सबसे बड़ी डायमंड खदान 'डी बियर्स जोवनेंग' का मैंने दौरा किया

24 नवंबर 2022 के दिन श्री सर्गेई इवानोर के नेतृत्व में 'अलरोजा' रूस के प्रतिनिधि मंडल ने सूरत में SRK एम्पायर का दौरा किया। इस तस्वीर में SRK की पहली, दूसरी और तीसरी पीढ़ी उपस्थित है

2015 में प्रधानमंत्री श्री नरेन्द्रभाई मोदी और गुजरात की मुख्यमंत्री श्रीमति आनंदीबहन पटेल के साथ चीन-यात्रा। इस यात्रा के दौरान बीजिंग में चीन के प्रधानमंत्री ली केकियांग के साथ हमारी मुलाकात हुई

अप्रैल 2024 में राज्यसभा के सदस्य के रूप में शपथ लेने के बाद उपराष्ट्रपति श्री जगदीप धनखड़, राज्यसभा उप-सभापति श्री हरिवंश, राज्यसभा सेक्रेटरी जनरल श्री प्रमोदचन्द्र मोदी और परिवारजनों के साथ

2 अगस्त 2021 को जेम्स एन्ड ज्वेलरी एक्सपोर्ट प्रमोशन काउंसिल (GJEPC) द्वारा मुझे लाइफ टाइम अचीवमेंट एवॉर्ड प्रदान किया गया

2 फरवरी 2023 को गोदरेज इंडस्ट्रीज के मैनेजिंग डायरेक्टर श्री नादिर गोदरेज और उनकी पत्नी डॉ. रति गोदरेज, साथ में अरजनभाई और श्रेयांस

2 फरवरी 2023 को आदित्य बिरला ग्रुप के चेयरमैन श्री कुमार मंगलम बिरला से मुलाकात, साथ में अरजनभाई दिख रहे हैं

हमारी नवीनतम उत्पादन सुविधा 'SRK हाउस' ने 2018 में USGBC द्वारा 'प्लैटिनम रेटिंग' प्राप्त किया

डायमंड रिसर्च एन्ड मर्केंटाइल सिटी (DREAM City) में अंतरराष्ट्रीय डायमंड व्यापार हब, सूरत डायमंड बुर्स (SDB) का निर्माण किया गया है

2015 में USGBC द्वारा 'SRK एम्पायर' 'ग्रीन रेटिंग' प्राप्त करके देश की पहली उत्पादन इमारत बनी, जिसने 2018 में 'प्लैटिनम रेटिंग' प्राप्त किया

2 फरवरी 2023 के दिन हुरून ग्लोबल रिपोर्ट द्वारा SRK को
'मोस्ट रिस्पेक्टेड फेमिली बिजनेस ऑफ द ईयर' से सम्मानित किया गया

इसी तरह मेरे मार्ग में एक एंग्लिकन चर्च आया, जो वर्तमान में चौक बाजार में CNI क्राइस्ट चर्च के नाम से जाना जाता है। उसे 1824 में अंग्रेजों ने बनवाया था। मैं उसके दस फुट लंबे क्रॉस और 300 वर्ष पुराने बाइबिल को देखता ही रह गया। मूलत: मैं पक्का श्रद्धावान हिन्दू हूं किन्तु भीतर से मुझे यूरोपियन लोगों के कुछ रीति-रिवाज, विवेक, कुशलता, सप्रमाणता, स्वच्छता, रहन-सहन, उनकी उपासना पद्धति सब पसंद था। उत्सुकता से भरकर, एक रविवार को मैंने उनकी समूह प्रार्थना के दौरान चर्च में प्रवेश किया और सब कुछ बारीकी से देखा। हालांकि पादरी नाटकीय तरीके से ऊंची आवाज में क्या बोल रहे थे, यह तो मुझे ज्यादा समझ नहीं आया परंतु कुछ बातें मुझे जो समझ में आईं, वे मुझे छू गईं; 'अच्छा जीवन जीना या जीवन निर्माण करना एक मकान बनाने जैसा है। हम सबको एक-दूसरे को अच्छा आदमी बनने में सहायता करनी चाहिए। हम कुछ नया सीखें और हमारी बौद्धिक, नैतिक, सामाजिक उन्नति हो ऐसा कुछ करना चाहिए। ऐसा करके एक-दूसरे के जीवन निर्माण में, साहित्य, कला, संगीत तथा कौशल आदि के योगदान से हमें विकास का निमित्त बनना चाहिए।' मैं तो अकारण वहां घूमने गया था लेकिन चर्च ने मुझे अपना जीवन भवन बनाने की अंतर्दृष्टि प्रदान की थी।

मुंबई तो जैसे मेरा दूसरा घर बन गया था। व्यापार के कारण कभी-कभार मुंबई के चक्कर लगाने ही पड़ते। लेकिन मुंबई वास्तव में 'सिटी ऑफ एक्शन' था जो कदम-कदम पर सबको नई बातें सिखाता रहता। व्यापार धीरे-धीरे बढ़ने वाला पौधा है। आप कुछ छोटा काम आरंभ कीजिए, उसकी हर छोटी-मोटी प्रक्रिया, प्रविधियां सीखिए और आगे बढ़िए। उसमें सहज ही दो-तीन वर्ष निकल जाते हैं। ऐसा करते हुए आपको धैर्य, लक्ष्य पर केंद्रित रहने और कड़ी मेहनत की जरूरत होगी परंतु इस स्थिति में लोग धैर्यपूर्वक सीखते रहने में विफल हो जाते हैं जिसके कारण कई व्यापार बंद हो जाते हैं। ऐसे लोगों को गलतफहमी होती है कि वे सब कुछ सीख चुके हैं और सब कुछ जानते हैं। वे पर्याप्त अनुभव या व्यापार की बारीकियों को जाने बिना व्यापार का विस्तार करने लगते हैं और उन्हें जोखिम का सामना करना पड़ता है। इतना ही नहीं, एकाध छोटी गलती से भी उनका व्यापार चौपट होने का खतरा होता है। मैंने अपने व्यापार का अभ्यास करने में घंटों बिताए हैं। हीरे का अनुभव भी बहुत लिया और प्रत्येक स्तर पर इससे जुड़े लोगों के साथ बहुत बातचीत की है। बहुत प्रवास किए हैं, फलत: बहुत सीखा और देखा भी है। इतनी भूमिका के बाद ही मुझे व्यापार का विस्तार करना उचित लगा था।

1979 में हीरा उद्योग में मंदी का ग्रहण लगा। दूसरे विश्वयुद्ध के बाद तीस वर्ष हीरा उद्योग के लिए शांत और अच्छा दौर था। वैश्विक मांग के आधार पर हम माल की आपूर्ति कर सके थे क्योंकि अपना हीरा उद्योग लगभग स्थिर तरीके से विकसित होता रहा। मार्केट भी व्यवस्थित रही और कीमत निरंतर बढ़ती रही।

1970 के दशक के मध्य में हीरा बाजार बदलने लगा और 1976 तक बढ़ती हुई मुद्रास्फीति का प्रभाव दुनिया की अधिकतर अर्थव्यवस्थाओं पर पड़ने लगा। यद्यपि आशा की जा रही थी कि यह हीरा उद्योग के लिए शुभ संकेत होगा लेकिन इसने हीरा उद्योग की जड़ हिला दी ।

इज़रायल एक नया, छोटा मगर तेजी से विकसित होता हीरा केन्द्र था। इस देश की कुल राष्ट्रीय आय में हीरा उद्योग का योगदान ज्यादा हो, इसलिए इजरायल सरकार उसे प्रोत्साहन देने के लिए उत्सुक थी। वहां की सरकार और कई इजरायली बैंकों ने कम ब्याज दर पर काफी बड़ी रकमों की उधारी दी। बैंकों ने इसलिए कर्ज दिया ताकि हीरा उत्पादकों और व्यापारियों के पास हीरे का अधिक स्टॉक रहे। सरकार ने ऐसी व्यवस्था की कि जिससे हीरे की बिक्री से देश में डॉलर अच्छी विनिमय दर से आ सकें। और इसके ठीक बाद इजरायल सहित विश्व भर की डायमंड मार्केट मंदी में आ गई।

इसी दौरान 'डी. नवीनचंद्र एण्ड कंपनी' जैसे अनुभवी कारोबारी घरानों ने चतुराईभरी नीति अपनाई। शांतिभाई ने मुझे कहा, 'गोविंदभाई, ऐसे समय में हमारे पास जितने रफ का स्टॉक है, उसको अभी तो पॉलिश करते ही रहिए और जब तक मार्केट ऊपर नहीं आ जाती तब तक पॉलिश्ड का स्टॉक करते रहिए। बेचने का झंझट अभी मत कीजिएगा क्योंकि वास्तविक बिक्री होने वाली ही नहीं है। घिसने की मजदूरी जितना इन्वेस्टमेंट अभी करते रहिए और तैयार माल का स्टॉक करते रहिए।'

शांतिभाई की यह योजना काम कर गई। एकाध वर्ष में जब बाजार ऊपर आया तब हमने स्टॉक किया हुआ तैयार माल बेचकर अच्छा मुनाफा कमाया। लेकिन इस तूफानी दौर में मैंने एक महत्त्वपूर्ण बात सीखी कि हीरा उद्योग में आगे बढ़ना है तो हीरे की मांग, रसद और मूल्य निर्धारण को प्रभावित करने वाली शक्तियों और अर्थव्यवस्था की बातों को अच्छे से समझना पड़ेगा।

हीरा बाजार जब मंदी के दुष्प्रभाव से उबरा और पटरी पर वापस आया तो मैंने इजरायल जाकर वहां की व्यवस्था देखने का फैसला किया। फरवरी, 1982 में श्रेणिकभाई चोकसी के साथ हम इजरायल गए। उस समय भारत-इजरायल के बीच राजनयिक संबंध नहीं थे, हालांकि भारत ने 1950 में इजरायल को वैधानिक मान्यता दे दी थी और मुंबई में उसका वाणिज्य दूतावास खोलने की स्वीकृति भी दी थी जिससे वे भारत में बसने वाले हजारों यहूदियों को स्वैच्छिक इमिग्रेशन दे सके। फिर भी तेल अवीव और दिल्ली के रिश्ते बहुत गरमाहट भरे नहीं रहे। करीबन चार दशकों तक गुटनिरपेक्ष देश के तौर पर भारत ने अरब जगत और सोवियत संघ के साथ नजदीकी संबंध निभाए थे। उस दौरान इजरायल, अमेरिका और पश्चिम यूरोपीय देशों के साथ संबंध मजबूत कर रहा था।

हम एंटवर्प से तेल अवीव 'स्विस एयर' से गए। इजराइली इमिग्रेशन ने हमको पेपर वीजा दिया और हमारे पासपोर्ट पर कोई स्टाम्प नहीं लगाया गया। यदि लगाया होता तो हम खाड़ी देशों में जाने के लिए मुक्त नहीं रह सके होते। हम अमेरिकी दूतावास के पास 'होटल आरमोन हयारकोन' में रुके थे, वहां की खिड़की से भूमध्य सागर के गहरे नीले पानी में अस्त होते सूर्य के भव्य दर्शन कर सके थे।

इजरायल का प्रसिद्ध हीरा बाजार रमतगान इलाके में है जो हमारे होटल से 3 किलोमीटर दूर था। हमने वहां जाने के लिए टैक्सी ली। हम आरोही डायमंड्स के रूपेनभाई भनशाली के जरिए हीरा खरीदते थे। रूपेनभाई हिब्रू भाषा भी अच्छी बोल लेते थे। उन्होंने हमारा परिचय मेर अनावी, सायमन बार्बी और दूदी के साथ करवाया। रमतगान इलाके में कोई 13,000 लोग हीरा घिसने का काम करते थे। यह इजरायल का सबसे पुराना व्यापार था। उस समय बड़े हीरे तराशने में, दुनिया में इस केन्द्र का बहुत महत्त्व था। हमें बताया गया कि उस इलाके में ही तकरीबन 400 से अधिक कंपनियां और हीरा विनिमय के केन्द्र भी हैं, शेष यूनिट नेतान्या और यरूशलम में स्थित हैं।

'भारतीय हीरा उद्योग के पिता' एवं 'विश्व हीरा उद्योग के अग्रणी' माने जाने वाले श्री कीर्तिलाल मणिलाल मेहता के विषय में हमने बहुत सुना था। 1944 में उन्होंने मुंबई में 'ब्यूटीफुल डायमंड्स' नामक कंपनी की स्थापना की थी। 1953 में उन्होंने एंटवर्प में 'जेम्बल यूरोपियन सेल्स एन.वी' की शुरुआत की थी। इसके बाद वर्ष 1956 में हांगकांग में और 1968 में तेल अवीव में डायमंड कंपनियों की स्थापना करने वाले वे प्रथम भारतीय थे। अपने साम्राज्य का विस्तार करते हुए उन्होंने वर्ष 1973 में न्यूयॉर्क में 'ऑक्सिडेन्टल जेम्स' की शुरुआत की। अपनी धर्मपत्नी लीलावती के देहांत के बाद उनकी याद में उन्होंने 1978 में 'लीलावती कीर्तिलाल मेहता मेडिकल ट्रस्ट' की स्थापना की जिसे मेहता परिवार संभालता है। माता की स्मृति को जनसेवा के साथ चिरंजीवी बनाने के लिए 1997 में मेहता परिवार ने मुंबई का सुप्रसिद्ध 'लीलावती अस्पताल' बांद्रा में बनवाया जिसमें शहर की धनवान और प्रसिद्ध हस्तियां उपचार करवाने के लिए आती हैं। 1970 में कीर्तिलाल ने हीरे का अपना वैश्विक कारोबार अपने पुत्रों प्रबोध मेहता और रश्मि मेहता को सौंप दिया। 1993 में कीर्तिलाल के हीरा उद्योग के 70 वर्ष पूर्ण हुए तो भव्य तरीके से उसका उत्सव मनाया गया, मैं भी उसमें भाग लेने मुंबई गया था।

सबसे पहले हम उनके पुत्र रश्मिभाई मेहता को मिले। वे बहुत मित्रवत् थे। उन्होंने हमें अपने पिता से मिलने के लिए घर बुलाया। श्री कीर्तिलाल मेहता प्रौढ़ आयु में भी आकर्षक व्यक्तित्व के तेजस्वी व्यक्ति लगे। अपनी पत्नी लीलावतीबहन के स्वर्गवास के बाद उन्होंने इजरायल की यहूदी महिला ईस्तर के साथ विवाह किया

और तेल अवीव को अपना व्यापार मुख्यालय बनाया। मैंने उनसे पूछा, 'आपने अमेरिका या यूरोप के किसी शहर की बजाय तेल अवीव को ही अपना हेडक्वॉर्टर क्यों बनाया?' उन्होंने जवाब दिया, 'यहां का वातावरण बहुत अच्छा है, इसलिए।' बाद में कुछ विराम लेकर उन्होंने महत्त्वपूर्ण बात कही, 'जरूरतमंदों के प्रति दया, उदारता, वफादारी, पीड़ितों के लिए करुणा, शांतिप्रिय स्वभाव, अत्यधिक विनम्रता और पश्चाताप भावना - ये सब मुझे यहूदियों के सद्लक्षण लगे। पश्चिमी देशों के लोगों की तुलना में यहूदी लोग मुझे एक समाज के रूप में बेहतर लगे। यहां मुझे घर जैसा लगा।'

इजरायल का हीरा कटिंग-पॉलिशिंग उद्योग मुझे दुनिया में अत्याधुनिक और आला दर्जे का लगा है। सामान्यत:, सभी साइज़ के कट-पॉलिश्ड हीरों के 20 फीसद इज़रायल से निकलते हैं। इसलिए उसके उत्पादन और निकास में इजरायल वर्ल्ड लीडर बना है। मुझे लगता है कि हम इसमें से कितना काम भारत ला सकते हैं? मेरी अंतरात्मा से आवाज आती है, 'बहुत कुछ, उसमें से अधिकांश काम हम हमारे देश में ला सकते हैं।' किन्तु इजरायल ऐसे कैसे अपना व्यवसाय ले जाने देगा? अतीत में यहूदियों ने नर्क यातना सहन की है, इसलिए बाहरी लोगों पर विश्वास करना उनके लिए बहुत मुश्किल है। उस दिन मैंने मन-ही-मन निश्चय किया कि मैं इजराइलियों का विश्वास जीतने की कोशिश करूंगा। मैंने तेल अवीव में बिजनस की व्यवस्था की। तब से इज़रायल के साथ मेरे संबंध परस्पर लाभदायी और अच्छे रहे हैं।

प्राय: अशिक्षित सौराष्ट्र पटेल समाज में शिक्षा के प्रसार के लिए हम सात दोस्तों ने मिलकर 'सौराष्ट्र पटेल शिक्षा मंडल' की स्थापना की जिसमें वल्लभभाई सवाणी, कनुभाई मावाणी, मावजीभाई मावाणी, के.डी वाघाणी नींव के पत्थर समान रहे। सूरत में शिक्षा के प्रसार के लिए समर्पित किसी समुदाय विशेष का यह पहला ट्रस्ट था। वर्तमान में इस ट्रस्ट द्वारा एक सार्वजनिक पुस्तकालय चलाया जा रहा है जिससे हजारों विद्यार्थी लाभ उठा रहे हैं। युवा कॉमर्स स्नातक कानजीभाई भालाड़ा अपने अभ्यास हेतु यहां पुस्तकें लेने आते। वे बहुत होशियार एवं व्यवहारकुशल थे, इसलिए सभी ट्रस्टियों को बहुत पसंद आए। धीरे-धीरे लाइब्रेरी की जिम्मेदारी उन्हें सौंप दी गई। उन्होंने यह जिम्मेदारी बहुत होशियारी से संभाली और आज भी संभाल रहे हैं।

ऐसे दूसरे एक सामाजिक अभियान में सौराष्ट्र के हीरा उद्योग के अग्रणी श्री रामजीभाई इटालिया विवाह में होने वाली शानो-शौकत तथा दिखावे पर होने वाले व्यर्थ खर्च को बंद करने के लिए सामूहिक विवाहों का आयोजन खूब उत्साह और निष्ठा से कर रहे थे। उन्हें 1980 के दशक के प्रारंभिक वर्षों में उन्हें जे.आर सवाणी नाम के डिस्ट्रिक्ट जज से सामूहिक विवाह की प्रेरणा मिली थी। जज साहब के देहांत के बाद इस कार्य को रामजीभाई सहित समाज के अग्रणियों ने अपना व्यक्तिगत

मिशन ही बना लिया। प्रारंभ में तो बहुत कम जोड़े ही विवाह के लिए आगे आए परंतु 1987 में उनकी संख्या पचास तक हो गई। प्रारंभिक प्रयास थोड़े शिथिल थे लेकिन समाज के अधिकांश प्रबुद्ध इसमें जुड़ते गए और उन्होंने भी गोत्रीय सामूहिक विवाह को अपना लक्ष्य बना लिया। अब लोगों को समझाना नहीं पड़ता और वे स्वयं ही इसके लिए आगे आने लगे हैं। लोगों के दृष्टिकोण में भी बदलाव आया है कि दूसरों की नकल कर व्यर्थ खर्च करके कर्ज रूपी गड्ढे में गिरने की बजाए समाजिक-प्रतिष्ठित सामूहिक विवाहों का यह मार्ग ही अच्छा है।

इसी दौरान मुझे अहसास हुआ कि सूरत में रोजी-रोटी के लिए वतन छोड़कर आने वाले, अकेले रहने वाले युवाओं को अपने परिवार और समाज से दूर, किसी सहायता के बगैर उचित जीवनसंगिनी की तलाश करने में कठिनाई होती है। यहां नए वातावरण में, शहर की समस्याग्रस्त जिंदगी में गृहस्थी शुरू करने में उन्हें कठिनाई होती है। इस समस्या का निवारण करने के लिए 1980 में समान विचारधारा वाले हम जैसे कुछ लोगों ने मिलकर 'सामूहिक विवाहों' को अधिक प्रोत्साहित करने के लिए श्री सौराष्ट्र पटेल समाज ट्रस्ट (SPST) की स्थापना की। इस ट्रस्ट ने विवाह संबंधी मार्गदर्शन और नए जोड़ों को घर-गृहस्थी शुरू करने के लिए मार्गदर्शन तथा सहायता प्रदान की। श्री के.डी वाघाणी इस ट्रस्ट के संस्थापक प्रमुख थे। उसके बाद कांजीभाई भालाला ने ट्रस्ट की जिम्मेदारी संभाली और बहुत सक्रिय रहे। युवावस्था से ही वह सामाजिक गतिविधियों में खूब रुचि लेते थे। इस 'सामूहिक विवाहोत्सव' का प्रारंभ होते ही लोगों के सामने उदाहरण पेश करने के लिए उन्होंने स्वयं भी सामूहिक विवाहोत्सव में शादी की। केशुभाई पटेल जैसे नेता भी कांजीभाई को अच्छे वक्ता और जनता के बीच प्रभावशाली मानते थे। किसी भी सभा में वे वक्ता के रूप में खड़े होते तो सार्वजनिक कार्यों के लिए आसानी से फंड एकत्र कर सकते थे। कांजीभाई ने बाद में पी.बी ढांकेचा, नरेंद्रभाई कुकडिया, प्रभुदास पटेल और अन्य लोगों के साथ मिलकर 'वराछा को-ऑपरेटिव बैंक' की स्थापना भी की जिसका अभी बहुत अच्छा संचालन हो रहा है।

एक दिन जब मैं मुंबई से आया तो देखा कि मीनाक्षी को पीलिया हुआ है। चंपा को भी उसकी आंखों में पीलापन दिखाई दिया। मीनाक्षी का बुखार जब बढ़ने लगा तो उसकी माता चिंतित और व्याकुल होने लगी। हमने डॉ.ए.टी देसाई को दिखाया। उन्होंने जहरी पीलिया होने की बात कही। अचानक मेरा दिल धड़कने लगा क्योंकि सूरत शहर में उस वर्ष जहरी पीलिया से दो सौ लोगों की जान चली गई थी। डॉ. देसाई ने मुझे समझाया कि यह वायरल संक्रमण भी हो सकता है और अभी पूरा शहर इस बीमारी के शिकंजे में है। उन्होंने मुझे चेतावनी दी कि 'उचित उपचार नहीं हुआ तो बच्ची की जान को खतरा हो सकता है। उसके इलाज के लिए इंट्रावेनस इम्युनोग्लोब्युलीन नाम के यूरोप में मिलने वाले महंगे छह इंजेक्शन जरूरी

हैं, आप यदि मंगवा देते हैं तो सही उपचार हो सकता है। मुंबई के कुछ डॉक्टर्स को पता है कि ये कहां मिलते हैं। इस इंजेक्शन से बच्ची के शरीर में रक्तकणों का ब्रेकडाउन रोक सकते हैं।'

मैंने मुंबई के मेरे कई दोस्तों से इस इंजेक्शन के लिए संपर्क किया और एक आदमी तुरंत ट्रेन से सूरत आकर इंजेक्शन दे गया। मीनाक्षी का इलाज शुरू हो गया लेकिन तुरंत तो कोई राहत नहीं मिली। डॉ. देसाई ने मुझे भगवान पर श्रद्धा रखने को कहा। मैंने निस्सहाय और चिंतातुर अवस्था में गंगाजल में माला डुबोकर भगवान का जाप आरंभ कर दिया। क्या मेरी लाडली को भगवान ने चार वर्ष की ही आयु दी होगी? ऐसा तो नहीं ही होगा! भगवान ऐसी क्रूरता नहीं कर सकते! ऐसे-ऐसे विचार मन में छाने लगे थे और आंखों से आंसू बहने लगे। तभी मुझे ऐसा लगा कि पानी में कुछ तरंगें उठ रही हों, कुछ कंपन हो रहा हो। मैं दुविधा में पड़ गया, फिर भी मैंने मालाजप वाला पानी मीनाक्षी पर छिड़क दिया। उसने आंखें खोली तो मुझे लगा कि वह जरूर ठीक हो जाएगी। तीन दिन में तीन इंजेक्शन लगने के बाद डॉक्टर ने उसे खतरे से बाहर घोषित कर दिया और वह बच गई, यद्यपि उसे सामान्य होने में पूरा महीना लग गया।

मैंने भगवान का आभार व्यक्त किया कि दुआ और दवा दोनों का चमत्कारिक असर हुआ। फिर भी मेरा हृदय अब भी कांप तो रहा ही था। मैंने तीन फैसले लिए; पहला, मैं अपने गांव दुधाला के रामजी मंदिर का जीर्णोद्धार कराऊंगा। दूसरा, हमारी काठियावाड़ी बहनों के लिए प्रचलित 'पर्दा प्रथा' दूर करने का प्रयास करूंगा और तीसरा, सूरत में जरूरतमंदों को ऐसी आपात स्थिति में बीमारी के खर्चे में सीधी आर्थिक सहायता दूंगा, चिकित्सकीय उपचार के लिए राहत केन्द्र और मेडिकल सेन्टर आरंभ करूंगा।

उसके बाद चंपा को लड़कियों की शिक्षा में रुचि लेते देख मुझे ताज्जुब हुआ। बच्चियों को, स्त्रियों को अच्छी शिक्षा, अच्छी देखभाल, अच्छा घर मिले तो वे और समाज - सब सुखी होंगे, उनके इस विचार से मुझे बहुत अच्छा लगा। खासकर मीनाक्षी की बीमारी के बाद वह काफी संवेदनशील हो गई थी, इसलिए गरीब महिलाओं और बच्चों के दुख-दर्द के प्रति उसके हृदय में करुणा और सहानुभूति अधिक प्रगाढ़ हो गई थी। एक दिन उसने मुझसे कहा, 'यदि परिवार गरीब हो और संतानों में पुत्र-पुत्री दोनों हों तो साधारण तौर पर पहले पुत्र को खिलाया जाता है, बाद में बचा-खुचा पुत्री को दिया जाता है। इसी तरह माता-पिता बीमार बेटी के स्थान पर बीमार बेटे की पहले दवा कराएंगे। ऐसी भेदभाव वाली नीति अच्छी नहीं।' चंपा ने दयावश, स्थानीय आरोग्य केन्द्रों में जाकर बेटियों और उनकी माताओं को पोषणयुक्त खाद्य पदार्थों के पैकेट बांटना आरंभ किया। एक दिन उसने

मुझे अपने सपने में सरस्वती माता के आने की बात कही और कहा, 'आपको कन्याओं के लिए जल्द-से-जल्द एक स्कूल आरंभ करना चाहिए।' मुझे उसका विचार जंच गया, हालांकि इस काम में थोड़ा समय लगा लेकिन हमने एक कन्या विद्यालय की स्थापना की।

12 अक्तूबर, 1983 को चंपा ने हमारी दूसरी बेटी को जन्म दिया। चंपा को आए माता सरस्वती (श्वेतांबरा) के सपने को याद करके हमने बेटी का नाम 'श्वेता' रखा। अपने बढ़ते जा रहे कर्मचारियों और उनके परिजनों के लिए एक 'सेल्फ स्टडी सेंटर' शुरू करके श्वेता के आगमन का उत्सव मनाने का विचार किया। यह 'सेल्फ स्टडी सेंटर' पूज्य पांडुरंग शास्त्रीजी 'दादा' की प्रेरणा से चलाया जाने वाला 'स्वाध्याय प्रवृत्ति या स्वाध्याय केंद्र' है। मैं पूज्य पांडुरंग 'दादा' से निजी तौर पर तो नहीं मिला परंतु मुंबई में सी.पी टैंक के माधवबाग में बहुत बार रविवार को उनके सत्संग में जाता था। उनके द्वारा आरंभ किए गए समाज सुधार अभियान के अंतर्गत श्रीमद् भगवद्गीता का संदेश धीरे-धीरे गांव-गांव पहुंच रहा है। भगवान ने हमें श्वेता को उपहार में दिया है तो प्रभु का आभार व्यक्त करने के लिए हमने सूरत में 'श्री रामकृष्ण स्वाध्याय परिवार' की स्थापना की, वहां प्रत्येक शनिवार को सत्संग सभा होती है।

'स्वाध्याय यानी स्व का सूक्ष्मतापूर्ण गहराई से अभ्यास।' मूलत: स्वाध्याय वैदिक तत्त्वज्ञान पर आधारित है। पूज्य पांडुरंग दादा ने समाजोपयोगी कई सुंदर योजनाएं हैं। स्वाध्याय परिवार के लोग भाव-फेरी, भाव-भक्ति, योगेश्वर कृति-भक्ति जैसे कार्यक्रमों से जुड़े हैं। स्वाध्याय परिवार में जुड़े सभी भाई-बहनों, स्त्री-पुरुषों को 'परिवार' माना जाता है। मैंने भी अपनी समग्र व्यावसायिक प्रवृत्तियों के केन्द्र में इसी 'परिवार भावना' को रखा है।

इसके बाद मुझे मूल रूप से सूरत के श्री इन्द्रवदनभाई चोकसी से मिलने और उनके सत्संग का लाभ मिला। स्वामिनारायण मंदिर में मेरे एक सत्संगी मित्र श्री हरजीभाई ने मुझे कहा, 'आपके स्वभाव के अनुकूल एक सत्संग पास में चलता है, क्या आप वहां आएंगे?' हम उसी रात 8 बजे सत्संग में गए। वहां इन्द्रवदन भाई सूरत के राणीतलाव पारसी गली में अपने ही घर में प्रतिदिन एक घंटा सत्संग करवाते थे। वे अपने पिताजी का प्रिंटिंग प्रेस का व्यवसाय संभालते थे और धार्मिक वृत्ति के थे। वे अपने घर में ही सत्संग, साधना, सेवापूजा करते रहते थे। मैंने उनको अपना चर्च जाने का अनुभव बताया तो उन्होंने कहा, 'देखिए, गुरु को हमेशा शिष्य मिल ही जाता है।'

उन्होंने स्वशिक्षा का रचनात्मक सबक सिखाया, 'जब हम स्वाध्याय कर रहे होते हैं तब हमें दूसरों को खुश करने के लिए दिखावा करने की बजाय अपने जीवन

को व्यवस्थित करना चाहिए। हम जो कुछ भी करते हैं उसमें निष्ठा, निरंतरता, ईमानदारी, सजगता तथा सच्चाई जोड़ते जाते हैं तो हमारे कार्य की गुणवत्ता पहले से बेहतर हो जाती है।' उनके घर रात को साढ़े आठ से साढ़े नौ बजे तक सत्संग होता था। 8 बजकर 25 मिनट तक कोई नहीं दिखता लेकिन चार ही मिनट में सारे श्रोता उपस्थित हो जाते। उनके उपदेश का पालन जीवन में भी काम आता। मैंने उनकी इस सत्संग सभा का निरंतर बारह साल तक लाभ लिया। मैंने जीवन में समय पालन और समय प्रबंधन का पाठ उनसे ही सीखा है।

इन्द्रवदनभाई कहते, 'समय पालन व्यक्ति का अद्भुत गुण बन सकता है। यदि आप समयबद्ध हैं तो लोग आपकी प्रशंसा करते हैं और सम्मान देते हैं क्योंकि इस सद्गुण से आप लोगों के समय और सम्मान की रक्षा करते हैं।' एक दिन मैं एक टेढ़ा सवाल पूछ बैठा, 'भाई, अब आपके ऊपर काम का कोई बोझ तो है नहीं, तो फिर आप समय पालन की इतनी चिंता क्यों करते हैं?' उन्होंने मेरे प्रश्न की धार को अपने भोली मुस्कराहट से काटते हुए कहा, 'आप ऐसा आसानी से मान लेते हैं कि जीवन की यह भेंट हमें मुफ्त में मिली है। हम जितनी भी सांस लेते हैं उस हर सांस के बदले हमारी जिम्मेदारी समाज को कुछ अच्छा देने और भला करने की होती है। क्या हम सांस लिए बिना जी सकते हैं? नहीं ना, तो फिर दूसरों को प्रतीक्षा करवाकर, समय पर न पहुंचकर, उनका समय कैसे व्यर्थ जाने दे सकते हैं?'

सत्संग के दौरान हम किसी राजनीतिक या दुनियावी विषय पर चर्चा नहीं करते थे। इन्द्रवदनभाई की बातें श्रीकृष्ण, श्रीमद् भगवद्गीता या श्रीमद्भागवत के आसपास केन्द्रित रहती थीं। मैं प्रारंभ से ही भगवान को सर्वव्यापक, सर्वत्र विद्यमान, सर्वशक्तिशाली और सर्वसुलभ चेतना के रूप में समझता रहा हूं। इतनी साधारण बात का अज्ञान ही व्यक्ति से नाना प्रकार के मूर्खतापूर्ण और हानिकारक काम करवाता है। ऐसा छोटा लगने वाला पर महत्त्वपूर्ण ज्ञान इन्द्रवदनभाई के सत्संग से मिलता रहता। मैं भी उनकी बातों को अपने भीतर विकसित करता जाता था जिससे मैं कई गलतियां करने से बच गया हूं। सत्संग में जाना मेरी सबसे प्रिय प्रवृत्ति रही। सत्संग में डायरी साथ रखता। कोई बात मुझे पसंद आई हो, कोई बात जीवन में अमल करने जैसी हो, कोई बात दिल को स्पर्श कर गई हो, ऐसी सभी बातें मैं डायरी में लिख लेता।

इन्द्रवदनभाई की सादगी, सौजन्यपूर्ण व्यवहार और वैचारिक स्पष्टता से मैं आकर्षित था। मैंने कई संध्या सत्संग में उनके घर बिताईं। कोई विधि-विधान, नीति-नियम, बंधन या कोई एजेंडा - ऐसा कुछ भी नहीं रहता था। ऐसे संप्रदायमुक्त, कंठीमुक्त सत्संग में किसी को भी आने की अनुमति थी। बस प्रभुनाम लेना, अपनी कोई समस्या हो तो बात करना और उसके लिए शांति-समाधान और स्पष्टता प्राप्त करना इसका उद्देश्य था। इन्द्रवदनभाई 'सादा जीवन और उच्च विचार' के प्रतीक

थे। मैंने उनसे सीखा कि हमारा संपूर्ण जीवन, प्रतिदिन जिये जा रही छोटी-छोटी जिंदगियों को जोड़ने जैसा है। प्रतिदिन फूलों में सौंदर्य ढूंढ़ना, पशु-पक्षियों से बात तथा प्यार करके आसपास के लोगों के साथ स्नेह-सद्भाव से व्यवहार करके छोटी-छोटी खुशियों से दिन को पूरा करते जाना चाहिए। सुंदर और प्रेरक सूर्योदय और सूर्यास्त देखना चाहिए, ताज़ी-हल्की पवन के झोंको का आनंद उठाना चाहिए, सद्विचारों को मन में बार-बार दोहराना चाहिए - इससे अधिक अच्छा और क्या हो सकता है! ऐसा सरल-निर्दोष, निस्वार्थ जीवन था इन्द्रवदन भाई का।

इन्द्रवदनभाई के यहां आयोजित सत्संग में मुझे श्री नरसिंहभाई सुतरिया, श्री मनजीभाई नावडावाला, श्री हीरजीभाई और सूरत की संस्कृत पाठशाला के शिक्षक श्री दानीदत्त झा से परिचय हुआ। श्री मनजीभाई नावडावाला साधुचरित व्यक्ति थे, वे एक-दो महीने ही सूरत में रहते, शेष समय वे वृंदावन, हरिद्वार तथा हिमालय में बिताते। श्री नरसिंहभाई हीरे की पॉलिशिंग के लिए मेरी कंपनी से जुड़े और बाद में 'भार्गोवी डायमंड' कंपनी में वर्किंग पार्टनर हुए। श्री दानीदत्त झा को मैंने अपनी संस्कृत शिक्षा के लिए बुलाया था, बाद में उनके पुत्र श्री हितनाथ झा ने भी मेरे बच्चों को संस्कृत श्लोक सिखाए हैं। श्री दानीदत्त झा ने मेरा परिचय आई.ए.एस अधिकारी श्री एन. गोपालस्वामी के साथ करवाया था जो 1977 से 1980 के दौरान सूरत के म्युनिसिपल कमिश्नर रह चुके हैं। बाद में वे भारत के मुख्य चुनाव आयुक्त भी बने। श्री गोपालस्वामी के साथ मेरी मैत्री आज तक बनी हुई है। आज वे 'संतोकबा मानवरत्न पुरस्कार चयन समिति' की ज्यूरी में शामिल हैं।

जून, 1984 में इन्द्रवदनभाई के साथ अखंडानंद आश्रम - वृंदावन में मेरे साथ मनजीभाई, बचुभाई और नरसिंहभाई मिले थे। वहां पूज्य स्वामी श्री अखंडानंदजी महाराज का दस दिनों का सत्संग हुआ था। उन्होंने ज्योतिपीठाधीश्वर के शंकराचार्य परमपूज्य श्री ब्रह्मानंद सरस्वती से संन्यास दीक्षा ली थी। परमपूज्य अखंडानंद स्वामी चलते-फिरते पुस्तकालय के समान थे और उनके सत्संग प्रवचनों की पुस्तकें प्रकाशित होती थीं। उनकी ऐसी 300 से अधिक पुस्तकें प्रकाशित हुई होंगी। वे चार वेद, छह शास्त्र, अठारह पुराण और विविध वेदांतिक परंपरा के गहन अभ्यासी थे। मथुरा का श्रीकृष्ण जन्मस्थल मंदिर उनके मार्गदर्शन में बना था। उसका शिलान्यास 11 फरवरी, 1965 को हुआ था और उद्घाटन 12 फरवरी, वर्ष 1982 को हुआ था। बाद में उनके अनुयायी भक्तों ने मंदिर में भगवान के सन्मुख पूज्य अखंडानंद स्वामीजी की प्रतिमा स्थापित की थी। उसके साथ श्री मदनमोहन मालवीया, श्री जुगलकिशोर बिरला और श्री हनुमानप्रसाद पोद्दार की मूर्तियां भी स्थापित की गई हैं। वृंदावन में पता चला कि पूज्य अखंडानंद स्वामी मुंबई में बाबुलनाथ के पास प्रेमपुरी आश्रम में प्रति वर्ष सत्संग के लिए आते हैं। उसके बाद प्रेमपुरी आश्रम में उनके सत्संग का मैंने अनेक बार लाभ उठाया है।

इसी दौरान इन्द्रवदनभाई के आवास पर मुझे मिलने वाले सबसे अधिक सम्मानित व्यक्ति थे आई.ए.एस अधिकारी आत्मेन्द्र जी। वे 1960 के दशक के प्रारंभ में अहमदाबाद के कलेक्टर नियुक्त हुए थे परंतु अपनी दृढ़ सिद्धांतवादिता और सख्त रवैये के कारण कुछ राजनेताओं के लिए अप्रिय बन गए थे, बाद में उन्हें एम्स्टर्डम, नीदरलैंड्स के भारतीय दूतावास में भेज दिया गया था। उन्होंने विवाह नहीं किया था। अपनी माता के देहांत के बाद से वे सांसारिक जीवन छोड़कर 1958 से हिमालय के उत्तरकाशी में आश्रम बनाकर रहते हैं।

वे 1989 में चार-पांच दिन के लिए सूरत श्री इन्द्रवदनभाई के घर आए थे। उस दौरान मैं व्यस्त होने के कारण श्री इन्द्रवदनभाई के यहां सत्संग में उनसे मिलने नहीं जा सका। विधि का विधान देखिए कि उनके मुंबई जाने के दिन ही मेरा भी मुंबई जाना हुआ और ऐसे में हम अचानक सूरत रेलवे स्टेशन पर मिल गए। हमने पांच घंटे ट्रेन के सफर में सत्संग किया, खूब बातें की, विचारों का आदान-प्रदान किया। उन्होंने मुझे समझाया, 'हम सब एक ही व्यापक विश्वचेतना के अलग-अलग शरीरों में विभाजित मानवदेहधारी अंश या धारा की तरह हैं। इस विश्व का सृजन करने वाली उस वैश्विक चेतना में ही आखिर में विलीन या संयोजित होने का भाग्य रखने वाले मानवदेहधारी अंश हैं।' पूज्य आत्मेन्द्रजी को पूणे जाना था, इसलिए हम मुंबई सेंट्रल उतरे, मैंने उनको टैक्सी से विक्टोरिया टर्मिनस उतार दिया। उनकी आगे की यात्रा के छोटे-मोटे खर्च के लिए सौ रुपए का एक नोट आग्रह करके दिया। परंतु वही नोट उन्होंने मुझे लगभग छह महीने के बाद इन्द्रवदनभाई के हाथों वापस लौटा दिया था। उन्होंने संदेशा भिजवाया था कि उनको पूणे की यात्रा के दौरान पैसे का उपयोग करने की जरूरत ही नहीं पड़ी। ऐसी थी उनकी सादगी और निरपेक्षता।

अब मेरा बड़ा घर-बंगला बनाने का समय आ गया था। कई वर्षों से उसमें विलंब हो रहा था। जो कुछ पैसे बचते थे, हम उसे व्यापार में ही डालते जाते थे। कतारगाम रोड पर एक प्लॉट ले रखा था। वहां अब देर से ही सही लेकिन 'सपनों का घर' बनाने की आकांक्षा जाग उठी। मैंने 'इंजीनियर विद टेस्ट' को ढूंढ़ना आरंभ किया और मुझे जयंतभाई मकवाणा मिल गए। वे व्यावसायिक कौशल से परिपूर्ण, मूल्यनिष्ठ और ईमानदार व्यक्ति थे। उन्होंने मुझसे कहा, 'प्रत्येक घर बनाने से पहले तीन स्थितियां आती हैं- हरखवा, बरकवा और हडकवा। पहली स्थिति 'हरखवा' में ग्राहक को ऐसा लगता है कि दुनिया का सर्वोत्तम घर बनाओ। यह स्थिति बहुत उत्तेजना और उत्साह की होती है। सपने में रहने वाले, सुख और श्रेष्ठता ढूंढने वाले इंसान दूसरी स्थिति 'बरकवा' में, अपने बन रहे मकान को देखने के लिए अन्य लोगों को बुलाता है। आखिर में तीसरी स्थिति में जैसे-जैसे व्यावहारिकता और वास्तविकता का सामना होता है, वैसे-वैसे उत्तेजना और उत्साह का तूफान शांत

हो जाता है। बजट की तुलना में खर्च बढ़ता जाता है, तब वह छोटी-छोटी बातों के लिए लड़ने लगता है।' मकवाणा साहब ने समझाया, 'आज तक, मैंने अपने सभी निर्माणकार्य प्रथम दो स्थितियों में ही पूरे किए हैं, तीसरी स्थिति 'हडकवा' की नौबत न आए उसका ध्यान रखा है।' मैंने उनको काम सौंप दिया और उन्होंने तीन साल में बंगला पूरी तरह से तैयार कर दिया। वे प्रतिदिन आते, ध्यान देते, पूरी लगन से ऐसे काम पूरा किया मानो उनका अपना मकान हो। उनकी इंजीनियरिंग की सावधानी, आर्किटेक्चर की कल्पनाशीलता तथा काम की बारीकी गजब की थी। मेरे बंगले के सामने का प्लॉट रामजीभाई का था जिस पर गैरकानूनी झोंपड़ियां बनी थीं।

जयंतभाई ने कहा, 'बंगला बन जाने के बाद, इस गैरकानूनी कब्जा करने वालों को यहां से हटाने में कठिनाई आएगी, ऐसे मामले में वे लालच में आकर बड़ी रकम मांगते हैं। वहां पर ऐसी 11 झोंपड़ियां थीं। जयंतभाई ने प्रत्येक को कुछ रकम का प्रस्ताव दिया जो नौ परिवारों ने स्वीकार कर लिया। परंतु दो परिवारो ने समस्या खड़ी की। इतना ही नहीं, वे गुंडे बुला लाए। जयंतभाई ने बहुत शांति से उनके सामने एक नाम लिया और वह नाम सुनते ही गुंडे अदृश्य हो गए। उसके बावजूद वे दो झोंपड़ी वाले अटल और अड़ियल ही रहे। आखिर में रात के 11 बजे खींचातानी हुई, दोनों को ज्यादा रुपया देकर मामला शांत किया गया। जयंतभाई की निश्चयात्मकता, ध्येय को लेकर स्पष्टता और स्पष्टवादिता गजब की थी। बंगला पूर्णरूप से बन गया, बाद में सभी ने एक सुर में कहा, 'यह तो सूरत का सर्वोत्तम बंगला है।'

मैंने अपने छोटे बहनोई, जेरामभाई खोखरिया को हीरा का काम सीखने के लिए सूरत बुलाया था। काम के प्रति उनका समर्पण और मेरे प्रति मैत्रीभाव अद्वितीय था। उन्होंने मुझे मित्र की परिभाषा सिखाई। मित्र वह होता है जो आपके भूतकाल को जानता-समझता हो, आपके भविष्य में उसे श्रद्धा हो और वर्तमान में आप जैसे हैं, वैसे ही आपको स्वीकार करता हो। उन्होंने मेरे साथ 1969 में लालजीभाई खेनी की फैक्ट्री में काम भी किया था। जेरामभाई ने व्यापार में अपना अच्छा स्थान बनाया है। उन्होंने हरिकृष्ण एक्सपोर्ट्स में सवजीभाई धोलकिया के साथ पार्टनर के रूप में 20 वर्ष तक काम किया। बाद में 2010 में श्री कृष्णा एक्सपोर्ट्स के रूप में अपनी स्वयं की कंपनी स्थापित की।

1983 तक हमारी फैक्ट्री सफलतापूर्वक चलने लगी थी। हम तीनों ने फैक्ट्री का कामकाज आपस में बांट लिया था। मैं रफ डायमंड की खरीदी देखता था, वीरजीभाई फैक्ट्री संभालते और भगवानभाई तैयार हीरे की बिक्री देखते। हमारी पार्टनरशिप सूरत में दृष्टांत मानी जाती। वीरजीभाई सदैव उत्साह से काम करने वाले शक्तिपुंज थे परंतु अगस्त में जन्माष्टमी के समय मैंने उनके चेहरे पर थोड़े थकावट के लक्षण देखे। वे अचानक बैठ गए, मैं उन्हें डॉक्टर के पास ले गया। डॉक्टर ने

कुछ टेस्ट करवाए और पेट में गांठ होने की बात सामने आई। वह सामान्य गांठ या कैंसर की गांठ भी हो सकती है, इसलिए उनको मुंबई में जांच करने के लिए ले जाने की सलाह दी गई।

मैं और भगवानभाई तुरंत मुंबई जाकर हमारे फ्रेंड-फिलॉसफर-गाइड श्री शांतिभाई और नवीनभाई से मिले। उन्होंने परिस्थिति को देखकर प्रार्थना समाज में स्थित हरकिशन अस्पताल में डॉक्टर का समय लिया। इस अस्पताल को 2006 में रिलायन्स फाउंडेशन ने अधिग्रहित कर लिया था। पुराने सात मंजिला हरकिशन अस्पताल को ज्यों-का-त्यों रखकर उसके बगल में ही बाईस मंजिला विश्व स्तरीय सुविधाओं वाला अस्पताल बनाया गया है, जिसका नया नाम 'सर एच.एन रिलायन्स फाउंडेशन अस्पताल' रखा गया है। डॉक्टर ने बताया कि वीरजीभाई को चौथे स्टेज का कैंसर 'एडेनोकार्सिनोमा' है। हमें जरूरी उपचार जल्द-से-जल्द शुरू करने की सलाह दी गई। शांतिभाई और नवीनभाई ने अस्पताल और डॉक्टर की व्यवस्था संभाल ली। वीरजीभाई का ऑपरेशन छह घंटे चला। डॉक्टरों ने कहा, 'हमारी कल्पना की तुलना में कैंसर अधिक फैल चुका है। हमने अपना सर्वोत्तम प्रयास किया है। अब रेडिएशन देने की आवश्यकता है और इस पर उनका शरीर कैसी प्रतिक्रिया और कैसा सहयोग करता है, सब कुछ उस पर आधारित है।' थोड़े दिन वीरजीभाई को अस्पताल में रखना पड़ा और फिर अपने घर पंचरत्न में ले आए।

वीरजीभाई मुझसे पूछते, 'ओ... भगत! आप तो कहते थे कि ऑपरेशन सफल रहा है तो फिर रेडिएशन देने की क्या जरूरत है? आप कुछ छुपा तो नहीं रहे हैं न? कहिएगा जरूर, मेरे बच्चे बहुत छोटे हैं। विनोद 12 साल का और रमेश केवल 8 साल का है। मेरी दोनों बेटियां रसीला और रेखा भी छोटी हैं। उन सबके लिए मैंने कैसे-कैसे सपने देखे हैं!' उनके रोग की क्रूरता और वास्तविकता के बारे में झूठ बोलने और उसे छुपाने में हमें बहुत कठिनाई हुई। उन्होंने अपनी छोटी बेटी को याद करते हुए कहा, 'मेरी लाड़ली रेखा मेरा इंतजार करती होगी कि पापा कब आएंगे?' यह सुनकर मेरी आंखों में पानी आ गया था।

उस दिन ऑफिस में शांतिभाई, नवीनभाई, भगवानभाई और मैं बैठे थे और यह बात याद करके मैं भावुक हो गया था किन्तु शांतिभाई ने समझाया, 'दुःख तो जीवन का अविभाज्य अंग है। मगर गोविंदभाई, आपकी संवेदनशीलता आपकी कमजोरी नहीं है। आप दूसरों का दुःख सहानुभूतिपूर्वक अनुभव करते हैं, आपकी आंखें नम हो जाती हैं, यह करुणापूर्ण हृदय के लक्षण हैं। उसमें उदास नहीं होना चाहिए।'

हर दो दिन के बाद भगवानभाई और मैं वीरजीभाई को रेडिएशन थेरेपी के लिए बॉम्बे अस्पताल ले जाते परंतु उनकी तबीयत सुधरने की बजाय बिगड़ती ही

जा रही थी। हमने जब डॉक्टर से इसके बारे में पूछा तो डॉक्टर ने शांति से जवाब दिया, 'रेडिएशन कैंसरग्रस्त कोशिकाओं को मारने का या उसका विकास मंद करने का ही काम नहीं करता, साथ-ही-साथ स्वस्थ कोशिकाओं पर भी असर डालता है। इसलिए स्वस्थ कोशिकाओं का नुकसान होने से साइड इफेक्ट तो होगा ही।'

'तो फिर मरीज को राहत कब और कैसे मिलेगी?' उन्होंने कहा, 'यह रेडिएशन ट्रीटमेंट पूरी होने के कुछ महीनों के बाद क्षतिग्रस्त हुई स्वस्थ कोशिकाएं ठीक होने लगेंगी। किन्तु कभी-कभी लोगों को साइड इफेक्ट होता है और ऐसा भी हो सकता है कि वह शायद नहीं भी सुधर सके।' उसके एक सप्ताह बाद डॉक्टर ने हमें कहा, 'अब अधिक दिन शेष नहीं बचे हैं, रोगी को सच्चाई बता दीजिए।' इस बात की आशंका हमें भी थी परंतु जब अंत में सत्य सामने आ ही गया है तो उसकी जानकारी किस तरह देनी चाहिए, यह समझ में नहीं आ रहा था। मुझे तो लग रहा था कि मेरे कंधों पर ढेर सारा वजन रख दिया गया हो और पैर तो जैसे थम ही गए थे!

मैं और भगवानभाई अपने निवासस्थान पंचरत्न की पांचवीं मंजिल पर खिन्न हृदय से वीरजीभाई के कमरे में गए, 'भाई वीरजीभाई, हमारा साथ अब लंबा नहीं है। हमारा भाग्य अब फूटने की कगार पर है।' कहते-कहते तो मैं जोर से रो पड़ा। भगवानभाई भी उदासी में रो पड़े। वीरजीभाई को भी अंदाजा हो गया होगा, वे भी रोने लगे। थोड़ी देर में सामान्य होकर वे बोले, 'अब हिम्मत मत हारिए, रोइए मत। मेरे जाने के बाद आप लोग रो लीजिएगा। आप अब अपनी देखभाल कीजिए। अब मेरी यह ट्रीटमेंट बहुत हुई। वह अब बंद कर दीजिए। यदि मुझे मरना ही है तो फिर घर ही जाकर मरूं। कृपया मुझे सूरत ले चलिए।' डॉक्टर ने भी कहा कि अब दूसरा कुछ नहीं हो सकता है, मरीज की इच्छा घर जाने की है तो ऐसा ही कीजिए।

सूरत जाने से पहले हम तीनों पार्टनर बाबुलनाथ मंदिर गए। हम जानते थे कि वीरजीभाई का यह अंतिम ही मंदिर दर्शन और शिवपूजा है। दर्शन के बाद हम वहां बैठे तो वहां एक वृद्ध कन्नड़भाई बसवेश्वर की पंक्तियां गा रहे थे...

उल्लवारू शिवालायव माडूवारू।
नानेनु माड़ली बादवानायया।।
एनन् काले कम्भ देहवे देगुला।
शिरवे होन्ना कालाशवाईएया।।
कूडाला संगमा देवा केलैया।
स्थावारक्कालिवुंट्रू जांगंक्किल्लाव्यया।।

> 'जिसके पास धन है, वह शिवालय बनवाएगा; मैं क्या कर सकूंगा? मैं तो बहुत गरीब हूं। इसलिए मेरे पैर ही स्तंभ और शरीर बनेगा मंदिर; मेरा मस्तिष्क मंदिर का कलश बनेगा। अब सुनिए: हे नदियों के उद्गम के देव शिव; यह भौतिक, शारीरिक ढांचा तो टिकेगा नहीं लेकिन आपके भक्त कभी नहीं मिट सकेंगे।'

ट्रेन से सूरत आते हुए उन्होंने कहा, 'गोविंद और भगवान, आप दोनों देवदूत हो। आप लोग यदि मुझे नहीं मिले होते तो आज भी मैं हीरा ही घिसता होता। मैं आप लोगों से दस साल बड़ा हूं, मगर आपने मुझे वह मस्ती और बल दिया है जो मैं अब तक छोड़ चुका होता। आपने मेरे जीवन की कथा ही बदल डाली लेकिन सभी कथा जो आखिरी सबक देती है, उसके दो स्वरूप हैं; जीवन की निरंतरता और मृत्यु की अनिवार्यता। उसको कोई बदल नहीं सकता। इसलिए जब तक मेरा अंत आता है तब तक तो हम साथ जी लेते हैं।'

सूरत पहुंचने के बाद के दिनों में वीरजीभाई को अच्छा महसूस होने लगा। हम सभी दोस्त शाम को घर आते और बैठकर बातें करते। मैं और भगवानभाई तो लगातार उनके साथ ही रहते। चंपा भी रोज आकर वीरजीभाई की पत्नी शारदाबहन के साथ समय बिताती। एक दिन चंपा और भगवानभाई की पत्नी लक्ष्मीबहन ने सूचना दी कि 'वीरजीभाई के प्रस्थान काल में उनको सुख, संतोष और आनंद मिले – ऐसा कुछ करना चाहिए। उनकी पुत्री रसीला के विवाह की बात चलाई जाए तो?' हालांकि रसीला की उम्र 14 साल ही थी। मैंने वीरजीभाई के सामने यह बात रखी तो वे सहर्ष सहमत हो गए। हमने अपने साथ ही काम करने वाले युवक परेश गोलकिया के साथ रसीला की सगाई तय की। हां, वे दोनों एक-दूसरे को पसंद भी करते थे। जब उन दोनों ने वीरजीभाई के पैर छुए तब उनकी आंखों में अलग ही चमक थी। 1 नवम्बर, 1983 के दिन हम तीनों पार्टनर्स ने एक साथ दीवाली मनाई।

गुजरात में दीवाली हम व्यापारियों के लिए केवल त्योहार ही नहीं, हमारे हिसाब-किताब के वर्ष का अंतिम दिन भी होता है। दीवाली के बाद का दूसरा दिन यानी नया वर्ष-न्यू इयर डे। इस दिन हम व्यापार का स्टॉक लेते हैं। इस बार हमने देखा कि वीरजीभाई के उपचार के लिए जब हम मुंबई रहे तब सूरत में हमारी चार महीने की अनुपस्थिति दौरान शांतिभाई और नवीनभाई ने निरंतर हमारी फैक्ट्री का कामकाज संभाले रखा था। इतना ही नहीं अपनी तत्परता और हमारे लिए दिए गए बलिदान तथा सहयोग का कोई दिखावा भी नहीं किया था। ऐसे निराभिमानी, ईमानदार और दुःख के समय में मदद कर सकने वाले इंसान इस दुनिया में हैं, इस बात का यकीन नहीं होता। व्यवसाय पवित्र धर्म है, अतः इसमें ईमानदारी एवं मेहनत से सहायक होना इंसान का फर्ज है, फिर व्यवसाय कोई भी हो। महत्त्वपूर्ण यह है कि

व्यापार के भले के लिए व्यापार से जुड़े सभी पार्टनर्स, कर्मचारी, डीलर्स-सप्लायर्स के साथ अच्छी तरह व्यवहार करना चाहिए। तटस्थ, निष्पक्ष, ईमानदार और सच्चा व्यवहार ही व्यापार को सफलता के शिखर पर ले जाता है।

वीरजीभाई का अंत नजदीक लगने लगा तो हमारे समक्ष प्रश्न आया कि वीरजीभाई की हमारे व्यापार में तीसरे भाग की हिस्सेदारी का क्या करें? समाज के और व्यवसाय के कुछ नियम तो होते ही हैं। मृत्यु का प्रमाण-पत्र मिले, उससे पहले कुछ सोच लेना पड़ता है, कुछ फैसले ले लेने पड़ते हैं। नियत समय में कुछ औपचारिकताएं पूर्ण कर लेने की बातें तो नियमबद्ध भी हैं। कई लोगों का मत था कि वीरजीभाई के देहांत के बाद उनकी पत्नी शारदाबहन को वीरजीभाई का हिस्सा दे देना चाहिए।

दूसरे दिन मैं और भगवानभाई ऑफिस में अकेले बैठे। वीरजीभाई का भाग निकालकर शारदाबहन को देना हमें उचित नहीं लग रहा था। यह तो सरलतम रास्ता था ही लेकिन हमें कैसे भी से ऐसा करना नहीं था। अपना समाज भी कैसा है? व्यक्ति के निधन के साथ ही देखते-ही-देखते कई गांठें अपने-आप खुल जाती हैं। समाज में यह भी माना जाता है कि पति की मृत्यु के बाद उसका पितृसत्तात्मक रिश्ता खत्म हो जाता है और पत्नी की मृत्यु के बाद मातृपक्ष का रिश्ता खत्म हो जाता है। हमें नहीं पता था कि हमारे साथी वीरजीभाई की मृत्यु के बाद भी उनकी साझेदारी को जारी रखने के लिए हमें क्या करना चाहिए।

हमारा इरादा बहुत सकारात्मक था। हमें वीरजीभाई की पार्टनरशिप को समाप्त कर देना अच्छा नहीं लग रह था। हम सिक्के के दूसरे पहलू से भी पूरी तरह परिचित थे। कल्पना करें कि हमने पूर्ण सद्भावना से शारदाबहन को ही वीरजीभाई के स्थान पर पार्टनर बना दिया और नारायण न करे व्यापार में नुकसान हुआ तो लोग ऐसा भी कह सकते हैं कि हमने वीरजीभाई के हिस्से के पैसे को ठीक से उपयोग में नहीं लगाया। हम शांतिभाई की सलाह लेने के उद्देश्य से मुंबई के लिए रवाना हुए।

शांतिभाई ने हमें धैर्य और शांति से सुनकर कुछ सोचा और फिर कहा, 'शारदाबहन को पार्टनर बनाना उचित नहीं लग रहा है।' हमने कहा, 'ऐसा क्यों?' वे बोले, 'देखिए, शारदाबहन गृहिणी हैं। स्वाभाविक ही है कि उनको हीरे के व्यापार की समझ नहीं होगी। तदुपरांत वे पति खोने से शोक में भी होंगी, चार बच्चों की जिम्मेदारी भी है। उनके आसपास उन्हें फुसलाने वाले भी बहुत होंगे। यदि आप उनको पार्टनर बनाते हैं और कोई उनको भड़काकर बैंक को ऐसा पत्र लिखवा दे कि उनके हस्ताक्षर के बिना व्यापार की किसी भी प्रकार की कोई लेन-देन नहीं करनी है तो ऐसी परिस्थिति में आप क्या करेंगे?'

हमारा दिमाग सुन्न हो गया था। एक तरफ वीरजीभाई के परिवार का कल्याण हो, ऐसी सद्भावना हमारे दिल में है, इरादा साफ है लेकिन दुनिया की वास्तविकता, कामकाज के रंग-ढंग कुछ और ही हैं। शांतिभाई अपने लंबे अनुभव के आधार पर हमें सलाह दे रहे थे। शांतिभाई ने कहा, 'शारदाबहन को भागीदारी का हिस्सा क्यों नहीं दे देते?' मैंने कहा, 'उनकी भागीदारी चुका देना बहुत सरल है। हमारा इरादा है कि वीरजीभाई भले चले जाएं, मगर हमारी पार्टनरशिप चलती रहे... जिससे उनका परिवार संभल जाए। हमारे बच्चे जैसे प्रगति-समृद्धि प्राप्त करें, वैसे ही वीरजीभाई की संतान भी आगे बढ़े।' शांतिभाई बोले, 'यह आपकी बहुत अच्छी भावना है, तो फिर ऐसा करिए कि वीरजीभाई के दोनों पुत्रों को पार्टनर के रूप में रख लीजिए।'

अरे वाह! ऐसा तो हमने सोचा ही नहीं था क्योंकि हम तो ऐसा मान रहे थे कि उनके दोनों बेटे अभी तो छोटे बच्चे हैं। शांतिभाई हमको कोई नया और अनूठा ही विचार दे रहे थे। उन्होंने आगे परामर्श दिया; 'देखिए, वीरजीभाई की पार्टनरशिप 33 प्रतिशत है तो उनके दोनों बेटों को 17-17 प्रतिशत पार्टनरशिप दे दीजिए। उनके 18 वर्ष के होने तक उन्हें पढ़ाइए, उनको व्यापार के लिए तैयार कीजिए। उनका भविष्य सुधर जाएगा और आपकी सद्भावना और शुभेच्छा भी सत्य साबित होगा।'

शांतिभाई की नई सलाह हमारे दिल को छू गई। अब हमें शारदाबहन की राय जाननी थी। मानसिक स्पष्टता और अपनी भावना के साथ हम सूरत वापस आए।

सुबह पहला काम वीरजीभाई के घर जाने का था। हम अभी पार्टनरशिप की बात करें, उससे पहले ही शारदाबहन ने हमें रोककर कहा, 'आपको पता है, आपके भाई हमेशा कहते हैं कि आप दोनों भगवान ही हो। उन पर तुम विश्वास रखना। उनके साथ कभी लड़ाई-झगड़ा मत करना। उनके लिए कभी भी अड़चन-प्रतिकूलता मत खड़ी करना।' बाद में शारदाबहन ने हमारे सामने हाथ जोड़कर अश्रुपूर्ण आंखों से कहा, 'मेरे भाई, हमारे लिए आपको जो योग्य लगे, वह कीजिएगा। आप जो करेंगे, उसमें हमारा कल्याण ही होगा।'

मैंने और भगवानभाई ने सहमति से वीरजीभाई के दोनों पुत्रों विनोद और रमेश को कंपनी में पार्टनर बना लिया। हमने वीरजीभाई से बात करके पंच के तौर पर हमारे मित्र विट्ठलभाई लिम्बाचिया और मनजीभाई खाखरिया को रखने का निश्चय किया। वीरजीभाई की उपस्थिति में मीटिंग करके हमने कंपनी की बैलेन्स शीट बताई। हमारी इस भावना से वीरजीभाई की आंखों से आंसू बहने लगे और हम तीनों दोस्त एक-दूसरे के गले लग गए।

वीरजीभाई ने ऐसा मान लिया था कि यह दीवाली उनकी अंतिम दीवाली है। उन्होंने मुझे कहा, 'गोविंद, तुझे याद है कि गांव में हम सूखे तालाब से नमक एकत्र करते और उसे 'सबरस' के तौर पर चखते जिससे नया वर्ष भाग्यशाली साबित हो।

आज नया साल है तो मुझे ऐसा ही सबरस लाकर देना!' मैंने उनकी इच्छा पूर्ण की। महीने के अंतिम सोमवार को उन्होंने मुझे कहा, 'ओ भगत, मुझे कांतारेश्वर महादेव मंदिर ले जाएंगे?' हमने कहा, 'हां जरूर ले जाएंगे लेकिन आप तो हमेशा अपने आपको नास्तिक मानते थे न?' वीरजीभाई चुप रहे। थोड़ी देर बाद बोले, 'मेरी इच्छा तो पूरा सूरत देखने की है। इस शहर ने मुझे मान-सम्मान दिया है, आपके जैसे अच्छे दोस्त दिए हैं। इस शहर ने मेरे कई सपने पूर्ण किए हैं।' उनका मन भर आया।

हम उनको कांतारेश्वर महादेव के मंदिर ले गए। उनको बहुत दर्द हो रहा था। कार से बड़ी मुश्किल से उतरे और जमीन पर बैठ गए। जरा गहरे चिंतन में डूब गए। हाथ जोड़कर, शीश झुकाकर भगवान के चरण छुए। मुझे लगा कि उनका अंतिम क्षण नजदीक है। इस तरह जीवन के अंतिम क्षण में वीरजीभाई ने भगवान के आगे शीश झुकाया और कार में बैठ गए। कार में वे बोले, 'इस दुनिया के परदे के पीछे बहुत सुंदर सफेद प्रकाश है। सभी नाटक इस जगत के मंच पर यहीं है।' बस, यही अंतिम शब्द मैंने उनके मुंह से सुने। दूसरे दिन 29 नवम्बर, 1983 के दिन वीरजीभाई ने अंतिम सांस ली। संध्याकाल का समय! गांव में गाय घास चरकर, धूल उड़ाती घर आती है, वही गोधूलि समय! सूर्यास्त का क्षण! वीरजीभाई के जीवन का सूर्य अस्त हुआ... उन्होंने स्वर्गारोहण के लिए सूर्यास्त का समय पसंद किया!

हमने दोनों पुत्रों - विनोद और रमेश को अपने परिवार का हिस्सा मानकर पढ़ाया और व्यापार संभालने की व्यावहारिक शिक्षा दी। उनके तालीम प्राप्त करने के बाद बड़े पुत्र विनोद को व्यापार संभालने के लिए हांगकांग भेजा। उनको संपूर्ण जिम्मेदारियां भी सौंपी। उसको स्वयं फैसले लेने की छूट भी दी। सच्चे माता-पिता और अभिभावक अपने बच्चों को भूल करने का अधिकार और अवसर भी देते हैं जिससे वे उससे सीखें। ऐसे सभी अवसर हमने दोनों भाइयों को दिए।

अक्तूबर, 1984 में वीरजीभाई के परिवार के साथ मैं, पोपटभाई मोणपरा, शिवालाल शिंगाला परिवार सहित वीरजीभाई के अस्थि-विसर्जन के लिए हरिद्वार गए। 31 अक्तूबर, 1984 का वह दिन था जब हम गंगा किनारे से मंगलाश्रम वापस आ रहे थे। तब प्रधानमंत्री इंदिरा गांधी की उनके ही सुरक्षा गार्ड द्वारा हत्या करने का समाचार मिला। दंगा-फसाद जंगल की आग की तरह सभी जगह फैल गया था। सिखों की दुकानों की लूट शुरू हो रही थी। बारह दिनों तक दिल्ली जाने वाली सभी ट्रेनें रद्द होने से हमें हरिद्वार मंगलाश्रम में ही रुकना पड़ा था। इंदिराजी जैसी समर्थ नेता का कैसा दुखद अंत!

मंगलाश्रम में पूज्य श्री रामस्वरूपस्वामी के पास 400 वर्ष पुरानी 'हरिवंश पुराण' की सुवर्ण स्याही में संस्कृत में लिखी गई हस्तप्रति है। तब उसकी कीमत

लगभग 4 करोड़ रुपए थी। आज वह अमूल्य ग्रंथ पूज्य स्वामीश्री भगवतस्वरूप जी के संरक्षण में है।

मेरा मातृभूमि दुधाला के प्रति स्नेहभाव अविरल बहता रहा है जिससे प्रेरित होकर 1977 में 'दूधेश्वर महादेव मंदिर' का प्राण-प्रतिष्ठा महोत्सव और 1986 में 'रामजी मंदिर' का जीर्णोद्धार गांव वालों के साथ मिलकर किया।

सूरत वापस आकर मैंने अपने व्यवसाय से जुड़े सभी पार्टनरों, व्यापारियों और कर्मचारियों के साथ एक भावनात्मक सेतु का अनुभव किया। मुझे सदैव ऐसा लगा है कि सभी को मेरे साथ जोड़ने में किसी दिव्यशक्ति का हाथ है। अत: सभी के साथ जुड़ाव का अनुभव होता है। हीरा घिसने और पॉलिश करने के कार्य को हम कला साधना के रूप में देखते आए हैं इसलिए मुझे सदैव ऐसा लगता रहता है कि मुझे प्राप्त सभी अवसर परमात्मा ने दिए हैं। मुझमें हृदय की गहराई से यह चेतना जागृत होने लगी थी कि मुझे व्यवसाय में जो संपत्ति मिल रही है, उसका उपयोग केवल मेरे साथ जुड़े लोगों-कर्मचारियों और मेरे परिवार के भले के लिए ही नहीं, बल्कि समाज के कल्याण के लिए भी करना चाहिए।

श्वेता के जन्म से पहले चंपा के कन्या विद्यालय की स्थापना के सपने को साकार करने और अपने प्रिय मित्र व दिवंगत पार्टनर वीरजीभाई नानजीभाई गोधाणी की पुण्यस्मृति में कतारगाम में 1989 में 'वी.एन गोधाणी कन्या विद्यालय' की स्थापना की।

श्री इन्द्रवदनभाई के सत्संग से मिले नैतिक बल से एक दिन मैंने इन्द्रवदन भाई को पत्र लिखकर पचास हजार रुपए खर्च करने की बात की। वे कुछ नहीं बोले लेकिन उसी पत्र का जवाब देते हुए लिखा, 'आपके आसपास के जरूरतमंद लोगों को या आपके कारीगरों के बच्चों और माता-पिता को योग्य उपचार मिलता है? क्या उनके बच्चों को दूध पीने को मिलता है? उनको शिक्षा ठीक से मिल रही है? इन सबकी जांच कीजिए, जरूरत लगे तो उनको सही कीजिए और फिर भी यदि बचते हैं, तो मुझे कहिएगा।' मुझे उनका मर्म समझ में आ गया।

इन्द्रवदनभाई द्वारा निर्देशित जनसेवा मार्ग और उनकी निस्वार्थवृत्ति देखकर मुझे प्रेरणा मिली कि लोगों को प्रतिदिन कितनी यातनाएं, कमियां झेलनी होती हैं, उनके कैसे दुख-दर्द होते हैं! हमारे आसपास लोग कैसे अभावों में जीते हैं। हमारे पास दो पैसे हैं, भगवान की दया है तो हमें उनके लिए कुछ करना चाहिए।

इन्द्रवदनभाई की इस प्रेरणा से वी.एन गोधाणी कन्या विद्यालय के प्रांगण में एक चिकित्सकीय सहायता केन्द्र भी शुरू किया गया। यह संस्था एक अनोखा मॉडल बन रही है। यहां जात-पात, धर्म के भेदभाव बिना बच्चे सामान्य फीस में अच्छी से अच्छी शिक्षा प्राप्त कर रहे हैं। केन्द्र में मरीजों को चिकित्सकीय सलाह

और सहायता मिल रही है। वहां उनके रोग के निदान, उपचार और फिजियोथेरेपी की सेवाएं दी जाती हैं। यहां मरीज भी ऊंची फीस चुकाए बिना, अच्छे-से-अच्छे डॉक्टर की सेवाएं प्राप्त कर रहे हैं। स्कूल के ग्राउंड फ्लोर पर बने इस मेडिकल सेंटर का नाम मेरे पार्टनर भगवानभाई की माताश्री की स्मृति में 'नंदुबा मेडिकल सेन्टर' रखा है जिसमें जनता को मामूली कीमत पर मेडिकल जांच, निदान और उपचार की व्यवस्था दी जाती हैं। धीरे-धीरे वहां एक्स-रे, सोनोग्राफी, पैथोलजी लेबोरेटरी भी आरंभ कराए गए हैं। वहां सस्ती दर से दवा भी मिले, ऐसा मेडिकल स्टोर भी है।

वीरजीभाई का उपचार करने वाले सूरत जनरल अस्पताल के चेयरमैन, डॉ. ए.टी देसाई ने फोन करके मुझे बताया कि वे सूरत के लोगों के लिए सस्ती दरों पर डायलिसिस सेंटर आरंभ करने की सोच रहे हैं। हम तुरंत सहमत हुए और कहा, 'वीरजीभाई की स्मृति में 'वी.एन गोधाणी डायलिसिस सेंटर' की स्थापना कीजिए, उसके लिए आवश्यक सहयोग राशि हम देंगे। इस तरह 12 सितम्बर, 1999 के दिन इस सेंटर का उद्घाटन दंताली वाले पूज्य स्वामी श्री सच्चिदानंद महाराज, केन्द्रीय मंत्री श्री काशीराम राणा, गुजरात राज्य के मंत्री श्री हेमन्त चपटवाला आदि की उपस्थिति में किया गया।

वर्षाकाल को हम महान और जीवनदायक शक्ति के रूप में मानते हैं। जनमानस का जीवन, संस्कृति तथा आशा-आकांक्षा उसके साथ जुड़े हुए हैं। भारतीय उपमहाद्वीप में गर्मी बढ़ती है और हिन्द महासागर ठंडा रहता है तब वर्षाऋतु को पोषण मिलता है। दक्षिण में चक्रवाती पवन हवा के दबाव को ऊपर की तरफ खिसकाता है और वर्षा ऋतु आरंभ होती है। 1987 में देश के एक तिहाई भू-भाग में बारिश सामान्य हुई थी। जिन क्षेत्रों में बारिश का अभाव रहा, वहां सामान्य से भी 75 प्रतिशत कम बारिश हुई थी। गुजरात और राजस्थान के रेतीले विस्तारों में अकाल की डुगडुगी बजने लगी थी।

उस वर्ष सौराष्ट्र में अकाल पड़ा था। 1984 से गुजरात में 42 प्रतिशत और सौराष्ट्र-कच्छ में 71 प्रतिशत बारिश की कमी रही थी जिसके कारण फसल की पैदावार में भी कमी देखी गई। रबी की उपज आधी रह गई। धरती की ऊपरी सतह में पानी बिल्कुल ही नहीं था। 40 बांध पूरी तरह और दूसरे 20 बांध आंशिक रूप में सूख गए थे। अकेले सौराष्ट्र में ही 5,000 पशु मर गए थे।

गुजरात के तत्कालीन मुख्यमंत्री श्री अमरसिंह चौधरी सूरत जिले के आदिवासी समाज के नेता थे। उन्होंने सूरत में रहने वाले सौराष्ट्रवासियों से मदद की अपील करते हुए कहा कि सौराष्ट्र के पशुधन को बचा लिया जाए। सूरत में रहने वाले सौराष्ट्र के हम सत्रह मित्रों ने मिलकर 'प्रभुहृदय जीवदया ट्रस्ट' की स्थापना की। 2,000 पशुओं को सौराष्ट्र से लाकर सूरत से 20 किलोमीटर दूर स्थित जोथाण की गौशाला में रखा गया था।

परिस्थिति की गंभीरता को समझकर हमने आगे बढ़कर कुछ कदम उठाए और हीरा व्यवसाय के एंटवर्प के लोगों को मिलने श्री वल्लभभाई सवाणी, श्री कांजीभाई बोरडा, श्री मावजीभाई मावाणी एवं मैं एंटवर्प गए। काठियावाड़ की ऐसी करुण स्थिति का वर्णन सुनकर श्री दिलीपभाई ठक्कर की आंखों में आंसू आ गए। हमने डायरफ के श्री महेन्द्रभाई परिख, जेम्बल के श्री रश्मिभाई मेहता, रोजी ब्लू के श्री दिलीपभाई मेहता, सुपर जेम्स के श्री राजेशभाई मेहता, श्री नानुभाई सुराणी, श्री गिरधरभाई गजेरा, श्री मोहनभाई धामेलिया तथा अन्य ऐसे 30 दानवीरों के साथ मिलकर 1 करोड़ रुपए का फंड एकत्रित किया। हमने महाराष्ट्र और मध्य प्रदेश से घास लेकर सौराष्ट्र भेजा।

ऐसी अकाल की परिस्थिति में हमने सौराष्ट्र में स्थित 50 से भी अधिक गौशालाओं में 1 लाख रुपए का चेक दिया। मुख्यमंत्री श्री अमरसिंह चौधरी ने मुझे, श्री वल्लभभाई सवाणी, श्री रामजीभाई इटालिया, श्री दामजीभाई पावसिया को ऐसा महान कार्य करने पर शुक्रिया अदा करने के लिए बुलाया। उन्होंने कहा, 'मेरी सरकार इस दलदल में फंस गई थी परंतु हीरा उद्योग की भामाशाह जैसी मदद से बच गई है। सरकार की ओर से हीरा वाले मित्रों का बहुत-बहुत आभार!'

21 मई, 1987 के दिन चंपा ने हमारी तीसरी संतान को जन्म दिया। वह गुरुवार का दिन था और अंग्रेजी राशि के अनुसार जेमिनी थी। मेरी दोनों बेटियां तो 'भाई' मिलते ही हर्ष से पागल हो गईं। इधर-उधर दौड़ने लगीं जैसे हवा में उड़ती परियां हो! पुत्रजन्म के कुछ दिन बाद मैं इन्द्रवदनभाई के सत्संग में गया। हमारी सामान्य आदत के अनुसार हम कोई सांसारिक और सामाजिक बात नहीं किया करते थे लेकिन उस दिन जैसे अपवाद हो, इन्द्रवदनभाई ने मुझे थोड़ी देर रुकने का इशारा किया। दानीदत्त झा भी रुके। बाद में इन्द्रवदनभाई ने एक श्लोक उद्धृत किया...

श्रेयश्च प्रेयश्च मनुष्यमेतस्तौ सम्परीत्य विविनक्ति धीरः।
श्रेयो हि धीरोऽभि प्रेयसो वृणीते प्रेयो मन्दो योगक्षेमाद्वृणीते।।

हितकारी और सुखकारी (श्रेयस्कर और प्रेयस्कर) बातें जब मनुष्य के जीवन में आकर मिलती हैं, तब इंसान उसके भेद को परखता है। दोनों को अलग देख सकता है, वह विचारशील मानव है। समझदार मनुष्य सुखकारी को छोड़कर हितकारी को पसंद करता है। परंतु मूर्खों को हितकारी की तुलना में सुखकारी में अधिक रस मिलता है।

(कठोपनिषद, अध्याय 1, वल्ली 2, श्लोक 2)

उसके बाद उन्होंने मेरे नवजात पुत्र को आशीर्वाद दिया। इन्द्रवदनभाई बोले, 'आपका चिरंजीवी आपके सत्कार्यों की विरासत को जीवन में आगे बढ़ाए और आपकी सज्जनता और भलाई का गुणन अपने जीवन में करे, ऐसी शुभकामनाएं!' घर जाकर चंपा को इस विषय में बताया तब उसने कहा, 'प्रत्येक पुत्र अपने पिता की संपत्ति विरासत में प्राप्त करता है। मगर इन्द्रवदनभाई ने हमारे पुत्र को हमारे सत्कार्यों की विरासत को आगे बढ़ाने का आशीर्वाद दिया, हमारा श्रेय बढ़ाएगा तो क्यों न हम हमारे बेटे का नाम 'श्रेयांस' रखें?' चंपा की अंत:प्रेरणा उचित ही थी। हमारे सत्कार्यों में भाग लेने और उन्हें आगे बढ़ाने के लिए ही तो भगवान ने हमें पुत्र का उपहार दिया है न! हमारे श्रेय को बढ़ाने के लिए आने वाला श्रेयांस... इससे सुंदर नाम और क्या हो सकता है!

1989 में दीवाली की छुट्टियों के दौरान सत्संग का लाभ लेने के लिए चंपा की सिफारिश से मैंने छोटे बेटे को लेकर हिमालय में उत्तरकाशी में रह रहे स्वामी श्री आत्मेन्द्र जी से मिलने जाने का निश्चय किया। यह विचार मेरे मित्रों शिवालाल शिंगाला, मावजीभाई सवाणी को भी पसंद आया। वे भी अपने परिवार के साथ जुड़े। हम तीनों परिवार उत्तरकाशी पहुंचे और भागीरथी नदी के किनारे स्थित कैलाश आश्रम में रुके। पूज्य आत्मेन्द्र जी 400 मीटर दूर एक छोटी पहाड़ी पर स्थित अपनी कुटिया में रहते थे, वहां हम मिलने गए। हमने कहा, 'हम आपके सत्संग के लिए आए हैं और यहां दस दिन रुकेंगे।' उन्होंने हमें हर रोज दोपहर दो से तीन बजे तक सत्संग का समय दिया। उस दिन महिलाओं और बच्चों को आश्रम छोड़कर हम तीनों दोस्त आठ किलोमीटर चलकर मनेरी बांध देखने गए। इस बांध की वजह से नब्बे मेगावाट का तिलोथ पावरप्लान्ट चल रहा था।

दूसरे दिन सुबह हम मनोहारी सूर्योदय को देखते हुए उठे और भागीरथी नदी में स्नान करने की सोची। यह पहाड़ी नदी अधिक संकीर्ण, टेढ़ी-मेढ़ी और वेगयुक्त प्रवाह में बहती है लेकिन उस दिन भागीरथी शांत थी। हम नदी के पानी के पास पहुंचे। बच्चे तो उसमें प्रवेश कर बहुत खुशी और उत्तेजना का अनुभव करने लगे। वे नदी के मध्य में स्थित आधे डूबे हुए पत्थरों तक जाने की जिद्द करने लगे। हमें भी जोखिम जैसा कुछ लग नहीं रहा था तो हम तीनों परिवार जरा गहरे प्रवाह में उतर गए। सबको बहुत मजा आ रहा था, हम तो स्वर्ग की इस गंगा में नहाने का आनंद ले रहे थे, तभी अचानक नदी ने मिजाज बदला। उसका प्रवाह वेगवान हुआ। हम कुछ समझते उससे पहले तो आधे डूबे हुए पत्थर जिनके ऊपर से हम चलकर नदी के बीचों-बीच पहुंचे थे, पानी के प्रवाह में डूबने लगे। एक क्षण तो हमें लगा कि आज तो हम सब गए...! हम नदी में डूबने वाले हैं! जीवन का अंतिम दिन आ गया है! शायद इसलिए नियति हमें ही यहां लेकर आई थी?

मैंने सभी बड़ों को सूचना दी कि हम सब एकदूसरे का हाथ पकड़कर वर्तुल बनाकर बच्चों को घेरकर खड़े रहते हैं। हम सबने भगवान की प्रार्थना शुरू की, तभी अचानक चमत्कार हुआ। पानी का एक जोरदार प्रवाह आया और हमें नदी के प्रवाह में खींचकर ले जाने की बजाय, किनारे की ओर ले गया। हम सब बच गए! गंगामैया ने मानो हमें बचाने के लिए ही वह धक्के वाला प्रवाह भेजा था। हमने भगवान का आभार व्यक्त किया कि हमें नवजीवन मिला, नहीं तो हमने तो मान ही लिया था कि आज जलसमाधि पक्की है। कई दशकों के बाद भी वह घटना याद करते ही सिहरन हो उठती है। जब लोग पानी पर चलने या हवा में आधारहीन होते साधुओं की बात करते हैं तो मुझे आश्चर्य नहीं होता।

दस दिन हम उत्तरकाशी में रहे और रोज एक घंटा पूज्य आत्मेन्द्र जी का सत्संग सुनकर अपनी आध्यात्मिक समझ को सबल बनाया। ईश्वर पर हमारी श्रद्धा और अधिक गहरी हो गई, इसलिए सूरत आकर मैंने तय किया कि व्यापार में मेहनत करके अच्छा धन कमाऊं और जरुरतमंदों के कल्याण के लिए खर्च करूं।

हमने पूज्य आत्मेन्द्रजी की पवित्र जीवनशैली, निवास आदि में मदद करने के लिए कुछ देने के कई तरह से प्रयास करके देखे परंतु वह अकिंचन साधुपुरुष कभी भी कुछ लेते ही नहीं थे। अरे, उनको खाने के लिए फल दिए, वह भी उन्होंने हमें दूसरे दिन प्रसादस्वरूप वापिस दे दिए। इसके बावजूद हमने वहां भंडारा साधु भोजन का आयोजन किया और आशा थी कि पूज्य आत्मेन्द्र जी उसमें जुड़ेंगे। मगर उस दिन उनका उपवास था, इसलिए नहीं जुड़ सके। मुझे ऐसा लगा कि क्या वे मेरे अहम को तोड़ना चाहते होंगे? अंत में मैंने उन्हें पूरी बात बताई तो उन्होंने मुझसे कहा, 'गोविंदभाई, आप अपना जीवन जितना सरल, सच्चाई भरा, पारदर्शी तथा ईमानदार बनाते हैं, उतना ही विश्व संचालक ब्रह्मसत्ता आपके लिए कार्यरत होने लगती है। उसके बाद एकाकीपन, एकाकीपन नहीं लगता और अभाव, अभाव नहीं रहता या कोई मर्यादा, मर्यादा नहीं रहती। पौधे के ऊपर फूलों के समान आप हवा पर सहज तरीके से झूल सको, नदी के प्रवाह में तैरते पत्थर की तरह लुढ़क सको, आकाश के बादल की तरह विविध आकारों में बनते और बिखरते रह सको, बिलकुल सहज, स्वाभाविक! आप भले ही अकेले दिखते हैं लेकिन अकेले नहीं होते। आप समग्र वैश्विक सृजन के एक अंश बनकर रहते हैं!' उन्होंने हमें कैसा सुंदर सात्विक दर्शन कराया!

1980 के आसपास ऑस्ट्रेलिया में हीरे की खदान की खोज हीरा उद्योग की एक बड़ी घटना थी। पश्चिमी ऑस्ट्रेलिया के सुदूर उत्तरी इलाके ईस्ट किम्बर्ली में 'आर्गाईल डायमंड माइन्स' मिली। वह दुनिया में मात्रा की दृष्टि से सर्वाधिक कच्चा हीरा उत्पादित करती थी। फिर भी गुणवत्ता की दृष्टि से कमजोर होने के कारण वे

खदान 2020 में बंद करनी पड़ी। वह पिंक और रेड डायमंड का सबसे बड़ा स्रोत था जहां से दुनिया की नब्बे प्रतिशत पिंक डायमंड की आपूर्ति होती थी। वहां से शेम्पेन, कोन्यक और दुर्लभ ब्लू डायमंड जैसे कुदरती रंगीन रफ हीरों का भी बड़ा भंडार आता था। ऑस्ट्रेलियन रफ हीरे को पॉलिश करने वालों में से एक हम भी थे।

भारत का हीरा पॉलिशिंग उद्योग हीरे की घिसाई के लिए सुसज्ज है। रफ हीरे की बड़ी मात्रा आने वाली है जिसके लिए बड़ी फैक्ट्रियां होनी जरूरी हैं। इसलिए हीरा उद्योग में प्राप्य उत्तम टेक्नोलॉजी का इस्तेमाल करने वाले अग्रणी डायमंड सेंटर के रूप में हमारी फैक्ट्री तेज़ी से उभर रही थी।

रफ हीरे को घिसकर उसे बहुत तरीके से परफेक्ट बनाना होता है। हीरे का मूल्य '4 सी' पर आधारित होता है- केरेट, कट, क्लैरिटी और कलर।

1990 में हमने ऑस्ट्रेलियन रफ हीरे मंगवाना आरंभ किया। सख्त होने के कारण उस पर काम मुश्किल था। मेरे चाचा के लड़के मनजीभाई धोलकिया भावनगर में 'भवानी जेम्स' नाम से हीरे की फैक्ट्री चलाते थे। उन्होंने अपने मौलिक विचारों से हमारे व्यापारियों के सामने उदाहरण पेश किया था कि उपलब्ध मशीनरी से हम अधिक उत्पादन कैसे प्राप्त कर सकते हैं। साथ-ही-साथ लघुतम निवेश और संसाधन से व्यापार कैसे कर सकते हैं, वह भी सिखाया था। दुर्भाग्य से हीरा उद्योग के इस चढ़ते सितारे को ग्रहण लग गया। उन्हें गुटखा-तंबाकू चबाने की आदत से कैंसर हुआ। उनकी तबीयत खराब हो गई, व्यापार पर भी इसका प्रभाव पड़ा। भावनगर के मावजीभाई कोशिया ऑस्ट्रेलियन कच्चे हीरे पर काम करने वालों में से एक थे। उन्हें भी अपना काम चलाने में कुछ मुश्किलें होती थीं।

मावजीभाई से पहचान मनजीभाई ने कराई और कहा, 'वे आपके ऑस्ट्रेलियन सख्त हीरे पॉलिश करके देंगे।' ऐसी गारंटी के साथ उनको हमारे साथ जोड़ दिया था। मावजीभाई ने अपने दो छोटे भाइयों मगनभाई और किशोरभाई तथा भतीजे महेन्द्रभाई को हमारे पास हीरा उद्योग का प्रशिक्षण लेने के लिए सूरत भेजा। 'ज्वेल स्टार' नाम से एक नई कंपनी बनाई गई, जिसने ऑस्ट्रेलियन रफ हीरे पर काम करने में कुशलता प्राप्त की थी। हमारा रिश्ता बिजनस के साथ-साथ पारिवारिक रूप से भी बढ़ता गया। इसके बाद हमने अपने परिवार की दो बेटियां उनके घर में ब्याही और हम समधी बन गए।

10 नवम्बर, 1992 को मैं रात 10 बजे कार से सूरत से भावनगर जाने के लिए निकला। मेरा चचेरा भतीजा वीरजीभाई आगे की सीट पर बैठा था। ड्राइवर कांजीभाई गाड़ी चला रहे थे। मैं पीछे की सीट पर था। रास्ते में किम चार रास्ते के पास हमारा एक टेक्सटाइल यूनिट था, हम वहां रूके। वहां से हमने एक गद्दा लिया और वह सीट के आगे रख दिया। मैंने अपनी शर्ट निकाली और तकिये पर सिर

टिकाकर सो गया। हम भावनगर से तीस किलोमीटर दूर होंगे, सुबह के लगभग साढ़े 4 बजे होंगे और अचानक जोर की आवाज हुई, मैं उठ गया। हमारी गाड़ी कालुभार नदी के पुल पर थी और कांजीभाई ने स्टीयरिंग पर नियंत्रण खो दिया। कार पुल की मेड़ तोड़कर दाहिनी तरफ नीचे गिर गई और दो बार उलट-पुलट गई। मेरी सीट के आगे गद्दा होने से मुझे चोट नहीं लगी। वीरजीभाई को थोड़ी चोट लगी थी लेकिन ड्राइवर कांजीभाई कहीं नहीं दिखाई दे रहे थे। मुझे चिंता होने लगी कि ड्राइवर कहां है? सलामत है कि नहीं?

हम तो चिंता में ड्राइवर को चारों ओर ढूंढ़ने लगे। अंधेरे में इधर-उधर देखने लगे, तभी कांजीभाई को तीस मीटर दूर पड़े देखा। दिवार के साथ टकराने से कार का दरवाजा खुल गया था और कांजीभाई उछलकर बाहर चक्कर खाकर गिर गए थे। वे बेहोश पड़े थे। गाड़ी से चादर निकालकर हमने उसका स्ट्रेचर बनाया और हम कांजीभाई को रोड तक उठाकर ले आए। दस मीटर की चढ़ाई थी। मैं तो नंगे पैर, सिर्फ कुरते में और ठंड में भी पसीने से तरबतर...! हमने वहां से गुजर रहे वाहनों से लिफ्ट मांगी, मगर मेहनत व्यर्थ! आखिर में एक बस आई लेकिन वह भावनगर नहीं जा रही थी। उसने हमें शिहोर उतारा। हमने एंबुलेंस की व्यवस्था की और कांजीभाई को भावनगर डॉ. अमूलख सवाणी के अस्पताल पहुंचाया। वहां मनजीभाई और मावजीभाई भी उपस्थित थे। डॉक्टर सुबह जल्दी छह बजे अस्पताल आ गए और त्वरित इलाज किया।

सौभाग्य से, कांजीभाई ड्राइवर मानसिक चोट से ही बेहोश हुए थे जो थोड़े इलाज के बाद होश में आ गए। उन्होंने कहा, 'सेठजी, मुझे एक झोंका आ गया था और मैंने देखा कि कार बेकाबू चली जा रही है पर मैं कुछ नहीं कर सका, ऐसा लगा जैसे मेरे शरीर को लकवा मार गया हो।' मेरी जिंदगी के ये सबसे विकट तीन घंटे थे। भारी शरीर वाले कांजीभाई ड्राइवर को चादर के स्ट्रेचर में उठाकर ऊपर लाने में मुझे स्लिप डिस्क हो गया जिसका दर्द मुझे आज भी रहता है।

मेरे साले प्रेमजीभाई के तीन बेटे हैं और उनमें सबसे बड़ा नरेशभाई बी.ए.पी. एस. में पूज्य प्रमुखस्वामी के प्रभाव में था। वह प्रतिदिन मंदिर जाता, वहां पी.पी स्वामी मंदिर का कामकाज संभालता। उन्हें नरेश ने कहा कि मुझे साधु बनना है। पी.पी स्वामी ने प्रेमजीभाई को मंदिर बुलाकर नरेश के साधु बनने के विचार के बारे में बात की। प्रेमजीभाई तो उलझन में पड़ गए। भरी जवानी में इंजीनियर बेटा, अच्छे से समाज में व्यवस्थित होने के बाद साधु बन जाए तो कैसा लगे! उन्होंने नरेश को समझाने और उसके फैसले को बदलने की जिम्मेदारी मुझे सौंपी।

मैं और नरेश रामपुरा विस्तार में स्थित स्वामिनारायण मंदिर गए। हम वहां बैठे, बातें की। मैंने अपनी समझ और समाज के अनुभव को आधार बनाकर नरेश

को प्रेमपूर्वक कहा, 'देख बेटा नरेश, मैंने देखा है कि कई लोग – थोड़ी बहुत गलतफहमी से बाहरी तौर पर समाज का त्याग करके जंगल चले जाते हैं या साधु बन जाते हैं और अपनी समस्या का समाधान ढूंढ़ते हैं। परंतु वे या तो भ्रमित होकर संसार में वापस आते हैं या फिर गुमनाम जीवन जीते हैं, इसलिए जो बाह्य है, उसका त्याग करने की जरूरत नहीं है। लोगों से घिरे रहकर जीना मुश्किल भी है और सरल भी। मुझे भी संसार छोड़कर साधु बन जाना था मगर मैं परिवार और संसार में ही रहा जिसका मुझे आज जरा भी रंज नहीं है।' फिर भी मैंने देखा नरेश का निर्णय नहीं बदला था। वह तो हीरे की तरह दृढ़ता से अपने निर्णय पर अडिग था।

नरेश नारोला का अडिग निर्णय देखकर अन्ततः परिवार ने सम्मति दे दी। पाटीदार युवाओं में संसार त्यागकर, स्वामिनारायण संप्रदाय के साधु बनने की भी एक दृढ़ परंपरा रही है।

नरेश नारोला ने मार्च, 1995 में अपनी पार्षद-दीक्षा सारंगपुर में पूज्य प्रमुखस्वामी महाराज से ली। भागवती दीक्षा 4 दिसम्बर, 1995 के दिन प्रमुखस्वामी महाराज के हस्त से अमृत महोत्सव के दौरान मुंबई में ली। उनको 'अध्यात्मस्वरूप स्वामी' का नामदान प्राप्त हुआ। पारिवारिक जीवन त्यागकर अब वे साधु जीवन का आनन्द ले रहे हैं। आज वे गढ़डा में घेला नदी के किनारे स्थिति बी.ए.पी.एस. स्वामिनारायण मंदिर, जहां स्वामिनारायण भगवान 30 वर्ष तक रहे थे, में कोठारी स्वामी के रूप में कार्यरत हैं।

22 मई, 1989 के दिन बी.ए.पी.एस. स्वामिनारायण संस्था ने विद्यानगर, आणंद में एक युवा सम्मेलन का आयोजन किया था। मुझे काफी समय से प्रमुखस्वामी महाराज से मिलने की इच्छा थी। अवसर देखकर मैंने भी उनसे आशीर्वाद प्राप्त करने की सोची। मैं स्वयं 200 किलोमीटर कार ड्राइव करके विद्यानगर गया। उनके साथ कुछ समय मुलाकात करने की मैंने सम्मति ली। स्वामी जी को प्रणाम करके सत्संग किया और मैंने उनसे पूछा, 'नवागाम के पास बन रहे नर्मदा बांध के विषय में आपश्री क्या कहते हैं?' प्रमुखस्वामी महाराज ने स्मित करते हुए कहा, 'विरोधियों को विरोध करने दीजिए। हम प्रार्थना करते हैं कि प्रभु उनको सद्बुद्धि दे।'

स्वामी जी ने मुझे बृक्षारोपण परियोजना करने की सूचना दी, 'आप सूरत में रहते हो। पूरे देश से लोग वहां आते हैं। नर्मदा प्रोजेक्ट के विषय में लोगों की भ्रांति दूर कीजिए।'

7 जून, 1990 को प्रमुरवस्वामी महाराज ने मुंबई में एक रैली को संबोधित किया। संयोगवश मैं भी मुंबई में था, इसलिए मैं भी स्वामी जी के दर्शन करने रैली में गया। स्वामी जी ने अपनी विनम्र भाषा को छोड़कर ज़रा सख्त लहजे में कहा, 'हम भारतीय हैं, गुजराती हैं, न हम कभी कहीं भी पीछे रहे हैं और कभी भी पीछे जाने

को स्वीकार नहीं करेंगे। गुजरात–महाराष्ट्र के राजकीय पक्ष, संस्थाएं और विदेशी मंडल आदि सभी को एक आवाज में कहना चाहिए कि नर्मदा प्रोजेक्ट अवश्य पूर्ण होगा। बांध की ऊंचाई एक इंच भी कम नहीं होगी। पावन गंगानदी के समान नर्मदा भी पवित्र नदी है। हम ऐसी संवेदनशीलता हमारे भीतर भरें... हमने एक ध्येय लिया है, उसे पूरा करके ही शांति से बैठेंगे।'

गुजरात के जीवन का मुख्य आधार नर्मदा या किसी भी नदी का सारा पानी सदियों से सागर में मिलता है और गुजरात की धरती सूखी, प्यासी रह जाती हो, माल–मवेशी अकाल में मरते हों, हजारों गांव पानी के लिए तड़पते हों, तब साकार हो रहे कल्पवृक्ष समान नर्मदा बांध परियोजना रूपी हवन में हड्डियां डाल रहे विघ्नसंतोषी लोग कुछ अच्छा तो नहीं कर रहे हैं।

अध्याय-4

राजसत्ता के शक्ति संचालन

न कश्चित कस्यचिन् मित्रं न कश्चित् कस्यचिद् रिपुः।
व्यवहारेण मित्राणि जायन्ते रिपवस्तथा।।

कोई किसी का मित्र नहीं और कोई किसी का शत्रु नहीं। इंसान का व्यवहार ही उसे किसी का मित्र या शत्रु बनाता है।

(हितोपदेश, मित्रलाभ, श्लोक 71)

ऐसा प्रतीत होता है, जैसे संपूर्ण विश्व का व्यवहार एक जटिल प्रणाली के रूप में संचलित है। गियर बॉक्स की तरह हर पहिया एक-दूसरे को चलाता है। मैं किसी एक चीज को स्वतंत्र रूप से कार्य करते हुए नहीं देखता। एक घर आय से चलता है, आय रोजगार से आती है, रोजगार बाजार पर निर्भर करता है और बाजार अर्थव्यवस्था पर। अर्थव्यवस्था स्थानीय और वैश्विक - दोनों स्तरों से प्रभावित होती है। सुदूर मध्य-पूर्व में दो देशों के बीच तनाव बढ़ने से यहां ऑटोरिक्शा चालकों को पेट्रोल के लिए अधिक कीमत चुकानी पड़ती है, यात्रियों की नाराजगी झेलनी पड़ती है, शहर में सामान पहुंचाते ट्रकों को किराया बढ़ाना पड़ता है जिससे चीजें अधिक महंगी होती हैं। परिणामस्वरूप लोगों का घरेलू बजट बिगड़ जाता है। ऐसी सार्वभौम घटनाओं को नियंत्रित करने के लिए इसकी पृष्ठभूमि में राजनैतिक सत्ता के कई पासे अपनाए जाते हैं।

मुझे याद आती है वर्ष 1974 की सबसे दुर्भाग्यपूर्ण वह घटना जब सत्ताधारी सरकार को पलटने के लिए राजनेताओं ने छात्रों को जरिया बनाकर अराजकता पैदा की थी। गुजरात विधानसभा में कांग्रेस के पास कुल 167 में से 140 सीटें थीं। फरवरी, 1974 में एक कुशल नेता चिमनभाई पटेल को गुजरात के मुख्यमंत्री पद से हटाने के लिए उनकी ही पार्टी के विधायकों ने इस्तीफा देकर विरोध प्रदर्शित किया

और सड़कों पर उतर आए। प्रधानमंत्री श्रीमती इंदिरा गांधी भी तथाकथित नवनिर्माण आंदोलन की व्यापकता और उग्रता देखकर काफी विचलित थीं। अनेक बाधाओं के बावजूद वह पिछला लोकसभा चुनाव जीतने में सफल रहीं। 1971 में पाकिस्तान के साथ युद्ध में विजय पाकर 'दुर्गा का अवतार' मानी जाने वाली इंदिराजी, गुजरात के इस राजनैतिक दांव-पेच से अत्यंत व्यथित थीं।

1967 में प्रधानमंत्री पद की दौड़ में इंदिराजी से पीछे रह गए मोरारजीभाई देसाई ने छात्रों के नवनिर्माण आंदोलन में एक राजनीतिक अवसर देख लिया। सिद्धांतवादी, अनुशासित, गांधीवादी मूल्यों के समर्थक मोरारजीभाई छात्र आंदोलन के पक्ष में रहे। चिमनभाई पटेल की सरकार को बर्खास्त करने की मांग को लेकर वे आमरण अनशन पर बैठ गए। नतीजतन, 1974 में गुजरात में राष्ट्रपति शासन लागू कर दिया गया। 16 मार्च को विधानसभा भंग कर दी गई और आंदोलन का अंत हुआ। उस नवनिर्माण आंदोलन में जो रक्तपात हुआ, उसमें आहत होने वाले अधिकतम युवा थे। इस आंदोलन में हजारों घायल हुए, सैकड़ों लोग आजन्म अपाहिज हो गए। हमारे रामपुरा रोड वाले इलाके में आठ युवकों की लाश मैंने अपनी आंखों से देखी थी। उगने का मौका मिलने से पहले ही मौत की चादर में सो चुके इन युवकों को देखकर मेरा हृदय मानो गर्म सीसे की तरह भीतर-ही-भीतर पिघल रहा था। आखिरकार लाभ किसे मिला इस सबसे?

इस राजनैतिक योजना को अगले चरण में पहुंचाने के लिए एक नई 'खाम' थ्योरी की घोषणा की गई। वयोवृद्ध कांग्रेसी जीनाभाई दर्जी और माधव सिंह सोलंकी इस सिद्धांत के रचयिता थे। 'खाम' यानी की जाति के नामों का संक्षिप्त रूप- क्षत्रिय, हरिजन, आदिवासी और मुस्लिम। यह कांग्रेस का वोट बैंक तैयार करने की साजिश थी। पहले भाईलाल पटेल ने सभी पाटीदार समुदायों और क्षत्रियों को एकजुट किया था लेकिन 'खाम' सिद्धांत ने पटेलों को ही हमेशा के लिए कांग्रेस से बाहर कर दिया।

समय का पहिया घूमा। इतिहास साक्षी है कि महत्वाकांक्षी प्रधानमंत्री इंदिरा गांधी ने देश में संकट की परिस्थितियां उत्पन्न कर दीं। परिणामस्वरूप, 1977 के लोकसभा चुनाव में कांग्रेस की हार हुई। गुजरात विधानसभा चुनावों में भी सिर्फ 75 सीटें ही मिलीं। प्रखर गांधीवादी और वरिष्ठ राजनेता श्री बाबूभाई जशभाई पटेल की संकट के दौरान बरखास्त की गई सरकार फिर से गठित हुई और वे दोबारा मुख्यमंत्री बने। उन्होंने 1980 तक गुजरात का नेतृत्व किया। केंद्र में अपना शासन बनाए रखने में जनता पार्टी की विफलता ने इंदिराजी की वापसी का मार्ग प्रशस्त किया। गुजरात में कांग्रेस नेता माधव सिंह सोलंकी ने 'खाम' सिद्धांत का बहुत प्रयोग किया। 1982 के विधानसभा चुनाव में कांग्रेस ने 149 सीटें जीतीं। बेशक, यह एक शानदार जीत थी पर कांग्रेस को इसकी कीमत चुकानी पड़ी। गुजरात के शक्तिशाली पटेल और

अन्य सक्षम वर्गों ने कांग्रेस से मुंह मोड़ लिया। शक्तिशाली पाटीदार नेता चिमनभाई पटेल को गुजरात के शीर्ष पद तक पहुंचने में दस साल लग गए और वह मार्च, 1990 में जाकर मुख्यमंत्री बन पाए।

सिर पर हमेशा टोपी पहनने वाले श्री वल्लभभाई सवाणी को सूरत में लोग 'वल्लभ टोपी' के नाम से जानते हैं। वो कई सामाजिक सेवा संगठनों या सोसायटी के ट्रस्टी हैं। हमने कई सामाजिक कार्य एक साथ किए हैं। जनवरी, 1990 के चुनावों से पहले चिमनभाई पटेल अपनी पत्नी उर्मिला जी के साथ सूरत आए। हरिभाई सरसियावाला ने अपने निवास स्थान पर चिमनभाई के साथ वल्लभभाई सवाणी, रामजीभाई इटालिया, प्रभुदास पटेल और मुझे जलपान के लिए आमंत्रित किया। चिमनभाई पटेल गुजरात की राजनीति के बड़े नेता थे इसलिए मैं उनसे मिलने को लेकर बहुत रोमांचित था। वे अर्थशास्त्र में स्नातकोत्तर एवं वडोदरा, गुजरात के प्रसिद्ध एम.एस. विश्वविद्यालय में छात्रसंघ (1950) के अध्यक्ष भी रह चुके थे। उनके सामने ही 1974 में नवनिर्माण आन्दोलन हुआ था। ऐसे चिमनभाई से हुई मुलाकात में मुझे आनंद और रोमांच के साथ कई नई बातें सीखने को मिलीं।

चिमनभाई गुजरात के शहरी इलाकों के गणमान्य जनों पर ध्यान केंद्रित कर 'जनता दल' नाम से एक नई पार्टी के गठन में शामिल हुए जिसने भाजपा और कांग्रेस के सामने कड़ी चुनौती पेश की। चिमनभाई ने आगामी चुनावों के लिए वल्लभभाई से समर्थन मांगा। उन्होंने दृढ़ स्वर में कहा, 'वल्लभभाई, चाहे कुछ भी हो जाए, आसमान को भी यदि जमीन पर लाना पड़े तो लाना है लेकिन सरकार तो मुझे ही बनानी है, ये आप निश्चित मानिए...!' मैं इस व्यक्ति में इतनी उच्च महत्वाकांक्षा और आत्मविश्वास देखकर आश्चर्यचकित था। बाद में उनकी महत्वाकांक्षा पूरी हुई। उन्होंने चुनाव जीतने वाले जनता दल-भाजपा गठबंधन से सरकार बनाई और श्री केशुभाई पटेल को उप-मुख्यमंत्री बनाया।

जनता पार्टी के नेता श्री दलसुखभाई गोधाणी से मेरे मित्रतापूर्ण संबंध थे। दलसुखभाई श्री माधवसिंह की कांग्रेस सरकार के दौरान जून, 1980 से मार्च, 1985 तक गुजरात विधानसभा में विपक्ष के नेता रहे। उसके बाद, उन्होंने चिमनभाई पटेल और छबीलदास मेहता सरकारों में राजस्व मंत्री के रूप में सेवा प्रदान की। उनके करियर की शुरुआत भावनगर में 'लोकभारती ग्राम विद्यापीठ' सणोंसरा में एक शिक्षक के रूप में हुई और 1967 में उन्होंने निर्दलीय के तौर पर विधानसभा चुनाव जीता। लेकिन बाद में वे गुजरात के नेता श्री हितेंद्रभाई देसाई और राष्ट्रीय नेता श्री मोरारजीभाई देसाई के साथ पुरानी कांग्रेस पार्टी में शामिल हो गए।

मैंने कभी राजनीति में सक्रिय भाग नहीं लिया, लेकिन दलसुखभाई जैसे मित्रों से राजनीतिक गतिविधियों की जानकारी मिलती रहती थी। उन्होंने मुझे सिखाया

कि एक व्यक्ति के रूप में हम अपने सामाजिक इतिहास को नजरअंदाज नहीं कर सकते क्योंकि हम एक ऐसे समाज में पले-बढ़े हैं जहां शक्तिशाली और धनी लोग सामाजिक यथास्थिति बरकरार रखने की कोशिश करते हैं जबकि जो लोग कमजोर और सुधारवादी हैं, वे व्यवस्था को बदलना चाहते हैं। इसी का नाम राजनीति है!

अगस्त, 1983 में दलसुखभाई गोधाणी मुझे और मावजीभाई मावाणी को मुंबई में मोरारजीभाई देसाई के पास ले गए। मुझे भी भारतीय राजनीति के अत्यंत आदरणीय गांधीवादी राजपुरुष से मिलने की बहुत उत्सुकता थी। दलसुखभाई हमें मरीन ड्राइव पर चार मंजिला ओसनिया अपार्टमेंट ले गए। प्रवेश द्वार पर एक पुलिसकर्मी ड्यूटी पर बैठा था, उसने बिना किसी पूछताछ के हमें अंदर जाने दिया, हम तीसरी मंजिल पर गए। उनके घर का दरवाजा खुला था। मोरारजीभाई के घर पर फर्नीचर वगैरह नाममात्र के ही दिखे। इतने बड़े आदमी को इतनी सादगी से रहते देखकर मैं दंग रह गया। एक मेज पर कुछ अखबार, उसके बगल में कुछ कुर्सियां, चारों ओर ढेर सारी किताबें! तब उनकी उम्र 87 साल थी।

इतिहास के आईने में देखा जाए तो इस महापुरुष ने दोनों विश्वयुद्ध देखे हैं, ये भारतीय स्वतंत्रता संग्राम के सेनानी हैं, वे भारत और पाकिस्तान - दोनों के सर्वोच्च नागरिक सम्मान, 'भारत रत्न' और 'निशान-ए-पाकिस्तान' प्राप्त करने वाले एकमात्र राजनेता हैं। हमने वहां लगभग दो घंटे बिताए। जिस तरह से वे दलसुखभाई से बातें कर रहे थे, उससे मुझे लगा कि दोनों में काफी निकटता है। मैं भारतीय उपमहाद्वीप के इस प्रखर नेता को अभिभूत होकर देखता रह गया। मैंने आज तक अपने जीवन में इतना प्रभावशाली महापुरुष देखा ही नहीं था।

मुलाकात के बाद जब हम जाने के लिए खड़े हुए तो मैंने उनसे अपने लिए कुछ संदेश, सलाह, मार्गदर्शन मांगने का साहस किया। उन्होंने मुस्कराते हुए बहुत धीरे से कहा, 'साधारण पशु-पक्षियों के लिए भौतिक और शारीरिक सुख पर्याप्त हैं लेकिन मनुष्यों के लिए ऐसा नहीं है। मनुष्य को अपने नैतिक सिद्धांतों के आधार पर जीवन जीना चाहिए'।

दलसुखभाई ने अपार्टमेंट से बाहर निकलते हुए मुझसे कहा, 'माननीय मोरारजीभाई यानी कि नख-शिख सिद्धांतवादी एवं अपरिग्रही राजनेता। उन्होंने काफी लम्बे अरसे से राजनीति में सक्रिय रहकर विभिन्न पदों से राष्ट्रसेवा की है। मुंबई प्रांत के मुख्यमंत्री, सबसे लंबे समय तक केंद्रीय वित्तमंत्री, उप-प्रधानमंत्री और फिर प्रधानमंत्री। उन्होंने अपनी सारी भौतिक संपत्ति, बचत की हुई एक लाख रुपए की धनराशि भी गुजरात विद्यापीठ को दान कर दी। वह राशि आज भी विद्यापीठ में संग्रहीत है ताकि आगंतुक और नई पीढ़ी देख सके कि इस महान व्यक्ति ने परिवार के लिए नहीं, बल्कि देश के लिए और स्वार्थ के लिए नहीं, अपितु परमार्थ के

लिए काम किया। उन्हें प्राप्त सम्मान, ट्रॉफियां आदि भी विद्यापीठ संग्रहालय द्वारा संरक्षित किए गए हैं।'

12 अगस्त, 2009 को सूरत के हीरा-उद्योगपतियों ने दलसुखभाई के 75वें जन्मदिन के अवसर पर 75 लाख रुपए की धनराशि वृद्धावस्था में उनके सुखी और आसान जीवन के लिए उपहार में दी। उन्होंने उस राशि का आधे से अधिक हिस्सा जरूरतमंदों को दान कर दिया। सणोंसरा में अपने साधारण कमरे में उन्होंने अपने जीवन के अंतिम दस वर्ष रणभूमि में युद्ध पूर्ण कर, अपना सम्पूर्ण निचोड़ चुके और समर्पित कर चुके सेवानिवृत्त सैनिक के समान बिताए। उनके चेहरे पर प्रत्येक जीती हुई लड़ाई की चमक और दिल में संतुष्टि की लहर दिखाई दे रही थी। अंततः अपने जीवन का कार्य पूरा करने की संतुष्टि के साथ उन्होंने 23 जनवरी, 2013 को अंतिम सांस ली। गांधीवादी मूल्यों और समाजसेवा की ओर उन्मुख नेताओं की पीढ़ी का एक सितारा डूब गया।

मुझे लगता है कि राजसत्ता के दूसरे पक्ष पर प्रकाश डालना भी महत्त्वपूर्ण है। सत्ता में बैठे लोगों से कभी-कभी अनुचित या अनैतिक निर्णय भी हो जाते हैं। कई बार तो वे अपने ओहदे और उत्तरदायित्व की सीमा भी पार कर जाते हैं। संघर्ष होने पर नेता अपने अनुयायियों या कार्यकर्ताओं में प्रभाव उत्पन्न करने में कुशल होते हैं। परन्तु जब वे सत्ता और संपत्ति प्राप्त करते हैं तो वे स्वयं को अधिक और दूसरों को काफी कम आंकने लगते हैं। सत्ताधारी अपने अधीनस्थों के बारे में सही जानकारी प्राप्त करने में अत्यंत अल्प समय देते हैं एवं उनकी क्षमता का अवमूल्यन करते हैं। कई नेताओं को सत्ता के मद में बेहोश रहते और वास्तविकता से परे रहते हुए हम देख सकते हैं। शक्ति प्रगति का इंजन है। इसका जितना अधिक विस्तार और विकेंद्रीकरण होगा, समाज उतना ही शांतिपूर्ण और समृद्ध होगा।

उन दिनों टेलीविजन स्वतंत्र मीडिया नहीं था। केंद्र सरकार ने दूरदर्शन को नियंत्रित किया और इसका इस्तेमाल ज्यादातर प्रचार के लिए किया। लोग एक-दूसरे के साथ संचार के माध्यम से सार्वजनिक जानकारी प्राप्त करते, नेता सार्वजनिक बैठकों और अभियानों के माध्यम से जनसंपर्क में संलग्न होते थे। अतः सितंबर, 1990 में जब भाजपा अध्यक्ष श्री लालकृष्ण आडवाणी जी ने अयोध्या राम मंदिर मुद्दे पर पदयात्रा करके लोगों को प्रेरित करने का फैसला किया, तो मुझे एहसास हुआ कि निश्चित ही अब कोई नया मंच तैयार होने वाला है।

दिसंबर, 1990 में स्वामी श्री सच्चिदानंदजी के नेतृत्व में फेरकूवा में नर्मदा बांध के समर्थकों की एक मौन रैली आयोजित की गई थी। फेरकूवा कैम्पिंग स्थल पर बने बांध नर्मदा नदी के ऊपर बने तीस बांधों में से एक है। इस रैली में गुजरात के अलग-अलग हिस्सों से डेढ़ लाख से अधिक नर्मदा समर्थक पहुंचे थे। मैंने 25

दिसंबर, 1990 से जनवरी, 1991 तक सूरत से समर्थक स्वयंसेवकों को भेजा। खाने के पैकेट बांटकर उनके लिए भोजन की व्यवस्था की। बांध समर्थकों की ताकत देखकर बांध विरोधी चुपचाप निकल गए। यह थी, अहिंसा की गौरवशाली जीत!

हमेशा एक-दूसरे के साथ मुठभेड़ में लगे रहने वाले नेताओं की वजह से केंद्र सरकार डगमगा रही थी। जनवरी, 1991 में भारत का विदेशी मुद्रा भंडार 1.2 अरब डॉलर था, जो जून तक आते-आते आधा रह गया। इससे लगभग तीन सप्ताह के आवश्यक आयात के लिए ही पर्याप्त विदेशी मुद्रा देश में रह गई थी। यदि कुछ हफ्तों के भीतर बाहरी बैलेंस ऑफ पेमेंट का भुगतान नहीं किया जाता, तो देश दिवालियापन की कगार पर पहुंच जाने वाला था। भारतीय रिजर्व बैंक ने बैंक ऑफ इंग्लैंड को सैंतालीस टन सोना और यूनियन बैंक ऑफ स्विट्जरलैंड को बीस टन सोना भेजकर साठ करोड़ डॉलर जुटाए। देश के अधिकांश नागरिकों में गुप्त आक्रोश की भावना थी। जब लोगों को पता चला कि सरकार ने कर्ज के बदले देश का सोना दाव पर लगा दिया है तो लोगों ने हंगामा खड़ा कर दिया।

1980 के दशक के दौरान, बैंक ऋण तेजी से गैर-निष्पादित संपत्तियों (एन. पी.ए.) में बदल रहे थे। जिसका अनिवार्य परिणाम आर्थिक संकट के रूप में सामने आया। आपातकालीन प्रबंधन के तहत आर्थिक प्रतिबंध तुरंत लगा दिए गए। सरकार को इस कड़वी सचाई का एहसास हुआ कि कोई भी देश भारत को पैसा उधार देने के लिए तैयार नहीं है।

1991 के बाद से उदारीकरण, निजीकरण और वैश्वीकरण की नीति के कारण अंतरराष्ट्रीय कंपनियां भारत आने लगीं। तब से भारत को लगातार फायदा हुआ है। तत्कालीन केंद्रीय वित्तमंत्री मनमोहन सिंह ने संसद में एक ऐतिहासिक बजट पेश किया जिसने भारत को एक नए आर्थिक पथ पर स्थापित किया। लगभग उसी समय भाजपा ने उस भूमि पर राम मंदिर के निर्माण की घोषणा की जहां माना जाता है कि भगवान राम का जन्म हुआ था।

उस दौरान निस्वार्थ सेवा का एक और पहलू मुझे देखने को मिला। जब मैंने पहली बार सूरत में एक मकान किराए पर लिया, उस वक्त करारनामा दिनेशभाई उपाध्याय नाम के एक वकील की मध्यस्थता में करवाया था। तब से वे मेरे शुभचिंतक, स्नेही तथा मित्र बन गए। जब भी मुझे किसी भी प्रकार की जरूरत महसूस होती, मैं सलाह के लिए उनके पास पहुंच जाता। हमने सूरत के वराछारोड पर रिवरव्यू बुलेवर्ड नामक एक प्रॉपर्टी खरीदी। मेरे मित्र श्री दिनेशभाई उपाध्याय ने हमारी ओर से बातचीत की, परामर्श दिया और पूरा सौदा संतोषजनक ढंग से पूरा किया। इस सौदे में उसे एक लाख रुपए कमीशन मिलना था जो वर्तमान गणना के

अनुसार एक करोड़ रुपए के बराबर होगा लेकिन वकील साहब ने यह कमीशन लेने से इनकार कर दिया। उन्होंने कहा, 'मैं प्रोफेशनल एस्टेट ब्रोकर नहीं हूं। मैंने आपके मित्र के रूप में यह किया है।' सिर्फ अपनी खुशी से अधिक, हमें दूसरों को उनके लक्ष्य हासिल करने में मदद करने से आनंद की प्राप्ति होती है। दूसरों की सफलता देखकर, उनकी आनंदपूर्ण उपलब्धि की मुक्त प्रशंसा करके, उसमें सहायक बनकर जो खुशी हमें मिलती है, वह हमें विनम्र और शालीन इंसान बनाती है। दिनेशभाई ने अपने काम से यह सत्य मेरे सामने उजागर किया।

मेरा बेटा श्रेयांस अपनी मां और बहनों की प्यार भरी देखभाल में एक सुंदर युवक के रूप में उभर रहा था। परिवार को सारी सुख-सुविधाएं मिल रही थीं। किसी चीज की कमी होने का प्रश्न ही नहीं था। मेरे अल्पशिक्षित के कारण मुझे व्यापार करने और विदेशियों के साथ संवाद करने में कठिनाई हुई थी, इसलिए मुझे लगा कि मुझे अपने बच्चों को उत्कृष्ट शिक्षा तो देनी ही होगी। मैंने अपने बेटे की शिक्षा की व्यवस्था करने के लिए अपने मित्र दिनेशभाई उपाध्याय से सलाह ली। उन्होंने मुझसे कहा, 'गोविंदभाई, शिक्षण का मतलब केवल अंग्रेजी बोलना और लिखना सिखाना नहीं है, बल्कि लड़के के संपूर्ण व्यक्तित्व का विकास करना भी बहुत महत्त्वपूर्ण है।' एक दिन वे अपने मित्र, विश्वविद्यालय के शिक्षा विभाग के प्रमुख और एक लेखक, डॉ. शशिकांतभाई शाह को लेकर आए। उन्होंने कहा कि शाह साहब श्रेयांस को व्यक्तित्व विकास की शिक्षा देंगे।

शशिकांतभाई हमारे घर से लगभग पंद्रह किलोमीटर दूर रहते थे और प्रतिदिन एक घंटा श्रेयांस के साथ बिताने के लिए अपने स्कूटर पर आते थे, लेकिन उन्होंने श्रेयांस के साथ कभी जबरदस्ती नहीं की। ये ऐसे दिन थे जब श्रेयांस को पढ़ाई में कोई दिलचस्पी नहीं थी, वह सिर्फ खेलना और सोना पसंद करता था। शशिकांतभाई कभी धैर्य नहीं खोते या निराश नहीं होते थे। उन्होंने बच्चे की मानसिकता और पसंद-नापसंद को जानकर कहानियों के माध्यम से पढ़ाना शुरू किया। वे एक घंटा रुकते, शांति से कोई पुस्तक पढ़ते-पढ़ाते और चले जाते। उनकी दृढ़ता, आत्मविश्वास, स्वभाव की स्थिरता आदि से श्रेयांस ने अनौपचारिक रूप से भी बहुत कुछ सीखा। शिक्षक के व्यक्तित्व, बुद्धिमत्ता, कार्यशैली का प्रभाव विद्यार्थी पर भी पड़ता है। पूरे तीन साल तक से इस कर्मयोगी शिक्षक ने गीता में कृष्ण के कर्मयोग की तरह श्रेयांस के व्यक्तित्व को निस्वार्थ भाव आकार दिया। इतना ही नहीं, उन्होंने अपने समय, ऊर्जा और श्रम के लिए एक रुपया भी नहीं लिया।

6 फरवरी, 1995 को सामाजिक स्तर पर एक क्रांतिकारी कदम उठाते हुए 650 जोड़ों का सामूहिक विवाह आयोजित किया गया। हम दोस्तों का यह विचार था कि जो स्वयं पालन नहीं करता, उसे बोलने का कोई अधिकार नहीं है, अतः

हमें भी अपने बच्चों का विवाह सामूहिक विवाह में करना चाहिए। हमारे परिवार में राहुलभाई की शादी का अवसर आ रहा था। मैंने परिवार में प्रस्ताव रखा कि, अगर हम राहुलभाई की शादी सामूहिक विवाह में करेंगे तो समाज में एक नई परिपाटी स्थापित होगी और एक अच्छा संदेश जाएगा। सभी को यह उचित लगा। राहुलभाई और उनकी वाग्दत्ता (मंगेतर) जीनल को भी यह विचार पसंद आया। यह विवाह महोत्सव दो भागों में आयोजित किया गया। सुबह 325 जोड़े और दोपहर में 325 जोड़े शामिल हुए। राहुलभाई का विवाह सामूहिक विवाह में होने के कारण समाज पर इसका अपेक्षित प्रभाव पड़ा। आज सामूहिक विवाह और कन्या भ्रूणहत्या के खिलाफ जन जागरुकता जैसे बड़े कदमों से स्थिति काफी बदल रही है।

गुजराती लोग नए प्रयासों और साहसों के लिए जाने जाते हैं। अपने व्यवसाय को हमेशा किसी अन्य सुविधाजनक स्थान पर विस्तारित करने के विचार के साथ, गुजराती उद्यमियों ने विदेश तक अपना विस्तार किया है। 1990 के दशक में, अन्य खाड़ी देशों के समान इजराइल ने भी अपनी अर्थव्यवस्था को बढ़ावा देने के लिए वीजा देना शुरू किया। मुंबई ऑफिस से वीज़ा मिलना शुरू हो गया। उस दौरान इज़राइल एयरलाइंस ने मुंबई से तेल अवीव की सीधी फ्लाईट शुरू की थी। मैंने एंटवर्प की बजाय सीधा तेल अवीव मार्ग चुना। लेकिन नई उड़ान होने पर अक्सर उसे रद्द कर दिया जाता था। ऐसी परिस्थितियों में मैं इजिप्ट एयरलाइंस पर काहिरा एयरपोर्ट ट्रांजिट होकर जाता। प्लेन से उतरते ही वे लोग पासपोर्ट लेकर टोकरी में ढेर लगा देते थे जो गेट पर जाते वक्त लेना होता था परंतु अव्यवस्था इतनी थी कि पासपोर्ट मिले भी और न भी मिले। काहिरा हवाई अड्डे का अनुभव अच्छा नहीं था।

1992 में प्रधानमंत्री पी.वी नरसिम्हा राव के समय भारत–इजराइल राजनयिक संबंध बेहतर होने लगे थे। भारत–इजरायल साझेदारी ने दोनों देशों के बीच सांस्कृतिक और व्यापारिक संबंधों को वैधता प्रदान की। भारत दुनिया के उन चुनिन्दा देशों में से एक है, जहां यहूदियों पर कभी भी अत्याचार नहीं हुए। पिछले दो हजार वर्षों में, यहूदी समय–समय पर भारत आए और देश के विभिन्न हिस्सों में बस गए, उन्हें कभी भी भेदभाव या उत्पीड़न का सामना नहीं करना पड़ा।

1990 के दशक के मध्य में चार महीने की छोटी अवधि के लिए श्री हसमुखभाई अढ़िया, आई.ए.एस सूरत के कलेक्टर बनकर आए। वह अत्यंत गहरे आध्यात्मिक और सरल व्यक्ति थे तथा स्वामी विशारदानंद सरस्वती के अनुयायी थे। संयोग से मेरी उनसे मुलाकात 'द सदर्न गुजरात चैंबर ऑफ कॉमर्स' की बैठक में हुई। कर्मयोगी के बारे में कोई बहस चल रही थी, हसमुखभाई ने चाणक्य को सच्चा कर्मयोगी कहा। उन्होंने कहा, 'कर्मयोगी वह है जो अपना काम बिना आलस्य, निस्वार्थ और बिना अहंकार के करता है। चाणक्य ने अपने जीवन में ऐसा ही किया

है वे कभी स्वार्थी नहीं थे। उन्होंने सदैव देशहित के लिए कार्य किया। उन्होंने साम-दाम-दंड-भेद का प्रयोग कर अपने लक्ष्य को बखूबी हासिल किया। लक्ष्य पूरा होने तक वे बैठे नहीं। लक्ष्य प्राप्त होते ही वे तुरंत अपने पद से हट गए और एकान्तवास में चले गए।' हसमुखभाई अढ़िया बाद में केंद्रीय वित्त सचिव बने और उन्हें ही 'नोटबंदी के पीछे का दिमाग' बताया जाता है।

17वीं शताब्दी में सूरत पर मुस्लिम नवाबों का शासन था। मुसलमानों की एक बड़ी आबादी यहां शांति और समृद्धि से रहती थी। स्थानीय मुसलमानों में मुख्य रूप से मेमन, पट्टनी, दाउदी, वोरा और खोजा जैसे रेशम और जरी उद्योगों के निर्माता और व्यापारी थे। इस उद्योग में गरीब मुसलमान मजदूर के रूप में काम करते थे। पिछले बीस वर्षों में सूरत के रेशम उद्योग में बाहर से मुसलमान शामिल हुए हैं। जब हमने किराये के मकान में अपनी पहली फैक्ट्री शुरू की तो उसके मालिक इस्माइलभाई सायकलवाला एक आदर्श मुस्लिम थे। स्थानीय हिंदुओं के मध्यवर्गीय समूहों- कनबी, खत्री, गोला और घांची आदि ने भी व्यवसाय में अच्छा प्रदर्शन किया है।

6 दिसंबर, 1992 को बाबरी मस्जिद विध्वंस हुआ। अगले ही दिन 7 तारीख को सूरत बंद का ऐलान हो गया। एक छोटी-सी भीड़ ने यातायात अवरुद्ध कर दिया, दुकानें और फैक्ट्रियां बंद कर दीं, मामला तेजी से बिगड़ गया। साम्प्रदायिक तत्व सड़कों पर उतरकर आगजनी, लूटपाट और दंगे करने लग गए। चार दिनों तक क्रूर, जानलेवा, खूनी अमानुषी खेल चलता रहा। डेढ़ सौ से अधिक स्त्री-पुरुष और बच्चे इस क्रूरता के शिकार हुए।

10 दिसंबर, 1992 को चिमनभाई ने जीवाभाई पटेल को सूरत दंगों की वास्तविक परिस्थिति का आकलन करने भेजा। हम हीरा उद्योग के कुछ प्रमुख लोगों ने सर्किट हाउस में उनसे मुलाकात की और उन्हें स्थानीय स्थिति से अवगत करवाया। अयोध्या कांड के बाद गुस्साए मुसलमान सड़कों पर उतर आए। इसके विरोध में पुलिस ने अपने कर्तव्य के अनुरूप बल प्रयोग किया। इससे दंगे और भड़क गए और दूसरे राज्यों के मजदूरों की भीड़ से उनकी झड़प हो गई। सूरत में ऐसा भूतिया नजारा देखने को मिला जो पहले कभी नहीं देखा होगा।

28 जनवरी, 1993 को वराछा में साधना उच्चविद्यालय के पास एक बम विस्फोट हुआ। अल्पा पटेल नाम की आठ वर्षीय छात्रा की मौत हो गई और 11 अन्य घायल हो गए। उस समय मुझे लगा कि कुछ अराजक तत्व सूरत में बसी बड़ी प्रवासी आबादी के बीच भय और आतंक फैलाने के इरादे से सूरत की अर्थव्यवस्था को इस विस्फोट से हिलाने में सक्रिय थे। ऐसा ही एक और धमाका 22 अप्रैल, 1993 को सूरत रेलवे स्टेशन पर हुआ। प्रवासी मजदूर सूरत की अर्थव्यवस्था का

हिस्सा थे। यह सूरत को डराकर आर्थिक रूप से कमजोर करने की चाल थी। मैंने यह सुनिश्चित किया कि हमारी फैक्ट्री से कोई भी व्यक्ति हिंसा में शामिल न हो। इतना ही नहीं, हमने दंगा पीड़ितों को यथासंभव राहत पहुंचाने की भी व्यवस्था की।

1990 के दशक के दौरान सूरत को 'गन्दगी का शहर' माना जाता था। कूड़े के ढेर, गैर-जरूरी प्लास्टिक, शीशे और अनके रद्दी चीजों का ढेर, आवारा मवेशी, महंगाई, अवैध निर्माण, खुले खाद्य पदार्थ, जूठन, कीचड़ आदि सूरत के आम दृश्य थे। शहर के 25 प्रतिशत से अधिक हिस्से में गटर नहीं बने थे। उद्योगों और कारखानों से निकलने वाला अपशिष्ट जल बिना किसी संकोच के तापी नदी में बहा दिया जाता था, मिलें वायु प्रदूषण फैलाती थीं। शहर की लगभग 25 प्रतिशत आबादी मलिन बस्तियों में रहती थी, जहां बारिश का पानी और बहते हुए नाले का पानी जमा हो जाता था, जिससे मच्छर पनपते थे और बीमारियां पैदा होती थीं। यह सूरत का अत्यंत सामान्य स्वरूप था। जनता और प्रशासन दोनों ने इसे अपनी 'नियति' स्वीकार कर लिया था और सभी को यह जिंदगी रास आ गई थी।

1993 में एक दिन मैं अपने मित्र पुरुषोत्तमभाई खडेला (दासमामा) के साथ सूरत के उत्तर में कतारगाम रोड पर वृन्दावनधाम सोसायटी स्थित अपने घर में बैठा था। हमने अपनी सोसायटी की सड़कें स्वयं बनाईं और इसकी सफाई और रखरखाव भी कर रहे थे। हमने सोचा, हम शहर और लोगों की खराब हालत के बारे में हमेशा शिकायत करते रहने के बजाय कुछ कर क्यों नहीं सकते? अगले रविवार को मैं, दासमामा, श्री पोपटभाई मोणपरा और श्री नानूभाई मैयाणी वगैरहा इकट्ठे हुए और 'स्वयंभू सफाई अभियान' शुरू करने की योजना बनाई। झाड़ू, फावड़े, कूड़ेदान, टोकरियां जैसे साधारण सफाई उपकरण लेकर हम पास के कतारगाम मुख्य सड़क क्षेत्र में गए और सड़कों और आसपास के कचरे को साफ करना शुरू कर दिया। तुरंत पचास लोग इकट्ठे हो गए जिनमें से कुछ तो हमारा नाम जान कर बाहर आए। उन्होंने कहा, 'अरे! आप जैसे आदरणीय व्यक्ति हमारे इलाके की सफाई करें, यह हमारे लिए शर्मनाक है! कृपया आप रहने दीजिए, हम सब इस स्वच्छता यज्ञ में शामिल होते हैं।' हमने शायद एक घंटे तक सफाई की, ट्रैक्टरों से कूड़ा उठाया और राष्ट्रगान के बाद हम वहां से चले।

फिर हमने इस स्वतःस्फूर्त स्वच्छता कार्यक्रम को एक 'अभियान' बना दिया। हम 'वेलकम क्लीयारिटी क्लब' बनाने के लिए एक साथ आए। हमें नहीं पता था कि 'क्लीयरटी' जैसा कोई शब्द शब्दकोष में या प्रयोग में नहीं है लेकिन हमने 'क्लीयरटी' नाम रख लिया, क्योंकि क्लीयरटी का उच्चारण 'सोसायटी' के साथ लय में है। इस क्लब के कोई प्रमुख-मंत्री जैसे पदाधिकारी नहीं हैं लेकिन सभी 'कमांडो', 'स्वच्छता के सिपाही' कहलाते हैं। हर रविवार को हम एक-एक करके आसपास की विभिन्न सोसायटियों की सफाई करने लगे। जिस सोसायटी में हम

सफाई के लिए जाना चाहते थे, वहां के निवासियों को एक सप्ताह पहले सूचित किया जाता था कि अगले रविवार को 'वेलकम क्लीयरटी क्लब' आपके पास सफाई के लिए आ रहा है। इससे स्थानीय लोग भी हमारे साथ जुड़ गए। पूरी सफाई करने के बाद हम दोबारा वहां नहीं जाते थे क्योंकि सफाई केवल आत्मनिर्भर होकर ही की जा सकती है, हम यह पाठ उन्हें पढ़ाकर आगे बढ़ जाते थे।

दो महीने के भीतर 250 सफाई सैनिक स्वत:स्फूर्त रूप से हमारे साथ जुड़ गए और हमारे काम की खबर पूरे सूरत में फैलने लगी। इस अभियान के दौरान पांच ट्रैक्टर–ट्रॉली की आवश्यकता पड़ी। हम साढ़े तीन से साढ़े चार बजे तक एक घंटे तक सफाई करते थे, मौन ही हमारी भाषा थी। अभियान की शुरुआत और अंत में हम राष्ट्रगान गाते थे। हम चाहते थे कि इस कार्य के साथ–साथ लोगों में राष्ट्रसेवा की भावना भी जागृत हो।

21 सितम्बर, 1994 को सूरत में अत्यधिक घातक और संक्रामक बीमारी प्लेग फैल गया। मैं उस वक्त मुंबई में था और मुझे इस बीमारी के प्रसार की खबर मिली तो जो पहली ट्रेन मिली, उसी से मैं सूरत आ गया। चारो ओर लोगों में डर फैला हुआ था। मेरे मामा के बेटे उकाभाई पालडिया ने तो घर पर किसी को बताए बिना ही अपनी साइकिल सौराष्ट्र जाने वाले ट्रक में रखी और अपने मूल गांव झिंझावदर के लिए रवाना हो गए! वहां जाकर उन्होंने अपनी पत्नी और बच्चों को बताया कि मैं खुद इसी तरीके से अपने गांव पहुंच गया हूं, सुरक्षित हूं और आप सब भी आ जाइए।

लोग तेजी से प्रभावित इलाकों से भाग रहे थे, हर तरफ भगदड़ मच गई थी। जब मुंबई के एक अस्पताल में प्लेग से पीड़ित तीन मरीज सामने आए तो वहां के लोगों में भी इस संक्रामक रोग का डर फैल गया। प्लेग के इलाज के लिए इस्तेमाल की जाने वाली टेट्रासाइक्लिन जैसी एंटीबायोटिक्स लेने के लिए लोग मेडिकल स्टोरों पर उमड़ पड़े। दवा की अंधाधुंध खरीदारी के कारण इसका स्टॉक खत्म हो गया। महामारी की घोषणा के चार दिनों के भीतर सूरत की 25 प्रतिशत आबादी – लगभग चार से छह लाख लोग सूरत छोड़ चुके थे।

देश के दूसरे शहरों को जोड़ने वाली ट्रेनों को भी सूरत स्टेशन पर न रुकने की हिदायत दी गई थी। अफसोस, कई देशों ने विदेश से मुंबई की उड़ानें भी रद्द कर दीं। सूरत प्रशासन द्वारा न्यूमोनिक प्लेग के लक्षण वाले एक मरीज की मृत्यु की घोषणा करने के बाद पूरे देश में सूरत के लोगों के साथ अछूतों जैसा व्यवहार किया जाने लगा क्योंकि न्यूमोनिक प्लेग एक अत्यधिक संक्रामक जीवाणुजनित रोग है और घातक है। शुरुआत में ही इसका यदि ठीक से इलाज न किया जाए तो यह निश्चित रूप से जानलेवा होता है।

25 सितंबर, 1994 को पुलिस की रैपिड एक्शन फोर्स तैनात कर दी गई थी। बड़े पैमाने पर लोगों के पलायन को रोकने के लिए हमने चूहों के रहने की जगहें साफ की, कीटनाशकों का छिड़काव किया, यहां तक कि बड़े इलाके में चूहानाशक दवा का छिड़काव भी किया। ऐसे गहन उपायों से सूरत प्रशासन ने लगभग एक सप्ताह में बीमारी पर नियंत्रण पा लिया लेकिन सूरत की प्रतिष्ठा कलंकित हो गई। कारोबार ठप हो गया और हजारों करोड़ रुपयों का नुकसान हुआ। इस कठिन समय में सूरत के कलेक्टर श्री पी.वी त्रिवेदी ने निर्णायक रूप से कड़े कदम उठाए और शहर की व्यवस्था को ध्वस्त होने से बचाया।

प्लेग का संक्रमण शहर के लिए एक महत्त्वपूर्ण मोड़ था। अब तक गंदगी भरे शहर रहे सूरत में एक बड़ा बदलाव आने लगा। सरकार ने सूरत नगर निगम को जिम्मेदार ठहराते हुए निर्वाचित सदस्यों के बोर्ड को बरखास्त कर दिया। केशुभाई पटेल भाजपा सरकार के मुख्यमंत्री थे और उन्होंने एस.आर राव जैसे प्रतिभाशाली आईएएस (IAS) अधिकारी को सूरत का आयुक्त बनाकर भेजा। उन्हें सूरत की सफाई और बुनियादी ढांचे में सुधार की जिम्मेदारी सौंपी गई थी। उन्हें भविष्य में ऐसी संक्रामक बीमारियों को फैलने से रोकने या उन पर तुरंत नियंत्रण पाने के लिए प्रभावी उपाय खोजने और लागू करने की भी आवश्यकता थी।

मैंने राव साहब के साथ कई घंटे बिताए और उनकी कार्यप्रणाली का अवलोकन किया। उन्होंने नगरपालिका प्रशासन के लिए एक सर्व-समावेशी योजना तैयार की जिसमें स्वच्छता के अलावा, शहरी पर्यावरण सुधार, जल प्रबंधन प्रणाली, अवैध निर्माणों का दमन, आसान परिवहन, पारदर्शिता और त्वरित प्रशासन जैसे पहलुओं को शामिल किया गया। जहां भी आवश्यकता हुई, उन्होंने गैर-सरकारी एजेंसियों, निजी क्षेत्र और सार्वजनिक समाज के संयुक्त प्रयास को प्रोत्साहित किया। श्री राव ने सूरत को सबसे स्वच्छ शहर में बदल दिया। उन्होंने नगरपालिका सीवेज प्रबंधन की उत्कृष्ट पर्यावरण और स्वच्छता योजना को टिकाऊ बनाकर दिखाया। 2010 में जब सूरत को देश का तीसरा सबसे स्वच्छ शहर घोषित किया गया तो मैंने कृतज्ञतावश इस सफलता का श्रेय राव साहब के अथक प्रयासों और दृढ़ कार्यनीति को दिया।

नगर आयुक्त श्री राव साहब को विदाई उपहार के रूप में हमने सूरत शहर को 'धोलकिया गार्डन' उपहार में दिया। 1997 में जब उनका तबादला हुआ तो उनके मन में इस कतारगाम इलाके में गंदगी और कूड़े-कचरे से भरे तालाब की जगह एक खूबसूरत बगीचा बनाने का विचार आया। हमने तुरंत यह विचार समझ लिया। सूरत में पहली बार 'पब्लिक-प्राइवेट पार्टनरशिप' (PPP) मॉडल पर सौंदर्यीकरण परियोजना शुरू की गई। केवल दो दिनों में उन्होंने इसके लिए आवश्यक प्रशासनिक

औपचारिकताएं पूरी कीं और हमने काम शुरू कर दिया। तब से हम सूरत के अनुकरणीय माने जाने वाले 'धोलकिया गार्डन' का रखरखाव कर रहे हैं। एक सार्वजनिक सभा में मैंने विदाई ले रहे राव साहब को 'सूरत के भगवान' का दर्जा देकर पूरे सूरत की ओर से आभार व्यक्त किया।

उसके लगभग एक वर्ष बाद मेरी मुलाकात गांधीनगर में श्री पी.वी त्रिवेदी से हुई। वे राज्य शिक्षा आयुक्त के पद पर कार्यरत थे। उनके ऑफिस में जब मैंने उनके सेक्रेटरी को अपना विज़िटिंग कार्ड दिया तो उन्होंने कहा, 'सर अभी एक जरूरी मीटिंग में हैं जो कम-से-कम दो घंटे चलेगी। उन्होंने तब तक किसी से भी मिलने से इनकार कर दिया है।' मैंने आग्रह किया, 'आप बस उन्हें मेरा कार्ड दे दीजिए, फिर वे जैसा कहेंगे मैं वैसा ही करूंगा।' सचिव अंदर गए और त्रिवेदीजी को कार्ड दिया, उन्होंने बैठक स्थगित कर दी और तुरंत मुझसे मिलने के लिए बाहर आए। उन्होंने अपने केबिन का दरवाजा खोला और मेरा अंदर स्वागत किया, हमारे मन में एक-दूसरे के लिए ऐसा आदर और सम्मान है। मैंने इतना ईमानदार और देखभाल करने वाला अधिकारी शायद ही कभी देखा हो। इतने वर्षों की हमारी परस्पर सम्मानजनक मित्रता आज तक कायम है।

एक दिन जनक और उत्पल मिस्त्री नाम के दो भाई मुझसे मिलने आए। उनके पिता अरविंदभाई मिस्त्री एक गोल्ड मेडलिस्ट इंजीनियर थे। दादा श्री नानाभाई मिस्त्री ने 1946 में मशीन टूल्स बनाने का व्यवसाय शुरू किया था। इन दोनों भाइयों ने नेशनल इंस्टिट्यूट ऑफ टेक्नोलॉजी, सूरत से पढ़ाई की थी। अब ये दोनों युवक हीरा प्रसंस्करण मशीनरी बनाने और तकनीक विकसित करने का विचार लेकर आए थे। हीरा उद्योग में ऐसी मशीनरी विदेशों से आयात की जाती थी और भारत में सभी के लिए आसानी से उपलब्ध नहीं थी। मैंने इन उत्साही युवाओं से दो बातें कहीं, 'जो लोग पारिवारिक व्यवसाय को आगे बढ़ाते हैं और विकसित करते हैं, वे भाग्यशाली होते हैं और दूसरी बात, कोई भी उद्योग आगे बढ़ने और दुनिया में नंबर एक बनने के लिए हमेशा आयातित मशीनरी पर निर्भर नहीं रह सकता।' मैंने उसे एक और सलाह दी, 'यदि बनाना है तो दुनिया में नंबर वन ही बनाना और इस काम में उसके लिए दुनिया में जो कुछ सर्वश्रेष्ठ है, उससे जुड़ने का प्रयत्न करना। दूसरों की नकल करके कोई कभी महान नहीं बन सकता।' उन्होंने अपनी कंपनी का नाम लेक्सस (Lexus) रखा, जो जापानी टोयोटा मोटर कंपनी के लक्जरी कार ब्रांड का नाम है।

अक्टूबर, 1990 में हम पारिवारिक दौरे पर हांगकांग और सिंगापुर गए। पूर्वी देशों में जाने का यह मेरा पहला अनुभव था। हमने पहले कभी हांगकांग नहीं देखा था। गगनचुंबी इमारतें, अत्यंत संकरी लेकिन भीड़-भरी गलियां, हलचल भरा

लेकिन तनावपूर्ण महानगर। हांगकांग सामरिक रूप से महत्त्वपूर्ण है इसलिए इस शहर ने कई युद्ध देखे हैं। 1842 में प्रथम अफीम युद्ध में अंग्रेजों ने चीन से हांगकांग छीन लिया। इसके बाद 1898 में हांगकांग और उसके निकटवर्ती 235 द्वीपों को चीन ने ब्रिटेन को 99 साल के लिए लीज़ पर दे दिया। द्वितीय विश्वयुद्ध के दौरान, जापान ने कुछ समय के लिए हांगकांग पर कब्जा कर लिया। फिर जापान ने ही 1945 में ब्रिटेन के समक्ष आत्मसमर्पण कर दिया।

द्वितीय विश्वयुद्ध के बाद हांगकांग के अच्छे दिन आने लगे। 1970 के दशक तक यह शहर 'एशियन टाइगर' बन गया था क्योंकि अब इसमें एक जीवंत उच्च तकनीक वाली अर्थव्यवस्था थी, इस प्रकार यह 'आर्थिक महाशक्ति' बन गया।

हांगकांग का हीरा बाजार चीनी बाजार का प्रवेश द्वार है। वर्तमान हांगकांग हीरा बाजार का इतिहास 1950 के दशक से शुरू होता है। द्वितीय विश्वयुद्ध के बाद यह ब्रिटिश प्रतिष्ठान एक आधुनिक व्यापारिक केंद्र बनने लगा। शहर ने बड़ी संख्या में पश्चिमी देशों के व्यापारियों को सस्ते सामान से लेकर उच्च मूल्य वाली विलासिता की वस्तुओं तक स्थानीय सेवाएं प्रदान कीं। तेजी से बढ़ते हांगकांग में हीरे और आभूषण का व्यापार भी शामिल था।

चीन धीरे-धीरे वैश्विक अर्थव्यवस्था में फला-फूला है। विशेष रूप से 1980 के दशक में हांगकांग के साथ इसकी सीमा से लगे 'विशेष औद्योगिक क्षेत्र' (SIZ) में कारखाने स्थापित किए गए जिससे हांगकांग के हीरा व्यापार को बहुत लाभ हुआ। 1985 तक हीरा उद्योग का इतना विस्तार हो गया था कि हांगकांग डायमंड बुर्स (HKDB) की स्थापना करनी पड़ी। हांगकांग के स्थानीय निवासी भी इतने समृद्ध और सम्पन्न हो गए कि हांगकांग को एक अंतरराष्ट्रीय केंद्र माना जाने लगा।

हांगकांग की अर्थव्यवस्था को दुनिया के सबसे बड़े आयात और निर्यात केंद्रों में से एक के रूप में मान्यता दी गई थी जिसमें हीरे और आभूषणों का प्रमुख योगदान था। कम करों और मुक्त व्यापार नीति के कारण चीन के साथ व्यापार करने की इच्छुक कंपनियों के लिए हांगकांग आकर्षण का केंद्र बनने लगा। इतना ही नहीं, हांगकांग अपने पर्यटकों और समृद्ध निवासियों के कारण पूर्वी देशों के लिए एक केंद्रीय व्यापार केंद्र बन गया है। मुझे लगा कि आज नहीं तो कल, मुझे अपने व्यवसाय की हांगकांग में भी एक शाखा खोलनी चाहिए। वहां से वापस आने से पहले मैंने 400 मीटर की ऊंचाई पर पीक ट्राम में रोमांचक सवारी की जो इतनी झुकी हुई थी कि रास्ते के खड़े मकान भी इटली के पीसा के झुके मीनार जैसे लगते थे।

हमने सिंगापुर के बारे में बहुत कुछ सुना हुआ था। इसका चांगी हवाई अड्डा 1981 में शुरू हुआ, यह अद्भुत हवाई अड्डा है। सिंगापुर का क्षेत्रफल केवल

40×25 किलोमीटर का ही है। यह पश्चिमी इंडोनेशिया और मलेशिया के बीच स्थित एक शहर-राज्य (सिटी-स्टेट) है और इस क्षेत्र में आत्मनिर्भर वित्तीय केंद्र बन चुका है। यह कुछ-कुछ लंदन जैसा है और पूर्व के स्विट्ज़रलैंड जैसा भी। सिंगापुर में आपको अधिकतर भारतीय तमिल मिलेंगे। वास्तव में इसका नाम भी भारतीय शब्दों से मिलकर बना है- सिंघा, सिंह यानी शेर से निकला है और 'पुर' का अर्थ है शहर यानी- शेरों का शहर। कहा जाता है कि सिंगापुर के राजा सेंग नीला उतामा ने 1299 में इस शहर को बसाया था। 'बोट क्वे' में उनकी उत्कृष्ट अलंकृत प्रतिमा देखकर मुझे बहुत खुशी हुई।

इस विदेश यात्रा से लौटने के बाद मैं अपने कारोबार के विस्तार के बारे में सोचने लगा। जब मैंने अपने साथी भगवानभाई से इसकी चर्चा की तो उन्होंने कहा कि वह विस्तार करने वाली बात को लेकर उत्साहित नहीं हैं। उनकी राय थी, 'इसकी क्या आवश्यकता है? हम इतना कुछ कर पाए हैं, बिजनस भी अच्छा चल रहा है और मुनाफा भी अच्छा हो रहा है। मुझे लगता है कि अधिक चिंता और तनाव न लें। इसलिए मुझे नहीं लगता कि उत्पादन बढ़ाने की जरूरत है।' फिलहाल हमारे यहां पांच सौ कारीगर काम कर रहे हैं। मैं तीन सौ और जोड़ना चाहता था लेकिन पार्टनर भगवानभाई इससे सहमत नहीं थे।

जीवन में प्रवास ही प्रगति है। देखा जाए तो गांव में कई लोग प्राकृतिक आपदाओं की मार झेलते हुए गरीबी और बेरोजगारी में जी रहे हैं। अगर कोई विकल्प मिल रहा हो तो मेरा मानना है कि युवाओं को शहर में रहकर जीविकोपार्जन करना चाहिए। ऐसी ही परिस्थितियों में सौराष्ट्र से कई लोग पलायन कर चुके हैं, कुछ सम्पन्न भी हुए हैं। चाहे गांव में हों या शहर में - आप कहीं भी रहें; आदमी में काम करने की ऊर्जा, उत्साह और जुनून तो होना ही चाहिए। इन्हीं गुणों से वह अपना और अपने परिवार का जीवन बदल सकता है। मेरे मन में व्यापार विस्तार का विचार प्रगति से जुड़ा था।

इस बार हमें वीरजीभाई की कमी महसूस हो रही थी। वह मेरे और भगवानभाई के बीच चर्चा में अपनी राय देते थे। हम तीन पार्टनर थे, इसलिए दो लोगों की सहमति से ही फैसला लिया जा सकता था। एक दिन मैंने भगवानभाई से फिर प्यार से कहा, 'देखिए भाई, बिजनस में कैसे आगे बढ़ना है, इस पर हमारे विचार अलग-अलग हैं। इसलिए मुझे लगता है कि हमें विनम्रता से अलग हो जाना चाहिए। हमारा बिजनस तो अच्छा ही चलने वाला है। व्यावहारिक दृष्टिकोण से आइए साझेदारी को खत्म कर दें ताकि कोई भी इसे वैसा कर सके, जैसा वह करना चाहते हैं।' भगवानभाई मेरी बात से सहमत हो गए।

हमारे अलग होने की खबर से हीरा उद्योग जगत में शोक की लहर दौड़ गई। लोग इस बात से हैरान थे कि गोविंदभाई और भगवानभाई बहुत मेलजोल से

कारोबार चलाते हैं, वे अलग कैसे हो सकते हैं? कुछ लोगों को हमारे बिजनस पर भी शक हुआ कि जरूर अंदर-ही-अंदर कुछ उथल-पुथल चल रही होगी, नहीं तो अचानक ऐसा कैसे हो सकता है? लोगों की जुबान पर ताला नहीं लगाया जा सकता। डायमंड सर्कल और पटेल समुदाय में भी हमारे कई शुभचिंतक थे। श्री वालजीभाई केसरी, श्री बच्चूभाई देसाई, श्री विट्ठलभाई लिंबाचिया आदि को यह 'खाया-पिया कुछ नहीं, गिलास तोड़ा बारह आना' पसंद नहीं आया। उन्हें लगा इसमें कौन-सी नई बात है? व्यापार या दोस्ती में ऐसा होना स्वाभाविक है। वे हम दोनों से मिले। मैंने और भगवानभाई ने कहा कि ऐसा कोई गंभीर कारण नहीं है। हमारे बीच कोई झगड़ा या पूर्वाग्रह नहीं है। लड़ाई का तो सवाल ही नहीं उठता। बच्चूभाई ने कहा, 'तो, बहुत अच्छा!' वालजीभाई ने फिर कहा, 'इतनी अच्छी बात है और फिर भी आप अलग होने की बात कर रहे हैं तो हम आपके कार्यालय के बाहर बैठेंगे और आपके फैसले के खिलाफ अनशन करेंगे।' भगवानभाई और मैंने कहा, 'हमें कुछ समय दीजिए, हम पुनर्विचार करेंगे।' इस पर सब चले गए। हम दोनों कमरे में बैठे और हमने अपने बीच असहमति के बिंदुओं को सूचीबद्ध किया। मैंने भगवानभाई से कहा, 'हम दोनों ही सब कुछ ठीक से समझ लें। देखते हैं कि किन चीजों को पूर्ववत् चालू रखा जा सकता है, कौन-सी बातें ऐसी हैं, जिन्हें बदला जाना चाहिए।' घंटों बाद हमने अपने निर्णय की घोषणा की कि हम अगले पांच वर्षों तक अलग नहीं होंगे।

अगले पांच वर्ष के बाद यानी 1995 हमारी साझेदारी के पच्चीस वर्ष पूरे होने का 'रजत जयंती' वर्ष था। हमने इसे अपनी रिवरव्यू फैक्ट्री में मनाया। एक साधारण उत्सव में हमने प्रसिद्ध लोकगायक और 'डायरो' (लोक-साहित्य, लोकगीत का कार्यक्रम) के प्रणेता भीखुदान गढ़वी को आमंत्रित किया। SRK के साथ प्रत्यक्ष या परोक्ष किसी भी तरह से जुड़े सभी शुभचिंतकों एवं SRK परिवार के लिए एक सुन्दर प्रीतिभोज का आयोजन किया गया। अगले दिन, हमारे तीन साझेदार परिवारों का एक स्नेह मिलन आयोजित किया गया। विट्ठलभाई लिम्बाचिया और मनजीभाई खाखरिया को भी आमंत्रित किया गया जो हमारी अब तक की व्यावसायिक यात्रा के गवाह और शुभचिंतक रहे थे।

परिवार में किसी को इस बात का एहसास नहीं हुआ कि हम अब पार्टनर के रूप में अलग हो रहे हैं। अब हमारी 25 साल की साझेदारी खत्म होने वाली थी। मन में उदासी थी, गले में बोझ भी लग रहा था। अलग होना किसे पसंद है? फिर भी आपसी सौहार्द और सद्भावना बरकरार थी और यही हमारी पूंजी थी।

मैंने अपने मन की बात कही, 'परिवार के सभी सदस्यों, हमारी कंपनी ने पच्चीस वर्षों में अविश्वसनीय प्रगति की है। हमारे तीनों साझेदारों की अगली

पीढ़ी अब व्यवसाय संभालने के लिए तैयारी कर रही है। वीरजीभाई के दोनों बेटे विनोदभाई और रमेशभाई अपने व्यवसाय को बनाए रखने और विकसित करने में अत्यधिक कुशल हो गए हैं इसलिए अब हमारे लिए स्वेच्छा और प्यार से अलग होने का समय आ गया है।'

फिर भगवानभाई खड़े हुए और बोले, 'हम व्यावसायिक साझेदारियां तोड़ रहे हैं लेकिन पारिवारिक संबंधों के जरिए जुड़े रहेंगे। इतना ही नहीं, हम कच्चे हीरे भी मिलकर खरीदेंगे। हम यह क्यों नहीं सोचते कि अब हम एक नहीं बल्कि तीन कंपनियों में काम करेंगे? हीरा उद्योग पर हमारी पकड़ बढ़ेगी। जब हम ब्रेकअप करते हैं तो किसी को यह नहीं सोचना चाहिए कि हमारे बीच कोई समस्या, संघर्ष या मतभेद है। हम सभी को विकास के लिए जगह देने के लिए अलग होते हैं।' हमारी बातें सुनकर परिवार के लोग भावुक हो गए, कई लोग रोने लगे, हमने उन्हें समझाकर शांत किया।

अगले दिन जब हम साझेदारी के बंटवारे के लिए कार्यालय में बैठे तो मैंने आपसी प्रेम और सम्मान के साथ हमारी सबसे अच्छी जगह – रिवरव्यू फैक्ट्री वीरजी भाई के बेटों को देने का प्रस्ताव रखा, भगवानभाई भी सहमत हो गए। लेकिन वीरजी भाई के बेटे विनोद और रमेश ने इस प्रस्ताव का विरोध करते हुए कहा, 'हम अभी छोटे हैं, हम एक नया व्यवसाय शुरू कर सकते हैं लेकिन भगवान काका के लिए नई फैक्ट्री शुरू करना मुश्किल हो जाएगा। इसलिए हमें रिवरव्यू फैक्ट्री उन्हें दे देनी चाहिए।' सभी की भावनाएं एक-दूसरे के प्रति सद्भावना की पराकाष्ठा पर थीं। प्रत्येक साथी दूसरे को देकर खुश रहने में विश्वास करता था। यह हमारी सबसे बड़ी कमाई और सबसे बड़ा मुनाफा था, वरना साझेदारी के बंटवारे के समय साझेदारों में लड़ाई भी हो जाती है। एक कड़वाहट और गुस्सा बचा रह जाता है कि किसी को उसका उचित हिस्सा नहीं मिला कि दूसरों ने बहुत ज्यादा ले लिया और मेरे साथ अन्याय किया। लेकिन हमारे मामले में माहौल बिल्कुल विपरीत था। हर कोई दूसरों को सर्वोत्तम चीज देने की होड़ में था। इसी का नाम है – संस्कृति और सभ्यता!

इस तरह, भगवान भाई ने रिवरव्यू फैक्ट्री रखी। विनोद और रमेश ने वेडरोड पंडोल और पजवा विस्तार गोतालावाडी की फेक्ट्रियां रखीं। शेष दो फैक्टरियां मैंने हाट फलिया और कतारगाम रोड पर रखीं। अब ब्रांड नाम का प्रश्न उठ खड़ा हुआ क्योंकि एक ही कंपनी से तीन ब्रांड बनाए गए थे। 'श्री रामकृष्ण एक्सपोर्ट्स' का नाम कौन मिटने देगा? सभी इस बात पर सहमत थे कि सालों पुराना ब्रांड गोविंद काका के पास ही रहना चाहिए। मैंने भी दरियादिली दिखाई और कहा, 'अगर आप मुझसे ब्रांड बनाए रखने के लिए कहेंगे तो इससे मुझे फायदा होगा, इसलिए मैं आप दोनों को एक करोड़ रुपए दे रहा हूं। यदि आप इस ब्रांड को रखना चाहते

हैं तो आप पचास लाख का ही भुगतान करें।' भगवानभाई को यह उचित नहीं लगा क्योंकि वास्तव में कोई कुछ लेना नहीं चाहता था। उन्होंने कहा, 'गोविंदभाई, आप श्री रामकृष्ण नाम रख लें, हमें पैसा नहीं चाहिए।' हमने इस पर शांतिभाई मेहता की सलाह ली। उन्होंने ब्रांड-वैल्यू का मूल्य पचास लाख रुपए रखा जबकि मैंने एक करोड़ की पेशकश की थी! यह ईश्वर की कृपा नहीं तो और क्या है!

अध्याय-5

ऊर्ध्वगमन

नाभिषेको न संस्कारः सिंहस्य क्रियते मृगैः।
विक्रमार्जितराज्यस्य स्वयमेव मृगेन्द्रता।।

शेर को जंगल का राजा घोषित करने के लिए किसी औपचारिक राज्याभिषेक समारोह की आवश्यकता नहीं होती है। सिंह अपने गुणों और पराक्रम के कारण स्वयं ही राजा होता है।

(हितोपदेश, सुहृदभेद- 2, श्लोक 19)

हमारे पुराने साथी भगवानभाई और वीरजीभाई के परिवार की पीढ़ियां अब स्वतंत्र रूप से अपना व्यवसाय चलाने में सक्षम हैं। अब यह सोचना है कि हीरा उद्योग के वैश्विक प्रवाह से भारत को कैसे लाभान्वित किया जाए। स्व-संचालित पेशेवरों ने बड़े जोखिम लेने के साहस और सहनशक्ति के साथ ही प्रगति की है।

5 अप्रैल, 1995 को मैं आखिरी बार अविभाजित कंपनी के कार्यालय गया था। अगले दिन से मैंने 'श्री रामकृष्ण एक्सपोर्ट्स' का कार्यभार संभाला। भगवानभाई ने हमारे तीन साथियों के नाम के पहले अक्षर लिए और उनका नाम 'भार्गोवी' (भा-र-गो-वी) रखा। इसलिए विनोद-रमेश ने अपने परिवार के नाम पर 'गोधाणी जेम्स' नाम रखा। उनके साथ उनके चचेरे भाई बाबूभाई, मनोजभाई, हितेशभाई और अनिलभाई भी शामिल हुए।

मेरे परिवार से मेरा छोटा भाई अरजनभाई, मेरा भतीजा राहुलभाई और भांजा जयंतीभाई मेरे साथ श्री रामकृष्ण कंपनी में शामिल हुए। व्यवसाय में कोई भी व्यक्ति कभी भी स्वतंत्र नहीं होता। हमें एक दूसरे पर भरोसा करना पड़ता है, हमारी जड़ें ही नहीं हमारी शाखाएं भी एक दूसरे पर निर्भर होती हैं।

भगवान की कृपा से मुझे सत्संग से सकारात्मकता मिली जिसके चलते मैं अपने हीरे के कारोबार को बहुत शांति से समझ सका। मैंने व्यापार में मिले पैसे या प्रभाव और प्रतिष्ठा को स्वयं पर हावी नहीं होने दिया लेकिन मैं अधिकाधिक सक्रिय होने और व्यवसाय में नई चीजें सीखने की प्रवृत्ति व तत्परता के साथ आगे बढ़ना चाहता था।

कारखाने के लिए कतारगाम रोड पर पजवा मोहल्ला में एक नई चार मंजिला इमारत का निर्माण किया गया और वह अद्यतन तकनीक की लेजर मशीनों और कंप्यूटर आधारित प्रबंधन प्रणाली से सुसज्जित थी। इसकी वजह से काम के दायरे और स्थान में वृद्धि हुई। यह इमारत 1200 हीरा कारीगरों और 500 अन्य कर्मचारियों को समायोजित करने के लिए बनाई गई थी। हमने इसका नाम 'श्री रामकृष्ण कॉम्प्लेक्स' रखा। इसका उद्घाटन 16 अप्रैल, 1997 को रामनवमी के शुभ दिन पर DTC ब्रोकर मार्क बोस्टन, शांतिभाई मेहता, नवीनभाई मेहता, अनूपभाई मेहता और रूपेनभाई भंसाली जैसे गणमान्य व्यक्तियों की उपस्थिति में किया गया था। इसमें मुंबई से आए पचास से अधिक मेहमान, स्थानीय नेताओं की बस भर सवारियां मौजूद थीं। एक भव्य रात्रिभोज और सांस्कृतिक कार्यक्रम भी आयोजित किया गया। सूरत पुलिस आयुक्त श्री पी.सी पांडे के साथ कई अन्य अधिकारी और गणमान्य व्यक्ति भी इसमें शामिल हुए।

मैंने अपने कर्मचारियों के साथ कुछ समय बिताने की आदत बना ली है जिससे मुझे उन्हें समझने का मौका मिले। हमने एक ट्रेनिंग सेंटर SRK इंस्टिट्यूट आफ डायमंड्स (SRKID) भी स्थापित किया है, मुझे खुशी है कि इसमें हजारों रत्न कलाकार ने प्रामाणिक और सैद्धांतिक प्रशिक्षण प्राप्त किया है।

मुझे हमेशा लगता है कि हर किसी के पास करने के लिए कुछ नई सोच, नई सृजनात्मकता होती है और अगर इसे तराशा जाए और बढ़ने के लिए माहौल दिया जाए तो वह कंपनी को सफलता के शिखर पर स्थापित कर सकते हैं। मैंने अपने SRK कर्मचारियों से हमेशा कहा है कि आप जीवन में कुछ भी करें, प्रतिस्पर्धा का सामना तो करना ही पड़ेगा लेकिन उस चुनौती को अवसर में बदल दें। इसलिए अपने प्रतिस्पर्धियों के कौशल को मापते रहें, अपनी व्यावसायिक क्षमता को विकसित करें, अपने ब्रांड, मूल्यों और बाजार रणनीति का पुनर्मूल्यांकन करते रहें, स्वस्थ प्रतिस्पर्धा करें लेकिन प्रतिद्वंद्वी को नीचे न गिराएं।

मेरे मित्र धीरजलाल कोटडिया ने माइंड पावर मोटिवेटर और लेखक डॉ. जितेन्द्र अढ़िया से मेरा परिचय करवाया। मैंने उन्हें हमारे परिवार और SRK कर्मचारियों के प्रशिक्षण के लिए आमंत्रित किया। हम जैसे हीरे को घिसकर आकर्षक और मूल्यवान बनाते हैं, वैसे ही हम अपने कर्मचारियों के व्यक्तित्व को

निखारने के अवसरों की तलाश में रहते हैं। ऐसे ही एक और प्रसिद्ध विद्वान हैं डॉ. बी.एन दस्तूर, वे भी हमारे साथ जुड़ गए हैं। उन्होंने मानव संसाधन प्रबंधन व मानव संसाधन विकास के नए मार्ग बताए। इसके अलावा हमने ऐसे प्रेरकों की एक सूची तैयार की है और समय-समय पर SRK कर्मचारियों के साथ बातचीत, प्रशिक्षण कार्यक्रम, निदर्शन आदि आयोजित करते रहते हैं। इस टीम में शामिल हैं, श्री देवराजभाई चौधरी श्री सुरेशभाई प्रजापति, श्री मृणाल शुक्ल आदि। मेरा दृढ़ विश्वास है कि प्रेरक व्याख्यान, भाषण, वार्ता किसी भी संगठन के सदस्यों, कर्मचारियों के लिए आवश्यक हैं। हमारे SRK के एच.आर. मैनेजर नीरव मंदिर ने भी इस परंपरा को कायम रखा है।

सवजीभाई के नाम से सूरत के क्षितिज पर एक और सितारे का उदय हो रहा था। मेरे दादा कांजीदादा के चार बेटे थे, मेरे पिताजी लालजीदादा और उनके तीन बड़े भाई नारायणदादा, रवजीदादा और रुडादादा। कांजीदादा ने अपनी जमीन इन चारों बेटों के बीच बांट दी। रुडादादा को लाठी गांव की, रवजीदादा को प्रतापगढ़ गांव की और नारायणदादा और मेरे पिता लालजीदादा को दुधाला की जमीन मिली। नारायणदादा के तीन बेटे वेलजीभाई, डायाभाई और धनजीभाई। नारायणदादा कहा करते थे, 'बेटा, तुम्हें नियमित रूप से मंदिर जाकर वचनामृत और भागवत का पाठ करना चाहिए।' वेलजीभाई के चार बेटे थे जिनमें सबसे बड़े ठाकरशीभाई की मोटरसाइकिल दुर्घटना में मृत्यु हो गई थी। बाकी तीन सूरत में अच्छी तरह से बसे हुए हैं। डायाभाई के चारों बेटे और धनजीभाई के भी चारों बेटे सूरत के हीरा उद्योग में स्थापित हैं, उनमें से एक सवजीभाई हैं। उन्होंने भी अपनी प्राथमिक शिक्षा अधूरी छोड़ दी थी और मेरी तरह हीरा घिसने के लिए सूरत आ गए। 1995 से पहले उनकी अपनी छोटी-सी यूनिट थी। फिर उन्होंने 'हरिकृष्ण एक्सपोर्ट' नाम से एक कंपनी शुरू की। सवजीभाई कच्चे हीरे खरीदने में हमारी सहयोगी कंपनियों 'SRK', 'भार्गोवी' और 'गोधाणी जेम्स' में शामिल हो गए और हमारी चार कंपनियों की 'यूनिटी' बन गई।

मुन्नाभाई के नाम से ख्यातिलब्ध श्री आशितभाई मेहता द्वारा एंटवर्प में संचालित कंपनी 'आर्जव डायमंड' से हम कच्चे हीरे खरीदते थे। 1997 में एंटवर्प की हमारी यात्रा के दौरान एक बार मुन्नाभाई से मेरी दोस्ताना बातचीत हुई थी। उन्होंने कहा, 'गोविंदभाई, आपकी 'यूनिटी' बहुत बड़ी है। अब आप छोटे आकार के हीरे के कारोबार में एक बहुत ही कुशल और सफल उद्यमी हैं। आप एक कैरेट के कच्चे हीरे से 10 से 100 हीरे बनाने में बहुत माहिर हैं, अब आप बड़े आकार के हीरे पर अपना हाथ आजमाएं। उन्होंने कहा, 'फायदा आपका, नुकसान मेरा।' उनकी बात से मैं थोड़ा उत्साहित हुआ।

मुन्नाभाई की सलाह के अनुसार हमने उनसे बड़े हीरे खरीदे और उन्हें अपने हिसाब से बनाया। इस तरह हम बड़े हीरों के दो लॉट जल्दी बेचने में सफल रहे और अच्छा मुनाफा कमाया। तीसरे लॉट के लिए लगभग एक सप्ताह बीत गया लेकिन कोई खरीदार नहीं आया। बड़ी रकम हमने ब्लॉक कर दी थी। इसलिए हमें इस बड़े हीरे के माल को जो भी कीमत मिले, उसे बेचकर निपटाना पड़ा। हमारी 'यूनिटी' की चारों कंपनियां इससे बाहर हो गईं लेकिन हमें दो करोड़ रुपए का नुकसान भुगतना पड़ा। हमें लगा कि मुन्नाभाई क्या ''फायदा आपका, नुकसान मेरा' वाली अपनी बात पर अड़े रहेंगे? अब वे कहेंगे कि बड़े हीरे के मुनाफे के लालच में तुमने उसकी कट कमजोर कर दी होगी। मुन्नाभाई कहेंगे कि यह तो तुम्हारी गलती है, मैं इसकी कीमत क्यों चुकाऊं?

मैंने सोचा कि इस नुकसान के लिए भले ही हमारी गलती हो, हमें मुन्नाभाई को इसके बारे में सूचित तो करना चाहिए, जो होगा देखा जाएगा। यही सोचकर हम अपने 'यूनिटी' दोस्तों के साथ एंटवर्प गए। हमें यह देखकर बहुत आश्चर्य हुआ कि मुन्नाभाई ने बिना किसी हिचकिचाहट के दो करोड़ का नुकसान अपने सर उठा लिया। एंटवर्प में जो हम मानसिक दबाव लेके गए थे, वह मुन्नाभाई ने दूर कर दिया था। उन्होंने कहा, 'बड़े हीरे का कारोबार एक बड़ा खेल है और किसी भी बड़े कारोबार को इस तरह के नुकसान होने के कारण नहीं छोड़ना चाहिए!' अगर हमने यह काम छोड़ दिया तो भारत में बड़े हीरों का व्यापार व्यापक रूप से कभी भी बढ़ नहीं पाएगा और बेल्जियम तथा इज़राइल का एकाधिकार हमेशा के लिए बना रह जाएगा। उन्होंने मुझसे कहा, 'गोविंदभाई, हीरा जगत में आपसे अधिक अनुभवी, निष्ठावान और प्रवीण कोई हो सकता है?'

हम भारत वापस आ गए। हमारी 'यूनिटी' को लगा कि बड़े कच्चे हीरे का काम हमारे बस का नहीं है और इस काम में हाथ डालना हमारे बस की बात नहीं है। ऐसा स्वाभाविक भी था क्योंकि घाटा बहुत बड़ा था। मैं इस निर्णय से नाखुश था, मुझे लगा कि अगर इजराइल, बेल्जियम में कच्चे बड़े हीरे का कारोबार सफल हो सकता है तो मुझे भी ऐसा करने में सक्षम होना चाहिए। यदि मैं ऐसा नहीं कर सकता तो मुझे हीरे का अध्ययन करने वाला कोई क्यों मानेगा?

इस बड़े कच्चे हीरे पर काम करने में पहली असफलता ने मुझे परेशान कर दिया। मैं इसमें सफल क्यों नहीं हो पा रहा हूं? ऐसा क्यों हुआ? हम कहां गलत थे, कहां भूल हो गई? 'यूनिटी' मीटिंग में सबने मिलकर निर्णय लिया, 'अब बड़े हीरों से काम लेने की जरूरत नहीं है।' लेकिन मैंने उस सामूहिक निर्णय को अपने मन में घर नहीं करने दिया। इसके विपरीत मैंने ठान लिया, 'मैं ऐसा करके दिखाऊंगा'।

जैसे-जैसे मैं स्थिति की गहराई में उतरता गया, मुझे सब कुछ समझ आने लगा। मेरे दुधाला गांव से खेतों तक जाने वाली गड्ढों और टीलों वाली उबड़-खाबड़ कच्ची सड़क पर चलने वालों ने अपनी मेहनत से एक अच्छी सड़क बनाई है। उस पुरानी राह पर कौन पहली बार चला होगा? क्या वह कांटों-कंकड़-पत्थरों से टकराया नहीं होगा? क्या वे गड्ढे के कारण गिरे नहीं होंगे? लेकिन इसकी परवाह किए बिना वे चले हैं न? बैलगाड़ियां भी गड्ढे में फंस गई होंगी। लेकिन लोगों ने मुसीबत से निकलने का रास्ता ढूंढ लिया है न?

शुरुआत में परेशानी हर जगह होती है। इससे डरो मत, हारो मत, थको मत। स्वामी विवेकानन्द का प्रेरणादायक कथन मेरे जहन में आया, 'उठो, जागो और तब तक डटे रहो, जब तक लक्ष्य प्राप्त न हो जाए।' हम भी नुकसान के गड्ढे में गिर गए और पहली बार बड़े रफ हीरों में सफलता की राह पर ठोकर खाई। अब इस स्तर पर हमारे सामने एक विकल्प था: इस बड़े हीरे का रास्ता छोड़ें और आसान ज्ञात सफल रास्ते पर चले। पर मैंने अपने आत्मविश्वास के साथ खड़ा होने और अपना रास्ता खुद बनाने का फैसला किया। जब मैंने हीरे का कारोबार शुरू किया तो कुछ भी नहीं था लेकिन मैं लगा रहा और आज इस मुकाम पर हूं। इसलिए अब भी मुझे बड़े हीरे में मिली हार को स्वीकार करके बैठने की बजाए एक नए प्रयास के साथ आगे बढ़ना चाहिए।

संदेह, भय और आशंका तथा दहशत की अंधेरी रात समाप्त हो गई और मेरे अंतर्मन में एक स्वर्णिम सूर्योदय हुआ। अब मुझे खुद को परखना था। मैं खुद से बात कर रहा था। मैं खुद को चुनौती दे रहा था और आखिरकार मैंने भारत में बड़े आकार के हीरों पर काम करने की जिम्मेदारी के साथ चुनौती स्वीकार की। मुझे पीछे क्यों हटना चाहिए? श्रीकृष्ण ने अर्जुन से कहा हैः

सुखदुःखे समे कृत्वा लाभालाभौ जयाजयौ।
ततो युद्धाय युज्यस्व नैवं पापमवाप्स्यसि।।

जय-पराजय, लाभ-हानि, सुख-दुःख को समान समझकर, उसके बाद युद्ध के लिये तैयार हो जा; इस प्रकार युद्ध करने से तू पाप को नहीं प्राप्त होगा।

(श्रीमद् भगवद्गीता अध्याय 2, श्लोक 38)

मुझे भी अर्जुन जेसा ही करना था। बड़े हीरों की कटिंग-पॉलिशिंग की कला में समता के साथ महारत हासिल करनी थी। रात को सोते समय उस बड़े हीरे का विचार मेरा पीछा नहीं छोड़ता था। बिस्तर पर बैठे-बैठे मैंने भारत की शीर्ष दस

प्रमुख हीरा निर्माण कंपनियों की एक सूची तैयार की। हालांकि, मैं उन सभी को जानता था। एक-दो कंपनियों को छोड़कर बाकी कंपनियों के पास कटिंग और पॉलिशिंग में हमारे जितनी दक्षता नहीं थी। अगर वे सफल हो रहे हैं तो मैं क्यों नहीं? मेरे दृढ़संकल्प ने मुझे प्रोत्साहित किया। अगले दिन मैं ऑफिस गया और जयंतीभाई से मिलकर उन्हें बड़े हीरों के क्षेत्र में काम जारी रखने की अपनी इच्छा बताई। हालांकि वे मेरे फैसले के पक्ष में नहीं थे, लेकिन मैं खुद को रोकना नहीं चाहता था। तो जयंतीभाई ने कहा, 'मामा, जैसा आप ठीक समझें वैसा करें।'

मैंने SRK से 20-25 अनुभवी रत्न कारीगरों का चयन किया जिन्होंने मेरी सीधी देखरेख में बड़े हीरों पर काम करना शुरू किया। हीरे तैयार हुए तो उन्हें बिक्री के लिए मुंबई भेजा गया। मैं अभी विचार ही कर रहा था कि हमें कैसे आगे बढ़ना चाहिए, तभी जयंतीभाई के खास दोस्त, धर्मनंदन डायमंड के लालजीभाई पटेल हमारी फैक्ट्री देखने आए। वे बड़े हीरों पर भी काम कर रहे थे। उन्होंने कहा कि फिलहाल बड़े हीरों पर बीस फीसदी का मार्जिन चल रहा है। उस समय हम केवल 5 फीसदी के मार्जिन पर काम कर रहे थे। तुरंत जयंतीभाई ने राहुलभाई को मुंबई कार्यालय में फोन लगाया और उनसे प्रॉफिट मार्जिन को बीस प्रतिशत तक बढ़ाने के लिए कहा। हमें अत्यंत आश्चर्य हुआ, हमारे हीरों का बड़ा भंडार तुरंत बिक गया। अब जयंतीभाई को मेरे फैसले पर संदेह नहीं रहा और उन्होंने अपने मुंह से कहा, 'अब से बड़े रफ हीरे की जिम्मेदारी मैं संभालूंगा।'

जयंतीभाई ने यह बात अपने करीबी दोस्त और बड़े हीरा व्यापारी अंकित जेम्स के अरविंदभाई शाह को बताई और उनसे उन्होंने बड़े हीरों की कटिंग करने के सर्वोत्तम तरीके सीखे। जयंतीभाई का उत्साह देखकर अरविंदभाई ने एक वाक्य में कहा, 'बड़े हीरों की कटिंग और पॉलिशिंग करते समय आपको केवल दो चीजों का ध्यान रखना है - संपूर्णता और समरूपता। मैं आपको एक साधारण उदाहरण से समझाता हूं कि अगर किसी आदमी का शरीर मोटा और लम्बा हो और उसका सिर और पैर छोटे हों तो कैसा लगेगा? अथवा यदि टांगें लंबी और सिर बड़ा हो लेकिन छाती और पेट पतला हो तो कैसा लगेगा? हीरे का भी यही हाल है भाई! हीरे का मथाला, तलिया और धार (सर, पांव और धड़) संतुलित होना चाहिए, तभी इसकी सुंदरता आकर्षक होगी। एक और बात, हीरे का कट इसकी भव्यता में चार चांद लगा देता है।

हमने अपनी चारों कंपनियों की 'यूनिटी' की तत्काल बैठक बुलाकर सभी को सूचित किया कि हम सभी को बड़े हीरे बनाना शुरू कर देना चाहिए क्योंकि बड़े हीरों में मुनाफा अधिक होता है।

उन दिनों मैं सप्ताह में तीन दिन मुंबई और चार दिन सूरत में रहता था। उस रात राहुलभाई और मैं मुंबई में घर पर बैठे खाना खा रहे थे। राहुलभाई ने कहा,

'फिलहाल बड़े हीरों में मुनाफा बहुत ज्यादा है तो चलिए उत्पादन बढ़ाते हैं! बड़े कच्चे हीरे भी आसानी से उपलब्ध हैं। तैयार हीरे भी तुरंत बिक जाते हैं। अब यह सिर्फ प्रोडक्शन की बात है।' मैंने कहा, 'हमें दीवाली तक प्रोडक्शन तीन गुना कर देना चाहिए' तो मानो मुझे चुनौती देते हुए उन्होंने कहा, 'काका, उत्पादन में आपकी निपुणता है। आप किसी से हार माननेवाले नहीं हो! दीवाली अभी डेढ़ महीने दूर है, हम तब तक बड़े हीरों का उत्पादन तीन नहीं, बल्कि चार गुना बढ़ा दें तो? वर्तमान समय हर प्रकार से अनुकूल है।' ऐसे ही उत्साह से उन्होंने रात के दो बजे मुझसे पूछा, 'आप मुंबई में कितने दिन रुकने वाले हैं?' मैंने कहा, 'तीन दिन' तो उन्होंने कहा, 'इन तीन दिनों तक यहां मत रहिए, सूरत जाकर उत्पादन बढ़ाने की कोशिश में लग जाइए।'

रात में राहुल भाई से चर्चा के अनुसार ही सुबह छह बजे रवाना होने वाली शताब्दी एक्सप्रेस ट्रेन से साढ़े नौ बजे सूरत उतरा और सीधे ऑफिस चला गया। मैंने जयंतीभाई को फोन किया और बड़े कच्चे हीरे पर काम कर रही टीम के साथ बैठक की। इस टीम में छोटे हीरों पर काम करने वाले कुछ कुशल कारीगर भी शामिल थे। सभी के काम के घंटे बढ़ा दिए गए। हम उत्साह और उमंग से गदगद थे। दीवाली से कुछ दिन पहले हमने बड़े हीरों का बड़ा स्टॉक बिक्री के लिए बाजार में भेज दिया सारा सामान तुरंत बिक गया। हमें ग्राहकों से अभूतपूर्व प्रतिक्रिया मिली थी। धनतेरस के दिन हमने हिसाब लगाना शुरू किया कि पिछले पचास दिनों में हमने कितना काम किया? मैंने देखा कि मुझे चार गुना काम करना था, इसकी बजाय मैं आठ गुना काम करने में सक्षम रहा। हममें उत्साह और समर्पण न होता तो हम इतना बड़ा काम नहीं कर पाते। स्वाभाविक रूप से उसका मुनाफा भी पूरे साल के काम के मुनाफे के करीब आ गया। हमारा मनोबल भी काफी बढ़ा और हमारा मानसिक और वैचारिक मुनाफा इन वित्तीय लाभों से कहीं अधिक था।

दीवाली आ गई, रोशनी जलाई गई, अंधेरा दूर हो गया, पटाखे खुशियां फैला रहे थे। बाहर ही नहीं, दिलो में भी आनंद और उत्साह का प्रकाश फैला था। असफलता, अवसाद, भय, पीछे हटने का अंधकार जो पहले बड़े हीरे को लेकर मन में घर बना चुका था, उड़ गया। दिल में दृढ़ता और पुरुषार्थ की रोशनी चमक उठी। चुनौती पर नियंत्रण पाने के बाद हमारे प्रण मजबूत हुए, जयंतीभाई कंपनी की रिपोर्ट लेकर आए। हृदय के दीपक की रोशनी भी उनके चेहरे पर चमक रही थी। उन्होंने कहा, 'हमारी कंपनी अब बड़े हीरों के क्षेत्र में भी दुनिया की पहली पंक्ति की कंपनी बनने की राह पर है मामा!' मैंने अपनी आंखें बंद कर लीं और भगवान से प्रार्थना की। जयंतीभाई के उत्साह को रोकते हुए मैंने कहा, 'मुन्नाभाई को एंटवर्प फोन करो, बात करते हैं, वे बहुत खुश होंगे।'

बेटी मीनाक्षी जब युवावस्था की दहलीज पर पहुंची तब चंपा बहुत उत्सुक हो गई। एक दिन विट्ठलभाई लिंबाचिया, मथुरभाई सोजित्रा के बेटे अनिल का प्रस्ताव लेकर आए। मैं मथुरभाई को मीनाक्षी के जन्म के पहले से जानता था। वे अपने तीन भाइयों- नागजीभाई, कांतिभाई और बालूभाई के साथ 1968 में व्यापार के सिलसिले में सौराष्ट्र से सूरत आए। मथुरभाई और नागजीभाई ने 1988 में 'मणि एक्सपोर्ट' नाम से डायमंड कंपनी शुरू की। अनिल और उनके दो भाई- अल्पेश और चेतन अपने पिता के साथ काम में शामिल हुए। मुझे इस बात की बहुत चिंता थी कि मेरी आंखों का तारा बेटी मीनाक्षी शादी के बाद किसी दूसरे शहर, यहां तक कि मुंबई भी न चली जाए। इसलिए मुझे उसके लिए अनिल का रिश्ता जंच गया। 25 मार्च, 1996 को जब मीनाक्षी किशोरी थी, तभी अनिल से उनका रिश्ता तय हो गया, साथ ही उसी समय शादी करने का फैसला भी हो गया। मीनाक्षी की करीबी सखियों ने उनसे पूछा, 'क्या आप जानती हैं कि आपके पिता ने आपके लिए कौन-सा लड़का चुना है? क्या आपको इसके बारे में कुछ पता है?' मीनाक्षी ने कहा, 'मेरे पिता ने भी शादी से पहले मेरी मां को न तो देखा था और न ही जानते थे। अफसोस, कभी उनसे बात तक नहीं की। मुझे उनका दाम्पत्य जीवन सुखी एवं प्रशंसनीय लगता है। माता-पिता का आशीर्वाद ही ऐसा है, मुझे और क्या देखना है?'

मीनाक्षी की शादी का समय नजदीक आ गया। हमने धोलकिया फार्म, कतारगाम में संगीत संध्या कार्यक्रम का आयोजन किया। खेत पर हमने सौराष्ट्र का अपना पैतृक गांव दुधाला बसाया। श्रेयांस बहुत खुश था। उसने कहा, 'मैं मुंबई से म्युज़िक आर्टिस्ट किशोर मनराजा और बैंबू बीट्स ऑर्केस्ट्रा को बुलाऊंगा और गरबा डांस पार्टी रखूंगा।' उनकी बहन श्वेता ने भी इस प्रस्ताव में सम्मति दी। बच्चों की खुशी के लिए मैंने इस छोटे-से संगीत-गरबा आयोजन को सहर्ष स्वीकार कर लिया। मुंबई का मशहूर म्युजिकल ऑर्केस्ट्रा बैंबू बीट्स पहली बार सूरत आया। 4 दिसंबर, 1998 को शादी हुई। विवाह समारोह अठवालाइन्स के ग्रीन लॉन पर आयोजित किया गया था। खानपान के लिए मुंबई से स्वाति स्नैक्स को बुलाया गया था। मेहमानों और परिवार के सदस्यों ने पूरे विवाह समारोह का भरपूर आनंद लिया।

बाहर की धूमधाम और सुंदर भव्य सजावट में सभी लोग खुशी से जश्न मना रहे थे। लेकिन अंदर-ही-अंदर मैं अपनी बेटी के कन्यादान की तड़प महसूस कर रहा था। प्यारी बेटी मीनाक्षी की हंसी-ठिठोली, उसकी बचपन की बोली, घर में गूंजती उसकी आवाज... अब तो सब चला जाएगा। 'बेटी पराये घर चली जाएगी' - इस बात का दर्द जैसे दिल में बस गया। इसके बिना घर और मेरा जीवन एक दुस्वप्न होगा। कलेजे का एक टुकड़ा हमसे छिन जाएगा, इस बात से मेरा परिवार, मैं और चंपा कांप उठे थे। मनुष्य कितना भी कठोर हृदय क्यों न हो, कन्या की विदाई का पल बहुत मार्मिक और हृदयस्पर्शी होता है।

शादी का कार्यक्रम बहुत धूमधाम से संपन्न हुआ। लेकिन मैं मीनाक्षी की शादी के मौके पर समाज में शिक्षा और स्वास्थ्य के लिए कुछ करना चाहता था। गरीबों और जरूरतमंदों की मदद के लिए 1990 में 'श्री रामकृष्ण वेलफेर ट्रस्ट' की स्थापना की गई थी जिसके अंतर्गत एक 'रीलीफ सेंटर' स्थापित किया गया। मैंने अपने सूरत आवास के दौरान इस 'रिलीफ सेंटर' पर हर सुबह साढ़े नौ से लेकर साढ़े दस बजे तक बैठने का नियम बनाया और जितना संभव हो सके लोगों की समस्याएं सुनने का संकल्प लिया। उन शुरुआती दिनों से लेकर आज तक यह 'रिलीफ सेंटर' अविरत गति से काम में जुटा है।

पूज्य डोंगरेजी महाराज कहते थे, 'जब समय अनुकूल हो तो खूब उपयोग करो,' इसी रिलीफ सेंटर में मुझे जरूरतमंदों के संघर्ष को कम करने में सफलता मिली। मैंने अपने 'रिलीफ सेंटर' के सुचारू संचालन के लिए स्वयंसेवकों को प्रशिक्षित किया है, ताकि जरूरतमंदों को समय पर मदद मिल सके। मैं ऐसे लोगों की न केवल आर्थिक मदद कर रहा हूं, बल्कि उन्हें अपना समय भी दे रहा हूं। बहुत लोग ऐसे होते हैं जिन्हें महज आर्थिक मदद की जरूरत नहीं होती, कभी-कभी सलाह और सहानुभूति की भी जरूरत होती है। मेरा मानना है कि यह मेरा सामाजिक ऋण है। भगवान ने मुझे जो दिया है, मैं उसे समाज को 'वापस' लौटाऊं। इस केंद्र में हजारों लोगों के दर्द और पीड़ा को सुनकर ह्रदय द्रवित हो जाता है। अक्सर आंखों में आंसू आ जाते हैं। उनके कष्टों को दूर करने का एक छोटा-सा साधन बनकर मुझे अपना जीवन धन्य लगता है।

मेरा मानना है कि लोगों की भलाई या अच्छाई उनके पारिवारिक जीवन पर निर्भर करती है। परिवार में बड़ों का सम्मान, परस्पर आदर और स्नेह, रिश्तों में अनुशासन और सद्भाव ही व्यक्ति को सज्जन बनाते हैं। हर किसी को दूसरों के विचारों को सुनना - समझना चाहिए और जो उचित हो उस पर अमल करना चाहिए। मैंने परोपकार को व्यवसाय के साथ जोड़ने का निर्णय लिया ताकि मेरी आने वाली पीढ़ी भी इसे समाज के प्रति अपने ऋण के रूप में स्वीकार करके जारी रख सके। हम सूरत में 1912 में स्थापित एक शैक्षणिक सस्थान सार्वजनिक - एजुकेशन सोसाइटी - के व्यवस्थापक मंडल द्वारा कंप्यूटर विज्ञान और जैव-प्रौद्योगिकी कॉलेज की स्थापना करने में सहभागी बने।

15 अगस्त, 2008 को तत्कालीन मुख्यमंत्री श्री नरेंद्रभाई मोदी ने सार्वजनिक एजुकेशन सोसाइटी के परिसर में बने एक सुंदर शैक्षणिक भवन, 'श्री रामकृष्ण इंस्टिट्यूट ऑफ कंप्यूटर एजुकेशन एंड एप्लाइड साइंसेज' कॉलेज का उद्घाटन किया। कॉलेज वर्तमान में कंप्यूटर साइंस, माइक्रोबायोलॉजी और बायोटेक्नोलॉजी में स्नातक और स्नातकोत्तर डिग्री पाठ्यक्रम चलाता है। SRK के सहयोग से एक बड़ी तिमंजिला इमारत में संपूर्ण शैक्षणिक सुविधाओं से सुसज्जित आधुनिक कॉलेज बनाया गया है।

रूस महान विविध भौगोलिक विविधता वाला देश है। रूस ने 1992 से हीरा बाजार में प्रवेश किया। कच्चे हीरे की खोज 1949 में रूस के साइबेरिया प्रांत पश्चिमी याकूतिया में हुई थी। 1954 तक, पहले किम्बरलाइट पाइप – जर्निष्ता (रूसी– 'गर्म प्रकाश') की खोज की गई जिससे रूसी कच्चे हीरे को डी बियर्स कॉर्पोरेशन के साथ एक अनुबंध के तहत विश्व हीरा बाजार में प्रवेश करने की अनुमति मिली लेकिन सोवियत संघ (USSR) के 1991 में पतन के बाद रूसियों ने मुक्त बाजार में व्यापार किया।

फरवरी, 1992 में रूसी राष्ट्रपति के कानूनी उत्तराधिकारियों ने अलरोजा नामक एक निजी संयुक्त स्टॉक कंपनी की स्थापना की। जब अलरोजा के अधिकारियों ने एंटवर्प में अपना कार्यालय खोला तो मैंने उनसे मुलाकात की। मैं उनकी दूरदर्शिता और योजना से प्रभावित था। उसके बाद, दिसंबर, 1996 में मैं लॉस एंजिल्स (USA) में व्यापार कर रहे प्रफुल्लभाई पटेल के साथ मॉस्को (रूस) गया। हमने दिल्ली से ऐरोफ्लोट की उड़ान ली। मॉस्को में हमें एडुआर्ड 'एडिक' वादिमोविच लेने आए जो हमें अलरोजा कंपनी में ले गए। एडिकभाई आर्मेनियाई मूल के थे। वे पूर्व सोवियत गणराज्य के सबसे छोटे राज्य के दक्षिण काकेशस पर्वत क्षेत्र के मूल निवासी हैं। एडिकभाई केवल रूसी जानते थे, इसलिए एक रूसी महिला इसका अंग्रेजी में अनुवाद करती थी और प्रफुल्लभाई को बताती थी और प्रफुल्लभाई मुझे गुजराती में समझाते थे। इस तरह हमारी बातचीत चलती रही। हालांकि व्यवसाय पर चर्चा करने और सामान्य बातचीत करने का यह आदर्श तरीका नहीं है, फिर भी मैंने इसे स्वीकार किया। कुछ समय बाद एडिक को यह ज्यादा पसंद नहीं आया और वह भी चिढ़ गए। दूसरे द्वारा किए गए अनुवाद से कितना कुछ समझा जा सकता है? मुझे यह विश्वास को गया था कि एडिक की रुचि व्यवसाय में है। इसलिए अलरोजा के साथ काम करने के लिए उन्हें मास्को में हमारे प्रतिनिधि के रूप में नियुक्त करने का निर्णय लिया गया।

बातचीत के दौरान उपजे तनाव को कम करने के लिए एडिक ने कुछ और बातें कहीं। उन्होंने कहा, 'मेरा नाम एडिक है, जिसका अर्थ है अमीर रक्षक।' एडिक भाई मॉस्को में ही रहते थे इसलिए उन्होंने हमें खाने पर भी बुलाया।

एडिक ने पत्नी का परिचय 'महल की रानी' के रूप में कराया। उसका नाम ओल्गा कोन्स्टेंटिवाना था। मैं समझ गया कि ओल्गा श्रीमान कॉन्स्टेंटाइन की बेटी हैं। 'ओल्गा' का अर्थ है 'पवित्र कृपावान'। एडिक जो पहले बातचीत के दौरान थोड़े चिढ़ गए थे, अब बहुत शांति से, धीमी आवाज में कह रहे थे, 'यह सुनकर कि आप आ रहे हैं और आप केवल शाकाहारी हैं, मेरी पत्नी ने एक किताब पढ़कर शाकाहारी व्यंजन तैयार करने की कोशिश की है।'

उस भद्र महिला ने हमारे लिए 'सेवेन कोर्स' डिनर तैयार किया था। हम इस 'सेवेन कोर्स' डिनर विधि से परिचित नहीं थे इसलिए हमने शुरुआत में दिए गए स्टार्टर से ही अपना पेट भर लिया। इसके बाद शराब परोसी गई। चूंकि मैं शराब नहीं लेता, इसलिए मुझे कोकाकोला और टोस्ट दिया गया, उसके बाद कई व्यंजन दिए गए। बड़े उत्साह से हमें खाना परोस रही महिला को देखकर मुझे अचानक लेडी मरीना की याद आ गई। वर्षों पहले मैंने सूरत के गुलाम मोहल्ले में डच-आर्मेनियाई कब्रिस्तान में लेडी मरीना की कब्र देखी थी। क्या ये वही लोग होंगे? मेरे शरीर में एक सिहरन-सी दौड़ गई।

प्रत्येक कोर्स के बाद वे एक टोस्ट देते हैं और उत्साह बढ़ाते हैं, फिर आपको खड़ा होना होता है और एक कहानी, एक मजेदार चुटकुला या कुछ ऐसा सुनाना होता है, जिससे हर कोई हंस सके। हमारा रात्रिभोज तीन घंटे तक चला! रात 11 बजे एडिकभाई ने जिद्द की कि अब हम होम थिएटर में राजकपूर की फिल्म 'मेरा नाम जोकर' देखेंगे। उनके पास राज कपूर की फिल्मों का कलेक्शन था। इतने प्यारे मेजबान के घर से अवज्ञापूर्वक बाहर आना हमारे लिए कठिन था।

अगले दिन 11 बजे हम अलरोजा के ऑफिस गए और वहां कच्चे हीरे देखे। हमने वहां अधिकारियों के साथ बिजनस मीटिंग भी की। फिर हम मॉस्को के प्रसिद्ध 'रेड स्क्वायर' पर पहुंचे। यह कोबलस्टोन स्क्वायर वास्तुकला का शानदार नमूना है। इसकी भव्यता और स्थापत्य सौंदर्य अद्भुत है। वहां पेशेवर फोटोग्राफर आगंतुकों की तस्वीरें लेने के लिए परस्पर होड़ कर रहे थे। एक फोटो की कीमत 50,000 रूबल यानी 8 डॉलर थी। एडिक एक फोटोग्राफर की ओर झुके और हमारी एक तस्वीर लेने के लिए धीरे से उसकी जेब में 50,000 रूबल डाल दिए। मैंने कहा, 'नहीं... नहीं... आप को पैसे नहीं देना है, मैं दूंगा।' तब एडिक ने चेतावनी भरे लहजे में कहा, 'देखो गोविंद, रूस इस समय कठिन दौर से गुजर रहा है। यदि कोई देख ले कि आपके बटुए में अधिक पैसे हैं तो वह आपको लूट लेगा। सो सार्वजनिक जगह पर पैसे न निकालें, सावधान रहें!'

मुझे थोड़ा अजीब लगा। रेड स्क्वायर जैसी जगह की इतनी भव्यता और सड़कों पर लोगों की ऐसी गरीबी, बेबसी और लूट! कुछ भी मेल नहीं खा रहा था। मैंने सुना है कि सोवियत रूस में कार के ड्राइवर और पिछली सीट पर बैठे उसके मालिक - दोनों एक समान धनराशि कमाते थे। अंतर केवल इतना था कि बॉस के पास थोड़े विशेषाधिकार और कुछ खास सुविधाएं होती थीं! सोवियत संघ में शीर्ष 1 फीसद की औसत आय सामान्य आबादी की तुलना में केवल चार से पांच गुना ज्यादा थी। एडिक ने कहा, '1990 में सोवियत संघ के पतन के बाद से आज तक छह साल में वस्तुओं की कीमतें 5000 गुना बढ़ गई हैं। नौकरी करने वालों

को वेतन देर से और कम दी जाती है जिसके परिणामस्वरूप लोगों के जीवनस्तर में अभूतपूर्व गिरावट आई है।'

दूसरे दिन हमने उसी होटल में रात का खाना खाने का फैसला किया जहां हम ठहरे थे। 'सर्विस-ए-ला रशियन डिनर' का मतलब रूसी शैली का डिनर है जिसमें विभिन्न व्यंजन चांदी की प्लेटों में परोसे जाते हैं। सभी व्यंजन किसी न किसी रूप में मांसाहारी थे इसलिए हम फलों के अलावा कुछ भी नहीं खा सके, केवल फलों का बिल 325 डॉलर यानी 20,000 रुपए आया! इस वक्त मुझे अपने गांव लाठी की याद आ गई जब मैंने लॉज में सिर्फ छह आने यानी 36 पैसे में खाना खाया था और जो इस डिनर से कहीं बेहतर था।

30 जून, 1997 की रात, जब अंग्रेज 156 साल के शासन के बाद हांगकांग को 'पीपल्स रिपब्लिक ऑफ चाइना' को सौंप रहे थे तो मैं इस ऐतिहासिक क्षण का गवाह बनने के लिए हांगकांग जाने की सोच रहा था। 1947 में जब अंग्रेज भारत छोड़कर चले गए तब मैं पैदा भी नहीं हुआ था इसलिए मैंने भारत की स्वतंत्रता का क्षण नहीं देखा और अब अंग्रेज हांगकांग छोड़ रहे हैं, उस पल का मुझे गवाह बनना था। अहंकारी चीन अक्सर हांगकांग जैसे समृद्ध शहर पर दावा करता रहा है, उसके अधिग्रहण का जश्न मनाना कितना शानदार होगा! पूरी रात हांगकांग हार्बर पर आतिशबाजी, पार्टियां, चीनी शेर, ड्रैगन नृत्य, बैग पाइपर्स जुलूस होते रहे। हैंडओवर समारोह एक घंटे तक चला। तब ब्रिटेन के प्रिंस चार्ल्स और हांगकांग के 28वें और आखिरी गवर्नर क्रिस पैटरसन मंच से उतरे और रॉयल यॉट 'ब्रिटानिया' में सवार होने के लिए हॉल से बाहर निकले जो विक्टोरिया हार्बर पर रुकी थी। इतिहास गवाह है कि अंग्रेज यहां समुद्र के रास्ते आए और समुद्र के रास्ते ही वापस गए। उन्होंने हांगकांग के इतिहास में एक नया अध्याय जोड़ा।

जब हमें लगता है कि हम सब कुछ जानते हैं, हमारे सब कुछ जानने के पश्चात भी दुनिया में कुछ नया हो रहा होता है जो हमारी जिज्ञासा को जीवित रखता है। 20वीं शताब्दी के दौरान अधिकांश लोगों ने सोचा भी नहीं होगा कि कनाडा हीरा उत्पादक बन सकता है। हीरा उद्योग से जुड़े हमारे जैसे अधिकांश लोगों को हीरों के बारे में केवल इतना ही ज्ञान था कि कच्चे हीरे की खदानें अफ्रीका में स्थित हैं जो भौगोलिक रूप से गर्म देश है। लेकिन स्थायी बर्फ की भूमि में हीरे पाए जाएंगे, यह किसी ने सोचा नहीं था। किसी ने सोचा नहीं था कि बर्फ के नीचे भी जमीन होती है, इसमें अन्य खनिजों की तरह कच्चे हीरे के पत्थर भी हो सकते हैं। 'एकाती हीरा खदान' का विकास 1991 में उत्तर-पश्चिमी क्षेत्र में येलोनाइफ से 200 मील उत्तर में हीरे के किम्बरलाइट पाइप की खोज के बाद हुआ। 1998 में, कनाडा में पहली बार कच्चे हीरे का व्यावसायिक खनन शुरू हुआ।

1998 में कनाडा की एकाती हीरा खदान की खोज के बाद हजारों हीरा व्यापारी उत्तरी कनाडा चले गए। 2006 तक वहां की तीन खदानों से सालाना तेरह मिलियन कैरेट गुणवत्तापूर्ण कच्चे हीरे का उत्पादन होता था। इससे कनाडा दुनिया में हीरे का तीसरा सबसे बड़ा उत्पादक बन गया। कनाडा की आर्थिक व्यवस्था में हीरा उद्योग ने अरबों डॉलर का योगदान दिया है। दुनिया के अन्य हिस्सों में पाए जाने वाले कच्चे हीरों की तुलना में कनाडाई हीरे बेहतर गुणवत्ता वाले माने जाते हैं। वहां कुछ रंगीन हीरे भी पाए जाते हैं। कुछ दुर्लभ गुलाबी हीरे डायविक और उत्तरी ओंटारियो में मिले हैं। इस बात पर अभी भी शोध चल रहा है कि कनाडा में हीरे और कहां मिल सकते हैं।

1 मई, 1999 को मेरे बड़े भाई भीमजीभाई का निधन हो गया। जब मैं 1964 में पहली बार सूरत आया था, तब उनके साथ ही रहा था। भातृत्व जैसा प्यार मैंने कभी कहीं और नहीं जाना। मैं भीमजीभाई का कर्ज नहीं चुका सकता। जब हम सभी अपने भाइयों और बहनों के साथ दुधाला रहते थे तो हम छोटे बच्चे उनके आसपास ही खेलते थे। उनके साथ खेत चले जाते और बहुत सुरक्षित महसूस करते। ऐसे परिवार-प्रेमी ज्येष्ठ भ्राता हमारे बचपन के सुखी-सुरक्षित दिनों के सुखद केंद्र रहे हैं! भीमजीभाई हमारे परिवार के अगुआ थे। उन्होंने मुझे जो हरक्यूलस साइकिल दी, वह मेरे जीवन में मिला पहला बड़ा उपहार था। उनकी स्मृति सदैव मेरे हृदय में अंकित रहेगी। जब सूखे के दौरान हमारे परिवार को खेती में बड़ी कठिनाइयों का सामना करना पड़ा तो हम सभी उनके प्यार और सहयोग, कड़ी मेहनत और दृढ़संकल्प की शक्ति से ही कठिन दिनों से बाहर निकल पाए। वास्तव में, मेरे सभी भाई देखभाल करने वाले, सकारात्मक दृष्टिकोण वाले, दृढ़ मनोबल और एक-दूसरे की मदद करने वाले हैं।

मेरे मित्र मथुरभाई सवाणी मेरे भाई जैसे हैं। वह मुझसे 15 साल छोटे हैं, मैं उनमें अपना साया देखता हूं। उनका जन्म सौराष्ट्र के गढड़ा जिले के खोपाला गांव में हुआ और वे हीरे के कारोबार में अपनी किस्मत आजमाने के लिए सूरत आए थे। उनके परिवार के भारतीय जनता पार्टी से अच्छे रिश्ते थे। 1996 में प्रधानमंत्री अटल बिहारी वाजपेयी भी उनके सूरत स्थित घर पर रात्रिभोज के लिए आए थे। ऐसे मथुरभाई के लिए विधानसभा के लिए निर्वाचित होकर राजनीति में आगे बढ़ने का रास्ता भी खुला था लेकिन उन्होंने इसे नहीं चुना। वे राजनीति से दूर रहकर शुद्ध समाज सेवा में रुचि रखते हैं। उन्होंने मुझसे पूछा, 'गोविंदभाई, सौराष्ट्र में पीने के पानी की स्थायी समस्या है तो हम वर्षा जल संचयन के लिए जन जागरूकता का काम कैसे करें?' मुझे उनका विचार पसंद आया। इससे पहले वह राजेंद्र सिंह राणा से परामर्श करने के लिए राजस्थान के सूखे और रेतीले राज्य अलवर गए थे। अलवर कभी अनाज मंडियों से भरा हुआ रहता था लेकिन बाद में पूरा अलवर जिला सूखा

और उजाड़ हो गया क्योंकि पिछले कुछ वर्षों में वनों की कटाई और खनन ने वहां जलचक्र को बाधित कर दिया है। यह क्षेत्र जलरहित हो गया। राजेंद्र सिंह ने इस समस्या का अध्ययन किया और इसके समाधान की दिशा में प्रयास किए। उन्होंने देखा कि लोग जल संचयन के पारंपरिक तरीकों को धीरे-धीरे छोड़ रहे हैं। चेक डैम बनाने की विधि, जिसे स्थानीय भाषा में 'जोहड़' कहा जाता है, अब भूली जा रही थी। पानी की समस्या विकराल होती जा रही थी। जमीन पर जल भंडारण बांध बनाने की बजाय उन्होंने अब जितना संभव हो सके भूमिगत पानी खींचने के लिए गहरे और गहरे बोरवेल बनाए हैं। हर साल बोरवेल को और गहरा खोदना पड़ता था। अंततः स्थिति ऐसी आ गई कि भू-जल स्तर नीचे चला गया जिसके परिणामस्वरूप अरावली पर्वतमाला का पर्यावरण-संतुलन बिगड़ गया, भूजल नष्ट हो गया और क्षेत्र शुष्क हो गया।

पिछले दशकों में जहां-जहां परित्यक्त, बंद पड़े 'जोहड़' थे, उनका सूक्ष्मता से अध्ययन किया गया। वर्षों से प्रयोग में नहीं आ रहे गोपालपुरा जोहड़ को स्थानीय युवाओं की मदद से बनाया गया और इसे 'क्रियाशील' बनाने के लिए इसकी दोबारा खुदाई कर मरम्मत करवाई गई। बारिश से चेक डैम भर गया और ग्रामीण बेहद खुश हुए। चमत्कारिक परिणाम यह हुआ कि वर्षों से सूखे कुएं में भी पानी आ गया। फिर गांववालों ने तीन साल के अंदर 15 फुट गहरा एक और तालाब खोद डाला। इसलिए पिछले पांच वर्षों में जिस क्षेत्र में भूजल नहीं था, अब वहां पूरे वर्ष पानी की आपूर्ति होने लगी है। पिछले दिनों सरकार ने पानी की कमी के कारण इस क्षेत्र को 'डार्क जोन' भी घोषित कर दिया था। अब स्थिति सुधर गई है।

राजेंद्र सिंह ने बिल्कुल सही कहा कि यह पूरा मसला सामाजिक जागरूकता का है। जब तक लोग यह सोचते रहेंगे कि सरकार या कोई और आकर हमारी समस्या का समाधान निकालेगा, तब तक उनकी स्थिति नहीं सुधरेगी। उन्होंने कहा, 'मैंने 1986 में जनजागरण हेतु पदयात्रा प्रारम्भ की। गांव-गांव जाकर लोगों को पुराने, छोड़े गए चेक डैम के पुनर्निर्माण के लिए मनाया और 400 मिट्टी के छोटे बांध बनाए।'

अपने 'नदी नवीनीकरण अभियान' के बारे में और बात करते हुए उन्होंने कहा कि क्षेत्र की दशकों से सूखी पड़ी रूपारेल, सरसा, भगानी, चिपावाली नदियों को पुनर्जीवित करने का काम जारी है। वे गांव जहां लोग पानी, पुनर्वास और खेती की कमी के कारण चले गए थे, वहां फिर से काम शुरू हो गया है। मथुरभाई सवाणी को यह काम इतना महत्त्वपूर्ण और प्रेरणादायक लगा कि वे राजेंद्र सिंह के साथ एक महीने तक वहीं रहे। उनकी कार्यप्रणाली को विस्तार से समझने के बाद उन्होंने राजस्थान की इस सफलता की कहानी को दोहराने की कसम खाई।

मथुरभाई सवाणी ने 'सौराष्ट्र जलधारा ट्रस्ट' की स्थापना की। मथुरभाई ने मुझे और हीरा उद्योग के अन्य सहयोगियों को ट्रस्ट में शामिल होने के लिए आमंत्रित किया ताकि मानवतावादी यज्ञ उनका 'वन-मैन शो' न बन जाए। हमने केवल वर्षा जल संचयन, सिंचाई और पीने के पानी के मुद्दे पर ध्यान केंद्रित करने का फैसला किया। इस परियोजना में मुख्यमंत्री श्री केशुभाई पटेल को शामिल करने के लिए मथुरभाई ने अपने राजनीतिक रसूख का इस्तेमाल किया। चेक डैम बनाने के लिए सरकार की ओर से 60 फीसदी राशि अनुदान के रूप में देने का निर्णय लिया गया। इसने धन जारी करने की प्रशासनिक प्रक्रिया को सरल बना दिया। गांव जाकर ग्रामीणों की मौजूदगी में सिर्फ दो अधिकारियों के हस्ताक्षर से सब्सिडी के चेक जारी करने का निर्णय लिया गया।

श्री केशुबापा के स्थान पर जब नरेन्द्रभाई मोदी मुख्यमंत्री बने तो मथुरभाई ने उनका भी विश्वास जीत लिया। नरेंद्रभाई मोदी 18 बार सौराष्ट्र जलधारा ट्रस्ट द्वारा निर्मित चेक डैम उद्घाटन में शामिल हुए। सात वर्षों की अवधि में हमने लगभग 1,25,000 चेक डैम बनाने में महत्त्वपूर्ण भूमिका निभाई। सरकार ने इसमें सात हजार करोड़ रुपए खर्च किए और चार हजार करोड़ रुपए से भी अधिक रकम एन.जी.ओ. और जनभागीदारी से एकत्रित किए।

अपने पैतृक गांव दुधाला में मैंने अपने भतीजे सवजीभाई के साथ ग्रामीणों और सूरत में रहने वाले मेरे मूल प्रदेश प्रेमियों की मदद से लगभग 110 चेक डैम चैनलों का निर्माण किया है। धीरूभाई मालविया और मावजीभाई जोधाणी ने भी इस परियोजना में सक्रिय रुचि ली।

कभी-कभी चीजें योजना के अनुसार नहीं होतीं। मेरा बेटा श्रेयांस फेलोशिप स्कूल में छठी कक्षा में और छोटेभाई अरजनभाई का बेटा अक्षय मीठीबाई कॉलेज, मुंबई में पढ़ता था। 1999 के मध्य में एक बार अपने सेमेस्टर परिणामों के बारे में पूछने पर श्रेयांस ने राहुलभाई को बताया कि वह उत्तीर्ण हो गया है। लेकिन श्वेता को सचाई पता थी कि श्रेयांस ने राहुलभाई से झूठ बोला है। राहुलभाई ने मुझे फोन पर सूचना दी। असफलता स्वीकार्य है लेकिन बेईमानी और झूठ कभी बर्दाश्त नहीं किया जाता। अपने बेटे को निडरता और ईमानदारी का पाठ पढ़ाने का दृढ़संकल्प करके मैं तुरंत मुंबई पहुंच गया। घर जाने पर पता चला कि अक्षय कॉलेज तो जाता है लेकिन क्लास नहीं करता। इन दो छोटे बच्चों को उचित राह पर अग्रसर करने के लिए, पूरे परिवार ने एक नाटक करने का निर्णय लिया। इसमें मुझे कृत्रिम गुस्से का किरदार निभाना था। उस रात डिनर के बाद मैंने श्रेयांस को अपने कमरे में बुलाया और जीवन में पहली बार थप्पड़ मारकर उसका स्वागत किया। वह मेरे अचानक क्रोधित होने का कारण जानता था। अक्षय को भी थप्पड़ मारा और डांटा। किसी को यह पसंद नहीं आया लेकिन पूरे परिवार ने मेरा नाटक देखा। दोनों बेटों को ऐसा लगा कि सच्चे प्यार

से दिया गया थप्पड़ झूठे प्यार से किए गए चुंबन से बेहतर है! दो घंटे के इस खेल के बाद दोनों बेटों को अपनी गलती का एहसास हुआ।

मेरा अनुभव रहा है कि आखिरकार सचाई सामने आ ही जाती है। इसे कोई कितना भी छुपाने की कोशिश करे लेकिन यह छुपता नहीं है। झूठ आपको बस फौरी राहत दे सकता है। कुछ समय बीतने के बाद मैंने श्रेयांस और अक्षय से धीरे से बात की। मैंने उनसे कहा, 'अब ऐसा कुछ करके दिखाओ कि यह मेरा पहला और आखिरी थप्पड़ हो। कभी झूठ मत बोलो। सच को कभी छुपाओ मत।' लोग छोटी-छोटी बातों में सजा से बचने के लिए झूठ बोलते रहते हैं। इस घटना के बाद हमारे परिवार में ऐसी घटना दोबारा कभी नहीं घटी।

24 दिसंबर, 1999 को हरकत-उल-मुजाहिदीन नामक एक पाकिस्तानी आतंकवादी समूह ने हमारे हवाई क्षेत्र से इंडियन एयरलाइंस की उड़ान आईसी-814 का अपहरण कर लिया जिसमें 176 यात्री और चालक दल के पंद्रह सदस्य सवार थे। विमान अमृतसर, लाहौर होते हुए दुबई जा रहा था, तभी तालिबान शासित अफगानिस्तान के कांधार में उसे जबरन उतार लिया गया और बंधक बना लिया गया। इस भयावह नाटक की कीमत उन तीन खूंखार आतंकवादियों को रिहा करना था जिन्हें भारत ने पहले पकड़ लिया था। करोड़ों देशवासियों की निगाहें अब इस बात पर थीं कि भारत सरकार इन बंधकों को छुड़ाने के लिए क्या करेगी। देश और सरकार जबरदस्त दबाव, अनिर्णय, अराजकता, निष्क्रियता, घुटने टेकने की खतरनाक स्थिति से गुजर रहे थे। यह एक ऐसा क्षण था जब 'क्या करें से ज्यादा महत्त्वपूर्ण यह हो जाता है कि क्या नहीं करना चाहिए'। दुर्भाग्य से इस घटना के कारण आतंकवादियों को रिहा करना पड़ा।

उन दिनों कुछ नया हुआ था। कम्प्यूटरीकृत प्रणालियों में कोडिंग के संबंध में 2000 के दशक की शुरुआत में दुनिया के कंप्यूटरों में भारी उथल-पुथल मची हुई थी। इसे 'Y2K bug' के नाम से जाना जाने लगा। कई कम्प्यूटर नेटवर्क में घोटाला हुआ। कई लोगों को डर था कि 31 दिसंबर, 1999 की रात जब घड़ी में 12 बजेंगे तो कंप्यूटर ठीक से काम करना बंद कर देंगे। उस दिन से पहले यदि कम्प्यूटर का सॉफ्टवेयर नहीं बदला गया तो कम्प्यूटर ठीक से काम नहीं करेगा।

ऐसी तकनीकी समस्या को सुलझाने के लिए अमेरिका, ब्रिटेन सहित विश्व के अन्य देश प्रयासरत थे। दिसंबर, 1999 के अंत से पहले कम्प्यूटर सिस्टम की जांच करने और सॉफ्टवेयर को ठीक करने के उद्देश्य से ऑस्ट्रेलियाई सरकार सहित अन्य देशों द्वारा लाखों डॉलर का निवेश किया गया था। भारत ने इस अवसर का लाभ उठाया और इंजीनियरों और कम्प्यूटर विशेषज्ञों का एक बड़ा सौदा किया। अमेरिका ने हमारे ऑफर का फायदा उठाया तो टी.सी.एस, इंफोसिस, विप्रो आदि कई भारतीय कंपनियों ने अपनी स्थिति मजबूत कर ली। बाद में जब मैं संतोकबा पुरस्कार के

सिलसिले में रतन टाटा, सुधा मूर्ति और अजीम प्रेमजी से मिला तो मैंने उनकी सराहना करते हुए कहा कि उनकी इन भारतीय कंपनियों ने दुनिया में देश का मान बढ़ाया है।

दिलचस्प यह है कि रूस ने इस घटना को नजरअंदाज किया तो भी उसे कोई परेशानी या अशांति का सामना नहीं करना पड़ा था।

'Y2K' प्रश्न समय की बर्बादी साबित हुआ। कम्प्यूटर व्यवसाय से जुड़े एक युवक ने कहा, 'अरे सर, सॉफ्टवेयर कंपनियों ने अपना राजस्व बढ़ाने के लिए इस सवाल को ''राई का पहाड़ बना दिया था।'''

इन्हीं दिनों एक बार मैं दुधाला गांव में पैदल उस तरफ जा रहा था, जहां राजुमां रहती थी। मेरे बचपन की यादों का सैलाब मेरी चेतना में उमड़ पड़ा और एक पल के लिए मैं जैसे स्थिर हो गया। मैंने जानने की कोशिश की कि राजुमां कैसी हैं? दुर्भाग्यवश, कई वर्ष पहले उनका निधन हो गया था। फिर मैंने उनकी बेटी जड़ी को ढूंढने के लिए एक आदमी को ढसा गांव भी भेजा। मुझे आश्चर्य हुआ जब उसने मुझे बताया कि अब जड़ी ढसा में नहीं बल्कि सूरत में रहती है। वह उसका पता भी लेकर आया। मैंने सोचा कि चलो कभी सूरत में उनसे मिलेंगे।

सूरत आकर मैंने अपने स्टाफ से जड़ी का घर ढूंढने को कहा। अब वह 'जड़ी' नहीं बल्कि एक गृहिणी है जो 'कांताबहन' के नाम से जानी जाती है। उनके पति एक सुरक्षा गार्ड के रूप में कार्यरत है। मैंने जड़ी के पूरे परिवार को अपने घर बुलाया और उनके साथ खाना खाया, तब जाकर मेरे मन को संतुष्टि मिली। मैं हर वर्ष रक्षाबंधन के पावन पर्व पर कांताबहन को बुलाता हूं और उनसे राखी बंधवाता हूं। दीवाली पर मैं उनके परिवार के लिए कुछ-न-कुछ उपहार भेजता रहता हूं। एक बार उनके पौत्र का एक्सिडेंट हो गया तो सभी आवश्यक इलाज की व्यवस्था की गई। प्रेम और दयालुता के ऐसे छोटे, मानवीय कृत्यों से मुझे जो संतुष्टि, शांति और खुशी मिलती है, वह मेरी व्यावसायिक सफलता से कहीं अधिक गहरी और गहन है। सच कहूं तो मैं अपनी वर्तमान व्यावसायिक सफलता का श्रेय राजुमां जैसे दयालु बुजुर्गों के आशीर्वाद को देता हूं। राजुमां प्रेममूर्ति थीं जिन्होंने हमेशा हमारी मां संतोकबा को यह कहते हुए आशीर्वाद दिया, 'हंतोक, जाओ, तुम्हारे बेटे और बेटियों को भगवान प्रचुर मात्रा में संपदा प्रदान करेंगे।' मुझे विश्वास है कि मैं और मेरी आने वाली पीढ़ी हमेशा ऐसे पवित्र लोगों के आशीर्वाद के साथ आगे बढ़ेगी। प्रभु राजुमां की आत्मा को शांति प्रदान करें!

जून, 2000 में चंपा और मैं न्यूयॉर्क के बाजार में घूम रहे थे और हम एक अरमानी के शोरूम में गए। मुझे एक टी-शर्ट पसंद आई और चंपा ने भी मेरे चयन पर मुहर लगा दी। इससे पहले कि मैं कुछ कह पाता, उसने उसे टोकरी में रख दिया। जब मैंने कीमत पढ़ी तो मेरी आंखें खुली रह गईं! भारतीय मुद्रा में इसकी

कीमत तीन लाख की थी। मुझे वे दिन याद आ गए जब मैं रुवाला टीला, सूरत के फुटपाथों से दो रुपए की सेकेंड-हैंड शर्ट और तीन रुपए की पैंट खरीद लिया करता था। समय न केवल लोगों को बदलता है बल्कि लोगों के आसपास की दुनिया को भी बदल देता है। मैंने टी-शर्ट को टोकरी से निकाला और धीरे से वापस रख दिया। न्यूयॉर्क के मॉल में मुझे विचलित देखकर चंपा ने कहा, 'कहां हैं आप?' मैंने कहा, 'अतीत में...।'

मुझे सूरत में मेरे आगमन के शुरुआती दिन याद आ गए। अगस्त, 1965 को मुझे सूरत आए हुए पंद्रह महीने हो गए थे। पहली बार मैं अपने गांव जाने के लिए तैयार था। मैं मेहनत-मजदूरी करके कमाने के लिए सूरत आया था। मैंने सोचा, चलो नए कपड़े लेकर चलते हैं। रुवाला टीले से पांच रुपए में खरीदी गई शर्ट-पैंट को बैग में रख लिया। मैंने सोचा कि यहां से नया शर्ट-पैंट पहन लूंगा तो ट्रेन के लंबे सफर में कपड़ों में सिलवट आ जाएगी। इसलिए नई पैंट-शर्ट बैग में रखी और सादा सफेद पायजामा और शर्ट पहनी तथा स्टेशन के लिए निकल पड़ा। 15-20 दोस्त रेलवे स्टेशन छोड़ने आए थे। वे सब कह रहे थे कि गोविंद कितना भाग्यशाली है कि कुछ महीने कमाकर गांव वापस चला। मुझे भी लग रहा था कि मैं सचमुच भाग्यशाली हूं, मेरे बैग में नई पैंट-शर्ट हैं!

मुझे लाठी स्टेशन पर उतरना था। ढसा जंक्शन पहुंचने के बाद शौचालय में जाकर अपने कपड़े बदले। आईने में देखा, 'वाह! क्या बात है यार!' मेरा मन सातवें आसमान पर था! अब बैठूंगा भी तो कपड़ों पर सिलवटें पड़ जाएंगी! नहीं, नहीं, बैठना नहीं, बस खड़े रहना है जब तक लाठी नहीं आता। मेरा मन कर रहा था कि लाठी से उतरकर घोड़ागाड़ी लेकर दूधाला चला जाऊं। लेकिन फिर एक साइकिल किराए पर ली और बैग को पीछे कैरियर पर रखा और अपने गांव की ओर पैडल मारने लगा।

पहुंचकर मैंने साइकिल को दीवार से टिकाया और घर की ओर भागा; संतोकबा घर पर थीं। उन्हें नहीं पता था कि मैं आ रहा हूं। मैंने उन्हें सरप्राइज दिया था! उन्होंने मुझे देखते ही गले लगा लिया। वे पुत्र-प्रेम से सराबोर थी। आंखों से खुशी के आंसू बहने लगे और मैं देखता ही रह गया। उन्होंने कहा, 'गोविंद, तुम कैसे बदल गए मेरे लाल!' आज भी मैं अपनी माता की छवि अपने सिर पर हाथ फेरते, आंखों से आशीर्वाद बरसाते और भगवान के आशीर्वाद पर विश्वास करते हुए देख सकता हूं! घर में सिर्फ मैं और मेरी प्यारी मां ही थे, बाकी सब खेत पर गए थे। मां-बेटे का अथाह प्रेमपूर्ण मिलन था। फिर कपड़े बदले और उन्हें टांग दिया ताकि शाम को जब बापूजी आएं तो उन्हें वापस पहन लिया जाए। शाम हो गई थी, मैंने सुना कि बापूजी आ रहे हैं, मैं दौड़ा और लटके हुए नए कपड़े पहने। बापूजी आए, मैंने उनके पैर छुए। वे बहुत कम बोलते थे लेकिन मैं देख सकता था कि वे

मुझे साफ-सुथरे कपड़ों में और स्वस्थ देखकर खुश थे। भाइयों ने भी नए पैंट-शर्ट को देखकर मुझे गले लगा लिया!

अक्टूबर, 2000 में मुझे केंद्रीय गृहमंत्री श्री लालकृष्ण आडवाणी के हाथों 'द सदर्न गुजरात चैंबर ऑफ कॉमर्स एंड इंडस्ट्रीज, सूरत' का 'बेस्ट बिजनस पर्सन' का अवार्ड मिला। तब भरतभाई गांधी इस संस्था के अध्यक्ष और प्रफुल्लभाई शाह उपाध्यक्ष थे। इस अवसर पर 'SGCCI गोल्डन जुबली मेमोरियल ट्रस्ट' के मुख्य ट्रस्टी और मेरे मित्र श्री रजनीकांतभाई मारफतिया भी उपस्थित थे। इस पुरस्कार समारोह में उपस्थित अन्य गणमान्य व्यक्तियों में श्री काशीरामभाई राणा, श्री हेमंतभाई चपटवाला, श्री नरोत्तमभाई पटेल और मेयर श्री अजयभाई चोकसी और सी.आई.आई. के तत्कालीन अध्यक्ष श्री अरुण भरतराम जैसे महानुभाव उपस्थित थे।

1940 में स्थापित चैंबर ऑफ कॉमर्स गुजरात का प्रमुख व्यापार संघ है जो दक्षिण गुजरात के औद्योगिक क्षेत्र में तेजी से बढ़ते व्यापार और उद्योग के लिए समर्पित है। दक्षिण गुजरात को गुजरात का 'गोल्डन कॉरिडोर' भी कहा जाता है। चैंबर व्यापारियों को प्रोत्साहित करने के लिए हर साल व्यापार मेलों और औद्योगिक उत्पादों की प्रदर्शनियों का आयोजन करता है ताकि निर्माताओं को व्यापक बाजार मिल सके और 'ब्रांड सूरत' को मजबूत किया जा सके।

7 नवंबर, 2000 को एक बेहद नाटकीय घटना घटी। दक्षिण-पूर्व लंदन में नवनिर्मित मिलेनियम डोम में, De Beers एक हीरे की प्रदर्शनी की मेजबानी कर रहा था। कई तरह के हीरों को प्रदर्शन के लिए रखा गया जिनमें से एक था 'मिलेनियम स्टार।' यह 203 कैरेट का एक आदर्श हीरा है जिसे दुनिया के सबसे उत्तम हीरों में से एक माना जाता है और जिसका अनुमानित मूल्य 200 मिलियन पाउंड है। लंदन पुलिस की सतर्कता और बुद्धिमत्ता के कारण इस हीरे की चोरी की साजिश रचने वाले चोरों को पहले ही पकड़ लिया गया। आखिरकार, जब चोरों को जज के सामने पेश किया गया तो जज ने कहा, 'यह चोरों की एक गंदी, घृणित पेशेवर योजना थी, उन्होंने इसे बहुत सावधानी से अंजाम देने की कोशिश की। लंदन पुलिस की बहादुरी और कुशलता ने इस ऐतिहासिक चोरी को रोक दिया। लेकिन अगर चोर अपनी योजना को सफलतापूर्वक अंजाम दे देते तो यह विश्व इतिहास की सबसे बड़ी डकैतियों में से एक होती।'

26 जनवरी, 2001 को जब देश गणतंत्र दिवस मनाने में व्यस्त था तो सुबह 8.46 बजे अचानक गुजरात के कच्छ में रिक्टर पैमाने पर 6.9 की तीव्रता का भूकंप आया और कच्छ को जड़ से तोड़ गया। सूरत में तो हमने भूकंप के झटके महसूस किए। हमारा पावर ग्रिड और टेलीकाम नेटवर्क बाधित हो गया। वराछा रोड, कतारगाम, अठवालाइन्स जैसे इलाकों में लोग घरों से निकलकर सड़क पर आ गए। कच्छ में लोगों ने अपनी जीवन भर की कमाई से बनाए गए घरों को अपनी

आंखों के सामने ताश के पत्तों की तरह ढहते हुए देखा। इसमें हजारों निवासी दबकर मर गए। शुभ और लाभ अंकित दरवाजों जमीन में दफन हो गए। मकान मलबे के ढेर बन गए। जैसे ही मुझे यह पता चला, मैंने भुज और कच्छ में अन्य जगहों पर परिचितों को फोन करके उनका कुशलक्षेम जानना शुरू कर दिया लेकिन फोन लाइन फेल होने के कारण किसी से संपर्क नहीं हो पा रहा था।

टीवी पर खबरें आने लगी, 'देखिए, कच्छ चौपट हो गया है, कुचला जा चुका है काल के पंजे तले...', तबाही की खबरें टीवी पर कुछ ऐसे आने लगीं। हर बार जब ऐसी दुर्घटना होती है, दुर्भाग्य से कुछ लोगों की जान चली जाती है। ज्यादातर लोग 'अगर और मगर' की चर्चाओं, अफवाहों, सुझावों में उलझे रहे। सौभाग्य से जमीन पर बचावकर्मी मौजूद थे। बहादुर स्वयंसेवकों की टीमें घटनास्थल पर पहुंचीं और मलबे में फंसे संघर्षरत लोगों को बाहर निकालना शुरू कर दिया, उन्हें आवश्यक चिकित्सा सहायता प्रदान की गई। उन्होंने लोगों तक भोजन पहुंचाया, जान गंवाने वाले लोगों के दाह संस्कार की व्यवस्था की और जिस गति से राहत सामग्री उन तक पहुंची, वह वास्तव में चमत्कार था। उस समय गुजरात के मुख्यमंत्री श्री केशुभाई पटेल थे। उन्होंने कच्छ की तबाही देखी और युद्धस्तर पर राहत कार्य चलाया।

राष्ट्रीय स्वयंसेवक संघ (RSS) के नरेंद्रभाई मोदी दुर्घटनास्थल पर पहुंचे और वहां डेरा डाला और बचाव एवं राहत कार्य का कार्यभार संभाला। उन्होंने किसी तरह रेलवे इंजीनियरों की मदद से मलबे में उलझी पड़ी हुई लोहे की छड़ों, बीम, खिड़कियों और दरवाजों आदि को काटा और फंसे हुए लोगों को बाहर निकाला। इस भयानक भूकंप ने बीस हजार लोगों की जान ले ली। डेढ़ लाख से ज्यादा लोग घायल हो गए, हजारों लोग बेघर हो गए और तीन लाख घर खंडहर में तब्दील हो गए। इतना ही नहीं, फसलें भी नष्ट हो गईं, हजारों मवेशी मर गए। बिजली ग्रिड भी फेल हो गया। तब गुजरात बिजली बोर्ड के द्वारा मोरबी और भुज के बीच 165 किलोमीटर नई लाइन बिछाना और बिजली पहुंचाना भी एक चमत्कार था।

सूरत में हमारे हीरा व्यवसाय के सदस्यों ने भी भूकंप पीड़ितों की मदद के लिए कदम बढ़ाया। हम दोस्तों के साथ 30 जनवरी तक बाईस ट्रक आवश्यक राहत सामग्री- बर्तन, राशन, कंबल, घरेलू सामान आदि लेकर वहां पहुंच गए। तब तक दस हजार से अधिक स्वयंसेवक कच्छ पहुंच चुके थे जिनमें मुख्य रूप से विश्व हिंदू परिषद, राष्ट्रीय स्वयंसेवक संघ, स्वामिनारायण संस्था के स्वयंसेवक दिन-रात राहत कार्यों में लगे हुए थे। भूकंप पीड़ितों के घर नष्ट हो गए थे और उनके पुनर्वास का कठिन कार्य सामने था। गणतंत्र दिवस के अवसर पर 225 बच्चों की प्रभात फेरी एक संकरी गली से गुज़र रही थी तो दोनों तरफ के मकान अचानक ढह गए और सभी बच्चों की उनके नीचे दबकर मौत हो गई। यह दृश्य देखकर मेरा दिल चीख उठा।

7 नवंबर 2015 को PMO में
माननीय प्रधानमंत्री श्री नरेन्द्रभाई मोदीजी के साथ मुलाकात

13 जून 2022 के दिन अंग्रेजी में मेरी आत्मकथा – 'Diamonds are forever, so are morals'
माननीय प्रधानमंत्री श्री नरेन्द्रभाई मोदी को समर्पित करते हुए

15 अगस्त 2018 को स्वतंत्रता दिवस समारोह में राष्ट्रपति भवन के 'शाही भोज' में राष्ट्रपति श्री रामनाथ कोविन्द से भेंट

8 अगस्त 2013 को 'मिसाइल-मैन'
राष्ट्रपति श्री डॉ ए.पी.जे. अब्दुल कलाम ने SRK का दौरा किया

22 मार्च 2017, राष्ट्रपति भवन में राष्ट्रपति श्री प्रणव मुखर्जी
से मुलाकात। मैंने केंद्रीय मंत्री श्री मनसुखभाई मांडविया
के साथ राष्ट्रपति भवन की यह यात्रा की थी

नवंबर 2017 में बोस्टन में यूएस ग्रीन बिल्डिंग काउंसिल द्वारा मुझे 'लीडरशिप एवॉर्ड' मिला।
इस तस्वीर में मैं अमेरिका के पूर्व राष्ट्रपति श्री बिल क्लिंटन के साथ

19 जून 2016 को SRK द्वारा आयोजित 'बॉर्डर सिक्युरिटी फोर्स' (BSF) के बहादुर जवानों के सम्मान के कार्यक्रम में, भारत-पाकिस्तान नदाबेट सीमा पर केंद्रीय गृहमंत्री श्री राजनाथ सिंह जी द्वारा मुझे सम्मानित किया गया। इस अवसर पर राज्यमंत्री श्री हरिभाई चौधरी भी उपस्थित थे

22 जुलाई 2024 को भारत के गृहमंत्री श्री अमितभाई शाह के दिल्ली आवास पर मुलाकात के दौरान अपनी आत्मकथा 'डायमंड्स आर फोरएवर एंड सो आर मोरल्स' की एक अंग्रेजी प्रति भेंट देते हुए

अक्टूबर 2000 में, केंद्रीय गृहमंत्री श्री लालकृष्ण आडवाणीजी के हाथों The Southern Gujarat Chamber of Commerce Industry (SGCCI) द्वारा 'सर्वश्रेष्ठ बिज़नस पर्सन' का अवॉर्ड मैंने स्वीकार किया

मुख्यमंत्री श्री विजयभाई रूपाणी, श्रीमती अंजलिबहन रूपाणी और मंत्री श्री मनसुखभाई मांडविया ने 2016 में SRK एम्पायर का दौरा किया

परम मित्र और भारत सरकार के स्वास्थ्य और
परिवार कल्याण मंत्री श्री मनसुखभाई मांडविया के साथ

18 दिसंबर 2019 को केंद्रीय मंत्री श्री पुरुषोत्तमभाई रुपाला और अन्य मंत्रियों के साथ मुलाकात। श्री भूपेंद्रसिंह चुडासमा और श्री सौरभभाई पटेल की तसवीर अगले पृष्ठ पर है (ऊपर से दूसरी तसवीर)

'वीरबाला' के नाम से प्रसिद्ध मुख्यमंत्री श्रीमति आनंदीबहन पटेल के साथ 2015 में चीन व्यापार प्रतिनिधिमंडल में 'ग्रेट वॉल ऑफ चाइना' पर सुकून भरे पल

गुजरात के कद्दावर पाटीदार नेता और मेरे प्रेरणास्त्रोत,
तत्कालीन मुख्यमंत्री श्री केशूभाई पटेल के साथ

मेरे मित्र एवं गुजरात के
पूर्व राजस्व मंत्री श्री दलसुखभाई गोधाणी के साथ

मेरे आध्यात्मिक गुरु और श्रीमद भागवत के
प्रसिद्ध कथाकार संतश्री रामचन्द्र डोंगरेजी महाराज

2015 में SRK द्वारा आयोजित 'मानस रामकृष्ण हरि' रामकथा के पहले दिन
'दीप प्रागट्य' समारोह में सम्मानित संत श्री मोरारीबापू के साथ

2015 में SRK द्वारा आयोजित 'मानस रामकृष्ण हरि' रामकथा में श्रोताओं की विशाल उपस्थिति

जनवरी, 2020 में SRK द्वारा आयोजित 'श्री रामकृष्ण भागवत प्रवाह' में पूज्य संत भाईश्री रमेशभाई ओझा की अमृतवाणी का लाभ ले रहे विशाल श्रद्धालु जनसमुदाय

जनवरी, 2020 में पूज्य संत भाईश्री रमेशभाई ओझा हमारे निवासस्थान पधारे

1990 से बाबा रामदेवजी हमारे विशेष रूप से एक मित्र और आध्यात्मिक शुभचिंतक रहे हैं। 31 अक्टूबर 2016 को हमारे पूरे SRK परिवार ने हरिद्वार में पतंजलि आश्रम का दौरा किया

वर्ष 2008 में पद्मभूषण संतश्री स्वामी सच्चिदानंद के साथ पूर्वी यूरोप की मेरी यात्रा

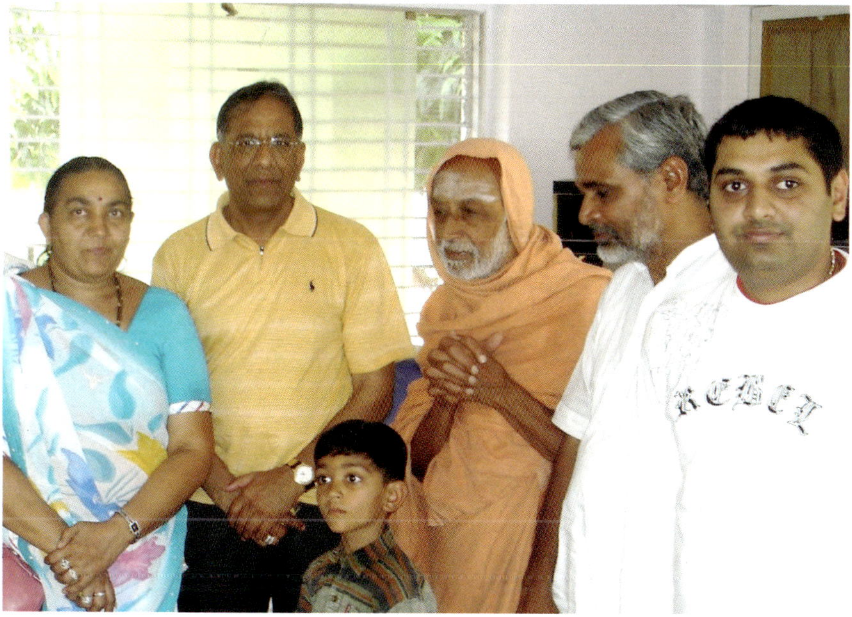

1960 के दशक के IAS अधिकारी और उत्तरकाशी हिमालय के महान संत श्री आत्मेन्द्रजी मेरे मार्गदर्शक रहे हैं। मैंने 10 अप्रैल 2006 को मैसूर में उनके आश्रम का दौरा किया

2015 के पहले दिन श्रीमान दलाई लामा को 'संतोकबा मानवरत्न पुरस्कार' प्रदान किया गया

9 अक्टूबर 2019 को ईशा फाउंडेशन, कोयंबटूर में सदगुरु श्री जग्गी वासुदेवजी के वृक्षारोपण अभियान में भाग लेने के लिए बेटे श्रेयांस के साथ

1989 में BAPS स्वामिनारायण संस्था के आध्यात्मिक संतश्री प्रमुख स्वामी महाराज का मुंबई में हमारे 'पंचरत्न' निवास का दौरा

भारतीय जीवन शैली के कोच, प्रेरक वक्ता और इंजीनियर, श्री गौर गोपाल दास के साथ 22 जनवरी, 2021 इस्कॉन मंदिर, गिरगांव मुंबई में राहुलभाई के साथ मुलाकात

श्री इंद्रवदनभाई के निवास पर रोज मैं लगातार बारह वर्षों तक सत्संग में गया, मित्र मनजीभाई नावड़ा के साथ

अगस्त 2017 में, डांग अहवा में पूज्य पी.पी. स्वामी के साथ यात्रा के दौरान डांग जिले के 311 गांवों में हनुमानजी मंदिर बनाने का संकल्प लिया गया। उन्हीं मंदिरों में से एक मंदिर की झलक

17 जून 2019 को नागालैंड के राज्यपाल श्री पी.बी. आचार्य द्वारा राज्य के पहले 'शिबराई (शिव) मंदिर' का दीमापुर के पास धनसिरीपार में प्रतिष्ठा महोत्सव

अकेले ग्रामीण क्षेत्रों में लाखों परिवारों को आश्रय की आवश्यकता थी। उनमें से अधिकांश के घर आंशिक रूप से क्षतिग्रस्त हो गए थे। शहरी क्षेत्र अधिक प्रभावित हुए। भुज में डेढ़ लाख लोगों को तत्काल आश्रय की जरूरत थी। उन्हें तंबू, राहत शिविरों में वैकल्पिक स्थानों पर स्थानांतरित करना पड़ा। घरों, बाजारों, वाणिज्यिक स्थानों, मंडियों, सड़कों, बिजली सब-स्टेशनों, रेलवे ट्रैक, टेलीफोन एक्सचेंज, जलापूर्ति प्रणालियों, शैक्षणिक संस्थानों, अस्पतालों, औषधालयों और अन्य सार्वजनिक भवनों को नुकसान पहुंचा था।

रिलायंस इंडस्ट्रीज ने पुनर्वास के लिए अंजार को गोद लिया। एस्सार कंपनी ने सुरेंद्रनगर को गोद लिया। अडानी ग्रुप ने चार हजार लोगों को सामूहिक आश्रय और भोजन उपलब्ध करवाया। L&T जैसी अन्य बड़ी सार्वजनिक संस्थाओं ने भी इसी तरह की योजनाएं बनाईं। इसी तरह लगभग पंद्रह करोड़ की अनुमानित लागत पर रत्न और आभूषण निर्यात संवर्धन परिषद (GJEPC) ने आमरन गांव को अपने 500 परिवारों को बसाने के लिए सभी सहायता प्रदान की। इसके लिए GJEPC को एंटवर्प डायमंड ट्रेडर्स से चार करोड़ रुपए का दान मिला।

SRK ने सैकड़ों परिवारों के दो नए गांव बसाने और वहां सभी जरूरी सुविधाएं मुहैया कराने का बीड़ा भी उठाया। हमने एक नवनिर्मित गांव का नाम वीरजीभाई की स्मृति में 'गोधाणी ग्राम' रखा और दूसरे गांव का नाम भगवानभाई की माता के नाम पर 'नंदूबा गांव' रखा। इन नए गांवों का निर्माण श्री रामकृष्ण चैरिटेबल ट्रस्ट द्वारा किया गया।

अक्टूबर, 2001 में आए भूकंप के बाद मुख्यमंत्री केशुभाई पटेल ने इस्तीफा दे दिया। नरेंद्रभाई मोदी, जिन्होंने कभी चुनाव का सामना नहीं किया था फिर भी गुजरात के मुख्यमंत्री के रूप में पदभार संभाला। नरेंद्रभाई ने आपदा के बाद प्रशासन में उत्कृष्टता हासिल की और पुनर्निर्माण कार्य की सफलता के साथ काफी सार्वजनिक प्रशंसा हासिल की। नरेंद्रभाई ने इस चुनौती में सामाजिक पुनर्निर्माण का एक बड़ा अवसर देखा।

ग्रामीण गुजरात में प्रत्येक पुनर्निर्मित गांव में सड़कें, सामुदायिक भवन, जलापूर्ति, बिजली आदि का प्रबंध किया गया। सार्वजनिक-निजी भागीदारी मॉडल पर नए घरों का निर्माण किया, जिसे पति-पत्नी के संयुक्त नाम पर पंजीकृत किया गया ताकि पुरुष और महिला दोनों को संपत्ति में समान अधिकार मिले। क्षतिग्रस्त घरों की मरम्मत या पुनर्निर्माण के लिए बैंकिंग प्रणाली के माध्यम से व्यक्तियों को सीधे भुगतान किया गया ताकि भ्रष्टाचार न हो और प्रशासनिक पारदर्शिता बनी रहे। ऐसे सभी उपाय मोदी सरकार द्वारा तुरंत किए गए।

तीन माह की अवधि में साढ़े तीन लाख से अधिक नए बैंक खाते खुले। भवन बनाने वाले को निर्माण के विभिन्न चरणों के अनुसार भुगतान किया गया और भवनों को नए भूकंपरोधी नियमों और विधियों के साथ बनाया गया। भविष्य में ऐसी प्राकृतिक आपदाओं के खिलाफ बीमा प्राप्त करने के लिए एक अनिवार्य पॉलिसी बनाये जाने के बाद ही घर बनाए गए। इस प्रकार नवसृजन कार्यक्रम ने आम जनता को वित्तीय संस्थानों और बीमा कंपनियों से जोड़ा ताकि राज्य के आम नागरिक को भविष्य में ऐसी प्राकृतिक या मानव निर्मित आपदाओं से बचाया जा सके।

स्थानीय लोगों को शामिल करते हुए विभिन्न जन भागीदारी कार्यक्रम चलाए गए, ताकि उन्हें सार्वजनिक सेवाओं का लाभ मिले और आवास के लिए भी सहायता मिल सके। लाखों लोगों को मुद्रित सूचना पत्रक, योजनाओं-नीतियों की जानकारी वितरित की गई, गांव-गांव में कई कार्यशालाएं, बैठकें, प्रेजेंटेशन आदि आयोजित किए गए और फिर गांव के पुनर्निर्माण पर ध्यान केंद्रित किया गया।

सरकार को इन अच्छे इरादों को पूरा करने में भी कई बाधाओं का सामना करना पड़ा। लेकिन आखिर में बहुत काम पूरे हुए, मानो गांधीजी का प्राथमिक स्तर पर ग्राम विकास और स्थानीय स्तर पर आत्मनिर्भरता का सपना साकार होने लगा।

आशा और आकांक्षा महान ऊर्जास्रोत हैं। भूकंप के बाद दो वर्षों के दौरान, न्यूयॉर्क में 9/11, यानी 11 सितंबर, 2001 को वर्ल्ड ट्रेड सेंटर के टावरों पर आतंकी हमला और 2002 में गोधरा कांड आदि से मुझे एहसास हुआ कि बुद्धि से अधिक भावना, इतिहास से अधिक दंतकथा और हकीकत की तुलना में मान्यताएं कहीं अधिक मजबूत होती हैं। चाहे कोई भी त्रासदी घटित हो पर उज्ज्वल भविष्य की आशा हमेशा विजयी प्रतीत होती है। हमारा जीवन हमें वह देने के लिए बाध्य नहीं है जिसकी हम अपेक्षा करते हैं, इसलिए हम आशावादी मनुष्य अपेक्षा के साथ जीते हैं और उसे प्राप्त करने का प्रयास करते हैं। यहां मुझे पूज्य दानीदत्त झा से सुना एक श्लोक याद आ रहा है :

आशा नाम मनुष्याणां काश्चिदाश्चर्यश्रंखला।
यया बद्धा प्रधावन्ति मुक्तास्तिष्ठन्ति पंगुवत्।।

'आशा मनुष्य के कुछ अजीबोगरीब बंधन का नाम है। जो इससे बंधे हुए हैं, वे भागते रहते हैं और जो इससे मुक्त हैं, वे विरल इच्छा के जाल में न फंसकर पंगु की तरह एक ही स्थान पर बैठे रहते हैं।'

(महासुभाषित समग्र : श्लोक 5429)

वर्ष 1998 में मेरी माता संतोकबा घर में गिर गईं। चोट गंभीर आई और उनका चलना-फिरना बंद हो गया। डॉक्टरों ने सर्जरी की जरूरत बताई लेकिन मां ने सर्जरी कराने से लगातार इनकार कर दिया। अगर ऑपरेशन हुआ होता तो वे थोड़ा चल-फिर पाती। हमने उनकी दृढ़ता का सम्मान किया परन्तु इससे उनके शरीर की जकड़न बढ़ गई। वर्ष 2002 के आरंभ से ही उनकी हालत लगातार खराब होती गई। चंपा ने बेटी की तरह चौबीसों घंटे उनकी सेवा की। पूरा परिवार चंपा के साथ मां की सेवा में रहा। हमें मां के आखिरी दिन दिखने लगे। मैंने घर से बाहर जाना बंद कर दिया ताकि मैं मां की आखिरी सांस तक उनके पास रह सकूं।

मैंने मां के समक्ष कपिल गीता का पाठ किया। इस कपिल गीता में पुत्र भगवान कपिल, माता देवहुति को ज्ञान देते हैं और मोक्ष का मार्ग बताते हैं। मां-बेटे के संवाद का नाम है, 'कपिलगीता।'

निर्विण्णा नितरां भूमन्न सदिन्द्रिय तर्षणात्।
येन सम्भाव्य मानेन प्रपन्नान्धंतमः प्रभो।।

'मैं अपनी भौतिक इंद्रियों के कारण बहुत दुःखी और बीमार हूं क्योंकि हे भगवन, मैं इस इंद्रिय पीड़ा के कारण अज्ञान के गड्ढे में गिर गया हूँ।'

(श्रीमद्भागवतपुराण, स्कन्ध- 3, अध्याय 25, श्लोक 7)

यहां असद्-इन्द्रिय-तर्षति शब्द महत्त्वपूर्ण है। 'असत्' का अर्थ है अस्थायी, क्षणभंगुर; 'इंद्रिय' का अर्थ है हमारी इंद्रियां (आंख, नाक, कान, जीभ और त्वचा) 'तर्षनात्' का अर्थ है चिंता से परेशान। माता देवहुति पुत्र कपिल भगवान से कहती हैं, 'मैं अब थक गई हूं, मुझे बोधवचन सुनाओ ताकि मेरे दिल को तसल्ली मिले।'

तस्य त्वं तमसोद्न्धस्य तुष्पारस्याद्य पारगम्।
सच्चक्षुर्जन्मनामन्तेलब्धं मेत्वदन् ग्रहात।।

मेरे अज्ञान के अंधकार से बाहर आने के लिए तुम मेरा सहारा हो। भगवान! आप मेरी दिव्य दृष्टि हैं जो मुझे जन्म-जन्मान्तर आपकी कृपा से प्राप्त हुई है।

(श्रीमद्भागवतपुराण, स्कंध- 3, अध्याय 25, श्लोक 8)

'पारगम' शब्द महत्त्वपूर्ण है। इसका अर्थ है वह जो हमें उस पार, सामने किनारे पर ले जाए। दूसरी ओर 'आत्मा या जीवन की मुक्त अवस्था' है। हम अज्ञानता के कारण ही दु:ख भोग रहे हैं, बंधन में हैं। आध्यात्मिक गुरु के आशीर्वाद से अंधकार दूर हो जाता है और हम जीवनमुक्ति के मार्ग पर आगे बढ़ते हैं।

10 अप्रैल, 2002 की मध्यरात्रि को मेरी माता ने प्राण त्याग कर चिर विदाई ली। हम चार भाइयों और दो बहनों का परिवार उस वक्त उनके पास था। स्वर्गारोही पुण्यात्मा के मुख में गंगाजल अर्पण किया गया और प्रेमपूर्वक अंतिम सेवा की। मेरे पिताजी चुपचाप बैठे सब कुछ देख रहे थे।

अगली सुबह पिताजी ने मुझसे एक बात कही, 'बेटा, तुम्हारी माता ने अपने जीवन में बहुत मेहनत की, कठिन दिन बिताए।' बड़ी बहन शांताबहन ने याद किया, 'मां सुबह तीन बजे उठती थीं, मवेशियों की देखभाल करती थीं, आटा पीसती थीं, खाना बनाती थीं, बच्चों को समय देती थीं, दोपहर में भात लेकर खेत जाती थीं और शाम को लौटते वक्त गाय और भैंस के लिए घास-चारा लेकर आती थीं। शाम को गाय-भैंसों का दूध निकालती और सबके लिए खाना पकाती। इतना परिश्रमी जीवन आज के लोगों की कल्पना से भी परे है। पिता ने आगे कहा, 'इस जीवनचक्र के साथ सात बच्चों का जन्म और उनका पालन-पोषण अतिरिक्त है! वह अपनी गर्भावस्था के आखिरी दिनों तक खेत में जाती थीं।'

मां संतोकबा की उत्तर क्रियाएं पूरी कर कुछ दिनों के अंतराल के बाद मैं रिलीफ सेंटर गया। कुमुदबहन जीवालाल नायक नाम की एक बहुत थकी हुई 32 वर्षीय महिला अंदर आई और बोली, 'मैं गोविंद काका से मिलना चाहती हूं।' मैंने कहा, 'बहन, मैं गोविंद काका हूं। बताओ, समस्या क्या है?' उसकी आंखों से आंसू बहने लगे और वह कुछ देर तक कुछ बोल न सकी। मैंने उसे पानी दिया और उसे स्वस्थ और शांत रहने के लिए कहा। फिर उसने कहा, 'मैं मरना नहीं चाहती, अपने सात साल के बेटे के लिए जीना चाहती हूं। दो बेटियों को बड़ा कर उनकी शादी करवानी है।' फिर उन्होंने अपने हृदय की मेडिकल रिपोर्ट दिखाई। उनके हृदय के वाल्व गंभीर रूप से क्षतिग्रस्त हो गए थे जिसके लिए शल्य चिकित्सा की आवश्यकता थी। मैंने उसे सभी खर्चों का आश्वासन दिया। महावीर अस्पताल में उनका ऑपरेशन सफल रहा और वह ठीक हो गई। दो महीने बाद वह अपने पति और तीन बच्चों के साथ मुझसे मिलने आई। उनके पति हाथलॉरी चलाते थे। उन्होंने कहा, 'मैंने भगवान को कभी नहीं देखा, लेकिन आप मेरे भगवान हैं। आपने मुझे बचा लिया। मुझे आपमें भगवान दिखाई देते हैं।' मैंने कहा, 'बहन, हम सबमें एक ही ईश्वर निवास करता है और हम सब उसी के अंश हैं।' उसके बाद कुमुदबहन काफी ठीक हो गईं, हमारी कंपनी SRK के किचन के काम में शामिल हो गई।

मुझे एक और अवसर याद है। एक बार मैं सूरत के सिविल अस्पताल गया। एक 13-14 साल की बेटी थी। मैंने उससे पूछा क्या हुआ? जवाब था, 'यह एक किसान की बेटी है। यह मांडवी से आई है। आज सुबह जामुन के पेड़ से गिर गई। उसे ऑपरेशन की जरूरत है, सिविल में यह इलाज फ्री होगा लेकिन उसे एक महंगी दवा लानी होगी। उसके पिता के पास उस दवा के लिए दो हजार रुपए नहीं हैं, इसलिए ऑपरेशन का इंतजार है।' यह बात सुनकर मेरा दिल रो पड़ा। मैंने तुरंत अपनी जेब से तीन हजार रुपए निकाल कर दे दिए। हालांकि, अगले दिन पता चला कि इलाज में देरी के कारण बेटी की मौत हो गई। मैं उस दिन बहुत रोया। सूखा, गर्मी, बरसात - हर मौसम में मेहनत करने वाला किसान अपने परिवार के इलाज में कितना लाचार है!

30 अगस्त, 2002 को कड़ी-ढांकी-लीलापुर-सौराष्ट्र नहर परियोजना के माध्यम से नर्मदा का पवित्र जल हमारे सौराष्ट्र में आया। जब मैंने यह बात अपने पिता को बताई तो पहले तो वह इस बात पर यकीन करने को तैयार नहीं थे। फिर उन्होंने कहा, अगर ऐसा हुआ है तो भगवान की कृपा है। सरदार सरोवर बांध से 264 किलोमीटर की दूरी तय करके नर्मदानीर कड़ी पहुंचा था। नरेंद्रभाई ने घोषणा की कि सौराष्ट्र नहर से वल्लभीपुर शाखा नहर प्रणाली में दो क्यूसेक पानी छोड़ा जाएगा जिससे 1.36 लाख हेक्टेयर भूमि को सिंचाई की सुविधा मिलेगी। नर्मदा से इस जलापूर्ति को पानी की कमी वाले क्षेत्रों में ले जाने से 150 मेगावाट बिजली की बचत होगी। किसानों को ट्यूबवेल से पानी खींचने पर इतना बिजली का बिल आता है। अब पानी बिना किसी लागत के खेत तक आएगा और फसलों के लिए सुलभ होगा।

15-16 फरवरी, 2003 के सप्ताहांत में एंटवर्प में एक बड़ी चोरी हुई। चोरों के एक गिरोह ने एंटवर्प में डायमंड सेंटर से दो मंजिल नीचे एक सुरक्षित तिजोरी पर धावा बोला। यह तिजोरी दुनिया में सबसे सुरक्षित और मजबूत मानी जाती थी। चोरों के एक गिरोह ने करोड़ों डॉलर मूल्य के हीरे और सोने के आभूषण चुरा लिए। इस इमारत के नीचे एक बेसमेंट वॉल्ट है, इसमें प्रवेश करने के लिए एक एक्सेस कार्ड की आवश्यकता होती है। तिजोरी के रास्ते पर मोशन डिटेक्टर, इंफ्रारेड डिटेक्टर और लाइट डिटेक्टर लगाए गए हैं ताकि अनधिकृत व्यक्ति यहां से गुजरते समय पकड़ लिया जाए। भूकंपीय सेंसर भी चालू हैं। इतना ही नहीं, डायमंड सेंटर के प्रवेश द्वार से कुछ ही फुट की दूरी पर पुलिस स्टेशन भी है। गेट के ठीक बगल में पुलिस बूथ है। इसलिए ऐसी व्यवस्था है कि कोई भी चोर घुसेगा तो तुरंत पुलिस पकड़ लेगी। वे सभी सिस्टम सक्रिय हैं, साइलेंट अलार्म भी चालू हैं। जब तक चोरों को पता चलता है, तब तक वह घिर चुके होते हैं। इस सारी तकनीकी सतर्कता, मानवीय सतर्कता के बावजूद चोर किसी तरह एंटवर्प से भाग निकले और कभी पकड़े नहीं गए।

श्री नरेंद्रभाई द्वारा आयोजित ग्लोबल इन्वेस्टर्स समिट से गुजरात का टर्निंग पॉइंट शुरू हो गया। यह 28 सितंबर से 2 अक्टूबर, 2003 तक अहमदाबाद, गांधीनगर और सूरत में आयोजित किया गया था। केंद्रीय वित्त मंत्री जसवंत सिंह ने सूरत शिखर सम्मेलन का उद्घाटन किया। वे पहले भारतीय सेना में एक अधिकारी थे, एक शाही शख्सियत थे! नरेंद्रभाई ने भारतीय और विदेशी निवेशकों को आकर्षित करने और उनका स्वागत करने के लिए लाल कालीन बिछाया। नवरात्रि शिखर सम्मेलन में प्रवासी भारतीयों, 45 देशों के गणमान्य व्यक्तियों और अन्य अतिथियों सहित लगभग 125 विदेशी प्रतिनिधियों ने भाग लिया। शिखर सम्मेलन के अंत में 76 ज्ञापनों के माध्यम से 14 अरब अमेरिकी डॉलर का निवेश किया गया। भारत में ऐसा आयोजन अभूतपूर्व था। हर दो साल में यह शिखर सम्मेलन गुजरात में आयोजित किया जाता है।

वैश्विक रुझानों को ध्यान में रखते हुए हमने आभूषण क्षेत्र में भी विस्तार करने के बारे में सोचा। सांताक्रूज इलेक्ट्रॉनिक एक्सपोर्ट प्रोसेसिंग ज़ोन (SEEPZ) ने अंधेरी पूर्व, मुंबई में विशेष आर्थिक क्षेत्र (SEZ) में हमारी एक आभूषण निर्माण इकाई 'ज्वेल गोल्डी' लॉन्च की।

एक शाम मैं श्रेयांस और राहुलभाई को प्रेमपुरी आश्रम ले गया। प्रेमपुरी महाराज कैलाश आश्रम, ऋषिकेश के पीठाधीश्वर थे। प्रेमपुरी महाराज ने 1960 के दशक की शुरुआत में मुंबई में धार्मिक शिक्षा शुरू की थी। इस प्रकार प्रेमपुरी आश्रम 1967 से कार्यरत हुआ। श्रेयांस और राहुलभाई को इस आश्रम में लाने के पीछे मेरी मंशा यह थी कि वे देखें कि यह दुनिया अपनी गतिविधियों के साथ चलती है। वहीं, कुछ असाधारण चीजें भी किसी अदृश्य शक्ति की मदद से घटित होती हैं।

आश्रम की पांच मंजिला इमारत का निर्माण 1967 को प्रेमपुरी जी महाराज के शिष्यों, भक्तों और अनुयायियों द्वारा किया गया था। इसमें तीन मंजिल व्याख्यान कक्ष के रूप में और एक मंजिल योग कक्ष के रूप में और एक मंजिल तपस्वी निवास के लिए है, इसमें आश्रम कार्यालय और कैंटीन भी है। छत पर होम-हवन, यज्ञ भी किए जाते हैं। मुंबई जैसे व्यस्त व्यापारिक शहर के बीच में आध्यात्मिक गतिविधि का केंद्र होना अद्वितीय है। जब मैं मुंबई में था तो मैं हर दिन प्रेमपुरी आश्रम के सत्संग में जाता था।

मुंबई फिल्मोद्योग, फैशन, आर्थिक व्यवसाय और सैकड़ों अन्य आकर्षणों के लिए लोकप्रिय है। ऐसे में, यह कोई साधारण बात नहीं है कि यहां ऐसा कोई आध्यात्मिक आश्रम स्थापित हो। इतना ही नहीं, साल के 365 दिन प्रवचन, स्वाध्याय, सत्संग या अन्य कोई धार्मिक गतिविधि चलती रहती है। प्रेमपुरी महाराज की ऊर्जावान सात्विक निर्णय क्षमता और अखंडानंद स्वामीजी के समर्पित सहयोग

से वहां का वातावरण सुरम्य है। वहां तैयार होकर विद्यार्थी, शिष्य, युवक-युवतियां वृद्धावस्था या सेवानिवृत्ति में भी पूरी निष्ठा और सेवा-समर्पण के साथ आश्रम से जुड़े रहते हैं। क्या यह सब अदृश्य आध्यात्मिक ऊर्जा और ईश्वर की कृपा नहीं है!

मैं अपने परिवार की नई पीढ़ी के सदस्यों के साथ यहां आता-जाता रहता हूं ताकि उनमें जीवन मूल्यों के बीज बोए जा सकें और वे भारतीय संस्कृति-भावना से प्रभावित रहें। लेकिन इसका मतलब यह नहीं कि वे उसी तरह बदल जाएंगे। मैं उन्हें पर्याप्त स्थान दूंगा ताकि उनकी आंखें और पंख मजबूत हों और वे वांछित दिशा में उड़ सकें। मैं नई पीढ़ी को अच्छा वातावरण उपलब्ध कराने की अपनी नैतिक जिम्मेदारी समझता हूं। वे जितना चाहें उतना आगे बढ़ सकें। फिर हमारे सभी सर्वो त्तम प्रयासों के बावजूद, कुछ हमारी इच्छा के अनुसार नहीं होता है, तो मैं भविष्य के बारे में बहुत अधिक चिंता करना बंद कर ऊपर वाले के प्रोग्राम पर भरोसा करता हूं। मैंने यह भी अनुभव किया है कि बहुत अधिक निश्चितता, कठोरता, नियम-निर्माण, जीवन की परिस्थितियों से लड़ने की हमारी क्षमता को दबा देती है और हमें प्राकृतिक आनंद से वंचित कर देती है। हम नहीं जानते कि भविष्य में क्या होने वाला है। यह अच्छी बात है कि हम जीवन के सफर में चलने की बजाय उड़ना पसंद करते हैं। अधिक आशावादी होने और उच्चतर प्रयास करने में कुछ भी गलत नहीं है लेकिन हमें वास्तविक धरातल का ज्ञान भी होना चाहिए। प्रयास करें और सर्वश्रेष्ठ की आशा करें लेकिन हमेशा बुरे के लिए भी तैयार रहें। सर्वोत्तम और सबसे सुंदर के लिए प्रयास करें और यदि बुरा होता है तो उसे स्वीकार करने के लिए तैयार रहें। मुझे डॉ. कलाम की आत्मकथा 'विंग्स ऑफ फायर' ने बहुत प्रभावित किया है। मेरी कंपनी के प्रत्येक कर्मचारी को मैं उनके जन्मदिन के उपहार के रूप में यह पुस्तक पढ़ने के लिए मैं भेंट देता हूं। साथ ही कंपनी की लाइब्रेरी में अंग्रेजी-गुजराती दोनों भाषाओं में इसकी पर्याप्त प्रतियां रखी गई हैं।

चलिए, व्यवसाय की बात पर वापस आते हैं। लगभग तीस देशों में कच्चे हीरे की कटिंग, पॉलिशिंग और प्रोसेसिंग की जाती है। भारत, इजराइल और बेल्जियम हीरे की कटिंग और पॉलिशिंग में अग्रणी नाम हैं। अन्य अगुआ देशों में कनाडा, चीन और थाईलैंड शामिल हैं। अफ्रीका में दक्षिण अफ्रीकी देश नामीबिया, अंगोला और बोत्सवाना भी हीरा खनन करने वाले देशों में शामिल हो गए हैं। हमारी कम उत्पादन लागत और कुशल हीरा प्रसंस्करण के कारण भारत हीरा कटिंग- पॉलिशिंग में अंतरराष्ट्रीय प्रतिस्पर्धा का एक प्रमुख केंद्र बनकर उभरा है जो वैश्विक हीरा उत्पादन का लगभग 92 फीसदी हिस्सा है।

आज मेरे परिवार की तीन पीढ़ियां एक साथ हीरा उद्योग में लगी हुई हैं। मेरे भाई-बहन के बेटे भी बिजनस बहुत अच्छे से संभालते हैं। एक दिन मेरे मन में ख्याल आया कि इन तीन पीढ़ियों को व्यवसाय प्रबंधन और विकास के बारे

में सोचने के लिए एक बैठक करनी चाहिए। हमारा दृष्टिकोण क्या होना चाहिए, इसका सामूहिक चिंतन हमेशा उपयोगी और नए विचार ला सकता है। इसे ध्यान में रखते हुए मैंने अपनी टीम को पूरे दिन की विजन मीटिंग में आमंत्रित किया। हम सूरत से 120 किलोमीटर दक्षिण में दमन गए। वर्तमान में यह एक केंद्रशासित प्रदेश है। चार सौ से अधिक वर्षों से दमन पुर्तगाली साम्राज्य का हिस्सा रहा। गोवा, दीव, दादरा-नगर हवेली भी इसके अन्य केंद्र थे। यहां पुर्तगाली संस्कृति की छाया आज भी देखी जा सकती है। तटीय दमन की जलवायु सुखद और ताजगीभरी है। हमारी पारिवारिक टीम- तीन पीढ़ियों ने एक साथ बैठकर विचारों, अनुभवों और आकांक्षाओं का आदान-प्रदान किया और निष्कर्ष निकाला कि हीरे के आभूषणों का भविष्य आशाजनक है। यह मध्यम और बड़े आकार के हीरों की कटिंग और पॉलिशिंग पर निर्भर करेगा। वर्तमान में बेल्जियम और इजराइल इस क्षेत्र में खूब नाम और दाम कमा रहे हैं।

हीरों की प्रति कैरेट ऊंची कीमतों के साथ भारत से महंगे हीरों का निर्यात धीरे-धीरे बढ़ रहा है। अमेरिका और यूरोपीय देशों में जत्थाबंद खरीदार बड़ी संख्या में भारत से हीरे जड़ित आभूषण खरीद रहे हैं क्योंकि उन्हें यहां यह वाजिब कीमत पर मिल रहे हैं। अमेरिकी बाजारों का रुख भी भारतीय निर्यातकों के पक्ष में रहने की उम्मीद है। इस प्रकार भारत के रत्न और आभूषण उद्योग के लिए दीर्घकालिक दृष्टिकोण सकारात्मक प्रतीत होता है। लेकिन यह सब वास्तव में साकार करने के लिए नवीनतम उपलब्ध तकनीक के उपयोग के साथ कारीगरों के कौशल, विशेषज्ञता को जोड़ना बहुत आवश्यक था। यदि ऐसा होता है तो भारत विश्व हीरा बाजार में बेहद प्रतियोगी कीमत पर हीरों का निर्यात कर सकता है। इस प्रकार हम व्यवसाय में आधुनिकता और विस्तार जोड़ने की परिपक्व सोच के साथ सूरत लौट आए।

इस समय तक हम हीरा उद्योग में एक अग्रणी व्यवसायी के रूप में स्थापित हो चुके थे। हमें दुनिया के अग्रणी De Beers समूह की हीरा खदानों में 'साइट होल्डर' का दर्जा 2003 से प्राप्त है। अब हम एक नियमित अनुबंध के तहत De Beers के अधिकृत थोक खरीददार थे। इस साइट धारकों को कच्चे हीरों की आपूर्ति लंदन से की जाती है। De Beers कंपनी बोत्सवाना, नामीबिया, दक्षिण अफ्रीका और कनाडा की खदानों से कच्चे हीरे खोदती है, उन्हें पांच हजार श्रेणियों में बांटती है और लंदन लाती है। यहां उनकी समूह कंपनी 'DTC- डायमंड ट्रेडिंग कंपनी' साल में दस बार कच्चे हीरों की बिक्री करती है। इसमें खरीददार भाग लेते हैं। इन्हें 'साइट' कहा जाता है।

दुनिया के दस में से लगभग नौ हीरे भारत में पॉलिश किए जाते हैं और उनमें से आठ सूरत में। यह गर्व की बात है। बाकी हीरे नवसारी, अमरेली, विसनगर,

भावनगर और अहमदाबाद में बनते हैं। सूरत में चार हजार से अधिक कटिंग-पॉलिशिंग इकाइयों में सात लाख से अधिक कारीगर कार्यरत हैं। हम सूरत के एक अग्रणी हीरा तराशगीर हैं।

हीरा उद्योग के बारे में जानने के बाद यह जानना दिलचस्प होगा कि इसमें SRK का स्थान कहां है और वैश्विक स्तर पर इसका कितना महत्त्व है? हीरा उद्योग के शुरुआती वर्षों में सेवंतीभाई शाह ने मुझे एक गुरुमंत्र दिया। उन्होंने कहा, 'गोविंदभाई, अगर आप सफल हो गए तो दूसरे आपके सिस्टम की नकल कर लेंगे लेकिन वे आपके दिल की नकल नहीं कर पाएंगे। इसलिए अपने काम में अपना दिल लगाओ ताकि कोई भी आपका मुकाबला न कर सके।' मैंने इस गुरुमंत्र जैसी सलाह को सदैव क्रियान्वित किया है। उन्होंने मुझे वित्तीय ऋण लेने से दूर रहने की भी सलाह दी।

जैन धर्माचार्य आचार्य महाप्रज्ञजी सूरत में चातुर्मास कर रहे थे। उनके निमंत्रण पर तत्कालीन राष्ट्रपति ए.पी.जे अब्दुल कलाम 15 अक्टूबर, 2003 को सूरत पहुंचे। डॉ. कलाम साहब का 72वां जन्मदिन था। मैं सूरत के सिटीलाइट क्षेत्र में तेरापंथ भवन में उनका स्वागत करने के लिए हाथ में गुलदस्ता लेकर खड़ा था। मेरी उनसे कोई बातचीत नहीं हुई लेकिन ऐसा महसूस हुआ मानो किसी दिव्य संबंध के माध्यम से आध्यात्मिक ऊर्जा का आदान-प्रदान हो रहा हो। कोई महान आत्मा लोगों को विकास करने में मदद करने के लिए दर्शन दे रही है जो द्रष्टा के अवचेतन मन को छूकर जीवन के तरीके को बदलने की क्षमता रखती है।

जुलाई, 2003 में सूरत डायमंड एसोसिएशन के अध्यक्ष श्री नानूभाई वानाणी ने सूरत में एक आभूषण पार्क का निर्माण करके हीरे की वैल्यू चेन बनाने का विचार रखा। इस विचार से सहमत होकर सेवंतीभाई शाह, चंद्रकांतभाई संघवी, परागभाई शाह, प्रवीणभाई नानावटी, देवशीभाई भडियादरा, चुनीभाई गजेरा, मावजीभाई मावाणी, नानुभाई वानाणी और हम सभी की श्री नरेंद्रभाई मोदी और मुख्य सचिव श्री पी.के लहरी के साथ 30 सितंबर, 2003 को सूरत के गेटवे होटल पर मुलाकात हुई। हमने 20 लाख वर्गमीटर का भारत का सबसे बड़ा आभूषण पार्क बनाने की योजना प्रस्तुत की। हमें उनसे सकारात्मक प्रतिक्रिया मिली। शुरुआत में उन्होंने हमें प्रतिवर्ग मीटर जमीन के लिए तीन सौ रुपए की पेशकश की। हमें वह कीमत बहुत ज्यादा लगी, इसलिए दोबारा मिलने का वादा किया। उस रात नानूभाई वानाणी के फोन पर पी.के लहरी का फोन आया कि कल सुबह आठ बजे सर्किट हाउस में चाय-नाश्ते के लिए मिलते हैं ओर MoU पर हस्ताक्षर करते हैं। जमीन की कीमत तय करने का मामला खुला छोड़ दिया गया। सरकार सूरत में विश्वस्तरीय आभूषण पार्क बनाने के हमारे दृढ़संकल्प से अवगत थी।

कुछ महीने बीत गए लेकिन उस दिशा में कोई प्रगति नहीं हुई। 9 फरवरी, 2004 को चंद्रकांतभाई संघवी, जीवराजभाई सुराणी, गोविंदभाई काकड़िया, नानूभाई वानाणी और हम सभी अहमदाबाद गए। गुजरात के उद्योग मंत्री श्री अनिलभाई पटेल, ऊर्जा मंत्री श्री सौरभभाई पटेल, मुख्य सचिव श्री पी.के लहरी, उद्योग लेखा के प्रमुख सचिव श्री राजगोपाल, उद्योग आयुक्त श्री अरविंद अग्रवाल, GIDC के प्रबन्ध निदेशक श्री हरिभाई पटेल आदि ने बैठक की। सरकार ने हमारी भावनाओं का सम्मान करते हुए 225 रुपए प्रतिवर्ग मीटर जमीन दी। मैंने तुरंत कहा, 'वाह! यह एक बेहतरीन बात है! सरकार में किसी ने भी लालफीताशाही करने की कोशिश नहीं की और इस सौदे को आसान बनाया। ऐसे नेताओं और अधिकारियों के मार्गदर्शन में गुजरात को आगे बढ़ने से कोई नहीं रोक सकता।'

गुजरात प्रशासन की खासियत है कि यहां त्वरित और दृढ़ निर्णय लिए जाते हैं और उन्हें तुरंत लागू किया जाता है। 20 दिसंबर, 2004 को 'गुजरात हीरा बूर्स' (GHB) के स्थापना दिवस पर, GJEPC के अध्यक्ष श्री बकुलभाई मेहता सूरत आए और इतनी बड़ी और महत्वाकांक्षी परियोजना को साकार करने के लिए श्री नरेंद्रभाई को बधाई दी। चंद्रकांतभाई संघवी GHB के पहले अध्यक्ष बने, नवीनभाई मेहता और मैं दो उपाध्यक्ष बने और नानूभाई वानाणी सचिव बने। बाद में जब जमीन बहुत अधिक पाई गई तो GHB ने ईमानदारी से बिना किसी प्रीमियम के दस लाख वर्ग मीटर जमीन सरकार को वापस कर दी। यह जमीन के ऊपर GIDC द्वारा सूरत के लोगों के रोजगार और कल्याण के लिए ही 'टेक्सटाइल पार्क' बनाया गया है।

16 जनवरी, 2005 को मेरी बेटी श्वेता की शादी भावनगर के मेरे दोस्त पोपटभाई केवड़िया के बेटे पीयूष के साथ हुई। सूरत के बाद भावनगर गुजरात में हीरा उद्योग का दूसरा केंद्र है। वहां लगभग एक हजार कटिंग-पॉलिशिंग इकाइयां कार्यरत थीं जिनमें एक लाख लोगों को रोज़गार मिलता था। भावनगर में रोज़गार का एक और बड़ा अवसर अलंग शिप ब्रेकिंग यार्ड बनाया गया है। यह दुनिया का सबसे बड़ा जहाज तोड़ने का यार्ड है, जहां पर दुनिया के 50 फीसदी पुराने जहाजों को री-साइकिल किया जाता है।

भावनगर जिला नमक उत्पादन के केंद्र के रूप में भी विख्यात है। अंग्रेजों ने नमक उद्योग अपने मुनाफे के लिए चलाया। आजादी के बाद सरकार द्वारा इसे एक उद्योग के रूप में विकसित किया गया है। आज हमारा देश चाइना और अमेरिका के बाद दुनिया में नमक का तीसरा सबसे बड़ा उत्पादक है। हम जापान और इंडो-चाइना क्षेत्र को नमक निर्यात करते हैं। ऐसे भावनगर से आए बारातियों से हम बड़े आनंद से मिले। पीयूष कुमार 'यूनिक जेम्स' नाम से हीरों के निर्माण और बिक्री का व्यवसाय भी संभाल रहे हैं।

28 मार्च, 2006 को एक दुखद घटना घटी। मेरे समधी और बेटी श्वेता के ससुर पोपटभाई केवड़िया अपनी ओपल कार में अकेले सूरत से भावनगर जा रहे थे। यात्रा लगभग खत्म हो चुकी थी। उनकी कार भावनगर शहर में प्रवेश करने ही वाली थी कि एक राज्य परिवहन बस ने उसे टक्कर मार दी। कार क्षतिग्रस्त हो गई और लोगों ने पोपटभाई को कार से बाहर निकाला। उन्हें अस्पताल ले जाया गया, सौभाग्य से उनकी जान बच गई। उस दिन एक बार फिर मेरा विश्वास मजबूत हो गया कि कोई अदृश्य शक्ति हमारे जीवन में काम कर रही है। हादसा शाम 6 बजे हुआ, लेकिन सुबह से पोपटभाई की पत्नी वसंतबहन की तबियत ठीक नहीं थी। उसके साथ कुछ अजीब घटनाएं घट रही थीं, उसके मन में चिंता घुमड़ने लगी। उन्होंने पोपटभाई को कई बार फोन किया और मुंबई में रहने वाली अपनी बहू श्वेता को भी फोन किया और कहा कि आज उन्हें कुछ अच्छा नहीं लग रहा है। उन्होंने भावनगर ऑफिस से अपने बेटे दिलीप को घर बुला लिया, दिलीप ने मां को सांत्वना दी और ऑफिस के लिए निकल गए। हालांकि, वसंतबहन अब भी बेचैन थीं, वे अपनी सास के साथ स्वामिनारायण मंदिर गईं और प्रार्थना में बैठ गई। जब भावनगर में यह दुर्घटना घटी तो उन्हें ऐसा लगा मानो वे पहले से जानती हों।

सच है कि भगवान ने वसंतबहन की गहरे प्रेम की प्रार्थना सुनी, पोपटभाई की जान तो बच गई लेकिन वे कोमा में चले गए। परिवार बहुत तनाव में था परन्तु सभी ने बहुत साहस दिखाया। पोपटभाई के माता-पिता पूरी रात अपने बेटे के पास बैठे रहते थे, जैसे तपस्या कर रहे हों। कोमा में होने के कारण पोपटभाई को यद्यपि होश नहीं था पर वसंतबहन उन्हें प्रतिदिन व्हीलचेयर पर अपनी हाउसिंग सोसायटी में ले जाती थीं।

मैं नहीं जानता कि कोमा में होना कैसा लगता है, हम यह भी नहीं बता सकते कि जब हम सो रहे होते हैं तो क्या होता है। यदि नींद में सपने न आएं तो नींद भी एक प्रकार की बेहोशी वाली कोमा की स्थिति ही है! शायद हम कह सकते हैं कि ऐसे जीवन का कोई मतलब नहीं है। मरीज की ऐसी ही खोखली जिंदगी को पोपटभाई का परिवार संजो रहा था। हर कोई दिल से उम्मीद कर रहा था कि कोई सुनहरी सुबह होगी और पोपटभाई कोमा से बाहर आएंगे और सामान्य जीवन शुरू करेंगे। बारह साल तक कोमा में रहने के बाद पोपटभाई का स्वर्गवास हो गया।

महात्मा गांधी की दांडी यात्रा के 75 वर्ष पूरे होने के उपलक्ष्य में हमने 14 अगस्त, 2005 को सरदार पटेल ऑडिटोरियम, सूरत में 'गांधीजी अंतेवासी मिलन' आयोजित करके गांधीजी के साथ रहे लोगों को सम्मानित किया। जिसमें - श्री नारायणभाई देसाई, श्री चुनीभाई वैद्य, श्री जयंतीभाई पंड्या, श्रीमती नीलमबहन परिख, श्रीमती दशरीबहन, श्री घेलूभाई नायक और श्री परभुभाई पटेल जैसे

गांधीवादी सामाजिक कार्यकर्ताओं का अभिवादन किया गया। बहनों और बच्चे सहित बड़ी संख्या में लोग उमड़े। मुझे अच्छा लगा कि गांधीजी के जाने के बाद भी ऐसे अनुयायी गांधीवादी विचारों का प्रसार करते और आगे बढ़ाते रहे। लोगों की उनमें दिलचस्पी भी है। इसका मतलब यह है कि चाहे आप गांधीजी का नाम अपने साथ जोड़ें या न जोड़ें, आप उनकी विचारधारा को जीवन में व्यवहार में ला सकते हैं। आप खादी पहनें या न पहनें, आप देश की सेवा कर सकते हैं।

हमने गांधीजी के सत्य और अहिंसा के सिद्धांतों को लागू किया है। लोग कहते और मानते हैं कि व्यवसाय में सत्य का आचरण करना बहुत चुनौतीपूर्ण है। लेकिन मैं इस चुनौती को स्वीकार करने में सक्षम था। फिर वह चुनौती व्यक्तिगत, सामाजिक या राजनीतिक क्यों न हो। हालांकि यह वास्तव में कठिन है, मैं अल्पकालिक लाभ या मुनाफे पर ध्यान केंद्रित नहीं करता हूं। मैं लोगों में सौहार्दपूर्ण ढंग से समझौता करवाता हूं। मेरे सोचने और काम करने का सरल तरीका अगर हमारी आने वाली पीढ़ी तक पहुंचेगा तो वे भी सीखेंगे कि भारत के बेहतर नागरिक कैसे बनें।

मैं सितंबर, 2005 में GJEPC के प्रतिनिधिमंडल के सदस्य के रूप में चीन गया था। हमारा नेतृत्व चेन्नई के नरेशभाई मेहता और हीरा उद्योग के अन्य अग्रणी विशालभाई भंसाली, रविभाई और सी.वी रवीन्द्रनाथ कर रहे थे। हमने चीन में शेन्जेन, पन्यू व शंघाई और हांगकांग का दौरा किया। हमें चीनी बाजारों, बाजार-प्रवाह, उपभोक्ताओं द्वारा उपभोग, खुदरा बिक्री पैटर्न के बारे में बहुत सारी जानकारी मिली। शेन्जेन और हांगकांग में व्यापार मेलों के दौरे ने भी प्रतिनिधिमंडल के दृष्टिकोण को व्यापक बनाया।

इस व्यापारिक यात्रा का मुख्य आकर्षण यह था कि हमें वुजहोऊ में क्यूबिक जिरकोनिया (CZ) के कारखाने देखने को मिले। वुजहोऊ की आबादी सात लाख है जिनमें से एक लाख लोग CZ के कारखानों में काम करते हैं। उनके पास उन्नत मशीनरी और उपकरण, अनुशासित कारीगर और उच्च स्तर की उत्पादन क्षमता है जो हमारे लिए आंखें खोलने वाली थी। वहां के लोग बहुत मेहनती लग रहे थे।

वहां की सिटी बस व्यवस्था बहुत अच्छी है। प्रत्येक बस स्टॉप पर हर दो मिनट में चलने वाली खूबसूरत बत्तीस सीटों वाली बसों की अद्भुत व्यवस्था को देखकर मैं दंग रह गया।

मैं सूरत आया, मेयर डॉ. कनुभाई मावाणी को पत्र लिखकर सूरत में चीन जैसी सार्वजनिक परिवहन सुविधा शुरू करने का सुझाव दिया। कनुभाई एक आत्म-प्रेरित और दृढ़निश्चयी व्यक्ति हैं। हीरा तराशने का काम करने के अलावा, उन्होंने BAMS की डिग्री के साथ आयुर्वेदिक डॉक्टर के रूप में भी अभ्यास किया है।

इतना ही नहीं, उनके पास कानून और पत्रकारिता की डिग्री है और उन्होंने सौराष्ट्र विश्वविद्यालय, राजकोट के कुलपति और सूरत के मेयर का पद हासिल किया है। उन्होंने मेरे सुझाव को गंभीरता से लिया और 2007 से उन्होंने सूरत में सार्वजनिक परिवहन के लिए मिनीबस सेवा शुरू की।

भारत में हम सफेद (कलरलेस) हीरे ज्यादा पसंद करते हैं। जबकि चीन में रंगीन हीरों की काफी मांग है। हीरा उद्योग में माना जाता है कि हीरा यदि रासायनिक रूप से शुद्ध और संरचनात्मक रूप से परिपूर्ण है, तो शुद्ध पानी के समान रंगहीन होता है। हीरे के मूल्य को निर्धारित करने के लिए D से Z कलर ग्रेडिंग प्रणाली है। यह नियंत्रित प्रकाश और विशिष्ट देखने की स्थितियों में हीरे को देखकर उसके कलर को मापता है। हीरा जितना अधिक रंगहीन यानी पानी की तरह पारदर्शी होता है, उसका मूल्य उतना ही अधिक माना जाता है। हीरे का रंग-वैविध्य इतना सूक्ष्म होता है कि केवल एक प्रशिक्षित और अनुभवी आंख ही इसे अलग कर सकती है, आम आदमी को अंतर दिखाई नहीं देता है। उन रंगों में थोड़ी सी भिन्नता से उस हीरे की गुणवत्ता और कीमत में बहुत बड़ा अंतर आ जाता है।

हीरे प्राकृतिक रूप से मुख्यतः भूरे और पीले रंग में पाए जाते हैं। लेकिन इसके अलग-अलग रंग भी होते हैं जैसे गुलाबी, नीला, नारंगी, हरा, लाल और बैंगनी जो बहुत दुर्लभ होते हैं।

आम तौर पर किफायती रंगीन हीरे भूरे, ग्रे या काले रंग के होते हैं। इन रंगों में भी अगर हम सबसे आकर्षक श्रेणी में जाएं तो नीले, हरे और गुलाबी हीरे अधिक दुर्लभ हैं जितनी अधिक दुर्लभता उतनी अधिक कीमत।

आपको यह जानने में दिलचस्पी होगी कि हैदराबाद के पास गोलकुंडा की हीरे की खदानें सर्वकालिक बेहतरीन हीरों और प्रसिद्ध रंगीन हीरों का स्रोत थीं। इन खदानों में कई महत्त्वपूर्ण रंगीन हीरे मिले हैं। ये रंगीन हीरे हैं, नसाक (43.8 कैरेट, नीला रंग), सेंसी (55.53 कैरेट, पीला रंग) , दरिया-ए-नूर (182 कैरेट, गुलाबी रंग), होप (45.52 कैरेट, नीला रंग), ड्रेस्डेन ग्रीन (41 कैरेट, हरा रंग), प्रिंसी (34.65 कैरेट, गुलाबी रंग), आइडल आई (70.21 कैरेट, नीला रंग), आगरा (31.41 कैरेट, गुलाबी रंग), नूर-अल-आईन (60 कैरेट, गुलाबी रंग)।

दुनिया का सबसे बड़ा तैयार हीरा पीले-भूरे रंग का है और इसका वजन 545.67 कैरेट है। इसका नाम है 'गोल्डन जुबली'। 1986 में दक्षिण अफ्रीका की प्रमुख खदान में खोजे जाने पर इस कच्चे हीरे का वजन 755.5 कैरेट था। हमारा विश्वप्रसिद्ध कोहिनूर हीरा वारंगल, काकतीय राजवंश से था। यह वर्तमान में टॉवर ऑफ लंदन में 'ज्वेल हाउस' में आम प्रदर्शन के लिए रखा गया है। कोहिनूर दुनिया के सबसे पुराने हीरों में से एक है। यह पांच हजार वर्ष से भी अधिक पुराना माना

जाता है। 191 कैरेट का मूल कोहिनूर हीरा लोगों के लिए बहुत आकर्षक नहीं था, इसलिए महारानी विक्टोरिया के पति प्रिंस अल्बर्ट ने इसे फिर से शानदार अंडाकार कट में तराशा। इसके बाद कोहिनूर का वजन 105.6 कैरेट हो गया। लोग उसकी सुंदरता महसूस करने लगे। एक शानदार तराशे हुए हीरे में आमतौर पर 57 पहलू होते हैं लेकिन कोहिनूर के क्यूलेट के चारों ओर आठ अतिरिक्त 'स्टार' पहलू हैं। यह इसे कुल 65 पासों का हीरा बनाता है।'

यह जानना भी दिलचस्प है कि इतना भव्य कोहिनूर एक शापित हीरा है। महारानी विक्टोरिया कोहिनूर को अपने मुकुट में नहीं बल्कि अपनी पोशाक पर ब्रोच में पहनती थीं। उनकी मृत्यु के बाद कोहिनूर उनकी बहू और किंग एडवर्ड अष्टम की रानी एलेक्जेंड्रा के ताज में रखा गया। उसके सिंहासन पर बैठने के समय 1902 में कोहिनूर को उनके मुकुट में लगाया गया। ऐसा कहा जाता था कि जिसके पास यह हीरा होता है, वह पूरी दुनिया का मालिक माना जाता है। लेकिन इसके कुछ नियम भी हैं कि इसे केवल भगवान या महिलाएं ही पहन सकते हैं, इसलिए महारानी विक्टोरिया चाहती थीं कि कोहिनूर केवल महारानी ही पहनें। देश का मुखिया यदि कोई पुरुष है तो वह कोहिनूर ताज नहीं पहन सकता, उसकी जगह उसकी पत्नी इसे पहनेगी।

9 अक्टूबर, 2005 को सूरत नगर निगम ने मुझे और डॉ. निमेश वशी को 'सूर्यपुर-रत्न पुरस्कार' से सम्मानित किया। हमारे सम्मान के प्रतीक के रूप में केंद्रीय कपड़ा मंत्री और मेरे पुराने मित्र श्री काशीरामभाई राणा के हाथों एक लाख रुपए का चेक और प्रशस्ति-पत्र प्रदान किया गया। समारोह में उपस्थित गणमान्य व्यक्तियों में राज्यसभा सदस्य श्री प्रवीणभाई नायक, महापौर श्री स्नेहलताबहन चौहान, उप-महापौर श्री धीरूभाई सवाणी, नगर निगम आयुक्त श्री पंकज जोशी और सूरत के प्रमुख बुद्धिजीवी शामिल थे।

सूरत एक सुरक्षित, संरक्षित, व्यापार अनुकूल शहर है। पहले पायदान पर कपड़ा उद्योग और दूसरे पायदान पर हीरा उद्योग ने सूरत की संपदा बढ़ाई है। 2001-2002 से सूरत की औसत वार्षिक वृद्धि दर 11.5 प्रतिशत है जो देश में सबसे अधिक है। हम दोनों ने पुरस्कार में प्राप्त राशि को बढ़ाकर वार्षिक व्याख्यान शृंखला आयोजित करने के लिए SMC को 25 लाख रुपए दिए।

1999 के दौर में पूज्य रामदेव बाबा नामक एक युवा साधु सूरत आए। बहुत ही कम उम्र में उन्होंने तपस्या, पवित्रता और ब्रह्मचर्य का जीवन अपनाया। सूरत प्रवास के दौरान रामदेवजी बाबा समय-समय पर हमारे घर भोजन-प्रसाद लेने आते थे। तब से हमारे पारिवारिक रिश्ते बन गए। उस समय उन्होंने हमारे धोलकिया परिवार के लिए विशेष रूप से दस दिवसीय योग शिविर का आयोजन किया था।

वे चाहते थे कि मैं उनके नए ट्रस्ट में ट्रस्टी बनूं। मैंने कहा, 'स्वामीजी, हमारे क्षेत्र अलग-अलग हैं इसलिए मैं आपके साथ न्याय नहीं कर सकता।' तब रामदेवजी अपनी खास लाक्षणिक हंसी हंसने लगे।

एक दिन मुझे टीवी पर बाबा रामदेवजी के दर्शन हुए। उन्होंने राष्ट्रीय प्रतिष्ठा एवं सम्मान प्राप्त किया था। आस्था टीवी चैनल पर उनका योग कार्यक्रम प्रसारित हो रहा था। वर्ष 2000 में आध्यात्मिक टीवी नेटवर्क के रूप में 'आस्था ब्रॉडकास्टिंग नेटवर्क लिमिटेड' की स्थापना की गई। कंपनी की स्थापना कोलकाता के संतोष कुमार जैन और प्रभात कुमार जैन ने की थी और यह बॉम्बे स्टॉक एक्सचेंज (BSE) में सूचीबद्ध है। कुछ ही समय में दुनियाभर में योग की जरूरत और बाबा की लोकप्रियता को देखते हुए आस्था चैनल ने इंग्लैंड और अमेरिका में भी प्रसारण शुरू कर दिया। 2006 तक इसे दुनियाभर के 160 देशों में प्रसारित किया जाने लगा। योग के अतिरिक्त, आस्था चैनल ने धार्मिक कहानियां, आध्यात्मिक वार्ता, सत्संग, सामाजिक-सांस्कृतिक कार्यक्रम, धार्मिक कार्यक्रम, त्योहार, ध्यान विधियां, भक्ति संगीत आदि भी प्रसारित करना शुरू कर दिया है। इसमें अब क्रिस्टल थेरेपी, अरोमा थेरेपी आदि भी शामिल हो गए हैं। इस प्रकार भारतीय संस्कृति और धर्म-अध्यात्म राष्ट्र की सीमाओं को पार कर विश्व की दहलीज तक पहुंच गया है! इसी वजह से पूर्व की आध्यात्मिकता और पश्चिम का विज्ञान बहुत अच्छे से एक साथ घुल-मिल पाए हैं।

30 अक्टूबर, 2005 को SRK परिवार के 500 सदस्यों को चार्टर्ड AC ट्रेन से दीवाली की छुट्टियों के लिए हम हरिद्वार ले गए। यह एक नया विचार था और सभी में उत्साह, उल्लास और खुशी की भावना थी। इन्हीं दिनों बाबा रामदेव ने आयुर्वेदिक चिकित्सा का व्यवसाय शुरू किया। इससे पहले 1999 में उन्होंने मुझसे इस बारे में चर्चा की थी। इस प्रोजेक्ट में आचार्य बालकृष्णजी ने उनका बहुत सहयोग किया। बालकृष्णजी का जन्म हरिद्वार में नेपाल से भारत आए कुटुंब में हुआ था। उन्हें आयुर्वेद का गहन ज्ञान है। 1995 में बाबा रामदेव ने हरिद्वार में दिव्य-योग फार्मेसी की और 2006 में 'पतंजलि आयुर्वेद' की स्थापना की। यह एक 'फास्ट मूविंग कंज्यूमर गुड्स' (FMCG) कंपनी है। यह आयुर्वेदिक हर्बल उत्पादों का व्यवसाय है। सन्यासी बाबा रामदेव ने इसमें अपना हिस्सा नहीं रखा। बालकृष्णजी के पास इसकी 98.6 प्रतिशत हिस्सेदारी है। फिर भी बाबा रामदेव अपनी छवि के कारण पतंजलि का प्रतिष्ठित चेहरा और पहचान बन गए। वे अपने योगासन-प्राणायाम, प्रशिक्षण शिविरों, टेलीविजन कार्यक्रमों, साक्षात्कारों, विज्ञापनों आदि में पतंजलि ब्रांड का पर्याय बन रहे हैं।

श्रेयांस और उसके चचेरे भाई अब अपनी किशोरावस्था पूर्ण कर युवावस्था में प्रवेश कर चुके थे। एक दिन मैं अपने भतीजे राहुलभाई धोलकिया और भांजे

जयंतीभाई नरोला के साथ चर्चा कर रहा था कि हमारी आने वाली पीढ़ी के युवाओं को वास्तविक दुनिया, व्यवसाय, समाज आदि में प्रवेश करते समय किस तरह की तैयारी, समझ, शिष्टाचार की आवश्यकता होगी और हमें उनके लिए क्या करना चाहिए? ये सभी युवा वर्तमान में एक आरामदायक और सुरक्षित परिवार और वातावरण में बड़े हो रहे हैं। जब उन्हें व्यापार या जीवन-जगत की कड़वी सचाई का सामना करना पड़ेगा, तब? कुछ दिनों के विचार-मंथन के बाद, हमने इन युवकों को एक-दो महीने के लिए अपने तरीके से जीने, दुनिया देखने के लिए किसी अनजान शहर में भेजने का फैसला किया। 2005 के मध्य अप्रैल से मध्य मई में श्रेयांस और उनके चचेरे भाई अक्षय, नीरव, ब्रिजेश और मितेश को क्रमशः हैदराबाद, बेंगलूरू, जयपुर, इंदौर और चंडीगढ़ भेजा गया। परिवार में किसी को उनकी लोकेशन आदि के बारे में जानकारी नहीं थी। प्रत्येक को सात-सात हजार रुपए दिए गए।

श्रेयांस हैदराबाद से दिलचस्प अनुभव लेकर आया। वह वहां 'डोरमेट्री' में रुका। गुजराती समाज के मैनेजर ने उस पर अपने दोस्त का मोबाइल चोरी करने का आरोप लगाया। उन्होंने उसे 'चोर का बेटा' कहा। जब वह एक जूते के शोरूम में सेल्समैन की नौकरी करने गया तो उसे भगोड़ा चोर समझकर नौकरी नहीं दी गई, हालांकि उसने हजारों की कीमत वाले नाइकी ब्रांड के जूते पहने हुए थे। बाद में उसने एक होटल में सफाईकर्मी का काम किया लेकिन वह मांसाहारी की जूठी थाली नहीं उठा पाया। तीन दिन में ही उसने वह नौकरी छोड़ दी।

उसके बाद श्रेयांस ने विश्वकोष और विज्ञान-तथ्यों की किताबें घर-घर जाकर बेचनी शुरू की। फिर उसको एक अमीर युवक ने खूब अपमानित किया। हुआ यह कि जब किसी तरह उसने बंगले के चौकीदार को मना लिया और किताबें बेचने अंदर चला गया तो घंटी बजते ही बंगले के युवक ने दरवाजा खोला। उसने श्रेयांस को अपमानित किया और बेरहमी से बाहर निकाल दिया। बाहर आने पर श्रेयांस ने देखा कि उस बंगले की पार्किंग में एक सी-क्लास मर्सिडीज खड़ी थी। उसने मन-ही-मन कहा, 'अरे यार, इसका दिमाग खराब हो गया है क्योंकि यह सी-क्लास मर्सिडीज है। मेरे पास घर पर ई-क्लास मर्सिडीज के साथ-साथ लक्जरी कारों का एक काफिला है। आप मेरी असलियत नहीं जानते!' इस गुमनामी की पूरी जानकारी 'रुपए की कदर' नामक ऑनलाइन मीडिया पर उपलब्ध है।

जीवन का ऐसा पाठ किसी विश्वविद्यालय में कहां पढ़ाया जा सकता है! जीवन में अलग-अलग परिस्थितियां और अलग-अलग लोग ही ऐसे सबक सिखाते हैं। हमें अपने बच्चों को जीवन का सामना करना और जीवन जीना सिखाना चाहिए। बाद में मैं उस जगह पर गया, जहां श्रेयांस अपनी पहचान छिपाकर काम

करता था। एक महिला ने श्रेयांस का निस्वार्थ भाव से खयाल रखा था, हमने उनके बेटे को अपने मुंबई कार्यालय में नौकरी दी और अब वह अपना खुद का हीरा व्यवसाय चला रहा है।

हीरे के व्यवसाय में कई नई तकनीकें इजराइल से आ रही हैं। 1994 से पहले हम एंटवर्प से लेजर डायमंड कटिंग मशीनें खरीदते थे। 2001 में, हमने इजराइल से एक सरीन की मशीन खरीदी। मेरे भतीजे कांतिभाई धरमशीभाई नरोला (के.डी भाई) ने विनिर्माण कार्यों का कार्यभार संभाला। वे मानव संसाधन को कुशलतापूर्वक संभाल रहे थे। साथ ही, वे इस नई तकनीक में काफी दिलचस्पी लेने लगे।

धीरजलाल कोटडिया ने भारत में इजरायली कंपनी सरीन टेक्नोलॉजीज़ का प्रतिनिधित्व किया। वे मुझे आदर की दृष्टि से देखते थे और मुझे अपना 'गॉडफादर' मानते थे। उन्होंने सरीन टेक्नोलॉजी कंपनी द्वारा विकसित नई मशीनरी को आजमाने का सुझाव दिया। इससे हमारे कार्य की गुणवत्ता में उल्लेखनीय सुधार हुआ। हमने उनकी पहली सौ मशीनों का ऑर्डर दिया। हम सरीन मशीन का शतक लगाने वाले दुनिया के पहले व्यक्ति बन गए।

2005 में SRK ने, लेक्सस सॉफ्टमैक, सूरत की डायमंड मैपिंग और प्लानिंग के लिए पहली 'हीलियम' मशीन इन्स्टॉल की। बाजार में अफवाह थी कि अब हीरे के अंदर देखने के लिए 'एक्स–रे और सोनोग्राफी' जैसी मशीनें आ रही हैं, इससे हीरे की प्लानिंग और कटिंग और भी परफेक्ट हो जाएगी। वास्तव में 2010 में सरीन टेक्नोलॉजीज से एक्स–रे मशीन 'गैलेक्सी मशीन' खरीदी जो हीरे में आई किसी भी कसर को ढूंढ सकती थी।

वर्ष 2010 के आसपास हमने साइनोवा नामक स्विस कंपनी की लेजर माइक्रोजेट तकनीक का उपयोग करने पर विचार किया। इस तकनीक में वॉटरजेट और लेजर के संयोजन का उपयोग होता है। वॉटरजेट बड़ी सफाई से लेजर बीम का मार्गदर्शन करता है और हीरे के कटिंग क्षेत्र को लगातार ठंडा करता है। इसके कारण हीरे की कटाई के दौरान निकलने वाली अनावश्यक सामग्री को कुशलतापूर्वक हटाया जा सकता है। साइनोवा ने इस तकनीक का उपयोग सेमीकंडक्टर बनाने के लिए किया था, बाद में हीरे काटने की प्रक्रिया में इसे हीरा उद्योग में लागू किया। हमने उन दो मशीनों का ऑर्डर दिया।

मैं अपनी साझेदारों की मीटिंग में हमेशा कहता हूं, अच्छा संचार हमेशा ईमानदारी, विश्वास और सम्मान पर निर्भर करता है। यदि सभी कंपनियां ऐसा सकारात्मक दृष्टिकोण अपनाएं तो इससे उत्पन्न 'सकारात्मक आभा' का समाज पर तत्काल प्रभाव पड़ेगा। परिणामस्वरूप स्ट्रेस, तनाव, अनिश्चितता और अन्य

विनाशकारी संघर्ष कम हो जाएंगे। संक्षेप में, इससे सभी के जीवन और व्यवसाय दोनों में सुधार होगा।

आज मुंबई में श्रेयांस और राहुलभाई ने विस्तार की संभावनाओं वाली एक बेहतरीन टीम बनाई है। दोनों ने विश्लेषण किया कि हमारे कार्यालय में ग्राहक आते हैं, फिर भी हम पूरे दिन में एक दर्जन ग्राहकों को भी हीरा नहीं दिखा सकते। श्रेयांस ने उनमें से कुछ से पूछा, 'आप हीरे की जांच करने में इतना समय क्यों लगाते हैं?' उन्होंने कहा कि हीरे की चमक के अलावा उसमें शामिल सभी आंतरिक कसर पर भी ध्यान देना जरूरी है।

श्रेयांस ने सोचा कि ग्राहक को हीरे के मूल्य के बारे में सोचने में मदद करने के लिए एक स्वचालित ग्रेडिंग प्रणाली बनाई जानी चाहिए। जब उसने मेरे साथ इस विचार पर चर्चा की तो मैंने तुरंत इसकी सराहना की। मैंने बस इतना कहा, अपने आप को केवल '4 सी' चार्ट तक सीमित न रखें, यह सिर्फ एक उपभोक्ता मार्गदर्शिका है। मेरा मानना है कि एक बार हीरे का ग्रेडिंग तय हो जाए तो उसकी कीमत भी तय होनी चाहिए और उसमें कोई बदलाव नहीं होना चाहिए, ग्राहक उसे चाहे खरीद सके या नहीं। एक विक्रेता के रूप में हमें यह अवश्य पता होना चाहिए कि हमारे हीरे का विक्रय मूल्य क्या हो सकता है। मेरा कहने का उद्देश्य यह है कि पूरी मार्केटिंग प्रक्रिया अब पारदर्शी और समझने योग्य हो गई है। श्रेयांस और राहुलभाई भी मेरे प्रस्ताव से सहमत थे। उनका मानना था कि हमें अपनी खुद की ग्रेडिंग और बिक्री प्रणाली विकसित करनी चाहिए। यह अगले दशक में 'अरबों डॉलर का ऑनलाइन बिक्री इंजन' बन जाएगा।

अध्याय-6

मानवरत्न

शतेषु जायते शूरः सहस्रेषु च पण्डितः।
वक्तादश सहस्रेषु दाता भवति वा न वा।।

(सौ लोगों में एक शूरवीर होता है, हजार लोगों में एक विद्वान होता है, दस हजार लोगों में एक अच्छा वक्ता होता है लेकिन वहीं एक उदार दिल दाता पैदा हो भी सकता है और नहीं भी।)

(व्यासस्मृति, अध्याय- 4, श्लोक 58)

2006 में सूरत में एक दु:खद घटना घटी, 7 से 10 अगस्त के बीच तापी नदी के पानी से शहर में बाढ़ आ गई। सूरत का लगभग 80 फीसद हिस्सा पानी में डूब गया। सचाई यह है कि बाढ़ प्राकृतिक से अधिक मानवनिर्मित थी क्योंकि उकाई बांध का पानी अचानक बड़ी मात्रा में तापी नदी में छोड़ दिया गया था। गुजरात सरकार ने इसे भारी बारिश के कारण हुई प्राकृतिक आपदा बताया लेकिन कुछ रिपोर्टों में इसे मानवनिर्मित करार दिया गया। तापी प्रकोप के कारण सूरत जैसा औद्योगिक शहर पाच दिनो तक पानी मे डूबा रहा। अनुमान है कि इस दौरान शहर को दो अरब डॉलर का आर्थिक नुकसान हुआ था।

SRK कंपनी और उसके कर्मचारियों को नुकसान हुआ फिर भी हमने अन्य लोगों की भी मदद की जो आपदा से हमसे अधिक प्रभावित थे। हमारे पुराने मित्र और सूरत नगर निगम के पूर्व आयुक्त श्री एस.आर राव को गुजरात सरकार ने 'ऑफिसर ऑन स्पेशल ड्यूटी' के रूप में सूरत भेजा था। सूरत के पूर्व आयुक्त श्री गुरुप्रसाद महापात्र भी इस पुनर्वास अभियान में शामिल हुए। हमारी सौराष्ट्र जलधारा ट्रस्ट ने पचास से अधिक जे.सी.बी मशीनें और आठ हजार स्वयंसेवकों को दिन-रात काम पर लगाया। सरकार की ओर से हमें एक हजार ट्रक भी दिए गए थे। हमने

टायर पंक्चर मरम्मत के लिए आठ मोबाइल वैन भी तैनात की थी। नगर निगम की जमीनों का कीचड़ हटाकर साफ किया गया। आठ हजार स्वयंसेवकों के लिए निरंतर भोजन सेवा भी उपलब्ध करवाई गई।

राव साहब ने यह भी याद दिलाया कि हम पहले वेलकम क्लीयारिटी क्लब (WCC) के माध्यम से सफाई अभियान चलाते थे। अगस्त, 2006 के तीसरे सप्ताह में, आठ सौ से अधिक WCC 'कमांडो', फायर ब्रिगेड की मदद से, सूरत में सड़क धोने के काम में लगे हुए थे। राव साहब और गुरुप्रसाद महापात्र के अलावा अन्य अधिकारी- विशेषकर SMC कमिश्नर श्री पंकज जोशी, अमरजीत सिंह, रॉस मंजू, राजकुमार, मनीषा चंदा, शेखर विद्यार्थी, राहुल गुप्ता जैसे 8 आई.ए.एस. अधिकारी भी इस महान अभियान में हमारे साथ शामिल थे। राव साहब ने राहत कार्यों का निरीक्षण करने के लिए भटार रोड पर विद्या भारती स्कूल में डेरा डाला। किंवदंतियों वाले फीनिक्स पक्षी की तरह राख से पुन: सजीव हो उठने की क्षमता के दर्शन 1994 के प्लेग के दौरान और 2006 की बाढ़ के बाद सूरत ने किए।

हमने 2006 में 24 से 30 अक्टूबर तक दीवाली मनाने के लिए SRK परिवार के 130 सदस्यों को श्रीलंका ले जाने की व्यवस्था की। हमने मुंबई से कोलंबो के लिए उड़ान भरी। हालांकि रामायण के कारण श्रीलंका हमारी सामूहिक सांस्कृतिक चेतना का हिस्सा है लेकिन कई लोग जो वहां नहीं जाते हैं, वे इसे रावण की लंका मानते हैं। कोलंबो और ग्रेटर कोलंबो रिजॉर्ट देखकर हम हैरान रह गए। यह क्षेत्र दक्षिण में माउंट लाविनिया से लेकर उत्तर में नेगोंबो तक फैला हुआ है। यह अंतरराष्ट्रीय पर्यटकों से भरा हुआ लगता है लेकिन हमें कहीं भी रावण की सोने की लंका या सोने का महल नहीं दिखा। वास्तव में हमने देखा कि श्रीलंका एक प्रमुख बौद्ध देश है। भारत से इसका सम्बन्ध रामायण से अधिक धर्मात्मा राजा अशोक से है। उनके वंशज यहीं बस गए थे।

21 दिसम्बर, 2006 को भागवत कथाकार पूज्य भाईश्री रमेशभाई ओझा ने सूरत में 'भरत कैंसर अस्पताल' का उद्घाटन किया। वर्ष 2003 में महेंद्रभाई कतारगामवाला, रसिकभाई हांसोटी, डॉ. विपिन देसाई, सेवंतीभाई शाह और मैंने सूरत के पास सरोली में एक कैंसर अस्पताल शुरू करने की संभावना पर चर्चा करने के लिए भारती मैया ट्रस्ट के प्रबंध ट्रस्टी चंद्रिकाबहन से मुलाकात की। ठाकोरभाई सरोलीवाला अपने गांव में अस्पताल शुरू करने के लिए गांव के ट्रस्ट को एक इमारत देने के लिए तैयार थे। फिर सितंबर, 2009 में 'निराली रेडिएशन सेंटर' जो उसी अस्पताल से जुड़ा हुआ था - वह L & T के श्री अनिलभाई नाइक ने सेंटर को दान किया था। अनिलभाई ने अपनी चार वर्षीया पोती निराली को कैंसर से खो दिया था। आज यह भरत कैंसर अस्पताल सूरत और आसपास के क्षेत्रों में कैंसर रोगियों के इलाज के लिए वरदान साबित हुआ है।

मैं अपनी मां संतोकबा की याद में कुछ करना चाहता था। मैंने कई लोगों से सलाह ली। यदि मैं कोई स्कूल या अस्पताल स्थापित करता हूं तो यह शहर तक सीमित रहेगा, यदि मैं विश्वविद्यालय स्थापित करूं तो वह राज्य में प्रतिष्ठित होगा। लेकिन मैं ऐसा क्या करूं कि मेरी मां का नाम देश-दुनिया में फैल जाए? आखिरकार हमने अपनी मां के नाम पर एक मानवतावादी वैश्विक पुरस्कार शुरू करने के बारे में सोचा। यह पुरस्कार दुनियाभर के उन व्यक्तियों को दिया जाता है जिन्होंने मानवीय दृष्टिकोण के माध्यम से समाज को प्रभावित किया है, शक्तिशाली मूल्यों के माध्यम से युवाओं के बीच करुणा-सचाई-प्रेम की विचारधारा का प्रसार किया है और निस्वार्थ सेवा के माध्यम से दूसरों को भी सन्मार्ग पर चलने के लिए प्रेरित किया है। हमने इस पुरस्कार का नाम 'संतोकबा मानवरत्न पुरस्कार' रखा। व्यापक चयन प्रक्रिया के बाद, पहला पुरस्कार 2006 में श्री सत्यनारायण गंगाराम पित्रोदा उर्फ 'सैम पित्रोदा' को प्रदान करने का निर्णय लिया गया।

वर्ष 1942 में उड़ीसा के एक छोटे से गांव में एक गुजराती परिवार में जन्मे सैम पित्रोदा का बचपन से ही सपना था कि उन्हें शहर की भव्य, रोमांचक, आरामदायक और दूर की दुनिया का जीवन जीने को मिले। 1964 में वह इलेक्ट्रिकल इंजीनियरिंग की पढ़ाई के लिए शिकागो, अमेरिका चले गए। वह वहां पढ़ाई करने में सफल रहे लेकिन इस बीच उन्हें संचार बाधाओं और असुविधाओं के बीच अपनी मातृभूमि से दूर रहने वाले दोस्तों और रिश्तेदारों के बीच 'संवाद टूटने' के दर्द का अनुभव हुआ। उस समय भारत के गांवों में टेलीफोन सेवाओं के अभाव में अपने बीमार और बुजुर्ग माता-पिता से कैसे संपर्क किया जाए? अपना अकेलापन और मातृभूमि के वियोग को कैसे कम किया जाए? यदि वह अपने मूल देश भारत चले जाते हैं तो वह शिकागो में अपने परिवार, दोस्तों या सहकर्मियों के साथ संपर्क में कैसे रह पाएंगे? संचार के इन सभी जटिल सवालों ने उन्हें सोचने पर मजबूर कर दिया। उन्हें बेहतर रास्ता खोजने के लिए अपने अध्ययन, ज्ञान, अनुभव और कौशल का उपयोग करने के लिए प्रेरित किया गया।

1980 तक भारत का दूरसंचार नेटवर्क इलेक्ट्रोमैकेनिकल स्विच सिस्टम पर आधारित था। टेलीफोन सिर्फ अमीरों के पास ही होता था। एक आम आदमी के लिए इसका खर्च वहन करना संभव नहीं था। उस समय देश में मुश्किल से 25 लाख टेलीफोन रहे होंगे और उनमें से भी ज्यादातर व्यापारियों, सरकारी अधिकारियों और शहरी अभिजात्य वर्ग के स्वामित्व में थे। साथ ही, उनकी सेवाएं भी वास्तव में निम्न स्तर की थीं। हमारे देश के खजाने में इतनी विदेशी मुद्रा भी नहीं थी कि हम अमेरिका, जापान या यूरोप से डिजिटल स्विच आयात कर सकें और अपनी दूरसंचार प्रणाली को आधुनिक बना सकें। भारत सरकार देश की दूरसंचार प्रणाली को आधुनिक बनाने के तरीकों की तलाश में थी।

इसका सरल उपाय था- देश के लिए आवश्यक तकनीक स्वयं विकसित करना। आयात करने और अपना पैसा बाहर भेजने से बेहतर होगा कि हम अपने देश में स्वदेशी, आत्मनिर्भर संसाधन तैयार करें। ऐसा स्वदेशी दृष्टिकोण एयरोस्पेस के क्षेत्र में देश में उत्साहजनक परिणाम दिखा रहा था तो दूरसंचार को स्वदेशी क्यों नहीं बनाया जाए? 1984 में प्रधानमंत्री श्रीमति इंदिराजी ने सैम पित्रोदा को भारत आमंत्रित किया और उन्हें भारतीय दूरसंचार प्रणाली के अनुरूप एक डिजिटल स्विचिंग सिस्टम विकसित करने का काम सौंपा। पित्रोदा ने सुझाव दिया कि हमें 'सेंटर फॉर डेवलपमेंट ऑफ टेलीमैटिक्स' (सी-डॉट) स्थापित करना चाहिए। इंदिराजी ने कहा, 'जो करना है करें, सरकार पूरा सहयोग करेगी।' शीघ्र ही सी-डॉट की स्थापना हुई। इसे सरकारी धन और पूर्ण स्वायत्तता दी गई। इस समय तक सैम पित्रोदा अमेरिकी नागरिक थे लेकिन देश की भलाई के लिए इतना बड़ा काम करने और भारत सरकार की मदद करने के लिए उन्होंने अपनी अमेरिकी नागरिकता त्यागकर भारत में रहना ही उचित समझा। फिर उन्होंने कभी पीछे मुड़कर नहीं देखा। उन्होंने पूरे भारत को एक उन्नत दूरसंचार नेटवर्क से जोड़ने के मिशन के लिए खुद को समर्पित कर दिया। इस सबको ध्यान में रखते हुए हमने उन्हें पहला 'संतोकबा मानवरत्न पुरस्कार' देने का फैसला किया।

19 जनवरी, 2007 को गुजरात के राज्यपाल श्री नवलकिशोर शर्मा द्वारा सरदार स्मृति भवन, वराछा रोड में एक भव्य समारोह में पित्रोदा को प्रथम संतोकबा पुरस्कार से सम्मानित किया गया। इस अवसर पर माननीय राज्यपाल ने सैम पित्रोदा को भारतीय 'दूरसंचार क्रांति का जनक' कहा।

अपने स्वीकृति भाषण में पित्रोदा ने कहा, 'प्रौद्योगिकी ने मुझे अपने व्यक्तिगत विकास, गरीबी से लड़ने, जाति और समुदाय की बाधाओं को तोड़ने और मेरे काम की गरिमा बढ़ाने में बहुत मदद की है। प्रौद्योगिकी न केवल व्यक्तिगत धन-सृजन में सहायक है, बल्कि नई अवधारणाओं की खोज करने और उत्पादों, सेवाओं, बाजारों, विकास, प्रगति, मूल्यों और कार्यों से संबंधित नए विचारों को उत्पन्न करने में भी बहुत उपयोगी है। प्रौद्योगिकी ने मुझे अनुशासन के कई पाठ सिखाए हैं। प्रौद्योगिकी ने मुझे पारस्परिक संबंध, टीम वर्क, प्रबंधन और समस्या समाधान के लिए उचित दृष्टिकोण के साथ-साथ उद्देश्यों की स्पष्टता, प्राप्त करने योग्य लक्ष्य और उनके प्रति मजबूत प्रतिबद्धता भी सिखाई है।'

हीरा उद्योग में मेरी 'ट्रेनिंग' अच्छी चल रही थी। अब तक मुझे इस पेशे में काफी व्यावहारिक ज्ञान प्राप्त हो चुका था। अब मैंने कारोबार की वृद्धि के लिए आदर्श कार्यस्थल के रूप में एक हीरे की कटिंग और पॉलिशिंग की अत्याधुनिक फैक्ट्री की कल्पना की। हमारे व्यवसाय का काफी विस्तार हो गया था और हमारी दूसरी पीढ़ी भी जिम्मेदारी लेने के लिए सक्षम हो रही थी। मैंने एक आदर्श फैक्ट्री

बनाने के बारे में सोचा जो उन्हें ऐसी आजादी और आधुनिकता दे, जिसकी उन्हें जरूरत है। यह मेरी 'कल्पना का साम्राज्य' होगा, इसलिए मुझे शून्य से शुरुआत करनी होगी। इस विचार ने मेरे मन में घोंसला बना लिया। इसके तुरंत बाद, इसके विस्तार के लिए, हमारे वर्तमान कारखाने से थोड़ी दूरी पर कतारगाम क्षेत्र में वस्तादेवडी रोड पर स्थित आठ कपड़ा कारखानों को खरीदने का निर्णय लिया गया। यह कानूनी प्रक्रिया करीब एक-दो साल तक चली।

उसके बाद, हमने इस शोध में एक साल बिताया कि इस कारखाने के लिए विश्वस्तरीय और अत्याधुनिक सुविधाएं क्या हो सकती हैं। हमें अपनी जरूरतों का अंदाजा था और उसके समायोजन, उसके लिए उपलब्ध उन्नत तकनीक आदि का भी अनुमान था। अब हमें इन दोनों चीजों को मिलाकर एक अनोखी विश्वस्तरीय हीरे की फैक्ट्री बनानी थी।

किसी भी व्यावसायिक उद्यम में व्यक्ति का दृष्टिकोण बड़ा होना चाहिए। मैंने कभी भी अपने अहंकार को अपनी दृष्टि पर हावी नहीं होने दिया। कार्य को उत्कृष्ट बनाने के लिए क्षेत्र के सर्वश्रेष्ठ विशेषज्ञों की राय, सुझाव, रूपरेखा का हमेशा स्वागत है, भले ही वे विशेषज्ञ मुझसे छोटे ही क्यों न हों! आपका कौशल, योग्यताएं और ज्ञान महत्त्वपूर्ण है, न कि आपकी उम्र, विरासत और वरिष्ठता।

मेरे युवा मित्र और के. गिरधरलाल एंड कंपनी के निदेशक परागभाई शाह जो एक अच्छे विचारक और दूरदर्शी व्यक्ति हैं, मैंने उनसे नई फैक्ट्री स्थापित करने के बारे में राय जाननी चाही। उन्होंने IIM-A के पूर्व छात्र वरदान काबरा के साथ मिलकर सूरत में एक अंतरराष्ट्रीय बोर्ड (IB) 'फाउंटेनहेड स्कूल' की स्थापना की है।

परागभाई ने वास्तुकार स्नेहलभाई शाह का मुझसे परिचय कराया। Ess Team Design Services-LLP के स्नेहलभाई शाह भारत में हीरा के कारखानों को डिजाइन करने में माहिर हैं। हमने उन्हें फैक्ट्री भवन को डिजाइन करने के लिए नियुक्त किया। वर्ष 1984 में मेरा बंगला बनानेवाले श्री जयंतीभाई मकवाना के बेटे राजेशभाई मकवाना ने एक इंटीरियर डिजाइनर के रूप में पूरे प्रोजेक्ट की सेवा की महत्त्वपूर्ण जिम्मेदारी संभाली। परागभाई शाह ने मुझे एक अन्य विशेष व्यक्ति, चार्टर्ड अकाउंटेंट निरतभाई जोगानी से भी मिलवाया जो 'सुरेश सुराणा एंड एसोसिएट्स' में भागीदार हैं। वे हमारे वित्तीय सलाहकार के रूप में काम करने के इच्छुक थे। इस प्रकार सभी विशेषज्ञों के मार्गदर्शन और सहयोग से हमारी नई फैक्ट्री 'SRK एम्पायर' के सपने का निर्माण कार्य शुरू हुआ।

इसी दौरान हमने टाटा ग्रुप की टाइटन कंपनी के ज्वेलरी डिवीजन से संपर्क किया जो भारत के दिग्गज और नंबर वन ज्वेलरी ब्रांड 'तनिष्क' के मालिक हैं। टाइटन कंपनी तमिलनाडु औद्योगिक विकास निगम (TIDCO) में घड़ियां बनाने

का काम करती है। स्विट्जरलैंड में घड़ी और आभूषण का कारोबार साथ-साथ चलता है। लेकिन भारत में यह विचार टाइटन के पहले प्रबंध निदेशक और टाटा ग्रुप के वरिष्ठ श्री जेरेक्स देसाई के दिमाग में आया था।

1980 के दशक के अंत में टाटा कंपनी ने घड़ी के क्वार्ट्ज खरीदने के लिए एवं विदेशी मुद्रा अर्जित करने के लिए तनिष्क ब्रांड लॉन्च किया। इसका मुख्य उद्देश्य आभूषणों का निर्यात करना था लेकिन स्विस घड़ियों की तुलना में भारत में बनी घड़ी को अंतरराष्ट्रीय बाजार में कोई नहीं खरीदता था। 1991 की मुक्त बाजार नीति के बाद, भले ही विदेशी मुद्रा नीति अस्तित्व में आई, टाइटन कंपनी ने अपने ब्रांड का उपयोग केवल भारतीय बाजार में करने के बारे में सोचा। इसने अगस्त, 1992 में अपना पहला प्रोडक्शन प्लांट खोला और 1996 में तनिष्क ने बैंगलोर में अपना पहला शोरूम खोला।

जब जेरेक्स देसाई के बाद दूसरे प्रबंध निदेशक श्री भास्कर भट्ट के साथ मेरी बैठक आयोजित की गई तो मैंने पहला प्रश्न पूछा, 'तनिष्क' शब्द का क्या अर्थ है? भास्करजी का चेहरा चमक उठा और उन्होंने कहा, 'यह मेरे गुरु, देसाई सर की रचना है जिन्होंने दो संस्कृत शब्दों, 'तन' (शरीर) और 'निष्क' (स्वर्ण आभूषण) को मिलाकर 'तनिष्क' (सोने के आभूषणों से अलंकृत शरीर) बनाया। इसका मतलब कुछ और भी है – 'उत्कृष्ट शिल्प कौशल या उत्तम डिजाइन।' सूक्ष्म रूप से यह नाम हमारी मूल कंपनी टाटा को दर्शाता है। मुझे भास्कर भट्ट और उनका जवाब दोनों पसंद आए।

भास्करजी की टीम में कुशल और प्रतिभाशाली लोग शामिल थे। वे अकबर के दरबार के नौ रत्नों या 'नवलखा हार' के समान थे। वहां सी.के वेंकटरामन (आई.आई.एम-अहमदाबाद), अजय चावला (आई.आई.एम-कोलकत्ता) और संदीप कुल्हाली (सिम्बायोसिस-पुणे) और बहुमुखी प्रतिभावान एल.आर नटराजन, संजय राणावड़े और रचनात्मक ऊर्जा के भंडार युवा रेवतीकांत जैसे प्रतिभाशाली लोगों से मेरी मुलाकात हुई। भास्कर भट्ट ने बताया कि तनिष्क की फैक्ट्री में आभूषण बनाने में सोने का नुकसान एक फीसद से भी कम है। तब हमारे यहां सोने का बहुत नुकसान होता था। यह एक ऐसी चुनौती थी जिसे उस समय कोई भी हमारे सिवा नहीं ले सकता था। मैंने अपने भांजे के पुत्र नीरव नारोला से कहा, 'इन सभी महानुभावों से मिलना और टाटा जैसी प्रतिष्ठित कंपनी से जुड़ने का अवसर जीवन में एक बार मिलता है। हमें अपने कारखाने में सोने की हानि एक फीसद से कम सुनिश्चित करने की भी एक प्रणाली स्थापित करनी चाहिए।' समस्या और समाधान दोनों ही मेरे मन में साकार होते दिख रहे थे। मैंने सोचा, 'मैं कुछ भी नहीं हूं लेकिन मैं कुछ भी कर सकता हूं!' यह गहरा विश्वास मेरी अंतरात्मा में जाग उठा।

जब नीरव दस साल का था, तब अपने दोस्तों के साथ 'लट्टू' का खेल खेलते समय अचानक एक लट्टू की नोक उसकी बाईं आंख में घुस गई और उसकी कॉर्निया को नुकसान पहुंचा। हम तुरंत उन्हें सूरत के सबसे अच्छे नेत्र चिकित्सक डॉ. उपेन्द्र कलाईगर के अस्पताल ले गए। डॉ. सुरेश सोनानी और डॉ. अरविंद चितले की टीम भी जांच में शामिल हुई। मुझे ऑपरेशन थियेटर में बुलाया गया और बताया गया कि नीरव की आंख बेकार हो चुकी है। मैंने कहा अगर हम उसे इलाज के लिए अमेरिका ले जाएं तो क्या होगा? तो डॉक्टरों ने कहा कि इसे दुनिया में कहीं भी ले जाओ, कुछ नहीं किया जा सकता। मुझे एहसास हुआ कि अब इसका कोई इलाज नहीं है, इस क्षति की भरपाई नहीं की जा सकती। तथापि मैंने डॉक्टरो से कहा कि अभी ये आंख निकालना मत क्योंकि घरवाले यह सहन नहीं कर पाएंगे।

इस घटना के एक महीने बाद नीरव की दादी और मेरी बहन शांताबहन का मन शांत करने के लिए हम नीरव को अहमदाबाद के सबसे अच्छे नेत्र चिकित्सक डॉ. पी.एन नागपाल को दिखाने के लिए ले गए। उन्होंने भी बताया कि इस मामले में कोई भी दवा काम नहीं करेगी तो शांताबहन ने कहा, 'भले ही डॉक्टर मना कर दे लेकिन मेरे भगवान अवश्य दृष्टि प्रदान करेंगे, अब भगवान को अपना काम करने दीजिए, और क्या?' हम सभी के लिए और डॉक्टरों के लिए आश्चर्य की बात थी कि तीन साल बाद नीरव की दृष्टि 85 प्रतिशत तक वापस आ गई। नीरव वर्तमान में मुंबई में हमारी आभूषण इकाई का संचालन संभालते हैं।

हमारी टीम में बहुत कुशल कारीगर थे लेकिन वे आभूषण निर्माण प्रक्रिया में उच्चतम गुणवत्ता के बारे में बहुत जागरूक नहीं थे। तनिष्क टीम ने हमें हार बनाने के लिए गोल्ड रिंग के पैटर्न के साथ हीरों को सेट करने की 'इल्यूजन सेटिंग' तकनीक सिखाई ताकि आमने-सामने देखने पर हीरे 'बड़े' दिखें। उनकी सलाह और मार्गदर्शन से हम आगे बढ़े और अधिक-से-अधिक कौशल हासिल किए। आज तक उनके साथ हमारा व्यापारिक रिश्ता कायम है।

महावीर कार्डियक हॉस्पिटल के विस्तार के दौरान आर.बी शाह सुपर स्पेशियलिटी अस्पताल के निर्माण में हीरा-उद्योग के अन्य लीडर्स के साथ हमने भी योगदान दिया। 23 मार्च, 2008 को इसके उद्घाटन के लिए गुजरात के तत्कालीन मुख्यमंत्री श्री नरेंद्रभाई मोदी और तत्कालीन स्वास्थ्य मंत्री श्री जयनारायण भाई व्यास पहुंचे। इस अवसर पर जब हम मंच पर एक साथ बैठे थे तो मैंने मुख्यमंत्री को सुझाव देते हुए देखा कि सूरत को बाहरी रिंग रोड की आवश्यकता है। उधना और वराछा इलाके में रहने वाले दस लाख से ज्यादा लोगों को आने-जाने के लिए रेलवे स्टेशन से गुजरना पड़ता था। नतीजतन, सड़क के हर ट्रैफिक जंक्शन पर भीषण जाम लग

जाता था। लेकिन इस समस्या के समाधान के लिए नया रिंग रोड बनाने की जरूरत थी। हमें लगा कि नरेंद्रभाई ने हमारी प्रस्तुति स्वीकार कर ली है।

एक आध्यात्मिक गुरु और एक महान विचारक और साधुचरित पूज्य स्वामी सच्चिदानंदजी का मैं बहुत बड़ा प्रशंसक रहा हूं। उनका जन्म उत्तरी गुजरात में हुआ था और 21 साल की उम्र में उन्होंने मोक्ष की तलाश में घर छोड़ दिया। पैदल रेलवे पटरियों पर सैकड़ों मील की दूरी तय करते हुए वे वाराणसी पहुंचे और वहां सात साल तक संस्कृत का अध्ययन किया। बनारस विश्वविद्यालय से पी.एच.डी के समकक्ष 'वेदांताचार्य' की उपाधि प्राप्त की। वहां से वे कुछ समय के लिए बेलूर मठ में रुके। कुछ वर्ष वृन्दावन में रहे और चालीस वर्ष बाद गुजरात लौटे। सरदार पटेल की जन्मस्थली करमसद के पास दंताली गांव में आश्रम स्थापित किया। स्वामीजी एक प्रखर वक्ता हैं। उनकी भाषा सरल होते हुए भी समाज में फैले पाखंड और कुरीतियों को उजागर करती है। यह हर वर्ग के श्रोताओं के दिल को छू जाता है। उन्होंने सामाजिक क्रांति को बढ़ावा देने वाली 140 से अधिक पुस्तकें लिखी हैं। उनमें से कुछ को 'गुजरात साहित्य अकादमी' और 'गुजराती साहित्य परिषद' से पुरस्कार भी मिले हैं।

मई, 2008 में हम सात यूरोपीय देशों की बीस दिवसीय यात्रा पर स्वामीजी के साथ शामिल हुए। उस ग्रुप में चालीस लोग थे, जिनमें से दस लोग सूरत के और बीस लोग गुजरात के दूसरे शहरों के थे। अमेरिका से एथेंस में दस अन्य लोग हमारे साथ शामिल हुए। यह यात्रा मौज-मस्ती या मनोरंजन के लिए नहीं थी बल्कि पूर्वी यूरोप के ऐतिहासिक महत्व को जानने और समझने के लिए थी। हम जानना चाहते थे कि हजारों साल पहले इस महाद्वीप के लोग कैसे रहते थे, उनके विचारों और व्यवहारों ने उनकी संस्कृति को कैसे आकार दिया। विश्वयुद्धों के दौरान इन लोगों ने क्या किया था, इसका हालिया इतिहास भी हमें दिखाया गया। इसमें द्वितीय विश्वयुद्ध के बाद जर्मनी के पूर्वी और पश्चिमी जर्मनी में विभाजन को दर्शाया गया था। हमने उन परिस्थितियों और कारणों का भी अध्ययन किया कि क्यों हिटलर ने दुनिया का सबसे बड़ा नरसंहार किया। यहूदियों को सैकड़ों रेलगाड़ियों में ठूंस कर कॉन्सन्ट्रेशन केंद्र ले जाया गया और लाखों लोगों को यातना शिविरों में मार डाला गया। ऐसे वीभत्स नरसंहार के दृश्य देखकर और घटनाएं सुनकर हमारे रोंगटे खड़े हो गए।

स्वामीजी ने हमें समझाया, 'मोक्ष प्राप्ति के मार्ग में दो विकट बाधाएं हैं, स्त्री और धन।' उन्होंने आगे कहा कि गोस्वामी तुलसीदास ने भी रामचरित मानस के अंतिम भाग में भी यही लिखा है, 'हे मनुष्य, तू कंचन और कामिनी को हृदय में न रख।'

कामिहि नारि पिआरि जिमि लोभिहि प्रिय जिमि दाम।
तिमि रघुनाथ निरंतर प्रिय लागहु मोहि राम।।

'हे श्रीराम, आप हमेशा मेरे लिए बहुत प्रिय रहे हैं जैसे एक कामी व्यक्ति एक स्त्री से प्यार करता है और एक लालची व्यक्ति धन से प्यार करता है, हे रघुनाथ, इसी प्रकार आप मेरे लिए प्रिय हैं।'

(रामचरितमानस, उत्तर कांड, दोहा- 130)

मैंने पूज्य सच्चिदानंद स्वामीजी से सीखा कि इस दुनिया में बहुत कम लोग वास्तव में ज्ञान की तलाश में हैं। बाकी लोग तो जिंदगी जैसी है, हालात जैसे हैं, उसी में जी लेते हैं; बिना सोचे-समझे, बिना किसी उच्च जीवन की इच्छा के! बहुत कम लोगों के पास प्रश्न होते हैं, उनमें से तो बहुत ही कम लोग उत्तर खोजने का साहस करते हैं। लेकिन जो लोग ऐसा करते हैं, वे शायद ही कभी स्थिति को बदलने की कोशिश करते हैं। ऐसा क्यों है? क्योंकि 'जैसे थे, जैसे हैं, वैसे जीते रहना' एक लत की तरह है। यह हर किसी को पसंद है, लोग उस बदलाव से डरते हैं। वे अपनापन और अनुकूल हो चुकी परिचित स्थितियां ही पसंद करते हैं। भले ही वह अच्छा न हो, फिर भी उसी में घिरे रहते हैं। किसी भी चीज के बारे में प्रश्न होना या पूछना बंद दरवाजे को खोलने जैसा है। कभी-कभी तूफान या बवंडर आता है और सब कुछ उड़ जाता है! उस डर से हम अपने मन के दरवाजे नहीं खोलते।

टर्की हवाई अड्डे पर हमें विदाई उपहार देते हुए स्वामीजी ने कहा, 'ईश्वर एक अदृश्य शक्ति है जो हमारे चारों ओर की दुनिया और जीवन को चलाती है। हमें बस उस पर विश्वास करना है, बस प्रार्थना करनी है, बाकी काम तो उसे करने देना है।'

2001 की जनगणना के आंकड़े बताते हैं कि पिछले दस वर्षों में गुजरात में प्रति 1000 पुरुषों पर महिलाओं की संख्या 934 से घटकर 920 हो गई है, इसी तरह बाल लिंगानुपात भी 928 से घटकर 883 हो गया है। इस प्रकार लिंग असंतुलन धीरे-धीरे हमारे समाज में घर कर रहा है। अब वह हमें कोई गंभीर समस्या नहीं लगती; लेकिन जब यह बड़े पैमाने पर गंभीर हो जाता है तो हमारी सामाजिक व्यवस्था को अस्त-व्यस्त कर सकता है। तब इसे सुधारना कठिन हो जाएगा क्योंकि सामाजिक सद्भाव और लिंग संतुलन स्थापित करना और बनाए रखना किसी एक व्यक्ति का काम नहीं है। पूरा देश और खासकर गुजरात इस प्रदूषण का शिकार हो गया है। कन्या भ्रूणहत्या को कैसे रोका जाए और लड़के-लड़कियों के बीच समानता का दृष्टिकोण कैसे विकसित किया जाए, यह बहुत ही बुनियादी प्रश्न है।

इस विषय पर मथुरभाई सवाणी और लालजीभाई पटेल के साथ बैठकर मैंने घंटों चर्चा की और निष्कर्ष निकाला कि यह एक सामाजिक मुद्दा है और इसका

एकमात्र समाधान लोगों के दृष्टिकोण को बदलने के लिए लोगों को जागरूक करना है। इसलिए हमने सौराष्ट्र की जल समस्या के लिए 'सौराष्ट्र जलधारा परियोजना' की तरह पूरे पाटीदार समाज में जन जागरूकता फैलाने के लिए 'बेटी बचाओ' अभियान चलाने के बारे में सोचा। यह परियोजना केवल हीरा उद्योग की कंपनियों या सिर्फ उद्योगपतियों द्वारा चलाए जाने की न थी बल्कि इसमें पूरे पाटीदार समुदाय के साथ-साथ अन्य समुदायों को भी शामिल करने की थी। ऐसे किसी भी अभियान की सफलता उसमें शामिल होने वाले लोगों की भागीदारी पर निर्भर करती है। सूरत शहर के 1500 से अधिक स्कूलों में करीब दो लाख पोस्टकार्ड बांटे गए। इन स्कूलों के 13 से 17 साल के बच्चों ने इस पोस्टकार्ड पर 'बेटी बचाओ' विषय पर एक पाठ लिखा और इसे अन्य जिले के स्कूलों में भेजा गया।

मथुरभाई को एक और लाभकारी विचार यह भी आया कि अगर हम इसमें लड्डू भी मिला दें तो? इसलिए हमने 1 जनवरी, 2006 को 'बेटी बचाओ महालड्डू' कार्यक्रम तय किया। इस परियोजना में 35,000 से अधिक स्वयंसेवकों ने ढाई लाख परिवारों से संपर्क किया और उनसे दो प्रश्न पूछे:

(1) आपके परिवार में कितनी बेटियां हैं?

(2) आपके परिवार में कितने बेटे हैं?

इसके साथ ही प्रत्येक परिवार की जीवनशैली, शैक्षणिक स्तर, आय, सामाजिक पहचान आदि के बारे में भी जानकारी ली गई।

पूरे समाज को एकजुट करने के लिए हमारे स्वयंसेवकों ने प्रत्येक परिवार से एक मुट्ठी अनाज और एक बोतल पानी एकत्र किया। एकत्रित सामग्री से तीन लाख किलोग्राम का एक विशाल लड्डू बनाया। 35 फुट ऊंचा और 65 फुट व्यास वाला यह महालड्डू एक पहाड़ जैसा दिखता था। मुंबई-दिल्ली नेशनल हाइवे 8 पर उसे सूरत के नजदीक कामरेज के पास रखा गया। इस लड्डू के आकार और महत्त्व को देखते हुए इसे लिम्का बुक ऑफ वर्ल्ड रिकॉर्ड्स में 'बेटी बचाओ महालड्डू' के नाम से स्थान मिला। उस दिन बीस फुट चौड़े सूरत-कामरेज रोड पर इतना ट्रैफिक था कि कोई भी गाड़ी नहीं चल पा रही थी। जो लोग कार्यक्रम में शामिल होना चाहते थे उन्हें पैदल चलना पड़ा। फिर भी बारह लाख लोगों ने कार्यक्रम का लुत्फ उठाया। सात स्टेज बनाए गए थे और प्रत्येक स्टेज पर दो सौ से अधिक लोग मौजूद थे। देशभर से कई अतिथि आए, सोलह सौ से अधिक गणमान्य व्यक्ति मुख्य मंच पर उपस्थित थे। इस अवसर पर स्वामीश्री सच्चिदानंदजी मुख्य वक्ता थे। वह पाटीदार समुदाय के बेहद सम्मानित संत हैं। उन्होंने आरती की और शपथ दिलाई, 'हम अपने परिवार में कभी भी कन्या भ्रूणहत्या नहीं करेंगे, हम लड़के और लड़कियों को एक

समान मानेंगे। हम दूसरों को भी कन्या भ्रूणहत्या से रोकेंगे। हम समाज को इस पाप से बचाएंगे।'

इस अवसर पर गुजरात के पूर्व मुख्यमंत्री श्री केशुभाई पटेल अध्यक्ष पद पर विराजमान थे। शायद दुनिया में पहली बार कन्या भ्रूणहत्या के कलंक के खिलाफ इतने बड़े पैमाने पर कार्यक्रम आयोजित किया गया। उन तीन लाख किलो के महालड्डू को छोटे-छोटे टुकड़ों में काटकर 35 लाख बक्सों में प्रसाद के रूप में गुजरात के शहरों और गांवों में बांटा गया। लोगों का इससे इतना भावनात्मक जुड़ाव था क्योंकि घर-घर से अन्न-जल एकत्रित कर बनाए गए इस प्रसाद में हर किसी को 'अपनेपन' का एहसास हो रहा था कि यह तो मेरा ही कार्यक्रम है!

सितंबर, 2008 में मैं और 'बेटी बचाओ अभियान' के संस्थापक मथुरभाई, दक्षिण गुजरात विश्वविद्यालय के कुलपति, चैंबर्स ऑफ कॉमर्स के अध्यक्ष, जिला शिक्षा अधिकारी आदि सभी प्रमुख लोग सूरत नगर निगम के आयुक्त श्री एस. अपर्णा से मिलने सौराष्ट्र समाज हॉल, वराछा रोड गए। दो वर्ष पहले सौराष्ट्र के वराछा क्षेत्र के लोगों ने कन्या भ्रूणहत्या के खिलाफ एक जनजागरूकता कार्यक्रम आयोजित किया था, इस बारे में मथुरभाई ने कमिश्नर महोदया को समझाया और कहा कि अब समय आ गया है कि जनजागरूकता फिर से शुरू की जाए। बैठक में दीवाली के बाद 31 अक्टूबर से सूरत से सोमनाथ तक 'बेटी बचाओ अभियान यात्रा' शुरू करने का निर्णय लिया गया।

रैली 31 अक्टूबर, 2008 को सूरत से शुरू हुई और 5 नवंबर को सोमनाथ में समाप्त हुई। इस रैली के मार्ग में 226 तालुके शामिल थे। प्रत्येक तालुका से संकल्प-जल एकत्र किया गया और यह जल सोमनाथ मंदिर के पुजारी को दिया गया। एकत्र किया गया यह जल राष्ट्रपति श्रीमती प्रतिभा पाटिल को भेजा गया। यह 'बेटी बचाओ यात्रा' अंकलेश्वर, वडोदरा, अहमदाबाद, मेहसाणा, उंझा, सुरेंद्रनगर, राजकोट और जूनागढ़ जैसे जिलों से होकर गुजरी। तीन सौ से अधिक कारें 'बेटी बचाओ अभियान' के बैनर के साथ शामिल हुईं। इसमें समाज के विभिन्न वर्गों से चुने गए बारह सौ से अधिक लोगों ने भाग लिया। तत्कालीन मुख्यमंत्री श्री नरेंद्रभाई मोदी ने सूरत से रैली को हरी झंडी दिखाकर रवाना किया। उन्होंने कहा, 'आने वाले दिनों में गुजरात में पुरुष-महिला अनुपात संतुलित हो जाएगा। बेटी हमारे देश और समाज का गौरव है। स्त्री-पुरुष के बीच भेदभाव को दूर करने के लिए हमने 'बेटी बचाओ आंदोलन' चलाया है। यह सोचना गलत है कि आपका बेटा बुढ़ापे मे आपकी देखभाल करेगा और ऐसे कई उदाहरण हैं जहां बेटों ने माता-पिता के सपनों को तोड़ा है लेकिन बेटियों ने उनके बुढ़ापे को संभाला है। अब बेटियां हर क्षेत्र में आगे बढ़ रही हैं।' अहमदाबाद की इस रैली में श्री नरेन्द्रभाई भी हमारे

साथ शामिल हुए। यात्रा मार्ग पर कुल बारह जन जागरूकता कार्यक्रम आयोजित किए गए थे।

मृत्युः सर्वहरश्चाहमुद्भवश्च भविष्यताम्।
कीर्तिः श्रीर्वाक्य नारीणां स्मृतिर्मेधा धृतिः क्षमा।।

मैं सबका नाशा करने वाला मृत्यु और उत्पन्न होने वालों का उत्पत्ति-हेतु हूँ तथा स्त्रियों में कीर्ति (प्रतिष्ठा), श्री (लक्ष्मी), वाक् (मृदुभाषी), स्मृति, मेधा (बुद्धि), धृति (धैर्य) और क्षमा (धीरज) हूँ।

(श्रीमद् भगवद्गीता, अध्याय 10, श्लोक 34)

भारतीय संस्कृति में नारी सदैव पूजनीय रही है। 'यत्र नार्यस्तु पूजयंते, रमन्ते तत्र देवता:' जहां नारी की पूजा होती है, वहां भगवान निवास करते हैं। यह हमारे देश की परंपरा है। नारी की उपेक्षा करने वाली संस्कृतियां लगभग विलुप्त हो गई हैं लेकिन भारतीय संस्कृति आज भी कायम है।

मां, महात्मा और परमात्मा भारतीय संस्कृति के आधार हैं। हमारे देश में महिलाओं का सम्मान किया जाता है, इसीलिए हम अपनी मातृभूमि को भारत माता कहते हैं। हम शक्ति के लिए मां दुर्गा, बुद्धि के लिए मां सरस्वती और धन के लिए मां लक्ष्मी की पूजा करते हैं। मैंने हमेशा स्त्री सम्मान की भावना को संजोया है और दूसरों से भी इसका आग्रह किया है।

यात्रा के दौरान लाखों लोगों ने कार्यक्रमों में भाग लिया। इस अभियान के केंद्र में कन्या भ्रूणहत्या का प्रदूषण दूर करना, महिलाओं को बराबरी का दर्जा देना और लोगों में इस तरह की मानसिकता का विकास करना था। आदरणीय संतों पूज्य सच्चिदानंदजी महाराज एवं पूज्य भाईश्री रमेशभाई ओझा भी इन आयोजनों में शामिल हुए थे।

कारोबार में हम बहुत-सी योजनाएं बनाते हैं, सभी पहलुओं पर चर्चा करते हैं। कभी-कभी हम जोखिम लेते हैं, कभी-कभी उन्हें टाल देते हैं। इतना सब करने के बावजूद, कभी-कभी अप्रत्याशित घटित हो जाता है जो हमारी सारी योजना, सतर्कता पर पानी फेर देता है। समुद्र की लहरें हमारे रेत के महलों को बहा ले जाती हैं। गोल्डमैन सैक्स, मॉर्गन स्टेनली और मेरिल लिंच के बाद अमेरिका का चौथा सबसे बड़ा निवेश बैंक, लेहमैन ब्रदर्स 15 सितंबर, 2008 को बंद हो गया। न्यूयॉर्क टाइम्स ने बताया कि लेहमैन के दिवालिया घोषित होने के बाद वित्तीय बाजार शांत हो गया और ऐसा लगने लगा कि कहीं अन्य प्रमुख वित्तीय संस्थान भी ढह तो नहीं जाएंगे?

इस क्षण, मेरे दिमाग में दो बातें बहुत स्पष्ट रूप से सामने आईं: (1) आत्म-नियंत्रण अत्यंत महत्त्वपूर्ण है। (2) जब वित्तीय क्षेत्र अन्य उत्पादक क्षेत्रों से आगे चलता है, तो ऐसी घटनाएं घटित होती हैं। वित्तीय क्षेत्र का मूल उत्पादन की आर्थिक गतिविधियों में समाहित होना चाहिए। लोगों को केवल पैसे से पैसा बनाने के चक्कर में नहीं पड़ना चाहिए।

इस हंगामे का प्रतिकूल प्रभाव शुरू में भारतीय बाजारों में नहीं दिखा था क्योंकि हमारा वित्तीय क्षेत्र वैश्विक बाजारों से मजबूती से जुड़ा हुआ नहीं था और हमारे बैंकों के पास बंधक-समर्थित ऋण बहुत कम थे लेकिन भारतीय हीरा उद्योग में ऐसा नहीं था। बाकी सब तो हमें समझ नहीं आया लेकिन हमारी साधन कुशलता काम आई। 'लेहमैन ब्रदर्स' का वित्तीय संकट दूर हुआ और सुधार शुरू हुआ। गाड़ी पटरी पर चढ़ने लगी। हीरा व्यापारी वित्तीय संकट को तुरंत भूल गए। हालांकि कई लोगों ने इससे सबक सीखा होगा लेकिन उन्होंने भारी ऋण लेना शुरू कर दिया। आज भारतीय अर्थव्यवस्था में गैर-निष्पादित परिसंपत्तियों (NPA) की समस्या की जड़ें उसी दौर से शुरू हुई थीं।

एक व्यक्ति के लिए बचत करना आदर्श माना जाता है लेकिन यदि सभी व्यक्ति केवल बचत करेंगे तो यह अर्थव्यवस्था के लिए हानिकारक साबित होगा। एक व्यक्ति का व्यय और उपभोग दूसरे की आय बन जाता है। सभी व्यक्ति यदि केवल बचत का मार्ग अपना लें, सभी उपभोक्ता बचत करने लगें तो मंदी की स्थिति का अंदेशा होता है। अर्थव्यवस्था में पैसा घूमता रहना चाहिए। खराब आर्थिक हालात के बीच अधिक निवेश करना भी अव्यावहारिक है। अमेरिका में उपभोग बंद होने के कारण अमेरिका को होने वाले हमारे प्रमुख निर्यात का व्यापार निचले स्तर पर चला गया था।

नवंबर, 2008 के बाद व्यापार की स्थिति और अधिक कठिन हो गई। वैश्विक मंदी के साथ ही हीरा बाजार भी थोड़ा डगमगा गया था। अफवाहें फैलीं कि हीरा उद्योग के कई लोगों को घर बैठना पड़ेगा, कई कारखाने बंद हो जाएंगे। निर्यात घटने से हीरे की कटिंग और पॉलिशिंग का काम कम हो जाएगा। भुगतान भी समय पर नहीं होगा, इसलिए बाजार में संकट होगा और धीरे-धीरे यह सब होने लगा। एक बार तो मैं भी चिंतित हो गया था कि अब इससे बाहर कैसे आया जाए? लेकिन मैं ठहरा धरतीपुत्र, एक किसान का बेटा। मुझे पता था कि जब काठियावाड़ में सूखे का सामना करना पड़ता था तो मेरे दादा-दादी क्या करते थे। ऐसे संकट में जैसे कछुआ अपने अंगों को सिकोड़ लेता है, उसी प्रकार तुरंत परिस्थिति से पीछे हटकर विस्तार को सिकोड़ लेना चाहिए। अब मैंने यह पता लगाने के लिए कि कितना और कैसे पीछे हटना है, अपने मूल गणित या संसाधनशीलता का उपयोग किया। मैंने पाया कि मुझे अलग ढंग से सोचने की जरूरत है। वही करना जो हर कोई

कर रहा है, आगे बढ़ने का एक निश्चित तरीका है। सड़क सीधी और खुली होने पर हर कोई अपना वाहन तेजी से चलाता है लेकिन घुमावदार या ऊबड़-खाबड़ सड़क पर गाड़ी चलाना ही असली परीक्षा है। इस समय मुझे गीता का श्लोक याद आ गया–

तेषां सततयुक्तानां भजतां प्रीतिपूर्वकम्।
ददामि बुद्धियोगं तं येन मामुपयान्ति ते।।

> उन निरन्तर मेरे ध्यान आदि में लगे हुए और प्रेमपूर्वक भजनेवाले भक्तों को मैं वह तत्व-ज्ञानरूपी बुद्धि योग देता हूँ, जिससे वे मुझको ही प्राप्त होते हैं।
>
> (श्रीमद् भगवद्गीता, अध्याय 10, श्लोक 10)

बुद्धि का दाता भगवान है, इसलिए मुझे विश्वास है की भगवान ही मेरे मन में आएंगे और सही निर्णय लेंगे।

यह बिल्कुल सच है कि मुसीबत के समय हम बाजार में चल रही अफवाहों के आधार पर निर्णय लेते हैं। लेकिन ऐसे वक्त में हमें बातचीत नहीं, बल्कि बिजनस देखना चाहिए। मैंने अपना स्टॉक गिना, वह ज्यादा था। मैंने राहुलभाई से चर्चा की जो मुंबई में बाजार संचालन संभाल रहे थे और बिक्री बढ़ाने का सुझाव दिया। यदि यह मंदी बनी रहती है तो इन्वेंट्री कम की जानी चाहिए यानी सामान को उस कीमत पर बेचना जिस कीमत पर खरीदार का ऑफर आता है, भले ही स्टॉक को नुकसान हो। दीवाली की छुट्टियां आते-आते काफी स्टॉक खत्म हो गया।

मैंने अपने 6000 कर्मचारियों को संबोधित करते हुए एक पत्र लिखा और उसे नोटिस बोर्ड पर लगा दिया: 'प्रिय SRK परिवार, आने वाले दिन हमारे हीरा उद्योग के लिए बहुत अनुकूल नहीं दिख रहे हैं। मैं आप सभी को एक सलाह और सुझाव देना चाहता हूं कि कंपनी आपका खयाल रखेगी लेकिन आपको सावधान रहने की भी जरूरत है। दीवाली पर फिजूलखर्ची न करें, सोच-समझकर योजना बनाएं। अगर आप बाहर घूमने जाने की सोच रहे हैं, तो रुक जाएं। अगर आप नया घर, फ्लैट खरीदने की सोच रहे हैं और वह सस्ता है तो भी अभी न खरीदें। न तो उधार लें और न ही पैसा दें। अनावश्यक खर्चों से बचें और पैसे की बचत करें। समय बदल रहा है। पूरे दिन सूरज नहीं चमकेगा, शाम होगी और रात भी हो जाएगी। इस बार रात कितनी देर तक रहेगी, यह निश्चित नहीं है। हम अपने दीयों को बुझने नहीं देंगे, इसलिए उनमें तेल बचाकर रखें और उनका उपयोग करें।'

दीवाली की छुट्टियां तीन सप्ताह बाद समाप्त हो गईं। लेकिन बाजार अभी भी नरम था। बाजार में ऐसी अफवाहें थीं कि हीरा उद्योग कभी भी उबर नहीं पाएगा। गरीब कारीगर डर गए और अपने वतन की ओर भागने की कोशिश करने लगे। कुछ व्यावसाइयों ने व्यवसाय बंद करने पर भी विचार किया। दिन-ब-दिन माहौल और अधिक तनावपूर्ण होता गया। अधिकांश कंपनियों ने अपने 25 से 75 प्रतिशत कर्मचारियों को नौकरी से निकाल दिया। हमारे भागीदार जो हमारे परिवार के सदस्य थे, ने कहा, 'काका, हम तभी जीवित रह सकते हैं जब हम कर्मचारियों को 25 से 30 प्रतिशत तक कम कर दें।' इसका मतलब है कि हमें लगभग 2000 कर्मचारियों को घर भेजना होगा। मेरा दिल टूट गया। मैंने कहा था कि कंपनियां नौकरी पर रखती हैं और नौकरी से निकाल देती हैं लेकिन मैंने सिर्फ लोगों को नौकरी पर रखा है, किसी को भी बिना वजह नौकरी से नहीं निकाला है। इसलिए इस बार भी मैं किसी को जाने नहीं दूंगा। उसके बाद हमने अपने साथियों को समझाया और हमने उनके काम के घंटे आठ से घटाकर छह कर दिए, हिसाब यह था कि चलो कम काम लिया जाए, कम वेतन में स्टाफ का कम-से-कम घर तो चलता रहेगा! आइए किसी की आजीविका छीनने के बजाय थोड़ा-थोड़ा सबको बांटें।

जनवरी, 2009 में कच्चे हीरे की कीमतें 50 प्रतिशत तक गिर गईं, इसलिए अब मुनाफा शुरू हो गया। हमने बहुत कम कीमतों पर कच्चा माल खरीदना शुरू कर दिया था और पॉलिश किए हुए माल का 70 प्रतिशत आ रहा था। हमारा मुनाफा 40 प्रतिशत तक पहुंच गया। ऐसा करने से हमारा बिजनस न सिर्फ बंद होने से बच गया, बल्कि आगे भी बढ़ा। हमारी तुलना में कई अन्य हीरा व्यापारी अभी भी 2008 की ऊंची कीमतें रखकर अपना माल बेचने की कोशिश कर रहे थे। अब मांग भी बढ़ने लगी और मुनाफा भी होने लगा, इसलिए हमने आठ घंटे के बजाय बारह घंटे काम करने का फैसला किया। हमें मंदी में कारीगरों और कंपनी को हुए नुकसान की भरपाई करनी थी। हमने 150 फीसदी उत्पादन किया, मुनाफा भी डेढ़ गुना बढ़ गया। 2007 में मंदी में हमारी कंपनी 25वें स्थान पर थी, 2009 में यह पांचवें स्थान पर पहुंच गई। हम भारतीय हीरा उद्योग के 'टॉप फाइव क्लब' में शामिल हो गए।

वैश्विक वित्तीय संकट के बाद भारत ने बाजार के एक बड़े हिस्से पर कब्जा कर लिया है। अब इसकी प्रगति को कोई नहीं रोक सकता। भारतीय अपने नुकसान को नियंत्रित करके आगे बढ़ने में विश्वास रखते हैं। हम भारतीयों जैसा बिजनस उद्यम कोई नहीं करता। भारतीय हीरा उद्योग भी इसी प्रकार की संसाधनशीलता दिखाता है और इसमें अपना पैसा निवेश करता है। न केवल हीरा उद्योग, बल्कि कपड़ा, फार्मास्यूटिकल्स, सॉफ्टवेयर जैसे अन्य उद्योग- व्यवसाय भी कुछ बुनियादी दिशाओं से हटकर चले और इसकी वजह से ही मंदी से उबरने में सक्षम भी हुए।

भारतीय उद्यमी दूसरों की तरह ज्यादा सट्टेबाजी या वायदा कारोबार में विश्वास नहीं करते हैं। हमारे यहां कभी भी कर्ज की संस्कृति नहीं रही। यदि हम अधिकांश भारतीय उद्यमियों पर नजर डालें तो उनका ऋण-इक्विटी अनुपात आम तौर पर इक्विटी के पक्ष में पाया जाता है। हमने हमेशा इसी तरह से कारोबार किया है और यही हमारी सबसे बड़ी विरासत है। इस प्रकार, जड़ें क्योंकि हमारी मजबूत हैं, हम तूफान से बच जाते हैं। हमने 2008 जैसी आर्थिक मंदी कभी नहीं देखी थी, फिर भी अधिकांश व्यवसाय मालिकों ने दुकान बंद नहीं की और उन्होंने अपना समाधान ढूंढ लिया।

हीरा उद्योग में De Beers कंपनी की विपणन इकाई डायमंड ट्रेडिंग कंपनी (DTC) का प्रबंध निदेशक, वर्दा शाइन जैसी सक्षम और प्रतिभाशाली महिला भारत आईं। विश्व हीरा उद्योग की सबसे शक्तिशाली और कुशल प्रतिभाओं में से एक मानी जाने वाली वर्दा शाइन के स्वागत में भारतीय हीरा उद्योग ने अनोखे स्नेहमिलन कार्यक्रम का आयोजन किया जिसका मुख्य उद्देश्य था कि वैश्विक मंदी के माहौल में हीरा उद्योग को आगे बढ़ाना। यह बैठक 28 नवंबर, 2008 को मुंबई के ताज महल होटल के एमरल्ड हॉल में आयोजित की गई थी। मैं उनसे व्यक्तिगत रूप से मिलना चाहता था और उन्हें 'SRK एम्पायर' की ग्रीन बिल्डिंग के उद्घाटन के लिए आमंत्रित करना चाहता था जो अगले साल तक पूरी होनी थी। लेकिन 26 नवंबर को आतंकियों ने ताज होटल पर हमला कर दिया। उस शाम DTC प्रतिनिधिमंडल के सभी सदस्य रात का खाना खाने के लिए होटल से बाहर गए थे, इसलिए भगवान की कृपा से वे बच गए। 'जिसके रक्षक ही रघुनाथ हो उसका काल भी क्या करेगा!'

मिस्त्री ब्रदर्स की 'लेक्सस सॉफ्टमैक' ने डायमंड प्लानिंग मशीन (एम-बॉक्स मशीन) लॉन्च की और हम उत्साहित हो गए। हम विदेशों से आयातित मशीनों पर निर्भर रहते थे, इसकी बजाय हम अपने दरवाजे पर स्वदेशी मशीनें पाकर बहुत खुश थे। कम्प्यूटरीकृत मशीनों ने अब एक कच्चे हीरे के भीतर सभी संभावनाओं की गणना करने, इसे पॉलिश करने के तरीके इत्यादि की जटिलता को अपने हाथ में ले लिया है। हीरे का साइज कैसे तय करना है, कटिंग कैसी करनी है, ये अब मशीनें दिखाती हैं। लेकिन हीरे की शुद्धता तय करना बहुत जटिल मामला है। इससे मुनाफे में बड़ा अंतर आ सकता है। यह सब करने में एम-बॉक्स मशीनें बहुत उपयोगी हैं। मैं जनकभाई मिस्त्री से मिला और उन्हें इतनी अच्छी मशीन बनाने के लिए बधाई दी। जनकभाई ने मुझे अपनी लाइब्रेरी दिखाते हुए कहा, 'पिछले 20 साल से मैं हर दिन दो घंटे पढ़ता हूं और रात को पढ़ने के बाद ही सोने जाता हूं।' किसी भी क्षेत्र में सफलता के लिए ऐसी साधना आवश्यक है।

यह बात हुई हमारे पेशेवर संघर्ष और उसमें मिली सफलता की। संतोकबा मानवरत्न पुरस्कार की स्थापना हमारी सामाजिक प्रतिबद्धता दर्शाती है। हमने 2007 के लिए 'संतोकबा मानवरत्न पुरस्कार' श्री नारायणभाई महादेवभाई देसाई को प्रदान करने का निर्णय लिया जो एक लब्धप्रतिष्ठ गांधीवादी विचारक, सर्वमान्य नेता और 'गांधी कथा' के प्रवर्तक हैं। एक सच्चे गांधीवादी के रूप में उनका जीवन अत्यंत सरल और सात्विक रहा है। गांधी विद्यापीठ एवं संपूर्ण क्रांति स्कूल-वेड़छी की भूमि पर उनका निवास तथा संपूर्ण भारतवर्ष उनका कार्यक्षेत्र रहा है! उनके पिता श्री महादेवभाई देसाई महात्मा गांधी के निजी सचिव थे। 'मोहन-महादेव की जोड़ी' के निजी रिश्ते थे।

15 अगस्त, 1942 को पुणे के आगा खान पैलेस में महादेवभाई की असामयिक मृत्यु के लिए गांधीबापू के 'भारत छोड़ो' आंदोलन के चरम दिनों के दौरान महादेवभाई को कहे गए शब्द उल्लेखनीय हैं: 'महादेव का पूरा जीवन एक भक्ति गीत की तरह था। यद्यपि वे मेरे शिष्य रहे, फिर भी वे मेरे गुरु बन गए।' ऐसे महादेवभाई के पुत्र नारायणभाई के प्रति गांधीजी ने अत्यधिक स्नेह और प्रेम दिखाया और उनके विकास पर बहुत ध्यान दिया। नारायणभाई ने अपना बचपन और युवावस्था साबरमती और सेवाग्राम के गांधी आश्रम में बिताया।

गीत और संगीत के साथ हमारे पारंपरिक भागवत सप्ताह की शैली में, नारायणभाई गांधीजी की जीवन-कविताओं, उनके दर्शन और मिशन को जन-जन तक पहुंचाने के लिए 'गांधी-कथा' करते थे। उन्होंने इस गांधी-कथा को गुजराती, हिंदी और अंग्रेजी भाषा में प्रस्तुत किया ताकि एक बड़ा दर्शक वर्ग इसे सुन और समझ सके। उन्होंने देश-विदेश में ऐसी 100 से अधिक गांधी कथाएं कीं। गांधीजी के पोते राजमोहन गांधी के शब्दों में, 'मुझे नहीं लगता कि 86 वर्षीय गांधीजन नारायणभाई से अधिक कोई आपको गांधीजी के करीब ला सकता है क्योंकि, आज जो लोग जीवित हैं, उनमें नारायणभाई ही हैं। वे सबसे लंबे समय तक बापू के साथ रहे हैं और उनकी याददाश्त भी बहुत अच्छी है। उनकी कहानी कहने की क्षमता अद्भुत है और वे एक कवि-लेखक भी हैं।' नारायणभाई ने 40 से अधिक पुस्तकें लिखी हैं। इसमें गांधी की जीवनी- 'मेरा जीवन ही मेरा संदेश है' के चार खंड शामिल हैं।

गांधीजी के अलावा नारायणभाई विनोबा भावे की भूदान यात्रा से भी घनिष्ठता से जुड़े रहे हैं। इसी तरह वे जयप्रकाश नारायण के संपूर्ण क्रांति आंदोलन में भी सबसे आगे रहे। उन्होंने वेड़छी में अपने स्थान का नाम 'सम्पूर्ण क्रांति विद्यालय' रखा, जहां उन्होंने बापू से प्रेरित 'नई तालीम' का प्रयोग किया। जब मैं नारायणभाई से मिलने गया तो उन्होंने मुझसे कहा, 'चूंकि मेरे पिता महादेवभाई गांधीजी के निजी मंत्री थे, इसलिए वह बापू के उठने से पहले उठ जाते थे और बापू के सोने

के बाद देर से सोते थे। वे अपने दिन की तैयारी तीन प्रकार से करते थे– पहला, भविष्य की तैयारी कि बापू क्या करेंगे। दूसरा, दैनिक दिनचर्या को बापू के साथ जीना और तीसरा, बापू के सोने के बाद दिन भर की घटनाओं को अपनी डायरी में लिखना और फिर खुद सोना। हमने ऐसे समर्पित गांधीवादी राष्ट्रसेवक के पुत्र को उनकी गांधीवादी विचारधारा को फैलाने और जीने के लिए 'संतोकबा मानवरत्न पुरस्कार' प्रदान किया।

2008 का पुरस्कार भारत में श्वेत क्रांति के जनक, छोटे किसानों-पशुपालकों-मजदूरों के सशक्तिकरण के स्रोत डॉ. वर्गीस कुरियन साहब को प्रदान किया गया। उन्होंने छोटे चरवाहों को संगठित किया और एक विशाल सहकारी डेयरी की स्थापना की। इसका बहुत बड़ा असर गुजरात के गांवों में सामाजिक-आर्थिक स्तर पर देखने को मिल रहा है। मैं और चंपा डॉ. कुरियन से मिलने आणंद में उनके घर गए। चंपा कुरियन की पत्नी श्रीमती सुशान मौली पीटर से मिलकर बहुत खुश हुईं। जितना बड़ा और प्रभावशाली उनका नाम है उतना ही साधारण उनका घर था जिसमें केवल आवश्यक सुविधाएं थीं और विलासितापूर्ण चीजें नहीं थीं। हमें एहसास हुआ कि यह जोड़ी सच्ची गांधीवादी सोच का जीवंत अवतार है, जो सादगी की बीन बजाए बगैर सादगीपूर्ण जीवन जीती हैं।

मैं डॉ. कुरियन की बच्चों जैसी सादगी और मासूमियत से प्रभावित हुआ। उन्होंने मुझसे पहला सवाल पूछा, 'क्या आपने मेरी बनाई हुई फिल्म देखी है?' मुझे आश्चर्य हुआ कि वे किस बारे में बात कर रहे हैं। मेरी अज्ञानता को दूर करते हुए उन्होंने अमूल की श्वेत क्रांति पर आधारित फिल्म 'मंथन' और गुजरात को-ऑपरेटिव मिल्क मार्केटिंग फेडरेशन के किसानों जो इस फिल्म के निर्माता थे के बारे में बात की। उन्होंने बताया कि कैसे 'अमूल– द टेस्ट ऑफ इंडिया' की अवधारणा को साकार किया गया। महिला सशक्तिकरण और मंथन की थीम ने 'द टेस्ट ऑफ इंडिया' को ग्लोबल ब्रांड बना दिया। यह कहते हुए उनका चेहरा गौरवान्वित हो गया। डॉ. कुरियन ने हमसे इतनी अनौपचारिकता और आत्मीयता से बात की कि मैं उनसे संतोकबा पुरस्कार स्वीकार करने का अनुरोध करना लगभग भूल गया। उन्हें पद्मश्री (1965), पद्म भूषण (1966), कृषि रत्न पुरस्कार (1986), विश्व खाद्य पुरस्कार (1989), पद्म विभूषण (1999) जैसे महत्त्वपूर्ण सम्मान प्राप्त हुए हैं तो ऐसे में मैं उन्हें 'संतोकबा' अवॉर्ड देकर क्या सम्मानित करूं? लेकिन मैं संतोकबा पुरस्कार की महिमा बढ़ाना चाहता था और वे थे के बातें करते नहीं थकते थे।

इस तरह बातचीत चलती रही। आखिरकार, मेरे अनुरोध करने का समय आ गया। उन्होंने बिना किसी हिचकिचाहट के मेरे अनुरोध को बहुत अच्छी तरह से स्वीकार कर लिया, 'आप मुझे अपनी मां के नाम पर एक पुरस्कार देना चाहते हैं।

मुझे नहीं पता कि मैं 'मानवरत्न' हूं या नहीं? बहुत से लोग मेरे लिए कुछ विशेषणों का प्रयोग करते हैं, लेकिन यहां पुरस्कार आपके माता के नाम पर है, तो मैं इसे सहर्ष स्वीकार करूंगा।' फिर वह कुछ देर के लिए चुप हो गए और अपनी मां को याद करते हुए बोले, 'मेरी मां भी बहुत अच्छी पियानो वादक होने के साथ-साथ एक बहुत पढ़ी-लिखी महिला भी थीं। आज मैं जो कुछ भी हूं वह अपनी मां की वजह से हूं। मैं जो कुछ भी कहता हूं उससे मेरी मां की यादें जुड़ी हुई हैं। बोलो, मुझे सूरत कब आना है?' दुर्भाग्य से, खराब स्वास्थ्य के कारण वे स्वयं सूरत नहीं आ सके लेकिन उनकी बेटी निर्मलाजी पुरस्कार समारोह में शामिल हुईं।

वर्ष 2009 का संतोकबा पुरस्कार डॉ. हरगोबिंद लक्ष्मीशंकर त्रिवेदी को देने का विचार आया। डॉ. एच.एल त्रिवेदी एक बेहद प्रसिद्ध नेफ्रोलॉजिस्ट, इम्यूनोलॉजिस्ट, ट्रांसप्लांट सर्जन और स्टेम सेल शोधकर्ता हैं। उन्हें भारत में किडनी प्रत्यारोपण का अग्रणी माना जाता है। वे किडनी ट्रांसप्लांट सर्जरी के विशेषज्ञ हैं और अहमदाबाद में 'इंस्टिट्यूट ऑफ किडनी डिजीज एंड रिसर्च सेंटर' और 'इंस्टिट्यूट ऑफ ट्रांसप्लांटेशन साइंसेज' के संस्थापक निदेशक हैं। 2008 तक भारत में कुल बीस हजार प्रत्यारोपण ऑपरेशनों में से पांच हजार से अधिक ऑपरेशन तो डॉ. त्रिवेदी और उनकी टीम द्वारा ही किए गए थे। उन्होंने मुझसे कहा, 'हर साल दो लाख मरीजों को किडनी ट्रांसप्लांट की जरूरत होती है लेकिन वास्तव में केवल छह हजार ट्रांसप्लांट ही हो पाते हैं। वर्तमान में निजी अस्पतालों में किडनी प्रत्यारोपण की लागत लगभग दस लाख रुपए हैं। सर्जरी के बाद उपचार, रखरखाव आदि का खर्च प्रतिमाह पंद्रह हजार रुपए के करीब है।

हमने 28 दिसंबर, 2009 को सरदार स्मृति भवन, सूरत में तीन गणमान्य व्यक्तियों- श्री नारायणभाई देसाई, डॉ. कुरियन और डॉ. त्रिवेदी साहब के लिए एक पुरस्कार समारोह का आयोजन किया। मैं चाहता था कि यह पुरस्कार मोरारिबापू द्वारा प्रदान किए जाएं। पूज्य बापू ने प्रेमपूर्ण हृदय से हमारा निमंत्रण स्वीकार किया। पूज्य मोरारिबापू का जन्म 25 सितंबर, 1946 को शिवरात्रि के दिन सौराष्ट्र के महुवा के तलगाजरडा गाव मे हुआ था। उन्होने 'रामचरितमानस' का पाठ अपने दादा त्रिभुवनदास हरियाणी से सीखा। पूज्य बापू ने पंद्रह वर्ष की छोटी उम्र में ही रामायण की कहानियां सुनाना शुरू कर दी थीं। उनका उद्देश्य श्रीराम की कहानी को समाज के शोषित और उपेक्षित वर्ग तक पहुंचाना था। ठीक वैसे ही, जैसे भगवान श्रीराम स्वयं शबरी, निषाद और सुग्रीव से मिलने चले थे।

इस पुरस्कार समारोह में डॉ. कुरियन की ओर से उनकी बेटी निर्मलाजी अपने बेटे सिद्धार्थ के साथ उपस्थित हुईं। सुप्रसिद्ध गांधीवादी कार्यकर्ता श्री महेशभाई कोठारी भी उपस्थित थे। उन्होंने अविवाहित रहते हुए अपना जीवन मूक-बधिर,

दृष्टिबाधित, तथा विशेष रूप से अक्षम बच्चों की सेवा में समर्पित कर दिया। ऐसे बच्चों के लिए उन्होंने नवसारी में 'ममता मंदिर आश्रम' बनाया है। इस समारोह में डॉ. त्रिवेदी के साथ उनकी पत्नी डॉ. सुनीता भी शामिल हुईं।

पुरस्कार समारोह में भाषण के दौरान पूज्य डोंगरेजी महाराज के साथ अपनी गहरी आत्मीयता का जिक्र करते हुए मोरारिबापू ने कहा, 'डोंगरेजी महाराज ने गहन भक्ति भाव से श्रीमद्भागवत महापुराण को जन–जन तक पहुंचाने का अत्यंत महत्त्वपूर्ण कार्य किया। मानव जीवन का उद्देश्य समाज की सेवा करना है। आज ये तीन लोग खास हैं। मैं उन लोगों को पुरस्कार प्रदान करते हुए खुद को धन्य मानता हूं जिन्होंने विशिष्ट सार्वजनिक सेवा प्रदान की है।' मोरारिबापू ने डोंगरेजी महाराज के प्रति मेरी भक्ति का भी उल्लेख किया और मजाक में कहा, 'मैं गोविंदभाई का गुरु–भाई बन गया...।' उन्होंने पुरस्कार विजेता गणमान्य व्यक्तियों को 'मानव रूप में भगवान' की तरह बताया जिससे समारोह को आध्यात्मिक ऊंचाई भी मिली:

जब जब होई धरम की हानि बाढ़हिं असुर अधम अभिमानी।
तब तब प्रभु धर विविध शरीरा हरहिं दयानिधि सज्जन पीड़ा।।

'जब–जब सज्जनों के साथ दुर्व्यवहार हुआ है और दुष्टों को खुला मैदान मिला है, तब–तब सज्जनों की रक्षा के लिए भगवान ने विभिन्न रूप धारण करके उन्हें कष्टों से मुक्ति दिलाई है।'

(बालकाण्ड, दोहा– 121, चौपाई– 6, 8)

29 नवंबर, 2009 को श्रेयांस की शादी सूरत के पैथोलॉजिस्ट डॉ. नागजीभाई डी. जिवाणी और हंसाबहन की बेटी चिरंजीवी स्वीटी के साथ हुई। यह विवाह उत्सव हमारे धोलकिया फार्म पर मनाया गया। तब से हम चार भाइयों का परिवार इसी फार्म पर रहता है। इस विवाह की भव्यता को बढ़ाने में गणमान्य व्यक्तियों की उपस्थिति उल्लेखनीय थी– तत्कालीन मुख्यमंत्री श्री नरेंद्रभाई मोदी, पूर्व मुख्यमंत्री श्री केशुभाई पटेल, पूर्व मुख्यमंत्री श्री चिमनभाई पटेल की धर्मपत्नी श्रीमती उर्मिलाबहन पटेल, तत्कालीन केंद्रीय मंत्री श्री काशीराम राणा, पूर्व केंद्रीय मंत्री श्री वल्लभभाई कथीरिया, उस समय गुजरात के कैबिनेट मंत्रियों में से श्रीमती आनंदीबहन पटेल, श्री नितिन भाई पटेल, श्री अशोक भाई भट्ट, श्री भूपेन्द्र सी.जी चुड़ासमा, श्री पुरुषोत्तम भाई रूपाला, श्री जयनारायण व्यास, श्री सौरभ पटेल, श्री मंगूभाई पटेल, श्री नरोत्तमभाई पटेल, श्री गोरधनभाई झड़फिया, श्रीमती जशुबहन कोराट, श्री बेचरभाई भादाणी, सांसद और पचास से अधिक विधायक, कांग्रेस नेताओं में श्री शक्तिसिंह गोहिल, श्री अर्जुन मोढवाडिया, डॉ. तुषार चौधरी, श्री मनुभाई भुवा, श्री राघवजीभाई पटेल,

श्री दलसुखभाई गोधाणी आदि जैसे गणमान्य लोगों ने नवविवाहितों को आशीर्वाद दिया और अपनी उपस्थिति से समारोह की गरिमा बढाई।

इतने बड़े और उदार मेहमानों को देखकर मेरा दिल भावुक हो उठा और मेरी आंखें खुशी के आंसुओं से गीली हो गईं। बयालीस आई.ए.एस–आई.पी.एस अधिकारियों के साथ मेरे पुराने मित्र सी.बी.आई निदेशक श्री अश्विनी कुमार, डी.जी.पी श्री पी.सी पांडे, श्री कुलदीप शर्मा, श्री आर.एम.एस बरार, श्री चितरंजन सिंह, श्री जी.सी रायगर, श्री वी. पारधी, श्री टी.एस बिष्ट, श्री नित्यानंद, श्री हरिकृष्ण पटेल, पूर्व मुख्य सचिव श्री पी.के लहरी, श्री पी.वी त्रिवेदी, श्री एच.वी पटेल, श्री आर. सोमपुरा, श्री पंकज जोशी, श्री जे.बी वोरा, श्री जे.बी पटेल, श्री सी.जे पटेल, श्री आर.जे माकड़िया, श्री ए.जे शाह, श्री एस. जगदीशन, श्री एस. गोलकिया जैसे उच्च पुलिस अधिकारियों और सचिवों को हमारे कार्यक्रम में शामिल हुए देखकर हमें अत्यंत खुशी हुई। इसके अलावा गुजरात उच्च न्यायालय के माननीय मुख्य न्यायाधीश श्री आर.एम छाया, जिला न्यायालय के न्यायाधीश श्री आर.पी धोलकिया और श्री जगदीश रैयानी भी पधारे थे।

मैं यह नाम इसलिए दे रहा हूं, क्योंकि हमें इन महानुभावों के सम्मानजनक आतिथ्य का लाभ मिला, जिससे हम धन्य महसूस कर रहे हैं। उन्होंने मुझे एक सफल व्यवसायी के रूप में नहीं, बल्कि समाज में कुछ अच्छा करने की कोशिश करने वाले व्यक्ति के रूप में देखा है। ऐसे उच्च प्रोफाइल वाले मेहमानों की उपस्थिति ने भगवान में मेरे विश्वास को मजबूत किया कि मूल रूप से वास्तविक आयोजक और योजनाकार, डिजाइनर, निष्पादक ऊपर वाला ही है जिनके आशीर्वाद और कृपा के बिना हमारे अवसर पर इतने महान अतिथि न आते, भगवान की इच्छा के बिना पत्ता नहीं हिलता। यकीन मानिए अगर इस दौरान गुजरात में कोई ऐसी घटना घटी होती तो पूरी सरकार वहां काम कर रही होती और शादी के मौके पर यहां बुलाने की हमारी प्रबल इच्छा के बावजूद यह स्वाभाविक है कि ये सभी गणमान्य लोग मौजूद नहीं रह सकते। पूज्य मोरारिबापू कहते हैं, 'यदि हमारी अपेक्षा के अनुसार हो रहा है, तो हरि कृपा और यदि हमारी अपेक्षा से विपरीत है, तो हरि इच्छा।।'

इस विवाह उत्सव में मेरे पिता अपनी काठियावाड़ी पगड़ी में बहुत गौरवान्वित दिख रहे थे। उस दिन मुझे अपने दिल के कोने में अपनी माता संतोकबा की कमी बहुत महसूस हुई। मेरी नजर में मां देवी है, दुनिया में ऊर्जा का सबसे शक्तिशाली स्रोत है! मेरी दोनों बहनें – शांताबहन और देवकुंवरबहन मेरे चेहरे को पढ़ सकती थीं। दोनों बहनें मेरे पास आईं और मेरा हाथ अपने हाथों में लेकर बोलीं, 'भाई, हम मां की प्रतिनिधि ही तो हैं! दुःखी मत हो!' मुझे सच में लगा कि हां, हम भाई–बहन मां के अंश जैसे ही तो हैं! उसकी कहानी से ही हमारी कहानी शुरू हुई थी!

एक और हृदयस्पर्शी अनुभव मेरा इंतजार कर रहा था। 8 मार्च, 2010 को मैं अपनी दिनचर्या के अनुसार मरीजों से मिलने, उनकी छोटी-बड़ी जरूरतों को जानने और सहानुभूति प्रदान करने के लिए प्राणनाथ अस्पताल गया। वहां मेरी मुलाकात दमयंतीबहन चौरसिया (पहचान छिपाने के लिए नाम बदल दिया गया है) से हुई जिन्होंने पारिवारिक विवाद में एसिड पीकर आत्महत्या करने की कोशिश की थी। वे अपने पति के साथ रहती थीं। चार बच्चे, देवर, अत्यधिक गरीबी, कभी न खत्म होने वाले घरेलू कामों की थकान। इन सब के कारण बेचारी दमयंतीबहन का मानसिक संतुलन बिगड़ गया और किसी अशुभ घड़ी में उसने एसिड पी लिया। इसलिए उसकी श्वास नली और भोजन नली लगभग जल चुकी थी। वे पानी भी नहीं पी सकती थी। मैं दमयंतीबहन की पीड़ा को नहीं देख सकता था। वे अपने महंगे इलाज का खर्च वहन करने में असमर्थ थी। अगर इलाज न किया जाता तो वे संक्रमण और भूख से मर जाती। मुझे लगा कि इस अभागी औरत का अंत ऐसे ही नहीं होने देना चाहिए। मैंने डॉक्टरों से चर्चा की, जटिल सर्जरी और लागत के बारे में विस्तार से जाना, मदद करने की इच्छा व्यक्त की और डॉक्टरों ने इलाज शुरू किया। सर्जरी सफल रही और मरीज ठीक होने लगी। कई महीनों के बाद दमयंतीबहन ठीक होकर हमारे राहत केंद्र में आईं और बोलीं, 'गोविंदा काका, आप मेरे पिता समान हैं। आपने मुझे नया जीवन दिया, मैं आपका कर्ज कभी नहीं चुका सकती।'

मैंने कहा, 'बहन, जिंदगी भगवान का दिया हुआ उपहार है, इसे नुकसान पहुंचाने के बारे में कभी नहीं सोचना। हम भगवान के आशीर्वाद से जीते हैं, इसलिए सबसे बड़ा कर्ज ऊपर वाले का है, मेरा नहीं। हमें ईश्वर का ऋण चुकाने के लिए दूसरों की सेवा करना जारी रखनी चाहिए।'

डांग जिले में मेरे एक सहकर्मी पी.पी स्वामी (पुरुषोत्तम प्रकाशदास स्वामी) पहले BAPS स्वामिनारायण मंदिर सूरत के निर्माण में सहायक थे लेकिन बाद में उन्होंने डांग में 'प्र-यो-शा-प्रतिष्ठान' ट्रस्ट की स्थापना की (प्रमुख स्वामी, योगी जी महाराज और शास्त्रीजी महाराज के नाम के प्रथमाक्षरो के आधार पर)। उन्होंने विकास कार्यों में खुद को समर्पित कर दिया है। मेरे साले साहब का बेटा नरेश नारोला भी BAPS में शामिल हो गया और स्वामी अध्यात्मस्वरूप बन चुका है। वह अब गढ़डा स्वामिनारायण मंदिर के कोठारी हैं, इसमें पी.पी स्वामी का भी योगदान है। इन संतों ने दान के कारण नहीं, बल्कि सेवा के भाव से लोगों को चिकित्सा, भोजन, शिक्षा सुविधाएं प्रदान की हैं। पी.पी स्वामी डांग के आदिवासियों से कहते थे, 'अपनी पहचान केवल आदिवासी के रूप में मत रखें। विश्वास रखें कि हम सभी एक ही लक्ष्य की ओर बढ़ रहे भारतीय नागरिक हैं।'

2005 की शुरुआत में, हमने अपनी मां 'संतोकबा' के नाम पर सापूतारा से पांच किलोमीटर दूर मालेगांव में डांग के आदिवासियों के लिए एक मुफ्त

माध्यमिक और उच्चतर माध्यमिक बोर्डिंग स्कूल शुरू करने में पी.पी स्वामी की सहायता की थी। इसमें लगभग पांच सौ छात्र निशुल्क अध्ययन कर रहे हैं। इस स्कूल से पढ़ाई करने के बाद कई छात्र मेडिकल क्षेत्र में और 125 से अधिक छात्र इंजीनियरिंग क्षेत्र में पढ़ाई करने गए हैं। एक छात्र 2019 में आई.आई.टी, दिल्ली पढ़ाई करने गया। एक छात्र ने नवसारी कृषि विश्वविद्यालय से पी.एच.डी पूरी की और कई छात्र शिक्षक बन गए। 2015-16 एवं 2019-20 में जिले में उत्कृष्ट स्कूल के रूप में इसे एक-एक लाख रुपए का पुरस्कार दिया गया है। 2016-17 'खेल महाकुंभ' राज्यस्तरीय खेल प्रतियोगिता और अन्य सह-शैक्षणिक गतिविधियों पर छात्रों ने तीन लाख रुपए के इनाम जीते। इस सफलता से प्रेरित होकर केशवभाई गोटी ने पी. पी. स्वामी की सहायता से डांग में आवासीय स्कूलों की मरम्मत का कार्य शुरू किया।

22 मई, 2011 को SRK परिवार के 120 सदस्य स्विट्जरलैंड गए थे। मुंबई से ज्यूरिख के लिए फ्लाइट ली। अपनी छोटी आबादी के बावजूद, ज्यूरिख दुनिया के सबसे बड़े वित्तीय केंद्रों में से एक है। आल्प्स से घिरा इंटरलेकन शहर दो खूबसूरत झीलों के बीच बसा हुआ है। दोनों झीलें शहर की मुख्य शॉपिंग स्ट्रीट से जुड़ी हुई हैं। हमने यूरोप के सबसे ऊंचे रेलवे स्टेशन जंगफ्रोजोक जाने की ट्रेन पकड़ी। मई के महीने में भी यहां का तापमान शून्य डिग्री सेल्सियस रहता है।

18 जनवरी, 2013 को गुजरात के मुख्यमंत्री श्री नरेंद्रभाई मोदी ने सूरत पुलिस द्वारा कार्यान्वित 'CCTV निगरानी नेटवर्क' (सेफ सिटी सूरत) का उद्घाटन किया। यह सूरत के दूरदर्शी पुलिस आयुक्त श्री राकेश अस्थाना का ड्रीम प्रोजेक्ट था। उनके मार्गदर्शन में सूरत के नागरिकों ने पहली बार जनभागीदारी से ऐसा प्रोजेक्ट हाथ में लिया और सफलतापूर्वक पूरा किया। लगभग एक साल पहले अस्थानाजी SRK आए थे और हमें अपना प्रोजेक्ट समझाने में चार घंटे बिताए। उसके लिए फंड इकट्ठा करने का उनका तरीका भी अनोखा था। मुझे उनकी योजना और संगठन अच्छा लगा, इसलिए मैंने लगभग बीस अन्य हीरा उद्योगपतियों को शामिल किया और हम सभी ने पच्चीस लाख रुपए का योगदान देकर पांच करोड़ रुपए इकट्ठा करने का वादा किया। उसके बाद सूरत का कपड़ा उद्योग, हजीरा बंदरगाह की कंपनियां, निर्माण कंपनियां वगैरह ने भी इसमें अपना योगदान दिया। पचहत्तर करोड़ रुपए की रकम जुटा ली गई।

दुनिया की सबसे उन्नत तकनीक से भारत में इस तरह की पहली परियोजना सूरत में साकार हुई। सूरत सचमुच एक 'सुरक्षित शहर' जैसा लगने लगा। अब यह प्रोजेक्ट 'ट्रैफिक एजुकेशन ट्रस्ट' के तहत काम कर रहा है। यह ट्रस्ट ट्रैफिक पुलिस की सहायता और सूरत सिटी पुलिस के कल्याण के लिए स्थापित किया गया है। गुजरात राज्य की पहली 'ट्रैफिक ब्रिगेड' इसी ट्रस्ट द्वारा तैयार की गई

थी। यह ब्रिगेड ट्रैफिक नियमन के मामले में सूरत पुलिस की सहायता कर रही है। इस ट्रस्ट के पहले अध्यक्ष के रूप में कपड़ा उद्योग के जे.पी अग्रवाल थे और सामाजिक कार्यकर्ता गीताबहन श्रॉफ ने मंत्री का कार्यभार संभाला था। वर्तमान में ट्रस्ट की जिम्मेदारी अध्यक्ष के रूप में श्री लालजीभाई पटेल और मंत्री के रूप में श्री अशोकभाई कानूनगो संभाल रहे हैं। इस परियोजना में हाई-डेफिनिशन कैमरे, फास्ट नेटवर्क और एक विश्वस्तरीय कमांड और नियंत्रण केंद्र बनाया गया है। स्थानीय तकनीशियनों की एक टीम आवश्यक प्रौद्योगिकियों के चयन और कार्यान्वयन में अपनी विशेषज्ञता दिखा रही है। इस परियोजना में सूरत नगर निगम और गुजरात सरकार ने भी योगदान दिया है।

ऐसे विशेष प्रकार के 'जनसुरक्षा-सलामती प्रोजेक्ट' का उद्घाटन करते समय तत्कालीन मुख्यमंत्री मोदी जी ने कहा था, 'पब्लिक-प्राइवेट-पार्टनरशिप मॉडल पर बनी यह परियोजना मुझे विश्वास दिलाने के लिए प्रेरित करती है कि यह देश के लिए एक नई दिशा होगी। यह नेटवर्क अपराधियों का पता लगाने और अपराध को रोकने में एक बुनियादी सतर्कता स्थापित करने में महत्त्वपूर्ण भूमिका निभाएगा। आज, जब आपराधिक मानसिकता वाले लोग, अपराधी और हत्यारे अपने आपराधिक कृत्यों को अंजाम देने के लिए उन्नत तकनीक का दुरुपयोग कर रहे हैं, तो जनता की सुरक्षा के लिए पुलिस द्वारा उसी उन्नत तकनीक का उपयोग करना एक सकारात्मक कदम है।' इस तकनीक के कारण सूरत में अपराध दर पिछले वर्षों की तुलना में कम हुई है।

मैं राकेश अस्थानाजी से मिलता रहा और उनकी सफल कार्यशैली और उपलब्धियों के बारे में पूछता रहा कि 1996 में आपने बिहार के तत्कालीन मुख्यमंत्री लालू प्रसाद यादव के खिलाफ आरोप-पत्र कैसे दायर किया, जिसके कारण उनकी गिरफ्तारी हुई और कारावास हुआ। उन्होंने धनबाद कोयला खदान मामले में खान सुरक्षा महानिदेशक को भी रिश्वतखोरी में पकड़ा था। यह देश का पहला मामला था जब महानिदेशक जैसे अधिकारी को रिश्वतखोरी के मामले में गिरफ्तार किया गया। गुजरात में तो राकेश अस्थाना हीरो बन गए थे क्योंकि उन्होंने 26 जुलाई, 2008 के अहमदाबाद बम-विस्फोट मामले को बाईस दिनों में सुलझा लिया था। इतना ही नहीं, राकेशजी ने ही आसाराम बापू और उसके बेटे नारायण साईं को गिरफ्तार किया था।

बीजू पटनायक एक प्रतिष्ठित बैंकर हैं और पच्चीस वर्षों से मेरे मित्र और संकट के समय में हमारे मार्गदर्शक रहे हैं। इंडसइंड बैंक में शामिल होने से पहले, वे रॉयल बैंक ऑफ स्कॉटलैंड (RBS) में रत्न और आभूषण विभाग के एशिया प्रमुख थे। उन्हें तत्कालीन ANB Amro के भारत प्रमुख के रूप में काम करने का

भी अनुभव था। 1999 में हम अभी तक डी बियर्स के 'साइट होल्डर' नहीं बन पाए थे। De Beers के सख्त नियंत्रण के कारण उस समय कच्चे हीरे आसानी से उपलब्ध नहीं थे। उस समय मैं बीजू पटनायक से सलाह लेने के लिए उनसे मिलने गया। हमारी संक्षिप्त मुलाकात मुंबई के नरीमन पॉइंट स्थित ओबेरॉय होटल में चार घंटे तक चली। विश्व के हीरा उद्योग के बारे में उनका व्यापक ज्ञान देखकर मैं आश्चर्यचकित रह गया। उन्होंने मुझसे कहा, 'घबराओ मत।' वह हमारे SRK की ताकत से वाकिफ थे, इसलिए उन्होंने धीमी गति से चलने की सलाह दी और हमने इस पर अमल भी किया। उन्होंने मुझे अर्थव्यवस्था का दर्शन समझाते हुए कहा, 'बिजनस उन लोगों से आता है, जिनके पास पैसा (तरलता) और कौशल है।' उन्होंने आगे कहा, 'आपके पास ये दोनों हैं तो आपको चिंता करने का कोई कारण नहीं है।'

उनकी सलाह पर तीन महीने के अंदर ही हमारे कारोबार ने काफी रफ्तार पकड़ ली। मेरे लिए वे एक मार्गदर्शक की तरह हैं। उनके पास दुनियाभर के हीरा निर्माताओं और उनकी कंपनियों के बारे में काफी जानकारी है। उन उद्योगपतियों की निजी जानकारी भी उनकी जुबान पर रहती थी। SRK को उनसे अमूल्य समर्थन मिला है। आज इंडसइंड बैंक हीरा उद्योग में सबसे बड़ा वित्तीय योगदानकर्ता है। बैंकर के रूप में उनके कार्यकाल के दौरान कोई भी ऋण NPA नहीं हुआ है। यह एक अविश्वसनीय रिकॉर्ड है!

2010 में संतोकबा पुरस्कार 'डांग की दीदी' के नाम से मशहूर शास्त्रीय नृत्यांगना सोनल मानसिंह की मां श्रीमती पूर्णिमाबहन पकवासा को देने पर विचार किया गया। हमारे विचार में डांग जिला एक वनक्षेत्र है, यहां पूर्णा वन्यजीव अभयारण्य और वांसदा राष्ट्रीय उद्यान हैं। यह गुजरात, महाराष्ट्र सीमा पर स्थित है। डांग जिले के दो हजार वर्ग किलोमीटर क्षेत्र में केवल दो लाख लोग रहते हैं। डांग गुजरात का सबसे कम आबादी वाला जिला है। इस जिले में पूर्णिमाबहन समाजसेवा की भावना के तहत लड़कियों की शिक्षा के लिए 'ऋतंभरा विद्यापीठ' चलाती हैं।

सौराष्ट्र के लिंबडी राज्य के राणपुर में 1913 में जन्मी पूर्णिमाबहन की मुलाकात आठ साल की उम्र में लिंबडी में गांधीजी से हुई थी। यह उनके जीवन का एक महत्त्वपूर्ण क्षण बन गया। 18 वर्ष की छोटी उम्र में उन्होंने गांधीजी से प्रेरित होकर दांडी मार्च में भाग लिया, गिरफ्तार हुईं और राजकोट जेल में रखी गईं। कस्तूरबा, मणिबहन पटेल और मृदुलाबहन साराभाई को भी वहां रखा गया था। इसके बाद पूर्णिमाबहन ने कस्तूरबा और अन्य कैदियों को पढ़ना-लिखना सिखाया। अतः कस्तूरबा से उनके सम्बन्ध घनिष्ठ हो गए। चूंकि पूर्णिमाबहन ने अपनी मां को खो दिया था, इसलिए कस्तूरबा को उन्होंने अपनी मां माना और उनसे भी उन्हें स्नेह

मिला। गांधीजी ने भी इस प्रेम की प्रशंसा की और पूर्णिमाबहन को शिक्षा के पथ पर आगे बढ़ते रहने का आशीर्वाद दिया।

1938 में पूर्णिमाबहन ने हरिपुरा में आयोजित 51वें कांग्रेस अधिवेशन में भाग लिया। यह सम्मेलन सुभाषचंद्र बोस की अध्यक्षता में आयोजित किया गया था। इसमें नेताजी सुभाषचंद्र और गांधीजी के बीच वैचारिक मतभेद सतह पर आ गए। उस दृष्टि से 'हरिपुरा कांग्रेस अधिवेशन' महत्त्वपूर्ण है। उसी वर्ष पूर्णिमाबहन की शादी अरविंदभाई पकवासा से हुई। इस प्रकार उन्होंने एक और राजनीतिक रूप से सक्रिय परिवार में प्रवेश किया। उनके ससुर मंगलदास पकवासा गांधीजी के विश्वासपात्रों में से एक थे।

पूर्णिमाबहन सामाजिक मामलों पर अपने दृष्टिकोण और सेवाभाव के कारण 1954 से सार्वजनिक हस्ती बन गईं। नासिक के मिलिट्री स्कूल के प्रमुख के रूप में उन्होंने कई वर्षों तक अपनी अथक ऊर्जा लगाई। 1974 में उन्होंने सापुतारा, डांग में 'ऋतंभरा विश्वविद्यापीठ' की स्थापना करके आदिवासी लड़कियों के जीवन को बेहतर बनाने के लिए अपनी आजीवन प्रतिबद्धता का प्रदर्शन किया। वहां उनका कार्य निर्बाध रूप से चलता रहा। पूर्णिमाबहन को 2004 में पद्मभूषण पुरस्कार प्राप्त हुआ। उन्होंने हमारे संतोकबा पुरस्कार आमंत्रण को सहर्ष स्वीकार किया।

हमें 2011 का 'संतोकबा मानवरत्न पुरस्कार' अद्वितीय कृषि वैज्ञानिक डॉ. एम.एस स्वामीनाथन को प्रदान करना था। उनका नाम भारत में 'हरित क्रांति के जनक' के रूप में लिया जाता है क्योंकि उन्होंने गेहूं की अधिक उपज देने वाली प्रजातियां विकसित कीं। हम उनसे पुरस्कार स्वीकार करने का अनुरोध करने के लिए अपनी टीम के साथ चेन्नई गए। उनके साथ 'एम.एस स्वामीनाथन रिसर्च फाउंडेशन' (MSSRF) में बैठक हुई। उन्होंने इस संस्था की स्थापना 1998 में 'विश्व खाद्य पुरस्कार' के दो लाख डॉलर मिलने के बाद की थी।

स्वामीनाथन साहब ने हमें काफी समय दिया और संपूर्ण MSSRF दिखाया। उन्होंने कहा कि 1970 में उनके मन में अपने कृषि विचारों पर प्रयोग और अनुसंधान करने के लिए एक स्वतंत्र संस्थान स्थापित करने का विचार आया। इसकी प्रेरणा भारतीय वैज्ञानिक और भौतिकी में नोबेल पुरस्कार विजेता डॉ. सी. वी रमण से मिली थी। उन्होंने कहा, 'अगर कृषि में आत्मनिर्भरता और विकास का लक्ष्य हासिल करना है तो एक स्वायत्त अनुसंधान संस्थान होना चाहिए।' डॉ. स्वामीनाथन ने बहुत बुनियादी बात कही थी, 'भारत के किसानों का सबसे बड़ा सवाल उनकी कृषि की स्थिरता है। यह महसूस करते हुए MSSRF में हमने कार्य के पांच मुख्य क्षेत्रों की पहचान की; कृषि उत्पाद और प्रसंस्करण अनुसंधान, खाद्य सुरक्षा, लैंगिक समानता, विकास और सूचना विज्ञान।' उन्होंने मुझसे हाथ मिलाया

और एक किसान की तरह मेरे खुरदरे हाथों को देखकर और छूकर उन्होंने खुशी से कहा, 'बेशक, मुझे किसानपुत्र का यह पुरस्कार स्वीकार करने में खुशी होगी। 17 जून, 2013 के दिन पूज्य श्री सच्चिदानंद स्वामी के करकमलों द्वारा 'संतोकबा मानवरत्न', सरदार स्मृति भवन, सूरत में गुजरात राज्य के पूर्व मुख्य सचिव श्री पी.के लहरी, IIM-A के प्रो. अनिल गुप्ता, सूरत के पुलिस आयुक्त श्री राकेश अस्थाना जैसे गणमान्य व्यक्तियों की उपस्थिति में, यह पुरस्कार श्रीमती पूर्णिमाबहन पकवासा और डॉ. एम.एस स्वामीनाथन को प्रदान किया गया।

खराब स्वास्थ्य के कारण पूर्णिमाबहन उपस्थित नहीं हो सकीं, डांग के सामाजिक कार्यकर्ता इंदुबहन घेलुभाई नायक ने उनकी ओर से पुरस्कार स्वीकार किया। बाद में हम स्वयं सापुतारा गए और 'ऋतंभरा विश्वविद्यापीठ' में पूर्णिमाबहन के हाथ में पुरस्कार प्रदान किया। डॉ. एम.एस स्वामीनाथन तो एक सुपरस्टार थे ही, जब उन्होंने पुरस्कार स्वीकार किया तो दर्शकों ने खड़े होकर उनका अभिनंदन किया।

डॉ. स्वामीनाथन ने भाषण में 'हरित क्रांति' की अपनी अवधारणा को और स्पष्ट करते हुए कहा, 'अपनी पारंपरिक खेती के तरीकों, फसलों और पर्यावरण की उचित समझ के बिना अगर हम बिना प्रशिक्षण के नए तरीकों को लागू करते हैं और बड़े पैमाने पर नई फसलें लगाना शुरू करते हैं, तो इससे नुकसान होगा। और यह हमें लंबे समय बाद 'कृषि आपातकाल' में डाल सकता है और हम कृषि के माध्यम से समृद्धि तो दूर, बल्कि खतरनाक स्थिति में आ सकते हैं।'

उन्होंने भाषण के अंत में स्पष्ट चेतावनी भरे लहजे में कहा, 'अगर कृषि में फार्म इकोलॉजी (कृषि पर्यावरण) और फार्म इकोनॉमिक्स (कृषि अर्थशास्त्र) गलत हो जाते हैं, तो कुछ भी अच्छा हासिल नहीं किया जा सकता... और अगर कृषि गलत होती है तो हमारे देश में कोई भी चीज अच्छी-सच्ची नहीं रह सकती।'

पुरस्कार समारोह के बाद मैंने स्वामीनाथन साहब के साथ लगभग एक घंटा बिताया। उन्होंने बातचीत में कहा, 'मेरे पिता डॉ. एम.के. सम्बाशिवन एक प्रसिद्ध चिकित्सक थे। दुर्भाग्य से 1936 में जब मैं छोटा था तब उनकी मृत्यु हो गई। उन्होंने तमिलनाडु के तंजावुर जिले के कुंभकोणम में एक बड़ा अस्पताल बनवाया। इसलिए सभी की इच्छा थी कि मैं भी डॉक्टरी की पढ़ाई करूं और अपने पिता के अस्पताल की देखभाल करूं। लेकिन 1942-43 में बंगाल में पड़े सूखे ने मुझे पादप अनुवांशिकी का अध्ययन करने, कृषि फसलों की नई किस्मों की खोज करने और विकसित करने के लिए प्रेरित किया। परिवार को कृषि वैज्ञानिक बनने का मेरा विचार पसंद नहीं आया लेकिन मुझे कोयंबटूर के एक कृषि कॉलेज में दाखिला मिल गया। मैं आपको यह सब इसलिए बता रहा हूं क्योंकि मैंने आपके परिवार में प्रेम का माहौल देखा है। आप परिवार से बहुत प्यार करते हैं। आपके परिवार के

सभी सदस्य इस समारोह में प्रसन्नतापूर्वक उपस्थित हैं, यह बहुत अच्छा संकेत है। लेकिन जब जीवन में कुछ ऊंचा हासिल करने और चुनाव करने का समय आता है तो आपको दृढ़ता से अपने लक्ष्य की ओर बढ़ना चाहिए। गांधीजी और कई अन्य महापुरुषों ने ऐसा ही किया।'

मैंने उनसे पूछा, 'सर, आपको कैसा लगता है, लोग जब आपको 'भारत की हरित क्रांति का जनक' कहते हैं?' उन्होंने कहा, 'बहुत अच्छा नहीं लगता।'

मुझे थोड़ा असहज देखकर वे कुछ देर चुप रहे, फिर बोले, 'उन दिनों सरकार किसानों से उचित मूल्य पर कृषि उपज खरीदती थी। इसलिए यदि आप किसान हैं तो यह स्वाभाविक है कि आप अपनी उपज का अधिकतम मूल्य प्राप्त करना चाहते हैं। किसान अधिक रासायनिक उर्वरकों का उपयोग करके अपनी आय बढ़ाने और अपनी उपज बढ़ाने का प्रयास करते हैं। सतत विकास का यही प्रश्न है, मुझे आज ही खेती से तुरंत लाभ होना चाहिए; फिर कल उठकर भूमि और पर्यावरण के साथ चाहे जो भी हो। इस प्रकार जब आज और कल, वर्तमान और भविष्य का संतुलन बिगड़ता है तो समस्याएं उत्पन्न होती हैं। हमें यह सोचना चाहिए कि हम आज जो करते हैं, उसके भविष्य में क्या परिणाम होंगे। मैंने फसलों की बेहतर किस्में खोजीं, किसानों ने उन्हें अपनाया लेकिन मेरा ग्रीन रिवोल्यूशन यानी 'हरित क्रांति' आज 'ग्रीड रिवोल्यूशन' यानी 'लोभ क्रांति' बन गई है। मुझे इसका खेद है, इसलिए मुझे 'हरित क्रांति का जनक' कहलाना अजीब लगता है, गोविंदभाई!'

अगले दिन इस कृषि वैज्ञानिक ने दक्षिण गुजरात के किसानों को वैचारिक रूप से लाभ पहुंचाने के उद्देश्य से 'समस्त पाटीदार समाज' भवन के श्री रामकृष्ण हॉल में 'किसान मिलन' कार्यक्रम का आयोजन किया, इसमें एक हजार से अधिक किसान जुटे थे। बातचीत के बाद जब वे मंच से उतरे तो उनकी नजर पार्किंग पर पड़ी, वहां करीब चार सौ कारें थीं। मैंने उनसे कहा, 'सर, यह आपका प्रताप है... हमारे दक्षिण गुजरात के किसानों ने भी आपके कृषि संबंधी आविष्कारों को अपनाया है और वे फले-फूले हैं।'

उनसे विदा लेते समय मैंने उन्हें धन्यवाद देते हुए कहा, 'सर, मैं इसे अपना सौभाग्य मानता हूं कि आप मेरी मां के नाम से जुड़े इस पुरस्कार को स्वीकार करने हमारे आंगन में पधारे।' उन्होंने मेरी भावना का उत्तर बहुत अच्छे शब्दों में दिया, 'गोविंदभाई, धरती माता हम सबकी सर्वोच्च माता है। उसने आपको भी हीरे दिए हैं, तो उसे कैसे भूलें? अपनी समृद्धि को 'धन' न समझें, बल्कि इसे धरती माता का 'आशीर्वाद' समझें। यदि आप शेष संपत्ति को परिवार और व्यवसाय की जरूरतों के लिए पर्याप्त रखकर समाज के उत्थान के लिए उपयोग करते हैं, तो मां का आशीर्वाद

निरंतर प्राप्त होता रहेगा। ऐसा करने से आपके बच्चे–आने वाली पीढ़ी का कुछ भी कम नहीं होगा, बल्कि वह मजबूत बनेगी और उन्हें अधिक से अधिक व्यावसायिक सफलता भी मिलेगी।'

श्रेयांस ऑनलाइन कारोबार में गहराई से उतर रहा था। उसने 'जस्ट डायल' मॉडल का अध्ययन किया और सीखा कि यह फीडबैक डाटा को कैसे प्रबंधित करता है। इससे उसने हीरे की बिक्री के लिए एक अलग प्रकार का 'कस्टमर रिलेशनशिप मैनेजमेंट (CRM)' विकसित किया। 'यदि किसी घने जंगल में दो सड़कें अलग हो जाती हैं तो कम उपयोग वाली सड़क चुनें' – इसके अनुसार श्रेयांस ने 'अप्रयुक्त सड़क' को अपनाकर देखा। उसने महसूस किया कि हीरे की गुणवत्ता के ज्ञान का उपयोग करके, ग्राहक की मूल्यांकन पद्धति को ध्यान में रखकर ग्राहक का विश्वास हासिल किया जा सकता है। एक बार जब आप ग्राहक को यह महसूस करा देंगे कि 'वह जीत गया है', तो वह निश्चित रूप से बेहतर खरीदारी करेगा और कहीं और से हीरे खरीदने के लिए आपको नहीं छोड़ेगा।

श्रेयांस ने मुझसे कहा, 'पिताजी, मैं थोड़ा कठिन रास्ता अपना रहा हूं। क्या मुझे आपका आशीर्वाद मिलेगा?' उसकी दूरदर्शिता और जोखिम उठाने का साहस देखकर मैंने कहा, 'बेटा, बहादुर लोग रणभूमि और संघर्ष के लिए पैदा होते हैं। इस समय मैं तुम्हें एक ही सलाह देता हूं कि कभी भी युद्ध क्षेत्र में अकेले और निहत्थे मत जाना। उसने मेरी सलाह को गंभीरता से लिया और सौ से अधिक विभागीय बैठकें आयोजित कीं। ये बैठकें कार्यालय समय के बाद निर्धारित की जाती थीं ताकि हमारे दैनिक निर्धारित कार्य में व्यवधान न हो। व्यवसाय विकास के लिए श्रेयांस की कार्यप्रणाली और दृष्टिकोण सभी को अनुकूल लगा।

हमारी इनोवेटिव युवा टीम वास्तव में ग्राहकों के मन में उतर गई। सामान्य हीरे को रंग के आधार पर 'D' से 'Z' श्रेणी में रखा जाता है। श्रेयांस और उनकी टीम के प्रयासों से D+ और D– जैसे सूक्ष्म रंग मिलने लगे। हमारी तकनीकी नई पीढ़ी ने Java और Mongo DB जैसे डाटाबेस प्रोग्राम का उपयोग करके उद्योग की पहली 'इंटरप्राइज रिसोर्स प्लानिंग सिस्टम (ERP)' विकसित की।

एक दिन फैक्ट्री के 'शॉप फ्लोर' पर मैंने श्रेयांस और के.डी भाई को किसी गहरी बात पर चर्चा करते देखा। उन दोनों को अपने केबिन में बुलाया तो जानकर अच्छा लगा कि वे कुछ तकनीक के बारे में चर्चा कर रहे थे। श्रेयांस ने कहा, 'पिताजी, जब कोई ग्राहक हीरा खरीदता है तो उसके मन में कई विचार होते हैं। उसे न भी पता हो कि उसके लिए क्या फायदेमंद है, फिर भी वह 'बेस्ट डील' पाना चाहता है। मैंने ग्राहक की मानसिकता, उनकी आशंकाओं आदि के बारे में के.डी भाई से बहुत कुछ सीखा।'

श्रेयांस ने आगे कहा कि 'हीरे के ऐसे ग्राहक भी हैं, जिन्हें हीरे को हाथ में लेकर घुमाते और उसमें से गुजरती रोशनी को देखने का आनंद लेते मैंने देखा है। मैंने उनके साथ हुई बातचीत से दो शब्द सीखे हैं- 'अग्नि' और 'तेज' यानी 'Fire and Brilliance'। इसलिए मैं के.डी भाई से वही पूछ रहा था कि हीरे में अग्नि और तेज कहां है और यह कैसे पता चलता है? उन्होंने मुझे सिखाया कि जब हम हीरे को रोशनी के सामने रखते हैं तो वह हीरे के पहलू पर आंतरिक रूप से प्रतिबिंबित होता है और फिर हमारी आंखों में वापस आ जाता है। यदि हीरे पर दर्पण जैसी चमक हो तो उस प्रकाश पुंज का विभाजन सबसे अधिक दिखाई देता है, हीरा उद्योग की शब्दावली में इसे 'Fire' कहा जाता है और हीरे की सामान्य चमक को 'Brilliance' कहा जाता है।'

मुझे खुशी हुई कि बेटे ने न केवल इसे सही कर लिया, बल्कि वह व्यावसायिक शब्दावली को वैज्ञानिक व्याख्याओं के साथ कुशलतापूर्वक संयोजित करने में भी सक्षम हो गया है।

मुझे यह देखकर संतुष्टि हुई कि श्रेयांस अन्य साथी परिवारों के सदस्यों और कंपनी के लोगों के साथ बातचीत कर पा रहा है। जैसे-जैसे मनुष्य सीखता है, उसका ज्ञान बढ़ता जाता है। अपने प्रशिक्षण और ज्ञान को साझा करते हुए श्रेयांस ने मुझे बताया, 'पॉलिश और सिमेट्री दो कारक हैं जो एक हीरे को सुंदर 'फिनिश' देने के लिए बहुत महत्त्वपूर्ण हैं। आदर्श पॉलिश किया हुआ हीरा यह दर्शाता है कि इसके हर पहलू पर 'मिरर फिनिश' है। अब मैं एक ऐसा सॉफ्टवेयर विकसित करने का प्रयास कर रहा हूं जो हीरे की ग्रेडिंग रिपोर्ट दे सके।' इसके बाद श्रेयांस ने पार्टनर मीटिंग में अपनी बात रखी और पूछा, 'क्या हमें 20-25 सॉफ्टवेयर इंजीनियरों के साथ अपनी एक नई आई.टी कंपनी बनानी चाहिए?' सबने बिना किसी हिचकिचाहट के इसे स्वीकार कर लिया और इस तरह हमारी आई.टी कंपनी 'पीकॉक टेक्नोलॉजीज' अस्तित्व में आई जो बाद में SRKay कंसल्टिंग के रूप में एक पूर्ण सॉफ्टवेयर और प्रौद्योगिकी कंपनी बन गई।

हमारी कंपनी की नई और भव्य इमारत के निर्माण के विभिन्न चरणों में हमें हीरा कंपनियों के अन्य दिग्गजों से सुझाव मिलते रहे। एक दिन भवन के एलिवेशन आदि को लेकर चर्चा चल रही थी। उसी समय मेरी बेटी मीनाक्षी निर्माण स्थल पर आई, हमने उससे चर्चा में शामिल होने के लिए कहा। मानो भाग्य को यही मंजूर था, उन्होंने पॉलिश और फ्लेम फिनिश में मरून ग्रेनाईट चुनने का सुझाव दिया। हमारे परिवार और संस्कारों में बेटी को 'लक्ष्मी' माना जाता है क्योंकि बेटी को भाग्य और समृद्धि लाने वाली माना जाता है। उस दिन मीनाक्षी का अप्रत्याशित आगमन हुआ और मुझे लगा कि नई जगह और नए निर्माण पर देवी लक्ष्मी का आशीर्वाद है!

आज तक मैं दुनिया की सर्वश्रेष्ठ हीरा कंपनियों के बिल्डिंग्स देख रहा था और उनके डिजाइन की बारीकियां नोट करते रहा। इसलिए उन सभी को मिलाकर, हमने सबसे अच्छी इमारत बनाने का फैसला किया। हमने इमारत को LEED (लीडरशिप इन एनर्जी एंड एनवायर्नमेंट डिजाइन) प्रकार की इमारत बनाने का फैसला किया, जिसे 'ग्रीन बिल्डिंग' प्रमाण-पत्र मिले। ऐसी हरित भवन परियोजनाओं को चार प्रकार के LEED रेटिंग स्तर प्राप्त होते हैं; बेजिक, सिल्वर, गोल्ड और प्लैटिनम। हमारे प्रयास में हमें चेन्नई के निवासी महेशभाई रामानुजम नामक एक अद्भुत विद्वान का परिचय मिला। उन्होंने अन्नामलाई यूनिवर्सिटी से कम्प्यूटर इंजीनियरिंग की पढ़ाई की। हमें लेनोवो जैसी उच्च स्तरीय कम्प्यूटर कंपनी में काम करने वाले महेशभाई का मार्गदर्शन मिला। हमने एक ऐसी इमारत बनाने का फैसला किया, जिसे यूनाइटेड स्टेट्स ग्रीन बिल्डिंग काउंसिल (USGBC) प्रमाणन मिल सके।

2015 में SRK एम्पायर ने भारत में 'मैन्युफैक्चरिंग बिल्डिंग' की श्रेणी में पहली 'गोल्ड रेटिंग' प्राप्त की और 2018 में उच्चतम 'प्लैटिनम रेटिंग' हासिल करने के लिए इसमें और सुधार किया। सर्वश्रेष्ठ हासिल करने की हमारी यात्रा निरंतर जारी है।

SRK एम्पायर के रूप में नई हरित इमारत का उद्घाटन 12 अप्रैल, 2011 को De Beers के निदेशक वर्दा शाइन द्वारा किया गया था। वर्दा शाइन इजराइल डायमंड एक्सचेंज (IDE) की आजीवन सदस्यता का सम्मान पाने वाली पहली महिला हैं। वे तब अपने करियर के शिखर पर थीं। उन्होंने उद्घाटन भाषण में कहा, 'भारत De Beers के लिए बहुत तेज़ी से बढ़ता बाजार है, इसलिए यह हमारी प्राथमिकता में है। हीरे के डिजाइन के मामले में भारतीय हीरा बाजार भी बहुत अद्भुत और आकर्षक है क्योंकि भारत में महिलाएं सामाजिक और पारिवारिक समारोहों में पहनने के लिए ऐसे अत्यधिक कीमत वाले आभूषण चुनती हैं, जबकि यूरोप में आप ऐसे आभूषण केवल तभी देखेंगे जब आप रानी द्वारा दिए जाने वाली रात्रिभोज में शामिल हों। उन्होंने 2010 के दशक को द डायमंड डिकेड (The Diamond Decade) कहा और कहा कि चीन और भारत की वृद्धि दर हीरे की मांग पैदा करने के लिए अच्छी है।

समारोह समाप्त होने के बाद वर्दा शाइन ने हमारे परिवार की महिलाओं के साथ समय बिताया। श्वेता दुभाषिए का काम कर रही थी। वर्दा ने हमारी महिलाओं द्वारा पहनी जाने वाली नथनी देखी और पूछा, 'क्या यह ख़ुशी और संतुष्टि का प्रतीक है? या यह समर्पण का प्रतीक है?' श्वेता ने समझदारी से जवाब दिया, 'नहीं, यह हम परिपक्व महिलाओं के लिए स्टेटस सिंबल है। भारतीय महिलाएं हमारे समाज की रीढ़ हैं। आज यद्यपि आर्थिक स्थितियां और सामाजिक दृष्टिकोण

बदल गए हैं, एक भारतीय महिला के लिए पत्नी और मां होना एक उच्च दर्जा और प्रतिष्ठा दोनों है। भारत में पारिवारिक जीवन या करियर ही एकमात्र विकल्प नहीं है।'

वर्दा मैडम को श्वेता की वैचारिक स्पष्टता और अभिव्यक्ति बहुत पसंद आई। उसने उसके कंधे पर प्यार भरा हाथ रखते हुए कहा, 'बहन, अपनी स्थिरता और खुशी के लिए, परिवार के लिए, व्यवसाय के लिए और बेहतर समाज के लिए हमें घरेलू कौशल और शिक्षा के ज्ञान दोनों की आवश्यकता है।'

इस उद्घाटन अवसर पर मेरे गुरु आशितभाई 'मुन्नाभाई' भी आशीर्वाद देने आए। सभी मेहमानों के जाने के बाद जब हम चुपचाप बैठे थे तो मुन्नाभाई ने कहा, 'गोविंदभाई, मैं आपको देखकर बहुत खुश और संतुष्ट हूं। आमतौर पर इंसान अमीर होने के बाद अपने चारों ओर एक किला बना लेता है। खुद को बड़े घरों में छिपाता है, काले शीशे वाली बड़ी कारों में घूमता है, निजी सुरक्षा कर्मचारियों के साथ अपने चारों ओर एक दीवार बनाता है, अपने पुराने दोस्तों, यहां तक कि परिवार से मिलना भी मुश्किल कर देता है। लेकिन गोविंदभाई, आप अलग मिट्टी के हैं, आप अपने विस्तृत परिवार का बहुत खयाल रखते हैं। मुझे यह देखकर बेहद खुशी हुई कि आपके कर्मचारी और पुराने दोस्त भी आपसे खुश हैं।'

काफी देर रुकने के बाद मुन्नाभाई फिर बोले, 'हमारी अर्थव्यवस्था में चाहे कुछ भी हो रहा हो, अगर परिवार में कोई शादी हो तो भारतीय सब कुछ भूलकर खरीदारी में लग जाते हैं। जिस दिन लड़की पैदा होती है, उसी दिन से हम बचत करना शुरू कर देते हैं। हमने आभूषणों के प्रति एक ऐसा जुनून जगाया है जो पहले कभी नहीं था। इसके कारण अधिक से अधिक हीरे खरीदने की प्रवृत्ति विकसित हुई है। जैसे-जैसे भारतीय अर्थव्यवस्था में सुधार हो रहा है, यहां कई युवा करोड़पति अमीर होते जा रहे हैं। वह दिन दूर नहीं जब हम चीनी या अमेरिकी अमीर लोगों के समान भारतीय अमीर लोगों को भी हीरे बेच रहे होंगे।'

अध्याय-7

उच्च भ्रमण कक्षा में

विद्या ददाति विनयं, विनयाद् याति पात्रताम्।
पात्रत्वात् धनमाप्नोति, धनात् धर्मं ततः सुखम्।।

'विद्या से विनय मिलती है और विनय से पात्रता आती है, पात्रता से लक्ष्मी आती है, लक्ष्मी से धर्म-सत्कार्य होता है और धर्म-सत्कार्य से सुख मिलता है!'

(हितोपदेश, मित्रलाभ- 1, श्लोक 6)

प्रसिद्ध वैज्ञानिक विक्रम साराभाई के पुत्र, मिलनसार उद्योगपति अंबालाल साराभाई के पोते कार्तिकेय साराभाई एक दिन मुझसे मिलने आए। उनकी मां मृणालिनी साराभाई और बहन मल्लिका साराभाई दोनों प्रसिद्ध भरतनाट्यम नृत्यांगनाएं हैं। समाजसेवा में भी उनका प्रमुख नाम है। आधुनिक गुजरात का प्रमुख उद्योगपति परिवार! उन्होंने पर्यावरण सुधार में निरंतर योगदान देने और SRK बिल्डिंग को यानी लीडरशिप इन एनर्जी एंड एनवायर्नमेंट डिजाइन (LEED) गोल्ड रेटिंग पुरस्कार प्राप्त करने के लिए मुझे बधाई दी। मैंने कार्तिकेयभाई से कहा कि जबसे मुझे पर्यावरण संरक्षण के महत्व का एहसास हुआ है, तबसे मैं अपने समय और संसाधनों का उपयोग सौराष्ट्र में जल परियोजना और सूरत में स्वच्छता अभियान में यथासंभव मदद कर रहा हूं। जीवदया भी मेरी रुचि का क्षेत्र रहा है। मैंने कहा, 'क्षमा करें कार्तिकेयभाई, मैं आपके कार्यक्षेत्र से विशेष परिचित नहीं हूं लेकिन मेरा मानना है कि एक महान वैज्ञानिक के बेटे के रूप में आप भी किसी नेक सेवाकार्य मे लगे होंगे। मेरा मानना है कि आपके काम का दुनिया में बहुत महत्त्व है, यह ईश्वर की कृपा है। कृपया मुझे अपने काम के बारे में कुछ बताएं।'

कार्तिकेयभाई का चेहरा खिल उठा। उन्होंने कहा, 'गोविंदभाई, पिछले कई दशकों से, मान लीजिए, द्वितीय विश्वयुद्ध के बाद से दुनियाभर में मनुष्य धन अर्जित करने या विकास की होड़ में प्रकृति के संसाधनों का जितनी तेजी से और लालच से उपयोग या दुरुपयोग कर रहा है, उतनी शीघ्रता से इसके नवीकरण के बारे में उसने सोचा ही नहीं है। धरती माता को खाली और प्रदूषित भी कर दिया है। हमारे अंधाधुंध उपभोग और उसके बाद उत्पन्न अपशिष्ट को स्वीकार करने की पृथ्वी की क्षमता अनंत नहीं है, इसकी भी एक सीमा है। उस सीमा को नजरअंदाज करते हुए, हम जानबूझकर इतनी सारी गतिविधियां कर रहे हैं कि हमने पृथ्वी के संसाधनों वायु, जल, मिट्टी, वनस्पति, पारिस्थितिकी तंत्र को अपूरणीय क्षति की स्थिति में पहुंचा दिया है। इसके लिए राजनीतिक बहस करने या सिर्फ मुनाफे के लिए औद्योगिक क्षेत्र में पर्यावरण को नष्ट करने का कोई मतलब नहीं है। लेकिन सकारात्मक तरीका यह है कि वस्तुओं की खपत कम की जाए, उपकरणों की मांग कम की जाए, कचरे के उत्पादन को रोका जाए और कंपनियों को मुनाफाखोरी और लालच से बाहर लाया जाए। इस कारण आज से ही बच्चों को शिक्षा देनी चाहिए ताकि वे पर्यावरण संरक्षण के महत्त्व को समझें और बड़े होकर पर्यावरण के अनुकूल बनें।'

अपने समकालीन और समान विचारधारा वाले कार्तिकेय साराभाई से मिलकर और उनके विचार सुनकर मैं उनकी सादगी, सरलता और वैचारिक दृढ़ता से प्रभावित हुआ। मैंने आत्मीयता से कहा, 'भाई, मैं तो सिर्फ सात कक्षा तक ही पढ़ा हूं, जबकि आपने इंग्लैंड की कैंब्रिज यूनिवर्सिटी और अमेरिका के MIT में पढ़ाई की है। इसके बाद अपने दादा द्वारा स्थापित फार्मास्युटिकल कंपनी अंबालाल साराभाई एंटरप्राइजेज लिमिटेड के अध्यक्ष बने हैं।'

कार्तिकेयभाई ने कहा, 'मेरे पिता हमारे देश को अंतरिक्ष में ले गए। मैंने अपना धन और जीवन पर्यावरण के लिए समर्पित कर दिया है।'

1987 में जब मैंने अपने बेटे के जन्म की खबर दी तो मुझे इंद्रवदनभाई के कहे शब्द याद आ गए। उन्होंने कहा था, 'मनुष्य को जीवन में दो तरह की चीजें मिलती हैं – श्रेय और प्रेय। इससे विचारशील लोग चीजें प्राप्त करने का तरीका जान लेते हैं, वे प्रेय के स्थान पर श्रेय को चुनते हैं जबकि अज्ञानी लोग श्रेय को त्याग देते हैं और स्वयं को प्रेय में लपेट लेते हैं।' मेरे सामने बैठे कार्तिकेयभाई इसी सिद्धांत के प्रतीक थे। उन्होंने अपना मुनाफा व्यापार विस्तार में नहीं लगाया, बल्कि अच्छे कर्म और सेवा के स्थान को महत्त्व दिया। मैं उठा और उनकी सराहना करते हुए उन्हें गले लगा लिया। उन्होंने मुझे अपने घर बुलाया। कुछ वर्षों के बाद मैं उनसे मिलने अहमदाबाद गया।

अनुमान है कि मेरे पिता सौ वर्ष की आयु पार कर चुके थे, क्योंकि उनके जन्म के समय का कोई रिकॉर्ड नहीं है, केवल बचपन की कुछ स्मृतियों के आधार पर आयु का अनुमान लगाया जा सकता था। मेरी मां 2002 में स्वर्गवासी हुईं। उसके बाद पिताजी लगभग चुप और चिंतनशील मुद्रा में रहने लगे। वह गढ़डा के गोपीनाथजी, वडताल-स्वामिनारायण संप्रदाय के अनुयायी थे और अक्सर सत्संग करते थे। उन्होंने कभी किसी बात की शिकायत नहीं की। एक बार उन्हें गलती से बिना नमक वाला खाना परोसा गया लेकिन उन्होंने बिना कुछ बोले खा लिया। उनका सहिष्णु, तटस्थ एवं सरल स्वभाव सभी के लिए अनुकरणीय था।

जब मेरे पिता इस नश्वर संसार के कुछ दिनों के मेहमान थे तब मैंने अपनी मां के अंतिम दिनों को याद करते हुए अपने पिता के बिस्तर के पास उनके लिए कपिलगीता गाया;

ज्ञानवैराग्य युक्तेनभक्तियुक्तेन चात्मना।
परिपश्य त्युदासिनं प्रकृति च हतौजसम्।।

> 'जिनके पास थोड़ा-सा भी आध्यात्मिक ज्ञान है, त्याग की भावना की समझ है और जो अपने शाश्वत लाभ के लिए भक्ति सेवा में लगे हुए हैं, वे मेरे पास आते हैं और निर्भय होकर भगवान के दरबार में प्रवेश करने के हकदार हैं।'
>
> (श्रीमद्भागवत पुराण, स्कंध- 3, अध्याय 25, श्लोक 18)

हम चार भाई- नागजीभाई, परबतभाई, अरजनभाई और मैं- हर शाम बापूजी के बिस्तर के पास बैठते थे। वह अक्सर हमसे सवाल पूछते थे, 'बेटे, तुम बिजनस करके, अमीर बनकर कुछ गलत तो नहीं कर रहे हो न? ऐसी गलती कभी मत करना, ऊपर वाले को हमेशा याद रखना।' फिर जब हम बापूजी को आश्वासन देते कि हम ऐसा कुछ नहीं कर रहे हैं तो उन्हें शान्ति और सुकून मिलता। एक दिन उन्होंने कहा, 'बेटे, अब मुश्किल हो रही है। रात को पेशाब करने जाना भी बहुत मुश्किल लगता है।'

1 अप्रैल, 2012 को स्वामिनारायण जयंती थी। हम सभी भाई उनके बिस्तर के पास बैठे थे। मेरी दोनों बहनें भी मौजूद थीं। तब पिताजी ने कहा, 'अब कोई इच्छा अधूरी नहीं रही। मैं जल्द ही एक पवित्र आत्मा के रूप में प्रस्थान करने वाला हूं। इस अंतिम क्षण में मुझे मन-ही-मन बहुत संतुष्टि हो रही है कि मैंने अपने पूरे जीवन में कुछ भी गलत या बुरा नहीं किया है। भगवान ने मुझे साफ रखा है।' फिर हमने 5 अप्रैल तक शाम का समय उनके सान्निध्य में बिताया। जैसे-जैसे उनका

अंतिम क्षण निकट आया, हम सभी ने प्रभु की धुन गाई और उनकी दिव्य आत्मा शांति से अनंत काल के खुले द्वार से होकर चली गई। अनंत काल के यात्री की शाश्वत विदाई...!

16 मई, 2012 को राजुला के पास कथावाचक पूज्य भाईश्री रमेशभाई द्वारा स्थापित 'देवका विद्यापीठ' के उद्‌घाटन समारोह में गया था। यह संस्थान मुख्यमंत्री श्री नरेंद्रभाई मोदी द्वारा आबंटित बीस एकड़ भूमि पर बनाया गया है। इसका नया परिसर हमारी प्राचीन गुरुकुल शिक्षा प्रणाली के साथ आसपास रहने वाले लोगों के दान से बनाया गया है। अपने उद्‌घाटन भाषण में नरेंद्रभाई मोदी ने भारतीय सेना के पहले कमांडर-इन-चीफ जनरल करिअप्पा की जीवनगाथा का हवाला देते हुए कहा, 'फील्ड मार्शल करिअप्पा को दुनिया में कई सम्मान और गौरव मिले, लेकिन जब उनके पैतृक गांव कुर्ग के लोगों ने उन्हें सलाम किया तो वे बेहद भावुक हो गए। जब हमारे अपने लोग हमारे लिए कुछ करते हैं तो यह एक अनोखा अहसास होता है। आज वही दिन है, भाईश्री रमेशभाई ओझा के लिए क्योंकि आज वे अपनी जन्मभूमि में अपने ही लोगों के बीच हैं।'

इससे पहले 16 फरवरी, 2008 को मैं पोरबंदर गया था, जब भाईश्री रमेशभाई ओझा ने मुझे 'राजर्षि पुरस्कार' से सम्मानित किया था। उस समय एक शाम की चर्चा में उन्हें याद आया कि पोरबंदर वास्तव में गांधीजी के साथ-साथ सुदामा का भी जन्मस्थान है। भगवान कृष्ण के मित्र सुदामा एक अकिंचन ब्राह्मण थे, फिर भी राजा कृष्ण से उनकी मित्रता बरकरार रही। पूज्य भाईश्री ने बताया कि जब वे पोरबंदर आए तो ग्रामीणों के अनुरोध पर उन्होंने एक स्कूल की ट्रस्टीशिप स्वीकार कर ली और इसमें नई जान फूंक दी। जल्द ही समाज ने भी ध्यान दिया और छात्रों की संख्या बढ़ने लगी। 1991 में गुजरात सरकार ने इसे 85 एकड़ भूमि आबंटित की और 500 छात्रों को समायोजित करने में सक्षम एक बड़े आकार के आवासीय स्कूल के निर्माण की सुविधा प्रदान की। इस केंद्र को 'ऋषिकुल' कहा जाता है और यहां प्राचीन वैदिक तपोवन प्रणाली के अनुसार शिक्षा प्रदान करने की व्यवस्था है।

फरवरी, 2013 में भाईश्री रमेशभाई ओझा ने सांदीपनि संस्कृत विश्वविद्यालय, पोरबंदर में मोरारिबापू की रामकथा का आयोजन किया। हम पूरे परिवार के साथ रामकथा में गए। कोकिलाबहन अंबानी, अनिल अंबानी, टीना अंबानी, फिल्मस्टार अमिताभ बच्चन और जया बच्चन भी वहां पहुंचे। मैं उन सबको देखकर हैरान रह गया। इतना ही नहीं, 24 फरवरी को जब कोकिलाबहन का जन्मदिन मनाया गया, तो उस प्रतिभासंपन्न नारी ने अपनी मातृभाषा गुजराती में ही कहा, 'भगवान में विश्वास रखना एक बहुत बड़ी शक्ति है। आस्थावान लोग मानसिक रूप से स्वस्थ और आत्मविश्वास से भरपूर होते हैं ताकि वे किसी भी अभाव या क्लेश से बाहर

आ सकें। लोगों में आत्मविश्वास बढ़ाना, ईश्वर भक्ति का प्रसार करना हमारे लिए बहुत जरूरी है, इसके लिए कथा का माध्यम बहुत ही उत्तम है।' 2020 में कोकिलाबहन का जन्मदिन मनाने के लिए मुंबई में अनिलभाई के घर मेरी पत्नी चंपा, हमारी बहुएं जीनल राहुलभाई धोलकिया, रिनल प्रभुभाई धोलकिया, रूपल नीरवभाई नारोला और हमारी बेटी श्वेता पीयूषकुमार केवड़िया, धर्मिष्ठा संजयकुमार उकानी - सभी कथा में गए थे, इस अवसर पर भाईश्री रमेशभाई ओझा की 'श्रीमद्भागवत कथा' का आयोजन किया गया था। वे सभी कोकिलाबहन से मुंबई के पाली हिल्स स्थित उनके घर पर मिले।

सितंबर, 2013 में हमने भरूच जिले के निकोरा गांव में नर्मदा के तट पर ध्यानिध्यान आश्रम में चार दिन बिताए भाईश्री रमेशभाई ओझा व उनके अनुयायियों के साथ रहे। ऐसा वातावरण और व्यवस्था थी कि संत कथावाचक ऐसे पूज्य भाईश्री सभी से आसानी से मिल सकते थे। उनसे मिलने पर तो समय कहां बीत जाए, कभी पता ही नहीं चलता। उनके साथ समय बिताना हर किसी को पसंद है। उनकी बातें बहुत तार्किक और समझने में आसान होती हैं। वे कुछ भी आदेशात्मक नहीं कहते, बहुत कम लेकिन अर्थपूर्ण कहते हैं। उनकी बातें प्रेरणादायक और विचारोत्तेजक होती हैं और श्रोताओं को एक नेक इंसान बनने में मदद करती हैं।

पूज्य भाई श्री रमेशभाई ने हमें बताया, 'गोविंदभाई, भगवत्श्रवण अपने वक्ताओं और श्रोताओं को एक बिल्कुल नया दृष्टिकोण, सूक्ष्म अंतर्दृष्टि और स्पष्ट दृष्टि देता है। भागवत सुनने के बाद मनुष्य बदलता हुआ दिखता है, वैसा का वैसा नहीं रहता। जैसे ही भागवत के शब्द, शिक्षाएं, व्याख्याएं आपके मन में प्रवेश करने लगती हैं, आपके अंदर धीरे-धीरे परिवर्तन की प्रक्रिया शुरू हो जाती है। मजेदार बात यह है कि हमारे ग्रंथों में केवल शुष्क धर्म की ही बात नहीं की गई है, बल्कि सामाजिक, राजनीतिक, आर्थिक आदि जीवन को छूने वाले सभी पहलुओं को अपने चिंतन के ढांचे में समाहित किया है। इसलिए हमारे देश के युवाओं को अपने व्यक्तिगत और सामाजिक मामलों में कैसे व्यवहार करना है, क्या करना है- क्या नहीं करना है, इसके पूरे दिशा-निर्देश हैं।'

अगले दिन हम सभी ने मेरे भतीजे सवजीभाई द्वारा विकसित 'नर्मदा बेट' का दौरा किया। वहां भाईश्री के साथ हमें सामूहिक नर्मदा-स्नान का अलौकिक आनंद प्राप्त हुआ। फिर उन्होंने आसपास के दूरदराज के गांवों में बच्चों को कपड़े, बिस्कुट, चॉकलेट और बहनों को साड़ियां और अन्य घरेलू सामान बांटने का आनंद लिया।

19 अप्रैल, 2013 यानी श्री रामनवमी के शुभ दिन पर मुझे दादा बनने का सौभाग्य प्राप्त हुआ। मेरे बेटे श्रेयांस और बहू स्वीटी का बेटा हुआ। हमें उनका नाम रखने में कोई भ्रम नहीं था क्योंकि भगवान राम के जन्मदिन पर आए पोते

को 'ईश' नाम से ही जाना जाएगा न! एक दादा के रूप में, यह खुशी का क्षण होता है, जब अपने बच्चों के यहां उनके बच्चे को देख रहे होते हैं...! हमारे हृदय में प्रेम, स्नेह की एक अद्भुत भावना उत्पन्न होती है। वे बच्चे दादाजी के जीवन में खुशियों का सागर भर रहे हैं। जब मेरे समधी और बहू स्वीटी के पिता डॉ. एन. डी जिवाणी मुझसे मिले तो मेरे चेहरे की खुशी देखकर बोले, 'कहते हैं कि पौत्र मतलब पूंजी का ब्याज... इसीलिए दादाजी को पोते-पोतियां ज्यादा प्रिय होते हैं।'

4 जून, 2012 को हम भारत के पूर्व राष्ट्रपति डॉ. कलाम से मिलने उनके आवास 10, राजाजी मार्ग, नई दिल्ली गए तो हमारे साथ पूर्व केंद्रीय मंत्री डॉ. वल्लभभाई कथीरिया, डॉ. अश्विनभाई देसाई और निखिलभाई कॉन्ट्रैक्टर थे। डॉ. कलाम साहब के युवा सहायक सृजनपाल सिंह भी वहां थे। मैंने सावधानी और विनम्रता से शुरुआत की और कहा, 'हम यहां आपको हीरों की अनोखी दुनिया को देखने और सूरत में हमारी SRK डायमंड फैक्ट्री का भ्रमण करने के लिए आमंत्रित करने आए हैं।' हमारे इस विनम्र अनुरोध को नजरअंदाज करते हुए डॉ. कलाम ने तपाक से कहा, 'मैं हीरा देखकर क्या करूंगा? मुझे कौन-से हीरे खरीदने हैं?'

मैंने कहा, 'नहीं, नहीं, सर! ऐसा नहीं है। आप हीरे खरीदने नहीं आएंगे, लेकिन सूरत के हीरा उद्योग में सौराष्ट्र के गांवों के अल्पशिक्षित लोग, बिना किसी औद्योगिक या आर्थिक पृष्ठभूमि के, उन्नत परिष्कृत तकनीक का पूरी तरह से सक्षम और प्रभावी ढंग से उपयोग कर रहे हैं, हरित इमारतों में काम कर रहे हैं, सूरत के हीरा उद्योग को विश्व पटल पर लाकर भारत का नाम रोशन कर रहे हैं, हम वही देखने आने के लिए आपको सादर आमंत्रित करते हैं। यह प्रौद्योगिकी और उसके उपयोगकर्ता का एक दुर्लभ और उपयोगी संयोजन है। इस पर आपको जरूर गर्व होगा, सर!'

डॉ. कलाम निरुत्तर रहे। वल्लभभाई से कुछ बातचीत हुई। फिर मैंने और विनम्रता से कहा, 'सर, हम मूलतः किसान हैं। पीढ़ियों से गांवों में खेतिहर मजदूर के रूप में काम कर रहे थे। इसलिए गांव और ग्रामीण जीवन से हमारा विशेष लगाव है। सर, आपका संबंध भी साधारण ग्रामीण पृष्ठभूमि से है, इसलिए हमारे बीच आपसी समझ का एक अच्छा पुल बनेगा। हम सब मिलकर देश के लिए कुछ नेक काम कर सकते हैं।' अब मैंने देखा कि उनकी दिलचस्पी हमारी बातों में होने लगी थी। उसके बाद, मैंने SRK की विभिन्न सेवा और शैक्षिक गतिविधियों से भी उन्हें अवगत करवाया कि हम डांग, अहवा, नर्मदा जिलों के आदिवासी क्षेत्रों के पिछड़े और सुदूर गांवों में चिकित्सा शिविर और आवासीय स्कूल स्थापित करके मुफ्त उच्च शिक्षा प्रदान करते हैं। हम जलधारा ट्रस्ट के माध्यम से सौराष्ट्र के गांवों में जल रिचार्जिंग और जल संरक्षण परियोजनाओं पर भी काम कर रहे हैं। अन्य गांवों में भी

स्कूल शुरू किए गए हैं। अब डॉ. कलाम ने हमारा निमंत्रण स्वीकार कर लिया और कहा, 'अब तो मैं सूरत जरूर आऊंगा। मुझे गांवों के उत्थान के लिए किए जा रहे कार्यों को जानने और उनसे जुड़ने में बहुत दिलचस्पी है।'

उन्होंने सूरत आने का निमंत्रण स्वीकार कर लिया। 8 अगस्त, 2013 को डॉ. कलाम ने SRK एम्पायर का दौरा किया। आज कलाम साहब हमारे दरवाजे पर खड़े थे, लंबे सफेद बालों वाले, बंद गले का कोट पहने भारत का यह बुद्धिमान वृद्ध व्यक्ति। हम उन्हें अपनी फैक्ट्री के भ्रमण पर ले गए। ऐसा लग रहा था मानों उनमें से सकारात्मक रूप में ऊर्जा निकल रही हो। उनकी उपस्थिति में हम सभी उत्साहित और सहज थे। कलाम साहब हमारे कर्मचारियों के साथ काफी सहजता से घुलमिल गए और उनसे उनके काम के बारे में भी पूछा। उन्होंने कहा, 'मुझे पहले आपके बिजनस के बारे में कुछ गलतफहमी हो गई थी। लेकिन आज यहां मैं देख रहा हूं कि आपका काम उच्च इंजीनियरिंग तकनीक और कलात्मक कौशल का एक सुंदर संयोजन है। वह हमारी भोजन व्यवस्था से बहुत प्रभावित हुए। गुजराती शैली की पतली रोटी बनाने के लिए विशेष रूप से हमारे द्वारा बनाई गई 'रोटी मेकिंग मशीन' देखकर वह बहुत आश्चर्यचकित हुए। उन्होंने कहा, 'आपको कंपनी के लंच टाइम में मुझे बुलाना चाहिए था न!'

उसके बाद हमने उनसे औपचारिक बातचीत की ताकि सभी को उन्हें सुनने का मौका मिल सके। 'उत्कृष्टता की संस्कृति' पर बोलते हुए उन्होंने कहा, 'किसी भी संगठन का मूल्य उसमें किए गए शोधकार्य के स्तर पर आधारित होता है। अच्छे शोध से प्रौद्योगिकी का विकास होता है। ज्ञान के सृजन से अर्थव्यवस्था को गति मिलती है और पर्यावरण सुरक्षित रहता है। अंततः इसी तरह समाज समृद्ध बनता है। एक योग्य शिक्षक की तरह डॉ. कलाम साहब ने एक समीकरण दिया–

'ज्ञान–रचनात्मकता, साहस और चरित्र का योग है।'

उन्होंने आगे कहा, 'ये तीन गुण मैंने SRK की बिजनस प्रोसेस में देखे हैं। बुद्धि की मदद से तकनीक के इस्तेमाल से आपकी रचनात्मकता निखरती है। जोखिम लेने में आपकी निर्भीकता देखी जाती है और प्रबंधक के हृदय में पवित्रता महसूस की जाती है। ये तीन बातें अन्य कॉर्पोरेट घरानों के लिए प्रेरणादायक हैं।' जाते–जाते उन्होंने कहा, 'गोविंदभाई, आपने तो हीरा उद्योग के बारे में मेरी पिछली धारणा ही बदल दी है। SRK कौशल के मंदिर के समान है। यहां आपने जो ज्ञान अर्जित किया है उसे दूसरों के साथ साझा करें।'

2013 में जब श्री अरुण तिवारी और प्रो. मणि अय्यर मुझसे मिलने आए तो मैंने इच्छा जताई कि कलाम साहब SRK के दौरे पर आएं, क्या ऐसा हो सकता है? तब अरुणजी ने कहा, 'हां, वे जरूर आएंगे।' अरुण तिवारी जी ने कलाम साहब

की यात्रा की व्यवस्था करने में महत्त्वपूर्ण भूमिका निभाई थी। वे एक वैज्ञानिक के रूप में तीन दशकों से अधिक समय तक कलाम साहब के विशेष सहायक रहे।

हीरा उद्योग में दिहाड़ी कारीगर के रूप में सौराष्ट्र से सूरत आने के 1964 से 2014 तक पचास वर्षों का जश्न मनाते हुए हमारे भागीदारों और SRK परिवार के सदस्यों द्वारा विभिन्न गतिविधियां आयोजित की गई थीं। एक बार जब इस उत्सव का विचार आया तो मित्रों- शुभचिंतकों ने इसका स्वागत किया। विभिन्न प्रकार से लगभग पचास प्रकार की गतिविधियों के लिए सुझाव एवं मार्गदर्शन दिया गया। चूंकि वर्ष के बावन सप्ताह होते हैं, हम प्रत्येक सप्ताह की योजना एक नए लक्ष्य और विषय के अनुसार बनाये थे। जैसे यातायात जागरूकता, नशामुक्ति शपथ समारोह, पर्यावरण जागरूकता, पुलिस बेड़ा के लिए प्रशिक्षण कार्यक्रम, नगर निगम कर्मचारियों और शिक्षकों के लिए प्रशिक्षण सत्र आदि। हमने सामाज उन्मुख नई गतिविधियों का आयोजन किया। 8 अप्रैल, 2014 को सूरत प्रदर्शनी केंद्र, सरसाणा में हमने लगभग 1500 मेहमानों की उपस्थिति में इन विभिन्न समारोहों का 'ग्रैंड फिनाले' आयोजित किया। सिर्फ भारतीय ही नहीं, बेल्जियम, इजराइल, हांगकांग, रूस, चीन, मलावी, दक्षिण अफ्रीका, नामीबिया, लेसोथो, थाईलैंड, कनाडा जैसे दर्जनों देशों से हीरा जगत के उद्योगपति पधारे थे। हमने इस कार्यक्रम को अंतरराष्ट्रीय स्तर पर मनाया।

मैंने कंपनी के 6000 सहयोगियों, कार्यकर्ताओं को उनके योगदान के लिए तहेदिल से धन्यवाद देते हुए कहा, 'मेरे SRK परिवार, यह केवल आपकी वजह से है कि हम आधी सदी की विकास यात्रा कर पाए हैं। आप सभी इसके 'ग्रोथ इंजन' हैं। इस समय मैंने अपने पुराने साथी श्री भगवानभाई पटेल और स्व. वीरजीभाई गोधाणी का भी हृदय से उल्लेख किया, उनके योगदान को स्वीकार किया।

इस अवसर पर जेमोलॉजिकल इंस्टिट्यूट ऑफ अमेरिका (GIA) के भारत और मध्य-पूर्व देशों के प्रबंध निदेशक निरूपाबहन भट्ट ने मुझे कर्मयोगी कहा। उन्होंने कहा, 'गोविंदभाई के जीवन का मार्गदर्शक सिद्धांत कर्म का सिद्धांत है। दृढ़ इच्छाशक्ति और आत्मविश्वास उनकी आंतरिक शक्ति है। वे वास्तव में समाज का एक रत्न है।' GIA में शामिल होने से पहले निरूपाबहन ने ऑस्ट्रेलियाई हीरा कंपनी आर्गाईल के भारतीय प्रतिनिधि के रूप में काम किया था। उन्हें भारतीय हीरा उद्योग का गहन ज्ञान है क्योंकि उनके हीरा उद्योग के मालिकों, छोटे उत्पादकों से लेकर बड़े व्यापारिक घरानों तक के साथ निकट और सक्रिय संपर्क है। वह मेरे लिए 'बहन' के समान हैं। मेरे बच्चे उन्हें 'आंटी' ही कहते हैं। उन्होंने ही हमें हीरा उद्योग को निर्यातोन्मुख स्तर पर ले जाने के लिए गुणवत्ता में सुधार करने की सलाह दी। GIA के मुंबई कार्यालय ने भारतीय हीरा उद्योग को नई ऊंचाइयों पर ले जाने में मदद की है। पहले हीरे को GIA सर्टिफिकेशन के लिए अमेरिका भेजना

पड़ता था और फिर वापस भारत लाना पड़ता था। लेकिन मुंबई में इसके कार्यालय और ग्रेडिंग सिस्टम की शुरुआत से हमारा बहुत सारा समय, श्रम, परिवहन और अन्य खर्च बच गए हैं। कारोबार की गुणवत्ता सुधारने में भी इसका काफी फायदा हुआ है।

इस अवसर पर मेरे हीरा उद्योग के 'बिजनस गुरु' श्री शांतिभाई एवं श्री नवीनभाई विशेष रूप से मुंबई से पधारे। श्री नवीनभाई मेहता ने मेरी पेशेवर ऊंचाई बढ़ाई और कहा, 'गोविंदभाई एक ऐसे व्यवसायी हैं, जिन्होंने जीवन भर व्यवसाय पाने और बढ़ाने के लिए कभी भी झूठ या झूठे वादों का सहारा नहीं लिया। वे इस बात का जीता-जागता उदाहरण हैं कि ईमानदारी से भी इतना बड़ा कारोबार चलाना संभव हो सकता है।' श्री शांतिभाई ने आशीर्वाद देते हुए कहा, 'गोविंदभाई युधिष्ठिर की तरह हैं, वे किसी में बुराई अथवा कुटिलता नहीं देखते हैं।' इस मौके पर अन्य उद्योगपतियों ने भी भावुक प्रतिक्रियाएं दीं। हमारे मित्र वीनस ज्वेल्स के सेवंतीभाई शाह ने बधाई देते हुए कहा, 'गोविंदभाई, जो गांव में खेती करते थे, अभी भी खेती कर रहे हैं लेकिन प्यार की... गोविंदभाई का हर कोई सम्मान करता है, यह उनके गुणों का प्रमाण है।'

रत्न-आभूषण निर्यात संवर्धन परिषद (GJEPC) के पूर्व अध्यक्ष संजयभाई कोठारी ने कहा, 'हमारे हीरे की दुनिया में केवल एक ही व्यक्ति है, जो IIM-A में व्याख्यान देने भी जाता है। डायमंड वर्ल्ड को इन गोविंदभाई पर गर्व है।' हरिकृष्ण एक्सपोर्ट्स के मेरे भतीजे सवजीभाई धोलकिया ने संत कबीर को उद्धृत करते हुए कहा, 'गुरु गोविन्द दोऊ खड़े, काको लागू पाय। बलिहारी गुरुदेव आपनो, गोविन्द दियो बताय।' उन्होंने कहा, 'मेरी मां मुझसे कहती थी कि बेटा, गोविंद काका जैसा बनो। वे हमारे परिवार के स्वप्नद्रष्टा हैं। मेरी अपनी कंपनी 'हरिकृष्ण एक्सपोर्ट्स' की स्थापना भी उन्होंने ही करवाई थी। उनकी मदद और मार्गदर्शन से ही हमने एंटवर्प में अपना व्यवसाय शुरू किया। उन्हें मुझ पर बहुत भरोसा है। मेरे पास उनका आभार व्यक्त करने के लिए शब्द नहीं हैं। गोविंद काका उदारता, विनम्रता, शिष्टाचार और खेल भावना के प्रतीक हैं।' IIM-A का प्रतिनिधित्व करने वाले प्रो. मणि अय्यर ने कहा, 'गोविंदभाई व्यवसाय के प्रकाशस्तंभ और एक जीवित किंवदंती हैं। वे एक ऐसे आदर्श व्यक्ति हैं जिनकी किसी भी अन्य व्यवसायी को प्रशंसा करनी ही पड़े, उन पर ध्यान देना ही पड़े।'

आधी सदी की सफल व्यावसायिक यात्रा के प्रतीक के रूप में मेरे परिवार ने मुझे 'रॉल्स रॉयस फैंटम' कार का 'आश्चर्यजनक' उपहार दिया। मैं आश्चर्य और कृतज्ञता से भर उठा। इस अवसर पर हमारे परिवार ने 'SRK नॉलेज फाउंडेशन' की घोषणा इस उद्देश्य से की कि समाज और राष्ट्र ने जो कुछ मुझे दिया है, उसे फूल नहीं तो एक पंखुड़ी के रूप में, मैं उसे समाज को वापस दे सकूं।

इस उत्सव के आयोजन में मेरे भतीजे राहुलभाई और भांजे जयंतीभाई सहित दूसरी और तीसरी पीढ़ी ने प्रमुख भूमिका निभाई। जयंतीभाई ने कहा, 'SRK की विकास यात्रा के 50 साल पूरा करना हमारे लिए एक विशेष घटना है। मेरे मामा गोविंदभाई ने आत्मविश्वास और उत्साह के साथ इस ऐतिहासिक कंपनी का पालन-पोषण और विस्तार किया। वह भारतीय उद्यमियों और नए उज्ज्वल भारत के पथ-प्रदर्शकों के प्रतीक हैं।' जब बोलने की बारी मेरी आई तो मैंने कहा, 'मैं उन सभी का आभार व्यक्त करता हूं, जिन्होंने मेरी 50 साल की सफल व्यावसायिक यात्रा में विशेष भूमिका निभाई है, जिनमें श्री बाबूभाई दोशी, श्री भानुभाई शाह, श्री शांतिभाई मेहता, श्री नवीनभाई मेहता, श्री सतीशभाई और श्रीमति स्मिताबहन जवेरी, श्री महेंद्रभाई परिख, श्री आशितभाई मेहता, श्री मोहनमामा, श्रीमती निरूपाबहन भट्‌ट, श्री बीजू पटनायक जैसे सभी लोग शामिल थे। मैंने इन सभी का कृतज्ञता ज्ञापन किया। इसके बाद दिनेशभाई और श्रेयांस ने चौदह देशों से आए राजनयिक अतिथियों को सम्मानित किया।

इस यादगार कार्यक्रम का संचालन मशहूर कलाकार बोमन ईरानी ने किया। देश के प्रख्यात संगीतकार पंडित हरिप्रसाद चौरसिया, पंडित शिवकुमार शर्मा और पंडित भवानीशंकर ने अपने वाद्ययंत्रों और संगीत से दर्शकों को मंत्रमुग्ध कर दिया। मशहूर शायर-गीतकार जावेद अख्तर ने मेरे लिए कुछ पंक्तियां पढ़ीं;

जिधर जाते हैं सब जाना, उधर अच्छा नहीं लगता,
मुझे पामाल रास्तों का सफर अच्छा नहीं लगता।

गलत बातों को खामोशी से सुनना, हामी भर लेना,
बहुत हैं फायदे इसमें, मगर अच्छा नहीं लगता।

(जावेद अख्तर द्वारा रचित गजल)

इसके बाद जावेदजी ने मुझे इन पंक्तियों को सरल शब्दों में समझाया; 'झुंड के साथ चलने और शोर-शराबे में चलने की खूबी क्या है? अनुचित आदेशों का पालन करना और गलत सौदे करना अच्छा अभ्यास नहीं है, भले ही यह फायदेमंद लगता हो।' इस अवसर को मनाने के लिए 'फ्रॉम नथिंग टू एवरीथिंग: ए डिवाइन जर्नी', मेरे जीवन और SRK की उपलब्धियों की कहानी प्रमुख व्यापारियों द्वारा लॉन्च की गई थी। आशितभाई मेहता, मनजीभाई धोलकिया, किशोरभाई विरानी, अनुपभाई मेहता, नवरतनजी कोठारी, महेंद्रभाई परिख, गोविंदभाई काकड़िया, लालजीभाई पटेल और वी.एस लखाणी आदि मंच पर मौजूद थे।

श्री अनूपभाई मेहता हमारे हीरा उद्योग के भारत डायमंड बुर्स (BDB), मुंबई के अध्यक्ष और विश्व हीरा बाजार में भारत का चेहरा माने जाते हैं। श्री नवरतनजी कोठारी जयपुर जेम्स एंड ज्वैलरी के भीष्म पितामह और के.जी.के ग्रुप के चेयरमैन हैं। हमारा और उनका कार्यालय मुंबई में 'पंचरत्न' की पंद्रहवीं मंजिल पर था। वह हमारे 'शुभचिंतक मित्र, दार्शनिक एवं मार्गदर्शक' के समान हैं। नवरतनजी और उनकी पत्नी अनिला कोठारी जयपुर में 400 बिस्तरों वाला भगवान महावीर कैंसर अस्पताल और अनुसंधान केंद्र चलाते हैं।

मैं 1977 में एंटवर्प में महेंद्रभाई परिख से मिला। महेंद्रभाई और उनकी पत्नी रमीला लक्ष्मी-नारायण के समान थे। मैं जब भी एंटवर्प जाता था तो उनके घर पर काफी समय बिताता था। उन्होंने नवसारी में 'महेंद्र ब्रदर्स' नाम से एक कंपनी शुरू की। हमारी चार कंपनियों का 'यूनिटी' समूह उनसे कच्चे हीरे खरीदता था। उनके साथ कीमत के बारे में कोई विशेष मोलभाव की जरूरत पड़ती ही नही थी।

एक बार हम सभी एक लाख कैरेट रफ का ऑर्डर पक्का करने के बाद एंटवर्प महेंद्रभाई के कार्यालय में उनके बेटे सोनूभाई के साथ चाय पी रहे थे। मैंने महेंद्रभाई से कहा कि हम आपके साथ तीस साल से बिना रुके व्यापार कर रहे हैं, लेकिन हमें कभी घाटा नहीं हुआ। लेकिन पिछली बार हमने जो रफ लिया था, उसमें पहली बार हमें घाटा हुआ है। जैसे ही महेंद्रभाई ने हमारे नुकसान के बारे में सुना, उन्होंने अपने बेटे सोनू को नए सौदे में प्रति कैरेट कीमत दो डॉलर कम करने का निर्देश दिया। इस तरह एक ही मिनट में दो लाख डॉलर माफ हो गए। हम सब उनकी उदारता से अवाक रह गए। ऐसी ईमानदारी और पारदर्शिता ने हमारे व्यापारिक संबंधों को समृद्ध किया है। यही कारण है कि आज SRK और डायरफ दोनों कंपनियों की तीसरी पीढ़ी उसी प्यार और विश्वास के साथ एक-दूसरे से जुड़ी हुई है।

शीतल जेम्स के मालिक गोविंदभाई काकड़िया और किरण जेम्स के मालिक वी. एस लखाणी हमारे विशेष मित्र हैं, उनके साथ हमारे प्रेमपूर्ण और विश्वासपूर्ण रिश्ते आज भी कायम हैं। हम सभी किसी भी संयुक्त उद्यम के लिए प्यार और विश्वास के साथ जुड़ते हैं। पुराने मित्र महेंद्रभाई कंचनभाई शाह को भी मैं विशेष प्रेम से याद करता हूं। वे आनंदभाई हीराभाई के साथी थे। हमने उनके साथ 1971 में बहुत छोटे पैमाने पर कारोबार शुरू किया था। 2005 में लम्बे अन्तराल के बाद जब हम उनके मुंबई कार्यालय में मिले, तो विकास के प्रति हमारी भूख कम नहीं थी। उन्होंने कहा, 'गोविंद, 1971 में भगवान ने आकर हमें दर्शन दिए होते और कहा होता कि मांग बेटा! मांग, आज हमारे पास जो है, उतना भी हम मांग नहीं पाते। फिर भी हम अभी तक संतुष्ट नहीं हैं!' हमने ऐसी गपशप के माध्यम से खुलकर यह स्वीकार किया था।

इसी बीच 2014 में भारत में आम चुनाव हुए, जिसे दुनिया का सबसे बड़ा चुनाव माना जाता है। भाजपा के नेतृत्व वाले राष्ट्रीय जनतांत्रिक गठबंधन (NDA) ने 336 लोकसभा सीटों के साथ शानदार जीत हासिल की।

मैं अगस्त, 2014 में बोत्सवाना गया था। मेरे भाई अरजनभाई का बेटा अक्षय और मेरे भांजे जयंतीभाई का बेटा अर्पित मेरे साथ थे। इस प्रकार तीसरी पीढ़ी के सदस्यों के साथ व्यापार के लिए विदेश यात्रा करना मेरे लिए एक सुखद और संतोषजनक अनुभव था। 1966 में बोत्सवाना ब्रिटेन के चंगुल से आजाद हो गया था। दुनिया की अग्रणी कच्चा हीरा व्यापार कंपनी De Beers ने आजादी के दूसरे ही वर्ष में बोत्सवाना की राजधानी गैब्रोन से 250 मील दूर ओरापा के भीतरी इलाके में एक बहुत बड़ी हीरे की खदान की खोज की। स्वतंत्र राष्ट्र बोत्सवाना को दुनिया के सबसे गरीब देशों में से एक माना जाता था। इसकी प्रतिव्यक्ति आय केवल 80 डॉलर प्रतिवर्ष थी। लेकिन हीरों ने इसे कुछ ही दशकों में अफ्रीका का सबसे अमीर देश बना दिया। अब इसकी प्रति व्यक्ति वार्षिक आय 6000 डॉलर से अधिक हो गई है।

हमने बोइंग 767 पर मुंबई से जोहान्सबर्ग के लिए साउथ अफ्रीकन एयरवेज की सीधी उड़ान ली और गैब्रॉन जाने के लिए फ्लाईट बदली। हालांकि तब से मुंबई से जोहान्सबर्ग के लिए सीधी उड़ान बंद हो गई है और अब वहां पहुंचने के लिए दुबई, फ्रैंकफर्ट या लंदन से होकर जाना पड़ता है। De Beers कंपनी 80 से अधिक पंजीकृत खरीदारों को उनकी क्रय शक्ति के आधार पर कोटा प्रणाली पर कच्चे हीरे की 'साइट' प्रदान करती है। इस तरह उनके द्वारा बनाई गई विश्वस्तरीय इमारत में बैठे-बैठे हर साल करीब 5 अरब डॉलर की बिक्री हो जाती है। रफ को पहले लंदन से DTC (डायमंड ट्रेडिंग कंपनी) द्वारा बेचा जाता था, जो अब गैब्रॉन में है।

मैंने अपनी व्यावसायिक गतिविधियों से कुछ समय निकालकर बोत्सवाना के ग्रामीण इलाकों का पता लगाया और पाया कि वहां रेत के विशाल विस्तार के अलावा कुछ भी नहीं है। शायद ही कभी छोटी आबादी या कोई मकान देखने को मिला हो। लगभग एक घंटे की ड्राइव के बाद हम एक छोटे से घर पर रुके, शकरकंद के अलावा कोई अन्य फसल नहीं देखी। यह जैसा चाहे वैसा लगाया भी जाता है और जैसा चाहे वैसा बढ़ता भी है। उस घर के एक छोटे से कमरे में सुअर पाला हुआ था। यह देखकर मुझे बहुत दयनीय लगा कि यहां उन उद्यमियों को आकर्षित करने के लिए कुछ भी नहीं है जो दुनिया के मुख्य केंद्रों से इतनी दूर कच्चे हीरे लेने आते हैं। गांवों में बुजुर्ग हो चुकीं भारी-भरकम शरीरों वाली महिलाएं बैठ कर बातें कर रही थीं, यह देखकर हंसी भी आई।

इसके बाद हमने लगभग 500 छात्रों और पांच शिक्षकों वाले एक स्कूल का भी दौरा किया। स्कूल में शैक्षणिक कार्य चल रहा था, उन्होंने बताया कि यहां बच्चों को 10वीं कक्षा तक अनिवार्य निशुल्क शिक्षा प्रदान की जाती है। उसके बाद वह जूनियर सर्टिफिकेट के रूप में योग्यता प्राप्त कर सकते हैं। लड़के और लड़कियों को शिक्षा के समान अवसर उपलब्ध थे।

लगभग आधे छात्र 'बोत्सवाना जनरल सर्टिफिकेट ऑफ एजुकेशन' प्राप्त करने के लिए अगले दो वर्षों तक अध्ययन करते हैं। स्कूल छोड़ने के बाद उनका देश के सात तकनीकी कॉलेजों में से एक में दाखिला हो ही जाता है। मुझे यह जानकर बहुत आश्चर्य हुआ कि इस देश की सरकार अपनी GDP का दस प्रतिशत शिक्षा पर खर्च करती है जबकि हमारे यहां केवल तीन प्रतिशत खर्च किया जाता है। मैंने शिक्षकों को अपना बिजनस कार्ड दिया और उन्हें भारत आने के लिए आमंत्रित किया लेकिन वे अभी तक नहीं आए।

सूरत की पचास साल की यात्रा में कई प्रतिष्ठित गणमान्य व्यक्तियों ने हीरा उद्योग में योगदान दिया है। इनमें में सेवंतीभाई शाह, वालजीभाई केसरी, जीवराजभाई सुराणी, किशोरभाई मालदार, बाबूभाई संघवी, ललितभाई अदाणी, चंद्रकांतभाई संघवी आदि की निस्वार्थ सेवा की सराहना करता हूं। 1970 में उत्तरी गुजरात से आने वाले सेवंतीभाई शाह ने 'वीनस ज्वेल' की शुरुआत की। 'SP' के नाम से मशहूर, वे एक सामाजिक कार्यकर्ता और गहन विचारक हैं। भारत में बड़े हीरे बनाने की सफलता का श्रेय सेवंतीभाई को जाता है। पहले ऐसे हीरे केवल इजराइल और बेल्जियम में बनाए जाते थे। आज सेवंतीभाई का नाम हीरा उद्योग में आदर और सम्मान से लिया जाता है। उन्होंने सूरत में एक मल्टीस्पेशलिटी 'वीनस हॉस्पिटल' भी बनाया है।

हीरों की चमक के समान श्री वालजीभाई केसरी ने हीरे की कटिंग और पॉलिशिंग में विशेष प्रक्रियाओं का बीड़ा उठाया। गुजरात में भाजपा की नींव रखने में भी उनकी भूमिका अहम रही है। 1984 में सूरत में De Beers के प्रथम पंक्ति के 'साइट होल्डर' थे। एक समय 'साइट होल्डर' रहे श्री जीवराजभाई सुराणी बहुत ही निडर व्यक्ति माने जाते थे। राजनीति में भी काफी सक्रिय जीवराजभाई ने वालजीभाई केसरी के साथ मिलकर गुजरात में केसरिया पार्टी की स्थापना की नींव रखी है। श्री बाबूभाई, के.पी संघवी एंड कंपनी के संस्थापक हैं। उन्होंने राजस्थान के सिरोही, पावापुरी में पांच हजार से अधिक गायों वाली गोशालाएं शुरू की हैं। श्री ललितभाई अदाणी ने एम. सुरेश कुमार एंड कंपनी की स्थापना की जो पिछले पचास वर्षों में जबरदस्त रूप से विकसित हुई है और आज राष्ट्रीय और अंतरराष्ट्रीय स्तर पर कारोबार कर रही है। श्री चंद्रकांतभाई संघवी GJEPC पश्चिमी क्षेत्र के प्रमुख थे, वे भारत के वाणिज्य मंत्रालय द्वारा स्थापित भारतीय हीरा संस्थान (IDI) के अध्यक्ष

के रूप में भी कार्यरत थे। IDI छात्रों को हीरा तराशने और आभूषण डिजाइन के विभिन्न पहलुओं में प्रशिक्षण प्रदान करता है।

सूरत में विकास की संभावनाओं वाली मौजूदा उभरती हीरा कंपनियों में- एस विनोदकुमार एंड कंपनी, एच विनोदकुमार एंड कंपनी, स्टार रेज, अंकित जेम्स, कपू जेम्स, शिवम एक्सपोर्ट्स, नारोला ब्रदर्स, यूनिक जेम्स, श्री कृष्णा एक्सपोर्ट्स और जोधानी ब्रदर्स की गिनती की जा सकती है।

इस साल फिर हमने अपने SRK परिवार को दीवाली की छुट्टियों में हरिद्वार ले जाने के बारे में सोचा। यात्रा हेतु हम विशेष वातानुकूलित चार्टर्ड ट्रेन से हरिद्वार पहुंचे। वहां से चलकर हमने ऋषिकेश स्वर्गाश्रम, वानप्रस्थ आश्रम में रंगीन दीवाली मनाई। नए साल में 24 अक्टूबर, 2014 को हरिद्वार बाबा रामदेव के आश्रम पहुंचे। वहां बाबा रामदेव ने अपने आश्रम में हमारे एक हजार से अधिक लोगों के कारवां को योग सिखाया और सुंदर, सात्विक भोजन परोसा। हमें आयुर्वेदिक औषधियां बनाने वाली उनकी विशाल फैक्ट्री का भी भ्रमण करवाया गया। आचार्यश्री बालकृष्ण ने SRK के हमारे युवा बिजनस लीडर्स से मुलाकात और बातचीत की और लगभग दस वर्षों की छोटी अवधि में 20,000 करोड़ का यह 'पतंजलि साम्राज्य' कैसे संभव हुआ, इस पर सरल और स्पष्ट उत्तर दिए।

हमारे साथ भोजन करते समय बाबा रामदेव ने हम सभी को बीस साल पहले सूरत में अपने योग प्रशिक्षण की याद दिला दी। यूं तो बाबाजी दोपहर में खाना नहीं खाते लेकिन उस दिन उन्होंने हमारे साथ बैठकर खाना खाकर अपना एक दिन का उपवास तोड़ा। हमारे बड़े समूह के लिए इतनी अच्छी व्यवस्था करने के लिए हमने उन्हें 11 लाख का चेक दिया। धन्यवाद के साथ इसे अस्वीकार करते हुए उन्होंने कहा, 'गोविंदकाका, लक्ष्मी माताजी की हम पर बहुत कृपा है, तो आज ये कृपानंद को आप सभी के साथ साझा करने दीजिए न!'

गुजरात और विशेषकर हमारे काठियावाड़ में यात्रा करना बहुत कष्टकारी था। सूरत में एक हवाई अड्डा था लेकिन वह भी केवल नाम के लिए था। प्रतिदिन केवल एक या दो उड़ानों के साथ हवाई अड्डा निष्क्रिय जैसा था। सौराष्ट्र, गुजरात और मुंबई जाने के लिए विमान सेवा क्यों नहीं शुरू करते? मुझे लाठी गांव के बटुकभाई की याद आई, जिन्होंने दुधाला में जन्माष्टमी मेले में गुब्बारे बेचने में मेरी मदद की थी। एक बार जब मुझे पता चल जाए कि कोई आवश्यकता उत्पन्न हुई है तो चुप बैठना और इसके बारे में कुछ नहीं करना मेरा स्वभाव नहीं है। सैकड़ों उद्योगपति या व्यापारी सूरत एयरपोर्ट की दुर्दशा देखते थे। मुझे लगा कि हमें अपनी सर्वोत्तम क्षमता से अपना कर्तव्य निभाना चाहिए। छोटी एयरलाइंस शुरू करना कोई बड़ी बात नहीं थी। मैंने एक विमान किराए पर लेने और 15-20 करोड़ रुपए निवेश करने का गणित लगाया।

मैंने अपने व्यापारिक सहयोगियों– सवजीभाई, लवजीभाई और लालजीभाई को बुलाया और इस एयरलाइंस का प्रस्ताव रखा और कहा, 'अगर हम चारों पांच-पांच करोड़ रुपए निवेश करें, तो हम गुजरात के लिए एक एयरलाइंस शुरू कर सकते हैं, एक विमान रख सकते हैं। अगर ऐसा हुआ तो हमारा सूरत एयरपोर्ट पूरे दिन एक्टिव रहेगा।' मैंने इन दोस्तों को समझाया कि यह प्रस्ताव बिजनस या पैसा कमाने के लिए नहीं है, इस एयरलाइंस में घाटा ही होना है फिर भी हमें इसमें आगे बढ़ना चाहिए क्योंकि सूरत ने हमें बहुत कुछ दिया है। इसलिए हमें सूरत के इस हवाई अड्डे को जीवित रखने के लिए शहर को एक उपहार देना होगा।' सवजीभाई का चेहरा खिल उठा, 'आपका विचार सचमुच बहुत अच्छा है लेकिन अगर हमें इस विचार को मूर्त रूप देना है तो हमें ठीक से योजना बनानी होगी। पांच करोड़ क्यों, हम तो दस करोड़ भी खर्च कर सकते हैं!' पहले तो मुझे इस बात पर विश्वास नहीं हुआ लेकिन सभी ने एयरलाइंस के विचार का तहेदिल से स्वागत किया। अब सवाल आया कि विमान कहां से लाएं? हमें वेंचुरा एयरकनेक्ट नामक एक एयरलाइंस मिली, जो मध्य प्रदेश में संचालित होती थी लेकिन कुछ समय से बंद थी। विमान के तकनीकी मामलों को लेकर डॉ. नागेश भंडारी ने सहयोग किया। वह पेशे से स्पाइन सर्जन हैं और जर्मनी के एक अकादमिक शिक्षण अस्पताल, हीडलबर्ग विश्वविद्यालय में विश्व प्रसिद्ध स्पाइन सर्जन डॉ. जुर्गन हार्म्स के मातहत प्रशिक्षित हैं। यूं तो पेशे और पढ़ाई से एक डॉक्टर हैं लेकिन विमानन का क्षेत्र उनकी रुचि का विषय है। उन्होंने अहमदाबाद एविएशन एयरोनॉटिक्स लि. और अहमदाबाद में वेस्टर्न इंडिया इंस्टिट्यूट ऑफ एरोनॉटिक्स की स्थापना की जिसे बाद में इंडस विश्वविद्यालय में स्थानांतरित कर दिया गया।

सूरत के व्यापार जगत से हम चार लोगों, सवजीभाई धोलकिया, लवजीभाई डालिया 'बादशाह', लालजीभाई पटेल और मैंने मिलकर 'डायमंड एयरोनॉटिक्स' समूह बनाया और वेंचुरा एयरलाइंस कंपनी खरीदी। इसके दो विमानों में से हमने एक को यात्री परिवहन के लिए और दूसरे को निजी चार्टर्ड सेवाओं के लिए रखा। हम पूरे गुजरात को हवाई मार्ग से जोड़ना चाहते थे। जब यह खबर सूरत के लोगों को मिली तो सभी बहुत खुश हुए लेकिन कुछ व्यवसायियों ने हमारे उद्यम की आलोचना भी की कि इससे कोई लाभ नहीं होगा और देखना, इन लोगों का पैसा डूबना निश्चित है। लेकिन हम तो जानते ही थे कि हमने कोई पैसा कमाने के लिए इस एयरलाइंस कंपनी को नहीं खरीदा था। हमने ये नुकसान भी पचा लिया क्योंकि ऊपरवाले की कृपा से हम अपने कारोबार में अच्छा कर रहे थे। हम कम-से-कम सूरत के हवाई यात्रा विकास में भागीदार बनकर बहुत प्रसन्न थे। हर जगह कोई लाभ भी नहीं देखा जाता। कभी-कभी हमें कुछ ऐसा भी करना चाहिए जिससे मन को शांति और दिल को संतुष्टि मिले!

हमारी इस नई एयरलाइंस ने 13 दिसंबर, 2014 को श्रीगणेश के लिए सूरत-भावनगर उड़ान शुरू की। नौ सीटों वाले एक छोटे विमान में नौ यात्रियों ने सुबह साढ़े सात बजे सूरत से उड़ान भरी और आठ बजे से पहले भावनगर में उतरे। जिस यात्रा में सड़क मार्ग से आठ घंटे से अधिक समय लगता हो और वहां आप आधे घंटे के भीतर भावनगर पहुंच जाएं, तो समय और ऊर्जा की कितनी बचत होगी! लोगों की अच्छी प्रतिक्रिया से हमारा उत्साह भी बढ़ा और इसके साथ ही हमारी जन्मस्थली अमरेली विमानन मानचित्र पर शामिल हो गई। अमरेली के एक छोटे से गांव के किसान के बेटे के लिए अपनी जन्मभूमि अमरेली और कर्मभूमि सूरत को जोड़ने वाली उड़ान शुरू करना कितनी बड़ी बात है! क्या ऐसा नहीं लगता कि आप सपना देख रहे हों? इसे कहते हैं- भगवान की कृपा!

सूरत को अंतरराष्ट्रीय हवाई अड्डे का दर्जा दिलाने वाली पहली उड़ान सूरत-शारजाह 16 फरवरी, 2019 को शुरू हुई। मैं एयर-इंडिया एक्सप्रेस की उड़ान के पहले यात्रियों में से एक था। यह मेरे लिए एक खुशी का क्षण था क्योंकि वेंचुरा एयरकनेक्ट एयरलाइंस, जिसे हमने दिसंबर, 2014 में लॉन्च किया था, ने भी सूरत के विमानन क्षितिज का विस्तार करने में योगदान दिया जो आज तक अविरत जारी है।

2015 के गणतंत्र दिवस पर मेरे पुराने मित्र एन. गोपालस्वामी को 'पद्म भूषण' से सम्मानित किया गया। वे 1966 गुजरात कैडर के आई.ए.एस अधिकारी हैं। मैं उनसे तब मिला था, जब वे 1977 से 1980 तक सूरत के नगर आयुक्त थे। वे सूर्यपुर संस्कृत विद्यालय में संस्कृत शिक्षक श्री दानीदत्त झा से मिलने आते थे। बाद में 30 जून, 2006 को उन्होंने भारत के मुख्य चुनाव आयुक्त का पद संभाला और अप्रैल, 2009 में सेवानिवृत्त हो गए। वर्तमान में वे विवेकानंद एजुकेशन सोसाइटी के अध्यक्ष हैं, जो चेन्नई के आसपास स्कूलों का एक समूह चलाती है। इस के अलावा, वे 1936 में रुक्मणीदेवी अरुंडेल द्वारा स्थापित कला और सांस्कृतिक अकादमी कलाक्षेत्र फाउंडेशन के अध्यक्ष भी रहे हैं। इसके साथ ही, वे भारत सरकार द्वारा 'अधिकार प्राप्त विशेषज्ञ समिति', (EEC) के अध्यक्ष भी हैं। इस समिति के पास पूर्ण शैक्षणिक और प्रशासनिक स्वायत्तता के साथ बीस 'उत्कृष्ट संस्थानों' (Institute of Eminence) का चयन करने का अंतिम अधिकार है। श्री गोपालस्वामी हमारे SRK नॉलेज फाउंडेशन के मार्गदर्शक हैं और संतोकबा मानवरत्न पुरस्कार चयन समिति में 'ज्यूरी सदस्य' भी हैं। जब मैंने उन्हें पद्म भूषण पुरस्कार की खबर पर बधाई देने के लिए फोन किया तो उन्होंने मुझे एक खूबसूरत श्लोक सुनाया;

हस्तस्य भूषणं दानं, सत्यं कण्ठस्य भूषणम्।
श्रोत्रस्य भूषणं शास्त्रं, भूषणैः किं प्रयोजनम्।।

'दान करना हाथों का आभूषण है, सत्य बोलने से कंठ की शोभा बढ़ती है, शास्त्रों और ग्रंथों की कथा सुनने से कानों का कल्याण होता है। फिर हाथों, कंठ और कानों को अन्य आभूषणों की आवश्यकता क्यों है?'

(सुभाषितरत्नभाण्डागारम्, खंड 159, श्लोक 291)

श्री गोपालस्वामी ने कहा कि 'पद्म भूषण' एक बाहरी सम्मान है, हमने अपनी वाणी-व्यवहार और कर्म को आभूषण बनाकर रखा है इसलिए मुझे अन्य आभूषणों की कोई इच्छा या शौक नहीं है।

14 मई, 2015 को गुजरात के मुख्यमंत्री श्रीमती आनंदीबहन पटेल प्रधानमंत्री श्री नरेन्द्रभाई मोदी के नेतृत्व में 26 सदस्यीय प्रतिनिधिमंडल के साथ चीन गईं जिसमें हीरा उद्योग के प्रतिनिधि के रूप में मैं भी शामिल था। इस समूह में हमारे साथ राज्य के उच्च अधिकारी- मुख्य सचिव श्री अरविन्द अग्रवाल, एस अपर्णा, श्रीमती ममता वर्मा, अहमदाबाद की मेयर श्रीमती मीनाक्षीबहन पटेल, अन्य उद्योगों के प्रतिनिधि- रिलायंस के श्री परिमलभाई नाथवानी और श्री हेमंतभाई देसाई, टोरेंट ग्रुप के श्री सुधीरभाई मेहता, शेल के श्री नितिनभाई शुक्ल, श्री शंकरकाका -यूनिक डाइकेम, हर्षा इंजीनियरिंग के श्री राजूभाई शाह, अदाणी ग्रुप के युवा व्यवसायी श्री करण गौतमभाई अदाणी, वेल्स्पनवाले श्री बी.के गोयनका और श्री चिंतन ठाकर, CREDAI के श्री जक्षय शाह, KHS मशीन्स के श्री यतींद्र शर्मा, टाटा केमिकल्स-एस्सार समूह-L&T के प्रतिनिधि और मेरे मित्र श्री मथुरभाई सवाणी चीन यात्रा में शामिल हुए। वैसे तो मैं एक प्रवास प्रेमी हूं, मैं नई जगहों को देखने का कोई मौका नहीं चूकता; लेकिन प्रधानमंत्री श्री नरेन्द्रभाई मोदी और गुजरात सरकार प्रतिनिधिमंडल के साथ का चीन दौरा कुछ अलग था।

सरकार की ओर से आधिकारिक यात्रा मेरा पहला अनुभव था, इसलिए मैं खुशी, उत्साह, उत्कण्ठा और गर्व से भरा हुआ था। दुनिया बहुत छोटी है और सभी देश किसी न किसी तरह एक-दूसरे से जुड़े हुए हैं। ऐसे पेशेवर, औद्योगिक और सरकारी अधिकारियों वाले प्रतिनिधिमंडलों द्वारा लिए गए निर्णय अंततः कारखानों, क्षेत्रों और कार्यालयों में काम करने वाले हमारे लोगों के जीवन पर महत्त्वपूर्ण प्रभाव डालते हैं। जिम्मेदार इंसानों को निर्णय लेने ही पड़ते हैं, चाहे वे अच्छे हों या बुरे। चंपा ने हमारे पसंदीदा गुजराती थेपला और सुखड़ी को मेरे बिजनरा सामान के साथ चुपचाप रख दिया था। भले ही हम दुनिया की चकाचौंध में घूम रहे हैं भाई लेकिन हम काठियावाड़ी धरतीपुत्र के बच्चे ही हैं!

15 मई, 2015 को बीजिंग में प्रधानमन्त्री श्री नरेन्द्रभाई मोदी तथा चीन के प्रधानमन्त्री श्री ली केकियान्ग द्वारा 'भारतीय नेताओं का मंच' के तहत एक संयुक्त

बैठक को संबोधित किया गया। नरेन्द्रभाई ने चीन और भारत के व्यापारियों की इस मुलाकात को ऐतिहासिक घटना बताया। प्रत्येक देश को अपने आर्थिक विकास की दर को ऊंचा रखने के लिए अपने अंतरराष्ट्रीय संबंधों को मजबूत करने की आवश्यकता पड़ती है। जब श्री मोदी ने भारत के आर्थिक रूप से अग्रणी राज्यों गुजरात और महाराष्ट्र की चीनी राजनयिकों और व्यापारियों के समक्ष प्रशंसा की तो पूरे भारतीय प्रतिनिधिमंडल के साथ-साथ हमारा सिर भी गर्व से ऊंचा हो गया। 17 मई, 2015 को हम गुंझोउ, चीन पहुंचे। पहले इसे कैंटन के नाम से जाना जाता था। हमारे दक्षिण में तमिलनाडु है जो एक घनी आबादी वाला और व्यापार-अनुकूल राज्य है, जैसा कि दक्षिणी चीन में गुआंग्डोंग प्रांत है। फोशान, डोंगगुआन, झोंगशान और रोंजेन जैसे शहर गुंझोउ के आसपास के क्षेत्र में स्थित हैं। ये सभी क्लस्टर शहर चीन के विनिर्माण उद्योगों के केंद्र हैं और यहां दुनिया की कुछ सबसे बड़ी विनिर्माण इकाइयां हैं। कुछ समय निकालकर मैं 'सिटी गॉड ऑफ गुंझोउ' मंदिर देखने गया। हालांकि चीन को एक नास्तिक देश माना जाता है लेकिन मुझे जिज्ञासा थी कि उस मंदिर में क्या होगा? मैंने सुना है कि चीनी परंपरागत रूप से मानते हैं कि एक संरक्षक देवता उनके शहरों पर नजर रखता है। प्रत्येक प्रमुख शहर का अपना 'सिटी गॉड' होता है। इसलिए, वहां के स्थानीय लोग मुसीबत के समय 'सिटी गॉड' से प्रार्थना करते हैं। मुझे यह विचार दिलचस्प लगा। मैंने सोचा, 'सूरत की स्थानीय समस्याओं को हल करने के लिए किस नगरदेवता को पूजना या रिझाना चाहिए?'

19 मई, 2015 को हमने पर्ल नदी पार की, जहां शेन्जेन शहर चीन का वित्तीय केंद्र है। चूंकि यह शहर हांगकांग के नजदीक है इसलिए चीन के साथ व्यापार करने वाली बहुराष्ट्रीय कंपनियों का मुख्यालय यहां स्थित है। मई, 1980 में डेंग झियाओ पेंग ने यहां चीन की अर्थव्यवस्था को एक स्वतंत्र अर्थव्यवस्था बना दिया और शेन्जेन को एक विशेष आर्थिक क्षेत्र (SEZ) में बदल दिया। लगभग हांगकांग की तर्ज पर ही यह SEZ चीन की धरती पर बना है। उसी दिन हमने हांगकांग का भी दौरा किया। वहां के गुजराती समुदाय ने 'हॉलिडे इन' होटल में हमारे लिए एक भव्य रात्रिभोज का आयोजन किया। अगले दिन हम अपनी चार्टर्ड फ्लाइट से हांगकांग से अहमदाबाद पहुंचे।

2012 का सातवां 'संतोकबा मानवरत्न पुरस्कार' प्रमुख तिब्बती आध्यात्मिक गुरु दलाई लामा को देने का निर्णय लिया गया। उन्हें करुणा का बोधिसत्व और अवलोकितेश्वर का अवतार माना जाता है। वे 1 जनवरी, 2015 को नए साल के उत्सव के दिन सूरत पहुंचे तो उन्होंने हमारे परिवार से मुलाकात की। जब मैंने ग्रामीणों और किसानों के रूप में अपने अनुभवों के बारे में बात की तो उन्होंने अपनी छोटी आंखों में उत्साह भरकर मेरी ओर देखा और कहा, 'मैं भी उत्तर-पूर्वी तिब्बत के एक किसान का बेटा हूं। तो मुझे गुजरात के एक किसान के बेटे से मिलकर खुशी हुई।'

अगले दिन पुरस्कार समारोह में संजीव कुमार ऑडिटोरियम में उत्कण्ठ श्रोताओं ने पूज्य दलाई लामा का हर्षोल्लास के साथ स्वागत किया। इस समारोह में राज्यपाल श्री ओ.पी कोहली ने उन्हें संतोकबा पुरस्कार से सम्मानित किया। इस अवसर पर कैडिला हेल्थकेयर के अध्यक्ष और FICCI के अध्यक्ष श्री पंकजभाई पटेल और अन्य अतिथि उपस्थित थे।

पुरस्कार स्वीकार करने के बाद दलाई लामा ने कहा, 'मैं तीन चीजों के लिए प्रतिबद्ध हूं। मेरे लिए, तीन चीजें करने लायक हैं, एक इंसान के रूप में लोगों की सामान्य भलाई के लिए मानवीय मूल्यों को बढ़ावा देना; एक बौद्ध भिक्षु के रूप में, लोगों की सामान्य भलाई के लिए मानवीय मूल्यों को बढ़ावा देना दूसरा, धार्मिक परंपराओं के बीच आपसी सम्मान और सद्भाव बनाए रखना ताकि प्रेम, करुणा, सहिष्णुता, संतोष और आत्मनिर्भरता का एक सामान्य संदेश दिया जा सके और अंततः, एक तिब्बती के रूप में स्वयं को समग्र रूप से विकसित करना और यह संदेश तिब्बती भाषा में बहुत स्पष्ट रूप से व्यक्त करके लोगों तक पहुंचाना।'

अगले दिन जब दलाई लामा नासिक जाने वाले थे तो वे मुझसे तीसरी बार मिले। मैंने उनको कुछ फल दिए लेकिन उन्होंने यह कहते हुए अस्वीकार कर दिया कि 'एक बौद्ध भिक्षु के रूप में, मैं दिन में केवल एक बार खाता हूं इसलिए मेरा स्वास्थ्य अच्छा है और इससे मुझे ध्यान का अभ्यास करने में मदद मिलती है।' फिर वे जोर से हंसे और बोले, 'लेकिन मुझे नींद बहुत चाहिए होती है। आज 80 वर्ष की आयु तक पहुंचा हूं, मैंने पढ़ना और अध्ययन करना जारी रखा। अब हमारे दिलों का मिलन हुआ!' इतना कहकर उन्होंने मुझे प्यार से गले लगा लिया।

8 फरवरी, 2015 को 2013 का आठवां 'संतोकबा मानवरत्न पुरस्कार' समाजसेविका एवं जीवदयाप्रेमी श्रीमती सुधा मूर्ति को प्रदान करने का समारोह संजीव कुमार ऑडिटोरियम में आयोजित किया गया। इस समारोह में 2014 के लिए नौवां 'संतोकबा मानवरत्न पुरस्कार' राजनीतिक दार्शनिक और विद्वान लॉर्ड भीखु पारेख को और 2015 के लिए दसवां 'संतोकबा मानवरत्न पुरस्कार' 'सवाया गुजराती', ईसाई संत, गणितज्ञ फादर कार्लोस वालेस को प्रदान किया जाना था। इस अध्याय का शीर्षक हायर ऑर्बिट्स 'उच्चतर भ्रमण कक्षा' से इंगित होता है, ये तीन पुरस्कार विजेता व्यक्तित्व वे हैं, जो 'मैं और मेरा', 'समय और स्थान' की सांसारिक सीमाओं से ऊपर उठे और समाज को कुछ उच्चतर योगदान दिया। वे ज्ञान, करुणा और मानव जाति की सेवा के लिए जीते हैं।

इन्फोसिस कंपनी के संस्थापक श्री एन.आर नारायणमूर्ति की धर्मपत्नी और शिक्षिका सुधा मूर्ति ने अपने व्याख्यान में कहा, 'किसी को कुछ देने के लिए आपके पास उसका होना जरूरी है। दान देने के लिए भी आपको धन पैदा करना होगा,

तभी आप दे सकते हैं। मेरे पति, इंजीनियर नारायणमूर्ति को जीवन में बहुत पहले ही एहसास हो गया था कि अगर मुझे देश के विकास में भाग लेना है तो मुझे एक 'उद्यमी' बनना होगा। इससे पहले कि हम अपने जीवन में धन देखते उन्होंने एक विश्वस्तरीय कंपनी बनाने का सपना देखा कि धन का उपयोग कैसे किया जाए। एक बार जब उन्होंने सर्वश्रेष्ठ कंपनी बनाने का अपना लक्ष्य हासिल कर लिया तो उन्होंने अपनी संपत्ति का एक बड़ा हिस्सा सामाजिक कल्याण 'बहुजन हिताय' के लिए उपयोग करना शुरू कर दिया। उन्होंने मुझे यह जिम्मेदारी सौंपी जिसके बाद उन्होंने एक दिन भी इस काम में दखल नहीं दिया।'

सुधा मूर्ति का जन्म शिग्गाव, हावेरी कर्नाटक में हुआ था। उनके पिता डॉ. आर.एच कुलकर्णी एक सर्जन थे और मां विमला कुलकर्णी एक गृहिणी थीं। सुधाजी ने इलेक्ट्रिकल और इलेक्ट्रॉनिक्स इंजीनियरिंग में स्नातक की पढ़ाई की। इसके बाद भारतीय विज्ञान संस्थान (IISc) में कंप्यूटर साइंस में मास्टर्स किया। इन दोनों स्तरों पर वे शीर्ष स्थान पर थीं। सुधा मूर्ति ने JRD टाटा को पोस्टकार्ड लिखकर कहा कि आपकी टेल्को कंपनी भर्ती प्रक्रिया में महिलाओं के साथ भेदभाव कर रही है और इस बारे में कुछ करें। ज्ञान और उसके उपयोग में लैंगिक पूर्वाग्रह कैसा? अब तक महिलाओं को टाटा की इस कंपनी में नौकरी नहीं मिल रही थी। सुधा मूर्ति के पत्र से प्रभावित होकर JRD टाटा ने उन्हें पहली महिला कर्मचारी बनाया। इसके बाद उन्होंने पुणे में 'वालचंद ग्रुप ऑफ इंडस्ट्रीज' में भी काम किया।

श्री भीखुभाई पारेख का जन्म दक्षिण गुजरात के वलसाड जिले के अमलसाड में हुआ था। अमलसाड मुंबई-वडोदरा रेलवे लाइन पर एक छोटा-सा शहर है, इस क्षेत्र को चीकू और आम के 'फलों की टोकरी' कहा जाता है। उनके पिता का बिजनस सुनार का है, लेकिन अपने बेटे को बेहतरीन शिक्षा देना उनका ध्येय था। 1954 में मुंबई विश्वविद्यालय से स्नातक और 1956 में स्नातकोत्तर की उपाधि प्राप्त की और 1959 में लंदन स्कूल ऑफ इकोनॉमिक्स में पढ़ने गए। 1966 में उन्होंने पी.एच.डी. की। उन्होंने दस वर्षों तक हल विश्वविद्यालय, इंग्लैंड में पढ़ाया। 1981 से 1984 तक उन्हें महाराजा सयाजीराव विश्वविद्यालय, वडोदरा के कुलपति बनने का सौभाग्य प्राप्त हुआ। उसके बाद भीखुभाई लंदन वापस चले गए और विभिन्न संगठनों और समाजों में सक्रिय हो गए। जातीय समानता, बहुसंस्कृतिवाद, मानव समाज जैसे ज्ञान के क्षेत्रों में वे एक पारंगत एवं मजे हुए विद्वान माने जाने लगे। नतीजन 1998 से 2000 तक उन्होंने कमीशन ऑन द फ्यूचर ऑफ मल्टी-एथनिक ब्रिटेन के अध्यक्ष के रूप में गौरवपूर्ण सेवाएं प्रदान की। उनके द्वारा तैयार की गई रिपोर्ट 'पारेख रिपोर्ट' के नाम से जानी गई। 21वीं सदी की शुरुआत से रिपोर्ट का उपयोग बहुसंस्कृतिवाद के विषय पर बहस में एक बुनियादी मार्गदर्शक के रूप में किया गया है। मई, 2000 में उन्हें यॉर्कशायर के ईस्ट राइडिंग में 'रॉयल बैरन ऑफ

किंग्स्टन' पुरस्कार से सम्मानित किया गया। डॉ. भीखु पारेख ब्रिटिश संसद में लेबर पार्टी के सहयोगी के रूप में 'लॉर्ड' के रूप में बैठते हैं। अमलसाड के आम मनुष्य की कैसी अद्भुत गौरवगाथा है!

उन्होंने पुरस्कार स्वीकार करते हुए कहा, 'हर बच्चा महान भाग्य लेकर पैदा होता है, भले ही वह किसी गरीब घर में पैदा हुआ हो! वह भव्य नियति उसके बचपन से ही चमकने लगती है। अच्छे शिक्षक और बुद्धिमान माता-पिता कम उम्र से ही लक्षणों को पहचान सकते हैं।' उन सभी के समर्थन, सहायता और स्नेह से उन्होंने अपने-आप को कैसे खड़ा किया और लंदन कैसे पहुंचे, क्या हुआ इस बारे में अपने अनुभव साझा किए। एम.एस. विश्वविद्यालय, वडोदरा में कुलपति के रूप में अपने कार्यकाल की समीक्षा करते हुए उन्होंने स्वीकार किया कि भारत में कोई विश्वस्तरीय विश्वविद्यालय नहीं है।

ईसाई संत फादर वालेस का जन्म स्पेन में हुआ था। वे पांच दशकों तक भारत में रहे और गुजराती भाषा में बड़े पैमाने पर लिखा। 1949 में, 14 वर्ष की आयु में उन्हें 'जेसुइट नोविटिएट' के रूप में भारत भेजा गया। चेन्नई विश्वविद्यालय में गणितशास्त्र का अध्ययन किया और 1953 में मास्टर्स की पढ़ाई पूरी की। उस समय उन्हें अहमदाबाद में नये खुले सेंट जेवियर्स कॉलेज में पढ़ाने का अवसर मिला। वहां उन्होंने गुजराती सीखी। पूना में चार वर्षों तक धर्मशास्त्र का अध्ययन करने के बाद उन्होंने 1955 में पादरी का पद मिला।

संतोकबा पुरस्कार के लिए भारत आए 94 वर्षीय फादर वालेस पुरस्कार समारोह में बोलने के लिए खड़े हुए जहां दर्शकों ने तालियों की गड़गड़ाहट से उनका स्वागत किया। ये थी गुजरात और गुजरातियों में उनकी लोकप्रियता! उन्होंने वक्तव्य में कहा, 'मैं 14 साल की उम्र में स्पेन से भारत आया था। जब मैं 10 साल का था तब मेरे पिता के निधन के बाद मैं और मेरी मां ने कठिन समय गुजारा। फिर सभी को आश्चर्यचकित करते हुए उन्होंने अंग्रेजी छोड़ दी और धाराप्रवाह गुजराती में बोलना शुरू कर दिया। 1960 में उन्होंने एक गुजराती किताब 'सदाचार' लिखी, जब कोई इसे छापने को तैयार नहीं था, तो उनकी मां ने इसे प्रकाशित करवाया। पुस्तक इतनी लोकप्रिय हुई कि उन्हें 'कुमार' मासिक में नियमित कॉलम लिखने के लिए आमंत्रित किया गया। बाद में 'गुजरात समाचार' के रविवारीय परिशिष्ट में 'नई पीढ़ी को' कॉलम भी चला। फादर वालेस की गुजराती में पचास से अधिक पुस्तकें प्रकाशित हुई हैं।

उस शाम सुधा मूर्ति हमारे घर आईं और हमारे परिवार की महिला सदस्यों से एक मां की तरह प्यार से मिलीं और बातें कीं। उस समय केवल महिलाओं को मौका देने के लिए हम पुरुष दूर रहे। सुधाजी ने उनके साथ दो घंटे बिताए। उनसे बहुत अच्छी बातचीत हुई। समाजसेवा, नारी मुक्ति के अपने अनुभवों को साझा करते हुए

सुधाजी ने कहा कि उन्होंने लगभग 3,000 देवदासियों को देह व्यापार से बचाया, विवाह कराया और उनका पुनर्वास किया। कुछ हुनर भी सिखाए ताकि वह स्वतंत्र होकर जी सकें। इस काम में उन्हें दलालों से लगातार धमकियां मिलती रहीं। जान खतरे में थी। लेकिन सरकार की ओर से उन्हें सुरक्षा दी गई। सुधाजी ने संतोषप्रद बात कही कि कल जब वे मुंबई से सूरत आईं तो उन्होंने गुजरात को एक सुरक्षित और सभ्य राज्य माना और अपनी सुरक्षा व्यवस्था हटा दी और अकेली सूरत आईं। गुजरात इतना सुरक्षित राज्य है, उस व्यावहारिक बात से हमारे पूरे परिवार को गर्व की अनुभूति हुई थी। हमारे युवाओं को यह जानकर आश्चर्य हुआ कि इतने अद्भुत सामाजिक कार्य करने और लाखों-करोड़ों का दान देने के बावजूद वह साधारण 'सैंट्रो कार' में ही घूमती हैं। सुधाजी के जीवन में कितनी सरलता और विनम्रता है!

7 से 15 फरवरी, 2015 तक SRK स्पोर्ट्स कॉम्प्लेक्स, कतारगाम में मोरारिबापू ने हमें 'मानस रामकृष्ण हरि' शीर्षक के तहत रामकथा आयोजित करने की अनुमति दी। हमने यह स्पोर्ट्स कॉम्प्लेक्स इसलिए बनाया है ताकि हमारे युवा कर्मचारी, उनके परिवार और दोस्त खेल, व्यायाम, योग-प्राणायाम कर सकें।

इस बार पूज्य मोरारिबापू बारह वर्ष बाद रामकथा के लिए सूरत पधार रहे थे। हमने आवश्यक तैयारी करने के लिए लगभग सत्तर समितियां बनाईं। इस धार्मिक आयोजन को सफल बनाने और इसे व्यापक समाज तक पहुंचाने के लिए 5,500 स्वयंसेवक स्वतःस्फूर्त रूप से आगे आए। हमने इसे एक सामाजिक मिशन के रूप में भी लिया। पूज्य मोरारिबापू न केवल रामायण की कथा सुनाते हैं, बल्कि समसामयिक प्रश्नों के माध्यम से सभी को वस्तुस्थिति से अवगत भी कराते हैं। इस रामकथा अवसर पर हमने हर दिन एक थीम पर संकल्प लेने का निर्णय लिया, जिसमें 'बेटी बचाओ', 'नशा मुक्ति', 'स्वच्छता अभियान', 'पर्यावरण संरक्षण', 'जल संरक्षण', 'अंग दान', 'व्यक्तिगत स्वास्थ्य', 'यातायात जागरूकता' जैसे विषय थे। इसके अलावा कथा के दौरान साईराम दवे, ओस्मान मीर, मायाभाई आहीर और घनश्याम लाखाणी जैसे लोक कलाकारों ने भी मनोरंजन किया। प्रतिदिन लगभग एक लाख लोग रामकथा सुनने आते थे और प्रसाद भी ग्रहण करते थे, रामकथा के नौ दिनों के दौरान आठ लाख से अधिक लोगों ने भोजन प्रसाद ग्रहण किया।

23 अप्रैल, 2015 को डॉ. कलाम ने सूरत में केयर अस्पताल का दौरा किया। अपने कार्यालय से एक दिन पहले उन्होंने मुझसे कहा कि कलाम साहब आपसे अस्पताल में मिलना चाहते हैं। मैं उनके बताए समय पर केयर अस्पताल पहुंचा और मुझे पता चला कि समारोह से पहले कलाम साहब ने मुझे नाश्ते पर बुलाया था। मुझे देखकर वे बोले, 'असली हीरा आ गया है।' हम दोनों साथ बैठे और बातें कीं। आज जब मैं उस मुलाकात को याद करता हूं तो मेरे शरीर में खुशी की लहर दौड़ जाती है।

कलाम साहब ने कहा, 'जब मैंने SRK फैक्ट्री का दौरा किया तो मुझे जो सबसे अधिक पसंद आया वह यह कि आप युवा कारीगरों और कर्मचारियों को कौशल सिखाने पर कितना अधिक ध्यान रखते हैं। आपके कारखाने में मुझे एहसास हुआ कि हीरे पर व्यावहारिक काम किए बिना हीरे की कटिंग और पॉलिशिंग करना नहीं सीखी जा सकती है। यह बहुत महत्त्वपूर्ण है। मेरा मानना है कि प्रत्येक सफल व्यक्ति का यह कर्तव्य है कि उसने जो सीखा है, उसे वह दूसरों को सिखाए। आपने एक ऐसा संगठन बनाया है जहां युवा बुजुर्गों की देख-रेख में निडर होकर आसानी से काम कर रहे हैं। बड़े-बुजुर्ग उन्हें जटिल बातें सरल शब्दों में समझा देते हैं।'

मैंने कलाम साहब को एक पत्र लिखा था, उसे पढ़ने के बाद उन्होंने इसका जिक्र भी किया। उस पत्र में मैंने देश के गांवों के विकास कार्यों में सहयोग देने की बात लिखी थी। उन्होंने मुझे यह भी आश्वासन दिया कि वे हमारे गांव दुधाला जरूर आएंगे।

उसके बाद डॉ. कलाम साहब अपने अतीत में चले गए। उन्होंने कहा, 'मैंने दो महान संगठनों इसरो और डी.आर.डी.ओ के साथ काम किया है। युवाओं को इन दोनों संस्थानों का महत्त्व और कार्य समझाना चुनौतीपूर्ण है। हम क्या कर सकते हैं, इसके बारे में अभी भी सोचना बाकी है। भारत को न केवल विश्वस्तरीय बनना है, बल्कि विश्व का नेतृत्व भी करना है। यह तभी संभव होगा जब युवा अपनी जिम्मेदारी समझेंगे।' डॉ. कलाम ने इस पर अपने विचार व्यक्त करते हुए कहा, 'जब मैं किसी जरूरतमंद व्यक्ति से मिलता हूं तो सोचता हूं कि मैं उसे क्या दे सकता हूं। गोविंदभाई, आपने बिजनस में काफी पैसा कमा लिया है। आपकी अगली पीढ़ी के बच्चे आपसे अधिक कमाएंगे। ऐसे में आप सुनिश्चित करें कि वे मानवता और सेवा के आपके मूल्यों को लागू करें। उन्हें अपने धन का उपयोग जनता के कल्याण के लिए करना सिखाएं।'

उस दिन केयर अस्पताल में डॉक्टरों का सम्मेलन था। कलाम साहब ने मुझे वहीं बैठने को कहा। सभी डॉक्टर 'दवा-प्रतिरोधी रोगाणुओं' और 'एंटीबायोटिक दवाओं के विवेकहीन उपयोग से पैदा हुए सुपरबग' से मुश्किल हुए इलाज के विषय पर चर्चा कर रहे थे। डॉ. कलाम ने कहा, 'हमारे देश ने किसी भी चीज और दवा के बेतहाशा इस्तेमाल पर प्रतिबंध लगा दिया है। तर्कसंगत विवेक के आधार पर ही जीवन आगे बढ़ सकता है।'

समारोह के बाद वे हाथ जोड़कर विदा हुए, मैंने उन्हें वह सुखड़ी दी जो चंपा ने उनके लिए बनाई थी। उन्होंने उसे प्रेम से स्वीकार किया। कौन जानता था, यह कलाम साहब से हमारी आखिरी मुलाकात होगी! इसके तीन महीने बाद 27 जुलाई, 2015 को उनका निधन हो गया। उनसे मेरी मुलाकात ने भारत की पहली

'जनसंख्या स्वास्थ्य परियोजना' (Population Health Project) को जन्म दिया। हम इस पर आगे चर्चा करेंगे। जब मैं उस दिन को याद करता हूं तो मुझे आश्चर्य होता है कि जो कभी था ही नहीं, उसे संजोना या जो कभी होगा ही नहीं उसकी कामना करना कितनी मूर्खता है। भगवान आपको हमेशा स्पष्ट और विशिष्ट निर्देशों के माध्यम से बता रहे हैं कि क्या करना है। परन्तु मनुष्य न सुनता है, न देखता है और व्यर्थ का काम करता रहता है।

28 जून, 2014 को राष्ट्रीय स्वयंसेवक संघ (आर.एस.एस) के सरसंघचालक डॉ. श्री मोहन भागवतजी, डेडियापाड़ा आदिवासी क्षेत्र में झडफिया ट्रस्ट द्वारा संचालित विद्या भारती स्कूल-छात्रावास के उद्घाटन में पधारे थे। मैं उनसे पहली बार मिला और मुझे उनके साथ मंच पर बैठने का सौभाग्य मिला। उनकी प्रतिभा और देशभक्ति से प्रभावित हुआ था, उनसे चर्चा के दौरान उन्होंने सूरत में मेरे घर आने का वादा किया। भागवतजी ने अगले ही वर्ष घर आकर अपना वचन पूरा किया।

2015 में स्वतंत्रता दिवस की सुबह मैं रांदेर रोड पर डॉ. आंबेडकर वनवासी कल्याण ट्रस्ट आयोजित ध्वजारोहण कार्यक्रम में भागवतजी से मिलने गया। वहां भागवतजी ने राष्ट्रीय ध्वज तिरंगे का महत्व बताते हुए कहा, 'हमारे राष्ट्रीय ध्वज में तीन रंगों के अलावा बीच में एक धर्मचक्र भी है। यह इंगित करता है कि हमें अपने देश में धर्म की स्थापना के लिए जीना है और अपने खोए हुए धर्म को दुनिया के सामने वापस लाना है। ध्वज के शीर्ष पर केसरिया रंग बलिदान, विश्वसनीयता और ज्ञान का प्रतीक है। हमारे राजघरानों और संतों ने दूसरों के लिए महान बलिदान दिए हैं। वे जो वस्त्र पहनते थे, वे भगवा थे। दूसरा, केसरिया रंग सुबह के सूरज का रंग है, जो रात के अंधेरे को दूर करता है। सफेद रंग जीवन की पवित्रता और शुद्धता का प्रतीक है। हरा रंग सांसारिक समृद्धि का रंग है। रात को भागवतजी हमारे घर धोलकिया फार्म आए और शुद्ध काठियावाड़ी भोजन किया। वह हमारी संयुक्त परिवार प्रणाली से बेहद प्रभावित थे।

मेरे परबतभाई की तबीयत ठीक नहीं थी। वह कई वर्षों से लीवर की बीमारी से पीड़ित थे। परबतभाई, जो मुझसे चार साल बड़े हैं बचपन से ही ईश्वर में अगाध आस्था रखते हैं। जब हम धोलकिया फार्म पर रहने आए तो उन्होंने मुझसे कहा, 'गोविंद, यहां नदी के किनारे पूरे परिवार के साथ रहना स्वर्ग जैसा लगता है, लेकिन मेरी बीमारी मुझे यहां ज्यादा देर तक रहने की इजाजत नहीं देती। उनकी बातें सचमुच सच हुईं। 22 सितंबर, 2015 को उन्हें ब्रेन हैमरेज हुआ। तुरंत उन्हें महावीर अस्पताल ले गए। लेकिन अंत निश्चित और निकट लग रहा था। 23 सितंबर, 2015 को हम उन्हें वेंटिलेटर पर घर ले आए और दोपहर सवा बारह बजे पत्नी, बेटे और तीन बेटियों और भाई-बहनों की उपस्थिति में उन्होंने अंतिम सांस ली। यह खबर मिलते ही हमारे परिवार के अन्य 200 सदस्य भी एकत्र हो गए।

6 नवंबर, 2015 को परबतभाई के जन्मदिन पर मैंने उन्हें नौ पन्नों का एक पत्र लिखा, 'बड़े भाई, 70 साल के जीवन में आपका कभी किसी से विवाद नहीं हुआ क्योंकि आपने हमेशा हर व्यक्ति या स्थिति को सहनशीलता और धैर्य के साथ निपटा है। अर्जुन के समान आप भी अजातशत्रु रहे हैं। जो भी मुझसे मिलता था या मेरे घर आता था, वह यही कहता था कि परबत भाई हमारे मित्र हैं। मैं कहता था कि वे सबके दोस्त हैं। जब मैं आपको दुधाला से सूरत लाने के लिए तैयार हुआ तो गांव वालों ने कहा कि आप परबतभाई की जगह किसी और को ले जाओ लेकिन परबतभाई को गांव में ही रहने दो क्योंकि वे सत्संग करते हैं और हमारे मित्र हैं। हम उनके बिना क्या करेंगे? हम किससे बात करेंगे?'

उसके बाद मैंने उदासी के साथ, आत्मा और परमात्मा, जन्म और मृत्यु, मिलन और अलगाव, कर्मयोग, ज्ञानयोग और राजयोग ये सभी सार्वभौमिक नियम हैं – पर एक विषादमय टिप्पणी के साथ पत्र को समाप्त किया। लेकिन यह तो जन्मों-जन्मों का वियोग है। हम नहीं जानते कि हम फिर कहां, कब और कैसे मिलेंगे। हे बड़े भाई, यहां अंधेरा ही अंधेरा है। हमें कहां पता है कि हम कितने अज्ञानी हैं?'

सामाजिक समस्याओं का समाधान ढूंढ़ना आसान नहीं है। 2011 की जनगणना में गुजरात का लिंगानुपात एक हजार पुरुषों के मुकाबले केवल 918 महिलाओं का था। रामजीभाई इटालिया और मथुरभाई सवाणी ने मुझसे इस समस्या पर चर्चा की। इसी में से दूसरे राज्यों के पाटीदार समाज से संपर्क करने का विचार आया। पाटीदार मूल रूप से किसान होते हैं लेकिन भाषा और अन्य भिन्नता के कारण उनके पास कुर्मी, कन्बी, जाट, पटेल, पाटिल, चौधरी जैसे जातीय उपनाम हैं। पूरे भारत में 27 करोड़ पाटीदार हैं।

कई राज्यों में बेटी की शादी में दहेज को चिंता का विषय और माता-पिता पर भारी वित्तीय बोझ माना जाता है। वर्ष 2013 में सूरत में समस्त पाटीदार समाज (SPS) ट्रस्ट ने उड़ीसा की पाटीदार लड़कियों की सूरत के पटेल लड़कों से शादी करने का एक समारोह आयोजित किया। पहले वर्ष में ऐसी सात शादियां हुईं, दूसरे वर्ष में बाईस। इस छोटे पैमाने पर शुरुआत करने के बाद हमने सोचा कि हमें ऐसी व्यवस्था बनानी चाहिए कि दूसरे प्रांतों की पाटीदार लड़कियां गुजरात के पाटीदार युवकों से शादी कर सकें। लेकिन दो समस्याएं थीं – एक, मांसाहारी भोजन न करना और दूसरी भाषा की असुविधा। लेकिन ये प्रश्न इतने कठिन नहीं थे, इतने बड़े नहीं थे कि हल न हो सकें। 16 अक्टूबर, 2015 को सूरत में आयोजित एक सामूहिक विवाह में उड़ीसा के कुर्मी समुदाय की 42 लड़कियों ने गुजराती पाटीदार युवकों के साथ शादी रचाई। बिना परिचय की ऐसी शादियां, एक रात में नहीं होती हैं। इसलिए

विवाह से पहले उपयुक्त शादी–उत्सुक पाटीदार युवकों और उड़ीसा की लड़कियों के लिए एक सप्ताह तक चलने वाले परिचय सम्मेलन का आयोजन करने का कार्य 'समस्त पाटीदार समाज ट्रस्ट', सूरत द्वारा आयोजित किया गया था।

सीमा सुरक्षा बल (BSF) के महानिरीक्षक और मेरे मित्र अजय तोमर जब एक बार सूरत आए तो उनसे मेरी मुलाकात हुई थी। सीमा पर किए जाने वाले कठिन काम के बारे में बात करते हुए उन्होंने कहा, 'गुजरात और पाकिस्तान के सिंध क्षेत्र के बीच कोई बाड़ नहीं है, क्योंकि वहां एक दलदली भूमि है, जो प्राकृतिक रूप से दोनों देशों को अलग करती है। बीएसएफ के जवानों द्वारा वहां ऑल–टेरेन वाहन (ATV) का उपयोग 85 किलोमीटर लंबी खाड़ी–तट लाइन पर गश्त के लिए किया जाता है। यह पानी में नाव की तरह काम करता है। इसे संचालित करने वाले 'क्रिक क्रोकोडाइल कमांडो' को ऐसे कठिन स्थानों पर पेट्रोलिंग करने के लिए विशेष रूप से प्रशिक्षित किया जाता है। पूर्णिमा की रात, पूरा खाड़ी क्षेत्र उच्च ज्वार में डूब जाता है, जिससे BSF कमांडो को खाड़ी के बीच में एकमात्र उच्च बिंदु, सावलपुर बॉर्डर आउटपोस्ट (BOP) पर शरण लेने के लिए मजबूर होना पड़ता है।'

मुझे अंदाजा नहीं था कि हमारे साहसी और जांबाज सैनिक इतनी विकट परिस्थितियों में देश की सीमाओं की रक्षा कर रहे होंगे। उनके कार्यों के कारण ही हम देश में पढ़ाई, व्यापार, रोजगार तथा जीवन के अन्य कार्य शांतिपूर्वक कर पाते हैं और उस समय अपने सैनिकों के दुख–दर्द के बारे में सोचते तक नहीं। जब तोमर साहब ने ऐसे वास्तविक तथ्य बताए तो मेरी आंखें खुल गईं। उन्होंने हमें BSF में जवानों और उनके परिवारों के कल्याण के लिए कुछ योगदान करने का मौका दिया। अजय तोमर मूल रूप से हरियाणा के हैं, लेकिन उन्होंने गुजरात के विभिन्न जिलों में एक पुलिस अधिकारी के रूप में कार्य किया है। इतना ही नहीं, वह अहमदाबाद शहर के संयुक्त पुलिस आयुक्त और गुजरात आतंकवाद विरोधी स्क्वॉड के प्रमुख के रूप में भी काम कर चुके हैं। उनकी पत्नी श्रीमती सुनयना तोमर ने एक IAS अधिकारी होने के नाते हमारे अमरेली जिले के जिला विकास अधिकारी (DDO) के रूप में काम किया है और केंद्र सरकार में कपड़ा विभाग में सचिव और गुजरात सरकार में बंदरगाह, शिक्षा और ऊर्जा विभागों में प्रधान सचिव के रूप में कार्य किया है।

BSF जवानों और उनके परिवारों की कल्याण निधि की जरूरतों का अध्ययन करने के लिए हमने अपनी टीम भेजी। इसके साथ ही मैंने राजनीतिक नेतृत्व संभाल रहे शक्तिशाली सहयोगियों श्री मनसुखभाई मांडविया, श्री विजयभाई रूपाणी, श्री रजनीभाई पटेल और श्री शंकरसिंह चौधरी को भी शामिल किया। टीम की ग्राउंड रिपोर्ट के आधार पर जवानों की विशेष जरूरत जानने के बाद 'मोबाइल क्लिनिकल वैन' उपलब्ध कराने का निर्णय लिया गया। उसे सोनोग्राफी, एक्स–रे, ब्लड सेल काउंटिंग मशीन जैसे उपकरणों से सज्ज किया। इसके साथ ही उन्हें विशेष रूप

से डिजाइन किए गए 11,000 चश्मे, RO वॉटर प्लांट और सात हजार गद्दे भी उपलब्ध कराए गए। शहीदों के परिवारों को आर्थिक सहायता भी दी गई। एक भव्य समारोह का आयोजन किया गया, जिसमें केंद्रीय गृह मंत्री श्री राजनाथ सिंह, BSF महानिदेशक श्री के.के शर्मा, गृह राज्यमंत्री श्री हरिभाई चौधरी, रक्षा राज्यमंत्री श्री राव इंद्रजीत सिंह जैसे गणमान्य व्यक्ति गुजरात आए। 19 जून, 2016 को बनासकांठा जिले के सीमावर्ती गांव नदाबेट में 'हम चले तो हिंदुस्तान चले' थीम के तहत एक कार्यक्रम आयोजित किया गया था।

इस अवसर पर मुझे श्री राजनाथ सिंह से सीधे संवाद करने का मौका मिला। मैंने शुरुआत करते हुए कहा, 'हम आपमें भारत के पहले गृहमंत्री और लौह पुरुष सरदार पटेल को देखते हैं।' राजनाथजी ने मेरी प्रशंसा अस्वीकार कर दी और मेरे कंधे पर हाथ रखकर मेरी पीठ थपथपाई और कहा, 'आपको हमारी रक्षा की पहली पंक्ति' में जागरूकता पैदा करने के लिए काम करते हुए देखकर मुझे बहुत खुशी हो रही है। इतना ही नहीं, आप स्वयं हमारी 'रक्षा की पहली दीवार' बन रहे हैं। संवेदनशील सीमाओं पर सुरक्षा की जिम्मेदारी संभालने वाले सैनिकों के परिवारों के प्रति हमारी जिम्मेदारी है। जवानों के कर्तव्य बहुत जटिल और विविध हैं तस्करी रोकना, देशों में प्रवेश करने वाले नकली नोटों को पकड़ना, मानव और पशु तस्करी, अवैध हेराफेरी आदि को भी रोकना।' जब राजनाथजी भाषण दे रहे थे तो उन्होंने मुझे मंच पर खड़ा किया और मेरे प्रति अपना प्यार और शिष्टाचार दिखाते हुए मुझे फूलों की माला पहनाई।

अगस्त, 2017 डांग में पूज्य पी.पी स्वामी के साथ यात्रा करते समय मुझे एक पेड़ के नीचे हनुमानजी की पुरानी दिखने वाली एक मूर्ति पड़ी हुई मिली। हनुमानजी पवनपुत्र हैं, उनका जन्म दिव्य माना जाता है। वाल्मीकि रामायण में पुन्जिकस्थला नामक एक शापित अप्सरा को पृथ्वी पर भेजे जाने का उल्लेख है। उन्होंने अंजना नाम धारण किया और केसरी नामक वानर से विवाह किया। वायुदेव ने अंजना के गर्भ में अतीन्द्रिय रूप से प्रवेश किया, हनुमानजी का जन्म हुआ और शापित आत्मा शाप से मुक्त हो गई।

अप्सराऽप्सरसां श्रेष्ठा विख्याता पुन्जिकस्थला।
अंजनेति परिख्याता पत्नी केसरिणो हरेः।।

'पुन्जिकस्थला नाम की सर्वश्रेष्ठ अप्सरा को शाप दिया गया और स्वर्ग से पृथ्वी पर निर्वासित कर दिया गया, जहाँ उन्होंने अंजना का नाम धारण किया और केसरी वानरराज से विवाह किया। उनमें मनचाहा रूप धारण करने की शक्ति थी।'

(वाल्मीकि रामायण, किष्किन्धा काण्ड- 4, सर्ग- 66, श्लोक 8)

मनसास्मि गतो यत् त्वां परिष्वज्य यशस्विनी।
वीर्यवान बुद्धिसंपन्नस्तव पुत्रो भविष्यति।।

'वायुदेव ने अंजना से कहा, यशस्विनी, मैंने अव्यक्त रूप से तुम्हारा आलिंगन करके तुम्हारे साथ समागम किया है। इससे तुम्हें बल और पराक्रम से सम्पन्न एवं बुद्धिमान पुत्र प्राप्त होगा।'

(वाल्मीकि रामायण, किष्किन्धा काण्ड- 4, सर्ग- 66, श्लोक 18)

मैंने पूज्य पी.पी स्वामी से पूछा कि क्या हमारे इस पूजनीय देवता के लिए कुछ नहीं हो सकता? उन्होंने कहा, 'गोविंदभाई, डांग में बहुत काम करना है। लेकिन कौन करता है?' मैंने अनायास ही कहा, 'हम यह करेंगे। तीन सौ गांवों का यही हाल है। मैंने तीन सौ मंदिरों (गांव के मंदिरों) के लिए कुछ करने का फैसला किया। अगले ही पल मैंने सोचा कि अगर मैं इतने सारे मंदिर बनाऊंगा तो मैं अहंकार से घिर जाऊंगा। इसके बजाय पचास प्रतिशत लोगों की भागीदारी को आमंत्रित किया जाना चाहिए और उनके नाम पर मंदिर बनाया जाना चाहिए। इन गांवों में कोई सार्वजनिक स्थान नहीं था, जहां 250 से 500 लोग एकत्रित होकर बैठ सकें। हमने मंदिर को बहुउद्देश्यीय डिजाइन किया है, जिसमें एक सामुदायिक हॉल, एक सांस्कृतिक केंद्र, एक ऐसा स्थान शामिल है, जहां लोग भक्ति-सत्संग, त्योहारों आदि के लिए मिल-जुल सकें।

17 अप्रैल, 2018 को श्री मोरारिबापू की उपस्थिति में हनुमानजी के ऐसे पांच मंदिर, पांच गांवों को उपहार में दिए गए। इसके बाद 24 मार्च, 2019 को आनंदाश्रम, जामनगर के श्री देवप्रसादजी महाराज के सान्निध्य में हनुमानजी के 11 मंदिर और 11 जून, 2019 को पूज्य भाईश्री रमेशभाई ओझा की उपस्थिति में अन्य 11 मंदिरों का कार्यक्रम कर ग्रामीणों को भेंट किया गया। शेष गांवों के लिए हमारी यह परियोजना चल रही है।

SRK परिवार ने साबित कर दिया है कि धर्म के साथ-साथ सामाजिक उपयोगिता भी कायम रहती है और धर्म से ही सामाजिक समरसता मजबूत होती है।

अध्याय-8

इंद्रधनुषी महानुभाव

द्यूतं छलयतामस्मि तेजस्तेजस्विनामहम्।
जयोऽस्मि व्यवसायोऽस्मि सत्त्वं सत्त्ववतामहम्।।

मैं छल करने वालों में जुआ और प्रभावशाली पुरुषों का प्रभाव हूं। मैं जीतने वालों की विजय हूँ, निश्चय करने वालों का निश्चय और सात्विक पुरुषों का सात्विक भाव हूं।'

(श्रीमद् भगवद्गीता, अध्याय 10, श्लोक 36)

बचपन से ही मुझे श्रीमद् भगवद्गीता से एक तरह का लगाव रहा है, इसलिए कभी-कभी मुझे लगता है कि गीता और गीताकार मेरे दिल और दिमाग में बस गए हैं। ऐसा लगता है, जैसे गीताजी पिछले जन्मों से मेरे साथ हैं। इसलिए मैं उनके श्लोकों को सरलता और सहजता से गा पाता हूं। भले ही मुझे संस्कृत का कोई औपचारिक ज्ञान नहीं है, फिर भी मैं उनके अर्थ समझ सकता हूं। जब मैं बहुत छोटा था तभी से मुझे लगता था कि मेरा जीवन, मेरी स्थिति, गांव-गरीबी, जो कुछ भी मुझे मिला है, उसका 'कोई विशेष उद्देश्य' है और यह कोई आकस्मिक बात नहीं है। मैं इसे समझता हूं और मैंने इसे स्वीकार कर लिया है।

इस अध्याय के आरंभ में उद्धृत गीता का श्लोक जैसे बचपन से ही मेरा मार्गदर्शन करता रहा है। मानो गीताकार ही मेरा नेतृत्व कर रहे हैं। मेरे जीवन में जो कुछ भी हुआ, जिसने भी इसे किया, जिन परिस्थितियों और जिन लोगों से मैं मिला, सब कुछ ईश्वर की शक्ति से संप्रेषित होता प्रतीत होता है। मैंने हमेशा महसूस किया है कि मनुष्य ईश्वर की सर्वश्रेष्ठ रचना है क्योंकि उसमें ईश्वर का एक तत्व है- यदि पहचाना और उसका पालन किया जाए, तो वह वास्तव में ईश्वर की छवि बन सकता है।

आज मैं दुनिया की निगाह में एक सफल व्यवसायी हूं। हर कोई सोचता है कि मैंने सूरत आकर कुछ अभूतपूर्व हासिल किया है, लेकिन अगर मैं काठियावाड़ के अपने गांव दुधाला में रहता तो मैं वहां कुछ और करता। अरे, अगर भगवान ने मुझे मुंबई या यूरोप में भी रखा होता, तो वहां भी उन्होंने मुझसे कुछ अलग ही करवाया होता। जरा देखिए, दुनिया विभिन्न प्रकार की स्थितियों, कार्यों, लोगों से भरी हुई है। लोगों का स्वभाव, क्षमता, उनका नजरिया अलग-अलग होता है, जिससे वे जो काम करते हैं, वह उन्हें श्रेष्ठ या हीन बनाता है। भगवान श्रीकृष्ण ने महाभारत युद्ध से पहले अर्जुन को समझाया कि यहां मारने वाले और मरने वाले दोनों स्वयं भगवान हैं, इसलिए चिंता मत करो।

य एनं वेत्ति हन्तारं यश्चैनं मन्यते हतम्।
उभौ तौ न विजानीतो नायं हन्ति न हन्यते।।

> जो इस आत्मा को मारने वाला समझता है तथा जो इसको मानता है, वे दोनों ही नहीं जानते; क्योंकि यह आत्मा वास्तव में न तो किसी को मारता है और न किसी के द्वारा मारा जाता है।
>
> (श्रीमद् भगवद्गीता, अध्याय 2, श्लोक 19)

इस समरांगण में जो स्वयं को मारने वाला मानता है और जो मर रहा है, वे दोनों अज्ञानी हैं क्योंकि किसी की आत्मा कभी मारती या मरती नहीं है। यह शाश्वत, अविनाशी आत्मा का एक हिस्सा है। मरना और मारना दोनों सकारण कुछ कर रहे हैं। ईश्वर की योजना में निमित्त या साधन बन रहे है। क्या उनका मकसद स्वार्थ से भरा है या फिर जो जिम्मेदारी उन्हें मिली है उसे सर्वोत्तम तरीके से पूरा करने की भावना से वे ऐसा कर रहे हैं? अगर मैं गीताकार के इस उपदेश को सूरत आकर अपनी सफलता, उपलब्धि, धन के संदर्भ में जांचता हूं तो मुझे लगता है कि भगवान ने मुझे एक अकल्पनीय शक्ति दी है। यह शक्ति है, दूर तक देखने की दृष्टि- कारोबार में विकास कैसे-कैसे हो सकता है, इसकी दृष्टि भी भगवान ने ही दी है।

भगवान की इच्छा से ही हम सभी सूरत डायमंड बुर्स (SDB), डायमंड रिसर्च और मर्केंटाइल सिटी (DREAM City- ड्रीम सिटी) की अवधारणा में सहायक रहे हैं। हमसे पहले जो लोग सूरत में हीरा उद्योग के लिए आए थे उनके पास वह बुनियादी ढांचा नहीं था जो आज हमारे पास है। इसके बाद जो लोग आएंगे उन्हें यह विकसित ढांचा तैयार मिलेगा। हीरा उद्योग में हमारे जैसे लोग जो इस भव्य औद्योगिक उद्यम को बनाने में सक्षम हुए हैं, वे एक दशक बाद, 2030 तक सूरत को विश्व डायमंड हब के रूप में देखेंगे। हमने दूरदर्शी प्रधानमंत्री नरेन्द्रभाई मोदी

के 100 स्मार्ट शहरों को विकसित करने के दृष्टिकोण में एक बड़ा अवसर देखा। दुनिया में इस्तेमाल होने वाले नब्बे प्रतिशत हीरे सूरत में संसाधित होते हैं। इसलिए यहां हीरा उद्योग से जुड़े लोगों की एक बड़ी आबादी है, फिर भी यहां के हीरे मुंबई से बेचे जाते हैं। हर हफ्ते हीरा व्यवसाय से दो-तीन हजार से ज्यादा लोग सूरत से मुंबई की यात्रा करते हैं। वहां अचल संपत्ति की लागत दर प्रति वर्ग फुट 50 हजार रुपए है जबकि सूरत में उतनी ही जगह की कीमत 10 हजार रुपए प्रति वर्ग फुट ही है। इसे ध्यान में रखते हुए हम सात हीरा व्यापारियों वल्लभभाई लखाणी (किरण जेम्स), लालजीभाई पटेल (धर्मनंदन डायमंड), मथुरभाई सवाणी (सवाणी ब्रदर्स), सेवंतीभाई शाह (वीनस ज्वेल्स), दियालभाई वाघाणी (कप्पू जेम्स), अरविंदभाई अजबानी (धानेरा डायमंड) और मैंने 'सूरत डायमंड बुर्स' (SDB) नामक कंपनी की स्थापना की। फिर हम सब तत्कालीन मुख्यमंत्री आनंदीबहन पटेल से मिले और उन्हें अपनी योजना सफलतापूर्वक समझाई।

गुजरात सरकार ने एक 'स्पेशल पर्पस व्हीकल', डायमंड रिसर्च एंड मर्केंटाइल (DREAM) सिटी लिमिटेड का गठन किया और इस ड्रीम सिटी परियोजना के लिए सूरत के दक्षिण में खजोद गांव से सटी 700 हेक्टेयर भूमि आबंटित करने का निर्णय लिया, इसमें से 40 एकड़ जमीन सूरत डायमंड बुर्स को आबंटित की गई थी।

बढ़ती आबादी और शहरी उद्योग की समस्याओं से जूझ रहे शहरों पर मौजूदा बोझ को कम करने के लिए, गुजरात में स्मार्ट सिटी बनाने में अनुकरणीय प्रयोग किए गए हैं, जिनमें गिफ्ट सिटी गांधीनगर (गुजरात इंटरनेशनल फाइनेंस टेक-सिटी), धोलेरा स्पेशल इन्वेस्टमेंट रीजन (SIR) आदि शामिल हैं। श्रीमती आनंदीबहन पटेल ने ऐसे प्रयासों को शहरी विकास एवं नियोजन के लिए आवश्यक बताया। राज्य की लगभग 42 फीसद आबादी शहरों में रहती है। 2030 तक यह 60 फीसद तक हो सकती है, ऐसी स्थिति में हमारे प्रमुख शहरों को बुनियादी ढांचे और नागरिक सुविधाओं की मांग को पूरा करने के लिए ही उद्देश्यपूर्ण स्मार्ट शहर विकसित करने होंगे। इसके लिए गुजरात इन्फ्रास्ट्रक्चर डेवलपमेंट बोर्ड (GIDB) बनाया गया है और हेस्कोनिंग डी.एच.वी कंसल्टिंग प्राइवेट लिमिटेड, नीदरलैंड्स और नाईट एंड फ्रैंक इंडिया जैसी अनुभवी कंपनियों को यह जिम्मेदारी सौंपी है। ड्रीम सिटी में प्रमुखतः अंतरराष्ट्रीय हीरा व्यापार केंद्र, सूरत डायमंड बुर्स (SDB) स्थापित किया जाएगा। SDB ने छह हजार करोड़ रुपए की अनुमानित लागत पर छह मिलियन वर्ग फुट का निर्माण करने की योजना बनाई है। इसमें देश-विदेश के हीरा व्यापारियों के लिए लगभग 4200 कार्यालय होंगे। 15 फरवरी, 2015 को इस अभूतपूर्व परियोजना का भूमिपूजन समारोह खजोद स्थल पर आयोजित किया गया था। इस समारोह में दक्षिण अफ्रीका, बोत्सवाना, लेसोथो, जिम्बाब्वे, घाना, नामीबिया, रूस, ऑस्ट्रेलिया और कनाडा जैसे हीरा खनन और हीरा व्यापार से जुड़े देशों के प्रतिनिधि मौजूद थे।

ड्रीम सिटी जैसी बड़ी परियोजना शुरू करना काफी हद तक प्रशासनिक बाधाओं, सरकारी मानदंडों और कानूनी और व्यावसायिक नीतियों आदि पर निर्भर करता है। 21 जनवरी, 2016 को डायमंड बुर्स के सदस्य गुजरात सरकार के मुख्य सचिव जी.आर अलोरिया से मिले जो पहले सूरत के नगर आयुक्त थे। हमारी दूसरी मुलाकात 18 मार्च, 2016 को हुई। हालांकि हम सभी की भावना और इरादे अच्छे थे लेकिन प्रोजेक्ट की गति थोड़ी धीमी लग रही थी। 31 जनवरी, 2018 को हम मुख्यमंत्री विजयभाई रूपाणी से मिलने के लिए विशेष स्कैनिया बस से गांधीनगर गए और उनके सामने पूरी स्थिति और अवधारणा प्रस्तुत की। हमारे साथ मथुरभाई सवाणी, लालजीभाई पटेल, वल्लभभाई लखाणी, रवजीभाई मोणपरा, अरविंदभाई अजबानी और किशोरभाई कोशिया जैसे सूरत हीरा उद्योग के दिग्गज मौजूद थे।

हमने मुख्यमंत्री को बताया कि जब से इस परियोजना की कल्पना की गई और इसे सरकार के समक्ष रखा गया तब से आज तक सूरत नगर आयुक्त, राज्य के मुख्य सचिव और अन्य महत्त्वपूर्ण अधिकारी बदल गए हैं। हर बार नए अधिकारियों को नए सिरे से प्रोजेक्ट की जानकारी देनी, समझानी और सहमती पत्र देनी पड़ती है जिससे काम की गति धीमी हो जाती है। विजयभाई ने हमें निराश नहीं किया। उन्होंने संबंधित अधिकारियों की तत्काल बैठक बुलाई और स्पष्ट रूप से कहा, 'यह ड्रीम सिटी परियोजना गुजरात के भविष्य का चेहरा है जो न केवल गुजराती व्यापार भावना का प्रतीक होगी बल्कि एक विश्वस्तरीय उत्कृष्टता केंद्र भी बनेगी। और मैं इसे साकार होते देखना चाहता हूं। आनंदीबहन के समय में जो भी निर्णय लिए गए हैं वे मान्य होंगे और इस कार्य को आगे बढ़ाया जाएगा। उन्होंने ड्रीम सिटी परियोजना में उत्कृष्ट अधिकारियों को शामिल करने का भी आश्वासन दिया।

बाद में, हमारी मुलाकात गुजरात सरकार के मुख्य सचिव अनिल मुकीम और सूरत के नगर आयुक्त बंछानिधि पानी से हुई जिन्होंने ड्रीम सिटी बोर्ड के अध्यक्ष और प्रबंध निदेशक के रूप में कार्यभार संभाला। उन दोनों गणमान्य व्यक्तियों में वास्तव में काम को आगे बढ़ाने का जज्बा दिखा। ड्रीम सिटी के निदेशक मंडल में श्री पंकज कुमार, श्री मुकेश पुरी, श्रीमती ममता वर्मा, श्री अश्विनी कुमार, श्री मिलिंद तोरवणे, श्री राकेश शंकर, श्री महेंद्रभाई पटेल, डॉ. धवल पटेल, और श्री सी.पी नेमा जैसे आदरणीय अधिकारियों के साथ एक ऐसी दुर्लभ टीम बनाई गई जो सरकार में अन्यत्र नहीं देखी गई। उसमें इन सभी अधिकारियों ने हमें अत्यंत प्रभावित किया।

हमने SDB के वास्तुकार के रूप में नई दिल्ली स्थित 'मॉर्फोजेनेसिस' को और परियोजना निर्माण के लिए PSP प्रोजेक्ट्स लिमिटेड, अहमदाबाद को काम सौंपा। परियोजना को शीघ्र पूरा करने के लिए विभिन्न समितियों का गठन किया गया जिनमें श्री किशोरभाई कोशिया, श्री अशेषभाई दोशी, श्री मानेकभाई लाठिया,

श्री ईश्वरभाई नावडिया, श्री राजेंद्रभाई शाह, श्री डायाभाई जिवाणी, श्री मनहरभाई सासपरा और श्री तुलसीभाई मोणपरा ने बहुत योगदान दिया।

SMC आयुक्त बंछानिधि पानी ने हमारे SRK एम्पायर का दौरा किया और पूछा, 'काका, आपकी सफलता का मंत्र क्या है? सूरत में आपकी इस विश्वस्तरीय बिजनस बिल्डिंग को देखकर मुझे बहुत खुशी हो रही है।' मैंने कहा, 'सर, बात यह है कि हमारे साथ काम करने वाले ज्यादातर लोग पहले तो संकीर्ण सोच वाले होते हैं। उनसे बहस करने का कोई मतलब नहीं रहता है। मैं उन्हें अपनी मानसिकता बदलने के लिए मजबूर करता हूं। इस पर ध्यान दें कि आप क्या अच्छा कर सकते हैं, इस पर नहीं कि आप क्या हैं। आपको यहां कितना महान, गौरवशाली और महत्त्वपूर्ण कार्य करना है, इसीलिए भगवान ने तुम्हें चुना है। इस तरह मैं उन्हें उनकी पहचान और प्रदर्शन के महत्त्व को अपनाने के लिए प्रेरित करता हूं और फिर देखता हूं कि वे बदलते हैं या नहीं। बदलते हैं तो ठीक है, टिक जाते हैं और नहीं बदलते, तो यहां से निकल जाते हैं, वह भी सही है। लेकिन सर, महत्त्वपूर्ण बात यह है कि हमने उन पर जो भरोसा किया है, वे उस पर खरे उतरें और बेहतरीन काम करने के लिए तैयार रहें। यही मेरी सफलता का मंत्र है!'

जनवरी, 2018 में उत्तर प्रदेश के मुख्यमंत्री योगी आदित्यनाथजी यू.पी. 'इन्वेस्टर्स समिट- 2018' की प्रमोशन के लिए अपने अधिकारियों और उद्यमियों की टीम के साथ सूरत आए थे। चैंबर ऑफ कॉमर्स द्वारा आयोजित एक समारोह में मैं उनके साथ मंच पर था। यू.पी. राज्य के उद्योग विभाग के प्रमुख सचिव श्री आलोक सिन्हा समारोह के मुख्य आयोजक थे। बाद में सिन्हा साहब ने मुझे 8 सितंबर, 2018 को अपने गृहनगर मेरठ में बुलाया। वे 2015 से 2017 तक मेरठ के नगर आयुक्त रहे और वह हमारे 'वेलकम क्लीयारिटी क्लब' प्रोजेक्ट के बारे में सुनकर प्रभावित हुए और उन्होंने मेरठ में स्वच्छता अभियान शुरू किया। 2009 से 2014 तक, वे भारतीय हवाई अड्डा प्राधिकरण के अध्यक्ष थे और उन्होंने हमारे सूरत हवाई अड्डे के विकास में भी महत्त्वपूर्ण भूमिका निभाई थी। जिस प्रकार सूरत में नेत्रदीप की भूमिका आयुक्त एस.आर राव ने की, इसी प्रकार सिन्हा साहब ने मेरठ में काम किया और 'मेरठ के एस.आर राव' की उपाधि प्राप्त की। गुजरात केडर के एक अन्य युवा आई.ए.एस. अधिकारी आलोक कुमार पांडे, जो वर्तमान में उत्तरप्रदेश में प्रतिनियुक्ति पर हैं, ने यू.पी. शिखर सम्मेलन के आयोजन में महत्त्वपूर्ण भूमिका निभाई।

30 सितम्बर, 2018 को मुझे वृन्दावन में साध्वी ऋतम्भरा जी का आश्रम देखकर बहुत खुशी हुई। सचमुच वे अनोखा, परोपकारी कार्य कर रही हैं। उनके इस 'वात्सल्य ग्राम' आश्रम में बेसहाय महिलाओं को आश्रय मिल रहा है और मूक-बधिर, विकलांग बच्चों को मां की गोद मिल रही है, वात्सल्य मिल रहा है। वहां तीन आयु वर्ग के बच्चे और महिलाएं रहती हैं। सबसे पहले, गरीब माता-पिता द्वारा

त्याग दिए गए या अनाथ हुए बच्चे। दूसरा, अधेड़ उम्र की महिलाएं और तीसरा, बुजुर्ग। ये सभी बच्चे और महिलाएं यहां अपना स्वतंत्र परिवार बनाकर रहते हैं। इन सबके बीच वात्सल्य सेतु बन चुका है, एक अमृता नामक NRI बहन, आश्रम के सुंदर वातावरण और महिला-सेवा-भावनात्मक गतिविधियों को देखकर यहां बस गई हैं, उनके माता-पिता लंदन में रहते हैं।

आश्रम दिखाते हुए साध्वी ऋतंभरा ने हमें बताया, 'चौबीस साल पहले यहीं वृन्दावन में मैंने वात्सल्य ग्राम की स्थापना की थी। वर्तमान में यहां ऐसे बीस परिवार और उनके 150 बच्चे, महिलाएं-बेटियां रहती हैं। आज यहां बहुत कुछ बदल गया है। मैंने यहां एक पूरी पीढ़ी को विकसित होते देखा है।'

एक समय में साध्वी ऋतंभरा ने अपनी हिंदुत्व विचारधारा और आक्रामक वाक्पटुता के जरिए एक अलग पहचान बनाई थी लेकिन आज उन्होंने वात्सल्य ग्राम की स्थापना करके अपने जीवन और व्यक्तित्व को एक नई पहचान दी है। वात्सल्यग्राम की खास बात है कि यहां अनाथ, जरूरतमंद बच्चों को मां तो मिल ही रही है, साथ ही परित्यक्ता, गरीब मांताओं को भी बच्चों का साथ मिल रहा है। इन सभी को घर और आश्रय मिलता है। हमने लगभग पूरा दिन इन 'परिवारों' के साथ बिताया, उनके बारे में और जानकारी हासिल की। आज भी ऐसा लगता है मानो वे मासूम खिलते हुए फूल-से बच्चे हमारे दिल में बस गए हों।

20 जनवरी, 2014 को, भारतीय प्रबंधन संस्थान, अहमदाबाद (IIM-A) के छात्रों के लिए मेरा पहला व्याख्यान यादगार रहा। देश के प्रमुख प्रबंधन संस्थान के छात्रों के साथ बिताया गया समय आनंदमय था। यहां के प्रो. बीजू वर्की SRK पर एक केस स्टडी तैयार कर रहे थे। मेरे पहले व्याख्यान की सफलता और लोकप्रियता को देखकर उन्होंने मुझे 17 अगस्त, 2015 को पुनः आमंत्रित किया। अब ऐसा लगता है कि मैं IIM-A में नियमित वक्ता बन गया हूं। उस दिन मुझे बताया गया कि यहां के निदेशक प्रो. आशीष नंदा, गुजरात के एक सफल उद्योगपति के रूप में मेरे अनुभव साझा करने के लिये मुझसे मिलना चाहते हैं। मैं श्रेयांस के साथ उनसे मिलने गया, उन्होंने सम्मानपूर्वक मेरा स्वागत किया। उन्होंने मुझसे कहा, 'मेरा सपना IIM-A को उद्यमियों से जोड़ना है। मैं जानता हूं कि आप सूरत के हीरा उद्योग में अग्रणी हैं। आप यहां आते रहें और छात्रों को अपने अनुभव सुनाकर मार्गदर्शन करते रहें।'

अपने बारे में उन्होंने बताया, 'मेरा जन्म एक ऐसे परिवार में हुआ था जो भारत के विभाजन के दौरान पश्चिमी पंजाब से दिल्ली आया था। मैं इसी संस्थान का पूर्वछात्र हूं और निदेशक के रूप में यहां आने से पहले हार्वर्ड विश्वविद्यालय में प्रोफेसर था। मैं किसी विदेशी संस्थान से आकर ऐसे IIM-A का निदेशक बनने

वाला पहला प्रोफेसर हूं। मेरी पत्नी शुभा बोस्टन के एक डेंटल स्कूल में प्रोफेसर हैं और मेरा बेटा डॉ. प्रणव मैसाचुसेट्स जनरल अस्पताल में न्यूरोसर्जरी का अभ्यास कर रहा है। मैं अपनी पत्नी और बेटे दोनों को अमेरिका में छोड़कर यहां डायरेक्टर के तौर पर आया हूं, तो मुझे यहां कुछ नया करना है। हम साथ मिलकर क्या कर सकते हैं?'

मुझे समझ में नहीं आया कि उन्हें तुरंत क्या जवाब देना चाहिए तो मैंने कहा, 'वह तो ठीक है नंदाजी, लेकिन आपने पत्नी और बेटे के साथ अपना हार्वर्ड करियर और पारिवारिक जीवन असंतुलित क्यों किया?' उन्होंने कहा, 'एक दिन मुझे L&T के प्रमुख और IIM-A के बोर्ड ऑफ गवर्नर्स के अध्यक्ष श्री अनिल नाइक का फोन आया। अब अगर इतनी ऊंचाई पर पहुंचा कोई आपको बुलाए तो आप कैसे मना कर सकते हैं?' मुझे नंदाजी की पारदर्शिता और सहजता बहुत पसंद आई। मैंने उनसे कहा, 'अच्छा तो कहिए, मैं आपके लिए क्या कर सकता हूं?' नंदाजी ने कहा, 'मैं चाहता हूं कि आप कुछ तरीके, साधन, पहल सुझाएं ताकि IIM-A का ज्ञान व्यापक रूप से समाज तक पहुंचे और छात्रों को समाज का अनुभव मिले।' हमने वादा किया कि हम जल्द ही फिर मिलेंगे।

श्रेयांस के साथ सूरत वापस आकर हम प्रो. आशीष नंदा की इस बात पर चर्चा करते रहे कि वे क्या चाहते हैं, क्या सोचते हैं। रीजेंट यूनिवर्सिटी, लंदन में अपने अनुभव के आधार पर श्रेयांस ने कहा, 'छात्रों को वास्तविक जीवन में प्रवेश करने से पहले दूसरों के अनुभवों से प्रशिक्षित होने की जरूरत रहती है। हमें इस बारे में अलग ढंग से सोचना चाहिए।' तब श्रेयांस ने एक विचार रखा कि, 'चलो IIM-A के साथ एक दीर्घकालिक समझौता किया जाए' जिसमें हर साल IIM-A के छात्रों के सामने एक अंतरराष्ट्रीय स्तर के प्रसिद्ध विशेषज्ञ के साथ एक परिसंवाद आयोजित किया जाए और दूसरी बात, हम हर साल IIM-A के प्राध्यापकों में से एक सदस्य को उनके उत्कृष्ट प्रदर्शन के लिए सम्मानित करें।' हमने अपना विचार नंदाजी को भेजा और उन्होंने इसे सहर्ष स्वीकार कर लिया। उन्हें 'दीर्घकालिक' शब्द पसंद आया। हमने कहा, 'आपको कितना चाहिए?' उन्होंने 25 वर्ष की अवधि के लिए अनुमानित दो करोड़ रुपए का आकलन किया और हमने खुशी-खुशी इस प्रस्ताव को मंजूरी दे दी।

इस प्रकार अक्टूबर, 2015 में श्री रामकृष्ण नॉलेज फाउंडेशन (SRKKF) ने देश के प्रतिष्ठित प्रबंधन संस्थान IIM-A के साथ पच्चीस साल का MoU किया। ज्ञान के विकास और प्रसार के लिए हर वर्ष विभिन्न क्षेत्रों के विश्वस्तरीय विशेषज्ञों की एक वार्षिक व्याख्यान शृंखला आयोजित करने का निर्णय लिया गया जिसमें देश और दुनिया के सामाजिक-आर्थिक मुद्दों पर चर्चा की जाएगी। यह वार्षिक व्याख्यान शृंखला IIM-A के शैक्षणिक कैलेंडर में एक महत्त्वपूर्ण स्थान रखती है।

इसके माध्यम से छात्रों को अपनी ज्ञात प्रतिभाओं से मिलने, देखने, बातचीत करने, गंभीर विषयों पर मार्गदर्शन प्राप्त करने और समाज के सामने आने वाले मुद्दों और चुनौतियों से अवगत होने का अवसर मिलता है।

कुछ दिनों बाद नवंबर में, नंदाजी ने मुझे फोन पर बताया, 'SRK द्वारा प्रायोजित IIM-A व्याख्यान शृंखला में, भारतीय रिजर्व बैंक के पूर्व गवर्नर डॉ. रघुराम राजन 9 दिसंबर, 2016 को वक्ता के रूप में पधार रहे है। नंदाजी ने कहा, 'काका, हमने रघुराम राजन को चुना क्योंकि वह यहां के पूर्वछात्र हैं, इतना ही नहीं, उनकी पत्नी राधिका पुरी रंजन ने भी यहीं पढ़ाई की है। वे दोनों एक साथ आ रहे हैं। इस शृंखला के पहले व्याख्यान में रघुराम राजन ने सपत्नीक दौरा किया। मैं और डॉ. नंदा उनके साथ ही मंच पर बैठे।

डॉ. रघुराम राजन का व्यक्तित्व आकर्षक है। वह वर्तमान में शिकागो विश्वविद्यालय के बूथ स्कूल ऑफ बिजनस में प्रोफेसर हैं। वह कांग्रेस सरकार के दौरान आठ महीने और भाजपा सरकार के दौरान छब्बीस महीने तक रिजर्व बैंक के गवर्नर रहे। राजन जी ने कहा, '1980 के दशक में जब मैं यहां IIM-A में पढ़ रहा था, तो मेरा सपना था कि मुझे देश के केंद्रीय बैंक के संचालन का मौका मिले!' बातचीत के दौरान भ्रष्टाचार के मुद्दे पर उन्होंने कहा कि यह एक जटिल समस्या है जो कई कारकों के कारण उत्पन्न हुई है।

कार्यक्रम के बाद प्रो. आशीष नंदा ने हैरत में डालते हुए कहा कि वे IIM-A का निदेशक पद छोड़ रहे हैं। हालांकि उनका कार्यकाल सितंबर, 2018 में समाप्त होना है, लेकिन वे जल्दी कार्यमुक्त हो रहे हैं। उन्होंने कहा, 'लंबे समय तक पत्नी और बेटे से दूर रहना एक चुनौती थी। इसलिए पारिवारिक कारणों से मैं यह पद छोड़कर वापस प्रोफेसर के रूप में काम करूंगा।'

3 मार्च, 2017 को मेरे साथी वीरजीभाई गोधाणी की स्मृति में स्थापित वी.एन गोधाणी स्कूल की स्थापना के पच्चीस वर्ष पूरे होने का जश्न मनाया गया। इस अवसर पर हमने गरीब, वंचित, भटके हुए बच्चों के लिए एक विशेष 'मोबाइल स्कूल' शुरू किया। इस मोबाइल स्कूल को समाज को समर्पित करने के लिए एक कार्यक्रम का आयोजन किया। लगभग तीन हजार माता-पिता और अभिभावक के साथ गुजरात सरकार के शिक्षा मंत्री श्री भूपेन्द्रसिंह चुडासमा, केन्द्रीय सड़क परिवहन और रसायन मंत्री श्री मनसुखभाई मांडविया, गुजरात सरकार के राज्यमंत्री श्री नानूभाई वानाणी, सूरत की मेयर श्रीमती अस्मिताबहन शिरोया और वीर नर्मद दक्षिण गुजरात विश्वविद्यालय के कुलपति डॉ. दक्षेश ठाकर जैसे गणमान्य व्यक्तियों की उपस्थिति में एक यादगार आयोजन बना।

17 अप्रैल, 2017 को प्रधानमंत्री श्री नरेन्द्रभाई मोदी ने किरण अस्पताल का उद्घाटन किया। 2013 में जब वह गुजरात के मुख्यमंत्री थे तो उन्होंने ही इसका शिलान्यास किया था, जिसके लिए सूरत नगर निगम ने इस प्रोजेक्ट के लिए 3.53 एकड़ जमीन दी थी। समस्त पाटीदार हेल्थ ट्रस्ट द्वारा पांच सौ करोड़ रुपए की लागत से 550 बिस्तरों का 'नॉन-प्रॉफिट मल्टी सुपरस्पेशलिटी हॉस्पिटल' बनाया गया है। चार सौ से अधिक दानदाताओं और दो सौ से अधिक ट्रस्टियों के उदार समर्थन से यह अस्पताल समाज के सभी वर्गों को स्वास्थ्य सेवाएं प्रदान कर रहा है। मेरी इच्छा न होने के बावजूद सभी ने सर्वसम्मति से मुझे ट्रस्ट का अध्यक्ष बना दिया। सूरत में एक 'मल्टी सुपरस्पेशलिटी अस्पताल' बनाना मेरा और श्री मथुरभाई सवाणी, श्री लालजीभाई पटेल, श्री वल्लभभाई लखाणी और डॉ. जगदीशभाई पटेल सहित कई मित्रों का सपना था। इस अस्पताल की सुविधा से सूरत, दक्षिण और मध्य गुजरात के किसी भी वर्ग के मरीजों को आगे के इलाज के लिए मुंबई या अहमदाबाद नहीं जाना पड़ेगा।

किरण हॉस्पिटल के प्रोजेक्ट का ज्यादातर दान बाहर से सूरत में आकर इसे अपनी कर्मभूमि बनाने वाले हीरा, कपड़ा और भवन निर्माण क्षेत्र के व्यापारियों से आया है। इसके अलावा मुंबई और एंटवर्प के हीरा व्यापारियों का भी सहयोग मिला है। अस्पताल के नामकरण के लिए श्री वल्लभभाई लखाणी ने उनकी कंपनी 'किरण जेम्स' के नाम से पैंसठ करोड़ रूपए का दान दिया। 'लवजी बादशाह' के नाम से प्रसिद्ध श्री लवजीभाई डालिया और उनके साथी श्री जयंतीभाई बाबरिया ने मिलकर आधारशिला रखी और उद्घाटन के लिए लगभग चालीस करोड़ रुपए दिए। SRK परिवार के साथ-साथ हरिकृष्ण ग्रुप के श्री सवजीभाई धोलकिया, श्री हिम्मतभाई सोरठिया और हैप्पी होम्स के श्री मुकेशभाई पटेल और धर्मनंदन डायमंड के श्री लालजीभाई ने दस से बीस करोड़ रुपए का चंदा दिया। दस से अधिक अन्य व्यक्तियों ने पांच करोड़ रुपए और पचास से अधिक व्यक्तियों ने एक करोड़ से पांच करोड़ रुपए के बीच दान दिया है।

इस अस्पताल में यूरोप और अमेरिका से उन्नत चिकित्सा उपकरण, मशीनें मंगवा कर लगाई गई हैं और देश के सर्वश्रेष्ठ डॉक्टरों को नियुक्त किया गया है। उद्घाटन से पहले अस्पताल की इमारत को 26 दिनों के लिए जनता के लिए खोल दिया गया था। जनता को सभी विवरण समझाने के लिए प्रत्येक विभाग में स्वयंसेवक-मार्गदर्शकों को रखा गया था। अस्पताल में प्रतिदिन लगभग पंद्रह हजार लोग आते थे। उनके चमकते चेहरों पर संतुष्टि की किरणें फैल गईं कि 'वाह! आखिरकार सूरत के आंगन में इतना भव्य और आरामदायक अस्पताल साकार हो गया। यह सचमुच 'हमारा' अस्पताल है! वर्तमान में पद्मश्री मथुरभाई सवाणी इस अस्पताल के अध्यक्ष के रूप में कार्यरत हैं।

2 मई, 2017 को केंद्र सरकार की श्रम संबंधी संसदीय स्थायी समिति ने SRK एम्पायर का दौरा किया। उनका मुख्य उद्देश्य प्रधानमंत्री कौशल्य विकास योजना (PMKVY) के तहत SRK इंस्टिट्यूट ऑफ डायमंड्स द्वारा जेम्स एंड ज्वेलरी अंतर्गत उठाए गए बुनियादी कदमों को जानना था। मुंबई के युवा भाजपा नेता डॉ. किरीट सोमैया की अध्यक्षता में आई बाईस सांसदों की टीम का स्वागत करते हुए खुशी हो रही थी। हमारी समाजसेवा गतिविधियों के बारे में जानकर सोमैयाजी ने अपने 'युवा प्रतिष्ठान' के बारे में भी बात की।

16 जून, 2017 को डोकलाम में चीनी सैनिकों को दक्षिण की ओर बढ़ते देख अन्य देशवासियों की तरह मैं भी आश्चर्यचकित और स्तब्ध था। डोकलाम क्षेत्र पर भारत के सहयोगी देश भूटान और चीन अपना दावा करते हैं। सितंबर, 2014 में जब चीन के प्रधानमंत्री शी जिनपिंग अहमदाबाद आए तो मोदीजी ने उनका क्या भव्य आतिथ्य किया पर मैंने देखा कि डोकलाम में दोस्ती की भावना पूरी तरह से तार-तार हो गई! चीनी सैनिकों द्वारा सड़क निर्माण को रोकने के लिए हमारे सैनिक डोकलाम में घुस गए। 15 अगस्त, 2017 को पैंगोंग झील के पास भारतीय और चीनी सैनिकों के बीच झड़प हो गई जिसके बाद दोनों देशों ने अपनी-अपनी सेनाएं वापस बुला लीं।

14 सितंबर, 2017 को प्रधानमंत्री श्री नरेन्द्रभाई मोदी और जापान के प्रधानमंत्री श्री शिंजो आबे ने अहमदाबाद में बुलेट ट्रेन परियोजना की आधारशिला रखी। इस परियोजना की अनुमानित लागत करीब 1.10 लाख करोड़ रुपए की है। इस परियोजना के माध्यम से सपनों का शहर सूरत जुड़ा है। वर्तमान में बारह बुलेट ट्रेन स्टेशनों को अधिसूचित किया गया है; मुंबई, ठाणे, विरार, बोइसर, वापी, बिलीमोरा, सूरत, भरूच, वडोदरा, आणंद, अहमदाबाद और साबरमती।

बुलेट ट्रेन अहमदाबाद से मुंबई के बीच की दूरी महज दो से तीन घंटे में तय करेगी। जापानी प्रधानमंत्री आबे और भारतीय साड़ी पहने उनकी पत्नी का स्वागत करने के लिए लोग अहमदाबाद की सड़कों पर उमड़ पड़े। नरेन्द्रभाई के ड्रीम प्रोजेक्ट का शिलान्यास कार्यक्रम देखना अद्भुत दृश्य था। दोनों देशों के प्रधानमंत्रियों के सम्मान में आयोजित सांस्कृतिक कार्यक्रम और रात्रिभोज में गुजरात के शीर्ष पंद्रह उद्योगपतियों को भी आमंत्रित किया गया था जिसमें सूरत से मेरा चयन किया गया था।

यू.एस ग्रीन बिल्डिंग काउंसिल (USGBC) द्वारा लीडरशिप अवॉर्ड के लिए SRK को नामांकित किया गया था। हमारी SRK एम्पायर बिल्डिंग को USGBC द्वारा प्लेटिनम सर्टिफिकेट से सम्मानित किया गया। मैं यह अवार्ड स्वीकार करने बोस्टन में आयोजित 'ग्रीन बिल्डिंग इंटरनेशनल कॉन्फ्रेंस एंड एक्सपो' में गया। पर्यावरणीय परिवर्तनों से निपटने के लिए आवश्यक प्रतिबद्धता और आशावाद को मजबूत

करने के लिए इस सम्मेलन में दुनियाभर के कई विशेषज्ञों ने अपने विचार प्रस्तुत किए।

श्रेयांस, मेरे पोते ध्रुवल और लंदन में पढ़ रहे उत्कर्ष भी इस यात्रा में हमारे साथ थे। 9 नवंबर, 2017 को USGBC के अध्यक्ष श्री महेश रामानुजम ने विश्व महाशक्ति अमेरिका के पूर्व राष्ट्रपति बिल क्लिंटन के साथ हमारी बैठक की व्यवस्था की और उन्होंने हमें एक दुभाषिए के रूप में एक-दूसरे को समझने का अवसर दिया। कैसा अद्भुत संयोग है! मैं सौराष्ट्र का ग्रामीण आदमी और मेरे सामने राजसी जगपति! अंकल सैम- क्लिंटन एक लंबे, सुंदर, विलासितापूर्ण जीवनशैली के प्रतीक हैं! दुभाषिया महेशजी ने भारत की कीर्ति के साथ बिल क्लिंटन को SRK की अनूठी विशेषताओं से अवगत करवाया। इस साक्षात्कार में क्लिंटन यह जानकर प्रभावित हुए कि SRK एम्पायर में हमारी ग्रीन बिल्डिंग में पांच हजार से ज्यादा कर्मचारी काम करते हैं। अनुशासित और संस्कारपूर्ण माहौल में एक ही रसोई में एक साथ भोजन करते हुए यह कर्मचारी परिवार न केवल हरित भवन का एक जीवित हिस्सा हैं बल्कि यह भवन उनके व्यक्तित्व का एक हिस्सा बन गया है- इतनी सुंदर प्रस्तुति सुनकर क्लिंटन की आंखें चमक उठीं। उन्होंने मेरी आंखों में देखा, गर्मजोशी से मुझसे हाथ मिलाया, एक उज्ज्वल और प्रशंसात्मक मुस्कान बिखेरी, मेरे कंधे को थपथपाया और हमारे देश के लिए एक गौरवपूर्ण पंक्ति बोली, 'अमेरिका को एक महान राष्ट्र बनाने में भारत और भारतीयों का योगदान अद्वितीय है।' एक भारतीय होने के नाते मेरा दिल भर आया। मैंने इस यात्रा का श्रेय भगवान को दिया। कहां विश्व का सर्वशक्तिमान शासक और कहां ग्रामवासी गोविंद! आमने-सामने खुशी, संतुष्टी, प्रशंसा और अनुग्रह के साथ!

फिर मुझे सम्मानित किया गया। राष्ट्रपति क्लिंटन का धारदार और गोल-मोल अंग्रेजी भाषण मेरे सिर के ऊपर से गुजर गया। लेकिन मुझे एहसास हुआ कि हम दुनिया के उन देशों और प्रयासों में से हैं जो वैश्विक पर्यावरण को लेकर चिंतित हैं। उन्होंने कहा कि मधुमक्खियां, दीमक, चींटियां और मनुष्य इस धरती पर इसलिए सफल हुए हैं क्योंकि वे सहयोगी प्राणी हैं। वैश्विक समस्याओं का समाधान खोजने के लिए अनगिनत लोग सहयोग कर रहे हैं। वैज्ञानिक, उद्यमी, शिक्षक, डिजाइनर आदि आज इतने उत्साह और जुनून से काम कर रहे हैं, जितना पहले कभी नहीं हुआ। आयोजन उत्सवपूर्ण था। कितना काम करना है और कितने लोग कर रहे हैं। SRK को भी वैश्विक मंच पर उनमें से एक होने पर गर्व महसूस हुआ और मैं रोमांचित हुआ। उस दिन, 1873 में स्थापित कोहलर कंपनी के कार्यकारी अध्यक्ष श्री हर्बर्ट कोहलर जूनियर के साथ दोपहर के भोजन की व्यवस्था थी। विस्कॉन्सिन स्थित कोहलर कंपनी अब इसकी तीसरी पीढ़ी द्वारा चलाई जा रही है। मुझे यह भी

खयाल आया कि हमारी SRK कंपनी भी मेरी आने वाली पीढ़ियों को इसी तरह आगे बढ़ाएगी!

अगले दिन, IIM-A के निदेशक पद से सेवानिवृत्त हुए और हार्वर्ड विश्वविद्यालय में शिक्षण–अनुसंधान से पुनः जुड़ गए, मेरे मित्र प्रोफेसर आशीष नंदा ने हम सभी के लिए जलपान का आयोजन किया। महेश रामानुजम के सहयोगी, पी. गोपालकृष्ण भी जलपान के लिए हमारे साथ थे। आशीष नंदा और उनकी पत्नी डॉ. शुभा नंदा ने नाश्ते के बाद हमें हार्वर्ड यूनिवर्सिटी का तीन घंटे का भ्रमण करवाया। नवंबर में अमेरिका की ठंड कहती है, मेरा काम! तापमान 35 फारेनहाइट यानी 2 डिग्री सेल्सियस था। मैं लड़खड़ा रहा था। लेकिन हार्वर्ड का परिसर क्या अद्भुत है! इसके विश्वस्तरीय भूदृश्य और भवन डिजाइन, विश्वास से परे एक वातावरण! इस ठंड के मौसम में हमने हार्वर्ड परिसर में घूमने से ज्यादा समय कॉफी शॉप में बैठकर बिताया।

1636 में लगभग चार सौ वर्ष पहले, चर्च के एक पादरी जॉन हार्वर्ड ने 780 अमेरिकी डॉलर और अपने विद्वत पुस्तकालय से 400 पुस्तकें दान करके आज के हार्वर्ड विश्वविद्यालय की स्थापना की। यहां जॉन हार्वर्ड की प्रतिमा देखकर मैं बहुत प्रभावित हुआ। कमनसीब जॉन हार्वर्ड की मात्र तीस वर्ष की अल्पायु में तपेदिक से मृत्यु हो गई। उन्होंने इस महान विश्वविद्यालय के बीज बोये। हमारे स्वामी विवेकानन्दजी के समान, भले ही कम उम्र में ही उनका स्वर्गारोहण हो गया हो पर इस पृथ्वी पर अल्पायु जीवन भोगकर ये दिव्य आत्माएं अपने कदमों के कितने अमर निशान छोड़ कर गई हैं! उनमें से एक है, हार्वर्ड यूनिवर्सिटी! आज भी, भारत में अपनी आंखें बंद करता हूं तो मुझे जॉन हार्वर्ड, एक युवा पादरी, घुटनों पर एक खुली किताब लेकर बैठा हुआ दिखाई देता है, मानो वह जीवित हो! मैंने उसे छवि में देखा, एक साधारण पुजारी की पोशाक, लंबे जूते, रेशम के मोजे, कमर पर एक बेल्ट के साथ घुटने तक का ढीला परिधान, कंधों पर लिपटा हुआ एक लंबा वस्त्र और उसकी बारीक प्लेटेड सिलवटें। प्रोफेसर ने मुझे प्रतिमा के बाएं पैर का चमकता हुआ अंगूठा दिखाया। प्रो. आशीष नंदा ने कहा, 1990 के दशक में, परिसर के एक टूर गाइड ने 'छात्र परंपरा' को प्रेरित करते हुए कहा कि जॉन हार्वर्ड की प्रतिमा के बाएं पैर के अंगूठे को छूना छात्रों के लिए हार्वर्ड में अध्ययन करने का मौका पाने के लिए शुभ है। यह बस हो रहा है... फिर हर आगंतुक आता है और बाएं पैर का जूता स्पर्श करता है। परिणामस्वरूप, पूरी मूर्ति काली दिखाई दे सकती है लेकिन पैर का अंगूठा अत्यधिक चमकीला दिखाई देता है। यह लोककथाओं का प्रभाव है!

ऐसी ही एक और कहानी प्रो. नंदा ने बताई कि हार्वर्ड परिसर में कई प्रवेश द्वार हैं लेकिन दो गेट ऐसे हैं जो साल में केवल दो बार खुलते हैं बाकी समय वे बंद रहते हैं। एक आने वाले नए छात्रों के लिए और एक हार्वर्ड से स्नातक हुए छात्रों

को बाहर जाने के लिए। अमेरिका में भी ऐसे अंधविश्वास हैं! 2014 में, श्रेयांस ने याद किया कि उन्होंने हार्वर्ड बिजनस स्कूल में GIA ग्लोबल लीडरशिप प्रोग्राम कोर्स में भाग लिया था।

बाद में हम वॉशिंगटन डी.सी. (डिस्ट्रिक्ट ऑफ कोलंबिया) गए। वहां महेश रामानुजम हमें दर्शनीय स्थलों की यात्रा पर ले गए - कैपिटल हिल (अमेरिकी संसद भवन), व्हाइट हाउस (राष्ट्रपति निवास), LEED प्रमाणित प्लैटिनम बिल्डिंग आदि का दौरा किया। 1918 में स्थापित होटल वॉशिंगटन में हम रुके हुए थे। पांच सौ फुट ऊंचे वॉशिंगटन स्मारक के सामने खड़े होकर और कैपिटल हिल को देखकर कोई भी वास्तव में अमेरिका जैसे महान देश की भव्यता को महसूस कर सकता है। लेकिन अमेरिकी राष्ट्रपति का निवास - व्हाइट हाउस, हमारे भारत के राष्ट्रपति भवन की तुलना में बहुत छोटा और फीका दिखता है।

व्हाइट हाउस में रहते हुए मुझे पास की एक और एडगर हूवर इमारत देखने की याद आई। यह हमारे सी.बी.आई के समकक्ष एफ.बी.आई (फेडरल ब्यूरो ऑफ इन्वेस्टिगेशन) का मुख्यालय है। यहां मुझे अपने मित्र और सूरत के पूर्व पुलिस आयुक्त श्री कुलदीप शर्मा की याद आती है। इससे पहले 2003 में वे आतंकवाद विरोधी प्रशिक्षण के लिए वॉशिंगटन से लगभग 40 मील दूर एफ.बी.आई की प्रशिक्षण अकादमी में गए थे। उस समय उन्होंने मुझे एफ.बी.आई का भ्रमण करने के लिए आमंत्रित किया और मुझे ऐतिहासिक यात्रा का सौभाग्य मिला।

मेरे मित्र नीलेश मांडलेवाला का पुत्र नीरव राजनीति विज्ञान का अध्ययन करने के लिए महाराष्ट्र इंस्टिट्यूट ऑफ टेक्नोलॉजी-वर्ल्ड पीस यूनिवर्सिटी (MIT-WPU), कोथरुड, पुणे गया। उससे मुझे इस संस्थान के बारे में पता चला। 23 दिसंबर, 2017 को मैं इसके संस्थापक अध्यक्ष डॉ. विश्वनाथ कराड की बेटी सुचित्राजी से मिला। एम.आई.टी-डब्ल्यू.पी.यू. भारत के अग्रणी निजी विश्वविद्यालयों में से एक है। सुचित्राजी ने मुझसे कहा, 'गोविंदभाई, आपकी तरह मेरे पिता का जीवन भी गांव में शुरू हुआ। श्री वेंकटराव कुलकर्णी मेरे पिता के गांव के स्कूल के प्रधानाध्यापक थे, वे गोशाला के बाहर कक्षाएं संचालित करते थे। सभी गायों को चराने के लिए मैदान में ले जाने के बाद लड़के गौशाला को साफ करते थे और जूट की बोरी पर बैठकर पढ़ाई करते। इस कारण पिताजी शिक्षा का मूल्य खूब समझते थे। आज हमें बहुत संतोष है कि इस विश्वविद्यालय की स्थापना से मूल्य आधारित शिक्षा प्रणाली बनाने का उनका सपना साकार हुआ है।'

तब मैंने वहां छात्रों और शिक्षकों के साथ अच्छा समय बिताया। सुचित्राजी ने मुझे एक दिलचस्प किताब दिखाई। ब्रिटिश राज के दौरान मुंबई में पैदा हुए टेरेंस व्हाइट द्वारा लिखित - 'द वन्स फ्यूचर किंग'। लेखक के दादा गैरिक व्हाइट पूना

में पुलिस अधीक्षक के पद पर तैनात थे। उस पुस्तक में यह निष्कर्ष निकाला गया कि इस दुनिया में प्रत्येक सौ लोगों में से केवल एक बुद्धिमान व्यक्ति, नौ बदमाश और नब्बे मूर्ख होते हैं। नौ दुष्ट साथ मिलकर 'राजनेता' बन जाते हैं। एक बुद्धिमान व्यक्ति झुंड से अलग खड़ा होता है और निराशावादी रूप से खुद को साहित्य, गणित या दर्शन जैसे विषयों के लिए समर्पित कर देता है जबकि शेष नब्बे मूर्ख नौ दुष्टों की साजिशों, भूलभुलैया, बुराइयों और संघर्षों में उलझे रहते हैं। ऐसे सभी व्यावहारिक पाठ उस पुस्तक में थे।

राजकपूर मेमोरियल और परिसर में ही स्थित उनके पारिवारिक फार्म 'राज बाग' का दौरा करने का अवसर प्राप्त हुआ। मुझे बताया गया कि कपूर परिवार ने अपने 125 एकड़ खेत का एक हिस्सा विश्वविद्यालय बनाने के लिए दान कर दिया था और इसलिए उनका 'कपूर मेमोरियल' यहां है। इस स्मारक का उद्घाटन 2014 में भारत रत्न से सम्मानित लता मंगेशकर और कपूर परिवार की मौजूदगी में किया गया था। स्मारक में राज कपूर की फिल्मों को प्रदर्शित करने वाला एक संग्रहालय, एक पिक्चर गैलरी पारिवारिक तस्वीरें और उनकी फिल्मी यात्राओं की झलकियां हैं।

'संतोकबा मानवरत्न पुरस्कार' विजेता का चयन हर साल हमारी जूरी द्वारा किया जाता है। जूरी में सबसे पहला नाम जो मेरे दिमाग में आया वह मेरे पुराने दोस्त श्री एन. गोपालास्वामी का था। जूरी सदस्य के रूप में मुझे उनके जैसे जानकार, विद्वान और प्रतिष्ठित व्यक्तियों की आवश्यकता थी। वे खुशी-खुशी सहमत हो गए और बोले, 'अगर आपको मुझसे कोई सेवा चाहिए तो मैं खुशी-खुशी उपलब्ध करा दूंगा। और इसमें आपके माताजी संतोकबा का नाम जुड़ा हुआ है, इसलिए न का कोई सवाल ही नहीं है।'

इसी प्रकार प्रो. आशीष नंदा और लॉर्ड भीखु पारेख ने जूरी सदस्य के रूप में जिम्मेदारी स्वीकार की। मेरे पुराने मित्र अजय तोमर ने मुझे जूरी के रूप में सुप्रीम कोर्ट के पूर्व न्यायाधीश चुन्नीलाल करसनदास ठक्कर का नाम भी सुझाया। इस प्रकार पुरस्कार के चयन हेतु निर्णायक मंडल का कार्य सम्पन्न हुआ।

इसके बाद IIM-A के नए निदेशक प्रो. एरोल डिसूजा से मिले। वे पहले मुंबई विश्वविद्यालय के अर्थशास्त्र विभाग में IFCI के चेयर प्रोफेसर थे, साथ ही कोलंबिया विश्वविद्यालय, न्यूयॉर्क में विजिटिंग प्रोफेसर भी थे। चूंकि उन्हें हमारे SRK-IIM समझौते के बारे में पता था, इसलिए उन्होंने IIM-A में अमेरिका के नोबेल पुरस्कार विजेता अर्थशास्त्री प्रोफेसर एरिक मस्किन से संपर्क किया। मस्किन का व्याख्यान 24 फरवरी, 2018 को निर्धारित किया गया। उन्होंने 'मैकेनिज्म डिजाइन' पर व्याख्यान दिया। प्रो. मस्किन ने उत्साहपूर्वक मुझसे कहा, 'सॉफ्टवेयर, सेमीकंडक्टर और कंप्यूटर उद्योगों में कोई पेटेंट नहीं होना चाहिए क्योंकि इससे

सामाजिक कल्याण की संभावना कम हो जाती है। इस प्रकार पेटेंट इन उद्योगों की प्रगति में तेजी लाने के बजाय बाधा उत्पन्न करते हैं।'

प्रो. मस्किन के व्याख्यान को प्रेस द्वारा खूब प्रचारित किया गया। टाइम्स ऑफ इंडिया ने लिखा, मस्किन ने 'मैकेनिज्म डिजाइन' थ्योरी पर व्यापक और ऐतिहासिक काम किया है। उन्होंने इस बारे में भी बात की कि ऊर्जा और रेडियो फ्रीक्वेंसी आबंटन जैसे क्षेत्रों में चयन कैसे किया जाता है ।

प्रो. मस्किन के अनुसार उनका वर्तमान शोध वास्तविक दुनिया की समस्याओं का समाधान खोजने के बारे में है। इनमें ग्रीनहाउस गैस उत्सर्जन, वित्तीय संकट का समाधान, अमेरिकी चुनाव प्रणाली में सुधार आदि शामिल हैं। उन्होंने बाढ़ से पहले बांध बनाने की नीति पर जोर दिया। विश्व का भविष्य तभी उज्ज्वल होगा, जब हम समस्याओं के उत्पन्न होने से पहले ही उन्हें हल करने के तरीके खोजेंगे।

व्याख्यान के बाद प्रो. डिसूजा मस्किन के लिए भोज का आयोजन किया गया। मुझे और श्रेयांस को भी आमंत्रित किया गया था। प्रो. मस्किन का जन्म न्यू जर्सी के पास हडसन नदी पर एक छोटे-से गांव अल्पाइन में हुआ था। चूंकि वहां कोई माध्यमिक स्कूल नहीं था, इसलिए वे तीन मील दूर एक गांव टेनाफलाय पैदल चलकर आते-जाते थे। वे अपने शिक्षकों को बड़े आदर के साथ याद करते थे। मैंने भी उस वक्त मेरे शिक्षकों को याद किया, तभी वह मुस्कुराए।

23 नवंबर, 2017 को हम सम्मानित व्यवसायी श्री रतन टाटा को 'संतोकबा मानवरत्न पुरस्कार' प्रदान करने के लिए एलफिंस्टन बिल्डिंग, मुंबई गए थे। यह हॉर्निमन सर्कल के पास स्थित एक चार मंजिला इमारत है। ग्राउंड फ्लोर पर भारत की पहली 'स्टार बक्स कॉफी शॉप' भी है, जिसे क्रोमा शोरूम के साथ 19 अक्टूबर, 2012 को लॉन्च किया गया था। ये दोनों कंपनियां टाटा की हैं। रतन टाटा ने हमें साढ़े ग्यारह बजे मिलने का समय दिया था लेकिन हम थोड़ा पहले पहुंच गए और कॉफी शॉप में बैठ गए। मुलाकात का समय आने पर हम चौथी मंजिल पर गए तो देखा इतने बड़े आदमी के पास कोई सुरक्षा नहीं थी। हम एक साधारण ढंग से सजाए गए बैठक कक्ष में बैठे थे और भूरे रंग की शर्ट पहने रतन टाटा ने अपनी ट्रेडमार्क आकर्षक और प्रसन्न मुस्कान के साथ प्रवेश किया। उनके व्यक्तित्व, व्यवहार और आचरण में लालित्य तो था लेकिन सरलता भी थी। उन्होंने आते ही भाषा को लेकर हमारा भ्रम दूर किया और कहा, 'गुजराती में ही बोलें, मैं गुजराती अच्छी तरह समझ सकता हूं। बस ठीक से बोल नहीं पाता।'

मैंने उन्हें बहुत संक्षेप में बताया कि हमें इस पल पर कितना गर्व है और उनसे विनती की कि वह हमें अधिक बताएं। उन्होंने कहा, 'गोविंदभाई, आप अपने बलबूते पर आगे आए स्वयंसिद्ध उद्योगपति हैं। जबकि यह बिजनस मुझे मेरे

दादाजी से विरासत में मिला है।' ऐसे प्यार भरे और सराहना भरे शब्द हमें उस महान उद्योगपति से मिले, जो दुनिया में आधुनिक भारत का चेहरा हैं।

रतन टाटा ने हमें 'टाटा साम्राज्य' की महान कहानी को सबसे सरल शब्दों में बताया, '1904 से हम नवसारी बिल्डिंग से कपड़ा, होटल और बिजली क्षेत्र में कारोबार कर रहे थे। यह इमारत टाटा कंपनी के विभिन्न व्यवसायों के लिए बहुत छोटी लगने लगी, तो हमने 1924 में 2000 वर्गफुट का प्लॉट खरीदा और चार मंजिला बॉम्बे हाउस बनाया, तब से यह टाटा समूह का मुख्यालय है।' कुछ देर रुककर उन्होंने कहा, 'इसी इमारत में 1932 में इंडियन एयरलाइंस का विचार साकार हुआ और 2007 में यूरोपीय कोरस कंपनी की 13 अरब डॉलर की सबसे बड़ी वैश्विक डील भी यहीं सम्पन्न हुई।' उन्होंने अपनी ट्रेडमार्क मुस्कान बिखेरते हुए कहा, 'जब दुनियाभर में बदलाव की हवा चली और दुनिया बदल रही थी, हमने पूर्ववत ही बने रहने का फैसला किया। 1991 में जब मेरा आगमन हुआ तो भी मैंने पूर्वज जे.आर.डी. टाटा द्वारा स्थापित कार्यालय-संरचना को जस का तस रखा। वास्तव में, मुझे ऐसा लगता है कि वे अभी भी मेरे साथ यहीं हैं।'

बाद में मैंने पुरस्कार समारोह में उन्हें शॉल ओढ़ाया और 'संतोकबा मानवरत्न अवॉर्ड' से सम्मानित करते एक करोड़ रुपए का चेक प्रदान किया। रतन टाटा ने मुझे एक स्मारिका दी और न केवल सूरत में मेरे कार्यालय, बल्कि मेरे घर भी आने का वादा किया। हमने फोटो खिंचवाए और उनके साथ पलक झपकते ही एक घंटा बीत गया। उसके बाद रतन टाटा हमें लिफ्ट तक छोड़ने आए और हमें यात्रा की शुभकामनाएं दीं। हमने ईश्वर का धन्यवाद किया कि हम महान भारत के ऐसे अमूल्य रत्न और अत्यंत विनम्र व्यवसायी से मिल पाए हैं। इस प्रमुख उद्योगपति ने मुझे अपनी कंपनी का संस्थापक बताया और स्वयं को अपने पिता की कंपनी का उत्तराधिकारी बताया, क्या महानता है!

4 मई, 2018 को रतन टाटा ने अपने निजी फाल्कन जेट विमान से सूरत आने का अपना वादा पूरा किया। उन्होंने बिजनस सूट पहना हुआ था लेकिन विमान से उतरते ही हमें सामान्य पोशाक में देखकर उन्होंने कहा, 'जब आप मेरे ऑफिस आए थे तो सूट पहनकर आए थे, इसलिए मुझे लगा कि सूट पहनना होगा। अगर आप बुरा न मानें तो क्या मैं कोट उतार सकता हूं?' उन्होंने अपनी टाई और कोट उतारकर विमान में रख दिए। तब वे एक अनौपचारिक मेहमान की तरह लग रहे थे। उन्होंने कहा, 'गोविंदभाई, बीस साल पहले मैं नवसारी जाते हुए सूरत आया था। उस समय छोटे डगलस डी.सी-3 डकोटा प्रकार के विमान के लिए पर्याप्त रनवे था।' जगुआर और लैंड रोवर कार कंपनी के मालिक रतन टाटा विमान से सीधे हमारी रॉल्स रॉयस फैंटम में बैठे और मुस्कराते हुए बोले, 'आपके घर जाते समय सूरत दर्शन होंगे।'

रतन टाटा जैसे महान उद्योगपतियों ने हमारी SRK ग्रीन बिल्डिंग फैक्ट्री का दौरा किया, तकनीक और व्यावहारिक ज्ञान के साथ किए जा रहे काम को देखा और अन्य विवरण लेने में भी रूचि दिखाई। उन्होंने एक पॉलिश किया हुआ हीरा उठाया और श्रेयांस से उसके विभिन्न पहलुओं के बारे में सवाल पूछे। SRK की नई पीढ़ी ने बहुत सोच-समझकर जवाब दिया। वे SRK कंपनी में टेक्नोलॉजी के अधिकतम इस्तेमाल से प्रभावित हुए और कहा, 'कम शिक्षा के बावजूद आपके स्टाफ का व्यावहारिक ज्ञान और कौशल अद्भुत है।'

उसके बाद रतन टाटा को SRK एम्पायर के सामने वाली सड़क पर हमारे किरण अस्पताल का दौरा करने के लिए ले गए। वहां से 'धोलकिया फार्म' हमारे घर आए। यहां पहुंचने पर वे हमारे परिवार के कार संग्रह को देखने में तल्लीन थे और उन्होने बहुत अच्छा समय बिताया। गोल्फ कार में धोलकिया फार्म का भ्रमण किया, फिर तरोताजा होने के लिए गए। बाद में कॉफी पी और धोलकिया परिवार की महिलाओं द्वारा बनाए गए गुजराती व्यंजन- खमण, पात्रा, कढ़ी, सुखड़ी, पूरणपोली को प्यार से खाया।

इसके बाद बंगले की दूसरी मंजिल पर 'तापी रिवर व्यू' रूम में परिवार के लगभग पच्चीस युवाओं के साथ आयोजित 'फायरसाइड चैट' में श्रेयांस ने उनसे पूछा, 'आप कैसे चाहते हैं कि लोग आपको याद रखें?' टाटा साहब ने कहा, 'भले ही यह कम हो, लेकिन मैं कुछ ऐसा करना चाहता हूं, जिससे भारत में समानता का माहौल बने, सभी को समान अवसर मिलें। लोग मुझे मेरे प्रयासों के लिए याद करें।' उन्होंने आगे कहा, 'श्रेयांस, भारत के विकास की कहानी आपके पिता जैसे लोगों के माध्यम से लिखी जाएगी जिन्होंने बहुत विनम्रता से अपने सपने और दृढ़संकल्प के अनुसार एक वैश्विक व्यवसाय खड़ा किया है।'

घर से डुमस हवाई अड्डे तक ड्राइव पर, हमने उन्हें सूरत के दर्शनीय स्थल- पारसी अगियारी, चिंतामणि देरासर और डच रोड दिखाए। श्रेयांस ने प्राथमिक स्कूल की पढ़ाई सर जे.जे. से की थी, वह पारसी स्कूल भी देखने गए। मैंने रतन टाटा को बताया कि 1964 में जब मैं सूरत आया था तो यहां पारसियों की आबादी पांच हजार से ज्यादा थी, आज बमुश्किल एक हजार बचे हैं। उन्होंने चोक, किला और होप ब्रिज की ऐतिहासिक धरोहरों का भी अवलोकन किया।

15 फरवरी, 2017 को भारत ने एक ही रॉकेट से 104 उपग्रहों को सफलतापूर्वक लॉन्च करके विश्व रिकॉर्ड बनाया। भारतीय अंतरिक्ष विज्ञान की इस उपलब्धि के लिए मैंने इसरो के चेयरमैन ए.एस किरण कुमार को फोन करके बधाई दी। मैं उनसे पहली बार 16 दिसंबर, 2013 को मिला था, जब वे सूरत में चैंबर ऑफ कॉमर्स में व्याख्यान देने आए थे। फिर 17 फरवरी, 2014 को हम इसरो

अहमदाबाद में राहुलभाई और श्रेयांस के साथ मिले। वहां उन्होंने मुझे शीर्ष 110 वैज्ञानिकों को संबोधित करने का अवसर दिया। इसरो में बैठे वैज्ञानिकों को देखकर मुझे एहसास हुआ कि ये लोग प्रतिभाशाली हैं। मैं उनसे क्या बात करूं? मैंने कहा आप देश के लिए अच्छा काम कर रहे हैं। आप अपनी पत्नी और बच्चों को भूलकर दिन-रात सैटेलाइट बनाने और रिसर्च करने में लगे रहते हैं। परिवार का ख्याल नहीं रख रहे। आप सब पागलों की टोली हैं... यह सुनकर सन्नाटा छा गया। फिर मैंने कहा, 'आप सब पागल हो, लेकिन 'हरि' के लिए, भगवान के लिए होशियार हो।' यह सुनकर वे लोग खड़े हो गए, हंसने लगे और मेरी सराहना की। फिर मैंने कहा, हरि के लिए तो आप सब समझदार हो। मैंने उन लोगों से एक सामान्य इंसान की तरह बात की।

सफलता और खुशी की मेरी परिभाषाएं अलग-अलग हैं। मैं एक ऐसा व्यक्ति हूं जो वर्तमान में जीता है। जो मेरे सामने हैं उसे स्वीकार करके जीता हूं। 14 जनवरी, 2015 को किरण कुमार ने इसरो के अध्यक्ष के अलावा अंतरिक्ष विभाग के सचिव का कार्यभार भी संभाला।

किरण कुमारजी ने मुझसे कहा, 'मैं उस तरह का व्यक्ति हूं, जो एक जगह पैर मोड़कर बैठना पसंद करता है। मेरी पूरी शिक्षा बेंगलुरु में हुई। मेरी शैक्षणिक पृष्ठभूमि बैंगलोर विश्वविद्यालय के नेशनल कॉलेज और भारतीय विज्ञान संस्थान की है। फिर 1975 में अंतरिक्ष अनुप्रयोग केंद्र (SAC) अहमदाबाद आया और आज तक यहीं बना हुआ हूं।' मैंने उनकी विनम्रता और सरलता की हृदय से प्रशंसा की और कहा, 'सर, लोग सफलता पाने के लिए दुनिया में इधर से उधर घूमते देखे जाते हैं और दुनिया आप जैसे सफल व्यक्ति के इर्द-गिर्द घूमती है।' श्रेयांस ने मेरे समर्थन में कहा, 'सर, जब आप जैसा अत्यधिक कुशल व्यक्ति उपग्रहों और पृथ्वी अवलोकन गतिविधियों, नेविगेशन, अंतरिक्ष विज्ञान और उपग्रह अनुसंधान के डिजाइन, विकास और कार्यान्वयन के लिए SAC में हो तो क्या नहीं किया जा सकता है!' ऐसे महान वैज्ञानिक को हमारी जूरी ने 'संतोकबा मानवरत्न पुरस्कार' देने का निर्णय लिया। वह पुरस्कार स्वीकार करने के लिए सहमत हो गए।

आईए, अब 'संतोकबा मानवरत्न पुरस्कार' के दूसरे विजेता कैलाश सत्यार्थी के बारे में भी बात करते हैं। 2014 में जब बालश्रम उन्मूलन और गरीब बच्चों की शिक्षा और विकास से जुड़े कार्यों के लिए उनका नाम नोबेल पुरस्कार स्तर तक पहुंच गया तो मुझे स्वाभाविक रूप से खुशी हुई। 1954 में विदिशा, मध्य प्रदेश में जन्मे कैलाश जी एक इलेक्ट्रिकल इंजीनियर हैं। उन्होंने शिक्षक बनना चुना। 1980 में उन्होंने शिक्षा क्षेत्र छोड़ दिया और बच्चों को गुलामी से मुक्त कराने वाली संस्था 'बचपन बचाओ आंदोलन' की स्थापना की। उन्होंने बाल मजदूरी और बच्चों के शोषण के खिलाफ आवाज उठाई। बच्चों के अधिकारों के लिए लड़ाई लड़ी और

9 अप्रैल 2019 को IIM-A के PGPX छात्रों के साथ,
चौथे वार्षिक व्याख्यान की एक झलक

10 नवंबर 2017 को हार्वर्ड विश्वविद्यालय की लाइब्रेरी में डॉ वेलन चिदम्बरनाथन, श्रेयांस और प्रो. आशीष नंदा के साथ। भारी ठंड में प्रो. नंदा ने हमें विश्वविद्यालय का भ्रमण करवाया

17 फरवरी 2014 को स्पेस अप्लिकेशन सेंटर, इसरो,
अहमदाबाद में श्री किरण कुमार और अन्य वैज्ञानिकों के साथ बातचीत

28 मई 2018 को SRK एम्पायर में भारत के दो 'अनमोल रत्न',
नोबेल पुरस्कार विजेता श्री कैलाश सत्यार्थी और इसरो के श्री किरण कुमार का आगमन हुआ

18 जनवरी 2020 को इंडस विश्वविद्यालय, अहमदाबाद ने मुझे 'मानद डॉक्टरेट' की उपाधि कॉन्वोकेशन में प्रदान की। इस तस्वीर में उसी यादगार पल को सँजोया गया है

19 जनवरी 2007 को भारतीय दूरसंचार क्रांति के प्रणेता श्री सैम पित्रोदा को 'संतोकबा मानवरत्न एवॉर्ड' प्रदान किया गया

जनवरी 2007 में श्वेत क्रांति के प्रणेता डॉ. वर्गीस कुरियन और
उनकी धर्मपत्नी श्रीमती सुसान मोली पीटर के घर शुभेच्छा मुलाकात

31 अक्टूबर 2008 को सौराष्ट्र में 'बेटी बचाओ' रैली में मेरे मित्र और
जल क्रांति के प्रणेता पद्मश्री मथुरभाई सवाणी के साथ

17 जून 2013 कृषि वैज्ञानिक और हरित क्रांति के प्रणेता
डॉ. एम.एस. स्वामीनाथन को 'संतोकबा मानवरत्न एवॉर्ड' प्रदान किया गया

8 फरवरी 2015 को इंफोसिस फाउंडेशन के अध्यक्ष और
पद्मश्री श्रीमती सुधा मूर्ति को 'संतोकबा मानवरत्न एवॉर्ड' प्रदान किया गया

8 फरवरी 2015 को स्पेन के 94 साल के बुजुर्ग गणितज्ञ और 'सवाया गुजराती' श्री फादर वालेस को 'संतोकबा मानवरत्न एवॉर्ड' प्रदान किया गया

सूरत में 1990 से यह 'रीलीफ़ सेंटर' कार्यरत है, जहाँ जरूरतमंदों की सहायता के लिए प्रतिदिन मैं इस केंद्र में लोगों से मुलाकात करता हूँ। यह फ़ोटो 21 फ़रवरी 2007 का है

1990 से गुजरात के आदिवासी क्षेत्र में हर वर्ष 100 से अधिक डॉक्टरों के साथ 'सर्वरोग निदान चिकित्सा शिविर' का आयोजन किया जाता है। यह फोटो दिनांक 27 अगस्त, 2017 का है

जल संचयन अभियान के तहत अपने मूल निवास दुधाला में गांव वालों के सहयोग से, हमने 110 से अधिक 'चेकडैम के चैनल' बनवाए

SRK परिवार के 6000 से अधिक सदस्यों ने 13 जनवरी 2010 के दिन 'नशा मुक्ति' की शपथ ली। हमारी कंपनी का आदर्श वाक्य है, 'व्यसन छोड़ो या कंपनी छोड़ो'

SRK ग्रुप द्वारा प्रतिवर्ष सामूहिक विवाह के आयोजन से अब तक 1000 से अधिक नवविवाहित जोड़े लाभान्वित हो चुके हैं। यह तस्वीर 11 जनवरी, 2020 की है

2006 के पहले दिन समस्त पाटीदार समाज द्वारा आयोजित 'महालडू' से 'बेटी बचाओ' कार्यक्रम में 12 लाख लोगों ने एक साथ जुटकर 'बेटी बचाओ' की शपथ ली

17 अप्रैल 2017 को प्रधानमंत्री श्री नरेन्द्रभाई मोदी ने
किरण अस्पताल का उद्घाटन किया। 2013 में गुजरात के मुख्यमंत्री के रूप में
उन्होंने इस परियोजना का शिलान्यास किया था

SPITAL

11 जुलाई 1993 हम सब दोस्तों ने मिलकर सूरत को स्वच्छ और सुंदर बनाने के लिए 'वेलकम क्लीयारिटी क्लब' की स्थापना की। प्रत्येक रविवार को सूरत के 200 से अधिक नागरिक इस 'स्वच्छता अभियान' में शामिल हो रहे थे

15 सितंबर 2022 को राष्ट्रीय सुरक्षा के लिए प्रतिबद्ध भारतीय नौसेना में मुझे सबसे प्रतिष्ठित 'INS विक्रांत' देखने का अवसर मिला

अपने मिशन को वैश्विक बनाया। जब हमारी टीम दिल्ली के कालकाजी इलाके में कैलाश सत्यार्थी के आवास पर उनसे मिलने गई तो हमने उनकी सरल जीवनशैली देखी जो 'सबसे छोटे' निराभिमानी सामाजिक कार्यकर्ता की पहचान थी।

एक बार जब उन्होंने खुद को समाज सेवा के लिए समर्पित करने की कसम खाई तो उन्होंने खुद का 'शर्मा' कुलनाम त्याग 'सत्यार्थी' कहलाना चुना। बच्चों के शोषण और बाल मजदूरी के खिलाफ उनकी आवाज दुनियाभर में बुलंद थी। वे बाल शोषण मुक्ति संघर्ष के एक प्रमुख नेता हैं। उन्होंने दस हजार से अधिक बच्चों को गुलामी से बचाया। एक बार उन पर बाल श्रम करवाने वाले ठेकेदारों ने जानलेवा हमला किया, लेकिन उन्होंने इसकी परवाह नहीं की। उन्होंने बाल अपराध, बाल श्रम, बाल शोषण और हिंसा के संकट को मिटाने के लिए अपने निडर प्रयास जारी रखे जिसके परिणामस्वरूप विश्वस्तर पर महत्त्वपूर्ण कानून बने।

1991 में उन्होंने दिल्ली में 'मुक्ति आश्रम' की स्थापना की जो बचाए गए बच्चों के अल्पकालिक पुनर्वास के लिए देश का पहला आश्रम था। इसके बाद 1998 में जयपुर के पास विराटनगर में दीर्घकालिक बाल पुनर्वास केंद्र 'बाल आश्रम' की स्थापना की। इन दोनों केंद्रों को शोषण, अभाव, गुलामी और गरीबी के चंगुल से मुक्त बच्चों के पुनर्वास के लिए बाल संस्थानों का मॉडल माना जाता है। 1998 में सत्यार्थी ने 103 देशों में 80,000 किलोमीटर की यात्रा की। इसका व्यापक असर हुआ और सत्यार्थी को वैश्विक स्तर पर देखा गया। 2014 में उन्हें नोबेल पुरस्कार से सम्मानित किया गया।

श्री कैलाश सत्यार्थी और श्री ए.एस किरण कुमार जैसे महान व्यक्तियों को पुरस्कार कौन दे? हमें लगा कि भारत के राष्ट्रपति ही सबसे योग्य अतिथि हो सकते हैं। उन्हें पुरस्कार देने के लिए आमंत्रित किया जाना चाहिए। मुझे अपने युवा मित्र श्री मनसुखभाई मांडविया, तत्कालीन जहाजरानी और रसायन राज्यमंत्री, भारत सरकार के माध्यम से राष्ट्रपति श्री प्रणब मुखर्जी से मुलाकात की तारीख मिली।

22 मार्च, 2017 को मैं राहुलभाई और श्रेयांस के साथ श्री मनसुखभाई मांडविया के साथ राष्ट्रपति से मिलने गया। मैंने बंगाल के कुलीन वर्ग के बारे में बहुत कुछ सुना था लेकिन जब मैं प्रणब-दा से मिला तो मुझे इसका सही अर्थ समझ में आया। शाही राष्ट्रपति भवन में अपनी प्रतीक्षा के दौरान मनसुखभाई ने हमें बताया कि प्रणब बाबू का जन्म एक राजनयिक परिवार में हुआ था। जब वे कोलकत्ता के विद्यानगर कॉलेज में प्रोफेसर थे, तब इंदिराजी ने उन्हें राज्यसभा के लिए निर्वाचित होने का अवसर दिया। मनमोहन सिंह की सरकार में उन्हें दूसरे नंबर पर माना जाने लगा। समय की मांग के अनुसार उन्हें रक्षा मंत्रालय, वित्त, विदेश मंत्रालय जैसे विभाग दिए गए।

राष्ट्रपति आए, उन्होंने हमारा गर्मजोशी से स्वागत किया। हम 'संतोकबा मानवरत्न पुरस्कार' समारोह में उनकी उपस्थिति के लिए प्रार्थना करने गए थे। उन्हें उस पुरस्कार के बारे में जानकारी मिल गई थी। उन्होंने यह जानकर प्रसन्नता व्यक्त की कि मैंने यह पुरस्कार अपनी माताजी संतोकबा की स्मृति में शुरू किया है और उन्होंने अपनी माताजी श्रीमती राजलक्ष्मी मुखर्जी को भी याद किया। उन्होंने कहा, 'मातृ-शब्द न केवल एक नाम है, बल्कि विशेषकर एक क्रिया है। आप क्या करते हैं, कैसे करते हैं, इससे ज्यादा महत्त्वपूर्ण यह है कि आप कौन हैं। मुझे यकीन है, ब्रह्मांड में कोई महान शक्ति, ऊर्जा है। मेरा राष्ट्रपति का कार्यकाल केवल तीन महीने बचा है और मेरा कैलेंडर बहुत व्यस्त है लेकिन मैं सूरत आने की कोशिश करूंगा।'

मैं उनके कहे हर शब्द की ईमानदारी और भावना से प्रभावित था। चूंकि राष्ट्रपति प्रणब मुखर्जी सूरत नहीं आ सके, इसलिए हमने श्री मनसुखभाई मांडविया से 25 जुलाई, 2017 को नवनिर्वाचित राष्ट्रपति श्री रामनाथ कोविन्द से मुलाकात कराने की प्रार्थना की। हम 19 मई, 2018 को राष्ट्रपति से मिले। सूरत आने का निमंत्रण उन्होंने सहर्ष स्वीकार कर लिया। हमारी खुशी की कोई सीमा नहीं थी।

अंतत: संतोकबा पुरस्कार समारोह का दिन आ ही गया। 29 मई, 2018 को राष्ट्रपति श्री रामनाथ कोविन्द ने 'संतोकबा पुरस्कार' प्रदान करने के लिए सूरत का दौरा किया। इस बार नोबेल पुरस्कार विजेता श्री कैलाश सत्यार्थी और इसरो के अध्यक्ष श्री ए.एस किरण कुमार को पुरस्कार से सम्मानित किया जाना था। राष्ट्रपति की उपस्थिति ने इस अवसर की गरिमा बढ़ा दी। 1200 लोगों के बैठने की क्षमता वाला संजीव कुमार सभागार विदेश से आए मेहमानों, सुरक्षाकर्मियों, मीडियाकर्मियों, आमंत्रित अतिथियों से भरा हुआ था। SRK ने समय की पाबंदी की अपनी परंपरा के अनुसार समारोह का समापन किया। साथ ही, इस बार राष्ट्रपति और राज्यपाल भी मौजूद रहे और उनका प्रोटोकॉल भी कायम रहा। पूरी व्यवस्था सभी को बहुत पसंद आई। इस बार राष्ट्रपति कोविन्दजी, राज्यपाल कोहलीजी और मुख्यमंत्री रूपाणीजी- ऐसे तीन महानुभावों ने संतोकबा समारोह की शोभा बढ़ाई। दोनों विजेताओं को 'संतोकबा मानवरत्न पुरस्कार' के साथ-साथ एक-एक करोड़ रुपए का चेक भी भेंट किया।

राष्ट्रपति ने कहा, 'वे परंपरा को तोड़कर इस समारोह में आए हैं क्योंकि राष्ट्रपति केवल देश के पुरस्कार प्रदान करते हैं। लेकिन मैंने देखा कि सत्यार्थीजी और किरण कुमार को सम्मानित किया जाना था, तो वे तो गणमान्य व्यक्ति हैं। उसके बाद हमने जांच की, पुरस्कार देने वाला कौन है, तो वह भी एक सेवाप्रेमी, मातृप्रेमी उद्योगपति है। इसलिए मैं उन महान व्यक्तियों से मिलने आया हूं, जिन्होंने पुरस्कार दिया और पुरस्कार स्वीकार किया। सत्यार्थीजी, किरण कुमार और गोविंदजी- ये तीन व्यक्ति विनम्रता, सरलता और संवेदनशीलता की प्रतिमूर्ति हैं।'

राष्ट्रपति ने ब्रिटिश काल के दौरान कवि नर्मद के सामाजिक सुधारों को भी याद किया। उन्होंने सूरत को मिनी इंडिया बताते हुए कहा कि देशभर से लोग यहां रोटी कमाने आते हैं। सूरत के लोग आपदा को अवसर में बदलने वाले लोग हैं।

श्री कोविन्द ने 1970 के दशक की सूरत यात्रा के संस्मरण भी ताजा किए। जब वे सूरत में रहते थे तो सुबह अखबार लेने के लिए रेलवे स्टेशन जाते थे। उन्होंने सूरत को अवसरों का शहर बताया। 'संतोकबा मानवरत्न पुरस्कार' के मौके पर प्रधानमंत्री नरेन्द्रभाई मोदी का भी शुभकामना संदेश मिला।

श्री कैलाश सत्यार्थी ने एक करोड़ रुपए की पुरस्कार राशि को 'साक्षर बचपन फंड' में दान कर दिया। अमिताभ बच्चन के 'कौन बनेगा करोड़पति' शो में भी उन्हें मिली पचास लाख रुपए की राशि और नोबेल पुरस्कार की पूरी राशि भी उन्होंने अपने बाल संरक्षण कार्य के लिए समर्पित कर दी।

किरण कुमार ने कहा कि यह पुरस्कार उन्हें व्यक्तिगत तौर पर नहीं, बल्कि इसरो के सम्मान में दिया गया है। उन्होंने अपने भाषण में गुजरात के 'पनोते पुत्र' डॉ. विक्रम साराभाई का भी जिक्र किया। उन्हें भारत में खगोल विज्ञान के अग्रदूत के रूप में याद किया जाता है। राज्यपाल श्री कोहली ने संतोकबा की छवि के सामने सिर झुकाया और उनका आशीर्वाद लिया। मुख्यमंत्री रूपाणी जी ने किरण कुमारजी और कैलाश सत्यार्थीजी जैसे 'भारत रत्नों' को उद्योग जगत के सामने लाने के लिए SRK की सराहना की।

समारोह समाप्त होने के बाद मैंने राष्ट्रपति से जाते समय हमारे परिवार के साथ एक फोटो सत्र के लिए अनुरोध किया। उन्होंने मेरी झिझक दूर करते हुए तुरंत मेरा अनुरोध स्वीकार कर लिया। हमारा पूरा परिवार इकट्ठा हो गया। जब मैंने उन्हें अपने परिवार के बारे में कुछ जानकारी दी तो उन्होंने कहा, 'मेरे परिवार में भी हम पांच भाई और दो बहनें हैं। गांव में अपनी प्राथमिक शिक्षा पूरी करने के बाद मुझे जूनियर स्कूल में पढ़ने के लिए अपने गांव परौख से देहात गांव तक प्रतिदिन आठ किलोमीटर पैदल चलना पड़ता था। उस समय गांव में किसी के पास साइकिल तक नहीं थी।' मुझे लाठी गांव में साइकिल से स्कूल जाने के दिन भी याद आ गए।

राष्ट्रपति के जाने के बाद हमने विज्ञान केंद्र, सिटी लाइट में पुरस्कार विजेता गणमान्य व्यक्तियों और मेहमानों के लिए एक अलग समारोह आयोजित किया ताकि पुरस्कार विजेता महानुभावों के साथ बातचीत करने में अधिक समय बिता सकें।

इसके बाद 15 अगस्त, 2018 को पारंपरिक स्वतंत्रता दिवस समारोह में मुझे और मेरी पत्नी को शामिल होने के लिए राष्ट्रपति से निमंत्रण पाकर मुझे खुशी हुई। कई राजनयिकों, सरकारी अधिकारियों और देश-विदेश से आमंत्रित अतिथियों से दिल्ली में मिलने का अवसर मिला। वहां श्री नरेन्द्रभाई मोदी ने मुझे देखा और दूर

से ऊंची आवाज में मुझसे पूछा, 'ओह... अरे... गोविंदभाई, आप कब आए?' प्रधानमंत्रीजी ने मुझे ऐसे महान लोगों के बीच उस समारोह में अद्भुत आत्मीयता का अनुभव कराया। जब आप किसी के दिल के करीब होते हैं तो उनकी सच्ची अभिव्यक्ति हृदयस्पर्शी होती है। तब हमें अपनेपन, सुरक्षा और सद्भाव का एहसास होता है।

आज के अखंड भारत के निर्माण में सरदार पटेल के योगदान की सही समझ भले ही आज की पीढ़ी को न हो, लेकिन 'स्टैच्यू ऑफ यूनिटी' ने एक नई चेतना जगाई है। हमने SRK कर्मचारियों और उनके परिवारों के लिए सरदार सरोवर की एक बस यात्रा का आयोजन किया ताकि वे सरदार की महिमा और महानता को जान सकें, देख सकें और उनसे प्रेरित हो सकें। कई लोग आश्चर्यचकित थे कि जूनागढ़ भारत के हाथ से फिसलने वाला था। सरदार न होते तो भारत की अखंडता सुरक्षित न रहती।

इस अध्याय का अंत मैंने अपने पिता से जो सुना, उससे करता हूं। पुरानी नींव पर नया निर्माण? हमारे देश ने अतीत में जिन भयानक यातनाओं, आपदाओं, उपेक्षाओं का सामना किया है, उन्हें जाने बिना, नरेन्द्रभाई मोदी के एक मजबूत, सांस्कृतिक-सामाजिक रूप से सशक्त, आत्मनिर्भर भारत बनाने के तीव्र जुनून को कैसे समझेंगे? आजादी के समय सरदार ने लगभग 550 देशी रियासतों को भारत में मिलाने का कठिन कार्य किया।

जब भारत-पाकिस्तान का बंटवारा हुआ, उस समय जूनागढ़ के नवाब के मन में भारत से अलग होने का विचार आया। अजीब ही था ये नवाब! कुत्ते पालने का शौकीन, क्या राज संभालेगा? दरअसल, उसके दीवान ही राजनीति चलाते थे। ब्रिटिश राज के अंतिम वर्षों में मुस्लिम-लीग के शाहनवाज भुट्टो उनके दीवान थे, जो जुल्फिकार अली भुट्टो के पिता और बेनजीर भुट्टो के दादा थे। 15 अगस्त, 1947 को जब आजादी प्राप्त होने वाली थी, जूनागढ़ को पाकिस्तान में मिलाने का आंदोलन चल रहा था।

पूज्य सच्चिदानंद स्वामी ने अपनी पुस्तक 'युद्ध और युद्धनेता' में वर्णन किया है, जूनागढ़ को पाकिस्तान में मिलाने के नवाब के फैसले के खिलाफ हुकूमत के पास केवल एक ही हथियार था और वह था राज्य का आर्थिक बहिष्कार। मुंबई में इसके लिए एक 'विशेष बहिष्कार' समिति बनाई गई। अन्य महत्त्वपूर्ण शहरों ने भी इसका अनुसरण किया और जूनागढ़ राज्य को आर्थिक रूप से कमजोर करने की नीति लागू की। नवाब घबरा गया और राज्य के खजाने के सभी गहने, पैसे, अपनी बेगमों और कुत्तों के साथ पाकिस्तान भाग गया। दीवान भुट्टो जूनागढ़ रियासत के प्रभारी रहे।

नाटक जल्द ही एक एंटीक्लाइमेक्स में समाप्त हो गया। भुट्टो पाकिस्तान से सैन्य और वित्तीय मदद मांगते रहे, लेकिन वह मदद कभी नहीं मिली। पाकिस्तान का ध्यान तब कश्मीर-घाटी पर कब्जा करने पर था और जूनागढ़ की मदद के लिए उसके पास कुछ भी नहीं था। आखिरकार 4 नवंबर, 1947 को भुट्टो ने घुटने टेक दिए और जूनागढ़ की बागडोर भारत को सौंप दी। जूनागढ़ में जनमत संग्रह हुआ और 1,90,870 लोगों ने भारत में शामिल होने के पक्ष में मत दिया और केवल 91 लोगों ने पाकिस्तान में शामिल होने के लिए वोट दिया।

31 अक्टूबर, 2018 को सरदार की 143वीं जयंती पर प्रधानमंत्री श्री नरेन्द्रभाई मोदी ने केवड़िया में नर्मदा के तट पर दुनिया की सबसे ऊंची प्रतिमा 'स्टैच्यू ऑफ यूनिटी' का अनावरण किया। इसका निर्माण कार्य भी सरदार के व्यक्तित्व एवं कर्तव्य की भांति भव्य था। सत्तर हजार टन सीमेंट, अठारह हजार टन आरसीसी, छह हजार टन संरचनात्मक स्टील और सत्रह सौ टन कांसे का उपयोग किया गया है। तीन हजार करोड़ रुपए की लागत से बना यह 'शिल्प' तीन हजार कारीगरों और L&T कंपनी के तीन सौ इंजीनियरों की मेहनत से बना है।

इतनी भव्य ऊंचाई की प्रतिमा को देखना सौभाग्य की बात है। इसकी ऊंचाई 182 मीटर है जो चीन की स्प्रिंग टेम्पल बुद्ध प्रतिमा से तेईस मीटर ऊंची है और अमेरिका की 'स्टैच्यू ऑफ लिबर्टी' जो 93 मीटर ऊंची है उससे सरदार साहब की मूर्ति लगभग दोगुनी ऊंचाई की है। मेरी आंखों से खुशी के आंसू छलक पड़े क्योंकि मुझे इसका उद्घाटन देखने का सौभाग्य मिला। किसने सोचा होगा कि जिस सरदार का निधन दिसंबर, 1950 में हुआ और जिसे जनता भूल चुकी हो उसे इतना भव्य स्मारक और सम्मान मिलेगा!

2011 में यह प्रोजेक्ट शुरू हो गया था और इसे निर्धारित समय सीमा के भीतर पूरा करने के लिए गुजरात सरकार द्वारा विशेष ध्यान रखा गया था। इसे एक सामाजिक मिशन बनाने के हिस्से के रूप में, सभी राज्यों के हजारों गांवों से 10 करोड़ किसानों से 129 टन लोहे के कृषि उपकरण एकत्र किए गए, जिन्हें पिघलाकर मूर्ति बनाना शुरू हुआ, उससे भारत के 'लौह पुरुष' का लौह ढांचा बन गया- सचमुच लोहा! पद्मश्री और पद्मभूषण से अलंकृत महाराष्ट्रियन मूर्तिकार श्रीराम वनजी सुथार ने इस प्रतिमा का निर्माण कराया। अपने 60 साल के करियर में श्री सुथार ने लगभग 50 प्रसिद्ध मूर्तियां बनाई हैं। उन्होंने संसद भवन के अंदर गांधीजी की मूर्ति भी बनाई है। उनके बेटे अनिलभाई भी मूर्तिकार हैं।

स्वामी सच्चिदानंदजी ने अपने मॉरीशस दौरे में वह 33 मीटर ऊंची 'मंगल महादेव' की प्रतिमा गंग तलाब के प्रवेश द्वार पर देखी, तो उनके मन में विचार आया कि गुजरात में सरदार की एक ऊंची प्रतिमा होनी चाहिए। इसलिए गांधीनगर-

अहमदाबाद के बीच दो एकड़ जमीन पर सरदार की प्रतिमा लगाने की योजना बनाई गई। मैं स्वामीजी के प्रोजेक्ट को आर्थिक रूप से समर्थन देने के लिए सहमत हो गया। जब स्वामीजी इस परियोजना पर चर्चा करने के लिए मुख्यमंत्री श्री नरेन्द्रभाई मोदी से मिलने गए तो उन्होंने स्वामीजी को चौंका दिया और कहा, 'हम सरदार की मूर्ति को दुनिया की सबसे ऊंची मूर्ति बनाने जा रहे हैं।' हमने देखा है कि कुछ विचार ईश्वर की इच्छा से उत्पन्न होते हैं और ईश्वर उन्हें साकार करने के लिए किसी को माध्यम बनाता है।

10 जनवरी, 2019 को 'IIMA-SRK व्याख्यान शृंखला' का तीसरा व्याख्यान इंग्लैंड की केंब्रिज यूनिवर्सिटी के अर्थशास्त्र के प्रोफेसर सर पार्थसारथी दासगुप्ता ने दिया जिसमें जयंतीभाई नारोला मौजूद थे। सर दासगुप्ता का जन्म ढाका में हुआ था और स्वतंत्रता और विभाजन के बाद वे वाराणसी में रहते थे। दिल्ली के हंसराज कॉलेज से पढ़ाई करने के बाद वह 1962 में इंग्लैंड चले गए। वहां उन्होंने ट्रिनिटी कॉलेज से गणित में मास्टर डिग्री और कैम्ब्रिज विश्वविद्यालय से अर्थशास्त्र में पी.एच.डी. की उपाधि प्राप्त की। उनकी शादी 1977 में अर्थशास्त्र में नोबेल पुरस्कार विजेता जेम्स मीडे की बेटी कैरोल से हुई। 1985 में कैम्ब्रिज विश्वविद्यालय में अर्थशास्त्र के प्रोफेसर बनने से पहले वे लंदन स्कूल ऑफ इकोनॉमिक्स में प्रोफेसर थे। 2002 में इंग्लैंड की महारानी एलिजाबेथ ने उन्हें 'नाइटहुड' से सम्मानित किया।

सर पार्थ दासगुप्ता ने मानव कल्याण और आर्थिक कारकों के एकीकरण के बारे में बात की। उन्होंने आगे कहा, 'वर्तमान में आर्थिक विकास और प्राकृतिक संसाधनों के बीच कोई संबंध नहीं दिखाई पड़ता जिसके कारण आर्थिक विकास के नाम पर पर्यावरण पर प्रतिकूल प्रभाव पड़ रहा है। इसलिए सतत आर्थिक विकास के साथ-साथ मानव विकास के लिए पारंपरिक निवेश की अवधारणा को व्यापक बनाना जरूरी है जिसके अनुसरण में राष्ट्रीय खाते तैयार किए जाने चाहिए और उनका उचित विश्लेषण होना चाहिए। मुझे वर्तमान समय में दासगुप्ता साहब की बातें बहुत महत्त्वपूर्ण लगती हैं। ऐसी चर्चाओं से लोग पर्यावरण और जलवायु परिवर्तन के प्रति अधिक जागरूक होंगे।

अध्याय-9

नया भारत

मित्राणि धन धान्यानि प्रजानां सम्मतानिव।
जननी जन्मभूमिश्च स्वर्गादपि गरीयसी।।

'इस संसार में मित्र, धन, ऐश्वर्य और सिद्धि का बहुत सम्मान किया जाता है। मां और मातृभूमि स्वर्ग से भी महान है।'

(वाल्मीकि रामायण, युद्धकाण्ड, सर्ग-124, श्लोक 17)

14 फरवरी, 2019 की सुबह देश के लिए एक मनहूस खबर लेकर आई। कश्मीर के पुलवामा में सी.आर.पी.एफ. जवानों को ले जा रही बस पर एक आत्मघाती हमलावर ने हमला कर दिया जिसमें चालीस भारतीय जवान शहीद हो गए। वह आत्मघाती आतंकी आदिल अहमद डार जैश-ए-मोहम्मद का सदस्य था। ऐसे कायरतापूर्ण आतंकी हमले के खिलाफ देश में गुस्सा फूट पड़ा। हर जगह बंद देखे गए, कैंडल मार्च निकाले गए, शांति प्रार्थनाएं की गईं। सुरक्षाकर्मियों की शहादत पर पूरे देश ने शोक जताया।

26 फरवरी, 2019 को हमें आश्चर्य हुआ, जब हमारी सेना ने पुलवामा में हुए हमले का जवाब हवाई हमले से दिया। भारतीय वायुसेना ने बारह मिराज जेट विमानों को पाकिस्तान सीमा के अंदर ले जाकर, बालाकोट, खैबर और पख्तूनख्वां में जैश के आतंकवादी ठिकानों का सफाया कर दिया। उसके वरिष्ठ कमांडरों पर मौत का साया मंडरा गया। मुझे बहुत संतुष्टि है कि हमारे देश ने आखिरकार दुश्मन को उसकी नापाक हरकतों पर सबक तो सिखाया। 4 मार्च, 2019 को अहमदाबाद की एक रैली में प्रधानमंत्री नरेंद्रभाई मोदी ने गरजते हुए कहा था, 'अगर आतंकवादी जमीन के नीचे भी छुपेंगे, तो हम उन्हें ढूंढ लेंगे और उनके घर में घुसकर मारेंगे।'

9 मार्च, 2019 को मैं श्री मुकेशभाई अंबानी के बेटे आकाश की शादी में गया था। उनके दादा श्री धीरूभाई अंबानी का जन्म 1932 में चोरवाड, जूनागढ़ राज्य में हुआ था। आकाश अंबानी की शादी 'रोजी ब्लू' नाम की हीरा कंपनी के श्री रसेलभाई अरुणभाई मेहता की बेटी श्लोका मेहता के साथ तय हुई थी। मैं लड़की की पार्टी में गया था। विवाह-स्थल बांद्रा के Jio वर्ल्ड सेंटर में दो दिनों तक अंबानी परिवार के साथ रहने का लाभ मिला। शादी की शुरुआत में पूरे परिवार ने धीरूभाई अंबानी और नीताबहन के पिता श्री रवीन्द्रभाई दलाल को श्रद्धांजलि दी। रतन टाटा भी वहां उपस्थित थे जिन्हें हमने पिछले वर्ष 'संतोकबा मानवरत्न पुरस्कार' से सम्मानित किया था। उन्होंने उन पलों को याद किया जब वे सूरत आए थे और फिर उन्होंने हमारे परिवार के बारे में पूछा। शादी की आपाधापी में भी रतन टाटा जैसे महान इंसान ने सभी को याद किया।

10 मई, 2019 को SRK परिवार के 130 सदस्य स्पेन गए थे। यह मुंबई से दुबई होते हुए बार्सिलोना की उड़ान थी। बार्सिलोना पूर्वोत्तर स्पेन में एक बड़ा विकासशील शहर है। राजधानी होने के अलावा, यह शहर स्पेन की दूसरी सबसे बड़ी नगरपालिका और कैटेलोनिया के स्वायत्त समुदाय का सबसे बड़ा शहर है। यह अब एक स्वतंत्र राष्ट्र बनना चाहता है। एक सुंदर, जीवंत शहर जिसके शहरी क्षेत्र में लगभग 20 लाख लोग रहते हैं, एक वैश्विक शहर माना जाता है। इसे दक्षिण-पश्चिमी यूरोप का सांस्कृतिक-आर्थिक-वाणिज्यिक केंद्र भी माना जाता है। यह स्पेन का बायोटेक हब भी है।

बेलिएरिक सागर में हमने एक क्रूज लिया और फ्रांस के शहर मार्सिले, इटली के जेनोआ, नेपल्स, मेसिना जैसे शहरों और भूमध्यसागरीय द्वीप माल्टा आदि का दौरा किया। क्रूज वेलेटा के बंदरगाह पर पहुंचा और हमें समुद्रतटीय खूबसूरत जगहें देखने का मौका मिला।

23 मई, 2019 श्री नरेंद्रभाई के नेतृत्व में भाजपा ने दूसरी बार लोकसभा चुनाव में शानदार सफलता हासिल की। उस दिन हमारा धोलकिया परिवार देर रात तक बातें कर रहा था। हर कोई चाहता था कि मैं कुछ कहूं। मैंने शुरू किया; 'दुनिया बदल रही है, भारत भी बदल रहा है। हां, कुछ चीजें कभी नहीं बदलतीं। एक अपरिवर्तनीय हीरे की तरह, यह पृथ्वी की निचली परत से आता है और एक बहुमूल्य रत्न बनने के लिए एक कठिन प्रक्रिया से गुजरता है। इस शाश्वत सत्य को जानना बहुत जरूरी है। सभी लोग बहुत शांति से सुन रहे थे। फिर चंपा ने मुझसे कुछ और समझाने को कहा। मैंने कहा, 'मैं लगातार कहता रहा हूं कि हमारा जीवन 'त्रिवेणी संगम' जैसा है। यहां तीन अटल सत्य हैं –

1. 'ईमानदारी और सत्यनिष्ठा जीवन में प्रगति के बुनियादी-आधिकारिक मार्ग हैं।
2. यह संसार किसी अदृश्य देवत्व द्वारा संचालित है। प्रत्येक व्यक्ति में वही सर्वव्यापक एवं सर्वशक्तिमान ईश्वर विद्यमान है।
3. परिवार जीवन की वास्तविकता है। आप एक परिवार नहीं चुन सकते। यह तो भगवान का उपहार है। आप भी परिवार के लिए एक उपहार हैं।'

मुझे खुद भी आश्चर्य हुआ कि मैं इसे कैसे व्यक्त कर सकता हूं। हां, यह सच है कि डोंगरेजी महाराज के स्पर्श से मेरे जैसे कई श्रोताओं और भक्तों का जीवन बदल गया होगा। उन्होंने हमें श्रीमद्भागवत जैसे ग्रंथ का स्वादिष्ट हलवा खिलाया है, जिसमें ज्ञान का दूध, वैराग्य का घी और भक्ति की चीनी मिली हुई है। इस प्रकार मैंने ज्ञान, वैराग्य और भक्ति के जीवन-चक्र को आत्मसात कर लिया।

श्रेयांस ने उत्सुकता से कहा, 'पिताजी, पूज्य डोंगरेजी महाराज के कुछ उपदेश बताइए!' मैंने कहा, 'जरूर... सीखने लायक पहला पाठ मुझे लगा है कि परिवार में पिता-पुत्र के स्वस्थ संबंध। अश्वत्थामा को अपने पिता द्रोणाचार्य से उपहार के रूप में नारायणास्त्र प्राप्त हुआ था। पिता ने उसे चेतावनी दी, बेटा, इसका प्रयोग कभी भी लापरवाही से मत करना। लेकिन जैसा कि हमेशा होता है, अपरिपक्व नई पीढ़ी अपने माता-पिता की बात नहीं सुनती या उन्हें याद नहीं करती और परिवार को तुरंत नष्ट कर देती है। अश्वत्थामा ने अभिमन्यु के पुत्र के भ्रूण को भी नारायणास्त्र से नष्ट कर दिया लेकिन सौभाग्य से नारायण ने स्वयं भ्रूण की रक्षा की। हम जानते हैं कि वे उत्तरा के गर्भ में पल रहा बच्चा परीक्षित था, और वह पांडवों का एकमात्र उत्तराधिकारी था। उसके बाद परीक्षित की सर्पदंश से मृत्यु हो गई। इस कहानी से यह समझ आता है कि कोई भी पिता अपने बेटे को कुछ नहीं दे सकता और कोई भी बेटा अपने पिता से कुछ नहीं ले सकता।' मैंने परिवार को बताया कि यह संसार किसी अदृश्य दैवीय शक्ति द्वारा संचालित है, जिसे कोई जान या समझ नहीं सकता।

मेरे आश्चर्य के बीच चंपा ने भी मेरी बात की पुष्टि करते हुए कहा, 'जो कुछ है, जो हो रहा है और जो कुछ होगा - वह सब श्रीराम ने किया है। राम की पूजा करना यानी उनके जीवन का अनुसरण करना है, तभी कोई व्यक्ति शिक्षित, भक्त माना जाता है। मानव जीवन व्यवहार में आदर्श स्थापित करने के लिए ही श्रीराम मानव रूप में इस संसार में अवतरित हुए थे। इसलिए जीवन की हर स्थिति में राम के आदर्श का अनुसरण करें। यह दुनिया में, जीवन में और दुनिया में बढ़ने और खुश रहने का राजमार्ग है।'

तब मेरे भतीजे राकेशभाई ने कहा, 'काका, आज के आधुनिक युग में ऐसी कई स्थितियां, अवसर और चरित्र हैं जो राम के समय में नहीं थे। जब अनुसरण करने लायक कोई आदर्श या उदाहरण न हो तो क्या करें?'

मैंने कहा, 'अरे बेटा, ऐसी कोई स्थिति नहीं है, जिसका उल्लेख रामकथा में न हो। यह संपूर्ण जीवन का महाकाव्य है। बाह्य रूप भले ही भिन्न-भिन्न हों, घटनाओं के मूल प्रश्न एक ही और सार्वभौमिक हैं। श्रीराम ने अपने पिता राजा दशरथ की आज्ञा का पालन किया, भले ही वह गलत आदेश था, उन्होंने उसका विरोध नहीं किया, उसका पालन किया। राम के मना करने पर सीताजी उनके साथ वन में चली गईं। चारों भाइयों- राम, लक्ष्मण, भरत, शत्रुघ्न के बीच भाईचारे को महान दिखाया गया है। परिस्थिति चाहे कैसी भी हो, शांत बैठो, बाहरी परतों को हटाओ, सच्चे आंतरिक स्वरूप को देखो, समझो और सीतारामजी के उदाहरण का अनुसरण करो। यदि हम ऐसा करते हैं तो हमें जीवन में कभी भी अपने निर्णयों या कार्यों पर पछतावा नहीं होगा। हम सदैव अकल्पनीय प्रगति एवं विकास हासिल करेंगे।'

मैंने अपना पहला ईमानदारी और सत्यनिष्ठा का पाठ मेरे पिताजी से सीखा था। पूज्य डोंगरेजी महाराज से जीवन को ईश्वर-प्रेरित घटना के रूप में समझना और देखना सीखा। वास्तव में, कोई प्रश्न मौलिक नहीं हैं, इसलिए कोई वास्तविक उत्तर भी नहीं हैं। सभी प्रश्न किसी परीक्षा के प्रश्न पत्र के समान हमारे सामने उपस्थित हो जाते हैं। ईश्वर हमें कभी भी ऐसे प्रश्न या परिस्थितियां नहीं देते जिनका हम समाधान नहीं ढूंढ सकते चलो, भगवान पर इतना विश्वास रखें। किसी भी स्थिति में हमारी असली परीक्षा यह है कि हम ईमानदारी और सत्यनिष्ठा पर कायम रहते हैं या चालाकी के प्रलोभन में पड़ते हैं। यह पहला सिद्धांत है, जिसे मैंने सीखा है और अपने जीवन में इसका पालन किया है। एक दिन श्री इंद्रवदनभाई चौकसी के सत्संग में संस्कृत पंडित श्री दानीदत्त झा ने आदि शंकराचार्य का एक श्लोक प्रस्तुत किया था,

अविज्ञाते परे तत्त्वे शास्त्राधीतिस्तु निष्फला।
विज्ञातेऽपि परे तत्त्वे शास्त्राधीतिस्तु निष्फला।।

'जब तक उच्चतम सत्य का ज्ञान नहीं हो जाता, तब तक शास्त्रों का अध्ययन व्यर्थ है। एक बार जब उस परम सत्य का बोध हो जाता है तो शास्त्रों का अध्ययन व्यर्थ लगता है।'

(विवेक-चूड़ामणि, 61)

तभी हमारी बहू स्वीटी ने पूछा, 'पापाजी, दूसरा सिद्धांत कौन-सा है? उसके बारे में भी बताइए?' मैंने कहा, 'बेटा, एक और सिद्धांत यह है कि यह दुनिया किसी अदृश्य दैवीय शक्ति द्वारा संचालित हो रही है। मैंने अपने जीवन में डोंगरेजी महाराज से सीखा कि इस दुनिया को सुधारने के चक्कर में मत पड़ो। हम खुद को सुधारेंगे तो दुनिया अपने-आप सुधर जाएगी। भगवान कृष्ण के बिना संसार में कुछ भी सत्य नहीं है। यदि आप मन की शांति चाहते हैं, तो दुनिया के बारे में चिंता करना बंद कर दें। आइए मान लें कि यह दुनिया ईश्वर की योजना के अनुसार चल रही है। जो मूल्य- प्रेम, प्रशंसा आदि आज हमें पसंद हैं, हो सकता है कल वे हमें पसंद न आएं क्योंकि विचार परिवर्तनशील हैं। जो आज उपयोगी है वह कल अनुपयोगी हो सकता है; जो आज आकर्षक लग रहा है वह कल अनाकर्षक लगने लग सकता है। मन के साथ भी ऐसा ही है, इसकी पसंद-नापसंद, नजरिया और व्यवहार हमेशा बदलते रहते हैं। भाग्य और जीवन भी उसी के अनुसार बदलते हैं। जो आज ऊपर जा रहा है, वह कल नीचे भी आएगा। यदि हम आज किसी की प्रशंसा करते हैं, तो कल उसकी आलोचना करने की बारी हमारी होगी। तो आइए याद रखें कि जो आज हमारी प्रशंसा या चापलूसी कर रहे हैं, वे कल हमसे नफरत कर सकते हैं। संसार में कुछ भी स्थायी या शाश्वत नहीं है और केवल ईश्वर ही शाश्वत है।'

राजा परीक्षित ने शमीक ऋषि का अपमान किया तो ऋषि पुत्र ने उन्हें शाप दिया कि तुम्हारी मृत्यु सात दिन में सर्पदंश से हो जाएगी। उसी समय महर्षि शुकदेवजी उधर से गुजर रहे थे। परीक्षित राजा ने महर्षि से प्रश्न किया, 'इन सात दिनों में मैं क्या कर सकता हूं'? शुकदेवजी कहते हैं, 'हे राजन! क्या आपके मन में अभी भी कोई अपेक्षा है'? परीक्षित कहते हैं, 'नहीं, मैंने इस जीवन में बहुत सुख भोगा है। कोई इच्छा बाकी नहीं है। शुकदेवजी कहते हैं, 'मैं तुम्हें इन सात दिनों तक भागवत कथा सुनाऊंगा।'

प्रथम दिन मैं तुम्हें बताऊंगा कि मानव जीवन का स्वरूप क्या है? इसमें कैसे रहना है? दूसरे दिन मैं वर्णन करूंगा कि एक व्यक्ति अपना स्वभाव कैसे स्थिर रख सकता है? उसके लिए क्या रास्ते और साधन हैं? मैं इसका वर्णन करूंगा और बताऊंगा कि भगवान को कैसे प्राप्त किया जा सकता है? तीसरे दिन, मैं इस बारे में बात करूंगा कि कैसे हर आदमी को सम्मान के साथ जीने का प्रयास करना चाहिए और संयम के अनुसार सम्मान और अपमान सहन करना चाहिए। चौथे दिन मैं जीव और शिव के संबंध के बारे में बताऊंगा। भगवान हर इंसान के हृदय में निवास करते हैं। मैं मनुष्य के संसार और ईश्वर के साथ संबंध के बारे में बात करूंगा। पांचवें दिन जब मनुष्य उन्नति के शिखर पर पहुंच जाता है, तब अहंकार आ जाने पर उसका पतन कैसे होता है इसकी कथा मैं बताऊंगा। छठे दिन, मैं वर्णन करूंगा कि भगवान के विभिन्न रूपों के बावजूद भगवान एक ही हैं और भगवान की पूजा

किसी भी रूप में कैसे की जा सकती है। सातवें दिन मैं कहूंगा कि मनुष्य किसी भी रूप में ईश्वर की आराधना कर सकता है, लेकिन अंततः ईश्वर एक ही है। ईश्वर प्रत्येक मनुष्य को लगभग कुछ न कुछ महिमा देता है। जो भी बल, शक्ति, धन और विद्या अर्जित की जाए उसमें ईश्वर का अंश रखना चाहिए अर्थात् एक अंश अलग रखकर जरूरतमंदों की सहायता करनी चाहिए। केवल अपने लिए जीवन जीना पशुबुद्धि कहलाती है।'

इस प्रकार शुकदेवजी ने राजा परीक्षित को भौतिक शरीर और इंद्रियों से परे हमारा वास्तविक स्वरूप समझाया। समुद्र में हजारों लहरें आती हैं। समुद्र में जिस तरह कार्य चल रहा है, वही कार्य ब्रह्माण्ड में भी चल रहा है। इस दुनिया में हर चीज चेतना के निम्न से उच्च स्तर तक विकसित होती है। यह एक ही क्रिया है, जो घटित होती रहती है। अन्य सभी कार्य इसके इर्द-गिर्द घूमते हैं।

मेरे भतीजे राहुलभाई ने जिज्ञासा व्यक्त की, 'इस दुनिया में कई लालची आकर्षण हैं जो हमारे लिए अच्छे हैं, फिर हमें इंद्रियों से परे देखने की आवश्यकता क्यों है?' मैंने अपना सामान्य उत्तर दिया, 'राहुल बेटे, यह जो फीलगुड हम महसूस करते हैं, वह हमारी इंद्रियों द्वारा बनाई गई दुनिया है। हम अपनी इंद्रिय गतिविधि के जाल में फंस गए हैं जो आनंददायक है, उसके पीछे भाग रहे हैं और जो दुखद है, उससे बचने की कोशिश कर रहे हैं। लेकिन ईश्वर दोनों में है। जैसा कि पहले उल्लेख किया गया है जो आज अच्छा लगता है, वह कल अच्छा नहीं लग सकता है। हम किसी रहस्यमय शक्ति के हाथों की कठपुतली की तरह नाचते हैं।'

मेरे छोटे भाई की धर्मपत्नी शारदाबहन ने भी चर्चा में रुचि ली और पूछा, 'लेकिन बड़े भाई, आप कहते हैं कि दुनिया में अदृश्य शक्ति काम कर रही है तो फिर वह शक्ति गलत कार्यों को क्यों सिर्फ देखती रहती है? उसे रोकती क्यों नहीं?' शारदाबहन के मन में एक बहुत अच्छा प्रश्न उठा था और जवाब में मैंने कहा, 'देखो, भगवान ने हममें से प्रत्येक को एक चुनाव का विकल्प दिया है। भगवान इसे वापस नहीं लेते। मनुष्य जो कुछ भी करता है, उसमें ईश्वर हस्तक्षेप नहीं करता। लेकिन हां, हर किसी को अपने कर्मों का परिणाम भुगतना पड़ता है। ईश्वर भी उसमें हस्तक्षेप नहीं करते।' श्रीकृष्ण गीता में कहते हैं,

ये यथा मां प्रपद्यन्ते तांस्तथैव भजाम्यहम्।
मम वर्त्मानुवर्तन्ते मनुष्याः पार्थ सर्वशः।।

हे अर्जुन! जो भक्त मुझे जिस प्रकार भजते हैं, मैं भी उनको उसी प्रकार भजता हूँ; क्योंकि सभी मनुष्य, सब प्रकार से मेरे ही मार्ग का अनुसरण करते हैं।'

(श्रीमद् भगवद्गीता, अध्याय 4, श्लोक 11)

मेरा तीसरा सिद्धांत परिवार के महत्व के बारे में है। परिवार ही जीवन का अंतिम सत्य है। यहां मुझे डोंगरेजी महाराज का भी स्मरण आता है। भगवान श्रीराम मातृ-पितृभक्त हैं। अतः जो माता-पिता का भक्त है, वह राम का प्रिय पात्र है। यदि हम ईश्वर के प्रति अपनी भक्ति में असफल होते हैं, तो ईश्वर शायद ध्यान नहीं देगा, लेकिन यदि हम अपने कर्तव्य, भक्ति या अपने माता-पिता की सेवा में असफल होते हैं, तो ईश्वर को यह पसंद नहीं आएगा। ईश्वर हमें डांट सकते हैं या दंडित कर सकते हैं... माता-पिता तो असली भगवान अपने स्वरूप में ही हमारे सामने हैं। 'मातृदेवो भव, पितृदेवो भव।' एक वैदिक वाक्यांश है।

लेकिन मेरे भतीजे की पत्नी कोमल ने मुझे रोका और उत्सुकता से पूछा, 'काका, मैं राम की बात समझ गई, ठीक है। लेकिन श्रीकृष्ण के बारे में क्या? उन्होंने अपने माता-पिता तथा वृन्दावन और मथुरा को भी छोड़ दिया था और द्वारका जा बसे थे। मैंने सस्मित कहा, 'बेटा कोमल, कृष्ण इस दुनिया में स्वयं भगवान के रूप में अवतरित हुए हैं। अगले अवतार में राम को मर्यादापुरुषोत्तम के रूप में मानव समाज के लिए नैतिकता और नियमों का उदाहरण प्रस्तुत करना था। कृष्ण पूर्णपुरुषोत्तम के रूप में अवतरित हुए हैं। मानव स्वभाव की पूर्णता का दर्शन रामायण का विषय है और भगवान कृष्ण में पूर्णता का प्रदर्शन है। कृष्ण ने जो कुछ किया वह संसार के विपरीत था जबकि राम ने जो कुछ किया वह संसार में एक आदर्श स्थापित करने के लिए था। इसलिए राम का जीवन अनुकरणीय है और कृष्ण का जीवन चिंतनीय है।'

मैंने आगे कहा, 'हमने भगवान के नाम पर अपनी कंपनी शुरू की है। पूज्य डोंगरेजी महाराज कहते थे, कोई भी काम करो तो भगवान को साथ रखो, भगवान के नाम पर करो। मुझे भगवान राम और कृष्ण दोनों से प्यार था, किसे छोडूं? इसलिए मैंने दोनों नाम एक साथ रख दिए। लक्ष्मी का दूजा नाम है, 'श्री' इसीलिए कंपनी का नाम 'श्री रामकृष्ण' रखा गया है। हमें धनलक्ष्मी अपने लिए और दूसरों की भलाई के लिए अर्जित करनी थी। हमें नियमों का पालन करना था और कुछ अनोखा और अभूतपूर्व करना था। हम अपने लक्ष्यों और प्रयासों के प्रति प्रतिबद्ध हैं।'

सभी को मेरी बातचीत दिलचस्प लगी तो मेरे भागवत नामधारी भतीजे प्रभुभाई ने कहा, 'काका, श्रीकृष्ण मथुरा छोड़कर द्वारका क्यों चले गए?' मैंने समझाया, 'प्रभुभाई, श्रीकृष्ण ने जीवन का एक चरण पूरा किया और फिर दूसरे चरण में प्रवेश किया। एक बच्चे के रूप में कन्हैया ने सभी बाललीलाएं पूरी कीं, फिर गृहस्थ चरण में प्रवेश करने पर वे द्वारका चले गए। तो आप देख सकते हैं कि वृन्दावन के नटखट कन्हैया द्वारका में राजसी कृष्ण बन रहे थे। इसके अलावा भी उन्हें अभी बहुत कुछ करना था। वृन्दावनलीला, द्वारकालीला के बाद कुरुक्षेत्रलीला का चरण आता है।

कृष्ण ने राजा बनकर देश की रक्षा की, उसके बाद महाभारत के युद्ध में गीता ज्ञान में कितना अच्छा जीवन संदेश दिया गया है!'

भतीजा अक्षय खुश होकर बोला, 'तो हमें राम की तरह रहना चाहिए और कृष्ण कहे उस अनुसार करना चाहिए।' उसने आगे कहा, 'यह काका के जीवन का तीसरा सिद्धांत है। उन्होंने हमारे पूरे परिवार को एकजुट रखा और कारोबार भी बढ़ाया। वह हमारे कांजीदादा परिवार के 1500 सदस्यों के साथ विकास के पथ पर चल रहे हैं।'

इस प्रकार सत्संग पार्टी चलती रही, सभी को बहुत अच्छा लगा लेकिन मेरी पत्नी चंपा ने शुरुआत में सीतारामजी के बारे में संक्षेप में बात की, इसके अलावा वह मुझे घूरती रही। अंत में उसने स्पष्ट टिप्पणी की, 'आप साधु क्यों नहीं बन गए? क्या आपने डोंगरेजी महाराज से इसके बारे में नहीं पूछा?' उसकी व्यंग्यात्मक टिप्पणी से हर कोई चकित रह गया लेकिन मैं सचमुच गंभीर हो गया। मैंने कहा, 'हां, दरअसल मैंने योगीजी महाराज से पूछा था कि मैं साधु बनना चाहता हूं। उन्होंने कहा कि यदि आप साधु बनना चाहते हैं तो आपको एक काम करना होगा। दूसरों के गुणों को देखें और अपने दोषों को पहचानें। यदि आप अपनी आंखों को हर जगह अच्छाई, अच्छाई और अच्छाई देखने के लिए प्रशिक्षित करते हैं, तो आप साधु ही हैं।'

मेरे भतीजे के बेटे ध्रुवल को मेरा मजाक उड़ाने का मौका मिल गया, 'तो फिर दादाजी, क्या आप साधु बनने में सफल हो गए?' मैंने अपने परिवार की नई पीढ़ी से अपने अंतिम शब्द गंभीरतापूर्वक कहे, 'बेटा ध्रुवल, मैं जानता हूं कि मैं कपड़ों से साधु नहीं बना हूं, बल्कि मैंने जीवन में हमेशा अच्छे कर्म करने का प्रयास किया है। यदि कोई साधु या गरीब व्यक्ति आपके द्वार पर आए और आप उसे कुछ न दें तो कोई बात नहीं, लेकिन उसे सम्मान जरूर दें। दूसरों का सम्मान करने में हम कुछ नहीं खोते। ईश्वर यहीं है, हमारे चारों ओर और हमारे भीतर। वह हमारे हर विचार और कार्य पर नजर रखता है। उसे कभी निराश नहीं करना, कभी दुखी नहीं करना। हमारी बातचीत के दौरान मेरे छोटे भाई अरजनभाई के बेटे ईश्वरभाई, उनकी बड़ी बहू कृष्णा और छोटी बहू माधवी भी मौजूद थे।

आइए बात करते हैं, मेरे पिताजी की याद में शुरू की गई एक अनूठी सेवा परियोजना 'लालजीदादा का वडलो' (वडलो = वटबृक्ष) की। लाठी गांव का यह सामाजिक सेवा परिसर कई लोगों को आश्रय देता है। वह वृक्ष की छाया के समान, गुजरते मुसाफिरों का आसरा है। लालजीदादा के परिवार की शाखाएं इस चौथी पीढ़ी तक फैली हुई हैं।

एक बार मई, 2016 में घनश्यामभाई धोलकिया के दोस्त निमेशभाई मेहता मुंबई से दुधाला आए। तभी उन्हें मधुमक्खी के छत्ते की कुछ मक्खियों ने काट लिया

जिससे उन्हें बहुत गंभीर पीड़ा हुई। लेकिन तुरंत 'लालजीदादा का वडलो' में उनका इलाज किया गया और वे दर्द से मुक्त हो गए। इस सेवाकार्य से प्रेरित होकर उन्होंने मुंबई में 'संकल्प सेफ्टी सॉल्यूशंस' नामक कंपनी की स्थापना की। वे इस कंपनी के मुनाफा का उपयोग केवल सेवा गतिविधियों में ही करते हैं।

पहली बार मैं 2010 में श्री वी.बी नारोला, श्री धनजीभाई झडफिया, श्री केशवभाई गोटी और अन्य लोगों के साथ नागालैंड गया। वहां आर.एस.एस के श्री पंकज सिन्हा 'विद्या भारती' शिक्षण संस्थान का काम संभाल रहे हैं। वे दूसरों के सामने हमारी पहचान 'शिक्षक' के रूप में कराते थे क्योंकि उद्योगपति को उग्रवादियों द्वारा उठाए जाने का डर था। उस समय वहां के स्थानीय लोग खुद को भारतीय नहीं बताते थे। वे हमारा परिचय भी इस तरह कराते थे, 'ये लोग भारत से आए हैं।' उस समय कोई सुरक्षा या संरक्षा नहीं थी।

वहां हमारी मुलाकात श्री ब्रह्मदेवजी शर्मा (भाईजी) से हुई। वे 75 वर्ष के थे। वे अखिल भारतीय शिक्षा संस्थान, 'विद्या भारती' के अध्यक्ष थे। विद्या भारती आर.एस.एस का शिक्षा गतिविधि विभाग है। भारत में विद्या भारती के 28,000 स्कूलों में 35 लाख से अधिक बच्चे शिक्षा प्राप्त कर रहे हैं। मैंने महसूस किया कि एक 'भगत' के रूप में श्री ब्रह्मदेवजी शर्मा में मेरी छाप झलकती है- वे पहनावे, बोलचाल और व्यवहार में सादगी की मिसाल थे। उन्होंने मुझे सुदूर पिछड़े इलाकों में शिक्षा का महत्त्व समझाया।

एक अन्य नागा नेता, पद्मश्री प्योंग टेमजेन जमीर हिंदी साहित्यि के विद्वान हैं। मेरी उनसे भी मुलाकात हुई। वे लगभग मेरी उम्र के हैं और उनका जन्म नागालैंड के मोकोचुंग जिले में हुआ था। वे हिन्दी सीखने के लिए वर्धा (महाराष्ट्र) आए और चार वर्ष तक वहीं रहे। वहीं से उन्होंने दीमापुर में राष्ट्रभाषा हिंदी शिक्षा संस्थान की शुरुआत की है। उनका मानना है कि नागालैंड के बच्चों और युवाओं को हिंदी सिखाने से उनमें राष्ट्रवाद की भावना विकसित होगी और वे भारतीय समाज में घुल-मिल सकेंगे जो उनके हित में होगा। आज परिणाम दिख रहा है कि अब नागालैंड के स्कूलों के पाठ्यक्रम में हिंदी विषय अनिवार्य कर दिया गया है।

जून, 2019 में हम नौ साल के अंतराल पर फिर से नागालैंड गए। पहाड़ी गांवों को जोड़ने वाली नवनिर्मित सड़कों और अन्य प्रगति को देखकर हमें बहुत खुशी हुई। इस बार मुझे 'मैं भारत से हूं', सुनने को नहीं मिला। आज भी कई लोग पूर्वोत्तर राज्यों और यहां के लोगों के लिए नकारात्मक खबरें उछालते रहते हैं। अत: हमारी राष्ट्रीय चेतना में वह क्षेत्र न केवल भौगोलिक रूप से दूर है, बल्कि मानसिक रूप से भी पराया है। हर पूर्वांचलीय मनुष्य हमें एक जैसा ही लगता है क्योंकि हम वहां की शारीरिक संरचना की विविधता से परिचित नहीं हैं। नागालैंड के लोगों को

दिल्ली की सरकार पर भरोसा नहीं था, लेकिन अब वे नरेंद्र मोदी की सरकार को विश्वास की नजर से देखते हैं।

विद्या भारती ट्रस्ट द्वारा संचालित स्कूल, धनसिरिपार के सरस्वती शिशु मंदिर स्कूल में हम रुके। अगली सुबह हमें नहाने के लिए पास के कुएं से टूटी बाल्टी में पानी लाना पड़ा। फिर किशोर जिदांग के साथ हम स्थानीय निवासी कमलेश्वर हाफलोंगबार के घर गए। बातचीत से पता चला कि वहां एक पुराने, टूटे हुए शिव मंदिर के अलावा कोई अन्य मंदिर नहीं था। उस दिन हमने वहां मंदिर बनाने का निर्णय लिया। मैंने गांववालों से कहा, आप लोग पैसा इकट्ठा करो। आप जितना इकट्ठा करोगे, उतना ही मैं दान कर दूंगा। कुछ वर्षों में वे केवल 50,000 रुपए ही इकट्ठा कर सके। 2010 में जिस मंदिर निर्माण परियोजना की परिकल्पना की गई थी, वह 2017 तक पूरी नहीं हुई थी। उस समय मैंने अपने भतीजे राकेशभाई को गुजरात के इंजीनियरों और कारीगरों के साथ वहां भेजा। इस प्रकार धनसिरिपार मंदिर का निर्माण पूरा हुआ। हमने सोमपुरा जैसे मंदिर डिजाइनरों की सेवाएं लीं। जयपुर से मार्बल लिया। हमारे श्री रामकृष्ण वेलफेयर ट्रस्ट ने पचहत्तर लाख रुपए की वित्तीय सहायता प्रदान की। पहला शिव मंदिर नागालैंड राज्य में बनाया गया था। नागालैंड में भगवान शिव को 'शिबराई' कहा जाता है।

हमारे मेजबान किशोर जिदांग और अन्य स्थानीय सदस्यों के साथ नागालैंड के राज्यपाल श्री पद्मनाभ बालकृष्ण आचार्यजी से मिलकर खुशी हुई। हमने उन्हें और उनकी पत्नी कविताजी को मंदिर के उद्घाटन समारोह में आमंत्रित किया। आचार्य जी ने स्वयं पूर्ण पांडित्यपूर्ण संस्कृत श्लोक गाकर समारोह का संचालन किया। उस वक्त मौजूद 150 लोगों में से 130 महिलाएं और 20 पुरुष थे। कारण पूछने पर बिनीता जिदांग नाम की एक स्थानीय महिला से पता चला कि इस महिला प्रधान समाज में महिलाएं घर की देखभाल के अलावा परिवार की आर्थिक कमाई के लिए भी जिम्मेदार होती हैं जबकि पुरुष शराब पीने के अलावा लगभग कुछ भी नहीं करते हैं।

इसके बाद मंदिर निर्माण के सहयोगी त्रिवेणी कंस्ट्रक्शन और ग्रामीणों से सौहार्दपूर्ण मुलाकात की, उनके साथ भोजन किया। तब किशोर जिदांग ने सभी को 7 नवंबर, 2011 को मंदिर के शिलान्यास, हमारी पहली यात्रा, हमारे वित्तीय सहयोग की घोषणा और जनभागीदारी के अनुभव के बारे में बताया। यह बहुत मेहनत और धैर्य का काम था। उनके स्थानीय सहयोगी कमलेश्वर हेफलोंगबार ने भी उनका काफी सहयोग किया लेकिन हमें अफसोस है कि वे मंदिर निर्माण पूरा होते देखने के लिए जीवित नहीं रह सके। विद्या भारती ट्रस्ट के एक स्थानीय स्वयंसेवक लानु तीजीर ने हममें से 30 लोगों की यात्रा व्यवस्था को शानदार ढंग से संभाला।

भाषा, धर्म, जीवनशैली, रीति-रिवाजों की अपार विविधता के बावजूद, हिंदू धर्म देश को एक साथ रखता है क्योंकि हिंदू धर्म विविधता को स्वीकार करता है। वह विभाजन में विश्वास नहीं रखता। अतः भारत हिन्दू राष्ट्र है। आज पूर्वोत्तर भारत के 7 बहन और 1 भाई जैसे राज्यों को नमस्ते (NAMASTe) के नाम से जाना जाता है । NAMASTe- का अर्थ है, राज्यों के प्रारंभिक अक्षर- नागालैंड, असम, मेघालय, मणिपुर, मिजोरम, अरुणाचल प्रदेश, सिक्किम और त्रिपुरा। इनमें से सिक्किम को भाई और अन्य 7 राज्यों को 'सेवन सिस्टर्स' के नाम से जाना जाता है।

मंदिर प्राणप्रतिष्ठा के दूसरे दिन, राज्यपाल आचार्यजी ने हमें कोहिमा शहर में गवर्नर हाउस में आमंत्रित किया। हम सभी गवर्नर हाउस गए और वहां रात बिताई। मैं, वी.बी नारोला और रवजीभाई मोणपरा राज्यपाल के साथ हेलिकॉप्टर से दीमापुर से कोहिमा तक गए। वहां राज्यपाल ने हमारा बहुत खयाल रखा। नागालैंड की अनूठी संस्कृति से परिचित कराने के लिए एक सांस्कृतिक कार्यक्रम का आयोजन किया।

मैं श्री अश्विनीकुमार को भी जानता था, जो पहले यहां के राज्यपाल थे। हमारा परिचय 2006 में सूरत के पूर्व पुलिस आयुक्त श्री जी.सी रायगर द्वारा कराया गया था। जब अश्विनीकुमार जी CBI के उपनिदेशक थे, तब उन्होंने हमारी फैक्ट्री में शिष्टाचार भेंट भी की थी। श्रेयांस तब IIPM में पढ़ रहा था। उन्होंने श्रेयांस से कहा, 'भाई, तुम IIPM में जो MBA पढ़ रहे हो, वह तो केवल 2 प्रतिशत ज्ञान है, बाकी 98 प्रतिशत ज्ञान, प्रबंधन और सांसारिक ज्ञान जो तुम्हें चाहिए वह तुम्हारे पिता के पास है, वह एक जीवित विश्वविद्यालय की तरह हैं, उनसे सीखो।' दुर्भाग्य से, 7 अक्टूबर, 2020 को शिमला में उनका निधन हो गया।

1721 में स्थापित वडोदरा रियासत पर मराठा वंश के गायकवाड़ राजघराने का शासन था। यह लगातार उत्कृष्ट प्रशासन का एक मॉडल रहा है। वडोदरा के लालबाग इलाके में 55 एकड़ में फैला प्रताप विलास पैलेस, महाराजा सयाजीराव तृतीय ने अपने बड़े बेटे फतेसिंह राव गायकवाड़ के लिए बनवाया था। आज यहां राष्ट्रीय भारतीय रेलवे अकादमी (NAIR) है। मुंबई सरकार ने 1949 में यह महल रेलवे को पट्टे पर दे दिया और 1964 में रेलवे ने इसे खरीद लिया। मुझे 10 अप्रैल, 2019 को इस अकादमी में भारतीय रेलवे के इंजीनियरिंग, मेडिकल और प्रबंधन संवर्ग के अधिकारी प्रशिक्षुओं के सामने बोलने का सौभाग्य मिला। NAIR, यू.पी.एस.सी. के माध्यम से भारतीय रेलवे के अकाउंट, मेडिकल और भंडार सेवा अधिकारी प्रशिक्षुओं के लिए एक 'केंद्रीय प्रशिक्षण संस्थान' के रूप में कार्य कर रही है।

युवा अधिकारियों से मिलकर मुझे बहुत खुशी हुई। यह अधिकारी कड़ी प्रतिस्पर्धा और कठोर मूल्यांकन प्रक्रिया से गुजरे थे। उनसे अपनी शिक्षा और उसके

बाद की जीवन-यात्रा के बारे में बात की। पेशेवर सफलता के बारे में बात करते हुए, कुछ मूल्यों और सिद्धांतों पर जोर देने वाली मेरी बात वे सुनते रहे। मैं खुद से ज्यादा शिक्षित इतने सारे युवाओं को और क्या कह सकता हूं! लेकिन मैंने डोंगरेजी महाराज के मूल्यों का हवाला देते हुए और अपने व्यावहारिक अनुभव को जोड़ते हुए कहा कि आप जानते हैं कि आपने भारतीय रेलवे में नौकरी करके देश की जीवनरेखा को संभालने का बीड़ा उठाया है। 1853 में अंग्रेजों द्वारा भारत में रेलवे की शुरुआत के बाद से आज तक यह जनता के लिए यात्रा का पसंदीदा साधन बन गया है। रेलवे ने हर दशक में प्रगति की है - रेलवे लाइनों में समय के प्रवाह के साथ, नैरो गेज-मीटर गेज से ब्रॉड गेज में बदलाव, इंजन के प्रकार- भाप, डीजल, इलेक्ट्रिक के साथ रेलवे का विकास हुआ है। मजे की बात यह है कि पुरानी व्यवस्था, पुराना इंजन, किसी न किसी रूप में, आज भी इतने बड़े देश में कहीं न कहीं मौजूद है।

भारत में पहली ट्रेन 1853 में मुंबई-ठाणे के बीच और दूसरी 1854 में हावड़ा-हुगली के बीच चली। BB & CI (बॉम्बे-बड़ौदा और मध्य भारत) का गठन 1855 में किया गया था और पश्चिमी तट पर अंकलेश्वर और उत्तरान के बीच एक ब्रॉड गेज लाइन बिछाई गई थी, 1864 में इसका विस्तार मुंबई तक किया गया। 1908 में बड़ौदा से मथुरा लाइन शुरू की गई थी। 1879 में पालनपुर-अहमदाबाद के बीच मीटर गेज का उद्घाटन किया गया। 1881 में, राजपूताना स्टेट रेलवे ने BB & CI के साथ हाथ मिलाया और अजमेर-अहमदाबाद मीटर गेज लाइन बिछाई। 1937 में सूरत-मुंबई के बीच 'फ्लाइंग रानी' नाम से डबल डेकर फास्ट ट्रेन शुरू की गई थी, जो आज भी रोजाना सुबह 5.25 बजे सूरत से मुंबई के लिए रवाना होती है। 1948 में भावनगर, काठियावाड़, द्वारका, गोंडल, मोरबी और जामनगर की देशी रियासतों के स्वामित्व वाली रेलवे को BB & CI में मिला दिया गया और जल्द ही गायकवाड़ की बड़ौदा स्टेट रेलवे भी इसमें शामिल हो गई। नवंबर, 1951 में BB & CI रेलवे ने वेस्टर्न रेलवे का गठन किया।

मेरे व्याख्यान के बाद NAIR के महानिदेशक प्रदीप कुमार जी के साथ बैठक हुई। उन्होंने विभिन्न देशों की यात्रा की है, जापान में हाई-स्पीड रेल का प्रशिक्षण लिया, कार्नेगी मेलन विश्वविद्यालय, पिट्सबर्ग, यू.एस.ए में स्ट्रेटेजिक प्रबंधन का अध्ययन किया। इस अवसर का लाभ उठाते हुए मैंने उनसे बुलेट ट्रेन परियोजना और शिंकानसेन तकनीक के बारे में जानकारी प्राप्त की। उन्होंने कहा, 'शिंकानसेन' एक जापानी शब्द है जिसका अर्थ है 'नई ट्रंक लाइन'। जापान में ऐसी पहली रेलगाड़ी 1964 में टोक्यो और ओसाका के बीच 210 किलोमीटर प्रतिघंटा की रफ्तार से दौड़ी थी। जापान ने इस तकनीक में लगातार सुधार किया है और अब इसे 320 किलोमीटर प्रतिघंटा की रफ्तार से चलाने लायक बना दिया है। पिछले 54 वर्षों

में यह तकनीक बहुत सुरक्षित और विश्वसनीय साबित हुई है। अभी तक कोई भी यात्री किसी दुर्घटना आदि में घायल नहीं हुआ है। ऐसी उत्कृष्ट श्रेणी की शिंकानसेन ट्रेनें भारत में भी आ रही हैं।

17 सितंबर, 2019 को मैं दूसरी बातचीत के लिए इस राष्ट्रीय अकादमी में गया। आज ही के दिन प्रदीप कुमार जी भारत सरकार के रेलवे बोर्ड के सचिव का कार्यभार संभालने वाले थे। वहां प्रशिक्षण अधिकारियों को व्याख्यान देने के बाद मैंने प्रदीपजी के साथ दोपहर का भोजन किया।

14 सितंबर, 2019 को 'भारतीय वीर जवान ट्रस्ट' द्वारा हमारे 122 सेना के शहीद जवानों के परिवारों के अभिनंदन एवं शहादत श्रद्धांजलि कार्यक्रम के लिए सूरत पहुंचे केंद्रीय रक्षा मंत्री श्री राजनाथ सिंह हमारे घर डिनर के लिए आए। मुझसे जून, 2016 में नदाबेट में 'हम चले तो हिंदुस्तान चले' कार्यक्रम में दिया गया वादा उन्होंने हमारे घर आकर पूरा किया। जब वे हमारे घर पहुंचे तो हमारा घर 'हॉट स्पॉट' बन चुका था।

श्री राजनाथ सिंह ने हमारे घर पर अच्छा समय बिताया, मेरे परिवार के सदस्यों के साथ घुले-मिले। उन्हें हमारे संयुक्त परिवार की पारिवारिक जीवनशैली बहुत पसंद आई- हमारे परिवेश, हरियाली से घिरा निवास, गोशाला, केंद्रीय उद्यान और सभी भाइयों और भतीजों के पितृसत्तात्मक परिवार को देखकर उन्होंने कहा, 'हमें परिवार के मूल्यों पर चलने वाले भारत निर्माण करना है'- यह उनके हृदय से निकले उद्गार थे। अगले दिन दिल्ली पहुंचकर उन्होंने मुझे फोन करके खुशी और धन्यवाद व्यक्त किया। उन्होंने मुझे एक कहावत याद दिला दी, 'मनुष्य होना जन्मजात है लेकिन मनुष्यत्व और सज्जनता को नैतिकता और मूल्यों द्वारा विकसित किया जाता है।' राजनाथजी जैसे सज्जन हमारे घर आए और मुझे आशीर्वाद मिला!

हमारे प्रधानमंत्री श्री नरेंद्रभाई मोदी को देशव्यापी 'स्वच्छ भारत अभियान' चलाने के लिए बिल एंड मेलिंडा गेट्स फाउंडेशन द्वारा 'ग्लोबल गोलकीपर' पुरस्कार से सम्मानित किया गया। श्री नरेंद्रभाई मोदी ने भारत को स्वच्छता और स्वास्थ्य के क्षेत्र में आगे लाने के लिए वर्ष 2014 में गांधी जयंती के दिन 'स्वच्छ भारत अभियान' की शुरुआत की। श्री नरेंद्रभाई की ऊर्जा और उत्साह जबरदस्त है। नौ दिन के नवरात्रि व्रत और अमेरिका से दिल्ली तक 17 घंटे की नॉन-स्टॉप उड़ान के बाद, वे सफाई मिशन को बढ़ावा देने के लिए झाड़ू लेकर सीधे दिल्ली की सड़कों पर पहुंच गए। आपने दुनिया में कहीं भी ऐसा प्रधानमंत्री नहीं देखा होगा जिसने ऐसा किया हो! इस मिशन के तहत पूरे भारत में ग्यारह करोड़ शौचालय बनाए गए जिससे गांवों और विशेषकर महिलाओं को बहुत फायदा हुआ। श्री नरेन्द्रभाई ने यह श्रेय स्वयं न लेते हुए 'स्वच्छ भारत अभियान' को एक व्यापक जन आन्दोलन बनाया और इसे उन भारतीयों को दिया जो स्वच्छता के मूल्यों को अपने जीवन में अपनाने

के लिए कृतसंकल्प थे। असली सफलता जनता से ही मिलेगी क्योंकि जनता ने इस अभियान को अपना आंदोलन बनाया है और वांछित परिणाम प्राप्त किए हैं। उन्होंने इसी के अनुरूप ट्विट भी किया।

इसरो (ISRO) के निदेशक किरण कुमार जी को 'संतोकबा मानवरत्न पुरस्कार' से सम्मानित किया गया था। अंतरिक्ष वैज्ञानिक होने के साथ-साथ वे प्राकृतिक संसाधनों के संरक्षण पर भी काम कर रहे हैं। मुझे यह जानकर खुशी हुई कि किरण कुमार सद्गुरु जग्गी वासुदेव के 'ईशा फाउंडेशन' की नदी परियोजना में भी कार्यरत हैं। यह परियोजना किसानों की कृषि समृद्धि को बढ़ाने के साथ-साथ नदियों और नहरों के प्रवाह को बढ़ाकर पर्यावरण की सुरक्षा के लिए लागू की गई है। 9 अक्टूबर, 2019 को हम कोयंबटूर शहर से 40 कि.मी. दूर वेल्लियांगिरी पर्वत शृंखला की तलहटी में 'ईशा योग केंद्र' देखने गए थे। सद्गुरु की 'इनर इंजीनियरिंग' पद्धति ने मुझे खुश कर दिया। हर साल यहां महाशिवरात्रि को पूरी रात कार्यक्रम होता है जिसमें हजारों लोग शामिल होते हैं। सद्गुरु ने कोयंबटूर में लिंगा भैरवी मंदिर बनवाया, जहां महिलाएं पूजा करती हैं। समय बदलने के साथ-साथ आवश्यकतानुसार आध्यात्मिक पद्धति भी बदलती रहती है। श्री किरण कुमार की प्रेरणा से सद्गुरु जग्गी वासुदेव जी की कावेरी नदी के जीर्णोद्धार की 'कावेरी कॉलिंग' परियोजना के तहत, हमने 51 लाख रुपए का अनुदान कावेरी तट पर 1.5 लाख वृक्षों के रोपण के लिए दिया।

24 नवंबर, 2019 को, SRK परिवार ने एक हजार स्टाफ सदस्यों के साथ ऋषिकेश में 'स्वर्गाश्रम-वानप्रस्थान आश्रम' में बारह दिनों के प्रवास के लिए चार्टर्ड ट्रेन से सूरत से हरिद्वार की यात्रा की। वहां गंगा स्नान, राफ्टिंग, सफाई अभियान, खेलकूद, सत्संग, भजन-कीर्तन और मनोरंजक कार्यक्रम होते थे। हमने परिवार के सदस्यों के लिए दो हेलिकॉप्टर ऋषिकेश से उत्तरकाशी मोरारिबापू की रामकथा में जाने के लिए किराए पर लिए।

रामकथा के बाद मैंने मोरारिबापू से कहा, 'हमारे SRK परिवार का इस तरह धार्मिक कार्य के लिए देवभूमि में आना और कथा सत्संग करना मेरे लिए सबसे खुशी का पल है।' पूज्य बापू ने सुखद प्रत्युत्तर में कहा, 'सर्वभूत हिताय, सर्वभूत सुखाय, सर्वभूत प्रीताय' (सबके हित, सुख और प्रेम-आनंद के लिए) रामकथा होती है। 'राम कीन्हा चाहे सो होई, करे अन्यथा नहीं कोई।' सब कुछ केवल राम की इच्छा से होता है, और कुछ नहीं। राम किसी एक धर्म, सम्प्रदाय या देश के नहीं, बल्कि पूरे विश्व के हैं।

गुजरात आने के बाद मोरारिबापू ने राम मंदिर निर्माण निधि में पांच करोड़ रुपए दान देने की घोषणा की। इससे भी आगे बढ़ते हुए 5 अगस्त, 2020 को भूमिपूजन के दौरान उन्होंने 18.61 करोड़ रुपए का का दान 'श्रीराम जन्मभूमि तीर्थक्षेत्र ट्रस्ट'

को अर्पण किया। हमने इस योगदान में एक करोड़ रुपए पुष्प की पंखुड़ियों के रूप में दान किए। इसके बाद 15 जनवरी, 2021 को SRK द्वारा 11 करोड़ रुपए का चेक दान में दिया गया, यही हमारी धर्मभावना है!

हरिद्वार से सूरत पहुंचने के बाद एक शादी का निमंत्रण मेरा इंतजार कर रहा था। मेरे स्टाफ ने कहा, 'काका, जब आप यहां नहीं थे, तब ललिताबहन नाम की एक बहन अपने बेटे की शादी का निमंत्रण देने आई थी।' मैं असमंजस में था, क्योंकि मैं उसे पहचान नहीं पाया था। जब मैंने विवरण मांगा, तो मुझे पता चला कि 1993 में एक वकील की भरूच के पास कार दुर्घटना में मृत्यु हो गई, जब वह अपनी गर्भवती पत्नी को अमरेली छोड़कर सूरत आ रहे थे। हमने उस विधवा की मदद की थी। उस बहन की वी.एन गोधाणी स्कूल के नर्सरी के बच्चों के केयरटेकर के रूप में नियुक्ति की थी। साथ ही उनके दो बेटों को पढ़ाने में भी मदद की। उसके बाद मैंने उसे प्राणनाथ हॉस्पिटल में सुपरवाइजर की नौकरी दे दी, जिसे उन्होंने बड़ी श्रद्धा और उत्साह के साथ निभाया। ललिताबहन आज अपने बेटे की शादी कर रही थी, इसलिए मैं और चंपा तुरंत शाम को उसके बेटे की शादी में शामिल होने के लिए पहुंचे। ललिताबहन हमें देखकर इतनी उत्साहित थी कि उसकी आंखों से गंगा-जमुना बहने लगी! 'चंपाबहन, आज मैं शबरी माता से भी अधिक भाग्यशाली हूं... शबरी की कुटिया में केवल श्रीराम आए थे, लेकिन आज सीता माता भी मेरे घर आई हैं... मेरा भाग्य धन्य है!' वह स्तब्ध रह गईं और इससे अधिक कुछ नहीं कह सकी।

भगवान ने मुझे माध्यम बनाकर मुझसे जो कुछ अच्छा करवाया है, उसकी गूंज सुनकर मुझे बहुत संतुष्टि हो रही है। SVNIT, सूरत की केमिकल इंजीनियरिंग प्रथम वर्ष की छात्रा का नाम परिता मांगुकिया है। 2002 में उनके पिता का एक दुर्घटना में निधन हो गया, उन्हें हमारे राहत केंद्र से मदद मिली। फिर उन्होंने विश्वविद्यालय में स्वर्ण पदक हासिल किया और अपनी प्रतिभा के कारण L&T में नौकरी भी प्राप्त की। आज शादी के बाद वे अपने पति के साथ अमेरिका में बस गई हैं... कितने उदाहरण दूं?

2003 में जिस छात्र को हमने छात्रवृत्ति प्रदान की थी, वह आज भरूच जिले के डिप्टी कलक्टर के रूप में कार्यरत है। जब वे हमें छात्रवृत्ति का पैसा लौटाने आए और नम्रता से प्रणाम किया तो मुझे जीवन का सौभाग्य महसूस हुआ। इसी प्रकार, 2008 में मेरी मुलाकात मोहम्मद तौसीफ अंसारी नाम के लड़के से हुई। उन्हें पढ़ने के लिए छात्रवृत्ति दी गई। उनके पिता एक स्ट्रीट वेंडर थे। उन्होंने मैकेनिकल इंजीनियरिंग की पढ़ाई पूरी की और आज वलसाड में एक फैब्रिकेशन कपनी के मालिक हैं। ऐसे कई मामलों ने मुझे अपनी जीवन कहानी लिखने के लिए प्रेरित किया है, जिसे पढ़ना समाज के लिए प्रेरणादायक हो सकता है।

अपने पास आए जरूरतमंदों को जो कुछ दिया, उससे कई गुना अधिक इनाम मुझे मिला है। हम हर किसी की सहायता अनुरोध को समझने का प्रयास करते हैं। हम उनके स्वास्थ्य, शिक्षा या अन्य सामाजिक मुद्दों में उनकी मदद करने का प्रयास करते हैं। मैं उनके प्रश्नों को शांति से, धैर्यपूर्वक सुनता हूं। मैंने देखा है कि अक्सर उनकी बातें सुनते ही कोई न कोई समाधान मिल ही जाता है, क्योंकि सारे काम पैसे से नहीं होते, हमारी सच्ची सहानुभूति या कुछ हल्के निर्देश करना भी उनके लिए काफी है। मेरे पास आने वाले सभी लोगों से मैं बस इतना कहता हूं, 'चिंता मत करो, मैं तुम्हारे साथ हूं।' मैंने महसूस किया है कि ये चार-पांच शब्द जादू करते हैं।

कई मामलों में भाइयों के झगड़े या पार्टनर के झगड़े मेरे बीच-बचाव करने, समझदारी भरी सलाह देने, अपनी स्थिति और प्रतिष्ठा के साथ बोलने मात्र से ही सुलझ जाते हैं। मेरी बात या निर्णय स्वीकार करके और शांति से, आपसी मित्रता से खुश होकर घर जाते हैं। अरे, बिगड़े बच्चों और उनके माता-पिता के बीच सवाल, भगोड़े प्रेमियों- उनकी खुशहाल शादियां, तलाक के कगार पर खड़े जोड़े, देनदारों के झगड़े, बूढ़े परित्यक्त माता-पिता की घर वापसी जैसे और कई अवसरों-स्थितियों में भगवान ने मुझे शांति, मेल-मिलाप, सहानुभूति और सद्भाव का साधन बनाया है। मुझे हिमालयी संतुष्टि मिल गई है।

हमारे राहत केंद्र में आने वाले लोगों की पीड़ाएं अलग-अलग प्रकार की होती हैं, वे सभी सवालों, उलझनों, स्थितियों के माध्यम से मुझे सामाजिक दर्शन प्राप्त होता है। किसी का सवाल है कि मैं अपने बेटे को कौनसी लाइन में पढ़ाऊं? मुझे अपने बच्चों को किस माध्यम में अभ्यास के लिए भेजना चाहिए? कौन-सा कॉलेज चुनें? मुझे अपने बुजुर्ग की बीमारी के इलाज के लिए किस डॉक्टर के पास जाना चाहिए? कृपया मुझे नौकरी संदर्भ की आवश्यकता है? मेरा साथी एच.आई. वी. पॉजिटिव है, मुझे क्या करना चाहिए? मुझ पर बहुत कर्ज है, कृपया कोई रास्ता निकालें। मैं अपने नशे की लतवाले बेटे को नशे से कैसे छुटकारा दिलाऊं? वैवाहिक कलह, पालन-पोषण की समस्याएं, पारिवारिक समस्याएं, हम एक पुस्तकालय शुरू करना चाहते हैं, क्या आप मदद कर सकते हैं? मैं अपनी कला को विकसित करना चाहता हूं, आपके प्रोत्साहन की जरूरत है। हमारे कॉलेज के वार्षिक उत्सव, खेल उत्सव, सेमिनारों के लिए प्रायोजकों की आवश्यकता होती है। मैं एक स्टार्ट-अप कंपनी शुरू करना चाहता हूं... इस तरह के सवाल और भावनात्मक मांगें हमारे राहत केंद्र में आती रहती हैं। भगवान की दया से वहां आने वाले अधिकांश लोग संतुष्टि, सौजन्य और समाधान के साथ जाते हैं।

9 जनवरी, 2020 को प्रो. एरिक एलन हनुशेक ने अहमदाबाद में IIMA-SRK व्याख्यान शृंखला का चौथा व्याख्यान 'The Economic Value of School

Quality Knowledge Capital of Nations' (स्कूल गुणवत्ता का आर्थिक मूल्य- राष्ट्रों की ज्ञान संपदा) विषय पर दिया। वह कैलिफोर्निया के स्टैनफोर्ड विश्वविद्यालय में एक अमेरिकी सार्वजनिक नीति की थिंक टैंक हुवर इंस्टिट्यूट में वरिष्ठ फेलो हैं। उन्होंने अपने भाषण में कहा, 'संयुक्त राष्ट्र के महत्त्वाकांक्षी विकास लक्ष्यों को हासिल करने के लिए दुनिया के लोगों की आय में पर्याप्त वृद्धि होनी चाहिए। परिवार की आर्थिक स्थिति तभी सुधर सकती है, जब उनमें शिक्षा का प्रसार हो और उसके लिए गुणवत्तापूर्ण स्कूलों की आवश्यकता है! अधिकांश लोग गुणवत्तापूर्ण शिक्षा के महत्व को समझते हैं लेकिन गुणवत्तापूर्ण स्कूलों की वित्तीय आवश्यकता को नजरअंदाज कर देते हैं।'

1970 के दशक में, अमेरिका में कई लोग स्थानीय संपत्ति करों के आधार पर पब्लिक स्कूल फंडिंग बढ़ाने के लिए अदालत गए, जब प्रो. हनुशेक को अमेरिकी सुप्रीम कोर्ट ने विशेषज्ञ गवाह के रूप में पेश होने के लिए आमंत्रित किया था। उन्होंने इस समस्या की जांच की। उन्होंने पाया कि स्कूलों में धन की कमी की समस्या इतनी गंभीर नहीं है, बल्कि जो भी धन है, उसका उपयोग कुशलतापूर्वक, योजनाबद्ध तरीके से नहीं किया जा रहा है। अत: उन्होंने निष्कर्ष निकाला कि यदि आप अतिरिक्त धनराशि देंगे तो वह भी व्यर्थ जाएगी। स्कूलों को उपलब्ध धन का विवेकपूर्ण, संयमित ढंग से उपयोग करना सीखना होगा। आखिरकार कोर्ट ने स्कूलों की बढ़ी हुई फ़ंड की मांग पर विचार करने की बजाय उन्हें स्कूल के वित्तीय मामलों की तुलना में छात्रों की गुणवत्तापूर्ण शिक्षा पर अधिक ध्यान देने की फटकार भरी सलाह दी।

प्रोफेसर हनुशेक की राय मुझे श्री ब्रह्मदेव जी शर्मा की विचारधारा की प्रतिध्वनि करती प्रतीत हुई। विद्या भारती ट्रस्ट के स्कूलों को कोई लाखों का फंड नहीं मिलता, फिर भी उनका प्रबंधन और छात्रों की गुणवत्ता उन स्कूलों से बेहतर है जो अत्यधिक फीस लेते हैं। इसके अतिरिक्त विद्या भारती के स्कूलों को 'मैकाले मॉडल' के अंग्रेजी माध्यम के स्कूलों के विरुद्ध भारतीय सांस्कृतिक मॉडल का झंडा फहराकर वैचारिक संघर्ष भी करना होता है। प्रो. हनुशेक वास्तव में शिक्षा के भारतीयकरण, राष्ट्रीयकरण और आध्यात्मिकीकरण की विद्या भारती की प्रवृत्ति को उचित ठहराते प्रतीत हुए। मैंने IIM-A के निदेशक प्रो. एरॉल डिसूजा को धन्यवाद दिया।

13 फरवरी, 2020 को सूरत से सांसद सुश्री दर्शनाबहन जरदोश, पंद्रह लोकसभा और सात राज्यसभा सासदो की Public Accounts Committee (लोक लेखा समिति) के साथ हमारे कार्यालय SRK एम्पायर में आईं। बहरामपुर, पश्चिम बंगाल के सांसद और विपक्ष के नेता श्री अधीर रंजन चौधरी इस समिति के अध्यक्ष थे।

हमने अपने विशाल भोजन कक्ष में दोपहर का भोजन करते समय इस समिति के सदस्यों के साथ विभिन्न विषयों पर चर्चा की। इसके बाद अतिथियों को फैक्ट्री का भ्रमण करवाया गया। अधीर रंजन जी ने मुझसे सरल हिंदी में बात की, सूचनाओं का आदान-प्रदान हुआ। मैंने कहा कि हम हीरा उद्योग में काम करने वालों को मजदूर नहीं, बल्कि कुशल जौहरी बनाते हैं। यहां इस प्रकार का वातावरण और प्रशिक्षण प्रदान किया जाता है कि केवल प्राथमिक शिक्षा प्राप्त एक सामान्य व्यक्ति भी यदि कड़ी मेहनत करे और अपनी कलात्मक समझ जोड़ ले तो वह एक अच्छा कलाकार बन सकता है। अधीर रंजन जी को यह जानकर आश्चर्य हुआ कि ऐसे कई कारीगरों को एक लाख रुपए मासिक से अधिक का भुगतान किया जा रहा था। जब उन्होंने उनकी शिक्षा के बारे में पूछा तो पता चला कि उनमें से अधिकतर 'स्कूल ड्रॉप आउट' थे।

फैक्ट्री का भ्रमण करने के बाद हमारे सम्मेलन कक्ष में बैठे अधीर रंजन जी ने प्रसन्नता व्यक्त करते हुए कहा, 'मैंने अपने पूरे जीवनकाल में इतने अधिक भुगतान वाली कला कभी नहीं देखी। आप न केवल कच्चे हीरों पर काम करते हैं, बल्कि कारीगरों को भी असली हीरे बनाने का काम करते हैं। आप मानव संसाधन विकास का अप्रतिम एवं अद्वितीय कार्य कर रहे हैं। मैंने किसी स्कूल छोड़ने वाले को लाखों रुपए कमाते नहीं देखा; भाई, यह तो अद्भुत है!' यही आश्चर्य और संतुष्टि का भाव वहां आए अन्य सांसदों के चेहरे पर भी दिख रहा था। अधीर रंजन जी ने अपनी पत्नी को बंगाली में बताया और फिर हमें समझाया कि रवींद्रनाथ टैगोर कहते थे कि जब आप सुख और खुशी साझा करते हैं तो आपको दो चीजें मिलती हैं- ज्ञान और प्रेम। लेकिन यहां देश की अर्थव्यवस्था के लिए ये कारीगर ज्ञान और प्रेम के साथ कौशल और भाईचारे को जोड़कर कितनी अद्भुत खुशियां पैदा कर रहे हैं!

अगले ही दिन दिल्ली से अधीर रंजन जी ने फोन किया और मुलाकात को अविस्मरणीय बताया और कहा, 'आपने सचमुच जान लिया कि जीवन में प्रेम जोड़ना ही सबसे बड़ा मूल्यवर्धन है। आपने अपने लोगों की देखभाल करके, उन्हें सम्मानपूर्वक बुलाकर, कला सिखाकर, अनुशासन और संस्कार का पाठ पढ़ाकर न केवल वित्तीय संपदा बनाई है, बल्कि मानव संपदा भी बनाई है।' इस राजनेता से, जो मुझे नहीं जानता था, जिसने मुझे कभी नहीं देखा, कभी मिला नहीं, ऐसी मुक्त प्रशंसा पाकर मेरा दिल संतुष्ट हो गया और लगा कि कोई अदृश्य शक्ति इस दुनिया को चला रही है जो लोगों को इकट्ठा करती है और अलग करती है। हमें इसकी कोई तार्किक समझ नहीं है। मुझे लगा कि मानो भगवान ने मेरे व्यवसाय और जीवन को सफलता का प्रमाणपत्र दे दिया है। मुझे यह स्पष्ट प्रतीत होता है कि मैं केवल श्रेष्ठ की इच्छा का एक साधन मात्र हूं। मैं कवि नहीं हूं, लेकिन उस दिन मुझे हमारे महान कवि नरसी मेहता की एक प्रसिद्ध पंक्ति याद आ गई;

'जिस की किस्मत में जो भी लिखा है, वह उस तक पहुंच कर ही दम लेता है।'

मैंने सांसदों की टीम को हमारी कंपनी भ्रमण पर लाने के लिए दर्शनाबहन को धन्यवाद दिया। इंदिराजी के बाद भारी बहुमत से जीतने वाली दर्शनाबहन पहली महिला सांसद हैं।

29 अक्टूबर, 2020 को मेरे राजनीतिक आदर्श केशुभाई पटेल के निधन से मुझे गहरा सदमा लगा। काठियावाड़ के एक साधारण किसान के बेटे से वे अपने दम पर गुजरात की राजनीति के शीर्ष पर पहुंचे और दुनिया में अपनी जाति और गुजरात का नाम गौरवान्वित किया। गुजरात में एक कानून था कि किसान अपने निवास से केवल आठ किलोमीटर के क्षेत्र में ही जमीन खरीद सकते थे लेकिन केशुभाई ने इस कानून को हटा दिया, जिससे गांव और गरीबी के घेरे में रहने वाला किसान इससे बाहर निकल सके। इससे मेरे जैसे सौराष्ट्र के किसान को व्यापार और दुनिया में विस्तार करने का मौका मिला। ऐसे विचारशील केशुदादा को सादर श्रद्धांजलि!

अध्याय-10

विश्वविजय के पांच सूत्र

उत्तिष्ठत जाग्रत प्राप्य वरान्निबोधत।
क्षुरस्य धारा निशिता दुरत्यया दुर्गं पथस्तत्कवयो वदन्ति।।

'उठो, जागो और लक्ष्य प्राप्ति तक डटे रहो। विद्वान कहते हैं कि आत्मसंधान का मार्ग छूरे की धार के समान दुर्गम है, इसे पार करना कठिन है।'

(कठोपनिषद्, अध्याय 1, वल्ली- 3, श्लोक 14)

18 जनवरी, 2020 को इंडस यूनिवर्सिटी, अहमदाबाद ने मुझे 'डॉक्टर ऑफ फिलॉसफी' (D.Phil) की मानद उपाधि से सम्मानित किया। इससे पहले मैंने उस विश्वविद्यालय के विद्यार्थियों को व्याख्यान दिया था। इंडस यूनिवर्सिटी के अध्यक्ष डॉ. नागेश भंडारी ने जब पहली बार मुझसे यह मानद उपाधि प्रदान करने के लिए संपर्क किया, तो मैं थोड़ा झिझक रहा था। मैंने नागेशजी से कहा, 'देखिए सर, मैं सात कक्षा तक ही पढ़ा हुं। मेरी कोई औपचारिक शिक्षा नहीं हुई है।' उन्होंने मुझसे कहा, गोविंद काका, 'Problem is Progress' का आपका निजी दर्शन, जो SRK की नींव है, यही हमारी यूनिवर्सिटी का भी सिद्धांत है। हम इसी भावना को दर्शा रहे हैं। 22 अगस्त, 2018 को आपने यहां जो व्याख्यान दिया था, उसे मैंने शब्दश: सुना है। मैंने इस मामले पर हमारी अकादमिक समिति के साथ चर्चा की है। भले ही आपने औपचारिक शिक्षा प्राप्त नहीं की है लेकिन आपके अनुभव और जीवन मूल्य अनमोल हैं, जो हम सबके और छात्रों के लिए एक मार्गदर्शक के रूप में काम करेंगे। यूनिवर्सिटी आपको यह डिग्री प्रदान करके गौरवान्वित महसूस करेगी।'

सूरत आने पर मैंने अपनी पत्नी चंपा को डॉक्टरेट की मानद उपाधि अर्पण की, उसने उसे आदरपूर्वक अपने हाथों से मां सरस्वती की असीम भक्ति के साथ पूजाकक्ष में रख दिया। अगली सुबह मैं वहां पूजा करने गया तो देखा कि वहां अन्य देवी-

देवताओं के साथ वह डिग्री भी रखी हुई है। मेरे घर के मंदिर में पांच फोटोफ्रेम्स और दो मूर्तियां हैं। इसमें मेरे इष्टदेव श्री लक्ष्मीनारायण भगवान की संगमरमर की मूर्ति हैं, केंद्र में श्री बालकृष्ण की मूर्ति है, श्री सीताराम के साथ राम दरबार, श्री राधाकृष्ण, ध्रुव को दर्शन देते हुए श्री विष्णु भगवान और भगवान श्री स्वामिनारायण के फ्रेमयुक्त चित्र हैं।

इसमें भगवान श्रीराम की एक फ्रेमवाली तस्वीर भी है। 1971 में चंपा के भाई श्री लिंबाभाई हमारे साथ रहते थे, इस तस्वीर को वह अपनी पूजा में रखते थे। 1973 में अपनी शादी के बाद वह अपने घर चले गए लेकिन यह फोटो मुझे पूजा के लिए दे गए। बाद में हमने कई बार घर बदले लेकिन तब से यह तस्वीर हमारे पास ही है। इस प्रकार मैं अपने घर के देवता के पास बैठकर पूजा करता हूं, औपचारिक शिक्षा न होने के बावजूद कितने देवताओं ने मुझे सफलता के विश्वविद्यालय में पढ़ाया है यह केवल भगवान की कृपा से ही संभव है।

1976 में चंपा हरिद्वार से बालकृष्ण की मूर्ति लेकर आई थी। जो मेरे घर-मंदिर में रखी हुई है। कन्हैया की बचपन की गोकुल लीला का रहस्य 'श्रीमद्भागवत' के दसवें स्कंध में वर्णित है। इसका वर्णन करते हुए पूज्य डोंगरजी महाराज कहते थे, यह शरीर मथुरा है और हृदय गोकुल है इसमें बालकृष्ण को स्थापित करें। दौलत और औरत, भगवान ने ये दो चीजें बहुत लालची और फिसलन भरी बनाई हैं! यह दोनों आपकी चेतना को भुला देते हैं, आपको उससे दूर रहना होता है, यही सच्चा अनुशासन है।'

पूर्वे वयसि यः शान्तः स शान्त इति मे मतिः।
धातुषु क्षीयमाणेषु शमः कस्य न जायते।।

वास्तव में वही 'शांत और संयमी' कहलाता हैं जो युवावस्था में संयमित और स्थिर रह सकते है, इसमें कौन-सी बड़ी बात है कि शरीर जब कमजोर हो जाए और बुढ़ापा आने पर हम शांत और संयमित हो जाएँ!'

(पंचतंत्र, मित्रभेद- 176)

जो युवावस्था में अपने हृदय पर नियंत्रण रख सकता है वही वास्तव में बुद्धिमान माना जाता है। बुढ़ापे में जब आंखों में मोतियाबिंद हो और ठीक से दिखाई न दे तो सिनेमा का मोह त्यागने में क्या साहस हे? इसलिए अपनी जवानी को कामुक सुखों में बर्बाद मत करो। डोंगरेजी महाराज से प्राप्त इस ज्ञान के माध्यम से ही मेरी युवावस्था बरकरार रही है और मैं जीवन भर स्वस्थ, शांत और समृद्ध रह सका हूं।

दूसरी फोटो श्रीराम दरबार की है, जिससे हमारे दुधाला गांव के रामजी मंदिर की यादें ताजा हो जाती हैं।

भज गोविन्दं भज गोविन्दं गोविन्दं भज मूढमते।
सम्प्राप्ते सन्निहिते काले नहि नहि रक्षति डुकृङ्करणे।।

हे मेरे मूर्ख मन, गोविंद-कृष्ण के नाम का जप करो, जप करो क्योंकि जीवन के अंतकाल में, व्याकरण और अन्य विज्ञान के नियम आपके काम नहीं आएंगे।'

(शंकराचार्य विरचितं चर्पत्पंजरिकास्तोत्रम)

मेरे घर के मंदिर में तीसरा चित्र श्री राधाकृष्ण का है। श्री सीताराम की तरह, श्री राधाकृष्ण को भी नर-नारी दिव्य जोड़े का वास्तविक रूप माना जाता है। श्रीकृष्ण को संसार मंगलमय लगता था जबकि राधा के लिए कृष्ण मंगलमय थे। राधा सर्वोच्च देवी है। श्री राधाकृष्ण एक संयुक्त शब्द है, दो अलग-अलग शब्द नहीं। पुरुष जीवन का एक रूप है और स्त्री दूसरा। दोनों की अपनी-अपनी ताकत और कमजोरियां हैं, जब तक वे लिंग से ऊपर उठकर एक नहीं हो जाते, वे श्री राधाकृष्ण को प्राप्त नहीं कर सकते! जब एक पुरुष में एक महिला के गुण दया, करुणा, स्नेह, सौहार्द और एक महिला में एक पुरुष के गुण- वीरता, साहसिकता, हिम्मत प्राप्त होते हैं तब दोनों परिपूर्ण होते हैं, यह है वास्तव में श्री राधाकृष्ण!

पूज्य डोंगरेजी महाराज कहते थे कि सत्संग से पारिवारिक जीवन में भी सफलता मिलती है। योगी को भगवद्कृपा का जितना सुख समाधि में मिलता है, उतना ही सुख पति-पत्नी को श्री राधाकृष्ण की आराधना करने पर मिलता है। इसीलिए हमारे शास्त्रों ने गृहस्थ जीवन को महिमा दी है। केवल कामुकता पर लगाम लगाने की जरूरत है। कोई भी स्त्री या पुरुष बुरे नहीं होते, बल्कि उनके मन की वासना ही उन्हें भटकाती है। हमारे ऋषि-मुनियों ने गृहस्थों को श्रेष्ठ कहा है। कश्यप और अदिति का सहजीवन आदर्श था, इसीलिए कपिल भगवान ने उनके घर जन्म लेना उचित समझा।

चौथी तस्वीर ध्रुव को दर्शन देते भगवान विष्णु की है। ध्रुव के बारे में तो हम पहले से ही जानते हैं। पांच साल का लड़का ध्रुव, अपनी सौतेली मां से अपमानित होकर कठोर तपस्या करने के लिए जंगल में चला गया और भगवान विष्णु को प्रकट होने के लिए मजबूर होना पड़ा। पूज्य डोंगरेजी महाराज के ध्रुव उदाहरण में मैंने वह सीखा जो श्रीमद्भागवत के चौथे स्कंध में आता है;

मातृ दोषेण दुःशीलो, पितृ दोषेण मूर्खता।
कार्पण्य वंश दोषेण, स्वदोषेण दरिद्रता।।

माता-पिता ही अपने बच्चों के अच्छे या बुरे भविष्य के लिए जिम्मेदार होते हैं। यदि बच्चा चरित्रहीन निकला तो यह मां का दोष है, यदि वह मूर्ख निकला तो यह पिता का दोष है, यदि वह कायर निकला तो यह अपने वंश का दोष है और यदि वह गरीब रहता है, यह उसका अपना ही दोष है।

हमारे घर के मंदिर में पांचवी तस्वीर भगवान श्री स्वामिनारायण की है। पहले उनका नाम घनश्याम था। नीलकंठवर्णी कहलाने के बाद पूज्य रामानंद स्वामी ने दीक्षा दी और नाम दिया 'श्री सहजानंद स्वामी'। वह गढ़डा आए और 'श्री स्वामिनारायण भगवान' के नाम से जाने गए। उनके दूरदर्शी नेतृत्व में यह संप्रदाय गुजरात और विशेषकर सौराष्ट्र में फैल गया। उन्होंने सती प्रथा, स्त्री-हत्या, दहेज प्रथा, व्यसन (तंबाकू-शराब-जुआ आदि) और सामाजिक बुराइयों को बंद करवाया।

श्री स्वामिनारायण भगवान का प्रभाव गुजरात के कुलीन वर्ग से लेकर निम्न वर्ग तक रहा है। उन्होंने लोगों को विचारहीन जीवनशैली से मुक्त करके शुद्ध नैतिक और भक्तिपूर्ण जीवन जीने की महान प्रेरणा दी है;

व्यभिचारो न कर्तव्यः पुम्भिः स्त्रिभिश्च मां श्रितैः।
द्यूतादि व्यसनं त्याज्यं नाद्यं भङ्गादिमादकम्।।

'किसी भी अनुयायी को, चाहे पुरुष हो या महिला, कभी भी व्यभिचार, जुआ, नशे या गलत आदतों में लिप्त नहीं होना चाहिए।'

(शिक्षापत्री, श्लोक 18)

हमारी SRK कंपनी के सभी कर्मचारियों को निर्व्यसनी रहना अनिवार्य है। 'व्यसन छोड़ें या कंपनी छोड़ें' यह हमारी मानव संसाधन नीति है। आज SRK परिवार के 7,000 से अधिक सदस्य शांतिपूर्ण निर्व्यसनी जीवन जी रहे हैं। पूज्य डोंगरेजी महाराज ने कहा है, 'केवल आचरण करने वाला ही उपदेश दे सकता है।' न केवल हमारी पीढ़ी, बल्कि पीढ़ी-दर-पीढ़ी हमारे साथी और SRK परिवार में हर कोई व्यसन मुक्त रहने में सक्षम है। मैं पढ़ा-लिखा नहीं हूं लेकिन अपने आस-पास की दुनिया और जिंदगी में खुद को ढाला है। मैंने सत्संग, अच्छा पढ़ना, सद्विचार और सद्व्यवहार से स्वयं को तराशा है। मैंने जो काम हाथ में लिया है, उससे मैंने सीखा है और अपनी तरफ से बेहतरीन प्रयास किए हैं। भगवान की कृपा से आज मैं एक

प्रेमपूर्ण जीवन जी रहा हूं। मेरा दृढ़ विश्वास है कि हमारे गौरवशाली नए भारत का निर्माण तभी होगा, जब प्रबुद्ध नागरिक शाश्वत सत्य और सिद्धांतों को अपने जीवन में आत्मसात करेंगे।

जीवन के सातवें दशक में सांस लेते हुए, एक अभावग्रस्त से करोड़पति तक की यात्रा का अनुभव करते हुए, मैं भगवान की भक्ति के साथ पारिवारिक जीवन जी रहा हूं। मैंने दुनिया करीब से देखी है। पूरी दुनिया में हजारों जगहें देखीं, अलग-अलग लोगों, संस्कृतियों को देखा, दिव्य आत्माओं और सिद्धों के साथ काफी समय बिताया। पूज्य डोंगरेजी महाराज, माननीय मोरारिबापू, पूज्य भाईश्री रमेशभाई ओझा, पूज्य सच्चिदानंद स्वामी, पूज्य अखंडानंद स्वामी, श्री इंद्रवदनभाई चौकसी आदि के सत्संग ने मेरी आंतरिक चेतना का विस्तार करने में मदद की है। पूज्य बाबा रामदेव जी की ऊर्जा और डॉ. ए.पी.जे. अब्दुल कलाम के दृष्टिकोण से मैं प्रभावित हूं। मैंने श्री नरेंद्रभाई मोदी के ऐतिहासिक उत्थान और आधुनिक दुनिया में उनके बेहद सफल नेतृत्व को भी देखा है। मैंने श्री पुरुषोत्तमभाई रूपाला, श्री मनसुखभाई मांडविया, श्री विजयभाई रूपाणी, श्री नितिनभाई पटेल और अन्य गणमान्य व्यक्तियों को अपने करियर की ऊंचाइयों पर पहुंचते देखा है।

सपनों के शहर एंटवर्प के आकार के बराबर के शहर सूरत को मैंने प्लेग और बाढ़ के दिनों में भी देखा है। 5 अगस्त, 2020 को मैंने श्रीमती आनंदीबहन पटेल को अयोध्या में श्रीरामलला मंदिर के भूमि पूजन में बैठे देखा। कौन सोच सकता है कि मेहसाणा में जन्मी यह बेटी उत्तर प्रदेश की राज्यपाल बनेगी? यह सब ईश्वर की कृपा नहीं तो और क्या है? यह ईश्वर ही है जो हम सभी को कर्म के चक्र में डालता है जिससे कोई भी, कभी भी बाहर नहीं निकल सकता या मुक्त नहीं हो सकता।

मेरी आत्मकथा के इस आखिरी अध्याय में मैं अपनी जीवन-यात्रा की तीन धाराओं के बारे में बात करूंगा;

1. ईमानदारी और निष्ठा
2. किसी अदृश्य शक्ति पर आस्था और विश्वास
3. परिवार - जीवन का आधार

समापन अध्याय में मैं इस दुनिया के बारे में अपनी समझ और वैश्विक समुदाय में भारत की जगह बनाने में नई पीढ़ी की भूमिका के बारे में बात करूंगा। हम अपने अनुभव और अवलोकन से प्राप्त पांच सूत्रों या सामान्य सत्यों को भी देखेंगे। यह बिल्कुल सच है कि यह दुनिया एक मंच है और जीवन एक खेल है, खेल के कुछ नियमों का पालन करना होता है ताकि हम गलत दिशा में न जाएं और दुनिया की रहस्यमय ऊर्जा का आनंद लें।

दुनिया जीतने के पांच सूत्र– 'Go Win Sutras' को मैं अपना पांचसूत्र कहता हूं। जिस परिवार में हम पैदा हुए, बड़े हुए, उनकी जीवनशैली को उच्च स्तर पर ले जाना, यही जीवन का लक्ष्य है, इसके लिए सफलता के यह पांच सूत्रों की मदद लें।

- खराब बीजों को जला दें (निम्न कक्षा के विचारों को जला दें)।
- भीतरी खदान को पहचानें और उसका मालिक बनें (मानस को ऊपर उठाएं)।
- कट, पॉलिश, माउन्ट (जीवन को हीरे की तरह रोशन करें)।
- हिरण्यगर्भ बनाएं (भावी पीढ़ी का निर्माण करें)।
- ईश्वर का माध्यम बनें।

अपने अनुभवों और सत्संग या धार्मिक ज्ञान की सहायता से इन पांच सूत्रों को धीरे-धीरे समझाने का प्रयास करूंगा।

(1) खराब बीजों को जला दें (निम्न स्तर के विचारों को जला दें)

यदि माता-पिता या शिक्षक बचपन में अनुशासन और आत्म-उदाहरण के माध्यम से बच्चे के मन से बुरे बीज, बुरी आदतों को नहीं मिटाते हैं तो वे किशोरावस्था में अंकुरित होंगे। भविष्य में इन्हे पेड़-पौधे बनने से रोकना असंभव होगा। फिर उस बुरे पेड़ की छाया पूरी जिंदगी पर छा जाती है।

जिस तरह प्रत्येक व्यक्ति की ऊंगलियों के निशान अलग-अलग होते हैं, उसी तरह कोई भी दो मस्तिष्क एक जैसे नहीं होते। मस्तिष्क की विभिन्न मांसपेशियों को जोड़नेवाले तंत्र की संरचना और कार्य अलग-अलग होते हैं। यह जन्म और जीवन के अनुभवों या स्वभाव के अनुसार विशिष्ट होता है। प्रत्येक बच्चा कुछ जन्मजात विशेषताओं के साथ पैदा होता है और उसी के अनुसार दुनिया के प्रति अपना दृष्टिकोण बनाता है। हमारा अस्तित्व हमारे स्वभाव पर निर्भर करता है, इसमें हमारा पुरुषार्थ भी महत्त्वपूर्ण है। हम सभी पिछले जन्मों की कुछ विशेषताओं और लक्षणों के साथ पैदा हुए हैं। इसलिए अतीत के कुलक्षणों या बुरे बीजों को जलाना जरूरी है, अन्यथा उपयुक्त जलवायु मिलते ही यह खिल उठेगा।

वृन्दावन में स्वामीश्री अखंडानंदजी के साथ सत्संग में मुझे तीन शरीरों के बारे में पता चला: स्थूल शरीर, सूक्ष्म शरीर और कारण शरीर। इन तीनों शरीरों के बीच घनिष्ठ अंतर्संबंध है। जब वे एक-दूसरे के साथ सामंजस्य रखते हैं तो एक व्यक्ति उत्कृष्ट कार्य कर सकता है। भाग्य और कर्म के अनुसार आत्मा संसार की भौतिकता में आती-जाती रहती है, यह आत्मा अन्नमय कोष, प्राणमय कोष, मनोमय कोष, विज्ञानमय कोष और आनंदमय कोष नामक पांच कोषों से ढंकी हुई है।

हमारा शरीर अन्नमय कोष से बनता है, जो नवजात शिशु के तीन किलो के शरीर को सत्तर किलो के वयस्क शरीर में बदल देता है।

सूक्ष्म शरीर प्राणमय कोष, मनोमय कोष और विज्ञानमय कोष का मिश्रण है। इन तीन कोषों से सूक्ष्म शरीर का निर्माण होता है। सूक्ष्म शरीर में पांच ज्ञानेन्द्रियां, पांच कर्मेन्द्रियां, पांच महाप्राण, बुद्धि और प्रज्ञा होते हैं।

कारण शरीर अर्थात् आनंदमय कोष। दर्पण पर धूल या हवा के साथ सुगंध, इसी तरह यह कारण शरीर आत्मा के साथ जुड़ा हुआ है, वे एक-दूसरे के साथ मिश्रित नहीं होते हैं, बल्कि सह-अस्तित्व में रहते हैं। प्रत्येक आत्मा अपने कारण शरीर के साथ इस संसार में प्रवेश करती है।

भगवान कृष्ण भगवद्गीता में बहुत स्पष्ट रूप से कहते हैं:

ईश्वरः सर्वभूतानां हृद्देशेऽर्जुन तिष्ठति।
भ्रामयन्सर्वभूतानि यन्त्रारूढानि मायया।।

हे अर्जुन, ईश्वर सभी प्राणियों के हृदय में रहते हैं और अपनी माया से शरीर को यंत्र बनाकर कर्म करवाते हैं।

(श्रीमद् भगवद्गीता, अध्याय 18, श्लोक 61)

प्रकृति को भगवान ने बनाया है। इसी प्रकृति के कारण हमें सुंदर और भरपूर जीवन मिलता है। मुझे एक खुशहाल परिवार, दोस्तों का विस्तृत समूह, खुशी, समृद्धि, सम्मान और प्यार मिला है। इन सबका मूल कारण मेरी प्रकृति या मेरा स्वभाव है, मुझे इस पर गर्व करने की कोई आवश्यकता नहीं है क्योंकि वह प्राकृतिक स्वभाव मेरे द्वारा नहीं, बल्कि ईश्वर द्वारा बनाया गया है। ईश्वर ने मेरे स्वभाव में सर्व-स्वीकार्यता की भावना रखी है। मेरा जीवन 'ठीक है, चलता है, अच्छा है, प्यारा है' की स्वीकृति पर आधारित है। मुझे जो मिला उससे मैं संतुष्ट हूं, जो स्थिति उत्पन्न हुई है, मैंने उसे अपना लिया है और यही कारण है कि मैं अपनी जीवन-यात्रा में खुश रह पाया हूं।

लेकिन भगवान ने मुझे ऐसा क्यों बनाया? ईश्वर किसी से पक्षपात नहीं करता। हमारे साथ जो भी अच्छा या बुरा घटित होता है वह हमारे पूर्व या पिछले जन्म के कर्मों के कारण होता है। यह कांच पर धूल की तरह या हवा पर खुशबू की तरह हमारे साथ चलता है। वह ही निर्णय लेता है कि यह व्यक्ति अगले जन्म में कहां और किस योनि में जन्म लेगा। प्रत्येक जीवन उस जीव को उसके विस्तृत कर्मों से छुटकारा पाने का अवसर देता है ताकि वे बुरे कर्म दोबारा न उभरें। रामचरितमानस में तुलसीदास कहते हैं:

सो तनु धरि हरि भजहिं न जे नर।
होहिं बिषय रत मंद मंद तर।।
काँच किरिच बदलें ते लेहीं।
कर ते डारि परस मनि देहीं।।

मानव शरीर प्राप्त करने के बाद भी, जो भगवान को याद नहीं करता है और निम्न कामुक सुख में रहता है, वह अपने हाथ में आये पारसमणि को फेंक देता है और बदले में कांच के टुकड़े प्राप्त करता है।'

(उत्तरकांड, दोहा- 120, चौपाई, 11-12)

सत्संग, साहित्य और सज्जनों की संगति से मन को गिरने से रोका जा सकता है। कुरीतियों, कुप्रथाओं को जलाए बिना निर्व्यसनी जीवन संभव नहीं है। मैं अपने जीवन में ऐसे व्यसनों और कुसंग से मुक्त रहने में सक्षम हूं। गांधीजी की आत्मकथा 'सत्य के प्रयोग' पढ़ते समय मैंने देखा कि अपनी मां के समक्ष उन्होंने इंग्लैंड में पढ़ाई के लिए जाते समय मांस, मदिरा और मोहिनी से दूर रहने की शपथ ली थी। यह बात मेरे मन में भी अंकित हो गई और मैंने जीवन भर इससे शक्ति प्राप्त की।

पूज्य डोंगरेजी महाराज ने कहा है कि इन तीन चीजों के अलावा जुए से भी दूर रहें तो आप खुश रहेंगे। मैंने इसे एक प्रकाश स्तम्भ के रूप में चुना है। दुनिया के जुआ केंद्र, लास वेगास में हर साल हीरे की प्रदर्शनी आयोजित की जाती है। मुझे कई बार वहां जाना पड़ा है। मैंने वहां कभी एक डॉलर का भी जुआ नहीं खेला, भगवान ऐसा न करवाए, भाई! पहली बार मैं वहां 1989 में जब परिवार के साथ गया, तो वहां जाने के लिए केवल 30 उड़ानें थीं। उस समय ठहरने के लिए केवल तीन ही होटल थे। जबकि आज लगभग 400 उड़ानें और सैकड़ों होटल हैं। इस जुए की दुनिया की ओर लोगों की कितनी भीड़ बढ़ गई है, फिर बुराईयां कहां से जा पाएंगी!

(2) भीतरी खदान को पहचानें और उसके मालिक बनें (मानस को ऊपर उठाएं)

अपने भीतर की खान को जानना ही जीवन की पाठशाला में अध्ययन करना है। जैसे-जैसे बच्चा बड़ा हो, उसे शिक्षा का स्पर्श दें। न केवल पुस्तकों का अध्ययन करना, बल्कि जीवन की पुस्तकों का अध्ययन करना, जीवन के नियमों को सीखना, आपके आसपास क्या हो रहा है, इसकी सतर्क समझ विकसित करना भी बहुत महत्त्वपूर्ण है। जीवन की सचाई से भागना नहीं, उसे समझना, स्वीकार करना और आगे बढ़ना होगा।

यह सूत्र हमारे शरीर-मन प्रणाली को विकसित करके ब्रह्मांडीय ऊर्जा को अवशोषित करने की बात करता है। अधिकांश लोग अपना जीवन सफलता की खोज में बिताते हैं जबकि वह हमारे भीतर होती है। जब मैं एक कारीगर के रूप में काम कर रहा था तब मुझे एहसास हुआ कि 'हीरों को केवल घिसने के बजाय उन्हें घिसवाना भी सीखना होगा।' किसी ने मुझे यह नहीं बताया या सिखाया, लेकिन मैंने इसे अपने आसपास घटित होते देखा। फिर हमने तीन दोस्तों के साथ साझेदारी में एक फैक्ट्री शुरू की। 500 रुपए लेकर बाबूभाई दोशी के दफ्तर गए। वहां 10 कैरेट कच्चे हीरे 920 रुपए में मिलते थे। ऐसे समय में मैं वापस तो नहीं आया, लेकिन वीरजीभाई से अधिक पैसों का इंतजाम करने के लिए 220 रुपए ले लिए और उनके पड़ोसी से 200 रुपए उधार लिए और ऐसे करके अंत में मैंने कच्चे हीरे खरीदे। वहां से हमारी सफलता की शुरुआत हुई।

जब भी मैं नई जगह देखने जाता हूं, तो वहां जल्दी नहीं करता। मैं एक या दो दिन पहले वहां पहुंच जाता हूं, एक 'आम आदमी' की तरह घूमता हूं, लोगों से मिलता हूं, सड़क के किनारे खड़ी दुकान में चाय पीता हूं, सब्जी बाजार में कीमतें जांचता हूं। अगर संभव है, तो आस-पास की फैक्टरियों, दुकानों पर जाता हूं, अस्पतालों को देखता हूं, लोगों से उनके बारे में पूछता हूं और जानने की कोशिश करता हूं कि वहां क्या संभावनाएं हैं, क्या नहीं हैं और क्या किया जा सकता है। जीवन की सचाई है कि हर व्यक्ति में, हर जगह कुछ बेहतर करने की क्षमता छिपी होती है जिसे पहचानना चाहिए।

अधिकांश लोग ऐसा करने में असफल हो जाते हैं क्योंकि वे अपने वर्तमान जीवन के 'कम्फर्ट जोन' से बाहर नहीं निकलना चाहते। यदि आप प्रगति करना चाहते हैं तो आपको 'कम्फर्ट जोन' से बाहर आना होगा। विवेक चूड़ामणि का श्लोक 67 कहता है;

तद्वद्ब्रह्मविदोपदेशमननध्यानादिभिर्लभ्यते
मायाकार्यतिरोहितं स्वममलं तत्त्वं न दुर्युक्तिभिः।।

'जो दिखता है, वह मिथ्या जगत है यह बात समझे बिना, आत्मतत्व को जाने बिना सिर्फ शब्दों में बयान करने से मनुष्य की मुक्ति कैसे होगी? इसी प्रकार ध्यान आदि से ब्रह्मविद्या की शिक्षा प्राप्त होती है।'

(विवेक चूड़ामणि- 67)

वर्ष 2014 में जब मैं बोत्सवाना गया तो हमेशा की तरह मैं दो दिन पहले पहुंच गया, चारों ओर घूमा और आसपास के माहौल को जाना। गैब्रोन शहर के ठीक

बाहर मानव निर्मित कुछ भी नहीं है, केवल बंजर भूमि और कुछ बिखरे हुए घर हैं। जब अंग्रेज दक्षिण अफ्रीका में अपनी आर्थिक और सैन्य शक्ति का विस्तार कर रहे थे, उसी समय डच और जर्मन अफ्रीका के पश्चिमी भाग पर कब्जा कर रहे थे। 1885 में उन्होंने अंग्रेजों को हराकर 'बेचुआना लैंड प्रोटेक्टोरेट' की स्थापना की, जो 80 वर्ष बाद 1965 में बोत्सवाना के नाम से एक स्वतंत्र देश के रूप में अस्तित्व में आया। आजादी के लगभग एक साल के भीतर, राजधानी गैब्रोन शहर से 250 मील दूर ओरापा प्रांत में एक बड़ी हीरे की खदान की खोज की गई। यह दुनिया में कच्चे हीरे खरीदने की सबसे बड़ी साइट में से एक है। एक साल में अचानक क्या हो गया?

अगले दिन अपने व्यावसायिक कार्य निपटाने के बाद, मैं 'मारू-ए-पुला' स्कूल देखने गया। प्राचार्य एंडी टेलर मौजूद नहीं थे, इसलिए उप-प्राचार्या ताबोगो जॉर्ज स्कूल का भ्रमण करवाने के लिए सहमत हुए। परिसर अच्छा था, लेकिन मैं स्कूल के नाम को लेकर उत्सुक था। उप-प्राचार्या ने कहा, हमारे बोत्सवाना में 'बरसात की मेहरबानी' है। स्थानीय भाषा में 'पुला' का मतलब बारिश वाला बादल होता है। किसी का स्वागत 'मारू-ए-पुला' कहकर करें, इसका अर्थ है 'आप पर बरसाती आशीर्वाद बना रहे!'

स्कूल के इतिहास शिक्षक, मुन्याराडजी मगाटे से हीरे की खदानों का जो कुछ इतिहास जाना, वह अविस्मरणीय है। मैंने पूछा कि ब्रिटेन से आजादी के एक साल के भीतर डी बियर्स को अचानक बोत्सवाना में हीरे की खदान कैसे मिल गई? यह 80 साल के ब्रिटिश शासन के दौरान क्यों नहीं खोजी गई थी?

जवाब में टीचर ने एक कहानी के माध्यम से समझाया। एक समय की बात है, मोलोपो नदी के पास खोइखोई जनजाति का बेथोएन नाम का एक व्यक्ति रहता था। वह एक बड़ा जमींदार, धनवान और संतुष्ट व्यक्ति था। एक दिन एक बूढ़ा भिक्षु बेथोएन के पास आया और उसे बताया कि दुनिया कैसे बनी। सर्वशक्तिमान ईश्वर ने घने कोहरे को हिलाया और उसे आग के गोले में बदल दिया, वह आग का गोला ब्रह्मांड में गिरने लगा। अपने रास्ते में सब कुछ जलाकर, वह दूसरी तरफ पहुंच गया, नमी से ठंडा हो गया और अंततः मूसलाधार बारिश बनकर गिर गया, जिससे बाहरी सतह ठंडी हो गई। जैसे-जैसे आग की लपटें ठंडी हुईं, पृथ्वी की सतह ऊंची और नीची होती गई- इसलिए पहाड़, घाटियां अस्तित्व में आए। उस ऊपरी परत के नीचे विभिन्न खनिजों- ग्रेनाइट, तांबा, चांदी, सोना आदि का निर्माण हुआ। पृथ्वी के सबसे गहरे स्तर पर जहां सूरज का प्रकाश पहुंचना बंद हुआ, वहां हीरे बने! इतनी कहानी सुनाने के बाद वृद्ध साधु चला गया और फिर कहीं नहीं दिखा।

हीरे खोज निकालने के सपने में बेथोएन ने अपनी जमीन बेच दी, पैसे ले लिए। परिवार को पड़ोसियों के सहारे छोड़कर वह हीरे की तलाश में निकल पड़ा। पूरे उपमहाद्वीप में घूमता रहा और जब पैसा खत्म हो गया तो वह गरीबी, अभाव और कठिनाई में पड़ गया। दार-ए-सलाम के समुद्र तट पर खड़े होने के दौरान एक बड़ी लहर आई तो वह झागदार लहरों के नीचे डूब गया और कभी वापस नहीं आया। बेचारा बेथोएन, अभागा बेथोएन!

अब जिस आदमी ने बेथोएन की जमीन खरीदी थी, उसने एक संकरे झरने की छिछली पट में सफेद रेत के नीचे कुछ चमकता हुआ सीप जैसा देखा। वह उसे अपने घर ले आया, लगभग एक साल बाद वह बूढ़ा भिक्षु बेथोएन की भूमि के खरीदार से मिलने आया। जैसे ही उसने दरवाजा खोला, भिक्षु ने खोल के अंदर प्रकाश की एक चमक देखी। उसने कहा, 'अरे, यही तो हीरे हैं!' काश, बेथोएन वापस आता? बेचारा बेथोएन... अगर वह घर पर ही रहता और इस जमीन को खोदता, अगर उसने इस छोटे-से झरने की रेत को छान कर देखा होता? तब वह भूख, गरीबी के बाद किसी अज्ञात देश में समुद्र तट पर नहीं मरता... और आज यह हीरे की खदान उसके पास होती! वह अपने ही हीरे की खदान का एक अमीर मालिक होता! इसे कहते हैं किस्मत की बलिहारी।

सकल पदारथ एहि जग मांही।
कर्महीन नर पावत नाहिं।।

यदि बेथोएन ने अपना परिवार नहीं छोड़ा होता, जमीन नहीं बेची होती और हीरे की तलाश में नहीं गया होता, तो उसका जीवन एक अलग मोड़ लेता। हममें से अधिकांश लोग अक्सर इस सरल कहानी की स्पष्ट सच्चाई को नजरअंदाज कर देते हैं। भगवान ने हमें अपने कर्म चुनने की आजाादी और उन्हें पूरा करने की शक्ति दी है, इसलिए भगवान हमारे जीवन में हस्तक्षेप नहीं करते। जैसा कि पहले उल्लेख किया गया है, हमारा स्वभाव केवल पिछले जन्मों के कर्मों का फल है, गोस्वामी तुलसीदास बृहस्पति-इंद्र संवाद में कहते हैं :

करम प्रधान बिस्व करी राखा।
जो जस करइ सो तस फल चाखा।।

'भगवान श्रीराम ने इस संसार में कर्म को ही नियामक बनाया है, आप जो बोओगे वही पाओगे।'

(रामचरितमानस, अयोध्या काण्ड- 219/4)

पूज्य डोंगरेजी महाराज भी कहते हैं कि आप जो देते हैं, वही आपको वापस मिलता है। यदि आप दूसरों का सम्मान करेंगे तो दूसरे आपका भी सम्मान करेंगे। हमारे कर्म पहाड़ों के बीच ध्वनि की गूंज के समान हमारे पास लौटते हैं। सत्रह साल की उम्र में मैंने सभी का आदर करना शुरू कर दिया, जिसके परिणामस्वरूप मुझे दुनिया में सम्मान मिला। इसलिए मेरे परिवार में सभी लोग मुझसे प्यार और सम्मान से जुड़े रहे। इसी प्रकार व्यापार क्षेत्र में भी सभी कारीगर, प्रबंधक, कर्मचारी, व्यापारी सभी मेरा सम्मान करने लगे। इससे मेरे व्यवसाय, धन और प्रतिष्ठा में निरंतर वृद्धि हुई है। इस प्रकार हमें अपने भीतर की खान को पहचानना होगा और उस पर अपना अधिकार जमाना होगा।

(3) कट, पॉलिश, माउन्ट (जीवन को हीरे की तरह रोशन करें)

कट, पॉलिश, माउन्ट हीरा उद्योग के शब्द हैं, जो यहां संदर्भित करते हैं कि हम अपनी योग्यता के चुने हुए क्षेत्र में कितनी दूर तक आगे बढ़ सकते हैं। हर साल हजारों छात्र मेडिकल कॉलेजों से स्नातक होते हैं, उनमें से कुछ विशेषज्ञ स्तर तक पहुंचते हैं, कुछ सुपर स्पेशलिस्ट बन जाते हैं। उनमें भी सिर्फ सेवाभाव से, धन की लालसा रखे बिना चिकित्सा कार्य तो बहुत कम कर सकते हैं। ऐसे व्यक्ति दुनिया में हीरे के समान चमकते हैं।

हीरा उद्योग के इन तीन तकनीकी शब्दों ने जीवन भर मेरा मार्गदर्शन किया है। हम कंपनियों से कच्चा हीरा खरीदते हैं, उसके बाद उसका 'मूल्य संवर्धन' करना हमारा काम है। किसी कच्चे हीरे को उसके वर्तमान मूल्य तक तराशने की प्रक्रिया विज्ञान और कलात्मकता की दृष्टि से की जाती है। शुरुआत में हम बड़े आकार के कच्चे हीरों को तराशने में गलतियां करते थे और इसलिए नुकसान होता था। आशित भाई 'मुन्नाभाई' मेहता ने अमूल्य सलाह दी, गोविंदभाई, बड़े कच्चे हीरे पर सूक्ष्म कलात्मक काम करो, नफा आपका और नुकसान मेरा।' हमारे बीच कोई लिखित समझौता या गवाह नहीं था। लेकिन वादे के मुताबिक, उन्होंने हमारे घाटे के दो करोड़ रुपए का भुगतान कर दिया। इस घटना ने मुझे सिखाया कि सत्य को किसी गवाह की आवश्यकता नहीं होती। सत्य स्वयं में शक्तिशाली होता है। मुन्नाभाई ने अपनी बात रखी, अपना वादा निभाया।

धार्मिक ग्रंथों को पढ़ने और अच्छे लोगों के सत्संग ने मुझे हमेशा मजबूत किया है। पैसा और शोहरत पाने के लिए मुझे कभी भी झूठ का सहारा नहीं लेना पड़ा, न ही धोखा देना पड़ा। 'ईमानदारी कभी भी चूकती नहीं' यह नीति मेरे लिए सम्पूर्ण सत्य और आधारभूत साबित हुई है। मैंने लाभ या सफलता के लिए चालाकी, धूर्तता या झूठ का सहारा नहीं लिया है। बुद्ध के 'धम्मपद' के शुरुआती दो छंदों को उद्धृत करता हूं :

मनःपूर्वङ्गमा धर्मा मनः श्रेष्ठा मनोमयाः।
मनसा चेत्प्रदुष्टेन भाषते वा करोति वा।
ततो एनं दुःखमन्वेति चक्रमिव वहतः पदम्।।1।।
(धम्मपद, अध्याय 1, श्लोक 1)

मनःपूर्वङ्गमा धर्मा मनःश्रेष्ठा मनोमयाः।
मनसा चेत्प्रसन्नेन भाषते वा करोति वा।
ततो एनं सुखमन्वेति छायेवानपायिनी।।2।।
(धम्मपद, अध्याय 1, श्लोक 2)

'अब हम जो कुछ भी हैं वह हमारे विचारों का परिणाम है। यदि मनुष्य बुरे विचारों के साथ बोलता है या कार्य करता है तो दुःख आना निश्चित है जिस प्रकार बैल के चलने से गाड़ी के पहिये घूम जाते हैं, उसी प्रकार यदि मनुष्य शुद्ध और अच्छे विचार से कार्य करता है तो सुख उसी तरह अवश्य आता है, जैसे हमारी परछाई हमारा साथ कभी नहीं छोड़ती।'

आइए, अब इस सूत्र की गहराई से पड़ताल करें। हमें यह कल्पना करनी होगी कि वर्तमान स्थिति में हमारे हाथों में क्या है और नियंत्रण में क्या है और हम इसे उत्कृष्ट और महान तरीके से कैसे उपयोग कर सकते हैं। जब मैं किसी रफ हीरे को हाथ में लेता हूं तो यह नहीं सोचता कि यह रफ हीरा 'जैसा है वैसा नहीं, बल्कि कुछ अलग होता तो'! अधिकांश समय हम एक ही बात करते हैं, अगर इसकी जगह ऐसा होता तो क्या होता?'

जो नहीं है उसके बारे में भटकने की बजाय इस बारे में सोचें कि उस चीज, व्यक्ति, स्थिति से सबसे अच्छा क्या प्राप्त किया जा सकता है। एक बार हीरा कट जाने के बाद इसे तैयार करने की प्रक्रिया पूरी हो जाती है। एक बार जब गलत कट लग गया और हीरा टूट गया तो उसे दोबारा जोड़ा नहीं जा सकता। यह भी उतना ही जरूरी है कि एक बार जब गलत कट लग जाए तो गलती हो जाने के बाद हमें उसके बारे में निरंतर सोचना, पछताना नहीं चाहिए। अब हम क्या करेंगे? ऐसा शोक भी व्यर्थ है। कमान से निकला तीर, नदी में बहता पानी या बीता हुआ समय लौटकर आने के लिए है क्या? तो चलिए, सिर्फ आगे की सोचते हैं...! हम बहती नदी में एक ही पानी में दो बार अपने पैर नहीं डुबो सकते। वह पानी यूं ही बह गया। इसलिए अतीत को भूल जाओ, भविष्य की चिंता मत करो, वर्तमान को सुधारो।

सोच-समझकर योजना बनाकर काम करें और अनुभवी लोगों की सलाह लें और पूरे विश्वास के साथ काम करें। यहां तक कि एक बार गलत तरीके से काटा गया हीरा भी भविष्य में फैशन और मांग में आ सकता है। ऐसा भी होता है कि कोई ग्राहक इसे ऊंची कीमत पर खरीद लेता है। रफ कटिंग में सावधानी बरतनी चाहिए परन्तु गलत तरीके से काटे गए रत्न को भी कभी-कभी ग्राहक और उसका मूल्य मिल जाता है। यह कोई दर्शन नहीं, बल्कि मेरे अनुभव का सार है।

कच्चे हीरे को तराशने और चमकाने की तरह ही यह प्रक्रिया हमारे जीवन में भी देखने को मिलती है। एक कुशल गुरु एक शिष्य को महान बनाता है। श्रीकृष्ण-अर्जुन, शुकदेवजी-परीक्षित हमारे प्रसिद्ध उदाहरण हैं। इसलिए आपके जीवन में एक गुरु अवश्य होना चाहिए। मैंने अधिक औपचारिक शिक्षा प्राप्त नहीं की है लेकिन समय-समय पर मुझे डोंगरेजी महाराज, श्री इंद्रवदनभाई चौकसी और श्री शांतिभाई मेहता जैसे गुरु मिले हैं। पूज्य मोरारिबापू, पूज्य भाईश्री रमेशभाई ओझा और स्वामीश्री सच्चिदानंदजी ने मुझे आकार दिया है। वे इसे पढ़कर मुझ पर हंस सकते हैं या मुझे शिष्य के रूप में स्वीकार नहीं करें लेकिन मैंने अपने दिल की भावना प्रस्तुत की है। हीरे शाश्वत हैं। यह धरती माता की अथाह गहराइयों के रस से बना है और बड़े परिश्रम से निकाला गया है। हीरे में कोई अशुद्धि नहीं होती। हीरा उद्योग में कभी निम्न कक्षा का माल स्वीकार नहीं किया जाता है। जिस प्रकार कच्चा हीरा बहुमूल्य रत्नों में बदल जाता है, उसी प्रकार मेरे सभी गुरुओं की कृपा से मेरे जैसा अनपढ़ कारीगर एक सफल व्यवसायी और मानद पी.एच.डी डिग्रीधारी बन गया।

आज, दुनिया में पॉलिश किए गए 100 हीरों में से लगभग 92 हीरे भारत में पॉलिश होकर अपनी अंतिम चमक, मूल्य और सुंदरता प्राप्त करते हैं। जब मैं 1964 में सौराष्ट्र से सूरत आया तो भारत में हीरे की कटिंग और पॉलिशिंग बहुत कम होती थी। आज मूल्य के हिसाब से विश्व के हीरे के कारोबार में भारत की हिस्सेदारी 80 फीसदी है। अब सूरत डायमंड बूर्स (SDB) के साथ सूरत हीरों का वैश्विक केंद्र बन सकता है।

माउंटिंग की अंतिम प्रक्रिया हीरे की सेटिंग है। हमारे देश का गौरव कोहिनूर हीरा वीर महाराजा रणजीत सिंह के मुकुट में सुशोभित था जो बाद में फिर से कटिंग और पॉलिशिंग कराने के बाद महारानी एलिजाबेथ द्वितीय के मुकुट की शोभा बढ़ा रहा है। मेरे अनुसार किसी भी व्यक्ति का सबसे अच्छा विकास उसके परिवार में होता है। हमारा परिवार हमारी जैविक और आकस्मिक दुर्घटना नहीं है, बल्कि हमारी आत्मा की यात्रा का एक महत्त्वपूर्ण पड़ाव है। कट, पॉलिश, माउंट आदि प्रक्रियाओं के माध्यम से हम अपने जीवन को हीरे के समान रोशन कर अपने लक्ष्य को प्राप्त कर सकते हैं।

(4) हिरण्यगर्भ बनाएं (भावी पीढ़ी का निर्माण करें)

हिरण्यगर्भ निर्माण का अर्थ है भावी पीढ़ी का निर्माण करना। वैदिक दर्शन के अनुसार, हिरण्यगर्भ ही सृष्टि की उत्पत्ति या ब्रह्माण्ड की उत्पत्ति का स्रोत है। इसका सांसारिक अर्थ हमारे परिवार का निर्माण और भावी पीढ़ियों का निर्माण है। मैं जब सूरत में एक कारीगर के तौर पर था, छह महीने के प्रशिक्षण के दौरान मुझे एक रुपए का भी मुआवजा नहीं मिला और आज भगवान की कृपा से मेरी दूसरी और तीसरी पीढ़ी, मेरे विस्तारित परिवार के साथ काम करते हुए हजारों कारीगरों और करोड़ों का व्यवसाय संभाल रही है। कहते हैं कि मैंने अपना हिरण्यगर्भ बना लिया है।

हिरण्यगर्भ सूत्र एक सामंजस्यपूर्ण परिवार के लिए है। हमारी उपलब्धि या सफलता में परिवार को शामिल होना चाहिए। हमें इस बात का ध्यान रखना चाहिए कि हमारी सफलता और प्रगति हमें परिवार से दूर न कर दे। जिस प्रकार किसी माता-पिता के घर जन्म लेना भाग्य की बात है, उसी प्रकार विवाह भी भाग्य की बात है। कोई भी दो लोग भाग्य की योजना के बिना नहीं मिलते। ऐसा भी कहा जाता है कि शादी सात जन्मों तक चलती है। दांपत्य जीवन में एक-दूसरे को सौहार्दपूर्ण ढंग से समझकर समर्पित होने की भूमिका बनानी चाहिए।

मैं विवाह में जटिलता, असामंजस्य, विवाहेतर संबंधों और तलाक के बारे में सुनकर आश्चर्यचकित हूं। जो भी ऐसा करता है उस पर दया आती है। एक-दूसरे के प्रति पूर्ण समर्पण और स्वीकार्यता इसमें बहुत बड़ी भूमिका निभाती है। जीवनसाथी चुनने में बाहरी सुंदरता से ज्यादा महत्त्व चरित्र और स्वभाव का होता है। अधिक उम्र में शादी करने से प्रतिबद्धता और स्वीकार्यता कम हो जाती है। 31 जनवरी, 2021 को चंपा और मैंने शादी के पचास साल पूरे होने का जश्न मनाया। शादी के वक्त मैं 21 साल का था और चंपा 16 साल की। उस समय यह शादी 'समय पर' मानी जाती थी। हमारे इस लंबे सहजीवन में कभी कोई झगड़ा नहीं हुआ, हमारा परिवार संयुक्त है, इसलिए हमें पारिवारिक शांति और संतुष्टि का अनुभव होता है।

पूज्य डोंगरेजी महाराज कहा करते थे, 'जो अपने भाई में भगवान नहीं देखता, वह देश सेवा या भगवान की सेवा नहीं कर सकता।' जो परिवार के सदस्यों में भगवान को नहीं देखता, वह प्रभु सेवा या देश सेवा कैसे कर सकता है? हमारे बड़े संयुक्त परिवार में हम 30 सदस्य हैं जिनमें 17 चचेरे भाई और 13 चचेरी बहनें हैं। 1977 से हर कोई एक-दूसरे को अपना व्यवसाय स्थापित करने में मदद कर रहा है। अब हर किसी का अपना स्वतंत्र व्यवसाय है, हर कोई अमीर है। वर्तमान में कांजीदादा के परिवार की छह पीढ़ियों में 1500 से अधिक सदस्य हैं। हम सभी अपनी पारिवारिक भावना को मजबूत करने के लिए हर साल नवरात्रि पर एक साथ मिलते हैं।

यही तो जीवन का अर्थ और सार है। यह इसलिए संभव है क्योंकि हमने अपना दिमाग खुला और दिल उदार रखा है। यही कारण है कि हम परिवार और दोस्त, एक-दूसरे से जुड़े हुए हैं। हमने जीवन-संतुष्टि पा ली है। इतिहास उदारता को याद रखता है, लालच को नहीं। हां, पैसा मूल्यवान है, लेकिन रिश्ते अनमोल हैं।

हमने अपने व्यवसाय का बीजारोपण, विकास और विस्तार इस तरह से किया है कि इसमें शामिल सभी लोगों के लाभ के लिए धन का सृजन किया जा सके। हम अपने दोस्तों, कर्मचारियों, कारीगरों और उनके परिवारों को भी इस भावना में शामिल मानते हैं। इस व्यापक कल्याणकारी विचार को मैं हिरण्यगर्भ सूत्र कहता हूं।

ऋग्वेद के हिरण्यगर्भ सूत्र में कहा गया है कि सृष्टि के आरंभ में भगवान स्वयं निर्माता के रूप में प्रकट हुए, सभी चीजें उनमें समाहित हैं। वह संपूर्ण सृष्टि को एकजुट करने वाले थे। ब्रह्माण्ड उनकी सर्वोच्च प्रतिभा द्वारा निर्मित है।

हिरण्यगर्भः समवर्तताग्रे भूतस्य जातः पतिरेक आसीत्।

'जब उन्होंने अवतार लिया, तो वे सारी सृष्टि के एकमात्र स्वामी थे, शुरुआत में केवल हिरण्यगर्भ ही अस्तित्व में था।'

(ऋग्वेद मंडल-10, सूक्त-121, श्लोक-1)

उद्योग के क्षेत्र में टाटा समूह को मैं आधुनिक भारत का हिरण्यगर्भ कहता हूं। उपरोक्त सूक्त-पंक्ति के सन्दर्भ में 1839 में नवसारी में जमशेदजी टाटा का जन्म टाटा समूह की शुरुआत कहा जा सकता है। मुंबई में तत्कालीन फलते-फूलते ब्रिटिश कपड़ा उद्योग की बराबरी करने के लिए उन्होंने मुंबई के व्यापारिक क्षेत्र से बाहर निकलकर नागपुर जैसे क्षेत्र को चुना, जहां कच्चे माल (कपास), परिवहन, ईंधन और पानी की सभी सुविधाएं थीं। आखिरकार उनके इस फैसले ने उन्हें सफलता तक पहुंचाया।

जमशेदजी अपने कर्मचारियों का बहुत खयाल रखते थे। लगातार उनके जीवन को बेहतर बनाने की चिंता उन्हें सताती रहती थी। वे भारत में भविष्यनिधि (प्राविडन्ट फंड) लागू करने वाले पहले व्यक्ति थे। उन्होंने जीवन में चार संस्थाओं की स्थापना का लक्ष्य निर्धारित किया था।

(1) आयरन एंड स्टील कंपनी
(2) एक विश्वस्तरीय शैक्षणिक संस्थान
(3) जलविद्युत संयंत्र
(4) पांच सितारा होटल

इसके अनुसार उन्होंने मुंबई में एक विश्वस्तरीय शानदार ताज महल होटल बनवाया, शेष सपने उनके बेटे को पूरा करने थे, यह हिरण्यगर्भ की पहली विशेषता है। हिरण्यगर्भ एक व्यक्ति से कहीं अधिक है और यह पीढ़ियों और समय से परे है।

1907 में जमशेदजी के बेटे दोराबजी ने वर्तमान जमशेदपुर (जिसे पहले साकची के नाम से जाना जाता था) में टाटा आयरन एंड स्टील कंपनी की स्थापना की। उन्होंने ही 1909 में बेंगलुरु में भारतीय विज्ञान संस्थान का उद्‌घाटन किया था। 1915 में भारत का पहला जलविद्युत संयंत्र पूना के पास खोपोली में स्थापित किया गया था। दोराबजी ने टाटा स्टील प्लांट के आसपास एक पूरी टाउनशिप बनाकर अपने पिता का सपना भी पूरा किया। इस टाउनशिप में कर्मचारियों के लिए आवास, मनोरंजन, खेल, उद्यान, दुकानें, मंदिर, स्कूल आदि जैसी सभी सुविधाएं हैं। उन्होंने बस्ती का नाम 'जमशेदपुर' रखकर अपने पिता की स्मृति का सम्मान किया। उनके ट्रस्टने 1936 में बंबई में टाटा इंस्टिट्यूट ऑफ सोशल साइंस की स्थापना की।

हिरण्यगर्भ की एक और विशेषता यह है कि वह हमेशा संस्थापकों का सम्मान करता है, उनका नाम रोशन करता है और अपने काम का विस्तार करता है। हिरण्यगर्भ नई पीढ़ी, पुरानी पीढ़ी को हर कार्य में यश प्रदान करती है।

दोराबजी की मृत्यु के बाद जहांगीरजी रतनजी दादाभाई (जेआरडी) टाटा ने टाटा एयरलाइंस की शुरुआत 1932 में की थी। उन्होंने कराची से मुंबई तक पहली उड़ान भरकर भारत के पहले पायलट होने का गौरव हासिल किया है। 1938 में वे टाटा समूह के अध्यक्ष बने और उनके नेतृत्व में टाटा समूह की कुल संपत्ति 100 मिलियन डॉलर से बढ़कर 5 बिलियन डॉलर हो गई। 1991 में जब वे सेवानिवृत्त हुए, तब तक उनका पारिवारिक व्यवसाय 95 कंपनियों तक बढ़ गया था जिनमें से कुछ कंपनियां बहुत उल्लेखनीय हैं- टाटा केमिकल, टाटा मोटर (TELCO) और TCS आदि। उनका मानवीय योगदान भी देखने को मिलता है। 1941 में, मुंबई में टाटा मेमोरियल अस्पताल बनाया गया, जहां आम आदमी को सस्ती दरों पर उन्नत कैंसर उपचार प्रदान किया जाता है। हिरण्यगर्भ की यह तीसरी विशेषता है कि आप धनवान तो बनते ही हैं, साथ ही समाज और देश के विकास में भी अपना योगदान देते हैं।

वर्ष 1991 में जे.आर.डी टाटा सेवानिवृत्त हो गए और उनकी जगह नवल टाटा के बेटे रतन टाटा उनके उत्तराधिकारी बने। रतन टाटा ने कारोबार इतनी तेजी से बढ़ाया कि टाटा समूह की आय चालीस गुना और मुनाफा पचास गुना बढ़ गया। रतन टाटा ने नए क्षेत्रों में कदम रखा और टेटली, जगुआर, लैंड रोवर और कोरस जैसी प्रसिद्ध विदेशी कंपनियों का अधिग्रहण किया। इसलिए टाटा समूह का नाम वैश्विक व्यापार में जाना जाने लगा, इसका 65 फीसदी राजस्व भारत के बाहर से

आता है। रतन टाटा ने टाटा समूह के दो मुख्य ट्रस्टों, सर दोराबजी टाटा ट्रस्ट और सर रतन टाटा ट्रस्ट के साथ-साथ अन्य संबंधित ट्रस्टों के अध्यक्ष के रूप में कार्य किया है। इन ट्रस्टों की टाटा समूह की होल्डिंग कंपनी टाटा सन्स में 66 फीसदी की संयुक्त हिस्सेदारी है। हिरण्यगर्भ की चौथी और अंतिम विशेषता यह है कि यह अपनी भौगोलिक सीमाओं को पार कर वैश्विक रूप धारण कर लेता है।

हिरण्यगर्भ का दूसरा उदाहरण मुझे रिलायंस ग्रुप लगता है। कंपनी के संस्थापक श्री धीरूभाई अंबानी, जिनका जन्म 1932 में सौराष्ट्र में हुआ था ने 1977-78 में रिलायंस का आई.पी.ओ. जारी करके इतिहास रचा था। मेरे अनुसार यही आधुनिक भारत का सच्चा जन्म है। धीरूभाई आसमान के तारे देखने वाले एक दूरदर्शी व्यापारी थे। 1985 में उन्होंने विस्तार के लिए अपनी कंपनी का नाम रिलायंस टेक्सटाइल से बदलकर रिलायंस इंडस्ट्रीज कर दिया। उन्होंने एक अत्याधुनिक पेट्रोलियम रिफाइनरी भी स्थापित की। रिलायंस दुनिया की फॉर्च्यून 500 कंपनियों की सूची में शामिल होनेवाली पहली भारतीय कंपनी बन गई।

1977 में जब रिलायंस ने अपना IPO लॉन्च किया, तो कंपनी का वार्षिक राजस्व 85 मिलियन अमेरिकी डॉलर था। 2002 में जब श्री धीरूभाई की मृत्यु हुई, तब कंपनी का राजस्व 16.3 बिलियन अमेरिकी डॉलर था। फिर उनके बेटे श्री मुकेश अंबानी ने कमान संभाली। उन्होंने रिलायंस जियो के माध्यम से दूरसंचार के क्षेत्र में बहुत सफल प्रवेश किया। 2007 में उनकी कुल संपत्ति 49 बिलियन अमेरिकी डॉलर थी, जो जुलाई, 2020 में बढ़कर 80 बिलियन अमेरिकी डॉलर हो गई, जिससे श्री मुकेश अंबानी भारत के सबसे अमीर आदमी और दुनिया के पांचवें सबसे अमीर आदमी बन गए!

बाजार पूंजीकरण के मामले में रिलायंस इंडस्ट्रीज 135 बिलियन अमेरिकी डॉलर के दायरे में आती है। मैं रिलायंस के उदाहरण को दूसरा हिरण्यगर्भ मानता हूं क्योंकि इसने हमेशा आगे बढ़कर काम करने की नीति रखी है। यह नई सीमाएं लांघ रही है। अब वह भारतीय घरों में 5G तकनीक लाने की कोशिश कर रही है।

भगवानभाई और वीरजीभाई के साथ साझेदारी में हमारे व्यवसाय के 25 वर्ष बहुत सुखद रहे। ऊपरवाला ही आवश्यकता पड़ने पर व्यक्तियों को जोड़ने और अलग करने की व्यवस्था करता है। 1995 में तीनों साझेदार अलग हो गए, लेकिन हमने आज तक एकता और सद्भाव बनाए रखा है। साझेदारी टूटने के बाद SRK को एक नया आकार मिला। मैं आज SRK का हिरण्यगर्भ देख सकता हूं। जब एक नई पीढ़ी व्यापारिक साम्राज्य में प्रवेश करती है तो साम्राज्य को बनाए रखना और संतुलित करना एक चुनौती बन जाती है। धन सृजन और विनिर्माण कार्य मेरे लिए कभी कठिन नहीं रहे। 1995 में राहुलभाई, जयंतीभाई, दिनेशभाई और अरजनभाई

ने मिलकर SRK की संरचना का नवीनीकरण किया जिसका शुभ परिणाम यह हुआ कि 25 साल में 15 मिलियन अमेरिकी डॉलर के टर्नओवर वाली कंपनी 2021 तक 1.8 बिलियन अमेरिकी डॉलर का कारोबार करने लगी। व्यक्तिगत अहं के बिना, स्पर्धाभाव बिना, स्पष्ट सामूहिक दृष्टिकोण के अनुसार काम करने वाले साझेदारों की एक शानदार टीम ने SRK को आज विशेष ऊंचाइयों पर पहुंचाया है।

हमारे SRK की तीसरी पीढ़ी के सितारे- श्रेयांस, अक्षय, नीरव, अर्पित और ब्रिजेश पूरी तरह से प्रशिक्षित शासन में पले-बढ़े हैं। वे नए विचारों, प्रबंधन के आधुनिक सिद्धांतों और नई प्रौद्योगिकियों का अनुसरण कर रहे हैं। कंपनी में प्रवेश करने वाले बच्चों की चौथी पीढ़ी अपने बड़ों के नक्शेकदम पर चल रही है और विभिन्न चरणों में प्रशिक्षण ले रही है। केविन, उत्कर्ष, दर्शिल, ध्रुवल, राज, तेज, ध्रुव और क्रिष हमारे उभरते सितारे हैं। वे सभी शिक्षित हैं, देश-विदेश घूमकर तैयार हुए हैं। अपने पिता की तरह वे सभी निर्व्यसनी और धार्मिक हैं। श्रेयांस और हमारी युवा पीढ़ी श्री ज्ञानवत्सल स्वामी, श्री अध्यात्मस्वरूप स्वामी और अन्य निरामय संतों के सात्विक संपर्क में हैं। ये सभी संत-महात्मा, मित्रस्वरूप, अक्सर हमारे युवाओं के साथ स्ट्रेस मैनेजमेंट, व्यावसायिक नैतिकता, कार्य-जीवन संतुलन और सायकोलॉजी जैसे विषयों पर चर्चा करते हैं। मुझे यकीन है कि आज ही नहीं, बल्कि आने वाली 22वीं सदी में भी बिजनस जगत में SRK की सफलता का परचम लहराता रहेगा।

(5) ईश्वर का माध्यम बनें

ईश्वर का माध्यम बनना अर्थात् ईश्वर का कारण बनना, यही 'श्रीमद् भगवद्गीता' का अंतिम संदेश है। अर्जुन दुःखी है, उचित समय पर वह उस शिक्षा का उपयोग करने के लिए तैयार नहीं है जिसका उसने जीवन भर प्रशिक्षण लिया है। हालांकि चचेरे भाई, चाचा और अन्य रिश्तेदार गलत हैं, फिर भी मोहवश अर्जुन उनसे युद्ध नहीं करना चाहता है। तब श्रीकृष्ण ने ही उन्हें गीताज्ञान देकर युद्ध के लिए प्रेरित किया और पृथ्वी से दुष्टों का नाश किया।

'हरि जो कुछ भी करे वह मेरे सर्वोत्तम हित में है, यह दृढ़संकल्प नहीं बदलेगा।' ईश्वर की योजना में असीम और अटूट विश्वास रखें। यह विश्वास रखना बहुत जरूरी है कि हमें हमारे भाग्य के अनुसार ही मिलेगा।

कई लोगों ने अलग-अलग तरह से इसका वर्णन किया है। मेरे पुलिस अधिकारी मित्र अजय कुमार कहते हैं, स्वीकार की भूमिका में रहें। हां, प्रयास आपका है, लेकिन परिणाम कई कारकों पर निर्भर करता है। इसलिए अपनी असफलता के लिए किसी और को दोष न दें।' यह एक भाग्यवादी रवैया, पराजयवादी, पलायनवादी

मानसिकता को पोषित करने जैसा प्रतीत हो सकता है, लेकिन मुझे लगता है कि फल की आशा किए बिना हमें कर्म करना चाहिए। इस संबंध में श्रीमद् भगवद्गीता के इस अत्यंत प्रसिद्ध श्लोक का पालन किया जाना चाहिए:

कर्मण्येवाधिकारस्ते, मा फलेषु कदाचन।
मा कर्मफलहेतुर्भूर्मा ते सङ्गोऽस्त्वकर्मणि।।
(श्रीमद् भगवद्गीता, अध्याय-2, श्लोक-47)

'तेरा कर्म करने में ही अधिकार है, उसके फलों में कभी नहीं। इसलिए तू कर्मों के फल का हेतु मत हो तथा तेरी कर्म करने में भी आसक्ति न हो।'

पूज्य स्वामी सच्चिदानंदजी ने मुझे समझाया है कि इस श्लोक में भगवान ने चार संदेश दिए हैं।

(1) कर्मण्ये वाधिकारस्ते

तुम्हें अपना धर्म अर्थात् नियत कर्तव्य निभाना है। कार्य के प्रति लापरवाही न बरती जाए एवं उसे अनदेखा मत करें। अपनी फर्ज से भटकना शर्मनाक है।

(2) मा फलेषु कदाचन

हमने कर्म तो किया है, कर्तव्य निभाया है परंतु उसके फल की आशा रखनी नहीं है। हम भोजन करने बैठें तो हमें परोसी गई थाली को देखकर सोचना चाहिए कि यह भोजन, आहार कहां से आया और हम तक कैसे पहुंचा? नमक समुद्र से बनाया गया, मूंगफली सौराष्ट्र में उगाई गई, रोटी के गेहूं पंजाब में उगाये जाते हैं आम का अचार आंध्र प्रदेश में बनाया जाता है। यह सब खाने से पहले हमें सभी को धन्यवाद देना चाहिए क्योंकि सभी ने अपना कर्तव्य निभाया, जिससे हमें खाना मिला। हां, हमने पैसे चुकाए होंगे लेकिन यह कोई बड़ी बात नहीं है। इसका उत्पादन करना कठिन काम है। यह भी याद रखें कि हमने जो पैसा दिया, वह हमें किसने दिया?

(3) मा कर्म फलहेतु र्भू

हमारी गतिविधिया और कार्य हमारे द्वारा ही किए जाते हैं, ऐसा कभी मत मानना क्योंकि किसी भी कार्य के पूरा होने के पीछे कई कारक होते हैं।

(4) मा ते संगोस्त्वकर्मणि

कभी भी निष्क्रियता न बरतें। साइकिल तभी संतुलन में रहती है, जब वह चलती है, पैडल रुकने पर वह रुक जाती है, गिर जाती है। जब तक हम जीवित हैं, हमें काम करना चाहिए और यदि वह काम परोपकारी, सार्वजनिक सेवा है, तो अद्भुत!

कार्य का एक सिद्धांत है; हम जन्म लेते हैं, हम बड़े होते हैं, हमें शिक्षा के लिए सही परिस्थितियां मिली, हमें कुछ कर्तव्य निभाने के अवसर मिले; लेकिन इसका फल (परिणाम) किसी अदृश्य (दिव्य) शक्ति के हाथ में है, जो हमारी समझ और पहुंच से परे है। हम अपने कार्य के वास्तविक कर्ता नहीं हैं, हम केवल भगवान के कार्य के साधन हैं। इसलिए यह दावा करना कि 'मैंने यह किया, मैंने यह किया' हमारे लिए बेकार, गलत, भ्रामक और अहंकारी है। हां, हम केवल कारण हैं, हमारी उपलब्धि का साधन मात्र हैं। यह सोचना भी भ्रम है कि यह फल या परिणाम मेरे कर्म के कारण है। इसके अलावा, निष्क्रियता तो और भी बड़ी मूर्खता है। आलस्य में समय बर्बाद करना जीवन को खोने समान है।

मैं व्यक्तिगत रूप से कह रहा हूं कि 'मनुष्ययत्न और ईश्वरकृपा' ही कर्मयोग की सच्ची परिभाषा है। हम जो भी कार्य करें, उसमें शरीर, मन और हृदय का उपयोग होना चाहिए। पिछले पचास वर्षों से मैं प्रतिदिन लगभग 14 घंटे अपनी मर्जी से काम कर रहा हूं। आज सत्तर की उम्र पार करके भी 10 से 12 घंटे काम करता हूं। मैं भगवान का आभारी हूं कि उन्होंने मुझे गीता के कर्मयोग की तरह जीने और काम करने का अवसर दिया।

संतान और धन प्राप्त करना भाग्य के अधीन है, हमें इसके लिए प्रयास करना चाहिए लेकिन कभी भी गलत रास्ता नहीं अपनाना चाहिए। अतीत के बारे में सोचना और भविष्य की चिंता छोड़कर वर्तमान में सक्रिय रहें। यदि वर्तमान अच्छा है, स्वस्थ है, सौहार्दपूर्ण है तो मेरा विश्वास है कि भविष्य भी वैसा ही होगा। यह विश्वास भगवान और भाग्य दोनों पर रखें और इसे वहीं छोड़ दें। 'Let Go'– छोड़ देने की वृत्ति' जीवन में शांति और समृद्धि लाती है। मैंने अपने जीवन में अब तक किसी से झगड़ा नहीं किया है, किसी का अपमान नहीं किया है क्योंकि मेरा मानना है कि जो कुछ भी होता है, ऊपरवाले की इच्छा से होता है। हम तो बस उसके हाथों की कठपुतलियां हैं। घर और व्यवसाय में हमारा मार्गदर्शन करने की डोर ईश्वर के हाथ में है। अंग्रेजी में एक कहावत है– 'Man Proposes, God Disposes' 'आदमी लाख जतन करे, लेकिन वही होता है, जो मंजूर-ए-खुदा होता है'।

यदि हमारी अपेक्षानुसार होता है, तो यह ईश्वर-कृपा है और यदि अपेक्षानुसार नहीं होता है, तो यह मानना चाहिए कि यह ईश्वर की इच्छा है; ऐसा मानने से जीवन में दर्द, दुख, निराशा और तनाव का हम पर कोई प्रभाव नहीं पड़ेगा। गीता स्वयं कहती है:

तेषां सततयुक्तानां भजतां प्रीतिपूर्वकम्।
ददामि बुद्धियोगं तं येन मामुपयान्ति ते।।

जो निरंतर मुझमें आसक्त रहते हैं, बड़े प्रेम से मेरी पूजा करते हैं, उन्हें मैं ऐसी बुद्धि देता हूँ कि वे मुझ तक पहुंचने में समर्थ हो जाते हैं।'

(श्रीमद् भगवद्गीता, अध्याय 10, श्लोक 10)

यदि स्वयं ईश्वर 'कर्ता' को प्रेरणा दे रहा है तो फिर हमारे गुमान का सवाल ही कहां है? अब यह मेरे जीवन की कहानी अंत के करीब है, काठियावाड़ के एक धूल भरे गांव दुधाला से दुनिया के सबसे अच्छे कार्यस्थल सूरत तक की मेरी यात्रा, गरीबी से समृद्धि तक की यात्रा, काम की तलाश में एक लड़के से एक ऐसे उद्योगपति बनने की यात्रा, जिसने हजारों लोगों को काम दिया, आइए मैं इस जीवन-कथा का सार निकालता हूं।

जीवन-कथा के दस अध्यायों में एक गति, प्रवाह, प्रगति के विस्तार को हमने देखा। यह न केवल भौतिक या वित्तीय है, बल्कि मेरी चेतना का विस्तार भी है। अंधकार से प्रकाश की ओर 'तमसो मा ज्योतिर्गमय'- यह मेरी अपनी जीवन-यात्रा है।

पहला अध्याय - Activation, 'गोविंद की जीवन-यात्रा का आरंभ' प्रथम अध्याय में मैंने सौराष्ट्र के एक गांव से, 1964 में, कुछ कमाने के लिए सूरत आए एक स्कूल ड्रॉपआउट लड़के की यात्रा की बात की। 1970 में हमने बताया है कि हमारी कंपनी की स्थापना कैसे हुई। विवेक चूड़ामणि से आदि शंकराचार्य के श्लोक का उद्धरण छह वर्षों की प्रारंभिक प्रक्रिया को दर्शाता है। यकीन मानिए, यह ऊंची इमारत के निर्माण से पहले नींव खोदने का चरण था। यहां हमारे सफलता तक पहुंचने के दृढ़संकल्प, मार्गदर्शन, प्रयास, उपकरणों का उपयोग और जोश-उत्साह की बात है। शुरुआत में मैं अपने बड़े भाई भीमजीभाई के घर पर ही रहता था, गोरधनभाई खडसलिया के वहां मैंने अरविंदभाई से हीरे तराशना सीखा। वर्ष 1968 की दीवाली में दोस्तों के साथ मैंने मुंबई नगर देखा। क्या चकाचौंध, धन-दौलत और शहरी हुड़दंग! फिर मेरी जिंदगी में संतश्री रामचन्द्र डोंगरेजी महाराज ने प्रवेश किया और जैसे पतंगा लौ की ओर आकर्षित होता है, मैं उनके ज्ञान, भक्ति की ओर आकर्षित हो गया। ज्ञान की उस लौ में जलने की बजाय, मैं प्रबुद्ध हो गया। 1968 की ये दो घटनाएं - मुंबई दर्शन और डोंगरेजी महाराज श्रवण मेरे जीवन में महत्वपूर्ण मोड़ हैं। मेरे जैसे हजारों गुमनाम लड़के काम की तलाश में सूरत आते थे, मैंने उस गुमनाम अस्तित्व से एक प्रसिद्ध व्यक्ति बनने का दृढ़संकल्प किया।

दूसरा अध्याय - Enterprise, 'व्यापारिक और पारिवारिक जीवन की नींव' इसमें हीरा उद्योग में मेरे शुरुआती विकास के आठ वर्षों का वर्णन है। इसमें नींव खोदे जाने के बाद ठोस ऊंचाई तक पहुंचने का ब्योरा है। मैंने पाया कि यदि हम व्यवसाय में एक निश्चित आकार, प्रकार और टर्नओवर हासिल नहीं करते हैं, तो हम वहीं के वहीं रह जाते हैं। मजबूत परिवर्तन के इस दौर में शांतिभाई मेहता और नवीनभाई मेहता ने मुझसे हाथ मिलाया। दोस्तों और परिवार के साथ 1976 में उत्तर भारत और 1977 में दक्षिण भारत की सड़क यात्रा की। उसके बाद हीरा उद्योग के एक दिग्गज मुंबई के दिलीपभाई मेहता के साथ रफ खरीदने के लिए एंटवर्प, बेल्जियम का दौरा करने का फैसला किया, जिसने एक नया क्षितिज खोल दिया।

हमारी इस सफलता ने अन्य सौराष्ट्रवासियों को भी हीरा उद्योग में अपना करियर बनाने के लिए एंटवर्प-बेल्जियम में व्यवसाय करने के लिए प्रेरित किया। मोहनभाई धामेलिया, नानूभाई सुराणी, अरविंदभाई मावाणी इस नई प्रवृत्ति के प्रणेता थे। मैं लगभग आत्मनिर्भर रहा, यही इस अध्याय का पाठ है, क्योंकि मुझे 'पर की आस, सदा निराश' सीखना ही पड़ा। मैंने अपना दृष्टिकोण व्यापक न किया होता और सीधे एंटवर्प से कच्चे हीरे खरीदने की योजना नहीं बनाई होती तो कुछ नहीं होता। कहा जाता है, 'सिर्फ किनारे पर खड़ा होकर तमाशा देखने से कुछ प्राप्त नहीं होता'

तीसरा अध्याय - Edification 'शिक्षा व तालीम' इस अध्याय में बारह वर्ष की अवधि यानी 1980 तक का समय शामिल है। उपनिषदों के ज्ञान के अनुसार, मन दो प्रकार के होते हैं - शुद्ध और अशुद्ध, जो 'इच्छा' और 'इच्छामुक्ति' को जन्म देते हैं। मेरा परिवार दो बेटियों और एक बेटे के साथ पूरा हो गया। मैंने सूरत में घर स्थापित किया और व्यवसाय को अंतरराष्ट्रीय स्तर पर ले गया। हांगकांग, न्यूयॉर्क, एंटवर्प और तेल अवीव जैसे शहरों में व्यवसाय का विस्तार किया। मैं भारतीय हीरा उद्योग के दिग्गज कीर्तिलाल मणिलाल मेहता से मिला। व्यवसाय बढ़ने के साथ-साथ सत्संग, अच्छे पठन-पाठन और मनन से मेरा आध्यात्मिक विकास भी हुआ। श्री इंद्रवदनभाई चौकसी, पूज्य आत्मेन्द्रजी, पूज्य दानीदत्त झा जैसे विद्वान सत्पुरुषों, कथावाचकों, व्याख्याताओं का लाभ मुझे मिला। जबकि मेरी भौतिक संपदा की सफलता की पतंग ऊंची उड़ान भर रही थी, वे मेरे दिमाग को आध्यात्मिकता के बवंडर में स्थिर रखने में अमूल्य योगदान रहा है।

चौथा अध्याय - Power Plays, 'राजसत्ता के शक्ति-संचालन' इस अध्याय में मैंने इस दुनिया के काम करने के तरीके के बारे में अपनी आंतरिक समझ प्रस्तुत की है। 1990 के दशक को कवर करते हुए, यह अध्याय श्री मोरारजीभाई देसाई के साथ मेरी मुलाकात, भारत में आर्थिक सुधार, उसके बाद की राजनीतिक

उथल-पुथल, पच्चीस साल की साझेदारी, सूरत में प्लेग, बड़े हीरे के उत्पादन की शुरुआत आदि से संबंधित है। यहां मेरा परिचय तीन महान राजनीतिक नेताओं, श्री दलसुखभाई गोधाणी, श्री चिमनभाई पटेल और श्री केशुभाई पटेल से हुआ। उन्होंने अपने लोगों के लिए अथक संघर्ष किया। मैं श्री दलसुखभाई को समाजसेवा एवं राजनीति का आदर्श मानता हूं। 'इस संसार में न कोई शत्रु है, न कोई मित्र है' विश्वप्रभुत्व का यह खेल हमें छलता रहता है। जो उस समय उसी प्रकार का व्यवहार करने के लिए प्रेरित करता है।

अध्याय पांच - Ascent, 'उर्ध्वगमन' यह अध्याय 2005 तक की अवधि को कवर करता है, जो मेरी व्यावसायिक सफलता के आरोहण का समय है। मैंने कारखाने के विस्तार कार्य के लिए आधुनिक भवन का निर्माण किया, प्रौद्योगिकी को उन्नत किया, कम्प्यूटरीकृत प्रबंधन प्रणाली स्थापित की, रूस, ऑस्ट्रेलिया, कनाडा से खरीदे गए कच्चे हीरों पर काम करना शुरू किया। अपनी दूसरी पीढ़ी के भतीजे-भांजे जयंतीभाई, राहुलभाई और दिनेशभाई को व्यवसाय में महत्त्वपूर्ण पदों से परिचित कराया, अपनी दोनों बेटियों की शादी सौराष्ट्र के हीरा उद्योग परिवार में की, द सदर्न गुजरात चैंबर ऑफ कॉमर्स' से 'बेस्ट बिजनस पर्सन अवॉर्ड' मिला, सूरत म्युनिसिपल कॉर्पोरेशन से 'सूर्यपुर रत्न', नागरिक पुरस्कार मिला। श्री नरेंद्रभाई मोदी गुजरात के मुख्यमंत्री बने आदि इस अध्याय में हैं।

अध्याय छह - Human Gems, 'मानव रत्न' यह अध्याय 2005 से 2011 तक की अवधि को कवर करता है। 'बहुजन हिताय, बहुजन सुखाय' को जीने वाले मनुष्य रत्न दुर्लभ हैं। मेरी माताजी की स्मृति में स्थापित 'संतोकबा मानवरत्न पुरस्कार', 'जलधारा' और 'बेटी बचाओ' अभियान में मेरी भागीदारी का विवरण, 2008 के वित्तीय संकट में बिना किसी 'नौकरी में कटौती' के हमारा संचालन, हीरा व्यापार कंपनी DTC के अध्यक्ष वर्दा शाइन द्वारा हमारे LEEDS गोल्ड रेटेड निर्मित भवन का उद्घाटन। हमारी SRK एम्पायर बिल्डिंग को 2019 में प्लैटिनम रेटेड बिल्डिंग के रूप में अपग्रेड किया जाना आदि के ब्योरे इस अध्याय में दिए गए हैं। इसके अलावा, इस अरसे में उन छह मानवरत्नों का विवरण भी शामिल है जिन्हें 'संतोकबा मानवरत्न पुरस्कार' दिया गया है।

सातवां अध्याय - Higher Orbits, 'उच्च भ्रमण की कक्षा में' इस अध्याय का हृदय 'संपत्ति करे सत्कार्य और बरसावे ईश्वरकृपा' है, 2012 से 2016 तक की अवधि का विवरण देता है। कार्तिकेय विक्रम साराभाई के साथ की दोस्ती यहां सन्निहित है। डॉ. कलाम साहब ने हमारे SRK परिवार को एक नेक अर्थ वाला समीकरण सिखाया है, 'रचनात्मकता, साहस और चरित्र का योग ज्ञान है'। इस सूत्र ने हमें मानव जीवन के उच्च स्वरूप को समझने की महान प्रेरणा दी है। सौराष्ट्र से

सूरत तक की मेरी अर्ध-शताब्दी यात्रा और भारतीय हीरा उद्योग के 'who's who' में हमारे प्रवेश का जश्न मनाते हुए, पूज्य मोरारिबापू की 'मानस रामकृष्ण हरि' रामकथा का आयोजन उल्लेखनीय बनी।

मोदीजी चुनाव जीतकर प्रधानमंत्री बने। फिर श्री नरेंद्रभाई मोदी और मुख्यमंत्री आनंदीबहन पटेल के साथ हमारी चीन यात्रा, उच्च अधिकारियों की मोदीजी के साथ बैठक और बीजिंग में 'ग्रेट हॉल ऑफ पीपल' में सम्मेलन, आई.आई.एम अहमदाबाद में छात्रों को व्याख्यान, SRK की तीसरी पीढ़ी के श्रेयांस, अक्षय, नीरव, अर्पित और ब्रिजेश का परिचय, सूरत और अन्य शहरों को जोड़ने वाली वेंचुरा एयरकनेक्ट लिमिटेड की स्थापना, इस वर्ष का 'संतोकबा मानवरत्न पुरस्कार' प्राप्त करने वाले गणमान्य व्यक्ति- पूज्य दलाई लामा, लॉर्ड भीखूभाई पारेख, श्रीमती सुधा मूर्ति और फादर वालेस और SRK नॉलेज फाउंडेशन के निर्माण के उल्लेख के साथ समाप्त होता है।

आठवां अध्याय - Rainbow People, 'इंद्रधनुषी महानुभाव' इस अध्याय में महत्वाकांक्षी किरण अस्पताल की स्थापना, ड्रीम सिटी सूरत परियोजना में विश्वस्तरीय 'सूरत डायमंड बूर्स', संतोकबा पुरस्कार विजेता श्री रतन टाटा, नोबेल पुरस्कार विजेता श्री कैलाश सत्यार्थी और इसरो के अध्यक्ष श्री किरण कुमार शामिल थे, सरकारी प्रोटोकॉल को अलग रखते हुए भारत के राष्ट्रपति श्री रामनाथ कोविन्द ने पुरस्कार समारोह में भाग लिया। यह अध्याय आई.आई.एम-अहमदाबाद के साथ जुड़ाव और छात्रों को मार्गदर्शन देने के लिए SRK-IIMA Annual Lecture Series की शुरुआत हुई, जो श्री रघुराम राजन, नोबेल पुरस्कार विजेता एरिक मस्किन, सर पार्थसारथी दासगुप्ता आदि के सुंदर व्याख्यानों से सुसज्जित है। इन इंद्रधनुषी गणमान्य व्यक्तियों का एक सिंहावलोकन, विजेताओं की विजय', कृतनिश्चयीओं के कृतनिश्चय' और 'गुणवानों के गुण' यह आठवें अध्याय का मूल हैं।

नौवां अध्याय - New India, 'नया भारत' यह अध्याय मेरी दृष्टि को सामाजिक से राष्ट्रीय फलक तक विस्तारित करता है, जननी जन्मभूमिश्च स्वर्गादपि गरीयसी' यानी 'माता और मातृभूमि स्वर्ग से भी ऊपर है'। इस अध्याय में भारतीय रेलवे की राष्ट्रीय अकादमी NAIR, वडोदरा परिसर में इंजीनियरिंग, मेडिकल, प्रबंधन कैडर प्रशिक्षण अधिकारियों समक्ष वार्तालाप, मोदीजी की लोकसभा चुनाव में दूसरी जीत का विवरण है। परिवार, दोस्तों से बातचीत में मैंने कहा जिस तरह कच्चा हीरा धरती की अथाह गहराइयों से निकलकर अनमोल और आकर्षक रूप में ढल जाता है, उसी प्रकार 5000 साल पुरानी भारतीय संस्कृति की खदान से कुछ शाश्वत सत्य निकले हैं। इनमें से तीन सत्य मेरे जीवन की त्रिवेणी के रूप में साझा किये गए हैं : (1) सत्यनिष्ठा और ईमानदारी ही जीवन में प्रगति का एकमात्र वैध तरीका है, (2) इस संसार का संचालन कोई अदृश्य, अगम्य सत्ता कर रही है। (3)

परिवार ही जीवन की अस्तित्वगत वास्तविकता है। ये तीन गुह्यता मैं परिवार और व्यवसाय में सभी के साथ व्यक्त करता हूं।

दसवां अध्याय - Go Win, 'विश्वविजय के पांच सूत्र' उठो, जागो, सीखो और तब तक प्रयास करो जब तक लक्ष्य प्राप्त न हो जाए- यही मंत्र है। इस अध्याय में यह उल्लेख किया गया है कि Indus University ने मुझे मानद डॉक्टरेट उपाधि (D.Phil) से सम्मानित किया। यहां मैं नई पीढ़ी के लिए पांच सूत्र प्रस्तुत कर रहा हूं, जो मेरे अनुभव का सार हैं, जो मेरे उतार-चढ़ाव को देखने के बाद सफलता की रणनीतियों जैसे हैं:

(1) खराब बीजों को जला दें

(2) भीतरी खदान को पहचानें और उसके मालिक बनें

(3) कट, पॉलिश, माउन्ट

(4) हिरण्यगर्भ बनाएं

(5) ईश्वर का माध्यम बनें

ईश्वर ने प्रत्येक मनुष्य को स्वतंत्र चुनाव का महान उपहार दिया है। यदि हम अपने अवांछित बीजों को नहीं जलाएंगे तो वे अंकुरित होकर घास, खरपतवार बन जाएंगे। मेरी माताजी कहा करती थी, जो घूमता है वही उपलब्धि प्राप्त करता है'। कच्चे हीरे को जब काटा और पॉलिश किया जाता है तब वे आकर्षक बनकर आभूषणों मुकुट में जगह बनाते हैं। मैं टाटा और रिलायंस जैसी कंपनियों को भारतीय उद्योग का हिरण्यगर्भ कहता हूं। वे भारतीय इतिहास की सोने की चिड़िया के सोने के अंडे हैं। हम इस दुनिया में एक उद्देश्य के लिए आए हैं, न कि अपने संकीर्ण मन की इच्छाओं और कल्पनाओं के अनुसार जीने के लिए।

हमें प्रत्येक परिस्थिति में अपने कर्तव्य को जानकर उसके अनुसार काम करना चाहिए। जन्म से लेकर आज तक हमें जो कुछ भी मिलता रहा है, जिनसे भी मिलता रहा है, जिन्होंने हमारे प्रति उपकार किया है, आइए हम उनका उपकार स्वीकार करें और समाज के प्रति परोपकारी बनें।

राजनीति में किसी को सलाह देना मेरी पात्रता नहीं है लेकिन मैं प्रार्थना करता हूं कि भगवान सभी को शक्ति और बुद्धि दें। यदि इस शक्ति का विवेकपूर्वक उपयोग नहीं किया गया तो राष्ट्र का धन और समय बर्बाद होगा। यदि हम इस संसार में अमर होकर नहीं आए हैं तो गलत काम क्यों करते हैं?

खोटा लेना खोटा देना, पूरा जीवन खोटारा।
गैर समझ के अंधेरे में कहां से आए उजियारा।।

इस पंक्ति की तरह सभी कहानियों का अंत होता है, मैं भी अपनी अब तक की जिंदगी की कहानी यहीं समाप्त करता हूं। मैंने एक स्वस्थ और उद्देश्यपूर्ण जीवन जिया है और दुनियाभर के सैकड़ों देशों की यात्रा की है। एक बार जब हम मंच से उतरते हैं तो दर्शकों की भीड़ में घुलमिल जाते हैं। मुझे अब रुकना चाहिए। लेकिन उससे पहले मुझे एक बात कहनी है। हमारे गांवों में रहने वाले बहुत से लोग गरीबी, अभाव, कर्ज और बीमारियों के साथ जी रहे हैं। उनमें से कुछ बहादुरी से शहरों की ओर बेहतर जीवन के लिए चले गए, यहां तक कि विदेश भी चले गए और यथास्थिति अपने जीवन की व्यवस्था की। मैं खुद को इस दूसरी श्रेणी में रखता हूं। देवचंदभाई जोधाणी, नकुभाई जोधाणी, करमशीभाई मालविया और रवजीभाई रादडिया जैसे साथियों के साथ जैसे मैं अपने गांव दुधाला को सूरत ले आया। पिछले 50 वर्षों की यात्रा और साथ रहने के दौरान हमने एक-दूसरे के सुख-दुख साझा किए हैं, हमारे छोटे से धूल भरे गांव का नाम रोशन किया है। रवजीभाई को 'दुधाला नरेश' माना जाता है और गोरधनभाई खडसलिया को 'दुधाला का द्वार' माना जाता है।

मैंने गांव से आकर हीरा जगत में खूब शोहरत और दौलत कमाई, दुनिया की चकाचौंध भी देखी। लेकिन मेरा कभी मन नहीं हुआ कि घर छोड़कर विदेश में रहूं। मैं जहां भी गया, दुधाला ने मुझे कभी नहीं छोड़ा, काठियावाड़ मेरे साथ रहा। हमने सूरत और सौराष्ट्र को पंख देने के लिए वेंचुरा एयरकनेक्ट की भी स्थापना की ताकि दूर रह रहे मेरे हमवतन अपने परिवार, मित्रों और अन्य पेशेवरों से मिलने के लिए जल्दी से उड़ान भर सके और अन्य दोस्तों, परिवारों को भी इससे लाभ मिले।

मेरा जीवन पारदर्शी रहा है। इस जीवनी की जानकारी का प्राथमिक स्रोत हमारे अभिलेखागार में संग्रहीत है, जिसे स्थापित कर यह लिखा गया है। इन अभिलेखागारों में दैनिक डायरी, हजारों पत्र, लाखों तस्वीरें, ऑडियो-रिकॉर्ड की गई बातचीत, भाषण, उपहार, प्रेस कटिंग आदि शामिल हैं। मैंने गांधीजी की शिक्षाओं को अपनाया है कि सत्य को कभी नहीं छुपाना चाहिए, सांसारिक चीजें परिवर्तनशील और क्षणभंगुर हैं। लेकिन यदि हम सच छुपाते हैं तो हम अपनी अंतरात्मा पर दाग लगा रहे हैं।

जैसे हर व्यक्ति का एक नाम होता है, वैसे ही हर कहानी का एक शीर्षक होना चाहिए। गीता में, श्रीकृष्ण अर्जुन से कहते हैं - 'वर्तमान में, हम वह शरीर नहीं हैं, जिसमें हम रहते हैं बल्कि हम अमर आत्माएं हैं जिन्होंने इस दुनिया में एक संक्षिप्त यात्रा की है।'

मैं हीरे को एक शाश्वत देवता मानता हूं, इसलिए मैं अपनी इस जीवन कहानी का शीर्षक 'Diamonds are forver, so are morals', ('शाश्वत हीरे, शाश्वत नैतिकता') रखता हूं। बचपन से ही मैं भगवद्गीता आसानी से गा लेता था, फिर मैंने

इसे पूरे मन से करने की कोशिश की। मैंने हमेशा खुद को बहुत खास और स्पेशल तो नहीं लेकिन भाग्यशाली माना है। मेरे अंदर कुछ ऐसा है जो मुझे चुनौतियों का सामना करने के लिए प्रेरित करता है, चाहे वह दुधाला के जन्माष्टमी मेले में गुब्बारे बेचना हो, पहली बार कच्चे हीरे खरीदना हो या दिलीपभाई के साथ पहली बार एंटवर्प जाना हो। मैंने प्रत्येक कार्य अपनी अंतरात्मा से, बिना किसी संदेह के किया है।

मेरे जीवन में ऐसी कई सुखद यादें हैं जहां रिश्ते और भावनाएं पैसे से पहले आती हैं हमारे घर में पूज्य मोरारिबापू की रामकथा में आठ लाख लोगों की उपस्थिति, श्रेयांस की शादी में मुख्यमंत्री श्री नरेंद्रभाई मोदी की उपस्थिति, फिर प्रधानमंत्री बनने के बाद किरण हॉस्पिटल के उद्घाटन के समय जब उन्होंने मेरा हाथ खींचकर अपने पास खड़ा किया, मेरी माताजी, संतोकबा के नाम पर स्थापित 'संतोकबा मानवरत्न पुरस्कार' में राष्ट्रपति श्री रामनाथ कोविन्द की उपस्थिति, श्री कलामजी का हमारे कार्यालय का भ्रमण और वह अवसर जब श्री रतन टाटा का हमारे घर पर भोजन ग्रहण करना, यह सभी कार्यक्रम अलग-अलग समय, स्थान और जीवन के विभिन्न चरणों में घटित हुए, लेकिन वे अभी वैसे ही ताज़ा, मर्मस्पर्शी और ज्वलंत हैं जैसे अभी-अभी घटित हुए हों।

विशेष रूप से मैं उस आशीर्वाद पर विचार करता हूं जो नेत्रहीन राजुमां ने मेरी माताजी को दिया था, जब उन्होंने अपने जीवन में पहली बार चीनी का स्वाद चखा था। किशोरावस्था में सुने हुए डोंगरेजी महाराज के शब्द आज भी मेरे मन में गूंजते हैं- 'आप जो देंगे, वह पहाड़ों में गूंजती आवाज की तरह आपको लौटाया जाएगा।' इसलिए मैंने कभी कोई अशोभनीय, अनुचित, बुरा विचार, वचन या कार्य नहीं किया है। इतना ही नहीं, मेरा मानना है कि मुझे जो कुछ भी मिला है वह मेरे पूर्वजों द्वारा किए गए अच्छे कर्मों के बदले में है। इसी प्रकार, युवावस्था में दुधाला में 'श्रीमद्भागवत कथा' सुनने से मेरे अचेतन मन पर गहरी छाप पड़ी, जिसका अनुभव जीवन भर मेरे साथ रहा। अंत में, मैं विनम्रतापूर्वक अपने पाठकों से कहता हूं कि 'जब हम जीवन में समस्याओं और उलटफेर का सामना कर रहे होते हैं, अगर हमारी अतरात्मा यदि हमें कुछ करने से रोकती है, हम अगर उस आंतरिक आवाज का पालन करते हैं तो क्लेश के बादल छंट जाते है। जीवन में जो कुछ भी घटित होता है उस पर प्रतिक्रिया न करें, सभी प्रश्नों के उत्तर नहीं होते, केवल तभी बोलें जब आपको उत्तर भीतर से आता हुआ मिले। आपका सच्चा 'स्वयं' आपकी आंतरिक दुनिया है, इसे शुद्ध, सरल, प्राकृतिक रखें और अंतरात्मा की आवाज का पालन करें।'

मेरी आजीविका हीरों से संबंधित है, कच्चे हीरों को काटना, उन्हें चमकाकर रत्न बनाना और बाजार में उतारना ही मेरा काम रहा है। मैं हीरे को भौतिक रूप में अपना भगवान मानता हूं - हमेशा शुद्ध, निर्दोष और पारदर्शी। धरती मां की

अथाह गहराइयों से निकले कच्चे हीरों को विभिन्न पहलुओं में काटकर मुकुटों में सजाया जाता है, वे आभूषणों में चमकते हैं। एक सच्चा हीरा हमारी आत्मा के समान शाश्वत होता है। आत्मा को किसी भी मानवीय कृत्य से हानि नहीं पहुंचाई जा सकती, वह अछूता रहती है। गीता में आत्मतत्त्व का सुन्दर वर्णन किया गया है-

नैनं छिन्दन्ति शस्त्राणि, नैनं दहति पावकः।
न चैनं क्लेदयन्त्यापो न शोषयति मारूतः।।

> आत्मा को शस्त्रों से छेदा नहीं जा सकता, आग से जलाया नहीं जा सकता, पानी से भिगोया नहीं जा सकता और हवा से सुखाया नहीं जा सकता। आत्मा सर्वव्यापक, अचल और शाश्वत है।
>
> (श्रीमद् भगवद्गीता, अध्याय 2, श्लोक 23)

इसी प्रकार, जीवन में नैतिकता और मूल्य नहीं बदलते। इसीसे अच्छा जीवन जिया जाता है। पूज्य डोंगरेजी महाराज से सीखे गए इस श्लोक के बिना मैं अपनी जीवन कहानी कैसे समाप्त कर सकता हूं!

अणिमा महिमा मूर्तेर्लघिमा प्राप्तिरिन्द्रियैः।
प्राकाम्यं श्रुतदृष्टेषु शक्तिप्रेरणमीशिता।।
गुणेष्वसङ्गो वशिता यत्कामस्तदवस्यति।
एता मे सिद्धयः सौम्य अष्टावौत्पत्तिका मताः।।

> श्रीकृष्ण कहते हैं, 'आठ सूक्ष्म प्राथमिक रहस्यों में से पहली तीन सिद्धियां, 'अणिमा', 'महिमा और 'लधिमा' किसी के शरीर को बदल सकती हैं। अणिमा का अर्थ है : सबसे छोटे से भी छोटा होना; महिमा का अर्थ है बड़े से बड़ा होना, और लधिमा का अर्थ है : हल्के से हल्का होना। चौथी सिद्धि 'प्राप्ति' के पूरा होने से व्यक्ति जो चाहे प्राप्त कर सकता है और पांचवीं 'पराकाम्य' सिद्धि के माध्यम से वह किसी भी चीज का आनंद ले सकता है। छठी 'इशिता' सिद्धि के माध्यम से माया की क्षमता को कई गुना बढ़ा सकता है और सातवीं 'वशिता' से तात्पर्य है कि मनुष्य प्रकृति नियंत्रण क्षमता प्राप्त कर सकता है। जिसने आठवीं 'कामवासयिता' सिद्धि प्राप्त कर ली है, वह कहीं से भी, किसी भी मात्रा में कुछ भी प्राप्त कर सकता है। ये आठ सूक्ष्म सिद्धियां स्वाभाविक रूप से मौजूद हैं और इस दुनिया में प्राप्य हैं।'
>
> (श्रीमद्भागवतपुराण, स्कंध 11, अध्याय 15, श्लोक 4-5)

ये अष्ट सिद्धियां संसार में गुप्त अवस्था में विद्यमान हैं। आठ सिद्धियों की प्राप्ति से अज्ञान का नाश होता है, ज्ञान की प्राप्ति होती है और आनंद का अनुभव होता है। उपलब्धि की राह बहुत कठिन है, कुछ भी आसानी से नहीं मिलता।

जब आप अंत की दहलीज पर खड़े होते हैं तो पिछले जीवन को देखना संतुष्टिदायक होता है। मैं अवसरों का लाभ उठाता हूं और बाधाओं को अवसरों में बदल देता हूं। अच्छी बातें कार्यरूप में परिणत होती गईं। कई चीजें मेरी योजना और कल्पना के अनुसार आकार लेती हैं, कभी सहजता से और कभी नियति से। अगर मैं अलग होता तो मेरी किस्मत अलग होती, लेकिन ऐसा लग रहा था, जैसे यह मेरे लिए ही बनी है। मैं अपने बारे में, अपनी जिंदगी के बारे में कोई फैसला नहीं करता। लेकिन मैं इतनी सटीकता से कह सकता हूं मैं जीवन नहीं जी रहा था, बल्कि जीवन मेरे माध्यम से जी रहा था...'

जगतनियंता तो बिलकुल स्पष्ट हैं। उनकी योजनाएं उत्तम हैं, हमारा अपना मन भ्रमित और व्याकुल है। मेरे सामने जो भी छोटी-मोटी जिम्मेदारियां, छोटे-बड़े कर्तव्य आए, मैं उन्हें पूरा करता गया। भगवान ने मेरा हाथ और सहारा कभी नहीं छोड़ा... ऐसे तो हम कुछ भी नहीं हैं, लेकिन ठान लें तो कुछ भी कर सकते हैं। मैंने SRK की दीवार पर यह मंत्र उकेरा है, 'मैं कुछ नहीं हूं, लेकिन मैं कुछ भी कर सकता हूं' (I am nothing, but I can do anything)। अहंकार के बिना जिएं और पूरे आत्मविश्वास के साथ कार्य करें- यही मेरा जीवन-मंत्र है।

परिशिष्ट 1

मेरी जीवनी

वर्ष	विवरण
1850	धोलका से हमारे पूर्वज का खांभड़ा होते हुए लाठी आगमन।
1918	कांजीदादा बद्रीनाथ की तीर्थयात्रा पर गए।
1936	माता-पिता का विवाह और दादा की संपत्ति के चार हिस्से।
1949	नवंबर 1, मेरा जन्म संतोकबा की कोख से हुआ; ग्राम दुधाला, जिला अमरेली, गुजरात।
1955	मेरी मां संतोकबा को राजुमां से आशीर्वाद मिलना।
1955	दुधाला में स्कूल का पहला दिन।
1955	एक साइकिल दुर्घटना में कान कट गया।
1956	बैलगाड़ी में ऊंगली कुचल गई।
1957	खेत में बिच्छू ने काट लिया।
1958	नीम के पेड़ की निंबोली और संतोकबा के द्वारा छिले गन्ने का अमृत रसपान।
1960	गगड़िया नदी में मछली को 'खाज' खिलाया।
1960	टोडा गांव में 'रेडियो' के बारे में जिज्ञासा।
1961	लाठी स्कूल में पांचवी कक्षा में दाखिला
1961	दूधाला में जन्माष्टमी का जुआ।
1961	'गीताजी का मिलन' और समाधि अवस्था।
1963	दुधाला के मेले में गुब्बारे और सीटी का व्यापार।

1963 पहली बार साइकिल चलाने का आनंद।

1964 अप्रैल 1, सातवीं कक्षा की पढ़ाई अधूरी छोड़कर सूरत प्रस्थान।

1964 अप्रैल 20, डायमंड ट्रेनिंग शुरू हुई। पहला मासिक वेतन 103 रुपए।

1967 लालजीभाई खेनी की फैक्ट्री में 'गोविंद भगत' नाम रखा गया।

1967 चंपा को पहली बार देखने के लिए साइकिल से नानीवावडी गांव गए।

1968 दिवाली की छुट्टियों में दोस्तों के साथ पहली मुंबई यात्रा और 'ताज होटल' की कहानी।

1968 पूज्य डोंगरेजी महाराज की भागवत कथा का प्रथम श्रवण, जो जीवन में 'मार्गदर्शक' बनी।

1970 मार्च 12, श्री भगवानभाई पटेल और श्री वीरजीभाई गोधाणी की साझेदारी में कारखाने का उद्घाटन।

1970 हीरे की पॉलिशिंग में वजन का हिसाब सामान्य 28 प्रतिशत की बजाय 34 प्रतिशत तक आया।

1970 920 रुपए की लागत से रफ हीरों की पहली खरीदी।

1971 जनवरी 31, नानीवावड़ी में चंपा नारोला से शादी।

1972 दुधाला घर में भागवत कथा और बुलेट मोटरसाइकिल दुर्घटना।

1976 दिवाली की छुट्टियों में दोस्तों के साथ उत्तर भारत की पहली यात्रा।

1977 जनवरी 16, एंटवर्प और लंदन का पहला विदेशी दौरा।

1977 एंटवर्प वाल्डोर्फ होटल में लक्ष्मीजी के स्वप्न दर्शन।

1977 दिवाली की छुट्टियों के दौरान दोस्तों के साथ दक्षिण भारत की यात्रा।

1978 पाटीदारों के पहला ट्रस्ट 'सौराष्ट्र पटेल शिक्षा मंडल' की स्थापना।

1978 अक्तूबर 28, पहली संतान मीनाक्षी का जन्म।

1979 नागजीभाई और परबतभाई दुधाला से सूरत आए।

1980 सूरत में पाटीदार समाज द्वारा सामूहिक विवाह की शुरुआत।

1982 पहली बार इजराइल का बिजनस दौरा।

1982 मीनाक्षी को जहरी पीलिया का प्रकोप।

1982 पूज्य इन्द्रवदनभाई के सत्संग का प्रारम्भ।

1982 पर्दा-प्रथा और सामाजिक रीति-रिवाजों को तिलांजलि।

1983 अक्तूबर 12, दूसरी संतान श्वेता का जन्म।

1983 नवंबर 29, साथी वीरजीभाई का निधन।

1983 मुंबई में श्री मोरारजीभाई देसाई से मुलाकात।

1984 वृन्दावन में अखंडानंद स्वामी के साथ सत्संग।

1987 मई 21, तीसरे बच्चे श्रेयांस का जन्म।

1987 गुजरात में सूखा और जोथाण में गोशाला की स्थापना।

1988 उत्तरकाशी में आत्मेंद्रजी महाराज के साथ सत्संग।

1989 वी.एन गोधाणी कन्या विद्यालय एवं चिकित्सा केन्द्र की स्थापना।

1989 पूज्य प्रमुख स्वामी महाराज से मुलाकात।

1990 सूरत में 'रिलीफ सेंटर' का उद्‌घाटन।

1992 बाबरी मस्जिद ढाह दी गई, सूरत में बंद का ऐलान और दंगे।

1992 आदिवासी क्षेत्रों में वनवासी चिकित्सा शिविरों का उद्‌घाटन।

1993 'वेलकम क्लीयारिटी क्लब' की स्थापना की गई।

1994 सूरत में प्लेग।

1994 एस.आर रावसाहब की सूरत कमिश्नर के रूप में नियुक्ति।

1995 मार्च 31, साझेदारी का विभाजन, तीन 'पारिवारिक' कंपनियां बनाई गईं।

1996 अलरोजा कंपनी के साथ रूस में हीरे का कारोबार शुरू।

1997 बड़े हीरे बनाने में श्री आशितभाई मेहता (मुन्नाभाई) का सहयोग।

1997 हांगकांग को चीन को सौंपे जाने के गवाह बने।

1998 भारत में बड़े हीरे बनाने का मेरा आत्मविश्वास।

1998 दिसंबर 4, बेटी मीनाक्षी की शादी।

1999 मई 1, बड़े भाई भीमजीभाई का निधन।

1999 सौराष्ट्र जलधारा ट्रस्ट और दुधाला चेक डैम का निर्माण।

2000 भारत के गृहमंत्री से 'सर्वश्रेष्ठ बिजनेस मैन' का पुरस्कार मिला।

2001 कच्छ भूकंप, SRK ने दो गांवों को गोद लिया।

2001 श्री नरेन्द्रभाई मोदी मुख्यमंत्री बने।

2002 अप्रैल 10, माता संतोकबा का निधन।

2003 SRK को विश्व की अग्रणी कंपनी 'De Beers' का साइट होल्डर का दर्जा प्राप्त हुआ।

2004 मुख्यमंत्री श्री नरेन्द्रभाई मोदी द्वारा 'गुजरात डायमंड बुर्स' का उद्‌घाटन।

2005 मालेगांव, डांग में 'संतोकबा स्कूल' की स्थापना।

2005 SRK में उन्नत प्रौद्योगिकी के प्रयोग की शुरुआत।

2005 जनवरी 16, बेटी श्वेता की शादी।

2005 अक्तूबर 9, सूरत नगर पालिका द्वारा 'ज्वेल ऑफ सूरत-सूर्यपुर रत्न' पुरस्कार प्राप्त हुआ।

2005 अक्टूबर 30, SRK परिवार की चार्टर्ड ए.सी. ट्रेन से हरिद्वार-ऋषिकेश की पहली यात्रा।

2005 'रुपए की कद्र' सीखने के लिए श्रेयांस का अज्ञातवास।

2006 तापी नदी में भयानक बाढ़।

2006 अक्तूबर 24, SRK परिवार के 130 सदस्यों ने श्रीलंका की अपनी पहली विदेश यात्रा की।

2007 जनवरी 19, पहला 'संतोकबा मानवरत्न पुरस्कार' श्री सैम पित्रोदा को प्रदान किया गया।

2008 पूज्य सच्चिदानंदजी महाराज के साथ पूर्वी यूरोप का दौरा।

2008 जनवरी, बेटी-बचाओ अभियान के अंतर्गत 'महालड्डू' कार्यक्रम और 'बेटी बचाओ' कार रैली।

2008 हीरा उद्योग पर वैश्विक महामंदी का प्रभाव।

2009 'संतोकबा मानवरत्न पुरस्कार' श्री नारायणभाई देसाई, डॉ. वर्गीस कुरियन और डॉ. एच.एल त्रिवेदी को प्रदान।

2009 नवंबर 29, बेटे श्रेयांस की शादी।

2011 SRK परिवार का स्विट्जरलैंड का विदेशी दौरा।

2011 अप्रैल 12, De Beers के निदेशक श्रीमती वर्दा शाईन द्वारा 'SRK एम्पायर' की ग्रीन बिल्डिंग का उद्घाटन।

2012 अप्रैल 5, पिता लालजीदादा की शाश्वत विदाई।

2013 सूरत ट्रैफिक एजुकेशन ट्रस्ट द्वारा CCTV कैमरा प्रोजेक्ट का शुभारंभ।

2013 डॉ. ए.पी.जे अब्दुल कलाम का SRK सूरत दौरा।

2013 'संतोकबा मानवरत्न पुरस्कार' से श्री एम.एस स्वामीनाथन एवं श्रीमती पूर्णिमाबहन पकवासा को पुरस्कृत किया गया।

2013 अप्रैल 19, रामनवमी के दिन पौत्र ईश का जन्म।

2014 IIM-अहमदाबाद में छात्रों के लिए पहला व्याख्यान।

2014 SRK परिवार की चार्टर्ड ए.सी. ट्रेन से हरिद्वार-ऋषिकेश की यात्रा।

2014 अप्रैल 8, सूरत में 50 वर्ष के उपलक्ष्य में SRK स्वर्णजयंती समारोह।

2014 दिसंबर 13, 'वेंचुरा एयरकनेक्ट' एयरलाइंस का शुभारंभ।

2014 बोत्सवाना डायमंड माइंस की पहली यात्रा।

2015 प्रधानमंत्री श्री नरेंद्रभाई मोदी के साथ चीन यात्रा।

2015 'संतोकबा मानवरत्न पुरस्कार' दलाई लामा, लॉर्ड भीखूभाई पारेख, श्रीमती सुधा मूर्ति और फादर वालेस को प्रदान।

2015 फरवरी, पूज्य मोरारिबापू द्वारा रामकथा 'मानस– रामकृष्ण हरि'।

2015 सितंबर 23, परबतभाई की विदाई।

2015 श्री मोहन भागवत की सूरत यात्रा, घर पर रात्रिभोज कार्यक्रम।

2016 SRK-IIM A व्याख्यान शृंखला अंतर्गत प्रो. रघुराम राजन का पहला व्याख्यान।

2016 सीमा सुरक्षा बल (BSF) कार्यक्रम नदाबेट में आयोजित किया गया।

2017 हनुमानजी मंदिर निर्माण विचार का बीजारोपण।

2017 'सूरत डायमंड बूर्स' का भूमिपूजन।

2017 अप्रैल 17, प्रधानमंत्री श्री नरेंद्रभाई मोदी द्वारा 'किरण हॉस्पिटल' का उद्घाटन।

2017 बोस्टन में USGBC पुरस्कार मिला। अमेरिकी राष्ट्रपति बिल क्लिंटन से भेंट एवं हार्वर्ड विश्वविद्यालय का दौरा।

2017 राष्ट्रपति श्री प्रणब मुखर्जी से मुलाकात।

2017 संसदीय स्थायी समिति की श्री किरीट सोमैया की अध्यक्षता में SRK की मुलाकात।

2017 'संतोकबा मानवरत्न पुरस्कार' श्री रतन टाटा को प्रदान किया गया।

2017 जापान के प्रधानमंत्री श्री शिंजो आबे और श्री नरेंद्रभाई मोदी के साथ अहमदाबाद में रात्रिभोज।

2018 SRK-IIM-A व्याख्यान शृंखला के तहत नोबेल पुरस्कार विजेता श्री एरिक मस्किन द्वारा व्याख्यान।

2018 श्री रतन टाटा के सूरत SRK Empire का दौरा और घर पर भोजन कार्यक्रम।

2018 राष्ट्रपति श्री रामनाथ कोविन्द का सूरत दौरा।

2018 'संतोकबा मानवरत्न पुरस्कार' श्री किरण कुमार और श्री कैलाश सत्यार्थी को प्रदान किया गया।

2019 'प्रमाणिकता, अदृश्य शक्ति के आशीर्वाद और परिवार' – सर्व पारिवारिक सत्संग।

2019 SRK परिवार के साथ बार्सिलोना क्रूज टूर।

2019 सूरत से शारजाह ऐतिहासिक अंतरराष्ट्रीय उड़ान यात्रा।

2019 नागालैंड–धनसिरिपार में 'शिवजी मंदिर' की स्थापना।

2019 श्री राजनाथ सिंह का सूरत दौरा, घर पर रात्रिभोज कार्यक्रम।

2019 SRK परिवार की चार्टर्ड ए. सी. ट्रेन से हरिद्वार–ऋषिकेश की यात्रा।

2020 लोक लेखा समिति- श्री अधीर रंजन चौधरी और टीम के साथ साक्षात्कार।

2020 जनवरी 18, इंडस विश्वविद्यालय, अहमदाबाद द्वारा 'डॉक्टर ऑफ फिलॉसफी' द्वारा मानद उपाधि दी गई।

2021 अयोध्या में रामलला के मंदिर को 11 करोड़ रुपए का अनुदान।

2021 अक्तूबर 2, लीवर ट्रांसप्लांट ऑपरेशन हुआ।

2022 मेरी आत्मकथा 'Diamonds are forever, so are morals' अंग्रेजी में प्रकाशित हुई।

2023 मेरी आत्मकथा 'डायमंड्स आर फोरएवर, सो आर मोरल्स' गुजराती में प्रकाशित हुई।

परिशिष्ट 2

मेरे दिल को छूने वाले सूत्र

ये सभी सूत्र मैंने नहीं बनाए हैं, यह श्री डोंगरेजी महाराज और अन्य गणमान्य व्यक्तियों द्वारा कहे गए हैं। मैंने इन्हें काफी हद तक अपने जीवन व्यवहार में अपनाया है, इसलिए मैं इन्हें अपना 'हृदय सूत्र' कहता हूं।

अनुक्रम **सूत्र**

1. इस सृष्टि में 'कर्तु', 'अकर्तु', एवं 'अन्यथा कर्तु' ईश्वर ही है अर्थात् संसार में जो कुछ भी हो रहा है, वह ईश्वर की योजना के अनुसार ही हो रहा है।
2. यदि कुछ हमारी अपेक्षा के अनुसार हो रहा है, तो 'हरि कृपा' और यदि हमारी अपेक्षा से विपरीत है, तो 'हरि इच्छा।'
3. वैसा करो जैसा राम 'करते हैं' और वैसा ही करो जैसा 'कृष्ण कहते हैं।' राम का जीवन अनुकरणीय है और कृष्ण का जीवन चिंतनीय है।
4. यह दुनिया एक नाटक है, भगवान ने हमें जो किरदार दिया है, उसे अच्छे से निभाना है।
5. जो समय को नहीं पहचान सकता, वह ईश्वर को नहीं पहचान सकता।
6. धन और संतान भाग्य के अनुसार मिलते हैं, इसके लिए प्रयास की आवश्यकता होती है, लेकिन पाप की नहीं।
7. अच्छे कर्म करो, उसके परिणाम की चिंता मत करो। कर्म में कुशलता ही कर्मयोग है।
8. वक्त से पहले और किस्मत से ज्यादा किसी को कुछ नहीं मिलता।
9. आमतौर पर जब हम हार मानने की कगार पर होते है तो धैर्य और विश्वास ही 'असाधारण उपलब्धियों' की ओर ले जाते हैं।

10. प्रोब्लम इज प्रोग्रेस (Problem is Progress).
11. आशा के दरवाजे के पीछे हमेशा एक नया अवसर छिपा होता है।
12. सकारात्मक सोच ही सफलता का रहस्य है।
13. किसी भी व्यवसाय को करने के लिए धैर्य की पूंजी और आत्मविश्वास के निवेश की आवश्यकता होती है।
14. यदि किसी व्यवसाय में सफल होना है तो गुणवत्ता और मात्रा दोनों महत्त्वपूर्ण हैं।
15. एक अच्छा नेता अपने सहयोगियों की बात सुनता है और उनकी क्षमता को पहचानता है।
16. किसी भी टीम की ताकत उसके सदस्यों की क्षमता पर आधारित होती है और व्यक्तिगत क्षमता टीम पर निर्भर होती है।
17. जो व्यक्ति आपके यहां काम करते हैं, उनकी पारिश्रमिक में अपना लाभ न देंखे।
18. किसी भी क्षेत्र में सफल होने के लिए समय प्रबंधन बहुत जरूरी है।
19. व्यापार में इतने चतुर मत बनो कि दोस्त बनाने की आदत ही भूल जाओ।
20. जो सोचते हैं कि दुनिया मुझे क्या देगी वे मैनेजर बन जाते हैं, जो सोचते हैं कि मैं दुनिया को क्या दूंगा, वे लीडर बन जाते हैं।
21. व्यवसाय में प्रौद्योगिकी महत्त्वपूर्ण है लेकिन इसे चलाने वाले लोग अधिक महत्त्वपूर्ण हैं।
22. मंदी के कारण आपको धन हानि हो सकती है, लेकिन आपको बहुत अनुभव प्राप्त होगा।
23. बॉस का सच और कर्मचारी का सच अलग-अलग होता है। दो भाई तब बंट जाते हैं, जब उनकी सचाई अलग-अलग होती है। हमारे हर रिश्ते के साथ भी ऐसा ही है। जब सत्य को अलग कर दिया जाता है तो सत्य के टुकड़े-टुकड़े हो जाते हैं।
24. प्रतिस्पर्धा प्रगति की सीढ़ी है।
25. जीवन में हर चीज में सफलता का एक ही सूत्र है- 'आप जो भी कर सकते हैं, उसे बेहतर तरीके से करें।'
26. संघर्ष के समय में यह याद रखना चाहिए कि जो भी नुकसान होगा, वह अपना ही होगा। इसलिए मेहनत करते रहें।
27. शेर हो या हिरण, आहार के लिए या बचने के लिए थोड़ा ज्यादा भागना ही पड़ता है।

28. व्यवसाय में दो निवेशों ने मुझे बहुत संतुष्टि दी है– 'विनम्रता और मानवता।'
29. मुझे क्या? और मेरे बारे में क्या? यह दो वाक्य हमारे जीवन में नहीं आने चाहिए।
30. जिम्मेदारी कभी किसी को नहीं दी जाती, वह तो अपने काम से अर्जित प्रतिष्ठा से मिलती है।
31. धर्म का अर्थ है, मानवता; धर्म है, जीवन का आधार।
32. धर्म बढ़े; धन बढ़े, धन बढ़े; मन बढ़े,
मन बढ़े; मान बढ़े, बढ़त बढ़त बढ़ जाय।
धर्म घटे; धन घटे, धन घटे; मन घटे,
मन घटे; मान घटे, घटत घटत घट जाय।।
33. इसान को जैसे-जैसे 'ऊंचाई' मिलती है, उसे बेहतर होना चाहिए। 'ताकत' नशे की तरह होती है, नशा चढ़ने के बाद इंसान को पता ही नहीं चलता कि क्या अच्छा है और क्या बुरा।
34. लक्ष्मी और गृहलक्ष्मी का प्रदर्शन सीमा से अधिक नहीं करना चाहिए।
35. उदारता का इतिहास होता है, लालच का नहीं।
36. जीवन में एक समय ऐसा आता है, जब आपका भाग्य अनुकूल होता है, इसका अधिकतम लाभ उठाएं।
37. ईश्वरप्रदत्त शक्ति, धन और समय की ताकत इनका उपयोग करने में निहित है। निजानंद के लिए किसी की मदद के लिए हमेशा तैयार रहें।
38. हमें दान देने के लिए कहीं दूर जाने की जरूरत नहीं है, अपने आसपास देखिए, शायद वहां ज्यादा जरूरत हो।
39. पैसा असीमित है, समय सीमित है।
40. कीमत और मूल्य में अंतर है। सभी अमीर मूल्यवान नहीं होते और सभी मूल्यवान अमीर नहीं होते।
41. रिश्ते बचाने के लिए होते हैं और पैसा खर्च करने के लिए। लेकिन आज की दुनिया में लोग पैसा बचाते हैं और रिश्तों का उपयोग करते हैं।
42. लोग समझते हैं कि जब धन आता है तो सारी खुशियां आ जाती हैं। ये बहुत बड़ा झूठ है। अमीर बनने की बजाय संस्कारी बनें।
43. ईमानदारी हमारी सफलता से अधिक मूल्यवान है। 'ईमानदारी के बिना व्यापार बेकार है। सिद्धांतों के बिना राजनीति बेकार है, चरित्र के बिना साधना बेकार

है, संस्कार के बिना शिक्षा बेकार है, परिश्रम के बिना साधना बेकार है और समझ के बिना जीवन बेकार है।'

44. जीवन में इन चार क्रियाओं को याद रखना : चलेगा, जंचेगा, पसंद आयेगा, अच्छा लगेगा।
45. इस सृष्टि में कोई पूर्ण नहीं है। मैं अपनी आखिरी सांस तक आजीवन छात्र बने रहना चाहता हूं।
46. जब कोई झूठ बोलता है तो पहले वह अपने-आप को धोखा देता है।
47. यह मायने नहीं रखता कि हम कहां सोते हैं, बल्कि यह मायने रखता है कि हम कितनी नींद लेते हैं।
48. हम देश या समाज में जो भी बदलाव चाहते हैं, वह बदलाव सबसे पहले खुद में लाना जरूरी है।
49. जो आज्ञा नहीं मानता, उसे बोलने का कोई अधिकार नहीं।
50. कोई भी चीज एक निश्चित मात्रा से अधिक यानी अनुपातहीन रूप से हो तो जहर है।
51. बुद्धि पर ज्यादा भरोसा मत करो क्योंकि बुद्धि तो खोखली होती है, उसमें भावनाओं की नमी लाना जरूरी है।
52. अतीत को भूल जाओ, वर्तमान को सुधारो और भविष्य की चिंता मत करो। हमारा भविष्य इस बात पर निर्भर करता है कि हम आज क्या करते हैं।
53. व्यक्ति को अटूट विश्वास रखना चाहिए, लेकिन ध्यान रहे कि वह अंधविश्वास न बन जाए।
54. मैं पूर्वजन्म, पुनर्जन्म और कर्मफल में विश्वास करता हूं।
55. सत्य को किसी गवाह की आवश्यकता नहीं होती।
56. मैं कुछ भी नहीं हूं, फिर भी कुछ भी कर सकता हूं।
57. यदि आप सम्मान चाहते हैं, तो दूसरों का सम्मान करना सीखें।
58. कर भला तो हो भला। यदि हम किसी का भला करेंगे तो वह हमारे लिए भी अच्छा होगा।
59. जुआ खेलने से पतन होता है। (मैं कई बार लास वेगास गया हूं, लेकिन वहां कभी भी पैसे या मनोरंजन के लिए जुआ नहीं खेला।)
60. मैं चालीस वर्षों से क्रोधित नहीं हुआ हूं। भगवान ने गीता में कहा है कि काम, क्रोध और लोभ नरक के तीन द्वार हैं। क्रोध एक महान राक्षस है, क्रोध सभी

को हमसे दूर कर देता है। गुस्सा और तूफान एक ही हैं। दोनों के शांत होने के बाद ही पता चलता है कि कितना नुकसान हुआ है।

61. जो अपने भाई में भगवान नहीं देखता, वह देश या भगवान की सेवा नहीं कर सकता।

62. मेरा परिवार मेरी ताकत है। कंपनी नहीं, बल्कि परिवार बनाएं, कंपनी को परिवार बनाएं।

63. माता-पिता का प्यार हमेशा पहाड़ से भी ऊंचा और समुद्र की तली से भी गहरा होता है।

64. बावन साल के वैवाहिक जीवन में हमारे पति-पत्नी के बीच कभी झगड़ा नहीं हुआ। विवाह में सफलता का आधार स्वीकृति और समर्पण है।

परिशिष्ट 3

SRK कंपनी के सिद्धांत

निम्न सिद्धांतों के साथ श्री रामकृष्ण एक्सपोर्ट्स कंपनी की शुरुआत की। 1995 में जब कंपनी का पुनर्गठन हुआ तो परिवार की दूसरी पीढ़ी को इन 23 सिद्धांतों को लिखित रूप में दिया गया और कंपनी की जिम्मेदारी सौंपी। इन सिद्धांतों के अनुसार वर्तमान में तीसरी-चौथी पीढ़ी काम कर रही है।

1. रफ खरीदारी बाजार मूल्य पर ही की जानी चाहिए। यदि कीमत बहुत कम है, तो आपूर्तिकर्ता थक जाएगा या दूसरों को सामान की आपूर्ति शुरू कर देगा।
2. जहां तक बन सके वहां तक रफ हीरे नगद ही लें।
3. यदि कच्चे हीरे को क्रेडिट पर लेना है तो भुगतान पहले या निश्चित समय पर किया जाना चाहिए और देर नहीं होनी चाहिए।
4. पूरे वर्ष कारखाने में कभी भी रफ और घाट के हीरे कम नहीं पड़ना चाहिए।
5. फैक्ट्री में प्रोसेसिंग समय पर होनी चाहिए ताकि चैनल ब्लॉक न हो।
6. प्रोसेसिंग और फैक्ट्री में 'चैनल-साइकिल' में एक महीने से अधिक का स्टॉक नहीं होना चाहिए।
7. तेजी और मंदी में 'हीरा कटिंग' में कभी भी उतार-चढ़ाव नहीं होना चाहिए। गुणवत्ता नियंत्रण बनाए रखें।
8. प्रत्येक सप्ताह एक या दो घंटे जिम्मेदार व्यक्तियों एवं प्रमुख व्यक्तियों की मीटिंग होनी चाहिए।
9. कंपनी में मुख्य प्रबंधकों और प्रमुख व्यक्तियों को जिम्मेदारियां समझाने का लिखित अधिकार देना।

10. वेतन हर महीने की पहली तारीख को ही मिलना चाहिए, इसमें देर नहीं होनी चाहिए।
11. ऑफिस या फैक्ट्री और विभाग में किसी भी कर्मचारी को कम वेतन नहीं देना चाहिए, क्योंकि हीरों का श्रम महंगा नहीं है, लेकिन हीरों को हीरे जैसा बनाना चाहिए।
12. कंपनी में काम करते समय परिवार के प्रत्येक सदस्य को व्यावहारिक प्रशिक्षण देना और उनके कौशल पर नजर रखना।
13. कंपनी में काम करने वाले परिवार के प्रत्येक सदस्यों के लिए हर तीन महीने में HRD कार्यक्रम आयोजित करना, कंपनी के मूल्य और ईमानदारी को समझाना और उनके जीवन को अपडेट करना।
14. कार्यालय एवं फैक्ट्री में कार्य का समय प्रातः 9:00 बजे से सायं 7:00 बजे तक रहेगा। (यदि किसी विभाग में एक से दो घंटे की आवश्यकता हो तो महीने में एक या दो सप्ताह बढ़ाया जा सकता है।)
15. जो स्टाफ जिम्मेदारी से काम नहीं करते, उन्हें पहले समझाएं, न समझे तो उनके अधिकार कम कर दे या उन्हें बरखास्त कर दें लेकिन कभी भी उनसे अविवेकपूर्ण व्यवहार न करें।
16. तेजी और मंदी में पॉलिश्ड डायमंड की ग्रेडिंग में कभी भी उतार-चढ़ाव नहीं होना चाहिए, तभी खरीदारों का आत्मविश्वास कायम रहेगा।
17. हमारी पॉलिश की गई हीरे के खरीददार 50 से 60 प्रतिशत तक नियमित होने चाहिए। हर सप्ताह सिरीज तैयार रखें, 50 प्रतिशत से अधिक हीरे अग्रिम बिक्री और वितरित हो जानी चाहिए।
18. अपना माल केवल योग्य मार्केट मूल्य पर ही बेचना, परन्तु यदि गलती से एक या दो प्रतिशत सस्ता बेच दिया तो माफ कर दिया जाएगा। लेकिन अगर एक फीसदी भी महंगा सामान बिका तो माफ नहीं होगा, क्योंकि अगर सस्ता सामान बिका तो ग्राहक फिर दौड़कर आएगा, लेकिन अगर महंगा सामान बिका तो ग्राहक चला जाएगा, जिसे हम बर्दाश्त नहीं कर सकते, क्योंकि हमें 'पीढ़ी दर पीढ़ी' हीरे का कारोबार करना है।
19. हमें तैयार माल नकद में ही बेचना है। हालांकि यदि आपको उधार पर बेचना है तो केवल उन्हीं को बेचें, जिनसे निश्चित समय पर भुगतान मिलता हो। देर से भुगतान करने वाली कंपनी को सामान नहीं बेचना, चाहे कंपनी कितनी भी बड़ी क्यों न हो। किसी व्यक्ति के देर से भुगतान करने के दो कारण हो सकते हैं - तो उसके पास पैसे नहीं हैं या वह लालची है। इनमें से कोई भी हमारे काम का नहीं है।

20. पॉलिश किए गए हीरों का स्टॉक केवल डेढ़ महीने के लिए रखा जाना चाहिए और अधिकतम दो महीने से अधिक नहीं होना चाहिए।
21. कंपनी में काम करने वाले बड़े बॉस से लेकर चपरासी तक, सभी कंपनी के परिवार के सदस्य हैं, सभी एक ही शृंखला से जुड़े हुए हैं, कंपनी इसी सिद्धांत से चलती है, इसलिए इन सभी का सम्मान करें।
22. श्री रामकृष्ण परिवार के सदस्यों के माता-पिता, भाई-बहन, पति-पत्नी और बच्चों से मिलने के लिए वर्ष में एक से दो बार स्नेहमिलन कार्यक्रम आयोजित करना चाहिये।
23. हमारी कंपनी के कर्मचारियों को परिवार के सदस्यों के रूप में मानना और उनके परिवार के माता-पिता, भाई-बहन, पति-पत्नी और बच्चों की सामाजिक, चिकित्सा और शैक्षणिक आवश्यकताओं में मदद करना चाहिये।

●●●